Der Schutz vor den Wirkungen des Fluglärms auf den Menschen nach der Novellierung des FluLärmG

Europäische Hochschulschriften

European University Studies

Publications Universitaires Européennes

Reihe II **Rechtswissenschaft**

Series II Law

Série II Droit

Band/Volume **5921**

Martin Wilke

Der Schutz vor den Wirkungen des Fluglärms auf den Menschen nach der Novellierung des FluLärmG

Zugleich ein Beitrag zum Problem der Transformation außerrechtlicher Erkenntnisse in das Recht

PL ACADEMIC RESEARCH

Bibliografische Information der Deutschen Nationalbibliothek
Die Deutsche Nationalbibliothek verzeichnet diese Publikation in der Deutschen Nationalbibliografie; detaillierte bibliografische Daten sind im Internet über http://dnb.d-nb.de abrufbar.

Zugl.: Frankfurt (Main), Univ., Diss., 2016

D 30
ISSN 0531-7312
ISBN 978-3-631-71648-9 (Print)
E-ISBN 978-3-631-72156-8 (E-PDF)
E-ISBN 978-3-631-72157-5 (EPUB)
E-ISBN 978-3-631-72158-2 (MOBI)
DOI 10.3726/b11057

PL Academic Research ist ein Imprint der Peter Lang GmbH.
Peter Lang – Frankfurt am Main · Bern · Bruxelles · New York · Oxford · Warszawa · Wien

Diese Publikation wurde begutachtet.

www.peterlang.com

Vorwort

Diese Arbeit hat im Sommersemester 2013 der Juristischen Fakultät der Johann Wolfgang Goethe-Universität Frankfurt am Main als Dissertation vorgelegen. Sie berücksichtigt bis zum August 2013 erschienene Literatur.

Das Manuskript entstand in meiner Zeit als wissenschaftlicher Mitarbeiter am Lehrstuhl für Öffentliches Recht von Herrn Prof. Dr. Hermes, dem ich an dieser Stelle für die umfassende Betreuung der Arbeit, die er in vielen Gesprächen mit wertvollen Anregungen und konstruktiver Kritik unterstützt hat, aber auch für die Arbeitsbedingungen und angenehme Atmosphäre am Lehrstuhl danken möchte. Ebenfalls zu Dank verpflichtet bin ich Frau Prof. Dr. Spiecker gen. Döhmann, LL.M. für die zügige Erstellung des Zweitgutachtens.

Besonderen Dank schulde ich ferner meinen Eltern und meiner Frau Diana für die vielfältige Unterstützung in der Zeit der Entstehung und Überarbeitung des Manuskripts. Herrn Dr. Daniel Saam und Herrn Dr. Oliver Piechaczek möchte ich schließlich dafür danken, dass sie das Manuskript gewissenhaft Korrektur gelesen haben und mir wertvolle Gesprächspartner waren, die immer ein offenes Ohr für meine Probleme mit dem Fluglärmschutzrecht hatten.

Inhaltsverzeichnis

Abkürzungsverzeichnis

a.A.	andere(r) Ansicht
Abb.	Abbildung
Abs.	Absatz
a.F.	alte Fassung
AöR	Archiv des öffentlichen Rechts
Art.	Artikel
B.	Beschluss
BAF	Bundesaufsichtsamt für Flugsicherung
BBI	Berlin-Brandenburg-International
Bd.	Band
BGBl.	Bundesgesetzblatt
BGHZ	Amtliche Entscheidungssammlung des Bundesgerichtshofs in Zivilsachen
BImSchG	Gesetz zum Schutz vor schädlichen Umwelteinwirkungen durch Luftverunreinigungen, Geräusche, Erschütterungen und ähnliche Vorgänge – Bundesimmissionsschutzgesetz – in der Fassung der Bekanntmachung vom 26.7.2002 (BGBl. I, S. 3830); zuletzt geändert durch Art. 2 Siebtes Gesetz zur Änderung eisenbahnrechtlicher Vorschriften vom 27.6.2012 (BGBl. I, S. 1421)
BMU	Bundesumweltministerium
BR	Bundesrat
bspw.	beispielsweise
BT	Bundestag
BVerfG	Bundesverfassungsgericht
BVerfGE	Amtliche Entscheidungssammlung des BVerfG
BVerfGK	Kammerentscheidungen des BVerfG
BVerwG	Bundesverwaltungsgericht
BVerwGE	Amtliche Entscheidungssammlung des BVerwG
bzw.	Beziehungsweise
DÄBl.	Deutsches Ärzteblatt
d.h.	das heißt

DIN	Deutsches Institut für Normung
Drs.	Drucksache
DFG	Deutsche Forschungsgesellschaft
DFS	Deutsche Flugsicherung
DV	Die Verwaltung
DVBl.	Deutsche Verwaltungsblätter
DÖV	Die Öffentliche Verwaltung
ebd.	ebenda
etc.	et cetera
ErgL.	Ergänzungslieferung
Fn.	Fußnote
FS	Festschrift
FluLärmG	Gesetz zum Schutz gegen Fluglärm in der Fassung der Bekanntmachung vom 31.10.2007 (BGBl. I, S. 2550)
1. FlugLSV	Erste Verordnung zur Durchführung des Gesetzes zum Schutz gegen Fluglärm (Verordnung über die Datenerfassung und das Berechnungsverfahren für die Festsetzung von Lärmschutzbereichen) vom 27.12.2008 (BGBl. I, S. 2980)
2. FlugLSV	Zweite Verordnung zur Durchführung des Gesetzes zum Schutz gegen Fluglärm (Flugplatz-Schallschutzmaßnahmenverordnung) vom 8.9.2009 (BGBl. I, S. 2992)
GG	Grundgesetz, in der im BGBl. III, Gliederungsnummer 100–1, veröffentlichten bereinigten Fassung, das zuletzt durch das Gesetz vom 11.7.2012 (BGBl. I, S. 1478) geändert worden ist
ggf.	gegebenenfalls
GR	Grundrechte
h.A.	herrschende Ansicht/herrschende Auffassung
hess.	Hessischer
Hg.	Herausgeber
HStR	Handbuch des Staatsrechts
IAL	Interdisziplinärer Arbeitskreis für Lärmwirkungsfragen
I+E	Zeitschrift für Immissionsschutzrecht und Emissionshandel
ICAO	International Civil Aviation Organisation/Internationale Zivilluftfahrt-Organisation
JASA	Journal of the Acoustical Society of America

JZ	Juristenzeitung
LKV	Landes- und Kommunalverwaltung
LuftVG	Luftverkehrsgesetz in der Fassung der Bekanntmachung vom 10.5.2007 (BGBl. I, S. 698), zuletzt geändert durch Art. 3 des Gesetzes vom 5.12.2012 (BGBl. I, S. 2454)
LuftVO	Luftverkehrs-Ordnung in der Fassung der Bekanntmachung vom 27.3.1999 (BGBl. I, S. 580), zuletzt geändert durch Art. 3 des Gesetzes vom 8.5.2012 (BGBl. I, S. 1032)
KritV	Kritische Vierteljahresschrift für Gesetzgebung und Rechtspflege
m.w.N.	mit weiteren Nachweisen
Nr.	Nummer
NJW	Neue Juristische Wochenschrift
NuR	Natur und Recht
NVwZ	Neue Zeitschrift für Verwaltungsrecht
NWVBl.	Nordrhein-Westfälische Verwaltungsblätter
OVG	Oberverwaltungsgericht
PEB	Planergänzungsbeschluss
PFB	Planfeststellungsbeschluss
Rn.	Randnummer
S.	Seite
sog.	sogenannte/sogenannter
SRU	Sachverständigenrat für Umweltfragen
StR	Staatsrecht
st. Rspr.	Ständige Rechtsprechung
Tab.	Tabelle
ThürVBl.	Thüringer Verwaltungsblätter
u.a.	und andere/unter anderem
UBA	Umweltbundesamt
Urt.	Urteil
u.U.	unter Umständen
v.	von/vom
VBlBW	Verwaltungsblätter für Baden-Württemberg
Verf.	Verfasser

Vgl.	Vergleiche
VGH	Verwaltungsgerichtshof
VVDStRL	Veröffentlichungen der Vereinigung der Deutschen Staatsrechtslehrer
VwVfG	Verwaltungsverfahrensgesetz in der Fassung der Bekanntmachung vom 23.1.2004 (BGBl. I, S. 102), zuletzt geändert durch Art. 2 Abs. 1 des Gesetzes vom 14.8.2009 (BGBl. I, S. 2827)
WHO	World Health Organisation/Weltgesundheitsorganisation
ZaöRV	Zeitschrift für ausländisches öffentliches Recht und Völkerrecht
z.B.	zum Beispiel
ZfL	Zeitschrift für Lärmbekämpfung (heute vollständig: Lärmbekämpfung – Zeitschrift für Akustik, Schallschutz und Schwingungstechnik; früher auch Kampf dem Lärm (KdL), hier jedoch einheitlich als ZfL abgekürzt)
ZLW	Zeitschrift für Luftfahrt- und Weltraumrecht
ZRP	Zeitschrift für Rechtspolitik
ZUR	Zeitschrift für Umweltrecht

Einleitung

Die industrialisierte Welt ist ohne ihre erhebliche Geräuschkulisse zurzeit nicht vorstellbar. Geräusche entstehen insbesondere als Nebenprodukte der verschiedenen Arten, mit denen wir uns fortbewegen. Ist das ein Problem? Und wenn man diese Frage bejaht, welche Möglichkeiten gibt es in tatsächlicher Hinsicht, mit diesem Problem umzugehen? Schließlich: Wie stellt sich das Recht zu diesen Fragen? In welchem Umfang sieht es ebenfalls ein Problem? Welche Rolle spielen die außerrechtlichen, fachlichen Erkenntnisse über die Wirkung von Geräuschen und etwaige technische Lösungen, wie etwa der Einbau von Schallschutzfenstern, bei der Beantwortung dieser Fragen? Präferiert, unterstützt oder erzwingt das Recht sogar bestimmte Lösungen? Die vorliegende Untersuchung stellt sich diese, nicht ganz neuen Fragen vor einem ganz bestimmten Hintergrund:

A. Die Bedeutung von fachlichem Wissen im abgestuften Fluglärmschutzsystem und dessen Anbindung an das Verfassungsrecht

Seit Januar 2009 ist der Ausbau des größten deutschen Flughafens in Frankfurt am Main im vollen Gange. Ihm ging eine lange Planungsphase voraus, die im Dezember 2007 mit dem Erlass des Planfeststellungsbeschlusses zum Ausbau des Flughafens Frankfurt Main endete[1]. Kurz vor dem Erlass dieses PFB, somit erst in der Endphase dieser Planung, wurde der Gesetzgeber tätig und gestaltete die bis dahin geltende Rechtslage in einem für den Ausbau entscheidenden Aspekt scheinbar grundlegend um, nämlich im Bereich des Fluglärmschutzes. Er novellierte das bis dato rechtspraktisch für irrelevant gehaltene[2] FluLärmG. Die Planfeststellungsbehörde war nun gezwungen, das neue Gesetz auch anzuwenden. In der Folge wurde es zu einem zentralen Streitpunkt von Gegnern und Befürwortern des Flughafenausbaus in Frankfurt am Main. Was genau war geschehen?

Das FluLärmG sieht vor, dass die im Einwirkungsbereich von Flughäfen herrschende Geräuschkulisse nach bestimmten Berechnungsverfahren zu bestimmen ist. An diese Berechnungen, die in gewissem Umfang auch bestimmte Bewertungen

---

1 PFB zum Ausbau des Verkehrsflughafens Frankfurt Main, PF-66 p –V–, Hessisches Ministerium für Wirtschaft, Verkehr und Landesentwicklung, vom 18.12.2007 (PFB FFM 2007).

2 Wysk, in: Ziekow (Hg.), Praxis des Fachplanungsrechts, S. 628, Rn. 1697; Ramsauer, NVwZ 2004, 1041 (1049); Storost, NVwZ 2004, 257 (257 und 264); Berkemann, ZUR 2002, 202 (203); vgl. auch BGHZ 69, 105 (114 ff.) und BVerwGE 125, 116 (195 f., Rn. 254 f.).

enthalten[3], knüpft sich eine an Grenzwerten orientierende Schutzzonenausweisung an. Mit ihr werden die geographischen Bereiche beschrieben, innerhalb derer die berechneten Geräusche bzw. deren weitere Wirkungen bestimmte Rechtsfolgen nach sich ziehen, insbesondere etwa ein Anspruch auf Gewährung passiver Schallschutzmaßnahmen. Diese Regelungssystematik war bereits im alten FluLärmG angelegt. Trotz dessen Nichtanwendbarkeit bestimmte diese Systematik die Flughafenplanungen der letzten Jahrzehnte. Denn die Fachplanungsbehörden waren ja gezwungen, Entscheidungen über den Neubau bzw. die Erweiterung bestehender Flughäfen zu treffen. Bei diesen Entscheidungen orientierten sie sich zwar an der im FluLärmG von Anfang an enthaltenen Systematik, verwarfen aber die dortigen Grenzwerte und ersetzten diese – Fall für Fall – durch die jeweils dem Stand der Lärmwirkungsforschung entsprechenden Erkenntnisse[4].

Mit der Novellierung wurden dann insbesondere die Grenzwerte im FluLärmG gegenüber den Grenzwerten der alten Gesetzesfassung herabgesetzt und somit die Schutzzonen räumlich erweitert. Zudem wurde im Rahmen der Novellierung in § 8 Abs. 1 S. 3 LuftVG aber auch die Pflicht eingefügt, bei planfestzustellenden Ausbautätigkeiten diese Werte im Rahmen der planerischen Abwägung zu beachten[5]. In § 8 Abs. 1 S. 1 LuftVG ist geregelt, dass Flughäfen nur angelegt – und bestehende nur geändert – werden dürfen, wenn vorher von der zuständigen Fachplanungsbehörde ein Plan festgestellt worden ist. Als zentrales Element dieser Planfeststellung statuiert § 8 Abs. 1 S. 2 LuftVG für den Plan nach S. 1 die Berücksichtigung der vom Vorhaben berührten öffentlichen und privaten Belange im Rahmen der Abwägung. Nur soweit diese Abwägung fehlerfrei zu dem Ergebnis kommt, dass die für das Vorhaben sprechenden Interessen die gegen das Vorhaben sprechenden Interessen überwiegen, lässt sich aus Sicht des Rechts das Vorhaben insgesamt legitimieren. Ein Aspekt, der regelmäßig gegen den Bau oder die Erweiterung von Flughäfen spricht, ist die damit einhergehende zusätzliche Belastung der Flughafenumgebung mit Verkehrsgeräuschen. Eigentlicher Streitpunkt dabei sind jedoch die sich daran anknüpfenden körperlichen Folgen. Wenn nunmehr im Rahmen dieser planerischen Abwägung die jeweils anwendbaren Werte des neuen FluLärmG zu beachten sein sollen, inwiefern verändert dies die Abwägung?

Neben der Pflicht zur fehlerfreien Abwägung war die zuständige Planungsbehörde vor der Novellierung des FluLärmG auch nach § 9 Abs. 2 LuftVG dazu verpflichtet, in dem Planfeststellungsbeschluss dem (Flughafen-)Unternehmer die Errichtung und die Unterhaltung von Anlagen aufzuerlegen, die für das öffentliche Wohl oder zur Sicherung der Benutzung der benachbarten Grundstücke gegen Gefahren oder Nachteile notwendig sind, und zwar im Sinne eines Rechtsanspruchs

---

3 S. unten Teil 1, B., I., 4. und II.

4 Ein Darstellung der Entwicklung, die die Rechtsprechung des BVerwG hier genommen hat, erfolgt später in Teil 3, B., I., 3.

5 S. unten Teil 3, B., I., 4.

der Betroffenen auf Schutzanordnungen[6]. Der Begriff der Schutzanordnung war weit zu verstehen und umfasste sowohl aktive als auch passive Schallschutzmaßnahmen[7]; regelmäßig lief die Verpflichtung aus § 9 Abs. 2 LuftVG aber gerade auf einen Anspruch der Betroffenen auf passiven Lärmschutz hinaus[8]. Die Grenze, ab welcher für das öffentliche Wohl oder zur Sicherung nachbarlicher Grundstücke Gefahren oder Nachteile abzuwehren waren, bezeichnete man gemeinhin als die Schwelle fachplanerischer Unzumutbarkeit. Wenn nun das novellierte FluLärmG solche Ansprüche in ausreichendem Maß gewährleistet, welche rechtlich Bedeutung hat daneben noch § 9 Abs. 2 LuftVG?

Die beim Betrieb von Flughäfen entstehenden Geräusche wurden bisher bzw. werden noch immer, und zwar auch in Anbetracht der soeben überblicksartig dargestellten Regelungssystematik, in Rechtsprechung und Literatur in verschiedene Beachtlichkeitsbereiche unterteilt[9], beginnend (1.) mit dem geringfügigen, nicht abwägungserheblichen Lärm, der dann übergeht (2.) in den beachtlichen, also abwägungserheblichen Lärm. Diese beiden Bereiche werden gemeinhin der Vorsorge zugeordnet. Sie signalisiert dem Betroffenen, dass seine Belastung zwar prinzipiell anerkannt wird, jedoch anderen – als gewichtiger angesehenen – Aspekten untergeordnet werden *kann*. Schließlich (3.) kommt man zur fachplanerischen Unzumutbarkeit bzw. zur Abwehr erheblicher Nachteile. Hier erreichen im Stufensystem die Geräuschbelastungen dann einen Schweregrad, der nicht mehr nur unter Vorsorgegesichtspunkten zu behandeln ist, sondern – anknüpfend an § 9 Abs. 2 LuftVG – ein Aktivwerden der Fachplanungsbehörden erzwingt. Jedoch soll auch damit – also bei Überschreiten der Schwelle fachplanerischer Unzumutbarkeit – ein konkreter grundrechtlicher Bezug nicht einhergehen. Über all diesen Bereichen steht nämlich letztlich noch (4.) der Bereich der verfassungsrechtlichen Unzumutbarkeit als die Grenze, bei deren Überschreitung eine Geräuschbelastung zum Gesundheitsschaden oder Enteignungsgrund im Sinne der Art. 2 Abs. 2, 14 Abs. 1 GG wird. Diese Beachtlichkeitsbereiche wurden nie grundsätzlich in Frage gestellt, mussten vor der Novellierung des FluLärmG allerdings von Fall zu Fall näher bestimmt werden, da hinsichtlich der genauen Grenzziehungen normative Aussagen des Gesetzgebers fehlten[10].

---

6 Hier nur Franke, Lärmgenzwerte, S. 98 (m.w.N.).

7 Aktive Schallschutzmaßnahmen setzen an der Schallquelle an und zielen auf eine Verhinderung schon der Emission ab. Bei den passiven Schallschutzmaßnahmen wird dagegen das zu schützende Objekt bzw. Subjekt in den Blick genommen, bei dem das Geräusch als Immission ankommt, vgl. unten Teil 3, A., I.

8 Deutlich Wysk, ZLW 1998, 456 (464); Ausführlich dazu unten Teil 3, A., I., 4.

9 Zusammenfassende Darstellung bspw. bei Franke, Lärmgenzwerte, S. 98 f.; Steinberg/Wickel/Müller, Fachplanung, S. 310 f., Rn. 80 f.; kritisch Ekardt/Schmitdke, DÖV 2009, 187 (190 ff.). Aktuell dazu aus der Rechtsprechung BVerfG, NVwZ 2009, 1489 (1492, Rn. 50 ff.) und zur Rechtsprechung des BVerwG vor der Novellierung unten Teil 3, B., I., 3., c.

10 Franke, Lärmgenzwerte, S. 130; Hermann, Schutz vor Fluglärm, S. 285 ff.; Storost, NVwZ 2004, 257 (258); Paetow, NVwZ 2010, 1184 (1188 f.).

Verwaltung und Gerichte mussten sich also für jede konkret zu entscheidende Situation ein Bild darüber machen, wann die jeweiligen Beachtlichkeitsbereiche begannen bzw. endeten, wann also etwa fachplanerisch unzumutbarer Lärm zum verfassungsrechtlich unzumutbaren Lärm wird. Praktisch bedeutete dies, dass die Gerichte sich mit der sachlich-inhaltlichen Frage zu beschäftigen hatten, wie und worauf Geräusche *einwirken* und was das für weitere Folgen haben kann. Sie mussten – angeleitet durch Aussagen von Sachverständigen – entscheiden, wann und wieso Geräusche negative Effekte haben können und daher nicht mehr bloß als Geräusche, sondern als Lärm zu bezeichnen sind[11]. Sie mussten vor allem entscheiden, wann, wo und wie sie zu verhindern sind.

An diesem gestuften System des Schutzes vor Fluglärm hat sich aus Sicht der Rechtsprechung durch die Novellierung des FluLärmG nur insofern etwas geändert, als nunmehr der Gesetzgeber die Gerichte von der kontinuierlichen Auseinandersetzung mit den angedeuteten sachlich-inhaltlichen Fragen der Geräuschwirkungen befreit haben soll[12]. Der Gesetzgeber habe nämlich diese Geräuschwirkungen nunmehr selbst beurteilt und, wie es auch in anderen Umweltverwaltungsbereichen gängige Praxis ist, Grenzwerte erlassen, die als (zumindest vorläufig[13]) abschließende gesetzgeberische Wertung verstanden werden müssten. Er habe also die Schwelle der fachplanerischen Unzumutbarkeit bestimmt[14].

Mit diesen Zusammenhängen, die den Kern des gestuften Systems des Schutzes vor Fluglärm darstellen, ist auch der Hauptgegenstand der vorliegenden Untersuchung beschrieben. Es soll nämlich gezeigt werden, dass die vielen Implikationen des Stufensystems, so plastisch es auch zunächst erscheinen mag, nicht in Übereinstimmung zu bringen sind mit den Erkenntnissen der Geräusch- bzw. Lärmwirkungsforschung[15]. Das Stufensystem enthält aber nicht nur hinsichtlich der Übertragung von außerrechtlichem Wissen in Recht gravierende Mängel, es wirft auch schwerwiegende rechtliche Probleme auf, an denen die Novellierung des FluLärmG nichts verändert hat.

---

11 Kürer, in: Koch (Hg.), Schutz vor Lärm, S. 21 („unerwünschte Geräusche"); Kutscheidt, NVwZ 1989, 193 (194) („störende Schallereignisse"); zur wirkungsfachlichen Begriffsbestimmung sogleich auch unten Teil 1., A.

12 BVerwGE 142, 234 (287, Rn. 182). Die Frage, inwieweit es nachvollziehbar ist, lärmwirkungsfachliches Wissen aus den auf Ebene der Flughafenplanung zu treffenden Entscheidungen zu entfernen, wird später ausführlich behandelt, s. unten Teil 3, B., II., 5., b.

13 Vgl. § 2 Abs. 3 FluLärmG.

14 BVerwGE 142, 234 (286, Rn. 180). Für das vorangehende Verfahren vor dem VGH Kassel bedeutete dies insbesondere, dass ein Sachverständigenstreit über die mit dem Vorhaben einhergehenden Geräuschwirkungen nicht mehr für notwendig erachtet wurde und entsprechende Beweisanträge unter Verweis auf das FluLärmG abgelehnt wurden, VGH Kassel, Urteil v. 21.8.2009 – 11 C 227/08 ua., Rn. 846 (Juris).

15 Ausführlich dazu bzw. den anderen Aspekten, die auf eine Inkonsistenz des Systems schließen lassen, unten Teil 3, B., II., 1.

Nach wie vor ist nämlich die Anknüpfung dieses – vermeintlich durch die Novellierung des FluLärmG präzisierten – Systems an das Verfassungsrecht nicht überzeugend. Die zurzeit im Wesentlichen unumstrittene[16] Konstruktion der verfassungsrechtlichen Unzumutbarkeitsgrenze (Stufe 4) führt dazu, dass Betroffene sich gegen die Umweltbelastung Lärm zwar durchaus unter Berufung auf grundrechtliche Gewährleistungen wehren können. Einen realen, durchschlagenden Effekt hat dies, wie gezeigt werden soll, jedoch nicht. Die Grundrechte der Betroffenen sind im abgestuften Lärmschutzsystem das Gegenteil von „omnipotenten Zellen"[17], also bloß leere Hülsen.

Dies hängt vor allem damit zusammen, dass das Verfassungsrecht noch immer keine überzeugende Position zu der Frage gefunden hat, welche Rolle Art. 2 Abs. 2 S. 1 GG zukommt, wenn umweltvermittelte Belastungen erst im Verlauf der Zeit zu *chronischen Schäden* führen. In Rechtsprechung und Literatur wird nämlich nicht nur der Begriff der menschlichen Gesundheit in sehr unklarer Weise als von Art. 2 Abs. 2 S. 1 GG umfasst angesehen[18]. Es harrt auch der Maßstab zur Überprüfung etwaiger Anforderungen aus Art. 2 Abs. 2 S. 1 GG weiter der Präzisierung[19].

Es bedarf keiner großen Erläuterung, dass die Bestimmung des Begriffs der Gesundheit erhebliche Auswirkungen auf die Anforderungen hat, welche Art. 2 Abs. 2 S. 1 GG entfaltet bzw. die einfache Gesetze zu beachten haben, wenn sie keine verfassungsrechtlichen Konfliktlagen auslösen wollen. Bezogen auf das obige Beispiel chronischer Schäden stellt sich die simple Frage, ob auch langfristig wirkende Umweltbelastungen Grundrechtsbereiche tangieren können. Die Frage ist nicht neu und im juristischen Schrifttum vor allem im Zusammenhang mit den Begriffen Risiko, Gefahr und Vorsorge schon vielfach bearbeitet worden[20]. Die vorliegende Arbeit möchte hierzu einen weiteren Beitrag leisten, indem ein Ansatz zur Präzisierung insbesondere des Begriffs der Gesundheit gewählt wird, der sich stärker als bisher an dem Vorgehen der Fachwissenschaften, welches ihn für die dortige empirische Forschung operabel macht, orientiert.

Das bedeutet nicht, dass das Recht dadurch zum bloßen Empfänger der Erkenntnisse degradiert wird, die in anderen Wissenschaftsbereichen erzielt werden[21]. Dennoch ist die Angst vor dem Verlust von Deutungshoheit seit jeher – insbesondere

16 Ausnahme Ekardt/Schmitdke, DÖV 2009, 187 (190); Ekardt, Fluglärmschutzgesetz, § 1, Rn. 7 ff., wobei die Kritik eher grundrechtstheoretischer Natur ist und sich nicht explizit auf die Schwelle zur verfassungsrechtlichen Unzumutbarkeit richtet.

17 Storost, NVwZ 2004, 257 (259), zeichnet mit diesem Begriff ein Problem, welches so nicht existiert.

18 Dazu unten Teil 2, B., I.

19 Dazu unten Teil 2, C.

20 Hermes, Schutz von Leben und Gesundheit, S. 236 ff.; Couzinet, Zulässigkeit von Immissionen, S. 148; Ekardt, Nachhaltigkeit, S. 314 ff. (jeweils m.w.N.); s. auch unten Teil 2, B., I., 1., b., cc. und 2., c.

21 Zur Normativität der Rechtswissenschaft vor dem Hintergrund ihrer Ausrichtung als Handlungswissenschaft , vgl. etwa Neumann, in: Kaufmann/Hassemer/Neumann

gegenüber den Sozialwissenschaften – ein viel diskutiertes Thema[22]. Ob das Recht jemals – und zwar selbst im Bereich naturwissenschaftlicher Erkenntnisse – zu einem bloßen Umsetzungsautomaten zusammenschrumpft, ist hier aber nicht Thema und sei daher dahin gestellt. Es besteht jedenfalls die Hoffnung, dass durch ein stärkeres Aufzeigen bzw. durch eine stärkere Trennung der jeweiligen Erkenntnisbereiche und durch ein Verdeutlichen der Funktionsweise der für die Lösung des Sachproblems wesentlichen Schnittstellen im Recht – die also, wie etwa Art. 2 Abs. 2 S. 1 GG, außerrechtliches Wissen aufnehmen und weiterverarbeiten – das Ergebnis des Zusammenwirkens von Recht und Fachwissenschaften transparenter bzw. nachvollziehbarer wird. Wenn darin ein höherer Grad an Rationalität gesehen werden kann, so muss es als wünschenswert betrachtet werden, ihn zu erreichen.

B. Gang der Untersuchung

Der vorliegenden Arbeit geht es also um ein gesteigertes Verständnis der vielen Entscheidungen, aus denen sich im abgestuften Fluglärmschutzsystem *realer* Schutz ergibt. Bevor man die damit zusammenhängenden rechtlichen Fragen untersuchen kann, ist es wichtig, sich vor Augen zu führen, dass Umweltrecht insgesamt – und eben auch das Fluglärmschutzrecht – ein in hohem Maße durch technische bzw. naturwissenschaftliche Sachverhalte geprägtes Rechtsgebiet ist, und zwar sowohl auf Problemverursachungsseite als auch beim Problemlösungsansatz[23]. Dieser Ausgangslage kann dadurch Rechnung getragen werden, dass der jeweilige Problemlöser sowohl adäquate Maßstäbe zur Erfassung und Beurteilung als auch adäquate Mittel zur Behebung der negativen Effekte findet, die mit einer Umweltbelastung für den Menschen in irgendeiner Form verknüpft sind. Er muss die Probleme also umfassend und zutreffend erkennen, was für die im Fall des Fluggeräusche im Raum stehenden negativen Effekte auf den Körper und das Bewusstsein des Menschen vor allem bedeutet, dass man sich vor Augen führt, welche Erklärungskraft die sie untersuchenden Fachwissenschaften haben bzw. nicht haben.

Da die Steuerungswirkung des FluLärmG vor allem über Grenzwerte hergestellt wird, ist es für die vorliegende Untersuchung zunächst wichtig, sich mit den wissenschaftlichen Grundlagen dieser speziellen Grenzwert*findung* auseinanderzusetzen, also dem Bereich der Beschreibung geräuschinduzierter Effekte auf den Körper und das Bewusstsein des Menschen. Es soll also weniger um eine allgemeine Auseinandersetzung mit den Grundlagen des Grenzwertgebungsprozesses gehen als um die Frage, welche sachlich-inhaltlichen Erkenntnisse anderer Wissenschaften

(Hg.), Rechtstheorie, S. 396 ff.; s. auch Jestaedt, in: Funke/Lüdemann (Hg.), Öffentliches Recht und Wissenschaftstheorie, S. 27 f.

22 Vgl. etwa Lepsius, JZ 2005, 1 (10); Engel, in: Engel/Schön (Hg.), Rechtswissenschaft, S. 230; s. auch Voßkuhle, in: Bauer/Cybulka/Kahl/Voßkuhle (Hg.), FS Schmidt 2001, S. 175. Mit besonderem Blick auf die Rechtsetzung Lüdemann, in: Funke/Lüdemann (Hg.), Öffentliches Recht und Wissenschaftstheorie, S. 122 ff.

23 Kloepfer, Umweltrecht, § 1, Rn. 29.

die Grenzwerte des FluLärmG prägen. In diesem Zusammenhang ist sowohl ein Grundverständnis für das Phänomen Schall als auch für seine weiteren Folgen unabdingbar, die ihn erst zum Lärm machen. Damit beschäftigt sich der erste Abschnitt dieser Untersuchung (Teil 1).

Im Unterschied zu vielen juristischen Arbeiten zum Thema des Verkehrslärmschutzes soll auf diesen Aspekt größerer Wert gelegt werden, jedoch nicht mit dem Ziel, zu einem vermeintlich *besseren* Grenzwert zu kommen und diesen dann mit den im Gesetz festgelegten Grenzwerten abzugleichen. Das wäre auf Grund des interdisziplinären Zugangs der Untersuchung vermessen. Im Idealfall werden aber im Bereich der das Fluglärmschutzrecht beeinflussenden Fachwissenschaften – also insbesondere der Geräusch- bzw. Lärmwirkungsforschung – zumindest deren grundlegende Methoden und Theorien erarbeitet, so dass auch eine erste Einschätzung der Bedeutung (Erklärungskraft) der jeweiligen fachlichen Erkenntnisse für das Recht vornehmbar ist. Den nachfolgenden Abschnitten, die – notgedrungen – dennoch konkrete Einzelergebnisse der Lärmwirkungsforschung oder eine Art Stand der Forschung aufgreifen, ist auf Grund des interdisziplinären Zugangs mit Vorsicht zu begegnen.

Mit Blick auf die Grenzwerte des FluLärmG darf darüber hinaus nicht verkannt werden, dass die *Setzung* eines Grenzwerts letztlich immer als wertende, politische Entscheidung zu charakterisieren ist[24]. Die umfassende Auseinandersetzung mit der Geräusch- bzw. Lärmwirkungsforschung kann daher nur dazu führen, diese wertende Entscheidung transparenter zu machen und ihre Folgen besser einschätzen zu können. Gerade was die Folgen und Effekte der verschiedenen Ebenen und Mittel des Fluglärmschutzes im Stufensystem anbetrifft, besteht in der juristischen Auseinandersetzung mit dem Problem Lärm Nachholungsbedarf.

Dieses Grundverständnis für die das abgestufte Lärmschutzsystem prägenden Fachwissenschaften – dies soll im zweiten Abschnitt dieser Arbeit gezeigt werden (Teil 2) – kann dabei helfen, die Schwächen der bisherigen Versuche aufzudecken, die beiden Hauptreaktionen des Menschen auf Geräusche, nämlich die Belästigungs- und die Gesundheitsreaktion, verfassungsrechtlich einzuordnen. Die Auseinandersetzung mit den Methoden und Theorien der Geräusch- und Lärmwirkungsforschung hilft zudem zu verstehen, dass sich beide Hauptreaktionen aus diversen Einzelreaktionen zusammensetzen. Die empirische Erforschung der Hauptreaktionen setzt an diesen sog. Primärreaktionen an, um am Ende ein Konstrukt hervorzubringen, nämlich die Summe vieler Einzelreaktionen. Das Ergebnis dieses integrativen Vorgangs kann man dann als die Belästigung oder die Gesundheitsbeeinträchtigung bezeichnen. Wissen über Reaktionen an diesen beiden sog.

---

24 Böhm, Normmensch, S. 153 (m.w.N.); Kirchhof, AöR 2010, 29 (39); aus der Rechtsprechung prägnant VGH München, NVwZ 2007, 230 (236). Zur Eigenleistung oder Deutungshoheit der Rechtswissenschaft, s. bereits soeben Einleitung, A. und zur Sicht der Lärmwirkungsforschung auf diese Frage unten Teil 1, C., II., 2., b. sowie Teil 1, C., III., 4., c.

Wirkungs*endpunkten*[25] ist also nur bedingt vergleichbar mit dem Wissen über etwas aktuell Reales, wie etwa die aus einem Unfall resultierende Verletzung.

Diese Differenzierungen – also von Primärreaktionen und Wirkungsendpunkten bei sowohl der Belästigung als auch der Gesundheitsbeeinträchtigung – haben zunächst Auswirkungen auf die Frage, wie das damit beschriebene Phänomen im Verfassungsrecht einzuordnen sein könnte. Dabei bleibt es selbstverständlich nicht bzw. ist es vielmehr das einfache Recht – im Bereich des Flugverkehrs also vor allem das LuftVG und das novellierte FluLärmG bzw. das, wie bereits angedeutet, hier angesiedelte abgestufte Fluglärmschutzsystem –, das die konkreten Anforderungen aufstellt, wie mit den Folgen der Geräuschemission beim Menschen umzugehen ist. Den hier bestehenden Problemen und Unklarheiten widmet sich der dritte Abschnitt (Teil 3).

Ziel ist es dabei, die vorhandenen Problemlösungsansätze zu analysieren, die das einfache Recht bereithält. Allerdings kann dies, wie zu zeigen sein wird, nicht vollumfänglich geschehen. Dafür gibt einerseits das Verfassungsrecht – d.h. wie es vor allem vom BVerfG interpretiert wird – nicht ausreichend konkrete Vorgaben hinsichtlich des Prüfungsmaßstabes vor. Andererseits sind die tatsächlich vorhandenen Mittel zum Schutz des Menschen vor den Wirkungen des Fluglärms so vielfältig, so komplex und so verstreut, dass nach Schwerpunkten gesucht werden muss, um den Überblick zu bewahren.

Es muss allerdings auch kein Neuland betreten werden, um zu erkennen, dass das Recht Schutz vor den Wirkungen des Fluglärms in Deutschland seit jeher vor allem über die Durchführung von Schalldämmmaßnahmen gewährt. Dennoch ist die Ausrichtung des gesamten Systems staatlicher Maßnahmen schon abstrakt nicht einfach zu erfassen bzw. zu beurteilen. Dazu tragen auch die nach wie vor nicht vorhandenen gesamtstaatlichen Planungen und Zielsetzungen bei. Letztlich muss man sich bei der Bestimmung des abgestuften Fluglärmschutzsystems als Schwerpunkt der direkt steuernden staatlichen (Schutz-)Maßnahmen mit abstrakten Überlegungen helfen, was jedoch vor dem Hintergrund aktueller Kammerrechtsprechung des BVerfG – wie zu zeigen sein wird – problematisch erscheint[26].

Wenn man aber das abgestufte Fluglärmschutzsystem auf Ebene der Flughafenplanung als Schwerpunkt anerkennt, stellt sich die weitere Frage, wie es zur Einhaltung etwaiger grundrechtlicher Verfassungsvorgaben beiträgt und welche Rolle dabei das novellierte FluLärmG spielt. Wie funktioniert das novellierte FluLärmG? Welche Effekte kann man aus den dort vorgesehenen Maßnahmen ableiten? Welche Rolle spielen insoweit die nach der Novellierung des FluLärmG ergangenen

---

25 Insbesondere in der physiologisch-medizinischen Wirkungsforschung wird deutlich herausgearbeitet, dass Reaktionen aufeinander abfolgen bzw. aufeinander aufbauen. Begrifflich wird daher dort auch nach Primär-, Sekundär-und Tertiärreaktionen unterschieden, s. unten Teil 1, C., III., 3. und 4.

26 S. unten Teil 2, C., III., 3.

Durchführungsverordnungen? Schließlich: Wie lassen sich die hierbei gewonnenen Ergebnisse vor dem Hintergrund der Fachwissenschaften einordnen?

In diesem Zusammenhang soll auch analysiert werden, welchen Beitrag die planerische Abwägung nach der Novellierung des FluLärmG noch zum Schutz vor Lärm leistet bzw. noch leisten kann. Dass ihr tatsächlicher Effekt bisher bereits als gering einzuschätzen ist, hing bzw. hängt nicht nur damit zusammen, dass der Schwerpunkt dort auf die Gewährung passiver Schallschutzmaßnahmen im Umfeld der Flughäfen gesetzt wurde und aus diesem Grund auch im Rahmen der planerischen Abwägung ein Heranziehen außerrechtlicher Erkenntnisse über die – abwägungserheblichen – Geräuschbelastungen unterbleibt[27]. Die planerische Abwägung war und ist auch deshalb zahnlos, weil eines der wesentlichen flugtechnischen Elemente der Berechnung des Geräuschausmaßes – also nicht der damit verbundenen Wirkungen – in Folge einer Flughafenplanung nur als vorläufige Information, also prognostisch einzustellen ist. Der vierte Abschnitt behandelt daher nicht nur die Flughafenplanung bzw. die dort angesiedelte Verknüpfung mit dem FluLärmG und das abgestufte Fluglärmschutzsystem, sondern auch die Flugroutenplanung.

Nur wenn man weiß, entlang welcher (zukünftigen) Route die (zukünftigen) Flugzeuge ihre Geräusche emittieren, kann man auch sinnvoll entscheiden, wo und welcher Schutz davor umgesetzt werden sollte. Diese in eine Lärmberechnung einzustellenden Informationen sind so wesentlich, dass sich die Zahl der von Geräuschen im Umfeld von großen Verkehrsflughäfen Belaststeten rechnerisch schnell um einige Tausend verändern kann[28].

Über diesen Berechnungsaspekt wird aber erst im Rahmen der Flugroutenfestsetzung entschieden. Wenn nun diese Entscheidung ebenfalls als planerisches Abwägungsergebnis charakterisierbar ist, stellt sich die Frage der Verzahnung mit der Abwägung auf der Flughafenplanungsebene. Wenn es nämlich zulässig ist, von der planerischen Abwägung im Rahmen der Flughafenplanung auf Ebene der Flugroutenfestsetzung abzuweichen, könnte dies das Lärmschutzkonzept in Frage stellen, welches als Ergebnis der ersten planerischen Abwägung anzusehen ist. Zudem steht die Frage im Raum, ob damit der – an der Fachplanung ansetzende – Rechtsschutz der Betroffenen nicht unzulässiger Weise verkürzt wird. Wenn nämlich das Abwägungsergebnis bloß vorläufiger Natur ist und – jedenfalls durch einen determinierenden Akt (Flugroutenfestsetzung) – nachträglich erheblich beeinflusst werden kann, dann ist der hier erreichbare Rechtsschutz eingeschränkt bzw. nicht (mehr) vollumfänglich.

---

27 BVerwGE 142, 234 (289 f., Rn. 190).

28 UBA, Lärmfachliche Bewertung, S. 56 (Tab. 10).

Teil 1: Realbereichsanalyse – Geräusche und ihre Wirkung auf das Bewusstsein und den Körper des Menschen

Es ist Aufgabe des Rechts, verschiedenste Lebenssachverhalte beurteilen und unter Umständen abschließend entscheiden zu müssen, obwohl für bestimmte inhaltliche Fragestellungen innerhalb eines Entscheidungskomplexes die bessere Sachkompetenz regelmäßig in anderen Wissenschaftsfeldern liegt[29]. Das Recht kann daher nicht auf die Rezeption der Erkenntnisse dieser anderen Wissenschaften verzichten. Auch wenn damit nicht nur schwierige methodische Probleme angesprochen sind[30], die die Rechtswissenschaft schon lange beschäftigen, sondern auch die Frage nach bzw. die Konsequenzen aus der Unterscheidung von *Sein* und *Sollen*[31], ist diese Lösung im Grunde unumstritten[32]. Wie aber genau bzw. nach welchen Regeln die Rezeption abzulaufen hat[33] und ob zwischen den Natur- und Sozialwissenschaften Unterschiede bestehen[34], die es dem Juristen erlauben, deren jeweilige Wissensbestände auf unterschiedlichen Wegen zu rezipieren, ist bisher nicht eindeutig entschieden.

---

29 Ensthaler, ZRP 2010, 226 (226).

30 Vgl. , S. 58 ff.; Bumke, in: Schmidt-Aßmann/Hoffmann-Riem (Hg.), Methoden, S. 109 ff.; Schmidt-Aßmann, in: Schmidt-Aßmann/Hoffmann-Riem (Hg.), Methoden, S. 406 ff.

31 Dazu Upmeier, Fakten im Recht, S. 24 ff.; Ekardt, Nachhaltigkeit, S. 49 ff.

32 Als Beispiele aus dem Bereich des Schutzes vor den negativen Wirkungen von Fluggeräuschemissionen, s. etwa Hermann, Schutz vor Fluglärm, S. 29; Franke, Lärmgrenzwerte, S. 23.

33 Es liegen hierzu Kategorisierungsvorschläge vor – s. nur Hoffmann-Riem, in: Schmidt-Aßmann/Hoffmann-Riem (Hg.), Methoden, S. 58 ff.; Schmidt-Aßmann, in: Schmidt-Aßmann/Hoffmann-Riem (Hg.), Methoden, S. 398 ff.; Lüdemann, Rezeptionstheorie, S. 3 ff. (jeweils m.w.N.) –, die sich sich vor allem auf die Nachbargesellschaftswissenschaften, der Sozial- und Wirtschaftswissenschaften, beziehen.

34 Bei den Erkenntnissen der Naturwissenschaften wird häufig vom Jurist als bloßen Subsumtionsautomat ausgegangen, vgl. Lepsius, JZ 2005, 1 (2); zurückhaltend jedoch Voßkuhle, in: Hoffmann-Riem/Schmidt-Aßmann/Voßkuhle (Hg.), Grundlagen des Verwaltungsrechts, Bd. 1, § 1, Rn. 31. Allgemein zum Zusammenhang von Empirie und Rechtswissenschaft Starck, JZ 1972, 609 ff.; Gusy, JZ 1991, 213 ff.; zur Sichtweise der Neuen Verwaltungsrechtswissenschaft etwa Voßkuhle, in: Hoffmann-Riem/Schmidt-Aßmann/Voßkuhle (Hg.), Grundlagen des Verwaltungsrechts, Bd. 1, § 1, Rn. 29 ff. und Möllers, in: Hoffmann-Riem/Schmidt-Aßmann/Voßkuhle (Hg.), Grundlagen des Verwaltungsrechts, Bd. 1, § 3, Rn. 42 ff.

Gleich welchem Rezeptionsmodell[35] man den Vorzug gibt, eine Abschottung der Rechtswissenschaft ist jedenfalls nicht denkbar[36]. Man mag als Jurist beispielsweise sozialwissenschaftlichen Erkenntnissen skeptisch gegenüberstehen; dennoch wird man nicht umhin kommen, deren Irritationspotential anzuerkennen, auf welches das Recht in der Vergangenheit immer wieder reagieren musste[37]. Es ist genau diese Funktion der Irritation im Grunde aller Wissensbestände aus anderen Wissenschaftsbereichen, welche letztlich zu einer Art Verbesserungsanleitung führen kann, die später auch hier im Mittelpunkt der rechtlichen Ausführungen stehen bzw. die ermöglicht werden soll.

Ziel des ersten Abschnitts dieser Untersuchung ist es daher, den Realbereich der vom Flugverkehr ausgehenden Geräusche und deren Wirkungen auf den Geist und den Körper des Menschen zu beschreiben bzw. die ihn bestimmenden Tatsachen aufzuarbeiten, wie sie sich den jeweiligen Fachwissenschaften (bisher) präsentieren. Erst wenn darüber eine gewisse Klarheit besteht, kann der Frage nachgegangen werden, wie mit diesen Erkenntnissen im System Recht umgegangen wird bzw. umgegangen werden sollte. Was also sind die relevanten fachlichen Erkenntnisse? Welchen anderen Wissenschaftsbereichen entstammen sie? Und wie funktionieren diese anderen Wissenschaften bzw. welche Methoden und Konzepte werden dort verfolgt?

Natürlich stellt sich immer auch die wissenschaftstheoretische Frage, wann man überhaupt von Erkenntnis in diesem Sinne sprechen kann. Dieser Frage kann hier aber nicht nachgegangen werden. Die folgenden Darstellungen gehen grundsätzlich davon aus, dass es – in einem gewissen Rahmen – wissenschaftlich fundierte Erkenntnisse über reale Phänomene geben kann und sie Grundlage juristischer Entscheidungen sein können[38]. Für die Akustik und die an sie anknüpfende Geräusch- oder Lärmwirkungsforschung werden diese Erkenntnisse hier daher im Wesentlich nur zusammengefasst (B. und C.)[39]. Zum besseren Verständnis dieser

---

35 Zu drei möglichen Grundmodi Lepsius, JZ 2005, 1 (3 f.). Mit besonderem Blick auf sozialwissenschaftliche Erkenntnisse Lüdemann, in: Funke/Lüdemann (Hg.), Öffentliches Recht und Wissenschaftstheorie, S. 122 ff.; Schmidt-Aßmann, in: Schmidt-Aßmann/Hoffmann-Riem (Hg.), Methoden, S. 398 ff.

36 Es wäre auch nur eine vermeintliche Abschottung wie Starck, JZ 1972, 609 (610 ff.), kurz und präzise darlegt. S. auch Voßkuhle, in: Hoffmann-Riem/Schmidt-Aßmann/Voßkuhle (Hg.), Grundlagen des Verwaltungsrechts, Bd. 1, § 1, Rn. 31; Petersen, Der Staat 2010, 435 (436 ff.); Engel, JZ 2005, 581 (582).

37 Bumke, in: Schmidt-Aßmann/Hoffmann-Riem (Hg.), Methoden, S. 109, mit besonderem Blick auf die Verwaltungsrechtswissenschaft.

38 S. auch Voßkuhle, in: Trute/Gross/Röhl/Möllers (Hg.), Allgemeines Verwaltungsrecht, S. 637 ff., der zwar von einer „Erschütterung des Rationalitätsdogmas" spricht (ebd., S. 646), aber letztlich doch konstatiert, dass keine Alternativen vorhanden sind (ebd., S. 655 f.).

39 Ein kleine Ausnahme wird hinsichtlich der Frage gemacht, welche Bedeutung die empirischen Sozialforschung im vorliegenden Zusammenhang hat und wie sie funktioniert, s. unten Teil 1, C., I.

Abschnitte werden zuvor jedoch die hier maßgeblichen Wirkungsketten etwas näher beschrieben, über die Schall mit seinen Folgen verknüpft ist (A.).

A. Vom Schall zum Lärm – Wirkungsketten

Einfach ausgedrückt interessiert Juristen, die sich mit auf den Körper und den Geist des Menschen einwirkenden Geräuschen beschäftigen, eine auf den ersten Blick relativ simple Ereigniskette: An einer Quelle (hier: ein Flughafen bzw. die dortigen Flugzeuge bzw. die Turbinen etc.) entsteht eine Emission (hier: Schall bzw. Luftschall). Diese breitet sich aus[40] und trifft – dann bezeichnet als Immission – auf einen Empfänger bzw. wird dort/ durch ihn aufgenommen (hier: das menschliche Ohr bzw. der menschliche Organismus). Im Empfänger wirkt sich der Schall aber in verschiedenen Formen weiter aus, etwa als Verletzung des Empfangsorgans durch eine in irgendeiner Form extreme Immission. In juristischen Zusammenhängen spricht man dann häufig von Fluglärm, wobei der Begriff Lärm schon negativ besetzt ist und eigentlich zwischen dem – in einem gewissen Rahmen neutralen – Begriff des Geräuschs und dem wertenden – weil bereits negative Wirkungen beim Empfänger implizierenden – Begriff des Lärms unterschieden werden müsste[41].

Diese drei Schritte – Entstehung, Wahrnehmung bzw. erste Aufnahme und weitere Auswirkung – gilt es zunächst zu unterscheiden. Ihre Trennung ermöglicht es nämlich, sie eingehender zu untersuchen: Man erkennt, dass der erste Ereignisabschnitt im Wesentlichen Gegenstand der Physik ist, genauer gesagt der physikalischen Akustik. Die Beschreibung der Entstehung von Schall und seiner Ausbreitung sind also naturwissenschaftlich geprägte Aufgabenbereiche. Der zweite Ereignisabschnitt ist dagegen schwieriger einzuordnen, weil hier das physikalische Phänomen und der biologische Apparat aufeinandertreffen. Das naturwissenschaftlich beschreibbare Phänomen Geräusch wird aufgenommen und von den dafür vorgesehenen Mechanismen, sozusagen als primäre Wirkung, im menschlichen Körper verarbeitet. Man spricht von Wahrnehmung. Es überschneiden sich also die physikalischen Fragestellungen mit den biologischen bzw. physiologischen Fragestellungen nach der Funktionsweise menschlicher Sinneswahrnehmung, insbesondere des menschlichen Gehörs. Mit Blick auf das Gehör ist es zweckmäßig, zwischen dem Reiz und der durch ihn hervorgerufenen Empfindung zu unterscheiden[42].

---

40 Auch die Ausbreitung kann für die Gesamtwirkungskette problematisch sein, da sie von den örtlichen Bedingungen (Hindernissen) abhängt und das emitierte Geräusch beeinflusst. Dies wird im Folgenden allerdings vernachlässigt. S. jedoch auch unten Teil 1, B., III., 2.

41 Kloepfer/Griefahn/Kaniowski/Klepper/Lingner/Steinebach/Weyer/Wysk, Leben mit Lärm, S. 69; Rohrmann/Finke/Guski/Schümer/Schümer-Kohrs, Fluglärm, S. 21 ff. Im Folgenden werden daher – zumindest für den Abschnitt zu den physikalischen Grundlagen – zunächst die neutraleren Begriffe Schall oder Geräusch verwendet.

42 Grundlegend Zwicker, Psychoakustik, S. 1. Rohrmann/Finke/Guski/Schümer/Schümer-Kohrs., Fluglärm, S. 24 f., unterscheiden bspw. auch zwischen Stimulus und Reaktion.

Allerdings ist Wahrnehmung damit bei weitem nicht abschließend erfasst. Für Reize wird seit längerem angenommen – dies sei bereits hier erwähnt –, dass sie auch direkt auf körperliche Funktionen einwirken, ohne dass dann mit dem Begriff Wahrnehmung unbedingt ein bewusster – mit Blick auf den Schlaf könnte man auch sagen erinnerbarer[43] – Vorgang gemeint ist[44]. Um schließlich ein Verständnis für den dritten Ereignisabschnitt zu erlangen, muss Klarheit darüber herrschen, wie das – gehörte – Schallereignis sich, also im Anschluss an seine primäre Wirkung auf das menschliche Ohr[45], auf den weiteren Organismus auswirkt, sozusagen als „sekundäre" Wirkung. Sie sind Gegenstand verschiedener Wissenschaftsbereiche und für die juristische Beurteilung von zentraler Bedeutung, da es doch Ziel des Rechts ist, bestimmte negative Wirkungen von Rechts wegen zu verhindern. Die folgende schematische Übersicht vertieft diese Wirkungskette noch etwas und fasst einige der sich dabei ergebenden Probleme kurz zusammen (**Abb. A1**):

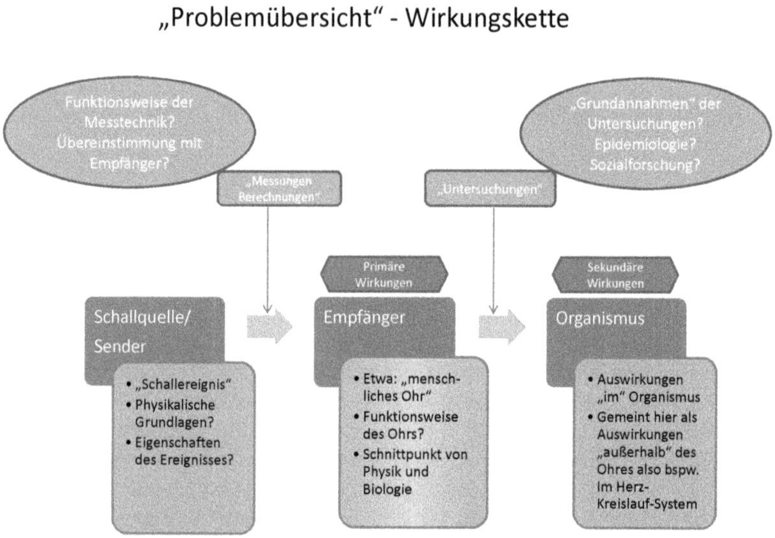

---

43 S. unten Teil 1, C., III., 3., b.

44 Rohrmann/Finke/Guski/Schümer/Schümer-Kohrs, Fluglärm, S. 24; DFG, Forschungsbericht Fluglärmwirkungen, S. 18 f. und S. 518 f. Aus neuerer Zeit etwa Maschke/Wolf/Leitmann, in: UBA (Hg.), Lärmstress, S. 60, Abb. 4.16; SRU, Umweltgutachten 2008, S. 624 f., Rn. 806.

45 Akute Reaktionen können etwa auch in Form von Gefäßverengungen oder Pulsfrequenzerhöhungen zu erkennen sein, vgl. Jansen/Notbohm/Schwarze, Gesundheitsbegriff, S. 14; DFG, Forschungsbericht Fluglärmwirkungen, S. 18 f. und 324 f.; Rohrmann/Finke/Guski/Schümer/Schümer-Kohrs, Fluglärm, S. 190, sprechen auch von nicht-auditiven Wirkungen.

Wie jede Einteilung ist auch die hier soeben vorgenommene grob und vereinfachend. Man bekommt aber ein erstes Gefühl dafür, welche Struktur der hier zu beurteilende Sachverhaltskomplex hat und welche Fachgebiete vom Juristen zu durchdringen sind, will man seine rechtliche Beurteilung als auch außerrechtlich fundiert ansehen. Im ersten nun folgenden Unterabschnitt (B.) werden der Übersicht entsprechend das Schallereignis und seine primäre Wirkung im Gehör näher analysiert. Dabei geht es zunächst um die hier maßgeblichen physikalischen Grundlagen und welche physikalischen Aspekte – welche Objektdaten[46] – man wie beschreiben kann. Hervorzuheben sind derer drei: der Schalldruck, die Frequenz und die Zeit[47].

Grundsätzlich gilt aber auch, dass jede physikalische Größe zum Reiz wird, wenn sie beim Menschen auf ein dafür vorgesehenes Sinnesorgan trifft[48]. Die Darstellung einer physikalischen Größe in Gleichungen und Funktionen, also vereinfacht gesagt eine quantitative Darstellung, sind wir gewohnt. Wir stellen ihre Objektivität, ihren wissenschaftstheoretischen Hintergrund nicht in Frage. Reize werden aber vom menschlichen Sinnesapparat aufgenommen und dann häufig bewusst verarbeitet. Der Mensch nimmt sie dann als Empfindung wahr. Bei der Darstellung dieser Empfindungen verwenden Menschen gewöhnlicher Weise keine Gleichungen oder Funktionen. Stattdessen greifen sie auf den Gebrauch von Adjektiven zurück. Sie nutzen also eine qualitative Darstellung und sprechen bspw. von einem lauten, schrillen oder dumpfen Geräusch.

Diese Versubjektivierung schon des Hörempfindens erhöht die Komplexität des Untersuchungsgegenstandes und damit auch seine juristische Aufarbeitung ungemein. Vereinfachend gesprochen gilt es nämlich, geeignete Methoden und Konzepte zu entwickeln, diese Versubjektivierung wieder aufzulösen[49] und objektive oder zumindest doch adäquate Aussagen über die Hörempfindungen – insbesondere aber auch deren psychisch vermittelter sekundärer Wirkung, nämlich der Belästigungsreaktion[50] – zu finden, die sich im juristischen Entscheidungsprozess verarbeiten lassen.

Für den ersten und zweiten Abschnitt der Ereigniskette lässt sich ganz allgemein zunächst festhalten, dass Messungen und Berechnungen des Geräuschereignisses an die tatsächliche Wahrnehmung des Empfangsorgans, dem menschlichen Ohr, angepasst sein sollten. Ohne eine adäquate Übereinstimmung wäre für alle folgenden, darauf basierenden Untersuchungsschritte die Grundlage entzogen[51]. Auch bei

---

46 DFG, Forschungsbericht Fluglärmwirkungen, S. 511.

47 Vgl. Kürer, in: Koch (Hg.), Schutz vor Lärm, S. 22.

48 S. – auch für Nachfolgendes – Zwicker, Psychoakustik, S. 1 f.

49 Im DFG, Forschungsbericht Fluglärmwirkungen, S. 510 f., wird deutlich gemacht, warum mit der Verbalität der zu untersuchenden Daten nicht per se das Verlassen der Wissenschaftlichkeit einhergeht.

50 Zur „sekundären Wirkung“ des integrierten Wissens über die Globalreaktion der Belästigung, s. unten Teil 1, C., II., 1.

51 Allerdings wird allgemein nicht das Erfassen der physikalischen oder akustischen Kenngrößen, sondern der Übergang zur *Wirkung*sbeurteilung als schwierig empfunden, vgl. Kürer, in: Koch (Hg.), Schutz vor Lärm, S. 25.

der Frage nach der Funktionsweise der Mess- bzw. Berechnungstechnik wird also deutlich, dass man schon hier die Frage nach dem schwierig zu beschreibenden, weil in vielerlei Hinsicht schwer zu verallgemeinernden, Hörempfinden stellen kann und muss. Was also wird gemessen bzw. berechnet, um als Basis der Wertung zu dienen, an deren Ende nicht mehr von Geräuschen, sondern von Lärm gesprochen wird? In gewisser Weise treffen hier die physikalischen Grundlagen des Schallereignisses auf die biologisch-physiologischen Grundlagen der Funktionsweise des menschlichen Ohrs. Die Kernfrage ist: Wie kommt man von im Prinzip objektiv messbaren Teilaspekten des Schallereignisses zu einer realistischen Darstellung (Beschreibung) des Gesamtergebnisses der Hörempfindung?

Damit ist auch schon die Einleitung für ein weiteres Problem gegeben: Misst oder berechnet man Geräusche? Man muss wohl sagen: Die Frage ist irreführend. Es kommt darauf an, unter welcher Prämisse man ein Geräusch betrachten will. Die akustischen Parameter eines Geräuschs sind jedenfalls orts- und zeitbezogen messbare Größen. In der juristischen Beurteilung werden jedoch fast ausschließlich statt gemessener Werte solche verwendet, die auf eine Berechnung – bzw. eine Prognose – zurückgehen, so dass anstatt mit einer punktbezogenen Momentaufnahme einer bestehenden Quelle mit Immissionswerten gearbeitet wird, die auf mathematisch-physikalischen Berechnungsmodellen basieren[52]. Die Frage ist irreführend, weil jedes Modell bestimmten grundlegenden Prämissen folgt. Diese fallen aber nicht vom Himmel. Sie gehen regelmäßig auch auf empirische Forschung zurück. Man könnte also sagen auf Messreihen, deren Ergebnisse sich soweit stabilisiert haben, dass man von ihrer grundsätzlichen Gültigkeit ausgehen kann. So werden etwa zur Berechnung der von einem Flughafen insgesamt ausgehenden Geräusche die dort startenden und landenden Flugzeuge in Geräuschklassen eingeteilt. Diese Einteilung jedoch basiert auf Messungen[53].

Zurück zur Ereigniskette: Wenn einmal Klarheit darüber herrscht, was Schall ist, wie der Mensch ihn grundsätzlich über das Ohr aufnimmt bzw. wie dies darstellbar ist, kann im dritten Unterabschnitt (C.) dann die Frage untersucht werden, welche sekundären Wirkungen Schall verursacht[54]. Einfache Beispiele sind hierfür sofort eintretende Wirkungen wie das Platzen des Trommelfells bei sehr hohen Schalldruckpegeln oder Aufwachreaktionen eines schlafenden Menschen. Sie sind einfach, weil sie Subjektdaten[55] bereitstellen, die einfach – man könnte auch sagen keiner Verbalisierung bedürfend – messbar sind.

52 Kloepfer/Griefahn/Kaniowski/Klepper/Lingner/Steinebach/Weyer/Wysk, Leben mit Lärm, S. 241.

53 Vgl. Feldmann, in: Möser (Hg.), Messtechnik, S. 85 f. Zur Rolle der Eingangsdaten für die Berechnungsverfahren, s. unten Teil 1, B., III., 2.

54 Später wird innerhalb dieser sekundären (Körper-)Wirkungen weiter in Primär- und Sekundär- oder Globalreaktion bzw. in Wirkungsebenen und Wirkungsendpunkten unterteilt werden, weil sich zeigt, dass es jeweils zeitlich unmittelbare und zeitlich versetzt eintretende Wirkungen gibt. S. unten Teil 1, C., II. 2., a. und III., 4., a. und b.

55 DFG, Forschungsbericht Fluglärmwirkungen, S. 511.

Damit sind die Reaktionen, die der Mensch insgesamt auf Schall zeigt, aber nicht abschließend beschrieben, insbesondere wenn man bedenkt, dass er ihm andauernd und langfristig ausgesetzt sein kann. Es wird somit deutlich, dass Geräusch*wirkungen* auch einen zeitlichen Aspekt besitzen können. Die Bedeutung der Unterscheidung von sofort eintretenden und langfristigen Reaktionen für die Lärmwirkungsforschung kann nicht überschätzt werden. Sie ist – wie sich im juristischen Teil dieser Untersuchung noch deutlich zeigen wird – auch ein zentrales Problem der rechtlichen Beurteilung von Geräuschen bzw. deren negativer Effekte[56].

Langfristige, sekundäre Wirkungen werden nicht in dem gleichen Sinne gemessen wie dies soeben für ein einzelnes Flugzeuggeräusch beschrieben wurde. Sie werden eher – medizinisch/psychologisch/sozialwissenschaftlich – untersucht bzw. deren wissenschaftlicher Methodik folgend beschrieben. Das insbesondere zur Untersuchung langfristiger Folgen einschlägige Fachgebiet der Humanmedizin ist das der Epidemiologie[57].

Eine besondere sekundäre Wirkung ist die bisher noch nicht deutlich zur Sprache gekommene Belästigung. Sie ist die „subjektivste" Wirkung, insofern damit verbunden wird, dass ein Mensch einen bestimmten Reiz bewusst verarbeitet und im Rahmen dieses Prozesses auf die Wirkung des Reizes in Form seiner Einstellungen zum Reiz Einfluss nimmt. Im Gegensatz zu einer Krankheit – oder eben des einfach feststellbaren Platzens des Trommelfells – ist die Belästigung nicht sichtbar. Dennoch kann auch ihre Erforschung nach wissenschaftlichen Maßstäben erfolgen.

Mit dieser kurzen Einführung in die sekundären Geräuschwirkungen ist deren besondere Problematik ausreichend angedeutet. Wenn man davon ausgeht, dass das Platzen des Trommelfells ein praktisch zu vernachlässigendes Problem darstellt, gibt es – unzweifelhaft feststellbare – körperliche Geräuschfolgen nur in Form von Zwischenreaktionen, also als Aufwacherscheinung, Pulsfrequenzerhöhung und ähnlichem. Diese Zwischenreaktionen stellen – für sich genommen – ebenso wenig einen Krankheitszustand dar wie das Gefühl, belästigt zu sein. Für alle Zwischenreaktionen wird aber diskutiert, welchen Beitrag sie zur Entstehung von Krankheit leisten. Die Beweisführung, dass sie langfristig tatsächlich einen negativen Effekt auf die menschliche Gesundheit haben, ist das zentrale Problem der Lärmwirkungsforschung. Eine der Kernfragen des dritten Unterabschnitts ist es daher, wie man fachlicherseits versucht, diesen Beweis zu führen.

---

56 S. unten Teil 2, B., I., 1. und 2.

57 Ausführlich dazu unten Teil 1, C., III., 2., wobei epidemiologische Untersuchungen ihrerseits auf vorangehende Erkenntnisse medizinisch-physiologischer Untersuchungen aufbauen. Zum Verständnis von Gesundheit und den verschiedenen Krankheitsmodellen, s. unten Teil 1, C., III., 1.

B. Das Phänomen „Schall" – Messung, Berechnung und Bewertung

Nahezu jede juristische Auseinandersetzung mit dem Phänomen Schall beginnt mit einer überblicksartigen Darstellung seiner naturwissenschaftlichen Grundlagen. Dennoch werden wesentliche Unterscheidungen und Zusammenhänge dabei häufig außer Acht gelassen, allem voran die klare Trennung zwischen akustischen Faktoren eines Geräuschs und außer-akustischen Variablen, insbesondere der Faktoren, die – nach dem gleichnamigen Konzept – als sogenannte Moderatoren in das Verhältnis von Reiz und Reaktion eingreifen[58]. Verschwommen bleiben zumeist auch die Gemeinsamkeiten zwischen den (klassischen) akustischen und den psychoakustischen Merkmalen, aber auch deren Unterschiede[59]. Zu guter Letzt behelfen sich die Juristen dann schon vor oder während sie eigentlich nach den vermeintlichen, ihren Entscheidungen zu Grunde liegenden Tatsachen über negative Geräuscheffekte fragen – dies gilt insbesondere bei der Frage nach der Globalreaktion der Belästigung – mit einer Flucht in die Abwägung oder einer besonderen Betonung der sozialen bzw. psychischen Komponente der Bewertung von Geräuschen. Dies ermöglicht es, dort nicht all zu genau hinschauen zu müssen, wo klare Grenzziehungen und Aussagen zwar möglich, aber schwierig sind[60].

Um die Darstellung von Flugzeuggeräuschen – ob nun als Messung oder Berechnung – verstehen zu können, bedarf es eines grundlegenden Wissens über die Physik von Schallereignissen (I.) und über eventuell berücksichtigungsfähige, besondere Geräuschmerkmale (II.). Da es sich bei Flugzeugen um sich bewegende Geräuschquellen handelt, muss man allerdings auch Kenntnisse haben über den Ausbreitungsvorgang von Geräuschen und die sonst das Geräusch beeinflussenden technisch-physikalischen Aspekte. Ein Überblick über sie wird hier unter dem Stichpunkt der sonstigen physikalischen Einflussfaktoren gegeben (III.).

I. Physikalische Grundlagen – Akustische Merkmale

Die Akustik kann als die Lehre vom Schall beschrieben werden, die alle damit zusammenhängenden Gesichtspunkte wie etwa die Entstehung, Ausbreitung,

58 Insoweit nicht immer nachvollziehbar Faber, Planung von Flughäfen, S. 19 ff. die zwischen Lärm im objektiven und subjektiven Sinne unterscheiden möchte; problematisch auch Franke, Lärmgrenzwerte, S. 24 f. Zum Moderatorenkonzept später unten Teil 1, B., II., 1., b.

59 Ansätze aber in der Darstellung bei Hermann, Schutz vor Fluglärm, S. 27 ff.

60 Hier nur Hermann, Schutz vor Fluglärm, S. 29 und 70; Franke, Lärmgrenzwerte, S. 36 f. Auf verfassungsrechtlicher Ebene ist damit vor allem die Problematik einerseits des umfassenden Gesundheitsbegriffs der WHO und andererseits der unklaren Rezeption des Wissens über Belästigungsreaktionen angesprochen, die die Ausführungen in Teil 2., B., I. bis III. prägen.

Beeinflussung und Analyse von Schall umfasst[61]. Von besonderer Bedeutung innerhalb dieses Fachgebiets war immer die Auswirkung von Schall auf Materialien, später auch auf den Menschen. Schall wirkt auf den Mensch, wie soeben bereits beschrieben, als Reiz, der einen äußerst komplexen Verarbeitungsprozess startet. Es wird von Wahrnehmung gesprochen. Diesen Verarbeitungsprozess zu beschreiben stellt die Wissenschaft noch immer vor große Probleme.

Der erste Aspekt des Verarbeitungsprozesses ist das Hören. Die Art und Weise, wie die Akustik Geräusche beschreibt, ist von ihm besonders geprägt[62]. Auch wird hierüber deutlich, wieso man die Akustik als ein interdisziplinäres Fachgebiet verstehen und bezeichnen kann. Menschliche Empfindungen werden nämlich etwa von der Wahrnehmungspsychologie untersucht[63]. Da die physikalischen Grundlagen des Schallereignisses jedoch regelmäßig in unmittelbarem Zusammenhang mit der menschlichen Wahrnehmung und den diese bestimmenden Gesetzmäßigkeiten stehen, ist eine scharfe Trennung schwer möglich. Die grundlegendste Annahme der Wahrnehmungspsychologie, das sogenannte Weber-Fechner-Gesetz[64], gilt jedenfalls für die Sinneswahrnehmung allgemein, also auch für das Hörempfinden.

Der Schalldruck und der Schalldruckpegel können als die Grundpfeiler der Akustik angesehen werden. Sie werden hier zuerst behandelt (1.). Der Schalldruckpegel ist eigentlich nur eine künstliche (Umrechnungs-)Einheit, die auf einer objektiv messbaren Größe beruht, dem Schalldruck[65]. Wie aber bereits angedeutet, trifft der Schalldruckpegel – oder kurz Schallpegel[66] – nur eine begrenzte Aussage über einen Teilaspekt des zu untersuchenden Gesamtphänomens. Sein Informationsgehalt ist daher begrenzt. Neben dem Schalldruck bzw. dem Schalldruckpegel, gilt es vor allem zu verstehen, dass Schallereignisse Frequenzen haben[67]. Diese wiederum beeinflussen in vielfältiger Weise die Wahrnehmung. Zum Teil ist diesen Einflüssen auch im Rahmen der Messtechnik Rechnung getragen worden (2.). Beide Aspekte müssen schließlich *in der Zeit* gesehen werden (3. und 4.). Ein Schallereignis kann zwar durchaus konstant sein, also über einen längeren Zeitraum einen konstanten Schalldruck und eine konstante Frequenz haben, wird in der Regel aber eher variieren. Zudem reagiert das menschliche Ohr auf jedes Geräusch nur mit einer gewissen Trägheit. Der zeitliche Verlauf nimmt daher ebenfalls Einfluss auf die Wahrnehmung.

---

61 Vgl. Böge/Eichler, Physik, S. 145.

62 Vgl. Lüders/Pohl, Einführung in die Physik, § 140, S. 256; Maschke/Jakob, in: Möser (Hg.), Messtechnik, S. 599 f.; Werner, in: Möser (Hg.), Messtechnik, S. 57.

63 Möser, Technische Akustik, S. 1 ff. (passim).

64 Gerthsen/Meschede, Physik, S. 193 f.; Möser, Technische Akustik, S. 3 f.; Ullrich, DVBl. 1985, 1059 (1160). Dazu sogleich auch unten Teil 1, B., I., 1.

65 Möser, Technische Akustik, S. 6 f.

66 Lazarus/Sust/Steckel/Kulka/Kurtz, Akustische Grundlagen, S. 10.

67 Möser, Technische Akustik, S. 1, spricht im Zusammenhang mit Schalldruck von Lautstärke und bei der Frequenz von Klangfarbe; vgl. auch Gerthsen/Meschede, Physik, S. 191 f.

1. Vom Schalldruck zum Schalldruckpegel – Objektive Messbarkeit und Berechnung?

Diese Untersuchung interessiert, wie bereits einleitend dargestellt, eine scheinbar übersichtliche Wirkungskette. Der Beginn dieser Kette (das Hören bzw. in Abb. 1 Schritt (1) und (2)) lässt sich physikalisch folgendermaßen näher beschreiben: Eine Schallquelle versetzt das sie umgebende Medium (Luft) in kleine Schwingungen, die wiederum in Folge der Kompressibilität und Masse der Luft übertragen und schließlich aufgefangen werden – hier am Ohr des Hörers (oder aber durch ein Messgerät)[68]. Schall ist also zunächst nichts weiter als die schlichte Wahrnehmung eines Reizes, der einer entfernt gelegenen Schallquelle entstammt, die das Geräusch durch eine Schwingung hervorgerufen hat. Würde man eine einzelne Schwankung betrachten, so hätte sie vor allem zwei physikalische Aspekte: Sie hätte eine bestimmte Energie und sie hätte eine bestimmte Frequenz.

Die Übertragung zwischen Quelle (Sender) und Empfänger ist an die Bewegung kleinster Teilchen eines elastischen Kontinuums gebunden, wobei die Teilchen um eine im Mittel stabile Ruhelage schwingen – hier dem atmosphärischen Ruhedruck[69]. Die Ausbreitung in einem Medium – etwa der Luft (als Luftschall) – ist also die Ausbreitung einer Druckschwankung. Diesen den Ruhedruck überlagernden Wechseldruck bezeichnet man als Schalldruck, der als wichtigste akustische Feldgröße orts- und zeitunabhängig gilt[70]. Der Schalldruck wirkt dann auf das Ohr, indem das Innenohr mit der im Schalldruck verkörperten Energie belastet wird[71].

Der von einer Quelle ausgehende Schwingungsvorgang ist messbar, wobei unterschiedliche Beschreibungen möglich sind. So kann man bspw. den Schalldruck, die Schallleistung oder die Schallintensität betrachten, die sich alle um das eben beschriebene Phänomen drehen, aber jeweils einen ganz bestimmten Informationsgehalt haben[72]. So gibt die Schallintensität etwa die in einer Zeiteinheit durch eine Fläche

68 Vgl. Lazarus/Sust/Steckel/Kulka/Kurtz, Akustische Grundlagen, S. 9; Werner, in: Möser (Hg.), Messtechnik, S. 1 f.; Möser, Technische Akustik, S. 1.

69 Kloepfer/Griefahn/Kaniowski/Klepper/Lingner/Steinebach/Weyer/Wysk, Leben mit Lärm, S. 173; Werner, in: Möser (Hg.), Messtechnik, S. 5 f.; Lazarus/Sust/Steckel/Kulka/Kurtz, Akustische Grundlagen, S. 9. Je nach Medium ändert sich diese statische Ausgangsgröße.

70 Möser, Technische Akustik, S. 1.

71 Ausführlich zum Vorgang Zwicker, Psychoakustik, S. 20 ff.

72 S. – auch für sogleich Folgendes – Werner, in: Möser (Hg.), Messtechnik, S. 5 f. Es ist daher auch etwas verkürzt zu sagen, der Schalldruck ist gleich der abgestrahlten Schallenergie; denn Schall breitet sich als Schallwelle in einem Medium aus, welches seinerseits Einfluss nimmt, so dass die Schallenergie eines Schallfeldes sich eigentlich als Summe der bei der Ausbreitung entstehenden kinetischen und potentiellen Energien darstellt. Um diese zu berechnen, bedarf es der Kenntnis des Schalldrucks, der Schallschnelle, der Dichte des Mediums und der Schallgeschwindigkeit in selbigem,

senkrecht durchtretende Schallenergie an. Im freien Schallfeld ist sie proportional zum dort messbaren Quadrat des Schalldrucks. Die Schallleistung bezieht sich wiederum auf die von einer Schallquelle in einer bestimmten Zeiteinheit abgegebenen Schallenergie. Die Schallenergie lässt sich wiederum in den Schalldruck umrechnen, womit sich der bereits genannte Wechseldruck beschreiben lässt.

Der hörbare Bereich umfasst – jedenfalls ungefähr – Schalldruckwerte von 10^{-5} bis 10^{2} Pascal (Pa)[73]. Die einfachste Form einer Schalldruckschwingung ist eine Sinus- oder Kosinusschwingung[74]. Die zumeist komplexeren Alltagsgeräusche, wie etwa auch die durch den Verkehr verursachten Geräusche, haben jedoch komplexere Schalldruckverläufe mit unterschiedlichen Schwingungen. Sie können als unabhängige Teilschwingungen mit unterschiedlichen Frequenzen aufgefasst werden[75]. Das Ohr hat die Fähigkeit, diese komplexeren Verläufe zu zerlegen. Es führt eine sogenannte Fourier-Analyse[76] durch.

Ganz regelmäßig wird aber nicht mit dem Schalldruck in Pascal operiert, sondern mit dem in die Pseudoeinheit[77] Dezibel (db) umgerechneten Schalldruck*pegel*. Das Maß Dezibel beschreibt dabei einen dekadischen Logarithmus, und zwar des Verhältnisses zweier gleichartiger physikalischer Größen, hier zweier Schalldrücke[78], die wie soeben beschrieben nichts anderes sind als Angaben zur auf ein Feld wirkenden Energie. Die darin liegende relative Gesetzmäßigkeit folgt sozusagen aus der bereits erwähnten grundlegenden Gesetzmäßigkeit der Sinneswahrnehmung. Sie besagt, dass Reize um einen gewissen Prozentsatz erhöht werden müssen, damit sich gleiche Empfindungsänderungen einstellen[79]. Anders ausgedrückt verhält sich also etwa die Lautstärkeempfindung – als an den Reiz gekoppelte Hörempfindung – proportional zum Logarithmus des physikalischen Reizes (hier der Schalldruck-Amplitude – also des Spitzen- oder Scheitelwerts eines Schalldrucks). Hierbei handelt es sich

vgl. Kloepfer/Griefahn/Kaniowski/Klepper/Lingner/Steinebach/Weyer/ Wysk, Leben mit Lärm, S. 177; SRU, Umweltgutachten 1987, S. 385, Rn. 1386.

73 Pascal ist die abgeleitete Einheit (internationals (metrisches) Einheitensystem) des Drucks (sowie der mechanischen Spannung), die ausdrückt, welche Kraft sich auf eine bestimmte Fläche ausübt.

74 Häufig wird auch vom Sinuston gesprochen, etwa Gerthsen/Meschede, Physik, S. 191, womit nichts anderes gemeint ist, als dass der Ton sich mathematisch annähernd durch eine Sinus- oder Kosinusschwingung beschreiben lässt.

75 Lazarus/Sust/Steckel/Kulka/Kurtz, Akustische Grundlagen, S. 9.

76 Mit einer Fourier-Analyse lassen sich beliebige periodische Signale in eine Summe von Sinus- und Cosinus-Funktionen bzw. harmonischen Schwingungen zerlegen, ausführlich dazu Weber/Ulrich, Transformation, S. 1 ff.; s. auch Möser, Technische Akustik, S. 437 ff.

77 Möser, Technische Akustik, S. 15.

78 Der Ruhedruck für die Schalldruckpegelberechnung ist im Übrigen international standardisiert, vgl. Feldmann, in: Möser (Hg.), Messtechnik, S. 56.

79 Möser, Technische Akustik, S. 3 f und 5 f., der dieses auf Weber und Fechner zurückgehende Gesetz mit Beispielen anschaulich macht; vgl. auch Gerthsen/Meschede, Physik, S. 193 f.

um das bereits genannte, durch vielfältige Untersuchungen wenigstens grob als zutreffend ausgewiesene Weber-Fechner-Gesetz[80]. Man muss daher erkennen, dass sich vorstehende Ausführungen auf ein genormtes, durchschnittliches Empfinden beziehen. Es können sich durchaus individuelle Abweichungen ergeben. Zudem ist es wichtig festzuhalten, dass der Schalldruckpegel Reiz und Empfindung zusammenführt. Er trifft also keine „rein physikalische" Aussage mehr.

Man kann das Funktionieren der Sinneswahrnehmung nach diesem logarithmischen Gesetz auch evolutionär erklären. Während es einerseits schwache Reize kurz oberhalb einer Wahrnehmungsschwelle – dazu sogleich – stark hervorhebt und so gut empfindbar macht, werden sehr große Reize in ihrer Wahrnehmung stark abgeschwächt; hier wirkt die Logarithmus-Kennlinie als eine Art Überlastschutz[81]. Insgesamt wird dadurch ein sehr breiter physikalischer Wertebereich (schmerzfrei) erfahrbar und mehrere Zehnerpotenzen der physikalischen Größenordnung abgebildet. Dazu folgende Abbildung **(Abb. A2)**[82]:

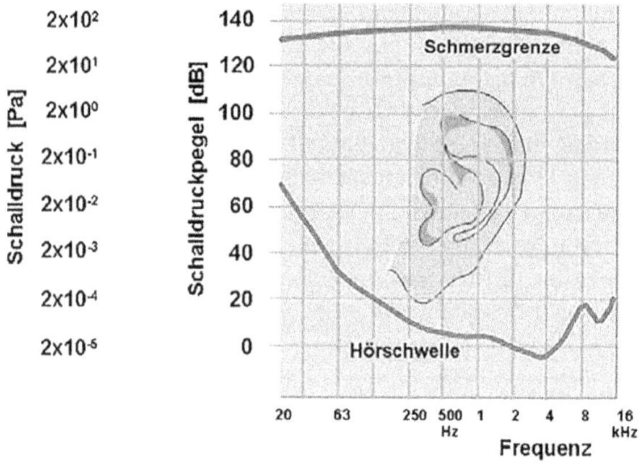

Die Spalte links gibt die Größe des Schalldrucks in Pascal wieder, und es lässt sich gut erkennen, dass besagter Zehnerpotenzbereich erfahrbar ist. Aus der logarithmischen Darstellung ergeben sich aber, gewissermaßen als praktischer Nachteil, besondere Rechenregeln. Eine Verdopplung der Schallintensität – bei gleicher Schallquelle – ergibt nicht etwa eine Verdopplung des Dezibel-Ausgangswertes, sondern nur eine Erhöhung um etwa 3 Dezibel und erst eine Verzehnfachung der Schallintensität führt zu einer

80 Nachweise bereits oben Fn. 64.

81 Möser, Technische Akustik, S. 6.

82 Entnommen aus Kloepfer/Griefahn/Kaniowski/Klepper/Lingner/Steinebach/Weyer/Wysk, Leben mit Lärm, S. 175 (Hörbarer Amplitudenbereich).

Erhöhung von 10 Dezibel[83]. Ihr Vorteil liegt augenscheinlich in der Vereinfachung des Zahlenwertes, mit dem man operiert.

Zu bedenken ist weiterhin, dass die Bezugsgröße bei der Bildung des (logarithmischen) Verhältnisses die Hörschwelle für eine Frequenz von 1000 Hz (= 1 kHz) ist[84]. Mit anderen Worten stimmen vorgenannte Beispiele auch nur für diese Frequenz. Ein Geräusch im niederfrequenten Bereich ist erst hörbar, wenn es schon einen gewissen Schalldruck hat, und der hörbare Schalldruckbereich bei diesen Frequenzen ist entsprechend kleiner. Wie sich aus der Abbildung somit klar ergibt, ist die Hörschwelle abhängig von einem weiteren physikalischen Aspekt des Phänomens Schall, nämlich der Frequenz[85].

Man kann beim Schalldruck(pegel) auch vom Lautstärkepegel des Geräuschs sprechen, allerdings ebenfalls nur für eine bestimmte Frequenz (etwa 1 kHz)[86]. Die Lautstärke kann auch in Phon angegeben werden. Ein Phon entspricht dem Intensitätsverhältnis, das vom Ohr bei der Normfrequenz gerade noch unterschieden wird (die Schwelle zum gerade noch hörbaren Ton bei der Normfrequenz soll 0 Phon haben)[87]. Daraus ergibt sich der Lautstärkebereich von 0 bis etwa 130–140 Phon, der für die Normfrequenz auch dem Dezibelbereich entspricht[88]. Die Schalldruckpegel haben daher, abgesehen von der Unsicherheit bezüglich der Frequenz(spannbreite) des Ereignisses, also den weiteren Vorteil, dass sie auch eine Angabe über die genormte Lautstärke machen[89]. Die Akustik begreift die Lautstärke allerdings als eine auf den (noch) objektiven Größen Schalldruck und Schalldruckpegel basierende „subjektive" Maßeinheit[90]. Die Lautstärke hängt nämlich nicht nur von der Frequenz ab, sondern eigentlich von der Frequenzbandbreite des Schallereignisses bzw. seinem Frequenzspektrum und den damit verbundenen Effekten[91]. Der Frequenzgang der Hörempfindlichkeit hängt dagegen (nur) stark vom Pegel ab[92].

Die durch die physikalische Akustik ermöglichte Beschreibung des Energieaspekts von Schall endet also mit einem Schalldruckwert. Die Schalldrücke werden in die Pseudoeinheit Dezibel umgerechnet. Sie kennzeichnet den dekadischen Logarithmus eines Verhältnisses, und zwar zweier Leistungs- bzw. Energiegrößen, hier zweier Schalldrücke.

---

83 Kloepfer/Griefahn/Kaniowski/Klepper/Lingner/Steinebach/Weyer/Wysk, Leben mit Lärm, S. 176. Allgemein zum Rechnen mit Pegeln, Möser, Technische Akustik, S. 473 ff.

84 SRU, Umweltgutachten 1987, S. 383, Rn. 1378.

85 Ausführlich zur Ruhehörschwelle Zwicker, Psychoakustik, S. 31 ff.

86 Feldmann, in: Möser (Hg.), Messtechnik, S. 57; Maschke/Jakob, in: Möser (Hg.), Messtechnik, S. 607 f. (dort insb. Abb. 11.6); Gerthsen/Meschede, Physik, S. 194.

87 Gerthsen/Meschede, Physik, S. 194

88 Davon wiederum zu unterscheiden ist die Lautheit und ihr Maß „Sone", vgl. Zwicker/Fastl, ZfL 1986, 61 ff.; ausführlich Zwicker, Psychoakustik, S. 68 ff.

89 S. DIN ISO 226.

90 Möser, Technische Akustik, S. 11.

91 Dazu unten Teil 1, B., II.

92 Vgl. Möser, Technische Akustik, S. 11.

2. *Der Einfluss der Schwingungsfrequenz auf die Hörschwelle – Frequenzbewertungen*

Das zweite hervorstechende, physikalische Merkmal eines Schallereignisses ist die bereits teilweise in Blick genommene Frequenz, die die Anzahl der Periodendauern einer Schwingung pro Sekunde in der Einheit Hertz (Hz)[93] angibt. Sie hat zweifach Auswirkungen auf das Hören. Vom menschlichen Ohr wahrnehmbar sind nämlich überhaupt nur Frequenzen von etwa 16 bis 16 000 Hz[94]. Erweitert man den Frequenzbereich nach unten, spricht man von Infraschall, während die Ausdehnung nach oben in den Ultraschall führt; beide Grenzbereiche sind dem menschlichen Ohr verschlossen[95]. Die Altersschwerhörigkeit beeinflusst typischerweise den oberen Frequenzbereich[96]. Das obere Ende des hörbaren Frequenzbereichs bei einem Wert von etwa 16 kHz bezieht sich auf einen gesunden Menschen von etwa 20 Jahren und nimmt um etwa 1 kHz pro Lebensdekade ab[97].

Je nach (grundsätzlich hörbarem) Frequenzbereich ergeben sich auch unterschiedliche Hörschwellen. Das Gehör weist also nicht für alle Frequenzen die gleiche Empfindlichkeit auf[98]. Die Hörschwelle ist nun definiert als die Druckschwankung, bei der das Ohr unter Ruhebedingungen einen Ton gerade noch erkennt[99]. Das Hörempfinden des Menschen wird also durch den Frequenzbereich *mit*bestimmt, in dem sich das Geräusch abspielt. Im mittleren Frequenzbereich ist das Ohr beispielsweise viel empfindlicher als bei den sehr hohen oder sehr tiefen Frequenzen und nimmt dementsprechend ein viel größeres Schalldruckspektrum auf[100]. Allerdings kann sich wiederum die individuelle Hörschwelle, und damit das individuell mögliche Schalldruckspektrum, von Person zu Person unterscheiden. Die hier

---

93 Abkürzung der internationalen Einheit Hertz, die die Anzahl von Schwingungen in der Sekunde angibt (oder allgemeiner sich wiederholender Vorgänge pro Sekunde), Möser, Technische Akustik, S. 1; vgl. auch die Abb. D.2 bei Kloepfer/Griefahn/Kaniowski/Klepper/Lingner/Steinebach/Weyer/Wysk, Leben mit Lärm, S. 175.

94 Kloepfer/Griefahn/Kaniowski/Klepper/Lingner/Steinebach/Weyer/Wysk, Leben mit Lärm, S. 174. Genaue (obere und untere) Grenzen sind allerdings nicht definierbar, vgl. Möser, Technische Akustik, S. 1, der auch von einer Flimmergrenze spricht.

95 Kloepfer/Griefahn/Kaniowski/Klepper/Lingner/Steinebach/Weyer/Wysk, Leben mit Lärm, S. 173; vgl. auch Möser, Technische Akustik, S. 1. Ullrich, DVBl. 1985, 1159 (1160), weist aber noch darauf hin, dass der Infraschall als Erschütterung oder Körperschallschwingung wahrgenommen werden kann, die sich auf den Gleichgewichtssinn auswirken können.

96 SRU, Sondergutachten 1999, S. 158 f., Rn. 387; Zwicker, Psychoakustik, S. 33.

97 Möser, Technische Akustik, S. 1.

98 Maschke/Jakob, in: Möser (Hg.), Messtechnik, S. 601; Ullrich, DVBl. 1985, 1159 (1160). S. Abb. **A2**.

99 Kloepfer/Griefahn/Kaniowski/Klepper/Lingner/Steinebach/Weyer/Wysk, Leben mit Lärm, S. 175; vgl. auch Maschke/Jakob, in: Möser (Hg.), Messtechnik, S. 601; Zwicker, Psychoakustik, S. 31.

100 Möser, Technische Akustik, S. 11; Ortscheid/Wende, ZUR 2002, 185 (185).

dargestellte Hörschwelle ist ein Mittelwert, um den die individuellen Hörschwellen schwanken[101]. Es gibt sogar eine ISO-Norm, die die heute gültige Normalhörschwelle festlegt – ISO 389-7 aus dem Jahr 2005. Damit wird aber auch klar, dass nicht nur das Weber-Fechner-Gesetz, sondern auch die Normung der Hörschwelle eine (statistische) Vereinfachung der Realität darstellt[102].

Aus der Abbildung ergibt sich auch, dass niederfrequente Geräusche einen weit höheren Schalldruckpegel haben müssen, um vom menschlichen Ohr überhaupt wahrgenommen werden zu können. Fehlerhaft wäre es, wenn man diese hohen Schalldrücke automatisch (quasi sprunghaft) auch mit hoher Lautstärke gleichsetzen würde. Das Lautstärkemaß beginnt bei niederfrequenten Geräuschen nur bei höheren Schalldrücken und steigt bei weiterer Zunahme der (sowieso schon hohen) Schalldrücke schneller an als beim „Standardmaß" von 1 kHz. Insgesamt ist daher auch die Schalldruck-Wahrnehmungsspannbreite bei niederfrequenten Geräuschen geringer[103].

Dieser Zusammenhang von Schalldruck, Frequenz und Hörschwelle kann im Rahmen der Messung mit einem herkömmlichen Schallpegelmesser berücksichtigt werden, bestehend aus einem Mikrofon, welches den Schallwechseldruck, der den Ruhedruck überlagert, in eine proportionale elektrische Spannung umwandelt[104]. Diese Spannung kann dann weiteren Analyseverfahren zugeführt werden. Soweit man einen Wert in db (A) vor sich hat, wurde die gefundene elektrische Spannung noch im Schallpegelmesser durch die Frequenzbewertungskurve A – dazu sogleich – im Hinblick auf die empfundene Lautstärke bewertet[105]. Im Immissionsschutz werden mittlerweile nur noch sog. A-Filter genutzt[106]. Dazu folgende Abbildung, in der der A-Filter durch die grüne Linie dargestellt wird **(Abb. A3)**[107]:

101 Maschke/Jakob, in: Möser (Hg.), Messtechnik, S. 601. Zwicker, Psychoakustik, S. 10 ff. und S. 31 f., beschreibt, welche Methoden vorhanden sind, um sich einem Phänomen wie der Hörschwelle anzunäheren.

102 Maschke/Jakob, in: Möser (Hg.), Messtechnik, S. 601, mit einer Darstellung des möglichen Schwankungsbereichs. Zudem wird hier noch darauf hingewiesen, dass sich die Standardisierung auf „Personen mit einem normalen Gesundheitszustand" bezieht (ebd., S. 602, Fn. 3).

103 Vgl. Abb. 1.4 bei Möser, Technische Akustik, S. 11.

104 Lazarus/Sust/Steckel/Kulka/Kurtz, Akustische Grundlagen, S. 10.

105 Kutscheid, NVwZ 1989, 193 (197); zum Ablauf detailliert Lazarus/Sust/Steckel/Kulka/Kurtz, Akustische Grundlagen, S. 10 ff.

106 Kutscheid, NVwZ 1989, 193 (197); Wysk, ZLW 1998, 456 (477).

107 Entnommen aus Kloepfer/Griefahn/Kaniowski/Klepper/Lingner/Steinebach/Weyer/Wysk, Leben mit Lärm, S. 175.

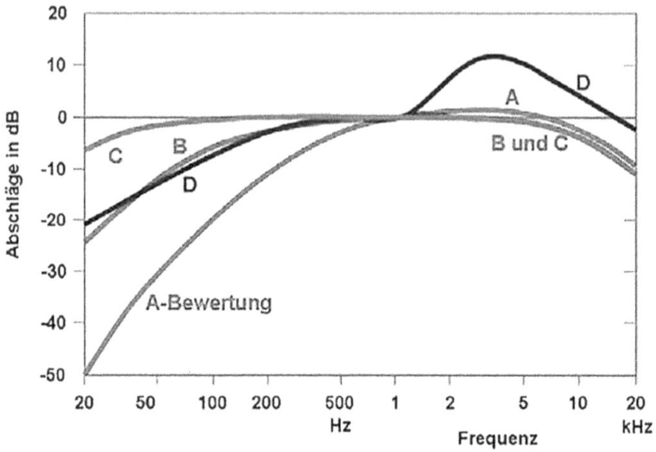

Aus der bildlichen Darstellung der Bewertungskurven ergibt sich deutlich, in welchen Frequenzbereichen Ab- bzw. Aufschläge auf den gemessenen Druckpegel vorgenommen werden. Beispielsweise werden im niederfrequenten Bereich gemessene Schalldruckpegel mit einem deutlichen Abzug *bewertet*. So wird versucht, das vom Frequenzbereich abhängige Hörempfinden – also der Effekt, dass das menschliche Ohr bei unterschiedlichen Frequenzen gleiche Schalldrücke ungleich laut empfindet – wenigstens grob rechnerisch nachzubilden[108]. Wie auch schon bei der Erläuterung des Schalldruckpegels muss also auch hier festgehalten werden, dass die Frequenzbewertung keine rein physikalische Aussage trifft, sondern vielmehr versucht, das menschliche Empfinden eines Reizes quantitativ darzustellen.

Die A-Bewertung hat sich international durchgesetzt[109]. Sie ist kostengünstig und gibt in vielen Fällen durchaus eine realitätsnahe Auskunft über die beim Schalldruck eines Geräuschs empfundene Lautstärke wieder. Die Frequenzbewertungen haben insgesamt jedoch einen starren Blickwinkel und sind daher nicht nur für bestimmte akustische Aspekte von Geräuschen in ihrer Aussagekraft beschränkt[110], sondern sie bewerten auch die Lautstärke von Geräuschen in bestimmten Frequenzbereichen nicht entsprechend der tatsächlich empfundenen *Lautheit*[111]. Deshalb war schon bei

108 Ullrich, DVBl. 1985, 1159 (1160).

109 Maschke/Jakob, in: Möser (Hg.), Messtechnik, S. 599.

110 Maschke/Jakob, in: Möser (Hg.), Messtechnik, S. 599; Möser, Technische Akustik, S. 13; s. auch schon SRU, Umweltgutachten 1987, S. 391 f., Rn. 1421 ff. Das gilt insb. bzgl. besonderer Geräuschmerkmal wie etwa dem Tonempfinden, der Schärfe oder der Rauhigkeit, vgl. unten Teil 1, B., II.

111 Man kann dies gut selbst nachvollziehen, wenn man die Bilder 1.4 und 1.5 bei Möser, Technische Akustik, S. 11 f., miteinander vergleicht. Am Beispiel einer Holzverarbeitungsfabrik zeigen Fastl/Zwicker, Psychoacoustics, S. 317 f., den

ihrer Einführung klar, dass man an einer „gehör-richtigeren" Messtechnik arbeiten muss[112]. Die Frequenzbewertung ist aber auch nicht die einzig denkbare Methode der Lautheitsbewertung. Man kann ebenso mittels sogenannter Frequenzfilter eine detailliertere Oktav- oder Terzanalyse (auch Signalanalyse) vornehmen, deren Ergebnis das sogenannte Schalldruckspektrum ist[113].

3. *Der Einfluss der Einschwingzeit des menschlichen Ohrs – Zeitbewertungen*

Die Hörempfindlichkeit des Ohrs spielt noch in einem weiteren Zusammenhang eine Rolle. Neben der Frequenzbewertung kann auch eine (Kurz-)Zeitbewertung des gemessenen Geräuschs erfolgen, die aus dem Phänomen der Trägheit des menschlichen Ohrs folgt. Das menschliche Ohr reagiert nämlich nur mit einer gewissen zeitlichen Verzögerung auf Veränderungen des Schalldrucks (sog. Einschwingzeit)[114]. Die heute verfügbaren Messgeräte können darauf eingestellt werden. In einem solchen Fall werden dann die Zeitbewertungen „slow" (langsam, träge), „fast" (schnell, flink) und „impulse" (Impuls) mit jeweils unterschiedlichen Einschwingzeiten unterschieden, wobei slow besonders träge ist und daher kleine und schnelle Schwingungen/ Pegeländerungen „glättet"[115]. Diese Einstellung wurde früher häufig verwendet, da sie den Vorteil hatte, dass man Werte sicher ablesen konnte. Geeignet ist sie insofern aber nur für relative gleichmäßige Geräusche, die keine Impulse enthalten[116]. Mit „fast" und „impulse" werden schnelle Pegeländerungen besser erfasst als mit „slow". Hier ist dementsprechend aber auch die Anzeige eher ungenau[117].

Vorteil des Maßes Lautheit gegenüber einer einfachen A-Bewertung. Kritisch zur A-Bewertung – allerdings eine Alternativlosigkeit suggerierend – auch Spreng/ Költzsch, in: UBA (Hg.), Fluglärm 2004, S. 10 und 17. Das Problem wird auch in der juristischen Literatur für die tieffrequenten Geräusche bei sehr hohen Pegeln aufgnommen, wie sie typischerweise bei Flugzeugen auftreten, ohne dass daraus weitere Konsequenzen gezogen werden, vgl. Hermann, Schutz vor Fluglärm, S. 32 (Fn. 10); Franke, Lärmgrenzwerte, S. 24; Wysk, ZLW 1998, 456 (477).

112 Vgl. Zwicker/Fastl, ZfL 1986, 61 (61 f. und 66); SRU, Umweltgutachtem 1987, S. 391 f., Rn. 1421 ff.; Kutscheidt, NVwZ 1989, 193 (198).

113 Zur Wirkung von Filtern und Frequenzbewertungen und zur Unterscheidung von hochauflösenden Signalanalysen siehe Möser, Technische Akustik, S. 8 ff.; vgl. auch Lazarus/Sust/Steckel/Kulka/Kurtz, Akustische Grundlagen, S. 15 ff., und insb. Feldmann, in: Möser (Hg.), Messtechnik, S. 73; zur Signal – oder Frequenzanalyse gleich auch unten Teil 1, B., II., 1. und 2.

114 Kürer, in: Koch (Hg.), Schutz vor Lärm 1990, S. 22; SRU, Umweltgutachten 1987, S. 383, Rn. 1380.

115 Lazarus/Sust/Steckel/Kulka/Kurtz, Akustische Grundlagen, S. 11; Neumann/ Schreiber, ZfL 1992, S. 145 ff.

116 Feldmann, in: Möser (Hg.), Messtechnik, S. 58 f.

117 Feldmann, in: Möser (Hg.), Messtechnik, S. 59; vgl. auch Lazarus/Sust/Steckel/ Kulka/Kurtz, Akustische Grundlagen, S. 12 f.

Die Fast-Bewertung ist bspw. in der TA-Lärm vorgeschrieben und ermöglicht die richtige Anzeige und bessere Erkennung schnell aufeinander folgender Schallereignisse durch schnelleres Einschwingen, wobei sich plötzlich auftretende Ereignisse (Impulse) nur näherungsweise messen lassen[118]. Die Fast-Bewertung wird als der messtechnische Normalfall bezeichnet[119]. Bei der Impuls-Bewertung erfolgt ein schnelles Einschwingen, das der Ohrträgheit bei plötzlich auftretenden Schallereignissen (bspw. Knallen) etwa entspricht, und ein langsames Abklingen, das auf der Störwirkung kurzer Schallereignisse basiert[120].

Isermann geht ebenfalls davon aus, dass die Fast-Bewertung der menschlichen Hörempfindung besser angepasst ist[121]. Aus nicht näher erläuterten historischen Gründen habe sich aber die Slow-Bewertung durchgesetzt[122], was – auch wenn die Maximalpegel in beiden Fällen um etwa 2 db abweichen könnten – aber kein größeres Problem sei, da bei einer zeitlichen Integration des Pegelverlaufs beide Einstellungen nahezu identische Werte lieferten.

4. Der Einfluss der Geräuschdauer – Dauerschall-, Maximal- und Beurteilungspegel

Die meisten Schallereignisse sind nicht konstant, weder bezogen auf ihren Schalldruckpegel noch in ihrer Frequenz[123]. Man kann vielmehr von einem Schalldruckpegelverlauf und einem Frequenzspektrum sprechen, den solche Ereignisse zeigen. Sie können also unterschiedlich laut sein (bzw. in ihrer Intensität an- und abschwellen), verschiedene besondere Geräuschmerkmale enthalten und verschieden lang andauern. Um nicht mit ganzen Schalldruckpegelverläufen arbeiten zu müssen, hat es sich etabliert, Beurteilungsmaße (Beurteilungspegel) zu bilden, die den Pegelverlauf bewerten und vor allem in der Darstellung vereinfachen.

Auf Grund des unter Umständen stark wertenden Einschlags – bspw. in Zusammenhang mit der Berücksichtigung bestimmter Störwirkungen, die beim Menschen eintreten, dazu gleich – könnte man argumentieren, dass dieser Aspekt nicht im Zusammenhang mit den physikalischen Grundlagen erörtert werden darf. Allerdings geht es den folgenden Ausführungen weniger um den problematischen

118 Feldmann, in: Möser (Hg.), Messtechnik, S. 59.

119 SRU, Umweltgutachten 1987, S. 385 f., Rn. 1390. Anders Isermann, in: Ziekow (Hg.) Praxis des Fachplanungsrechts, S. 642 f., Rn. 1739.

120 Feldmann, in: Möser (Hg.), Messtechnik, S. 60; Kürer, in: Koch (Hg.), Schutz vor Lärm 1990, S. 22 f.

121 Isermann, in: Ziekow (Hg.) Praxis des Fachplanungsrechts, S. 642 f., Rn. 1739; kritisch vor dem Hintergrund der Lautheit in sone, Fast/Zwicker, ZfL 1986, 61 (64 f.).

122 Spreng/Költzsch, in: UBA (Hg.), Fluglärm 2004, S. 6; Isermann, in: Ziekow (Hg.) Praxis des Fachplanungsrechts, S. 642 f., Rn. 1739.

123 Feldmann, in: Möser (Hg.), Messtechnik, S. 61; Zwicker, Psychoakustik, S. 102; Ullrich, DVBl. 1985, 1159 (1160).

Wertungsvorgang bzw. die Vor- und Nachteile unterschiedlicher Beurteilungspegel als vielmehr um ein erstes Verständnis für den Vorgang der Beurteilung. Zudem sind die Dauer eines Geräuschs und der Zeitpunkt des Auftretens objektiv messbar, und im Abschnitt zu den physikalischen Grundlagen geht es insbesondere auch darum, aufzuzeigen, welche Aspekte im Zusammenhang mit Geräuschen *eindeutig* zu beschreiben sind. So ist etwa die Unterscheidung nach der Tageszeit, während der das Geräusch auftritt, einer der einfachsten zeitbezogenen Beurteilungsfaktoren und plastisches Beispiel dafür, worum es geht. Der Zeitpunkt einer Messung kann eindeutig bestimmt werden, hat aber auf die Messung selbst keinen Einfluss[124]. Mit der Erfassung des Zeitpunkts kann aber der Grundstein gelegt werden für eine spätere Würdigung der Wirkung des Geräuschs, etwa auf den menschlichen Schlafrhythmus. Damit ist ein weiterer wichtiger Punkt angesprochen, nämlich die Frage, wozu Beurteilungsmaße herangezogen werden.

Alle Beurteilungspegel haben zuerst die Funktion, die Geräuschbelastung eines Verkehrsträgers im Umfeld seiner Nutzung zu quantifizieren[125]. Über die mit ihnen dargestellten Lärmkonturen – im Bereich des Fluglärm auch Lärmteppich genannt[126] – können dann weitere Planungs- und Steuerungsschritte vorgenommen werden. Damit sinnvoll geplant und gesteuert wird, muss man sich aber der Vor- und Nachteile der einzelnen Beurteilungsmaße bewusst sein bzw. was sie jeweils zum Ausdruck bringen. Auf Grund der hohen Korrelation negativer Geräuscheffekte mit Dauerschallpegeln, bei denen die Lautstärke im Vordergrund steht, bieten diese etwa eine brauchbare Grundlage für die Abschätzung, inwiefern solche Effekte in der Bevölkerung auf Grund von Verkehr zu erwarten sind[127]. Auf der anderen Seite ist man sich offensichtlich auch darüber einig, dass man die Auswirkung auf den Schlaf besser an Hand von

124 Sieht man mal von Aspekten ab, die mit unterschiedlichen Tageszeitpunkten in Verbindung gebracht werden können (etwa unterschiedliche metereologische Bedingungen).

125 Isermann, in: Ziekow (Hg.) Praxis des Fachplanungsrechts, S. 644, Rn. 1743; Feldmann, in: Möser (Hg.), Messtechnik, S. 103.

126 Eine Vorstellung davon, wie solche Lärmkonturen aussehen, vermittelt die bildliche Darstellung der Lärmschutzbereiche bei Bock, in: Ziekow (Hg.), Aktuelle Probleme 2009, S. 43 ff. (Legende).

127 Dies gilt vor allem für das Belästigungsempfinden, s. Zwicker/Fastl, ZfL 1986, 61 (63) (m.w.N.). Die Korrelation scheint aber – jedenfalls im Hinblick auf die als negativ erachtete Belästigungsreaktion – nicht von der Wahl eines bestimmten Beurteilungspegels abzuhängen, Isermann, in: Ziekow (Hg.) Praxis des Fachplanungsrechts, S. 648, Rn. 1750. Der DFG, Forschungsbericht Fluglärmwirkungen, S. 143 ff., hat jedoch auch aufgezeigt, dass bei Berücksichtigung von Einzelereignissen allgemein bessere Korrelationen auftreten.

Einzelereignissen nachvollziehen und bewerten kann[128]. Selbstverständlich stellen sich hier nach wie vor viele Fragen[129].

Deutlich dürfte geworden sein, dass die Frage nach der Sinnhaftigkeit eines Beurteilungspegels nur im Zusammenhang mit den in ihnen jeweils enthaltenen Wertungen entschieden werden kann[130]. Beurteilungspegel selbst können schon ganz spezifisches Wissen über negative Effekte von Geräuschen enthalten, wie etwa eine angenommene Störwirkung von Geräuschen zu bestimmten Zeiten. Insofern haben sie also nicht nur eine quantifizierende, sondern auch eine schon qualifizierende Funktion. Ob eine bestimmte Qualifizierung sinnvoll ist, kann nur im Zusammenhang mit der Lärmwirkungsforschung entschieden werden. In die Berechnung von Beurteilungspegeln können Effekt-Qualifizierungen über die Ausgestaltung der Berechnungsvorschriften einfließen.

Es gibt verschiedene Beurteilungsmaße, die sich vor allem hinsichtlich ihrer Anwendungsbereiche unterscheiden, etwa hinsichtlich des betrachteten Zeitraums oder der Beschreibung bestimmter Störwirkungen (etwa in der Nacht)[131]. Eine der gängigsten Bewertungen[132] der Komplexität eines Schallpegelverlaufs erfolgt im Rahmen des äquivalenten Dauerschallpegels (L_{eq}), der bei einer kontinuierlichen Pegelmessung den mittleren Verlauf berechnet und auch Mittelungspegel (L_m)

---

128 Spreng/Költzsch, in: UBA (Hg.), Fluglärm 2004, S. 8; Delfs/Dobrzyinki/Heller/Isermann/Michel/ Splettstösser/Obermeier, in: Müller/Möser (Hg.), Technische Akustik, S. 622; s. auch die Beiträge in Oldiges (Hg.), Schutz vor nächtlichem Fluglärm. Ähnlich Isermann, in: Ziekow (Hg.) Praxis des Fachplanungsrechts, S. 652, Rn. 1751, der aber auch noch davon ausgeht, dass zwar unterschiedliche Beurteilungsmaße für Tages- und Nachtgeräusche herangezogen werden müssen, es jedoch besser sei, sich nicht auf nur ein Kriterium festzulegen (ebd., Rn. 1761).

129 Vgl. Isermann, in: Ziekow (Hg.) Praxis des Fachplanungsrechts, S. 648 ff., Rn. 1750 ff. (insb. 1760); Ortscheid/Wende, ZUR 2002, 185 (186 ff.); vgl. auch unten Teil 1, B., III., 2. Für die neuen Berechnungs- und Datensammlungsverfahren nach der 1. FluLSV, s. unten Teil 3, B., II., 3. Zur Geschichte der Schallbewertung allgemein, s. Martin, ZfL 1991, S. 151 ff., der über das bereits Genannte hinaus auch noch die Bewertung der Bandbreite und die Bedeutung der Richtcharakteristik (Ausrichtung des Gehörs) problematisiert; dazu auch Maschke/Jakob, in: Möser (Hg.), Messtechnik, S. 607 ff.

130 Vgl. Kutscheidt, NVwZ 1989, 194 (197); Ortscheid/Wende, ZUR 2002, 185 (186), sprechen von der Notwendigkeit „zusätzlicher Informationen".

131 Isermann, in: Ziekow (Hg.), 2004, S. 644, Rn. 1743; s. auch Feldmann, in: Möser (Hg.), Messtechnik, S. 68 ff. Für eine auch die Gewichtung von Störwirkungen vermittelnde Übersicht verschiedener Maße s. Isermann in: Ziekow (Hg.), 2004, S. 646, Rn. 1746 (Tabelle 2).

132 Delfs/Dobrzyinki/Heller/Isermann/Michel/Splettstösser/Obermeier, in: Müller/Möser (Hg.), Technische Akustik, S. 621; Isermann, in: Ziekow (Hg.) Fachplanungsrecht, S. 645, Rn. 1745 ff.

genannt wird[133]. Wird dieser auf Basis einer A-Bewertung ermittelt, spricht man von A-bewertetem energieäquivalentem Dauerschallpegel (L_{Aeq}). Hier werden also unterschiedliche Pegel eines bestimmten Zeitraums zu einem Einzelwert zusammengefasst. Dieser Einzelwert gibt den Pegel an, der einem gleichbleibenden Geräusch entspricht, welches in einem festgelegten Beurteilungszeitraum die gleiche Schallenergie liefert wie die tatsächlich auftretenden Geräusche[134]. Es handelt sich also um eine energetische Betrachtung von Geräuschen innerhalb eines bestimmten Zeitraums. Die Beurteilungspegel im Bereich des Fluglärms basieren in der Regel auf einem Beurteilungszeitraum, der die sechs verkehrsreichsten Monaten eines Jahres umfasst und in die auch eine Gewichtung des Auftretens von nächtlichen Geräuschen einfließt[135].

Eine besondere Rolle für das Rechnen mit äquivalenten Dauerschallpegeln hat der Halbierungsparameter, der aussagt, wie sich der Dauerschallpegel bei Halbierung der Einwirkzeit eines Geräuschs verändert[136]. Bei einem Halbierungsparameter q=3 führt die Halbierung der Geräuschdauer (bei einem konstanten Geräusch) zu einer Abnahme des Mittelungspegels um 3 dB (dann: L_{Aeq3}). Oder anders: einer energetischen Pegelverdopplung entspricht eine zeitliche Halbierung der Einwirkungsdauer[137]. Der Halbierungsparameter ist also ein Art Umrechnungsfaktor, der bspw. dazu dienen kann, einen Dauerschallpegel, der für 4 Stunden gilt, in sein 8-stündiges Äquivalent zu transformieren.

Einzelereignisse fließen in Dauerschallpegel in unterschiedlicher Weise ein, weshalb das Konzept auch nach wie vor umstritten ist[138]. So wird mit ihm keine Aussage über den zeitlichen Verlauf – Anstieg, Dauer oder Abfall – eines Schallereignisses getroffen[139], sondern nur über die abgegebene Energiemenge der Einzelereignisse[140]. Erfasst wird sozusagen die energetische Belastung über einen bestimmten Zeitraum an einem Ort. Die besondere Belastung, also besondere Empfindungen oder andere

---

133 Beide Kennwerte sind – seit der Einführung des Halbierungsparameters q = 3 auch für den Fluglärm, s. BR-Drs. 566/08, S. 15 – in Deutschland identisch definiert, vgl. SRU, Sondergutachten 1999, S. 159.

134 Feldmann, in: Möser (Hg.), Messtechnik, S. 68; Lazarus/Sust/Steckel/Kulka/Kurtz, Akustische Grundlagen, S. 13; Kundi/Haider/Hutter/Moshammer/Wallner, Fluglärm, S. 16.

135 Feldmann, in: Möser (Hg.), Messtechnik, S. 104. Bei der Gewichtung wird allerdings nicht zwischen „Nachrandstunden“ und „Nachtkernzeit“ unterschieden. Zu dieser Unterscheidung später unten Teil 3, B., I., 3., c., ff.

136 Kutscheidt, NVwZ 1989, 194 (198); Ullrich, DVBl. 1985, 1159 (1160).

137 SRU, Umweltgutachten 1987, S. 393, Rn. 1428; Ullrich, DVBl. 1985, 1159 (1160).

138 Feldmann, in: Möser (Hg.), Messtechnik, S. 63 f.; kritisch auch schon SRU, Umweltgutachten 1987, S. 389, Rn. 1407. A.A. Isermann, in: Ziekow (Hg.), Praxis des Fachplanungsrechts, S. 664, Rn. 1799; Ortscheid/Wende, ZUR 2002, 185 (186).

139 Mit Blick auf den Frequenzverlauf kritisch dazu Schäfer, ZfL 1991, 158 ff.

140 Kloepfer/Griefahn/Kaniowski/Klepper/Lingner/Steinebach/Weyer/Wysk, Leben mit Lärm, S. 177; Kürer, in: Koch (Hg.), Schutz vor Lärm, S. 23.

negative Wirkungen, die etwa durch hohe Einzelschallereignisse oder besondere Geräuschmerkmale eintreten können, werden mit Angaben zum Dauerschall unter Umständen nicht erfasst, selbst wenn diese hohen Einzelschallereignisse – energetisch betrachtet – durchaus im Mittelungspegel enthalten sind bzw. in Erscheinung treten[141].

Für das Erfassen von hohen Einzelschallereignissen eignet sich jedoch ein anderer Aspekt des Schalldruckverlaufs, nämlich seine Maximalpegel, also dem höchsten Ausschlag innerhalb eines Verlaufs[142]. Sie lassen sich frequenz- und zeitbewertet darstellen[143]. Für die Darstellung des zeitlichen Verlaufs oder von Schwankungen des Schalldrucks eignet sich zudem auch die zusätzliche Berücksichtigung verschiedener Häufigkeitsverteilungen oder Perzentilen z.B.: $L_{1\%}$ (Pegel, der zu 1 % der Messdauer erreicht oder überschritten wurde). Angegeben wird hiermit eine relative Häufigkeitsverteilung bestimmter Pegel- oder Schalldruckklassen[144]. Im Zusammenhang mit Einzelschallereignissen werden häufig auch NAT-Kriterien (Number Above Threshold) verwendet, mit denen angegeben wird, wie häufig ein bestimmter Maximalpegel höchstens überschritten werden darf[145].

Ebenfalls zu erwähnen ist der bei der ICAO gebräuchliche Geräusch- bzw. Beurteilungspegel, der sog. „Effective Perceived Noise Level (EPNL)". Er enthält bereits ein Maß, das die Störwirkung (Noisiness) von Geräuschen mit einbezieht, wobei seine Basisgröße zunächst der gemessene zeitliche und unbewertete Verlauf des Schalldruckpegels ist[146]. Anwendung findet er bei der Luftfahrzeugzulassung, bei der die Emissionen jedes Flugzeug an drei Messpunkten erfasst wird (Startüberflug, seitliche Geräuschabstrahlung und Landeanflug). Diese Messungen werden – ähnlich wie bei der noch folgenden psychoakustischen Lautheit – an Hand von Kurven gleicher „perceived Noisiness" bewertet, wobei für besonders ausgeprägte Einzeltöne Zuschläge erteilt werden[147]. Bemerkenswert ist also, dass bei der Luftfahrzeugzulassung ein

141 Mit Beispielen Ortscheid/Wende, ZUR 2002, 185 (186); auf Grund der logarithmischen Fassung haben hohe Schalldrücke größeren Einfluss auf das Gesamtergebnis, s. Basner, in: Oldiges (Hg.), Schutz vor nächtlichem Fluglärm, S. 23. Zur besonderen Bedeutung der Eingangsdaten, s. nur Feldmann, in: Möser (Hg.), Messtechnik, S. 56 und passim.

142 S. Abb. 2.14 bei Feldmann, in: Möser (Hg.), Messtechnik, S. 103. Im Hinblick auf die Bewertung der den Schlaf beeinflussenden Schalleinwirkungen in der Nacht werden nunmehr neben den Dauerschallwerten zusätzlich einzelne (maximale) Schallereignisse herangezogen, § 2 Abs. 2 FluLärmG. Hinsichtlich der wirkungsfachlichen Diskussion um diese negativen Effekte, s. unten Teil 1, C., III., 3., b. und 4.

143 Feldmann, in: Möser (Hg.), Messtechnik, S. 60.

144 Zum Ganzen mit Beispielen Lazarus/Sust/Steckel/Kulka/Kurtz, Akustische Grundlagen, S. 13 ff. Auch schon SRU, Umweltgutachten 1987, S. 385 f., Rn. 1390 und insb. S. 391, Rn. 1419, mit der Forderung bei der Gesamtbetrachtung eines Geräuschphänomens Maximalpegel zu berücksichtigen; s. auch Ullrich, DVBl. 1985, 1159 (1160).

145 Kloepfer/Griefahn/Kaniowski/Klepper/Lingner/Steinebach/Weyer/Wysk, Leben mit Lärm, S. 258; für Kritik an diesem Kriterium s. Basner, in: Oldiges (Hg.), Schutz vor nächtlichem Fluglärm, S. 24.

146 Feldmann, in: Möser (Hg.), Messtechnik, S. 86.

147 Feldmann, in: Möser (Hg.), Messtechnik, S. 87 f.

Beurteilungspegel zur Anwendung kommt, der das Bestreben der – gleich noch zu erörternden – Psychoakustik, den Besonderheiten des Einflusses der Frequenz durch die Beschreibung psychoakustischer Geräuschmerkmale näher zu kommen, stärker berücksichtigt als der üblicherweise verwendete frequenzbewertete Schalldruckpegel[148].

Abschließend seien hier noch die Beurteilungspegel aus der Umgebungslärmrichtlinie (RL 2002/49/EG) erwähnt. Auch bei ihnen handelt es sich um energieäquivalente Dauerschallpegel. Anders als beim LAeq des FluLärmG werden jedoch drei Zeiträume betrachtet (Tag, Abend und Nacht) und entsprechende – für wirkungsgerecht gehaltene – Gewichtungen vorgenommen[149]. Das Pegelkriterium Lden (den = day-evening-night) stellt den aggregierten Gesamtwert der Einzelzeiträume dar. Interessant sind die Beurteilungspegel der Umgebungslärmrichtlinie, weil sie nicht nur für den Fluglärm berechnet werden, sondern auch für die anderen großen Lärmquelle, nämlich den Straßenverkehr, den Eisenbahnverkehr und die Industrieanlagen. Hierüber soll der Grundstein gelegt werden für eine quellenübergreifende Vergleichbarkeit, die letztlich auf eine summative Gesamtbewertung aller wesentlichen Lärmsegmente abzielt[150].

II. Psychoakustische Geräuschmerkmale

Die Bedeutung der bisher vorgestellten akustischen Merkmale – Schalldruck, Frequenz und Zeit – für das Gesamterlebnis eines Geräuschs ist in gewisser Weise im Recht bereits angekommen, da das Recht mit Beurteilungspegeln operiert, die diese Aspekte im beschriebenem Maß berücksichtigen. Dass es sich beim A-bewerteten Schalldruckpegel nicht um einen Wert handelt, der rein physikalisch ableitbar ist, sondern auf die Wahrnehmung eines (genormten) Menschen abstellt, wurde ebenso gezeigt wie die damit einhergehenden Ungenauigkeiten bzw. Unvollständigkeiten.

Mit der Psychoakustik lassen sich diese Mängel eingrenzen oder zumindest weiter abbauen. Sie versteht sich als der Versuch, die Zusammenhänge zwischen physikalischen Reizen und bestimmten durch sie beim Menschen hervorgerufenen Empfindungen zu beschreiben[151]. Diese grundlegende Unterscheidung wurde bereits eingangs eingeführt und soll hier nun vertieft werden. Die im Rahmen der akustischen Merkmale bisher im Vordergrund stehende Empfindung, über die insbesondere im Zusammenhang mit dem Schalldruck und der Frequenzbewertung gesprochen wurde, war die Lautheit. Damit ist das Empfindungsspektrum, welches beschrieben werden kann, aber nicht vollständig erfasst. Nachfolgend geht es

148 Zur Kritik an der psychoakustischen Belästigungsforschung s. unten Teil 1, C., II., 1., a.

149 Kloepfer/Griefahn/Kaniowski/Klepper/Lingner/Steinebach/Weyer/Wysk, Leben mit Lärm, S. 255.

150 Würsig, Summenbelastungen, S. 231 (m.w.N.). Dazu später auch unten Teil 1, IV.

151 Zwicker, Psychoakustik, S. 1. Dort auch für Nachfolgendes.

darum, den Grundlagen nachzugehen, die dazu dienen, andere Empfindungen als die der Lautheit zu beschreiben.

Dabei ist zu beachten: Bei Reizen sind wir es gewohnt, sie quantitativ zu beschreiben; für von uns dargestellte, verbalisierte Empfindungen fällt uns das dagegen schwerer. Wir sind es gewohnt, sie qualitativ darzustellen. Dennoch verwendet gerade das Recht mit dem db(A)-Wert die quantitative Beschreibung einer Empfindung (Lautheit), die sich der tatsächlichen Empfindung nur mit den beschriebenen Mängeln annähert[152]. Die Psychoakustik sieht nun ihre Hauptaufgabe darin, auch die eigentlich qualitativen Beschreibungen von Empfindungen mit den Methoden quantitativ zu fassen, die auch auf physikalische Reize angewendet werden[153]. Sie macht damit im Kern nichts anderes als das, was heute standardmäßig durch die A-Bewertung für die Lautstärke erfolgt, nur etwas umfassender, d.h. der Wahrnehmung – im Sinne der ersten Hörempfindung – des Menschen entsprechender. Man kann darüber streiten, ob die Psychoakustik nicht Teil der später noch zu stellenden Frage nach der durch Geräusche ausgelösten Belästigungsreaktion sein sollte, da sie Teilempfindungen (wie bspw. die Lautheit) der Belästigungsempfindung beschreibt[154]. Dagegen spricht jedoch ihr primäres Bestreben, ein Phänomen (oder Teile davon) zu beschreiben, ohne dabei auf Wertungen zurückzugreifen oder sie zumindest so weit wie möglich zurückzudrängen[155]. Darauf wird noch zurück zu kommen sein[156].

Neben der psychoakustischen Analyse der Lautstärkewahrnehmung gibt es noch weitere akustische Merkmale, die der Mensch wahrnimmt und empfindet und die eine wie die Lautstärke objektiv messbar Grundlage haben. Als Reiz wird in der Psychoakustik das Gesamtphänomen Geräusch oder Schallereignis verstanden; einzelne (physikalische) Teilaspekte des Reizes, also bspw. Schalldruck oder Frequenz, heißen Reizgrößen[157]. Dazu korrespondierend soll die Hörempfindung, die durch den Reiz hervorgerufene Empfindung sein. Sie lässt sich ihrerseits in einzelne Komponenten unterteilen[158], wie etwa die Lautheit oder das Tonempfinden. Diese Aspekte werden Empfindungsgrößen genannt[159]. Man könnte die Empfindungsgrößen auch psychoakustische Merkmale nennen, um zu zeigen, dass sie physikalische/ akustische Informationen betreffen, die vom Wahrnehmungsapparat des

---

152 S. oben Teil 1, B., I., 2.

153 Vgl. Zwicker, Psychoakustik, S. 1 und 3.

154 Diese Einteilung nimmt Kloepfer/Griefahn/Kaniowski/Klepper/Lingner/Steinebach/Weyer/Wysk, Leben mit Lärm, S. 80 f., vor, ohne sich allerdings eingehend mit der psychoakustischen Methode auseinanderzusetzen.

155 Zwicker, Psychoakustik, passim.

156 S. unten Teil 1, C., II., 1., a.

157 Zwicker, Psychoakustik, S. 1 f.

158 Entscheidendes Argument ist hier, dass die Menschen dazu fähig sind, auf einzelne Aspekte der Hörempfindung getrennt voneinander zu achten und zu beschreiben, s. Zwicker, Psychoakustik, S. 3.

159 Vgl. Zwicker, Psychoakustik, S. 2 f.

Menschen aufgenommen und verarbeitet werden. Für ein besseres Verständnis ihres Zustandekommens bedarf es einiger einführender Bemerkungen.

1. *Signalanalyse, Verdeckung und Frequenzgruppen*

Die Informationen zur Berechnung und Modellierung psychoakustischer Merkmale[160] können mittels moderner Messgeräte gewonnen werden. Solche Geräte erfassen das gesamte Frequenzspektrum eines Schallereignisses über den gesamten Hörbereich gleichzeitig und können es in schmalen Frequenzbändern darstellen[161]. In den Frequenzbändern – oder auch Frequenzgruppen genannt – werden Schallanteile zusammengehöriger Frequenzen zusammengefasst[162].

Psychoakustische Kenngrößen lassen sich also in der Regel nicht mit Hilfe eines elementaren Schallpegelmessers realitätsnah ermitteln. Sie setzen stattdessen eine zeitabhängige, schmalbandige Signalanalyse voraus[163]. Zudem bedarf es noch eines Grundwissens über die Frequenzabhängigkeit der Hörschwelle sowie über sog. Verdeckungseffekte und eben die Frequenzgruppenbildung.

Verdeckungseffekte ergeben sich immer dort, wo einem Menschen mehrere oder komplexere Schallereignisse dargeboten werden und wie es der alltäglichen Wahrnehmungssituation entspricht[164]. Etwas vereinfacht kann man sagen, dass ein Ton vom „Hintergrundrauschen" des Gesamtschallereignisses verdeckt werden kann, solange der Pegel des Tons kleiner ist als der Pegel des Verdeckungstons bzw. -geräuschs (bei der Frequenz des Tons/ des Geräuschs). Ist der Pegel des Testtons größer, wird er zwar wahrgenommen, aber es erfolgt eine Teilverdeckung und damit eine Reduzierung seiner Lautstärke (im Vergleich zur Lautstärke des gleichen Tons, wenn er ohne verdeckende Geräuschumgebung präsentiert wird). Die Verdeckungseffekte hängen von der spektralen Nähe der beiden Pegel (oder allgemeiner: der beiden Schallereignisse) ab[165]. Letztlich kann die Verdeckung auch als Anhebung der (Ruhe-)Hörschwelle angesehen werden, die ihre Ursachen in der Wirkungsweise des Innenohrs hat[166]. Die Verdeckung ist ein für die Psychoakustik sehr wichtiger Effekt, denn die hier kurz beschriebenen Verdeckungsphänomene wirken sich auf die Lautstärkewahrnehmung aus, genauer gesagt in aller Regel durch eine Reduzierung der wahrgenommenen Lautstärke des verdeckten Tones bzw. Geräusches.

---

160 Für das Modellieren der Lautheitsempfindung, vgl. Zwicker, Psychoakustik, S. 68 ff., und für die Tonheitsempfindung ebd., S. 50 ff. bzw. 54 ff.; s. auch Maschke/Jakob, in: Möser (Hg.), Messtechnik, S. 603 ff. und S. 607 ff.

161 Feldmann, in: Möser (Hg.), Messtechnik, S. 73.

162 Maschke/Jakob, in: Möser (Hg.), Messtechnik, S. 603.

163 Maschke/Jakob, in: Möser (Hg.), Messtechnik, S. 600.

164 Vgl. – auch für das Folgende – Maschke/Jakob, in: Möser (Hg.), Messtechnik, S. 602 f., und ausführlich Zwicker, Psychoakustik, S. 35 ff.

165 Zwicker, Psychoakustik, S. 35 (passim).

166 Maschke/Jakob, in: Möser (Hg.), Messtechnik, S. 603. Für eine detaillierte Darstellung der Physiologie des Gehörs vgl. Zwicker, Psychoakustik, S. 20 ff.

Die Frequenzgruppenbildung wird durch die Signalanalyse ermöglicht. Sie erlaubt das Zusammenfassen von Frequenzen zu schmalen Bändern oder eben: Frequenzgruppen[167]. Ihnen liegt der Gedanke zu Grunde, dass das Gehör ein breitbandiges Spektrum in Anteilen analysiert, die der Breite von Frequenzgruppen entsprechen[168]. Die jeweiligen Schallanteile innerhalb einer Gruppe interagieren anders als solche, die zu verschiedenen Gruppen gehören. Der hörbare Frequenzbereich kann in 25 Gruppen eingeteilt werden, die jeweils eine bestimmte Bandbreite und eine mittlere Frequenz (Mittenfrequenz) haben[169]. Anders als bei der Verdeckung durch *andere* Geräusche oder Töne verstärken sich die Schallanteile in den jeweiligen Frequenzgruppen gegenseitig. Unterschieden werden die Kernerregung in einer Frequenzgruppe und Flankenerregung durch eine benachbarte Gruppe. Die jeweiligen Anteile der Kern- und Flankenerregung können zu einer Gesamterregung addiert werden[170].

2. Lautstärkewahrnehmung in der Psychoakustik

Die Lautstärkewahrnehmung in phon für einen einzelnen Ton oder für ein schmalbandiges Geräusch kann relativ einfach ermittelt werden, weil die eben beschriebenen Einflussfaktoren dabei keine Rolle spielen. Letztlich funktionieren die hier anwendbaren „Kurven gleicher Lautstärke" ganz ähnlich wie die oben dargestellten Frequenzbewertungen. Über Hörversuche[171] lässt sich feststellen (langfristig mitteln), ob sich die Lautstärke eines Tons mit einem bestimmten Pegel und einer bestimmten Frequenz ändert, wenn man die Frequenz selbst verändert. Die auf *Barkhausen* zurückgehenden Lautstärkepegel sind heute in der DIN ISO 226 genormt und geben eine Lautstärke in phon an. Dort finden sich im Anhang auch Kurven gleicher Lautstärke, an denen sich wie auch schon an den oben dargestellten Frequenzbewertungskurven gut ablesen lässt, wie sich die Lautstärke eines Ton mit einem bestimmten Pegel in Abhängigkeit seiner Frequenz verhält.

Daneben gibt es noch ein weiteres Lautstärkemaß, die Lautheit in sone. Sie gibt an, um wieviel lauter ein Schallereignis im Vergleich zu einem anderen Schallereignis im Mittel wahrgenommen wird[172]. Die Lautheit kann relativ unproblematisch

---

167 Vgl. – auch für das Folgende – Maschke/Jakob, in: Möser (Hg.), Messtechnik, S. 603 f. und ausführlich im Zusammenhang mit der Verdeckung Zwicker, Psychoakustik, S. 46 ff.

168 Zwicker, Psychoakustik, S. 53.

169 Zwicker, Psychoakustik, S. 52; Maschke/Jakob, in: Möser (Hg.), Messtechnik, S. 604.

170 Maschke/Jakob, in: Möser (Hg.), Messtechnik, S. 605.

171 Zwicker, Psychoakustik, S. 10 ff. Die so gefundenen Lautstärkepegel müssten eigentlich Pegellautstärken heissen, vgl. ebd., S. 73, da es Pegelwerte von gleich lauten Tönen sind, die nicht die Standard- oder Skalierungsfrequenz 1 kHz besitzen.

172 Maschke/Jakob, in: Möser (Hg.), Messtechnik, S. 609.

in Lautstärkepegel umgerechnet werden[173]. Das Modell der Lautheit nach Zwicker kann aber eben auch die Bandbreite eines Signals mitumfassen bzw. mitberücksichtigen. Hierfür wird das bereits erläuterte Erregungsmuster in den Frequenzgruppen analysiert[174], die Tonhöhenwahrnehmung und die Verdeckungseffekte bedacht sowie die Zeitabhängigkeit von Geräuschen berücksichtigt[175]. Anzumerken ist weiterhin, dass im Rahmen dieses Modells der Lautstärkewahrnehmung die empfundene Lautheit wesentlich von lauten Einzelereignissen im Darbietungszeitraum beeinflusst wird[176].

Basierend auf diesem Modell wurde in der ISO-Norm 532 B ein grafisches Verfahren genormt, mit dem bei stationären Geräuschen ein spezifisches Lautheitsmuster und daraus die Lautheit bzw. Lautstärkepegel ermittelt werden können[177]. Dieses Verfahren stellt für das Lautstärkeempfinden die von der ISO geforderte Weiterentwicklung dar, weil es der (gemittelten) Wahrnehmung besser entspricht[178].

3. Berücksichtigung psychoakustischer Merkmale über Pegel-Zuschläge

Das Hörerlebnis ist also weitaus komplexer, als es im frequenzbewerteten Schalldruckpegel zum Ausdruck kommt. Die Frequenz ist aber nicht nur für die Empfindung der Lautheit von Bedeutung, sondern eben auch für weitere Aspekte des Geräuscherlebnisses, die besonderen Geräuschmerkmale. Das Vorhandensein dieser weiteren Aspekte ist unter Akustikern nicht umstritten[179].

---

173 Maschke/Jakob, in: Möser (Hg.), Messtechnik, S. 609 f.

174 Vgl. Maschke/Jakob, in: Möser (Hg.), Messtechnik, S. 610 f. (insbesondere die schematische Darstellung auf S. 611). Detailiert – insbesondere zur Frage, wie die Empfindungsfunktion gefunden wurde (bei Maschke/Jakob, in: Möser (Hg.), Messtechnik, S. 610 f., stellt sich vor allem die Frage, woher etwa der Normierungsfaktor kommt) – Zwicker, Psychoakustik, S. 68 ff.

175 Maschke/Jakob, in: Möser (Hg.), Messtechnik, S. 612 f.

176 Maschke/Jakob, in: Möser (Hg.), Messtechnik, S. 613 (m.w.N.); Fastl, ZfL 1991, 98 ff. Vgl. insoweit auch die Diskussion um die Bedeutung der Anzahl von – unter Umständen auch einmal nicht *besonders* lauten – Schallereignissen im Rahmen der Erforschung der Belästigungsreaktion unten Teil 1, C., II., 2., b.

177 Maschke/Jakob, in: Möser (Hg.), Messtechnik, S. 612. Das Verfahren ist auch in der DIN 45 631 genormt.

178 Zur Historie von A-Bewertung und Lautheit in sone Zwicker/Fastl, ZfL 1986, 61 (61 f.); vertiefend Martin, ZfL 1991, 151 ff. A.A. – jedoch ohne nähere Begründung – Isermann, in: Ziekow (Hg.), Praxis des Fachplanungsrechts, S. 641 f., Rn. 1736; kritisch auch Lazarus, ZfL 1990, 54 f.

179 Schon SRU, Umweltgutachten 1987, S. 389 ff., Rn. 1407 ff.; s. auch Gerthsen/Meschede, Physik, S. 191 ff.; Maschke/Jakob, in: Möser (Hg.), Messtechnik, 599 ff.; Feldmann, in: Möser (Hg.), Messtechnik, S. 68 ff.; Lazarus/Sust/Steckel/Kulka/Kurtz, Akustische Grundlagen, S. 13 f.; Isermann, in: Ziekow (Hg.), Praxis des Fachplanungsrechts, S. 642, Rn. 1738.

Solche Aspekte können Berücksichtigung finden, und zwar rechnerisch durch Zuschläge auf den Dauerschallpegel, der dann die besondere Störwirkung bestimmter Aspekte bzw. Reizgrößen eines Geräuschereignisses mitberücksichtigt. Dabei handelt es sich regelmäßig vor allem um einen Impulszuschlag zur Erfassung schneller Pegeländerungen und um einen Ton(haltigkeits)zuschlag[180]. Berücksichtigt werden kann auch, ob das Geräusch auch tatsächlich Informationen (in einem engeren Sinne des Wortes) übermitteln will (Lautsprecherdurchsagen) – auch Informationshaltigkeit genannt[181].

Physikalisch handelt es sich bei Impulshaltigkeit um das Phänomen sich schnell verändernder, also schnell anwachsender bzw. schnell abnehmender Schalldrücke. Eine Quelle gibt hier also kurzfristig mehr oder weniger Energie ab. Der Impulszuschlag lässt sich recht einfach bestimmen; denn mit der Zeitbewertung „impulse" in modernen Messgeräten kann dieses Phänomen schon in einen Dauerschallpegel aufgenommen werden[182], so dass man von ihr bzw. von einem solchen Pegel nur der Dauerschallpegel abgezogen werden muss, der durch eine „slow" oder „fast"-Bewertung bestimmt wurde[183].

Die Tonalität wiederum beruht auf dem Konzept der Frequenzzusammensetzung eines Geräuschs. Die Frequenz ist hierbei die Basis eines Klangs bzw. der Klangfarbe eines Geräuschs; noch genauer wäre es jedoch, den Ton als Grundelement der Fourier-Analyse zu nennen, der wiederum charakterisiert wird durch Frequenz, Amplitude und Phase[184]. In der Tonalität können also bestimmte Signal-Informationen zum Ausdruck kommen, die die Aufmerksamkeit des menschlichen Gehörs besonders beanspruchen[185]. Hinter dem Begriff Tonalität steht also letztlich das Phänomen, dass ein Geräusch einen einzelnen deutlich wahrnehmbaren Ton oder mehrere tonale Komponenten enthält, die eine besondere Aufmerksamkeit fordern, durch die die Lästigkeit des Geräuschs insgesamt erhöht ist[186]. In der Praxis wurde die Tonalität bisher

180 Dazu die DIN 45645-1, -2; DIN EN ISO 11690-1, ISO 9612; vgl. auch Feldmann, in: Möser (Hg.), Messtechnik, 68 ff.; Lazarus/Sust/Steckel/Kulka/Kurtz, Akustische Grundlagen, S. 13 und Kloepfer/Griefahn/Kaniowski/Klepper/Lingner/Steinebach/Weyer/Wysk, Leben mit Lärm, S. 256 f. Unklar dagegen Kürer, in: Koch (Hg.), Schutz vor Lärm, S. 25 f., der die Berücksichtigung von Moderatoren als maßgebend für den Begriff Beurteilungspegel ansieh; dazu wiederum unten Teil 1, C., II., 1., b.

181 Kutscheid, NVwZ 1989, 193 (198).

182 Feldmann, in: Möser (Hg.), Messtechnik, S. 68; auch Lazarus/Sust/Steckel/Kulka/Kurtz, Akustische Grundlagen, S. 13.

183 Lazarus/Sust/Steckel/Kulka/Kurtz, Akustische Grundlagen, S. 13; SRU, Umweltgutachten 1987, S. 390, Rn. 1412. S. aber auch Zwicker/Fastl, ZfL 1986, 61 (66).

184 Vgl. Gerthsen/Meschede, Physik, S. 191 f.

185 Mißverständlich Kürer, in: Koch (Hg.), Schutz vor Lärm, S. 23, der von akustischen Informationen spricht und dann wieder vom Informationsgehalt und dabei aber tatsächliche Informationen wie etwa Lautsprecherdurchsagen meint.

186 SRU, Umweltgutachten 1987, S. 390, Rn. 1411. Dazu auch Kloepfer/Griefahn/Kaniowski/Klepper/Lingner/Steinebach/Weyer/Wysk, Leben mit Lärm, S. 256. Lästigkeit ist hier wiederum natürlich schon ein wertender Begriff.

durch eine rein gehörsmäßige Bewertung des Sachverständigen in der jeweiligen Immissionssituation, also nur in einer Messsituation, berücksichtigt[187].

In der juristischen Literatur wird die Tonalität wie auch die Informations- und Impulshaltigkeit grundsätzlich als störend anerkannt[188]. Sie spielt aber tatsächlich, man könnte sagen der Messsituation Rechnung tragend, nur dort eine Rolle, wo man auch Messungen noch eine besondere Funktion zuordnet, wie etwa im Bereich des Gewerbelärms[189]. Besondere psychoakustische Merkmale werden also in der juristischen Beurteilung eigentlich als vorhanden (und störend) anerkannt, jedoch nicht grundsätzlich berücksichtigt. Und wenn sie berücksichtigt werden, dann nur im Wege von Zuschlägen auf den frequenzbewerteten Schalldruckpegel in einer Messsituation[190]. Von den letztlich vereinfachenden Frequenzbewertungen werden sie jedenfalls nicht berücksichtigt. Damit geht auch ihr spezifischer Informationsgehalt über die reale Geräuschsituation verloren. Der SRU sah jedenfalls gerade wegen der über die Zeitbewertungen, aber auch durch die Zuschläge bei Tonalität und Impulshaltigkeit vorgenommenen Korrekturen und offensichtlichen Ungenauigkeiten des schlichten db(A)-Wertes die Notwendigkeit, einen besseren Modus für die Berücksichtigung der realen Geräuschsituation zu finden[191].

4. Berücksichtigung von psychoakustischen Merkmalen mittels Frequenzanalyse

In der Akustik ist der Begriff der Frequenz zumeist an sogenannte reine Töne (auch: harmonische Töne) geknüpft, die in einem zeitlich sinusförmigen Verlauf bestehen[192]. In der Natur kommen solche exakt-mathematischen Vorgänge aber äußerst selten vor[193].

Man kann nun, wie gesehen, den zeitlichen Verlauf eines Geräuschs in seiner Frequenzzusammensetzung darstellen. Anders ausgedrückt: Man kann ihn in sein Spektrum (aus nicht exakt-mathematischen Vorgängen) zerlegen und dabei seine

187 SRU, Umweltgutachten 1987, S. 390, Rn. 1411; Lazarus/Sust/Steckel/Kulka/Kurtz, Akustische Grundlagen, S. 13, mit Verweis auf die DIN 45 681.

188 BVerwGE 84, 31 (41); 97, 367 (374).

189 Vgl. Kloepfer/Griefahn/Kaniowski/Klepper/Lingner/Steinebach/Weyer/Wysk, Leben mit Lärm, S. 256.

190 Für ein Beispiel einer ausnahmsweise auch im Bereich des Luftverkehrs notwendige Messsituation, s. VGH Kassel, Urt. vom 23.02.2010 – 11 C 3933/04.T, Rn. 44 f. (Juris).

191 SRU, Umweltgutachten 1987, S. 392, Rn. 1423 f.; auch Zwicker/Fastl, ZfL 1986, 61 (62 f.). Dies außer Acht lassend Isermann, in: Ziekow (Hg.) Praxis des Fachplanungsrechts, S. 641 f., Rn. 1736 f.

192 Gerthsen/Meschede, Physik, S. 191.

193 Auch der Ton eines Instruments enthält mehrere Farben (auch Grund- und Obertöne) und erst deren harmonisches (reines) Zusammenwirken bildet den Instrumentenklang, s. Möser, Technische Akustik, S. 2 f., mit dem Klangspektrum-Beispiel einer Violine und Gerthsen/Meschede, Physik, S. 191 f. (weitere Bsp. dort in Abb. 4.68).

Summe von reinen Tönen darstellen (mit unterschiedlichen Amplituden und Frequenzen)[194]. Ein musikalischer Ton etwa (abgesehen von den leblosen Sinustönen elektronischer Instrumente) ist physikalisch bereits ein Klang, nämlich die Überlagerung mehrerer Sinustöne, eines Grundtons und einiger Obertöne[195]. Die spezifische Zusammensetzung der jeweiligen Töne ergibt also die Klangfarbe des jeweiligen Geräuschs.

Die Tonhöhenempfindung des Menschen folgt nun, wie auch sein Lautstärkempfinden, einer relativen Gesetzmäßigkeit: Eine Höhendifferenz zweier Tonpaare wird dann als gleich gehört, wenn das Frequenzverhältnis der beiden Paare (Grund- und Obertöne) gleich ist[196]. In der Musik wird dieser Gesetzmäßigkeit bei der bzw. durch die Unterteilung der Tonintervalle Rechnung getragen (in Oktave, Terz, Quart, Quint etc.), die alle das Verhältnis zweier Frequenzen beschreiben[197]. Über Hörversuche kann, wie auch schon bei der Lautstärkewahrnehmung, die Tonhöhenwahrnehmung zu einer Verhältnistonhöhe skaliert werden[198].

Die Wahrnehmung eines Tones kann nun, wie bereits erläutert, besondere Aufmerksamkeit des Empfängers herausfordern. Vor allem ein Ton im mittleren Frequenzbereich wird sehr stark tonal wahrgenommen[199]. Andere Signale werden dagegen weniger tonal wahrgenommen, so dass für diese Empfindungsgröße sich keine allgemeinen mathematischen Zusammenhänge formulieren lassen und man lediglich eine Rangfolge der einzelnen Signaltypen bezüglich ihrer Tonhaltigkeit erstellen könnte[200].

Anderes gilt dagegen für die weiteren Empfindungsgrößen der Schärfe, Rauhigkeit, Schwankungsstärke und Klanghaftigkeit. Sie haben im Gegensatz zur Tonhaltigkeit alle eine Einheit und somit eine allgemeine mathematische Fundierung bekommen, die zu einer – bisher nicht genormten – Gewichtungsfunktion führen

---

194 Möser, Technische Akustik, S. 3.

195 Vgl. Gerthsen/Meschede, Physik, S. 191 f., der weiter erklärt, dass man unter Klang jeden streng periodischen Vorgang beliebiger Form versteht. Ein nichtperiodischer Vorgang ergebe dagegen ein kontinuierliches Frequenzspektrum und heißt Geräusch. Strenggenommen treffe dies auch für jeden Vorgang zu, dessen Amplitude mit der Zeit anschwillt oder abklingt, so dass eigentlich nur ein unendlicher Sinuston wirklich ein Ton sei.

196 Möser, Technische Akustik, S. 3, der als Beispiel eine Verschiebung von 100 Hz auf 125 Hz in Relation zu einer Höhenänderung von 1000 Hz auf 1250 Hz angibt. Vgl. auch Gerthsen/Meschede, Physik, S. 192. Auch Maschke/Jakob, in: Möser (Hg.), Messtechnik, S. 610 und 613, mit Verweis auf das sog. Steven´sche Potenzgesetz. Detailliert dazu Zwicker, Psychoakustik, S. 54 ff.

197 Möser, Technische Akustik, S. 3.

198 Geschehen ist dies mit Mel-Skala von Stevens, Volkmann und Newmann, bei der der Frequenz 1 kHz die Einheit 1000 Mel zugeordnet wurde, vgl. Maschke/Jakob, in: Möser (Hg.), Messtechnik, S. 613. Aber auch Zwicker hat eine Mel-Skala eingeführt, die einen anderen Bezugswert definiert, Zwicker, Psychoakustik, S. 59.

199 Maschke/Jakob, in: Möser (Hg.), Messtechnik, S. 614.

200 Maschke/Jakob, in: Möser (Hg.), Messtechnik, S. 614 f.

kann[201]. Wenn also eine Frequenzzusammensetzung also besonders scharf, rau oder schwankungsstark angesehen wird, kann man diese Frequenzzusammensetzung auch besonders gewichten.

III. Sonstige (physikalische) Einflussfaktoren

Neben den beschriebenen akustischen und psychoakustischen Merkmalen bzw. den Reizgrößen und Empfindungsgrößen gibt es noch diverse weitere Faktoren, die das entstandene Geräusch auf seinem Weg zum Empfänger physikalisch beeinflussen können. Sie sind von den bereits beschriebenen Merkmalen zu unterscheiden, auch wenn man ihren Einfluss mit physikalischen Modellen, ebenfalls vereinfachend, beschreiben kann[202]. Bevor auf sie überblicksartig (2. und 3.) eingegangen wird, soll die Frage aufgegriffen werden, welche Rolle Messungen und Berechnungen bei der Geräuschermittlung spielen (1.).

1. Messung und Berechnung

Die in der juristischen Literatur zu findende Aussage, Geräuschimmissionen würden nicht gemessen, sondern berechnet[203], ist vereinfachend und kann in die Irre führen. Jedes tatsächlich auftretende Geräusch kann gemessen werden. Geräusche, wie das eines startenden Flugzeuges, können aber immer auch dann berechnet werden[204], wenn man die dafür notwendigen Informationen über das Flugzeug und die im Moment des Startvorgangs gegebenen Ausbreitungsbedingungen besitzt. Allein mit Blick auf ein zukünftiges Ereignis kann selbstverständlich nur berechnet bzw. prognostiziert werden. Doch auch in diese Berechnungen bzw. Prognosen fließen Messungen mit ein. Denn jede auf die Zukunft ausgerichtete Berechnung basiert notwendigerweise auf einem Modell zukünftiger Bedingungen. Das Modell wiederum basiert seinerseits auf Erfahrungen (aus Messungen bzw. – allgemeiner ausgedrückt – der empirischen Forschung), die sich – bestenfalls – über lange Zeit

201 Maschke/Jakob, in: Möser (Hg.), Messtechnik, S. 615 ff, S. 618 ff. und S. 622 ff.

202 Vgl. Isermann, in: Ziekow (Hg.), Praxis des Fachplanungsrechts, S. 655, Rn. 1770; Kloepfer/Griefahn/Kaniowski/Klepper/Lingner/Steinebach/Weyer/Wysk, Leben mit Lärm, S. 179 ff. und S. 243 ff. Schon SRU, Umweltgutachten 1987, S. 385 ff., Rn. 1390 ff.

203 Exemplarisch VGH Kassel, Urt. v. 22.2.2010 – 11 C 3933/04.T, Rn. 45 (Juris). Deutlicher, SRU, Umweltgutachten 1987, S. 388, Rn. 1400; s. auch Berka, in: Kunz (Hg.), Eisenbahnrecht, Bd. 2, A 6.2, Einleitung, Rn. 3.

204 Für Flugzeuggeräusche Delfs/Dobrzyinki/Heller/Isermann/Michel/Splettstösser/Obermeier, in: Müller/Möser (Hg.), Technische Akustik, S. 618 f. Gängig ist die Unterscheidung Emissionmessung und Imissionsberechnung, vgl. SRU, Umweltgutachten 1987, S. 388, Rn. 1400.

stabilisiert haben[205]. Ansonsten wären die zukünftigen Bedingungen willkürlich gewählt und nicht nachvollziehbar.

Es ist also eigentlich selbsterklärend, dass eine Immissions*prognose* nicht gemessen werden kann. Dennoch fußt jede Prognose auf Erfahrungswerten, die nicht von vornherein vorhanden sind und sich auch immer wieder ändern können. Daher stellt sich die Frage des „entweder-oder" zwischen Messung und Berechnung nicht wirklich. Vielmehr müssen Berechnungen immer auf ihr mathematisch-physikalisches Modell hin untersucht werden. Die dort verwendeten Ausgangswerte, Normungen, Definitionen etc. sind entscheidend[206]. Sind sie repräsentativ und erfassen sie die Struktur des (dann genormten) Phänomens oder nicht? Schon die vorangehenden Erläuterungen zum allgemein anerkannten Dauerschallpegel haben solche Ausgangswerte aufgezeigt, wie bspw. das Weber-Fechner-Gesetz, den gleichbleibenden Ruhedruck, die Normalhörschwelle oder die Empfindungsfunktionen. Für die Immissionsberechnung(-prognose) ist dementsprechend die definierte – bzw. gemessene – Emission (die definierte Schallleistung) der Schallquelle maßgebend[207].

Im Fall auf die Zukunft gerichteter Verkehrsprojekte kann zur rechtlichen Bewertung der zukünftigen (Geräusch-)Belastungen nur eine (Immissions-)Prognose vorgenommen werden[208]. Jedenfalls in diesen Fällen muss die zu erwartende Lärmkontur, die der Verkehr in der Zukunft hervorrufen wird, berechnet werden. Kommen (Fluglärm-)Beurteilungsmaße in solchen juristischen Entscheidungszusammenhängen zur Anwendung, ist es daher essentiell, dass die Berechnungsvorschriften und Datengrundlagen das zukünftig zu erwartende Verkehrsgeschehen und den dadurch verursachten Lärm möglichst realitätsgetreu prognostizieren.

2. Berechnungsverfahren und Datengrundlagen

Fluglärmberechnungsverfahren setzen sich immer aus den Berechnungsvorschriften und einer Datengrundlage zusammen[209]. Die Berechnungsvorschrift enthält die physikalischen Gesetzmäßigkeiten, die bei der Prognose zu beachten sein sollen wie etwa Schallausbreitungsbedingungen und Modellierungen der zu erwartenden

205 Kloepfer/Griefahn/Kaniowski/Klepper/Lingner/Steinebach/Weyer/Wysk, Leben mit Lärm, S. 242. Dies nicht deutlich herausarbeitend Wysk, ZLW 1998, 456 (476).

206 SRU, Umweltgutachten 1987, S. 387 f., Rn. 1393 und 1402; deutlich Feldmann, in: Möser (Hg.), Messtechnik, S. 74 und S. 85 ff., zu den beim Lärmzulassungsverfahren für Luftfahrzeuge durchgeführten Messungen sowie zur Bedeutung der Ereignispegel bei der Bildung der Lärmschutzzonen nach der AzB 2007 (S. 104 f.).

207 Vgl. Kloepfer/Griefahn/Kaniowski/Klepper/Lingner/Steinebach/Weyer/Wysk, Leben mit Lärm, S. 242. Für Luftfahrzeuge s. Feldmann, in: Möser (Hg.), Messtechnik, S. 104.

208 Isermann, in: Ziekow (Hg.), Praxis des Fachplanungsrechts, S. 652, Rn. 1762.

209 Delfs/Dobrzyinki/Heller/Isermann/Michel/Splettstösser/Obermeier, in: Müller/Möser (Hg.), Technische Akustik, S. 617 ff.; Feldmann, in: Möser (Hg.), Messtechnik, S. 103 ff.; Isermann, in: Ziekow (Hg.), Praxis des Fachplanungsrechts, S. 652 ff.; Schaal, ZfL 2003, 31 ff.

Flugbahnen; die Datengrundlage enthält dagegen eine Klassifizierung der am Luftverkehr teilnehmenden Flugzeugmuster und, wie bereits angedeutet, deren akustische und flugtechnische Merkmale[210]. Die akustischen Datensätze beinhalten in Deutschland A- und „slow"-bewertete Daten[211]. Die flugbetrieblichen Daten umfassen eine Annäherung an die realen Flugbahnen[212] durch geradlinige Segmente, an deren Endpunkten Flughöhe und -geschwindigkeit sowie Triebwerksleistung definiert sind[213]. Abweichungen vom Streckenverlauf werden durch die Verwendung von Korridoren berücksichtigt[214]. Zur Datengrundlage gehören schließlich auch Informationen darüber, mit welchen Flugzeugen etwaige Flugbahnen belegt sind. Zur Vereinfachung werden dafür die Flugzeuge in Klassen eingeteilt[215]. Zusammenfassend wird bei den flugbetrieblichen Daten auch vom Betriebsmodell gesprochen.

An Hand der sich aus den flugbetrieblichen Daten ergebenden Geometrie zwischen Flugzeug und Immissionsort[216] werden die akustischen Daten im Rahmen einer Schallausbreitungsberechnung weiterverarbeitet, in der vor allem Dämpfungseffekte berücksichtigt werden[217]. Zu den weiteren physikalischen Einflussfaktoren gehört also vor allem die Schallausbreitung, die wiederum eng mit dem Typ der Schallquelle, die unterschiedliche Richtwirkungen haben können, verknüpft ist und natürlich mit dem Abstand zwischen Quelle und Empfänger sowie den dort herrschenden Bedingungen[218]. Unterschieden werden hier bspw. Punkt- und Linienquellen, wobei das

210 Isermann, in: Ziekow (Hg.), Praxis des Fachplanungsrechts, S. 652 f., Rn. 1762; Delfs/Dobrzyinki/Heller/Isermann/Michel/Splettstösser/Obermeier, in: Müller/Möser (Hg.), Technische Akustik, S. 619.

211 Delfs/Dobrzyinki/Heller/Isermann/Michel/Splettstösser/Obermeier, in: Müller/Möser (Hg.), Technische Akustik, S. 618; Feldmann, in: Möser (Hg.), Messtechnik, S. 103; S. auch SRU, Sondergutachten 1999, S. 33, Rn. 99, mit dem Vorschlag, nur noch die „fast"-Bewertung zu verwenden, der bei der Überarbeitung der AzB offensichtlich keine Berücksichtigung gefunden hat.

212 Verwendet werden auch die Begriffe „Flugstrecke" bzw. „Flugroute", s. auch unten Teil 3, C., I., 1.

213 Delfs/Dobrzyinki/Heller/Isermann/Michel/Splettstösser/Obermeier, in: Müller/Möser (Hg.), Technische Akustik, S. 619; Feldmann, in: Möser (Hg.), Messtechnik, S. 104. Optische Verdeutlichung etwa bei Vogelsang/Myck, ZfL 2007, 123 (131).

214 AzB 2007, Nr. 6.2.2. S. dazu auch den Streit um den Zusammenhang zwischen Idealfluglinien, tatsächlichen Fluglinien und Korridorbreite in VGH Kassel, Urteil v. 21.8.2009 – 11 C 227/08 ua., Rn. 698 ff. (Juris). vertiefend Weise, in: Ziekow (Hg.), Aktuelle Probleme 2012, S. 47 ff.

215 AzB 2007, Nr. 5. S. auch Vogelsang/Myck, ZfL 2007, 123 (129 f.); Schaal, ZfL 2003, 31 ff.

216 Dazu Isermann, in: Ziekow (Hg.), Praxis des Fachplanungsrechts, S. 654, Rn. 1765 ff. (mit Abb. 2) und Vogelsang/Myck, ZfL 2007, 123 (132).

217 AzB 2007, Nr. 7.2.

218 Isermann, in: Ziekow (Hg.), Praxis des Fachplanungsrechts, S. 655, Rn. 1768 ff.; s. auch Werner, in: Möser (Hg.), Messtechnik, S. 7.

Flugzeug zur Kategorie der sich bewegenden Punktquellen gehört[219]. Die Schallenergie von Punktquellen breitet sich kugel- oder halbkugelförmig aus[220]. Die Ausbreitung unterliegt dann vielen meteorologischen[221] und bodenspezifischen Einflüssen[222]. Sie ist äußerst komplex und kann großen Einfluss auf den finalen Beurteilungspegelwert haben, der beim Empfänger prognostiziert wird. In den Modellen sind regelmäßig auch eine entfernungsbedingte Pegelminderung (Pegelabnahme von 6 (db) pro Entferungsverdopplung), die molekulare Wechselwirkung des Schalls mit der Luft (atmosphärische Dämpfung, beeinflusst vor allem durch Temperatur und relative Feuchte der Luft) und die Wechselwirkung des Schalls mit dem Boden (Bodendämpfung) berücksichtigt[223].

Die Genauigkeit konventioneller Berechnungsverfahren hängt letztlich von der Qualität der Flugbetriebsbeschreibung, der Qualität der dem Berechnungsmodell zu Grunde liegenden Datenbasis und dem Modell selbst ab[224]. Für die im FluLärmG verwendeten Datensammlungs- und Berechnungsverfahren wird bei Langzeitmittelwerten von einer Genauigkeit der Prognoseverfahren im Bereich+/– 1 db(A) ausgegangen[225].

3. *Bauliche Dämmwirkungen und die Unterscheidung von Außen- und Innenpegeln*

Ein weiterer wichtiger, technisch-physikalischer Einflussfaktor auf die Messung von Geräuschen bzw. die Berechnung von Beurteilungspegeln ist die bauliche Dämmwirkung. Unterschieden werden müssen Außen- von Innenpegeln. Messungen können außerhalb und innerhalb von Gebäuden stattfinden. Berechnet wird hingegen regelmäßig der Pegel außerhalb von Gebäuden. Diese Unterscheidung hat sowohl für die Interpretation von Lärmwirkungsstudien als auch für die Rechtsanwendung große Bedeutung[226].

---

219 Kloepfer/Griefahn/Kaniowski/Klepper/Lingner/Steinebach/Weyer/Wysk, Leben mit Lärm, S. 179 ff.; Feldmann, in: Möser (Hg.), Messtechnik, S. 104.

220 Kloepfer/Griefahn/Kaniowski/Klepper/Lingner/Steinebach/Weyer/Wysk, Leben mit Lärm, S. 180.

221 Fluglärmimmissionsprognosen basieren regelmäßig auf mittleren metereologischen Bedingungen, Isermann, in: Ziekow (Hg.), Praxis des Fachplanungsrechts, S. 656, Rn. 1772.

222 Augustin/Maschke/Weise, ZfL 2011, 68 (71).

223 Isermann, in: Ziekow (Hg.), Praxis des Fachplanungsrechts, S. 655, Rn. 1770. Zu Fragen der Dämpfung, Absoption und Reflexion, s. Kloepfer/Griefahn/Kaniowski/Klepper/Lingner/Steinebach/Weyer/Wysk, Leben mit Lärm, S. 243 ff.

224 Isermann, in: Ziekow (Hg.), Praxis des Fachplanungsrechts, S. 659, Rn. 1781; Augustin/Maschke/Weise, ZfL 2011, 68 (71).

225 Vgl. Augustin/Maschke/Weise, ZfL 2011, 68 (71).

226 S. bspw. die Streitigkeiten vor der Novellierung unten Teil 3, B., I., 3., c., ee. sowie die Notwendigkeit eines Umrechnungsfaktors bei der Folgenableitung aus dem FluLärmG unten Teil 3, B., II., 2., a., aa., (1) und bb., (1).

Nun stellt sich aber das Problem, dass nur Innenpegel ein Bild davon geben, was an Geräuschen auf den Menschen an dem Ort einströmt, an dem er sich in der Regel am Längsten aufhält, nämlich Innenräumen[227]. Daher wurden einige einfache Umrechnungsregeln aufgestellt, um aus Außenpegeln auf einfache Weise Innenpegel abzuleiten. Schon früh ging man etwa davon aus, das ein geschlossenes Fenster mit normaler Dichtigkeit etwa eine Schallpegelminderung von 24 db(A) bewirke, während sich über ein gekippt geöffnetes Fenster noch etwa eine Pegelminderung von 15 db(A) errechnet[228]. Für gute Schallschutzfenster wurde bereits vor über 20 Jahren von einem Pegelminderungswert von 32 db(A) ausgegangen[229], wobei grundsätzlich gilt, dass Schallschutzfenster ihre Wirksamkeit nur dann entfalten können, wenn sie auch geschlossen sind[230].

Für die rechtliche Bewertung von Geräuschen hat sich schließlich das gekippte Fenster als besonders bedeutsam erwiesen. Denn ein geschlossenes Fenster verhindert den Luftaustausch und führt damit zu lufthygienischen Problemen im Innenraum[231]. Die Rechtsprechung hält bis heute die Umrechnung von Außen- in Innendauerschallpegel an Hand der 15 db(A)-Differenz für gerechtfertigt[232], weil nur so eine ausreichende Belüftung gewährleistet werden könne. Dieser Umrechnungsfaktor ist mittlerweile in das FluLärmG aufgenommen worden (vgl. Anlage zu § 3 FluLärmG).

Da es sich insoweit aber um standardisierte Annahmen handelt, kann die Realität davon mal mehr und mal weniger abweichen. Die Umrechnungsannahmen haben somit, wie auch schon bei den soeben angesprochenen Berechnungsverfahren bzw. Datengrundlagen, entscheidende Bedeutung. So führt etwa schon die geringe Veränderung des sog. K-Summanden in der Berechnung zu einer Variabilität der Pegelminderung in Höhe von bis 5 db(A)[233]. Auch die Diskussion um die Bedeutung der Frequenzen lebt im Zusammenhang mit der Umrechnungsregel wieder auf. Denn für den mittleren und oberen Frequenzbereich konnte gezeigt werden, dass gekippt geöffnete Fenster hier deutlich geringere Dämmwirkungen aufweisen[234].

---

227 Es wird angenommen, dass der Mensch sich im Schnitt etwa 90% der Zeit in Gebäuden aufhält, SRU, Sondergutachten 1999, S. 150, Rn. 358; vgl. auch SRU, Umweltgutachten 1987, S. 430, Rn. 1559 ff.

228 Jansen, in: Koch (Hg.), Schutz vor Lärm, S. 18 f., unter Bezugnahme auf die VDI 2719.

229 Jansen, in: Koch (Hg.), Schutz vor Lärm, S. 19. Zur Unterscheidung verschiedener Arten von Lärmschutzfenstern, Ullrich, DVBl. 1985, 1159 (1162 f.); s. auch Kundi/Haider/Hutter/Moshammer/Wallner, Fluglärm, S. 77 ff.

230 Kötz, ZfL 2004, 21 (21); Kundi/Haider/Hutter/Moshammer/Wallner, Fluglärm, S. 54 f.

231 Vgl. Kötz, ZfL 2004, 21 (24 ff.).

232 S. – auch für Nachweise aus der Rechtsprechung – unten Teil 3, B., I., 3., c., ee.

233 Kötz, ZfL 2004, 21 (21).

234 Kötz, ZfL 2004, 21 (26); Wysk, ZLW 1998, 456 (477).

IV. Ergebnisse

Als Ergebnis kann zunächst festgehalten werden, dass prinzipiell alle akustischen und psychoakustischen Merkmale sowie sonstige physikalisch-technisch Einflussfaktoren auf die beim Zuhörer vorzufindenden Immissionen berücksichtigt werden können. In der Regel wird bei der (Langzeit-)Beurteilung von Geräuschen mit Modellen gearbeitet, die notwendigerweise – sei es aus Praktikabilitätsgründen, sei es aufgrund nicht vorhandenen Wissens[235] – zum Teil vereinfachend sind. Manche dieser Vereinfachungen scheinen aus Sicht der Fachwissenschaften vertretbar. Die Frage, wo jeweils die Grenze zu einer nicht mehr vertretbaren Vereinfachung liegt, muss ebenso laufend gestellt werden wie die Frage, ob neue, bessere Modell vorhanden sind, die ohne Verlust an Praktikabilität zu einem realitätsgetreueren Bild gelangen.

Auch wenn hier noch nicht in eine breitere Diskussion rechtlicher Zusammenhänge eingestiegen werden soll, sei also kurz angemerkt, dass diese Modelle nie unkritisch zu verwenden sind. Im Rahmen juristischer Entscheidungsverfahren sollte bedacht werden, welche Vereinfachungen, Wertungen und Normungen sie enthalten, um bei der Entscheidung nicht maßgebliche Aspekte zu übersehen. Nicht zu vergessen ist nämlich, dass es bei den Entscheidungen immer auch um das Herstellen von Akzeptanz in der betroffenen Bevölkerung geht[236] und Vereinfachungen von den Betroffenen immer kritisch gesehen werden dürften. Daher sind die Modelle auch im Hinblick auf etwaige Forschungsergebnisse regelmäßig zu überdenken und unter Umständen anzupassen.

Die Betrachtung der akustischen, psychoakustischen und sonstigen physikalischen Einflüsse zeigt aber auch, dass die möglichst realitätsnahe Darstellung eines Reizes über diese Merkmale kein grundsätzliches Problem ist. Jedoch ist die realitätsnahe Darstellung auch etwas, dem man sich immer weiter annähern muss. Über die herkömmlicherweise verwendeten Angaben in db(A) lässt sich eine Darstellung des Reizes und seiner Lautheits-Auswirkungen erreichen. Es ist eine wichtige Erkenntnis, dass es sich dabei (nur) um *eine Art* Lautheit handelt[237]. Dies muss betont werden, da häufig nicht mehr deutlich zum Ausdruck kommt, dass der db(A)-Wert bereits bestimmte wahrnehmungsbezogene Wertungen enthält. Ihre Realitätsannährung ist aber möglicherweise als schlechter einzuschätzen als die durch das Hinzuziehen psychoakustischer Methoden Erreichbare. Hinsichtlich der Bevorzugung der A-Bewertung allein auf wirtschaftspolitische Erwägungen zu verweisen, erscheint ebenso fragwürdig, wie das Behaupten einer Unpraktikabilität aufwendigerer Methoden[238]. Denn es konnte klar gezeigt werden, dass jedenfalls die Eingangsdaten

235 Vgl. Isermann, in: Ziekow (Hg.), Praxis des Fachplanungsrechts, S. 652, Rn. 1761 und S. 653, Rn. 1764.

236 Zur Frage der Rolle von Akzeptanz im Staatsrecht allgemein Czybulka, Die Verw. 1993, 27 ff., und Würtenberger, Akzeptanz, S. 61 f. (m.w.N.).

237 Vgl. Wysk, ZLW 1998, 456 (477).

238 Wysk, ZLW 1998, 456 (477).

für die Klassifizierung von Flugzeugen in ihre jeweiligen Lärmklassen auf Messungen beruhen. Und ob es bei diesen Messungen tatsächlich ein erheblich höherer Aufwand wäre, umfangreichere Signalanalyse vorzunehmen, hängt im Wesentlichen davon ab, welchen Stand der Technik diese erreicht haben[239]. Wichtig ist es auch zu unterscheiden: Bezogen auf ein Urteil über die Lautheit eines Geräusches zeigt die psychoakustische Methode bessere Ergebnisse als die A-Bewertung. Inwiefern die psychoakustische Methode auch im Hinblick auf das noch komplexere Wahrnehmungsurteil Lästigkeit ebenfalls brauchbare Ergebnisse liefert und daher auch dort angewendet werden könnte, ist damit gleichwohl nicht entschieden. Selbst wenn man sich insoweit gegen die psychoakustische Methode entscheidet, scheint jedenfalls einer umfangreichere Signalanalyse bei der Klassifizierung von Flugzeugen – in praktische Hinsicht – nichts im Wege zu stehen.

Hinsichtlich der Beurteilung von Geräuschen, die auf Grund von Verkehrsprojekten für die Zukunft erwartet werden, kommen komplexe Berechnungsverfahren zum Einsatz. Deren Ergebnis ist ein Beurteilungsmaß/-pegel, bei dem der energetische Aspekt der Geräusche im Vordergrund steht. In Deutschland ist dies regelmäßig der energieäquivalente Dauerschallpegel ($L_{Aeq,3}$). Es konnte gezeigt werden, dass schon in Messungen bereits verschiedene Bewertungen bzw. Normungen eingehen, die in die Konstruktion der Messgeräte einfließen. In noch größerem Maß gibt es aber eine Notwendigkeit für wertende Entscheidungen in den Fällen der Berechnung, da man hierüber komplexe, zukünftige Geräuschsituationen zu modellieren versucht.

Eine wichtige Frage im Rahmen der Überleitung zum Abschnitt der negativen Geräusch- bzw. Lärmwirkungen ist nun, welche Darstellungsform des Geräuschs man wählt, wenn man diese weiteren negativen Geräuscheffekte untersuchen will. Der DFG-Forschungsbericht hatte insoweit verschiedene Fluggeräusch-Beurteilungsmaße herangezogen und auf ihre Korrelation hin mit anderen Variablen über negative Effekte hin untersucht. Es zeigte sich, dass Verfahren, die die Überflugshäufigkeit stärker berücksichtigen eine höhere Korrelation mit den negativen Reaktionen der Betroffenen aufweisen[240]. Im Rahmen der energetisch ausgerichteten Dauerschallbetrachtung fließt aber beispielsweise jede Flugbewegung (nur) über ihren jeweiligen energetischen Beitrag zur energetischen Gesamtlast ein[241]. Damit ist schließlich die Frage aufgeworfen, worum es sich eigentlich bei diesen negativen Effekten handelt, wie sie erfasst werden und was man aus Pegelwerten im Hinblick auf negative Effekte ableiten kann. Denn die eigentliche Schwierigkeit „bei der Lärmbeurteilung liegt in dem Übergang von den das Hören beschreibenden akustischen Kenngrößen auf die Lärmwirkungsbeurteilung."[242]

239 Deutlich Maschke/Jakob, in: Möser (Hg.), Messtechnik, S. 599.

240 DFG, Forschungsbericht Fluglärmwirkungen, S. 145.

241 S. bereits oben Teil 1, B., I., 2. aber auch unten Teil 1, C. II., 2., b.

242 Kürer, in: Koch (Hg.), Schutz vor Lärm, S. 25.

C. Geräusch- bzw. Lärmwirkungen

An einigen Stellen bei der Darstellung der physikalischen und psychoakustischen Beschreibung von Geräuschen war schon zu bemerken, dass der neutralere Begriff Geräusch und der wertende Begriff Lärm verwendet und unterschieden werden. In aller Kürze wird gemeinhin formuliert, Lärm sei jede Form von unerwünschtem Schall[243]. Was aber ist unerwünscht? Klar wird damit eigentlich nur, dass Begriff Geräusch (oder Schall) ein Überbegriff ist und Lärm ein qualifiziertes Geräusch meint, dessen Qualifizierung sich aus bestimmten auf den Menschen bezogenen, negativen Wirkungen ergibt. Über etwaige negative Wirkungen von Geräuschen wurde aber hier bisher nur sehr begrenzt gesprochen. So könnte man nach Vorstehendem bspw. sagen, dass ein *zu lautes* Geräusch unerwünscht und daher als Lärm zu bezeichnen sei. Wie sich später aber noch zeigen wird, können auch Geräusche, bei denen ein wie auch immer gearteter Konsens hinsichtlich des Lautheits-Merkmals kaum erreichbar ist, negative Auswirkungen auf den Organismus haben, wenn der Organismus ihnen auf Dauer ausgesetzt ist. Andererseits können konsentiert laute Geräusche in bestimmten Kontexten auch erwünscht sein. Es wird also die Frage zu vertiefen sein, wie man auf den Menschen bezogene, negative Wirkungen bestimmen kann.

Man kann somit festhalten, dass die Unterscheidung von Geräuschen und Lärm zwar gängig ist, sie aber nur grob darauf hinweist, dass, wenn man von Lärm spricht, mit dem Geräusch in irgendeiner Form eine negative Wirkung verbunden wird. Der Versuch einer begrifflichen Trennung kann daher, wenn überhaupt, nur gelingen, wenn man sich immer wieder bewusst macht, um welche negative Wirkung es sich im einzelnen Fall eigentlich handelt. Dieses sich bewusst machen konkreter Bezüge führt dann nämlich zu der eigentlich interessanten Frage, warum und wie etwas als negativ bewertet wurde[244].

Allgemein gültige Übereinkünfte in den Fachwissenschaften hinsichtlich der Einteilung negativer Wirkungen scheint es nicht zu geben. Dennoch ist die schon verwendete[245] grobe Einteilung in die folgenden zwei Gruppen geläufig: (1) Geräusche, die als lästig oder störend erlebt werden[246] – davon wurde bereits kurz gesprochen – und (2)

243 DFG, Forschungsbericht Fluglärmwirkungen, S. 6; Rohrmann/Finke/Guski/Schümer/Schümer-Kohrs, Fluglärm, S. 24; SRU, Umweltgutachten 1987, S. 385, Rn. 1385. Insoweit problematisch Wirth, Fluglärmstudie, S. 1, die dazu anmerkt, dass dieses Konzept (immer) eine subjektive Bewertung impliziere und schlussfolgert, Lärm sei ein psychologischer Begriff.

244 Einen problematischen Ansatz verfolgt daher Faber, Planung von Flughäfen, S. 7 ff, die zwar versucht, maßgebliche Grundbegriffe der Wirkungsforschung zu klären, aber deren Unterscheidungen bspw. in „Lärm im subjektiven Sinne" (S. 19 ff.) und „Lärm im objektiven Sinne" (S. 34 ff.) unklar bleiben bzw. inkohärent sind.

245 S. oben Teil 1, A.

246 Dagegen meint Geräusch- oder Lärm*belastung* das (physikalische) Ausmaß der Geräusche (oder des Lärms), das auf die exponierten Menschen/Gebiete einwirkt,

solche, die zu gesundheitlichen Beeinträchtigungen führen[247]. Die Psychoakustiker haben versucht, die Lästigkeit von Geräuschen ausgehend von ihrer akustischen Beschaffenheit zu beschreiben, sie also wie eine weitere Hörempfindung zu verstehen. Überwiegend wird die Belästigungsreaktion allerdings untersucht, indem auch dem Bedeutungsgehalt der Geräusche für den Einzelnen nachgespürt und insbesondere dem Aspekt der Langfristigkeit der Geräuscheinwirkung Rechnung getragen wird. Die Frage aber, wie ein Modell auszusehen hat, welches die die Belästigungsreaktion beeinflussenden, nicht-physikalischen Faktoren mitumfasst, ist bisher nicht abschließend beantwortet. Folgend wurde – etwas vereinfachend – der Abschnitt, der der ersten Gruppe negativer Wirkungen gewidmet ist, mit „Psychosozialer Lärmwirkungsforschung" betitelt. Die zweite Gruppe negativer Wirkungen beschäftigt sich mit den gesundheitlichen Folgen von Geräuschbelastungen. Sie sind daher vor allem das Arbeitsfeld von Medizinern. Da hier physiologische Reaktionen im Mittelpunkt stehen, lautet der Titel dieses Abschnitts „Physiologisch-medizinische Lärmwirkungsforschung"[248].

Nicht unterschlagen werden soll allerdings, dass die große deutschsprachige Studie zur Erforschung von Geräuschwirkungen interdisziplinärer Natur war[249] und daher dort auch versucht wurde, den Verflechtungen zwischen den beiden Gruppen negativer Wirkungen gerecht zu werden. Die Notwendigkeit eines solchen Vorgehens dürfte auf Grund der vielen bereits erörterten Einflussfaktoren hinreichend deutlich geworden sein. Bei der Erforschung der weiteren Geräuschwirkungen darf also nicht außer Acht bleiben, dass Lästigkeit bzw. Belästigung einen sowohl physiologischen als auch psychologischen Moment hat und auch der Begriff Gesundheit kaum ohne die Ergründung entsprechender Zusammenhänge gedacht werden kann[250]. Hinzu kommt, dass Geräuschwirkungen sich zwar am einzelnen Menschen manifestieren, jedoch der gesellschaftliche oder soziale Zusammenhang bzw. Überbau zu beachten ist, in den die Bewertung „negativ" eingebettet ist. Daher kann die gesamte Erforschung negativer Geräuschwirkungen auch als Suche nach systematischen Informationen über soziale bzw. gesellschaftliche Zusammenhänge verstanden werden. Dies gilt selbstverständlich in stärkerem Maß

---

vgl. SRU, Umweltgutachten 1987, S. 385, Rn. 1385; nicht klar getrennt etwa bei Jansen, ZfL 1986, 2 (3).

247 SRU, Sondergutachten 1999, S. 158, Rn. 387; ähnlich IAL, ZfL 1990, 1 (1); Kaltenbach/Maschke/Klinke, DÄBl. 2008, 548 (553).

248 Folgend wird auch von einerseits den Belästigungs- und andererseits den Gesundheitsreaktionen oder von – noch etwas allgemeiner – Wissen über Belästigungs- und Gesundheitsreaktionen gesprochen.

249 DFG, Forschungsbericht Fluglärmwirkungen, S. 5; s. auch Rohrmann/Finke/Guski/Schümer/Schümer-Kohrs, Fluglärm, S. 37 ff.

250 Ausführlich zum Begriff Gesundheit unten Teil 1, C., III., 1. Bereits hier sei auch darauf hingewiesen, dass die Unterscheidung der Begriffe Lästigkeit bzw. Belästigung und Gesundheitsbeeinträchtigung in der juristischen Bearbeitung von Lärmwirkungen große Bedeutung hat, s. unten Teil 2, B., I., 2. sowie II., 2. und III., 2.

bei der Erforschung psychosozialer Folgen, aber eben auch – in einem noch zu erläuterndem Maß – für die medizinisch-physiologischen Auswirkungen.

Für den weiteren Verlauf dieser Untersuchung soll aus pragmatischen Gründen dennoch die Unterteilung in psychosoziale und medizinisch-physiologische Geräuschwirkungen als Arbeitsgrundlage übernommen werden, wobei zuerst den Erkenntnissen aus dem Bereich der psychosozialen Reaktionen nachgegangen wird. Abgesehen von der bereits angesprochenen interdisziplinären Untersuchung der DFG gibt es dazu eine unüberschaubare Zahl an Forschungsarbeiten, die von Psychologen, Sozialwissenschaftlern, Akustikern usw. durchgeführt wurden. Häufig kommt bei diesen Untersuchungen die theoretische Fundierung sowie die Einordnung in die eben nur angedeutete Problematiken zu kurz[251]. Um diesem Missstand entgegenzuwirken – der letztlich auch die juristische Bearbeitung der Lärmproblematik beeinflusst – soll zuerst die Frage aufgeworfen werden, wie es um die theoretisch-methodische Fundierung der Sozialforschung bestellt ist (I.). Die dabei gewonnenen Erkenntnisse über empirische Forschung helfen darüber hinaus auch beim Verständnis für die Methodik der Suche nach Gesundheitswirkungen. Nach diesen allgemeinen Ausführungen kann dann übergegangen werden zu den beiden auf den Körper und den Geist des Menschen bezogenen Wirkungsgruppen, den psychosozialen (II.) und den physiologisch-medizinischen Lärmwirkungen (III.).

I. Was ist und wie funktioniert „empirische (Sozial-)Forschung"?

In modernen Gesellschaften besteht ein immer weiter anwachsendes Bedürfnis nach systematischen Informationen über gesellschaftliche Zusammenhänge und das Handeln von Menschen in ihnen[252]. Entsprechende Daten werden häufig in großem Umfang von den unterschiedlichsten Akteuren – Ökonomen, Geographen, Medizinern etc. – erhoben, klassifiziert und analysiert. Häufig sind diese sich nicht bewusst oder beachten zumindest zu wenig, dass sie empirische (Sozial-)Forschung betreiben[253]. Jedenfalls aber bei der Rezeption der Forschungsergebnisse ist dies zu beachten, insbesondere wenn die Ergebnisse empirischer Forschungsarbeit in (juristische) Entscheidungszusammenhänge eingeführt werden sollen.

Die hier so genannten psychosozialen Geräuschwirkungen – als deren wichtigste Reaktion die Belästigungsempfindung gesehen wird – werden zum überwiegenden Teil empirisch untersucht und können daher als Gegenstand der Sozialforschung betrachtet werden. Dieser Umstand wird – zumindest aber die sich daraus ergebenden Konsequenzen – zu wenig beachtet bzw. transparent gemacht[254]. Es wurde bereits angedeutet, dass Wahrnehmung ein ungemein komplexer Vorgang ist, den

251 Kroesen/Bröer, JASA 2009, 1 (1).
252 Atteslander, Methoden, S. 305.
253 Schnell/Hill/Esser, Empirische Sozialforschung, S. 5; vgl. auch Weischer, Sozialforschung, S. 15 und S. 68, der von „Varianten unkontrollierter empirischer Operationen" spricht.
254 S. später unten Teil 1, C., II., 1., d.

(theoretisch) zu beschreiben der Wissenschaft schwer fällt. In der Frage nach der Belästigungsreaktion kulminieren alle damit verbunden Probleme: Wann empfinden Menschen Belästigung? Was beeinflusst den Entstehungsprozess? Wie erfasst man die Belästigung eines einzelnen Menschen? Wie die einer Gruppe von Menschen? Welche Bedeutung kommt dabei dem Aspekt der Zeit zu?

Der nun folgende Abschnitt möchte, an diese Fragen anknüpfend, zunächst einige wissenschaftstheoretische Grundlagen darstellen und die damit verbundenen Probleme bewusst machen: Es soll zuerst die Frage erörtert werden, was *empirische* Sozialforschung ist und eine Einführung in die Grundlagen empirischer Forschung allgemein gegeben werden (1.). Besonderes Augenmerk soll die Frage erfahren, ob soziale Zustände bzw. soziales Handeln Gesetzmäßigkeiten unterliegen können (2.).

Dies kann hier selbstverständlich nur sehr komprimiert erfolgen. Es soll daher auch nicht detailliert nachgezeichnet werden, was von den Begriffen Soziologie oder Sozialwissenschaft umfasst sein kann[255] und wie dazu der Begriff Sozialforschung steht. Stattdessen wird hier vereinfachend angenommen, dass die Sozialforschung ein besonderes, noch relativ junges Teilgebiet der Soziologie darstellt. Es hat seine Ursprünge in ersten Sammlungen von sozialen Daten in den ersten vier Jahrzehnten des 20. Jahrhunderts durch die sogenannte „Chicago School“[256]. Kernmethode war damals schon – und ist es noch heute – die Sammlung und Bewertung aller Art von Daten über soziale Zusammenhänge. In der Folgezeit ist die Sozialforschung zunehmend in den Fokus der Politik geraten und wurde später dann auch zum gängigen Mittel der Politikberatung[257]. Neben amtlichen Statistiken und tatsächlich wissenschaftlichen Ansprüchen genügender Sozialforschung hat sich vor allem auch die Markt- und Meinungsforschung in diesem Zusammenhang wie auch sonst im gesellschaftlichen Alltag etabliert[258].

Diese sollte zunächst nur deutlich machen, dass der Sozialforschung sehr schnell ein großes gesellschaftliches Veränderungspotential zugesprochen wurde. Verwundern kann dies nicht, wenn man bedenkt, dass sie beansprucht, nicht nur irgendein, sondern empirisch fundiertes Wissen über soziale Zusammenhänge hervorzubringen. Was ist daran das Besondere bzw. wie ist diese Art von Wissen einzuordnen? *Weischer* schlägt zur Einordnung unterschiedlicher Stufen von Wissen folgendes, ein auf Beobachtungsstandpunkte abstellendes Modell vor (**Abb. A4**)[259]:

255 Dazu exemplarisch Abel, Einführung in die Soziologie, S. 41 ff.

256 Zur historischen Entwicklung, vgl. Weischer, Sozialforschung, S. 18 ff.; Schnell/Hill/Esser, Empirische Sozialforschung, S. 17 ff.; Kelle, Sozialforschung, S. 25 ff.

257 Schnell/Hill/Esser, Empirische Sozialforschung, S. 44 f.

258 Vgl. Weischer, Sozialforschung, S. 47 f; Schnell/Hill/Esser, Empirische Sozialforschung, S. 46 f.

259 Entnommen aus Weischer, Sozialforschung, S. 62 (Abb. 9).

Wie aus dem Schema hervorgeht, ist die soziale Praxis die grundlegende Basis und der Bezugspunkt jeder Theoriebildung bzw. Beobachtung. Die Pfeile stehen jeweils für die verschiedenen Typen der Beobachtung. Auf der Metaebene wird über philosophische Erkenntnistheorien und (korrespondierende) Wissenschaftstheorien (bzw. Methodologien) diskutiert. Auf der darunter liegenden Ebene entstehen verschiedene Formen des Wissens, die jeweils auf Beobachtung im weitesten Sinne zurückgehen und einer (vermeintlichen) Außenbeobachtung in Form von Wissenschaftssoziologie und Wissenschaftsgeschichte unterliegen[260]. Innerhalb dieses Modells ist die empirische Sozialforschung ein spezifischer Typ der wissenschaftlichen Beobachtung unterhalb der Metaebene[261]. Das Nebeneinander der verschiedenen Formen gesellschaftlichen Wissens soll zwei Aspekte verdeutlichen: (1) Nicht nur wissenschaftliche Institutionen bringen Wissen hervor. (2) Das dort entstandenen Wissen ist jedoch ein besonderes, insofern es ganz spezifische Regeln und Techniken einhalten muss.

260 Weischer, Sozialforschung, S. 63.

261 Weischer, Sozialforschung, S. 63; vgl. auch Empirische Sozialforschung, S. 48 f. Im Übrigen sind hier auch die Epidemiologie sowie auch die anderen, bisher noch nicht angesprochenen, Methoden zur Erforschung von Krankheit einzuordnen. Zu diesen später ausführlich unten Teil 1, C., III., 1.

Hieran angelehnt wird empirische Sozialforschung heute beschrieben als eine Ansammlung von Regeln und Techniken zur Durchführung systematischer Untersuchungen menschlichen Verhaltens und gesellschaftlicher Phänomene, deren wichtigste Kennzeichen in der transparenten Vorgehensweise sowie der Erkenntnis liegen, dass Schlussfolgerungen, auch bei Einhaltung der anerkannten Methoden und Techniken, unsicher bleiben, aber die Möglichkeit vorhanden ist, das Ausmaß der Unsicherheit abzuschätzen[262]. Das Besondere der empirischen Sozialforschung ist also in der Methodik, im wissenschaftlichen Vorgehen zu sehen.

Wo auch immer Wissen herangezogen wird, dass sich auf empirische Sozialforschung stützt, gilt es also die genannten Attribute (Methodik, Transparenz und Abschätzung des Ausmaß der Unsicherheit) im Auge zu behalten. Und zwar nicht nur um einordnen zu können, ob es sich überhaupt um empirisch fundiertes Wissen handelt, sondern auch um den Grad der Nützlichkeit des empirisch fundierten Wissens einschätzen zu können. Gerade mit Blick auf empirische Sozialforschung als Politikberatung stellen *Hill/Esser/Schnell* nämlich fest, dass ihre Nutzung im Bereich der Politik von Beginn an eine problematische „Vermengung der analytischen Absicht, der kritisch-reformerischen Haltung und der legitimatorischen Interessen zur Folge hatte“[263]. Häufig würden eher Methodiken als Grundlage gewählt, die von vornherein gewisse Interpretationsspielräume bei den Untersuchungsergebnissen gewährleisten[264]. Kritisch wird angemerkt, dass die tendenzielle Hinwendung in der Sozialforschung zu *qualitativen* Methoden jedoch kein Ergebnis hervorgebracht habe, das öffentlich diskutiert wurde, und dass vor allem auf Grund von Fortschritten im Bereich der statistischen Verfahren bei der Datenanalyse die *quantitative* Datenerhebungsmethode zur Politikberatung besser geeignet sei[265]. Zur groben Unterscheidung dieser Begriffe lässt sich sagen, dass quantitative Methodiken vor allem auf standardisierte Erhebungsinstrumente (i.d.R. Fragebögen), hohe Fallzahlen (mit Zufallsauswahl), die Standardisierung von Daten und ihre statistische Analyse setzen, wohingegen die qualitative Methodik eher auf offenen Erhebungsinstrumenten (z.B. Interviews), geringeren Fallzahlen (mit Vorselektion), textbasierten Daten (etwa Abschriften der Interviews) und deren interpretative Auswertung basiert[266].

262 Vgl. Weischer, Sozialforschung, S. 9; Häder, Sozialforschung, S. 20; Schnell/Hill/Esser, Empirische Sozialforschung, S. 5 f. Vgl. zum lezten Punkt auch die Ausführungen unten zur Frage der Kausalität in der Epidemiologie Teil 1, C., III., 2., b.

263 Schnell/Hill/Esser, Empirische Sozialforschung, S. 45.

264 Vgl. Schnell/Hill/Esser, Empirische Sozialforschung, S. 45.

265 Schnell/Hill/Esser, Empirische Sozialforschung, S. 45 (m.w.N.), die auch darauf verweisen, dass die Evaluationsforschung immer häufiger Ökonomen anstatt Soziologen übertragen wurde.

266 Unterscheidung nach Weischer, Sozialforschung, S. 72 ff.; für eine Einführung in die Datenerhebunginstrumente, s. Atteslander, Methoden, S. 65 ff.; Schnell/Hill/Esser, Empirische Sozialforschung, S. 319 ff.

Der Rückgriff auf unterschiedliche Methoden und Techniken hat in diversen Wissenschaftsbereichen zu Brüchen oder zumindest Kontroversen geführt. Mit den Begriffen der qualitativen und quantitativen Forschungsmethodik wird auf eine solche Grundkontroverse innerhalb der empirischen Sozialforschung verwiesen[267], die sich auch auf den Bereich der Lärmwirkungsforschung auswirkt, vor allem auf das Gebiet der Belästigungsforschung[268]. Ihren Ursprung hat sie auf der Metaebene[269] der Wissenschafts- und Erkenntnistheorie, dem Gegenstand des zunächst folgenden Abschnitts.

Eine wissenschaftstheoretische Einordnung der empirischen Sozialforschung kann eine Vorstellung davon vermitteln, welchen Grad an Nützlichkeit ihre Erkenntnisse erlangen können. Im Idealfall bewahrt die Beschäftigung mit den Fragen, was eine Wissenschaft prinzipiell leisten kann und welchen prinzipiellen Problemen sie gegenübersteht, auch vor einer naiven „Datengläubigkeit, die Forschung allgemein nur abträglich sein kann“[270]. Diese wissenschaftstheoretischen Grundlagenfragen können und sollen hier aber nur insoweit aufgeworfen werden, als sie notwendig sind, um die bereits genannte Grundkontroverse und ihre Bedeutung für vor allem die Belästigungsforschung nachvollziehen zu können[271].

1. *Wissenschaftstheoretische Grundlagen*

Jede Wissenschaft bemüht sich zunächst darum, die vielfältigen, uns umgebenden tatsächlichen Ereignisse zu sammeln, zu ordnen und Aussagen über ihre innere Verbundenheit zu machen[272]. Aussagen über tatsächliche Ereignisse können natürlich

---

267 Schnell/Hill/Esser, Empirische Sozialforschung, S. 6 (Fn. 1), bezeichnen sie als „unnötig“; für eine kompakte Darstellung der Historie, s. auch Kelle, Sozialforschung, S. 25 ff., der im Hinblick auf die Kontroverse im Wesentlichen auf ihre unterschiedlichen Forschungsziele verweist (S. 35) und dessen Annahme eines Kontinuums treffend erscheint, in dem beide Ansätze unrealistische Pole bzw. Extrempositionen darstellen (S. 77); Weischer, Sozialforschung, S. 11, spricht synonym auch von standardisierten und nicht-standardisierten Daten (bzw. von statistischen und interpretativen Daten).

268 Vgl. die nicht immer nachvollziehbaren Ausführungen zur Methodik der Wirkungsforschung bei Kloepfer/Griefahn/Kaniowski/Klepper/Lingner/Steinebach/Weyer/Wysk, Leben mit Lärm, S. 77 ff., die hier später auch noch detaillierter untersucht werden sollen, s. unten Teil 1, C., II., 1., d.

269 Vgl. oben Abb. **A4.**

270 Schnell/Hill/Esser, Empirische Sozialforschung, S. 49.

271 Die nachfolgenden Ausführungen unter 1. und 2. sind – soweit nicht andere bzw. zusätzliche Angaben gemacht wurden oder vollständig zitiert wurde – eine Zusammenfassung der Ausführungen zur allgemeinen Wissenschaftstheorie und zur Erklärung sozialen Handelns von Schnell/Hill/Esser, Empirische Sozialforschung, S. 49 ff.

272 Vgl. auch Chalmers, Wege der Wissenschaft, S. 5 und passim, sowie – mit besonderem Augenmerk auf die Frage der Stellung der Medizin – Gross/Löfler, Prinzipien, S. 6 ff.

immer auch von einem rein persönlichen Standpunkt aus erfolgen. Wissenschaft erhebt aber dagegen den Anspruch, dass die durch sie erbrachten Resultate nicht nur von demjenigen als richtig anerkannt werden, der sie hervorbringt, sondern für alle am Wissenschaftsprozess Beteiligten nachvollziehbar, kritisier- bzw. überprüfbar und darüber hinaus „wahr" sind[273]. Wobei Wahrheit hier als Übereinstimmung einer Aussage mit der Realität verstanden wird[274]. Die empirische Wissenschaft akzeptiert zur Herstellung der Überprüfbarkeit allerdings einige – unbeweisbare – Annahmen[275] als gegeben, so dass andere Tätigkeiten, die diese Annahmen nicht teilen, regelmäßig nicht mehr als empirisch bezeichnet werden (können)[276].

Die Wissenschaftstheorie erarbeitet Vorschläge, wie dieser Anspruch auf Wissenschaftlichkeit zu erreichen ist und ist damit vor allem eine Methodologie, zu deren Kernelementen die Definition von Begriffen (a.), das Vorhandensein von Hypothesen (sowie Theorien und Gesetzen) (b.) und Konzepte wissenschaftlichen Erklärens gehören (c. und d.).

a. *Definition von Begriffen*

Notwendige Voraussetzung zur Beschreibung und Erklärung eines jeden – als auch eines „sozialen" – Zustandes oder Ereignisses ist seine begriffliche Fassung, denn Wissenschaften – gleich welcher Art – arbeiten nicht mit konkreten Ereignissen an sich, sondern mit in Sprache gefasster Realität, mit Aussagen über die Realität. Es geht im Kern darum, den wissenschaftlichen Kommunikationsprozess zu gewährleisten, so dass alle daran Beteiligten den verwendeten Begriffen möglichst weitgehend die gleichen Vorstellungsinhalte zuschreiben müssen. Unterschieden werden logische und empirische oder außerlogische Begriffe, die die Forschung über sog. Nominaldefinitionen zu präzisieren versucht.

Nominaldefinitionen sind nun ihrerseits problematisch. Die in ihnen verwendeten Begriffe oder Inhalte können nämlich unter Umständen ihrerseits zu definieren sein, so dass ein infiniter Regress droht. Wissenschaft muss, um überhaupt praktikabel zu sein, auf irgendeiner Ebene eine Setzung vornehmen bzw. eine Verständlichkeit annehmen und akzeptieren. Man kann auch sagen, dass es Wissenschaft nicht um eine Wesenssuche geht und auch keine Gleichsetzung mit der empirischen Entsprechung erreicht werden soll[277]. Immerhin aber wird durch den Versuch der definitorischen Festlegung außerlogischer oder empirischer Begriffe zugleich auch

---

273 Raithel, Forschung, S. 11.

274 S. auch Chalmers, Wege der Wissenschaft, S. 185.

275 Dazu zählen etwa die Existenz einer Außenwelt, Regelmäßigkeiten in ihr und die Erkennbarkeit beider Aspekte, Schnell/Hill/Esser, Empirische Sozialforschung, S. 50 (Fn. 1); s. auch Chalmers, Wege der Wissenschaft, S. 171 und passim.

276 Damit wird ihnen nicht (!) jegliche Bedeutung genommen, sondern lediglich eine Kategoriserung vorgenommen, vgl. soeben Abb. **A4**.

277 Vgl. hierzu insb. auch Popper´s Vorstellung von Wissenschaft als nützlicher Annährung, Popper, Problemlösen, S. 47 ff. und 127 ff.

der inhaltliche Gehalt der Hypothesen und damit deren potentieller Erklärungswert festgelegt[278]. Dazu gleich mehr.

b. Hypothesen, Theorien und Gesetze

Eine klare Trennung der Begriffe „Hypothese, Theorie und Gesetz" wird in der angewandten Forschung häufig nicht vorgenommen. Sie hier nachzuvollziehen ist ebenfalls nicht notwendig. Alle verbindet jedenfalls, dass sie allgemeine Aussagen über Zusammenhänge zwischen empirischen oder logischen Sachverhalten darstellen wollen und nicht lediglich sprachliche Konventionen sind. Im Folgenden wird daher – vereinfachend – nur noch von Theorien gesprochen, verstanden als ein System von Aussagen, das mehrere Hypothesen oder Gesetze umfasst.

Der Zweck und Vorteil der Formulierung von Theorien liege in der dann erzwungenen Nennung aller Annahmen und Hypothesen, die – aus Sicht des Wissenschaftlers – zur Erklärung eines Phänomens notwendig waren, was wiederum den Zugang zu den Überlegungen und also den wissenschaftlichen Austausch bzw. die Kritik erleichtere. Gerade die Offenlegung aller theoretischen Annahmen ist für die Wissenschaft ein entscheidender Punkt, da so erst deren Überprüfbarkeit und Kritik möglich wird, an deren Ende dann unter Umständen verbesserte theoretische Annahmen stehen und damit insgesamt dann eine bessere Beschreibung der Realität[279].

c. Erklärung und Falsifikation

Die Hauptaufgabe jeder Wissenschaft liegt im Erklären. Es muss daher Klarheit darüber herrschen, was unter einer Erklärung im wissenschaftlichen Sinne zu verstehen ist. Hier nicht gemeint sind Alltagserklärungen (Alltagssprache), sondern Standards und Strukturen wissenschaftlicher Erklärungen[280]. Erläutert werden sollen hier nur deduktiv-nomologische (DN) und induktiv-statistische (IS) Erklärungen[281].

---

278 Es ist zu vermuten, dass – im Vergleich zu den Naturwissenschaften – dieser Schritt der Klärung außerlogischer Begriffe in den Sozial- und Gesellschaftswissenschaften möglicherweise noch schwieriger ist, da die empirischen Begriffe sozusagen „um den Menschen kreisen" und dadurch häufig noch stärker normativ vorbelastet sind. Dagegen ist die Naturwissenschaft jedenfalls im Ausgangspunkt eine Beobachtung der unbelebten oder zumindest unbewussten (und dadurch vermeintlich werturteilsfreien) Natur, einführend hierzu Chalmers, Wege der Wissenschaft, S. 6 ff.

279 Zum Fortschritt des Erklärungsgehalts in den Wissenschaften durch „strenges experimentelles Überprüfen", s. Chalmers, Wege der Wissenschaft, S. 155 ff.; vgl. auch sogleich unten Teil 1, C., I., 1., d.

280 Dazu soeben Abb. **A4**.

281 Daneben existieren auch noch verschiedene andere Ansätze für wissenschaftliche Erklärungen, vgl. Stegmüller, Wissenschaftstheorie, Bd. 1, S. 110 ff.; Schnell/Hill/Esser, Empirische Sozialforschung, S. 69 ff.

Die DN-Erklärung baut auf dem Vorhandensein von Gesetzen oder Allaussagen auf. Soweit Phänomene (Explanandum) beobachtet werden, deren Charakterisierungen den im Gesetz enthaltenen Voraussetzungen (Randbedingungen – zusammen Explanans) entsprechen, lassen sich also Schlussfolgerungen aus den Gesetzen ableiten (deduzieren), die einen Erklärungswert beinhalten. Ein Gesetz postuliert also eine *kausale Verknüpfung* von zwei Ereignissen oder Zuständen in Form eines Ursache-Wirkungs-Verhältnisses. Kausalität[282] ist dabei als (unbeweis- und unprüfbares) synthetisches Urteil a-priori (auch Strukturierungsregel) anzusehen.

Gesetze erheben in der Wissenschaft grundsätzlich den Anspruch auf Gültigkeit an allen Orten und zu allen Zeiten. Die Beobachtung und Prüfung der Randbedingungen hat aber natürlich einen konkreten örtlichen und zeitlichen Anker[283]. Im Grundsatz ist das einleuchtend und weitgehend unumstritten. Die Sozialwissenschaften kennen jedoch – zumindest bisher – keine Allaussagen, so dass alle ihre bisherigen Theorien nur den Status potentieller Erklärungen innehaben[284]. Das man aber auch in den Geisteswissenschaften auf der Suche nach solchen Allaussagen geht und von deren Vorhandensein zumindest prinzipiell ausgeht, kann als wissenschaftstheoretische Position und Entscheidung auf metaphysischer Ebene mit praktischen Konsequenzen angesehen werden, „dessen Weltbild grundsätzlich von der Determiniertheit aller natur- und sozialwissenschaftlichen Phänomene ausgeht“[285]

Hier stellt sich nun insgesamt die Frage, ob überhaupt Gesetze durch Forschung endgültig verifiziert werden können. Auch noch so viele vergangene oder gegenwärtige (bestätigende) Ereignisse, lassen nämlich nicht den logischen Schluss zu, dass auch alle zukünftigen Ereignisse bestätigend sein werden[286]. Dies lässt sich im Prinzip auch für alle physikalischen Naturgesetze sagen, weshalb zwischen ihnen und sozialwissenschaftlichen Theorien bzw. Gesetzen nur ein gradueller Unterschied besteht.

Daher bleibt zur Erklärung eigentlich nur die Möglichkeit der Induktion – Schluss vom Speziellen (begrenzte Anzahl empirischer Überprüfungen) auf das Allgemeine –, die jedoch als letztgültige Regel bzw. Erklärung nicht haltbar ist[287]. Obgleich eine endgültige Verifizierung aus wissenschaftstheoretischen Überlegungen heraus also

282 Zum Begriff der Kausalität in der Epidemiologie, vgl. unten Teil 1, C., III., 2.

283 Gesetze könnten auch so formuliert werden, dass sie nur einen bestimmten Raum-Zeit-Bezug haben (Quasi-Theorien), was dann ihren Erklärungswert herabsetzt, vgl. Schnell/Hill/Esser, Empirische Sozialforschung, S. 59 (Fn. 2).

284 Zur Frage, wie mit diesem Umstand in der praktischen Anwendung von solchen Theorien umzugehen sein könnte, s. DFG, Forschungsbericht Fluglärmwirkungen, S. 511 f.

285 Schnell/Hill/Esser, Empirische Sozialforschung, S. 60 (Fn.1).

286 Schnell/Hill/Esser, Empirische Sozialforschung, S. 60, verweisen hier auf Popper´s Kritik an der Induktion; hierzu einführend Popper, Ausgangspunkte, S. 108 ff. und 204 ff., und sogleich im Text, s. auch Chalmers, Wege der Wissenschaft, S. 35 ff.

287 Dazu Schnell/Hill/Esser, Empirische Sozialforschung, S. 61: „Soweit man die Induktionsregel als empirischen Satz begreift, führt sie in den infiniten Regress; soweit

ausgeschlossen ist, ermöglichen Gesetze eine der wesentlichen Antriebskräfte des Wissenschaftsprozesses, nämlich das Falsifikationsmodell[288], also die Eliminierung falscher Aussagen aus dem Wissenschaftsprozess. Darüber hinaus werden Aussagen über den Informationsgehalt von Gesetzen möglich, denn je mehr potentielle Falsifikatoren ein Gesetz umfasst, desto mehr Information „liefert" das Gesetz; nur was sich theoretisch falsifizieren lässt, enthält auch Information.

Wie bereits erwähnt sind in der Sozialwissenschaft keine determinierenden Gesetze zur Erklärung bestimmter Sachverhalte bekannt. Deshalb muss die Forschungspraxis auf die Induktion zurückgreifen und zwar in Form der induktiv-statistischen oder probabilistischen Erklärung, deren Struktur der DN-Erklärung gleicht, wobei an die Stelle des determinierenden Gesetzes eine probabilistische Aussage tritt. Aus diesem Grund ist es auch möglich, dass verschiedene, sich unter Umständen widersprechende probabilistische Aussagen zur Erklärung eines Sachverhalts herangezogen werden bzw. nebeneinander existieren.

Das Heranziehen der IS-Erklärung hat noch eine weitere Folge. Eine Falsifikation probabilistischer Aussagen, wie sie oben für „naturwissenschaftliche" Aussagen eingeführt wurde, ist nämlich nicht möglich. Die IS-Erklärung weist also durchaus gravierende logische Mängel auf, weshalb man hier häufig auch nur von einer Begründung redet[289]. Die empirische Sozialwissenschaft geht aber aus (forschungs-)pragmatischen Gründen davon aus, dass IS-Erklärung nicht gänzlich abgelehnt werden kann.

d. Der wissenschaftliche Wert einer Erklärung

Wann aber besitzen Erklärungen dann überhaupt einen wissenschaftlichen Wert? Was ist die empirische Signifikanz einer Theorie?

Problematisch ist zunächst die Verwendung von Theorien, die sich nicht oder nur schwer mit der Realität konfrontieren lassen, aber gleichzeitig durchaus gewissen Erklärungsstrukturen genügen. Sie verwenden häufig Begriffe, deren Inhalte so definiert sind, dass sie sich der direkten Wahrnehmung entziehen[290]. Daran knüpft allgemein die Frage an, wie empirisch sinnvoll zu interpretierende Aussagen von empirisch sinnlosen Aussagen zu trennen sein könnten, was auch als Abgrenzungsproblem bezeichnet wird. Unter Verweis auf *Popper* gilt hier, dass ein empirisch

---

man sie als synthetisches Urteil a priori begreift, ist sie unbeweisbar und damit willkürlich."

288 Voraussetzung für eine Falsifikation ist die – zunächst zu unterstellende – richtige Erfassung bzw. Messung der empirischen Wirklichkeit, s. Schnell/Hill/Esser, Empirische Sozialforschung, S. 62.

289 Vgl. insoweit auch die Ausführungen zum Begriff der „kausalen Schlussfolgerung" unten Teil 1, C., III., 2., b.

290 Schnell/Hill/Esser, Empirische Sozialforschung, S. 72, sprechen von „theoretischen Konstrukten".

ausgerichtetes Wissenschaftssystem an der Erfahrung scheitern können soll[291]. Das mag aus den bisherigen Ausführungen heraus auch einleuchten, hat aber nur geringe praktische Relevanz, da die Feststellung selbst sehr voraussetzungsvoll ist. Was nämlich sind die Regeln für die empirische Interpretation theoretischer Aussagen bzw. theoretischer Konstrukte, die, wie gesagt, häufig nicht direkt wahrzunehmen sind, durch empirische Tatsachen (Beobachtungen im weitesten Sinne)?

Nur wenn gültige Regeln für die empirische Interpretation theoretischer Aussagen – also das Vorliegen von empirischen Indikatoren und Kriterien, die es erlauben, diese Indikatoren sicher mit einem theoretischen Konstrukt zu verbinden – vorhanden sind, ist eine Falsifikation denkbar und damit ein Anknüpfungspunkt zu den dahinter stehenden wissenschaftstheoretischen Konsequenzen gegeben. Dieser Aspekt wird allgemein unter dem Begriff „Korrespondenzproblem" gefasst. Zur Lösung des Korrespondenzproblems werden verschiedene Ansätze vertreten[292]. Gleich welcher Korrespondenzregel man letztlich folgt, müssen sie insgesamt als empirische Hypothesen betrachtet werden. Die Verbindung von theoretischem Konstrukt und Indikator ist damit nicht logischer, sondern empirischer Natur, was wiederum vorläufig zu dem Ergebnis führt, dass eine absolute Trennung von empirisch sinnvollen und empirisch sinnlosen Aussagen nicht gegeben ist.

Der wissenschaftliche Wert einer Erklärung hängt aber nicht nur von der Verbindung des theoretischen Konstrukts mit Indikatoren zusammen, sondern auch mit der Frage nach dem korrekten Erfassen des Beobachteten, also der Erhebung von Daten als Basis der wissenschaftlichen Überlegung. Im klassischen Empirismus wird dieses sog. Basissatzproblem umgangen und die intersubjektive Beobachtung als sichere Basis der Theorieprüfung schlicht nicht angezweifelt. Im logischen Empirismus wird dagegen die Bedeutung der Sprache betont und postuliert, dass nicht das Beobachtete, sondern nur Sätze über das Beobachtete (sog. Protokollsätze) mit Theorien verglichen werden kann. Protokollsätze sind aber selbst problematisch, da sie ihrerseits als theoriegeleitet angesehen werden müssen, und Theorien können eben nicht verifiziert, sondern nur mehr oder weniger gut bestätigt werden (im Sinne von Reliabilität und Validität)[293]. Würde man Basissätze immer kritiklos hinnehmen, nähme man also auch immer die Hintergrundtheorie mit als wahr an. Die Verbindung von theoretischem Konstrukt und Indikator (im Sinne der Korrespondenz) ist aber nicht logischer, sondern empirischer Natur und die Wahrheit beobachteter singulärer Ereignisse (Basissätze), die ja als Prüfungsinstanz für die allgemeine Theorie dienen sollen, kann daher nicht

291 Vgl. Popper, Problemlösen, S. 15 ff.

292 Für die hier nicht beschriebenen Vorschläge des Operationalismus und der bilateralen Reduktionssätze, vgl. Schnell/Hill/Esser, Empirische Sozialforschung, S. 75 ff.

293 Schnell/Hill/Esser, Empirische Sozialforschung, S. 81, schließen daraus, dass Erkennen insgesamt zu einer Aktivität bzw. einem Prozess wird; s. auch Chalmers, Wege der Wissenschaft, S. 176; unklar ist daher auch die Aussage von Kloepfer/Griefahn/Kaniowski/Klepper/Lingner/Steinebach/Weyer/Wysk, Leben mit Lärm, S. 80, der sinnverstehende Ansatz sei „als *Endstufe* einer Annährung" (Hervorhebung vom Verf.) anzusehen.

garantiert werden. Auf Grund der nicht vorhandenen Absolutheit der Korrespondenz und der Basissätze ist eine Falsifikation also nicht unbedingt auch eine endgültige Erledigung der geprüften Theorie[294].

Aus all dem folgt auch, dass eine empirisch gültige – also valide – Beschreibung immer eine möglichst korrekte Zuordnung von Indikatoren zu Konstrukten vornehmen und auf möglichst fehlerfreie Erhebung von Daten achten muss. Korrespondenz- und Basissatzproblem kommen auch hier ohne Einschränkung zum Tragen. Da aber niemand einen sozialen Sachverhalt beschreiben kann, ohne sich eine gedankliche Vorstellung davon zu machen und Ideen darüber zu entwickeln, wie sich dieses konkrete Phänomen von anderen unterscheidet, kann man die darin zu erblickenden Hypothesen nur ihrerseits immer weiter prüfen und kritisieren[295].

Die Problematik der Hintergrundtheorien – und ihre Verbindung zu den Problemen der Abgrenzung, der Korrespondenz und des Basissatzes – trifft in vollem Umfang auf alle Arten von (sozialwissenschaftlichen) Datenerhebungs- und Hypothesenbildungsverfahren zu, seien sie eher qualitativ oder eher quantitativ orientiert. Im Kern geht es immer um die Frage, wie eine sprachliche Äußerung oder andersartige Beobachtung zu erheben und ob deren Zuordnung zu einem theoretischen Konstrukt gerechtfertigt ist.

2. *Zur Erklärung „sozialen Handelns" bzw. „sozialer Zustände"*

In den Sozialwissenschaften gibt es nach wie vor Strömungen, die die Möglichkeit der Erklärung von sozialen Handlungen in der oben beschriebenen deduktiv-nomologischen Form bestreiten[296]. Allerdings nicht auf Grund der angesprochenen logischen Probleme der Deduktion. Stattdessen wird behauptet, dass die Sozialwissenschaften einen gänzlich (qualitativ) anderen Gegenstandsbereich hätten als die Naturwissenschaften, deren Ursprungsgebiet sozusagen die DN-Erklärungen seien. Von der Überzeugung getragen, dass der Gegenstandsbereich gerade von denkenden und reflektiert handelnden Individuen konstituiert wird, die von Gründen, Motiven oder Intentionen geleitet werden, ergebe sich für die Sozialwissenschaften eine prinzipiell andere Methodologie, die darauf abzielen müsse, die Intentionen sozialer Handlungen zu rekonstruieren und dadurch deren Sinnzusammenhang aufzuzeigen, also verstehbar zu machen[297].

---

294 Zur Falsifikation und ihren Grenzen, vgl. Chalmers, Wege der Wissenschaft, S. 51 ff.

295 Schnell/ Hill/Esser, Empirische Sozialforschung, S. 84.

296 Schnell/Hill/Esser, Empirische Sozialforschung, S. 91, nennen hier insb. die Ethnomethodologie und den Symbolischen Interaktionismus; ausführlich zu dieser Debatte auch Kelle, Sozialforschung, S. 88 ff.; vgl. – leicht verständlich – auch Chalmers, Wege der Wissenschaft, S. 181 ff., der die Thematik unter dem Stichpunkt des „globalen Anti-Realismus" abhandelt.

297 Im Bereich der Belästigungsforschung wird eine solche Position anscheinend von Kloepfer/Griefahn/Kaniowski/Klepper/Lingner/Steinebach/Weyer/Wysk, Leben mit Lärm, S. 77 ff., vertreten.

Die zwei Besonderheiten – und die wesentlichen Argumente gegen die Heranziehung von DN-Erklärungen – dieser mehr interpretativen Paradigma lassen sich folgendermaßen zusammenfassen: Soziales Handeln soll erstens symbolisch strukturiert, prozesshaft und situativ bzw. individuell variabel sein und intentionale Handlungen könnten und müssten zweitens verstehend, also Intentionen beachtend, rekonstruiert werden. Diesen Prämissen kann jedoch, und zwar auch im Rahmen des normativen Paradigmas, unproblematisch zugestimmt werden. Allerdings sind die aus Sicht des interpretativen Paradigmas daraus zu ziehenden Schlussfolgerungen nicht zwingend.

Die Prozesshaftigkeit (oder auch Interaktionismus) und die Individualität überzeugen als Argumente nicht; denn aus der unbestreitbaren Tatsache, dass Bedeutungszuschreibungen variieren, lässt sich nicht ableiten, dass Bedeutungszuschreibung prinzipiell – im oben dargelegten Sinne – unerklärbar sind. Das Argument der Variation des Bedeutungszusammenhangs eines Symbols wird dann zur Frage der Validität eines Indikators für ein theoretisches Konstrukt, die es, wie oben gezeigt, immer zu klären gilt.

Auch die zutreffende Behauptung, dass ein Symbol, welches eine Person sendet, nicht deterministisch die Folgen einer sozialen Handlung bestimmt, ist kein durchschlagendes Argument gegen die Anwendung von DN-Erklärungen im sozialen Kontext. Man kann nämlich soziales Handeln in verschiedene Ereignisstellen zerlegen, die zusammen den Prozess bilden, und für jeden Teilprozess jeweils eine eigenständige Erklärung suchen[298]. Damit wird die soziale Handlung als von verschiedenen Prozessen, Faktoren oder Ereignisstellen bestimmt angesehen, die alle erklärungsbedürftigen Phänomene darstellen, aber eben auch alle erklärbar sind.

Die Grundlage des Arguments der Intentionalität ist, dass Menschen nach bestimmten Motiven und aus verschiedensten Gründen handeln. Der Idee nach soll dies den Unterschied ausmachen zwischen Sozial- und Naturwissenschaft. Aber die Intentionalität menschlicher Handlungen macht das sozialwissenschaftliche Erklären lediglich komplexer, lässt sich aber mit der DN-Erklärung grundsätzlich in Übereinstimmung bringen, wenn man davon ausgeht, dass jeder Akteur eine eigene – ergründbare – Handlungstheorie für bestimmte Situationen besitzt. Die in der Handlungstheorie als relevant angenommenen Faktoren müssen operationalisiert und erhoben werden. Dabei muss nur aufgepasst werden, „dass die theoretisch vermuteten Intentionen logisch und empirisch-operational unabhängig von der Handlung ermittelt werden. Wenn nämlich die Handlung selbst als Indikator für die Intention angenommen wird, wäre die Argumentation/Erklärung zirkulär und trivial“[299].

---

298 Ausführlich zur sog. genetische Erklärung – deren grundlegendes Prinzip das Aneinanderreihen von einzelnen DN-Erklärung ist –, Stegmüller, Wissenschaftstheorie, Bd. 1, S. 155 ff.

299 Schnell/Hill/Esser, Empirische Sozialforschung, S. 101.

Die Annahme, dass die Methode des Sinnverstehens sich gänzlich von einer Erklärung im deduktiv-nomologischen Sinne unterscheidet, ist also nicht haltbar. Dies wird besonders deutlich, wenn man sich vor Augen führt, dass letztlich auch Forscher mit einem entsprechenden methodischen Verständnis nicht ohne die Verwendung von Theorien auskommen, diese häufig aber nicht explizit machen. Dadurch bleibt eine kritische Diskussion aus und es entsteht der Eindruck, man käme ohne sie aus. *Schnell/Hill/Esser* schließen daher, dass die „mentale Übernahme des Standpunktes eines handelnden Individuums und die sinnhafte Rekonstruktion seiner Handlung, wenn sie nicht nur die Qualität einer subjektiven Interpretation des Forschers haben soll, der objektiven, d. h. intersubjektiven empirischen Überprüfung mit Hilfe der Techniken der empirischen Sozialforschung (bedarf)."[300]

Daher sind Ansichten abzulehnen, die Erklärungen auf Grund oben genannter Argumente im Bereich der Sozialwissenschaften grundsätzlich für nicht durchführbar halten. Im Gegenteil sind aus wissenschaftstheoretischer Sicht auch im Bereich der empirischen Sozialforschung probabilistische Aussagen möglich. Im Unterschied zu den strengen Naturwissenschaften sollten sich aber alle, die die Erkenntnisse der empirischen Sozialforschung nutzen wollen, darüber im Klaren sein, dass sie regelmäßig – näher zu bestimmenden, aber eben auch bestimmbaren – Unsicherheiten unterliegen.

II. Psychosoziale Lärmwirkungsforschung

Wie bereits angesprochen gibt es unter den Lärmwirkungsforschern keine allgemeingültige Definition des Begriffs Belästigung[301]. Die Schwierigkeit einer solchen Definition erschließt sich auch unmittelbar. Wie kann etwa das energetisch gesehen leise Geräusch eines in der Nacht tropfenden Wasserhahns stören und laut aufgedrehte Musik am Abend eine Person entspannen, den Nachbarn wiederum belästigen[302]. Schon der Versuch einer näheren Beschreibung des Begriffes ist also hoch problematisch, muss sich doch aus ihm – als Ziel, als Wirkungsendpunkt – das Arbeitsprogramm eventueller Forschungsbemühungen ergeben[303].

Merkwürdig ist auch, dass seit Jahrzehnten versucht wird, die Belästigung – vor allem durch Datenerhebungen und deren Analyse – quantitativ zu erfassen und dennoch immer wieder betont wird, die Erfassung der Belästigung erfolge letztlich vollkommen uneinheitlich[304]. Am (bisherigen) Ende der Diskussion um Methoden

---

300 Schnell/Hill/Esser, Empirische Sozialforschung, S. 106.

301 Zwicker, ZfL 1991, 91 (91); Guski/Bosshardt, ZfL 1992, 67 (67). Zur Abgrenzung von Lästigkeit und Belästigung etwa Maschke/Jakob, in: Möser (Hg.), Messtechnik, S. 627, die Belästigung als andauerndes Erleben von lästigen Geräuschen verstehen. Dazu auch Wirth, Fluglärmstudie, S. 15.

302 Vgl. Wirth, Fluglärmstudie, S. 1; Bosshardt, Belästigung, S. 19.

303 Vgl. Bosshardt, Belästigung, S. 3 ff.

304 Guski/Schick, in: UBA (Hg.), Fluglärm 2004, S. 42; ähnlich Giering, in: UBA (Hg.), Lärmwirkungen, S. 121. Eine interessante, wenn auch nicht immer leicht nachvollziehbare, Problemanalyse findet sich bei Meyer, ZfL 2003, 147 ff.

möglichst angemessener Erfassung der Belästigung steht für manche dann aber sogar ein sinnverstehender Ansatz[305], bei dem scheinbar die Quantifizierung des Belästigungsgrades nicht im Sinne eines verallgemeinerbaren Ursache-Wirkungszusammenhangs erfolgen soll. Darauf wird zurückzukommen sein.

Häufig wird in der juristischen Literatur auch gesagt, es werde niemals möglich sein, Lärm zu messen[306]. Wenn dieser Hinweis irgendeine Funktion erfüllt, dann die, deutlich zu machen, dass die mit einem Geräusch verbundene negative Wirkung – die ein Geräusch zu Lärm werden lässt – nur mit Hilfe gewisser Wertungen bestimmt werden kann[307], die nicht im strengen Sinne determiniert sind[308]. Das scheint aber letztlich eine triviale Erkenntnis zu sein, handelt es sich doch beim Gegenstand der Betrachtung der Wirkungsforschung nicht um eine leblose Sache, sondern um den Menschen selbst. Und mehr noch: Es ist gerade – jedenfalls im Bereich der Belästigung – dessen (individuelles) Urteil („entstanden" auch durch die intellektuelle Verarbeitung des Reizes), über das versucht werden soll, in einer wissenschaftlichen Form allgemeingültige Aussagen zu treffen[309]. Aber wo kommen die Wertungen, die Maßstäbe dafür her? Auf welche Weise (er-)schafft der Belästigungsforscher über eine Vielzahl von individuellen Urteilen allgemeingültige Aussagen? Welche Theorien werden bezüglich der Belästigungswirkung verfolgt? Wie wird Belästigung definiert bzw. gibt es einen gemeinsamen Vorstellungsgehalt?

Trotz aller Unterschiede im Detail lassen sich durchaus verschiedene Konzepte und grundsätzliche Herangehensweisen ausmachen, die diese Fragen zu beantworten versuchen und im Folgenden kurz vorgestellt werden sollen (1.). Eine kritische Auseinandersetzung mit den verschiedenen Ansätzen erfolgt im Anschluss an die Beschreibung der jeweiligen hinter ihnen stehenden Ideen. Danach wird ein kurzer Überblick über die Entwicklung der Forschungsergebnisse in den letzten Jahrzehnten gewagt (2.).

---

305 Kloepfer/Griefahn/Kaniowski/Klepper/Lingner/Steinebach/Weyer/Wysk, Leben mit Lärm, S. 79 ff. (passim). Es ist erstaunlich, dass es hier im Hinblick auf den Untersuchungsgegenstand für notwendig erachtet wurde, darauf hinzuweisen, dass man den *Sinn* des Phänomens zu ergründen versuche. Wenn dies dort – also für die Lärmwirkungsforschung – explizit festgestellt wird, kann man durchaus fragen, was sonst Maßstab/Ziel eines Forschungsunternehmens sein soll bzw. ob andere Wissenschaftler mit anderen Ansichten über das methodische Vorgehen *sinnfrei* arbeiten.

306 S. nur Krappel, Lärmschutz, S. 30 (m.w.N.); Wende/Ortscheid, in: Ziekow (Hg.), Fluglärm 2003, S. 9. Auch die Rechtsprechung scheint diese Formulierung gerne zu nutzen, vgl. – auch für Nachweise – Stoermer, Schutz vor Fluglärm, S. 134

307 Mit viel Aufwand in diese Richtung Kloepfer/Griefahn/Kaniowski/Klepper/Lingner/Steinebach/Weyer/Wysk, Leben mit Lärm, S. 78 ff.

308 Zur Unterscheidung von DN- und IS-Erklärungen, s. sogleich unten Teil 1, C., I., 1., c.

309 Vgl. Bosshardt, Belästigung, S. 4 f., der von „offenkundiger Werthaltigkeit" spricht.

1. *Methoden und Konzepte psychosozialer Lärmwirkungsforschung*

Die grundlegenden Methoden und Konzepte der psychosozialen Lärmwirkungsforschung sind nur schwer klar voneinander abzugrenzen. Häufig handelt es sich eher um Erweiterndes als um grundsätzlich Gegensätzliches. Die folgende Darstellung kann daher auch nicht so tun, als sei sie abschließend. Es scheint ein großes Manko der Belästigungsforschung zu sein, dass es kaum eigenständige Grundlagenforschung gibt. Belästigungsforschung ist vielmehr ganz regelmäßig angewandte Forschung[310]. Das erschwert auch den interdisziplinären Zugang, da sich ein solcher zwangsläufig eher auf allgemeine Aufarbeitungen und Zusammenfassungen der Methoden und Konzepte beschränken muss.

Es lassen sich aber zumindest verschiedene Grundkonzepte und -methoden herausfiltern, die in der Erforschung der Belästigung eine besondere Rolle spielten bzw. spielen. Sie lassen sich, bis auf den psychoakustischen Ansatz, der empirischen Sozialforschung zuordnen, mit mehr oder weniger starkem psychologischen „Einschlag". Wenn die Grundausrichtung der Belästigungsforschung daher als eher quantitativ bezeichnet werden kann, wird auch die Bedeutung der Frage klar, ob und inwiefern die Erforschung des vermeintlichen Schlüsselbegriffs der Umweltforschung[311] eher qualitativ ausgerichtet sein sollte[312].

Die unterschiedlichen Methoden bzw. die unterschiedlichen Schwerpunktsetzungen innerhalb einer Methode bzw. eines Konzepts zeigen sich schon bei den verschiedenen Definitionsversuchen des Begriffs Belästigung[313]. Jede dieser Definitionen zeichnet gewisse Aspekte der Belästigung nach und für viele liegt auch eine gewisse wissenschaftliche Evidenz vor[314]. Dennoch hat sich scheinbar keine Definition durchgesetzt. Dass trotz der vielen Begriffsverständnisse und unterschiedlichen Methoden versucht wird, der Belästigung nachzuspüren, liegt für manche Autoren daran, dass die Belästigung ein guter – gemeint ist wohl verlässlicher – Indikator für eine negative Schallwirkung ist und mit den physikalischen Eigenschaften des Schalls am besten korreliert[315].

---

310 Bspw. Wirth, Fluglärmstudie, S. 7 ff., deren theoretische Überlegungen sich auf wenige kurze Erläuterungen beschränken, die aber auch kritisch feststellt, dass das Zustandekommen des Belästigungsurteils weitgehend unklar sei, da dazu kaum Studien existierten (S. 29); vgl. auch DFG, Forschungsbericht Fluglärmwirkungen, S. 505 ff. und 512 f.

311 Schick, Belästigung, S. 11; ähnlich Guski/Schick, in: UBA (Hg.), Fluglärm 2004, S. 42.

312 Dazu unten Teil 1, C., I., d. Zur Möglichkeit der Erklärung sozialer Handlungen bereits oben Teil 1, C., I., 2.

313 Zusammenfasend Wirth, Fluglärmstudie, S. 12 ff.

314 Wirth, Fluglärmstudie, S. 13 f., die dann aber sehr allgemein auf uneinheitliche medizinisch-physiologische Forschungsergebnisse verweist.

315 Wirth, Fluglärmstudie, S. 13 und 26. Ähnlich Guski/Schick, in: UBA (Hg.), Fluglärm 2004, S. 42.

Vorab soll noch eine Unterscheidung eingeführt und hierüber auch eine kurze Einführung in den Begriff der Dosis-Wirkungs-Beziehung gegeben werden. Psychosoziale Lärmwirkungen hat man in Labor- und Felduntersuchungen zu erforschen versucht. Beide Modelle haben verschiedene Vor- und Nachteile, die hier in abstrakter Form nicht näher beleuchtet werden können[316]. Zentrales Element psychosozialer Lärmwirkungsforschung ist mittlerweile aber regelmäßig die Erhebung der Belästigungsreaktion mittels einer Befragung der betroffenen Person *im Feld* (Datenerhebung)[317]. Die so gewonnenen Informationen werden mit Daten zur tatsächlichen Geräuschbelastungen der befragten Personen korreliert, also zu Dosis-Wirkungs-Beziehungen verarbeitet. Der Definition nach liegen Dosis-Wirkungs-Beziehungen immer dann vor, wenn Änderungen einer möglichen Ursache (etwa der Geräuschbelastung) mit Änderungen in der Wirkung (etwa der Belästigungsreaktion) einhergehen[318]. Dosis-Wirkungs-Beziehungen geben also *keine* Kausalität an, sondern weisen nur nach, dass sich zwei Variable gemeinsam ändern. Sie sind auch kein Instrument allein der Belästigungsforschung, sondern ein vielfach verwendeter Baustein auf dem Weg zum (wissenschaftlichen) Nachweis von kausalen Beziehungen[319]. Im Bereich der Lärmwirkung können das aber niemals „Alles-oder-nichts-Reaktionen" sein[320]. Wenn also im Bereich der Belästigungsforschung immer wieder von Dosis-Wirkungs-Beziehungen geredet wird, ist dies der großen Schwierigkeit des Nichtvorhandenseins einer allgemeinen Theorie der Lärm- bzw. Belästigungswirkung geschuldet[321]. Man muss sich daher mit der Beschreibung einfacherer und allgemeinerer Zusammenhänge zwischen dem akustischen Reiz und der Belästigungswahrnehmung begnügen. Wenn man einen Unterschied zu den – später darzustellenden – physiologisch-medizinischen Wirkungen ausmachen will, ist er darin zu sehen, dass die dort erforschten Wirkungsebenen und Wirkungsendpunkte

316 Einführend Giering, in: UBA (Hg.), Lärmwirkungen, S. 21 ff.; Kaltenbach/Maschke/Klinke, DÄBl. 2008, 548 (548); s. auch schon DFG, Forschungsbericht Fluglärmwirkungen, S. 513.

317 Vgl. Guski/Schick, in: UBA (Hg.), Fluglärm 2004, S. 43; Giering, in: UBA (Hg.), Lärmwirkungen, S. 21 ff.

318 Bonita/Beaglehole/Kjellström, Epidemiologie, S. 146; Wirth, Fluglärmstudie, S. 16 f.; Giering, in: UBA (Hg.), Lärmwirkungen, S. 1 und S. 43; Wende/Ortscheid, in: Ziekow (Hg.), Fluglärm 2003, S. 9 ff.; ähnlich Trabert/Waller, Sozialmedizin, S. 45, der allerdings von einer Korrelation spricht und damit wohl das Ausmaß meint, in dem sich zwei Variable gemeinsam ändern, ohne schon eine kausale Beziehung zu implizieren. Dies ist allerdings eine mißverständliche Beschreibung, s. Pospeschill, Statistische Methoden, S. 15 ff., zur Unterscheidung von korrelativer und experimenteller bzw. quasi-experimenteller Methode.

319 Grundlegende Einführung aus Sicht eines Mathematikers bei Pospeschill, Statistische Methoden, S. 15 ff.; für die Epidemiologie später unten Teil 1, C., III., 2., b.

320 DFG, Forschungsbericht Fluglärmwirkungen, S. 514 f.; Wirth, Fluglärmstudie, S. 16. Man könnte auch sagen, sie unterliegen nicht der DN-Struktur, dazu insgesamt oben Teil 1, C., I., 1., c.

321 Vgl. DFG, Forschungsbericht Fluglärmwirkungen, S. 16.

in geringerem Maß – möglicherweise sogar teilweise gar nicht – auf den Aspekt der intellektuellen Verarbeitung des Reizes eingehen müssen. Anders ausgedrückt kann in medizinisch-physiologischen Untersuchungen – besonders deutlich wird dies bei den Aufwacherscheinungen – auf einen Automatismus gesetzt werden, der so bei psychosozialen Wirkungsuntersuchungen nicht angenommen werden kann.

Als besonderer Indikator bei der Darstellung von Dosis-Wirkungs-Beziehungen wird der Prozentsatz der Personen angesehen, die in einer Befragung eine starke Belästigung angeben (Highly Annoyed, %HA)[322]. Man muss sich das etwa so vorstellen, dass die Befragten ihre (empfundene) durchschnittliche Belästigung bspw. auf einer Skala von 0 bis 10 eintragen. Die Personen, die in der Skala eine besonders hohe durchschnittliche Belästigung angeben, werden als die „Highly Annoyed" bezeichnet[323]. Der Prozentsatz der HA´s wird dann auf einer Skala der Geräuschexposition eingetragen. Es kann gezeigt werden – und hierin liegt der Grund für die Aussage einer zuverlässigen und sehr systematischen Korrelation mit akustischen Eigenschaften –, dass mit zunehmender Dosis (Geräuschexposition ausgedrückt in Dauerschallbelastung) auch die Wirkung (Prozentsatz der HA´s) ansteigt[324]. Wenn etwa in der Meta-Analyse von *Miedema/Vos* für eine Fluggeräuschexposition von 65 Ldn ein Wert von ca. 30% HA´s eingetragen wird[325], bedeutet das, dass 30% der Befragten sich vom dieser Geräuschexposition stark belästigt fühlen. Die restlichen 70% gaben dann einen anderen, niedrigeren Belästigungsgrad an.

Die Bestimmung der HA´s – also die Festlegung eines bestimmten prozentualen Anteils aller Befragten – wird in der Belästigungsforschung selbst kritisch gesehen. Vielfach wird angemerkt, dass es keine wissenschaftliche Grundlage für eine bestimmte Grenzziehung gebe, da die gefundenen Ergebnisse von einer stetig zunehmenden Belästigung ausgehen, die keine markanten Sprünge aufweise und somit die Rechtfertigung für eine bestimmte Grenzziehung umso mehr ein politischer, normativer Akt sei[326].

In der Belästigungsforschung werden regelmäßig auch sog. Meta-Analysen durchgeführt. Hierbei handelt es sich um Zusammenfassungen von Daten aus verschiedenen Studien und ihre Verarbeitung in einer Dosis-Wirkungs-Kurve (von

322 Wirth, Fluglärmstudie, S. 14, zeigt jeweils Vor- und Nachteile und verschiedene Grenzzeihungen auf. S. auch Guski/Schick, in: UBA (Hg.), Fluglärm 2004, S. 45. Unklar insoweit SRU, Sondergutachten 1999, S. 29, Rn. 84, wo aus „medizinischer Sicht" der äquivalente Dauerschallpegel als erheblich belästigend angesehen wird, bei dem sich 25% der Befragten stark belästigt fühlen.

323 Zur Bedeutung der HA´s siehe insb. Giering, in: UBA (Hg.), Lärmwirkungen, S. 3.

324 Wirth, Fluglärmstudie, S. 16; Guski/Schick, in: UBA (Hg.), Fluglärm 2004, S. 44; insgesamt auch Giering, in: UBA (Hg.), Lärmwirkungen; Giering, ZfL 2009, 122 ff.

325 Zusammengefasst und abzulesen bei Giering, in: UBA (Hg.), Lärmwirkungen, S. 7.

326 Wende/Ortscheid, in: Ziekow (Hg.), Fluglärm 2003, S. 14; SRU, Umweltgutachten 2004, S. 320 f; Rn. 633. Selbstverständlich wäre aber auch beim Vorliegen solcher „Sprünge" das Problem des naturalistischen Fehlschlusses zu beachten.

HA´s)[327]. Wichtig dabei ist, aus welchem Zeitraum die herangezogenen Studien und die dort verwendeten Daten stammen. Bei *Miedema/Vos* bspw. wurden Studien aus der Zeit von 1965 bis 1993 herangezogen, wobei der Großteil der Studien vor 1990 lag[328].

a. Das psychoakustische Lästigkeitsurteil

Die Psychoakustiker haben darauf Wert gelegt, ein rein auf den akustischen Merkmalen – auch beschrieben als sensorische Wahrnehmung[329] – basierendes Urteil über ein Geräusch ableiten zu können[330]. Wie bereits oben erläutert[331], standen dabei zuerst einzelne (Teil-)Empfindungen (bspw. Lautheit, Tonempfinden etc.) im Vordergrund. Später haben die Psychoakustiker aber versucht, die Teilergebnisse zu den einzelnen Teilempfindungen zusammenzutragen und daraus ein sozusagen globales – mit den akustischen Merkmalen korrespondierendes – Lästigkeitsurteil zu konstruieren.

Im Ergebnis zeigte sich zunächst, dass die sensorische Lästigkeit eines Signals vor allem von der Lautheit abhängt[332]. In der Psychoakustik war und ist die Lautheit das wichtigste, vermutlich weil prägnanteste, Hörempfinden. So ging es in vielen Forschungsarbeiten immer wieder darum, den Einfluss anderer physikalischer Aspekte auf die Lautheit genauer zu bestimmen. Konsequenterweise wurde auch an Hand der Lautheit versucht, zu einer näheren Bestimmung des Begriffs Lästigkeit zu gelangen[333]. Dass man den psychoakustischen Ansatz als Methodik missversteht, alleine die Lästigkeit zu untersuchen[334], basiert vermutlich auf diesem Vorgang, verkürzt aber dennoch in unzulässiger Weise das Anliegen der Psychoakustik[335].

---

327 Zuerst bei Schultz (1978), später mehrfach wiederholt von Fidell u.a. (1991) sowie Miedema/Vos (1998); zu diesen Studien ausführlich und mit Nachweisen Giering, in: UBA (Hg.), Lärmwirkungen, S. 3 ff.; s. auch Wirth, Fluglärmstudie, S. 16 f.; Giering, ZfL 2009, 122 ff.

328 Giering, in: UBA (Hg.), Lärmwirkungen, S. 6. Zur Problematik der Aktualität „akustischer Daten“, s. auch unten Teil 3, B., I., 4., c.

329 Maschke/Jakob, in: Möser (Hg.), Messtechnik, S. 626.

330 Schick, Belästigung, S. 38, spricht von der Lästigkeitsforschung im engeren Sinne, der sich vor allem Physiker, Elektroakustiker und Gehörphysiologen angeschlossen hätten.

331 S. oben Teil 1, B., II.

332 Maschke/Jakob, in: Möser (Hg.), Messtechnik, S. 626 (Abb. 11.16).

333 Zwicker, ZfL 1991, 91 (92).

334 Kloepfer/Griefahn/Kaniowski/Klepper/Lingner/Steinebach/Weyer/Wysk, Leben mit Lärm, S. 80, geben explizit an, es ginge dem psychoakustischen Ansatz um die Abhängigkeit der subjektiven Belästigung von physikalischen Parametern.

335 Wichtig ist also zu unterscheiden zwischen der psychoakustischen Erfassung von einzelnen Empfindungsgrößen (Lautheit, Schärfe, etc.) und dem *integrierenden* Urteil über die Belästigung. Dies wird vielfach nicht immer hinreichend

Unter Hinzuziehung von besonderen Geräuschmerkmalen und dazugehörigen Teilempfindungen kann zudem gesagt werden, dass je schlechter (also je rauer, je schwankungsreicher, je schärfer etc.) ein Signal ist, desto eher wird sich auch bei nicht so lauten Tönen eine sensorische Lästigkeit ergeben[336]. Es existieren mehrere Modelle der sensorischen Lästigkeit mit je unterschiedlicher Schwerpunktsetzung. So ist die unbeeinflusste Lästigkeit definiert als die Reaktion einer Person, die im Laborversuch unter beschreibbaren akustischen Bedingungen ausschließlich der Lästigkeit von Schall ausgesetzt ist und keine Beziehung zur Schallquelle hat[337]. Die psychoakustische Lästigkeit wird ebenfalls über Hörversuche bestimmt, bezieht sich aber vor allem auf technische Geräusche[338]. Daneben existiert auch noch der Begriff des sensorischen Wohlklangs, der die graduelle Abwesenheit von Störungen des (musikalischen) Zusammenklanges betrachtet[339].

Die Verwendung solcher Adjektive wie laut, rau, schwankungsreich etc. wird sehr kritisch gesehen. Im Kern wird den Psychoakustikern nämlich vor allem vorgeworfen, dass sie der Bedeutung der Sprache und damit in vielerlei Hinsicht gesellschaftlichen Bedeutungszusammenhängen aus dem Weg gingen[340], in die sich Geräusche einfügen. So gibt der psychoakustische Ansatz vor, dass das Auffinden von Gesetzmäßigkeiten zwischen den Empfindungsgrößen und den physikalischen Ausgangsgrößen unter der besonderen Bedingung steht, die Bedeutung der untersuchten Geräusche sei konstant[341]. Wie jedoch schon die eingangs dargestellten, einfachen Beispiele gezeigt haben, sind Geräusche aber in persönliche und gesellschaftliche Zusammenhänge eingebettet. Man sagt, die Forscher, die sich diesem Modell angeschlossen haben, hätten den Blick darauf verloren, dass Lästigkeit „situativ, personal und zeitbezogen“ ist[342].

Wenn die psychoakustische Lästigkeit aber schon definiert wird als eine Reaktion auf eine Geräuschquelle, zu der die Versuchsperson in keiner Beziehung steht[343],

---

genau getan, s. etwa Bosshardt, Belästigung, S. 19 ff.; zutreffende Unterscheidung dagegen bei Schick, Belästigung, S. 11.

336 Vgl. Abb 11.16 bei Maschke/Jakob, in: Möser (Hg.), Messtechnik, S. 626.

337 Maschke/Jakob, in: Möser (Hg.), Messtechnik, S. 627 ff.; Zwicker, ZfL 1991, 91 ff.

338 Maschke/Jakob, in: Möser (Hg.), Messtechnik, S. 629 f.

339 Maschke/Jakob, in: Möser (Hg.), Messtechnik, S. 630 f.: Nach Terhardt sei jeder Schall eine potentielle Störung, die um so größer ist, je lauter der Schall ist und um so stärker solche Schallparameter sind, die als missklingend empfunden werden.

340 Schick, Belästigung, S. 14 ff. und passim; Bosshardt, Belästigung, S. 22.

341 Bosshardt, Belästigung, S. 22; DFG, Forschungsbericht Fluglärmwirkungen, S. 6; Kloepfer/Griefahn/Kaniowski/Klepper/Lingner/Steinebach/Weyer/Wysk, Leben mit Lärm, S. 80.

342 Angedeutet bei Maschke/Jakob, in: Möser (Hg.), Messtechnik, S. 627; detaillierter Bosshardt, Belästigung, S. 19 ff.

343 Ausgangsüberlegung der Psychoakustiker scheint tatsächlich auch gewesen zu sein, das Element der Individualität in der Akustik weitestgehend zurückzudrängen, vgl. Schick, Belästigung, S. 36 ff.

dann gibt es aus wissenschaftstheoretischer Sicht eigentlich keinen Vorwurf, sondern nur Zweifel am Erklärungsgehalt des Ansatzes[344]. Es ist daher auch nicht verwunderlich, dass die Kritik an dieser Position einher ging mit Forschungsergebnissen, die darauf hindeuteten, dass Lästigkeitsurteile nur zu einem bestimmten Anteil von den akustischen Merkmalen (vor allem der Lautheit) bestimmt seien[345].

So geht heute auch die Psychoakustik davon aus, dass Lästigkeit eine zeit-, situations- bzw. personenbezogene Wahrnehmungsgröße und die Belästigung das langfristige Erleben solch lästiger Schallereignisse darstellt[346]. Mit den psychoakustischen Lästigkeitsmaßen lässt sich dagegen nur die sensorische Wahrnehmung (und auch nur unter bestimmten Bedingungen) realitätsgetreuer darstellen[347]. Das Ziel psychosozialer Lärmwirkungsforschung – nämlich die Darstellung des Zusammenhangs zwischen (langfristigen) Geräuscheinwirkungen im Alltag und der negativen Wirkung Belästigung – lässt sich alleine mit diesem Ansatz also nicht erreichen[348].

Abschließend muss demnach festgehalten werden: Das Kernproblem psychoakustischer Lästigkeitsmaße ist ihr Erklärungs- oder Informationsgehalt. Sie nutzt wissenschaftliche Methoden, ist transparent, nachprüfbar usw. Aber ihre Aussagekraft ist begrenzt, weil sie Störvariable nur begrenzt bzw. gar nicht einbeziehen[349]. Dazu passen auch die Ergebnisse der ersten großen, interdisziplinären Fluglärmuntersuchung, in der dargelegt wurde, warum man Laboruntersuchungen zur Störendheit als Empfindungskomponente von der Verärgerung als Fluglärm-Wirkung unterscheiden muss[350]. Bezug wird hier auf Laboruntersuchungen genommen, wonach Menschen recht konsistent die Unerwünschtheit von Geräuschen beurteilten, sofern „die Geräusche sich nicht in ihrer emotionalen Bedeutung unterscheiden und ... in gleicher Weise erwartet werden“[351]. Aus Sicht der Autoren rufe Fluglärm bei

344 S. oben Teil 1, C., I., 1., d.

345 Vgl. Bosshardt, Belästigung, S. 18, der zuerst diese Ergebnisse zitiert und *dann* mit der Methodenkritik anfängt, obwohl zu diesem Zeitpunkt das Entscheidende schon gesagt ist. Diese Ergebnisse werden auch von Hermann, Schutz vor Fluglärm, S. 40 f. aufgegriffen.

346 Maschke/Jakob, in: Möser (Hg.), Messtechnik, S. 627; s. auch Wirth, Fluglärmstudie, S. 15

347 Dann aber wohl als Funktionen, die sich DN-Aussagen annähren, s. die Berechnungen bei Maschke/Jakob, in: Möser (Hg.), Messtechnik, S. 627 ff. Auch insoweit kritisch Bosshardt, Belästigung, S. 21 f.

348 Kritisch – insb. gegenüber dem Lautheitsbewertungsverfahren von Zwicker – Lazarus, ZfL 1990, 54 f.

349 Vgl. Schnell/Hill/Esser, Empirische Sozialforschung, S. 62 ff., und oben Teil 1, C., I., 1., d.

350 DFG, Forschungsbericht Fluglärmwirkungen, S. 10 ff.

351 DFG, Forschungsbericht Fluglärmwirkungen, S. 10.

den Menschen aber sehr verschiedene emotionale Reaktionen hervor und einzelne Überflüge könnten nicht immer in gleicher Weise erwartet werden[352].

b. *Das Moderatorenkonzept*

Gängige Praxis bei der Erfassung der Belästigungswirkung ist daher nicht die detaillierte psychoakustische Analyse von Geräuschen, wie sie vor allem von *Zwicker* vorgeschlagen wurde. Stattdessen ist man in der Belästigungsforschung eher dem Weg der empirischen Sozialforschung gefolgt und hat Befragungen in den mit Schall exponierten Gebieten vorgenommen[353]. Bei diesem Vorgehen werden die Daten aus den Erhebungen dann zu den eingangs genannten Dosis-Wirkungs-Relationen umgesetzt, die in der Belästigungsforschung heute eine vorherrschende Stellung einnehmen. Ein weiterer Vorteil der Feldbefragung war, dass man auch Daten zu anderen denkbaren (Stör-)Faktoren erheben konnte, von denen vermutet wurde, sie hätten einen Einfluss auf die Bildung des Belästigungsurteils (sog. Moderatoren)[354].

Man wird wohl sagen können, dass sich das heute anscheinend überwiegend verfolgte Moderatorenkonzept in gewisser Weise aus den Versuchen der Psychoakustik entwickelte, weil nachgewiesen werden konnte, dass eine im Labor nach Maßgabe der sensorischen Wahrnehmung geeichte Skala der Störendheit die Belästigungswirkung tatsächlicher Ereignisse im Alltag nicht vollständig zu erfassen vermochte[355]. Anders ausgedrückt erwies sich also die theoretische Annahme als unhaltbar, dass die physikalischen Aspekte der auf Menschen einwirkenden Geräusche die Belästigungswirkung vollständig oder zumindest weitgehend determinierten. Die soeben erwähnte erste große interdisziplinäre Fluglärmstudie in Deutschland, der DFG-Forschungsbericht, kam etwa zu dem Ergebnis, dass sich die erhobene Belästigungsreaktion nur zu etwa 31% aus den akustischen

---

352 DFG, Forschungsbericht Fluglärmwirkungen, S. 11; vgl. auch Bosshardt, Belästigung, S. 21 ff. (m.w.N.). Noch weitergehend Schick, Belästigung, S. 14, für den es sich sogar verbietet, Sprache nur als etwas zu begreifen, in dem sich Eigenschaften lediglich abbilden, wie sie in den Sinnesorganen respräsentiert sind.

353 S. die zahlreichen Hinweise auf sowohl Feld- als auch Laboruntersuchungen bei Giering, in: UBA (Hg.), Lärmwirkungen, S. 21 ff., wobei hier nicht immer explizit angegeben wird, inwiefern und in welchem Umfang die Studien Moderatoren berücksichtigen.

354 Zur Unterscheidung von „Zweitursachen" und „Moderatoren", s. DFG, Forschungsbericht Fluglärmwirkungen, S. 516.

355 Vgl. Bosshardt, Belästigung, S. 25 f.; DFG, Forschungsbericht Fluglärmwirkungen, S. 13; Kloepfer/Griefahn/Kaniowski/Klepper/Lingner/Steinebach/Weyer/Wysk, Leben mit Lärm, S. 79. Deutlich dazu auch Schick, Belästigung, S. 77, der die Hoffnung, einfache und allgemeine Wirkungszusammenhänge allein an Hand der Art des Schalls (der physikalischen Beschreibung) aufzuzeigen, als zerschlagen ansieht. Sie sei ersetzt worden durch die Einbettung des Schalls in ein Gefüge von weiteren Faktoren.

Merkmalen erklären lässt, wie sie im verwendeten Beurteilungsmaß repräsentiert waren[356].

Der Vorteil des Moderatorenkonzepts war es also, auch noch andere, nichtphysikalische Aspekte des alltäglichen Wahrnehmungsprozesses in die Untersuchungen einzubauen. Die These war, dass jedes Wirkungsurteil neben der Geräuschexposition (Dosis) noch von weiteren Faktoren (Moderatoren) beeinflusst wird, die selbst nicht durch Fluglärm beeinflusst werden[357]. Eine Moderatorvariable greift also verändernd in den Zusammenhang von Reiz (Ursache/Exposition) und Reaktion (Wirkung) ein. Sie dienen der Systematisierung dessen, was regelmäßig unter der Bezeichnung individuelle Erfahrung oder individuelle Bedeutung des Geräuschs „als unsystematischer Fehler sozusagen aus dem Bereich der exakten Naturwissenschaften hinaus in den der Psychologie geschoben wird"[358]. Dieser Idee war der DFG-Forschungsbericht verschrieben, welcher dann konstatierte, dass wenn solche Moderatoren hinzugezogen werden, sich Belästigungsurteile zu etwa 65% erklären lassen[359].

Zu den Moderatoren gehören offensichtliche Dinge wie etwa der Zeitpunkt des Auftretens des Geräuschs im Tages- bzw. Nachtverlauf[360] oder das Alter des Betroffenen, aber eben auch schwerer Greifbares – bzw. schwer Messbares – wie etwa das Gefühl des Ausgeliefertseins oder die Einschätzung der zukünftigen Belastung. Der DFG-Forschungsbericht hebt aber hervor, dass jede Moderatorvariable, und es sind sehr viele denkbar, immer in einem auch theoretisch plausiblen Zusammenhang mit jenen Variablen steht, deren Beziehung sie moderiert[361].

Nach den wissenschaftstheoretischen Ausführungen bedarf es keiner weiteren Betonung, dass die Erstellung der Befragungs- und auch der Antwortformate, zentrale Probleme der Belästigungsforschung darstellen. Hier hat es in letzter Zeit internationale Bemühungen gegeben, zu einer Vereinheitlichung zu kommen, um zumindest für die Zukunft eine größere Vergleichbarkeit der Ergebnisse zu erreichen[362]. Für die in der Vergangenheit durchgeführten Untersuchungen muss jedoch das Problem unterschiedlicher Befragungen immer mitbedacht werden.

---

356 DFG, Forschungsbericht Fluglärmwirkungen, S. 241, zum entsprechenden Wert der Tracor-Studie (1970) siehe dort S. 13. Hierauf nehmen wohl auch Wende/Ortscheid, in: Ziekow (Hg.), Fluglärm 2003, S. 9 f., bezug.

357 DFG, Forschungsbericht Fluglärmwirkungen, S. 14 ff.; Bosshardt, Belästigung, S. 25 ff. Zum Begriff des Moderators, s. auch Schick, Belästigung, S. 77 ff.; Rohrmann/Finke/Guski/Schümer/Schümer-Kohrs, Fluglärm, S. 43 ff. und S. 147 ff.; Guski, Noise & Health 1999, 45 ff.

358 DFG, Forschungsbericht Fluglärmwirkungen, S. 15.

359 DFG, Forschungsbericht Fluglärmwirkungen, S. 241. Unklar in diesem Zusammenhang Wende/Ortscheid, in: Ziekow (Hg.), Fluglärm 2003, S. 10 f.

360 Vgl. insoweit aber auch oben Teil 1, B., I., 4.

361 DFG, Forschungsbericht Fluglärmwirkungen, S. 15. Vgl. insoweit auch oben Teil 1, C., I., 1. a. und b.

362 Wirth, Fluglärmstudie, S. 14; Guski/Schick, in: UBA (Hg.), Fluglärm 2004, S. 43.

Bosshardt sieht im Moderatorenkonzept eine Form des wissenschaftlichen Erklärens von auf Geräusche bezogenen Bedeutungsunterschieden, bei dem man davon ausgeht, dass die unterschiedlichen Bedeutungskonstruktionen durch bestimmte Eigenschaften, Einstellungen und Bewertungen des Betroffenen vorhersagbar sind[363]. Problematisch sei daran aber, dass hierüber begriffliche Beziehungen kausal missinterpretiert würden, wo eigentlich eher ein komplexes Bedingungsgefüge asymmetrischer Kausalrelation vorherrsche, dessen Interdependenzen aus methodischen – nicht aus theoretischen – Gründen ausgeschlossen würden[364]. Im Kern scheint es dieser Kritik vor allem um die Frage der Kausalität zwischen den Variablen untereinander und auch deren Verhältnis zur Exposition zu gehen. Die Bestimmung des Beziehungsgeflechts ist schwierig und *Bosshardt* geht davon aus, dass hier regelmäßig Hintergrundannahmen verwendet und nicht immer offen gelegt werden[365].

c. Verfeinerungen vorhandener Konzepte?

Wie schon diese kurzen Ausführungen zeigen, war selbst unter Hinzuziehung des Moderatorenkonzepts das Belästigungsurteil nur zu etwa zwei Dritteln erklärbar. Auch der DFG-Forschungsbericht war sich bewusst, dass letztlich nur aus einer allgemeinen Theorie der Lärmwirkung[366] mögliche Moderatorvariablen abgeleitet werden können und, da eine solche nicht existiere, das Moderatorenkonzept nicht immer gezielt eingesetzt werden könnte[367].

Mit der Anwendung des Moderatorenkonzepts auf das Problem der Erfassung der Belästigungswirkung kam bzw. kommt aber immerhin ein Multifaktorenkonzept[368] zum Einsatz. Da es das Belästigungsurteil besser erklären konnte als der psychoakustische Ansatz, kann es als Erfolg angesehen werden. Es bestand und besteht trotzdem das Bedürfnis nach weiter verbesserten theoretischen Beschreibungen des Zustandekommens des Belästigungsurteils[369]. Über einige weiterführende Ansätze soll ein kurzer Überblick gegeben werden:

---

363 Bosshardt, Belästigung, S. 25.

364 Bosshardt, Belästigung, S. 27 und 30; Rohrmann/Finke/Guski/Schümer/Schümer-Kohrs, Fluglärm, S. 167 ff.; Kloepfer/Griefahn/Kaniowski/Klepper/Lingner/Steinebach/Weyer/Wysk, Leben mit Lärm, S. 83. Zur Annahme einseitig gerichteter Kausalverhältnisse zwischen abhängiger und unabhängiger Variable s. auch Pospeschill, Statistische Methoden, S. 17.

365 Bosshardt, Belästigung, S. 27 und 30; kritisch auch Kroesen/Bröer, JASA 2009, 1 (6); Meyer, ZfL 2003, 147 (149).

366 Zum Problem des Nichtvorhandenseins von Allaussagen in der Sozialforschung s. oben Teil 1, C., I., 2.

367 DFG, Forschungsbericht Fluglärmwirkungen, S. 16.

368 Vor dem Hintergrund physiologisch-medizinischer Geräuschwirkungen dazu unten Teil 1, C., III., 1., c.

369 Wirth, Fluglärmstudie, S. 28 f. Bosshardt, Belästigung, S. 42 und passim, spricht immer wieder von der deskriptiver Adäquatheit der Konzepte der Belästigungsforschung.

Regulationstheoretische Ansätze etwa versuchen über das Moderatorenkonzept hinauszugehen, indem sie Stress als Systemgeschehen auffassen, das bestimmte Anpassungsprobleme und -prozesse zwischen einem System und seiner Umwelt beschreibt[370]. Dem Regulationskonzept liegt die theoretische Annahme zu Grunde, dass zeitlich später ausgeführte Prozessstufen der Lärmverarbeitung auf vorangegangen Stufen rückgekoppelt sind[371]. Ihnen wird daher auch eine systemtheoretische Natur zugeschrieben[372]. Die Geräuschbelastung wird in diesem Zusammenhang als Stressor gesehen, welches den Regulationsprozess anstößt. Die Belästigung wird so zu einer Teilmenge der Belastungssituation[373].

Solche Konzepte sind dynamischer als das Moderatorenkonzept. Im Kern gehen sie von der Existenz bestimmter Sollwerte aus, von denen bei Stresseinfluss abgewichen wird, so dass gegenregulative Anpassungs- oder Bewältigungsprozesse in Gang kommen, die die Sollabweichung bereinigen[374]. Regulationstheorien greifen also Bedenken gegenüber dem Moderatorenkonzept auf, indem sie etwa annehmen, dass zeitlich später ausgeführte Prozessstufen der Lärmverarbeitung auf vorangegangene Stufen rückkoppeln. Stresstheorien werden danach weiter unterschieden, wie sie die jeweils zentralen Sollwerte und die gegenregulatorischen Maßnahmen operationalisieren[375].

Ein Beispiel dafür ist die vor allem auf *Lazarus* zurückgehende transaktionale Stresstheorie. Sie geht davon aus, dass Emotionen Handlungsbezug hätten, emotionale Zustände also Bestandteil und Resultat der handelnden Auseinandersetzung des Organismus mit seiner Umwelt seien[376]. Umgebungsbedingungen erhalten danach ihre Bedeutung aus ihrem Bezug zu den Zielsetzungen und Motiven eines Handelnden[377]. Im Rahmen einer solchen Theorie bekommt die Sicht des Einzelnen auf ein Problem eine größere Bedeutung. Der Einzelne definiert in gewisser Weise seine Ziele und Motive und unter Umständen revidiert er sie auch wieder, so dass Situationseinschätzungen im Rahmen dieser Theorie von besonderer Bedeutung sind[378]. Auch die Belästigung in Folge von Geräuschbelastungen wird teilweise als

---

370 Bosshardt, Belästigung, S. 33 (m.w.N.).

371 Bosshardt, Belästigung, S. 30; Kloepfer/Griefahn/Kaniowski/Klepper/Lingner/Steinebach/Weyer/Wysk, Leben mit Lärm, S. 86.

372 Kloepfer/Griefahn/Kaniowski/Klepper/Lingner/Steinebach/Weyer/Wysk, Leben mit Lärm, S. 86.

373 Bosshardt, Belästigung, S. 44.

374 Bosshardt, Belästigung, S. 33 und verdeutlichend S. 44 f.: „Ungleichgewicht zwischen Kapazität und Anforderung".

375 Bosshardt, Belästigung, S. 33.

376 Lazaraus, in: Rice (Hg.), Stress und Coping, S. 231 f.

377 Vgl. Lazaraus, in: Rice (Hg.), Stress und Coping, S. 232 ff.; s. auch Bosshardt, Belästigung S. 34.

378 Ausführlich dazu – dargestellt als Entwicklungsgeschichte seiner eigenen Theorie – Lazarus, in: Rice (Hg.), Stress und Coping, S. 232 ff.; s. auch Bosshardt, Belästigung,

transaktional verstanden. Ihre Erfassung aus dem Handlungskontext heraus soll sich jedoch auf niedrige und mittlere Schallintensitäten beschränken[379].

Auch dieser Ansatz wird jedoch dafür kritisiert, dass er wenig über die Entstehungs- und Veränderungsbedingungen des Erlebens (von Gestörtheit) aussagt und daher (ebenfalls) eher eine theorieimmanente, artifizielle Form des Erlebens definiert[380]. Für *Bosshardt* folgt daraus, dass man die deskriptive Adäquatheit transaktionaler Stresstheorien und der Regulationsannahme überprüfen müsse und könne, indem man „aus diesen Ansätzen Hypothesen darüber ab(leite), auf welche Weise Situationen erlebt und beschrieben werden."[381] Er weist in der Folge mehrfach darauf hin, dass auch mit dem transaktionalen Ansatz Bewertungselemente einhergehen. So folge aus der Feststellung eines Ungleichgewichts zwischen einer Anforderung (Tätigkeit unter (Lärm)stress) und einer Kapazität zur Bewältigung der Anforderung nur dann etwas für die subjektiv erlebnismäßigen Auswirkungen dieses Ungleichgewichts, wenn zusätzlich zur neutralen Tatsache des Ungleichgewichts normative Bewertungskriterien zur Anwendung kämen[382]. Ihm geht es aber nicht darum, den Ansatz grundsätzlich in Frage zu stellen, sondern darum, die zu Grunde gelegten Annahmen (Beschreibungen) über das Erleben zu prüfen bzw. zu verbessern. Wenn nämlich Forscher, die sich diesem Ansatz verpflichtet fühlen, von der Einheitlichkeit des Erlebens ausgingen[383], stelle dies einen gewichtigen Einwand gegen die deskriptive Adäquatheit des Ansatzes dar.

Schließlich seien noch die phänomenologischen Ansätze zur Erforschung der Belästigung angesprochen. Deren Überlegung besteht darin, eine Begriffsanalyse des Rahmens des Auftretens von subjektiven Belastungen vorzunehmen und so die deskriptive Adäquatheit des Ansatzes zu erweitern[384]. So nimmt etwa *Bosshardt* seine Datenerhebung soweit wie möglich ohne Vorgaben zu den Geräuschen vor, weil er davon ausgeht, dass seine Versuchspersonen sich durch die Versuchsbeschreibungen ein ausreichendes Bild machen können und gespeicherte Informationen abrufen, wie sie ein solches Bild erleben und verarbeiten[385]. Die so erhobenen Daten untersucht er gleichwohl im Rahmen einer statistischen Analyse mit dem Ziel, Auffälligkeiten

---

S. 35, S. 44 („Verhältnis von Kapazität und Anforderung entscheidend für das Ausmaß der Belastung") und S. 45 („normative Bewertungskriterien").

379 Bosshardt, Belästigung, S. 36, was auch den Ergebnissen der sensorischen Wahrnehmung in pschoakustischen Problemen zu entsprechen scheint, vgl. Maschke/Jakob, in: Möser (Hg.), Messtechnik, S. 625 ff. (630).

380 Bosshardt, Belästigung, S. 41, scheint es hier um das „Korrespondenzproblem" zu gehen, dazu oben Teil 1, C., 1., d.

381 Bosshardt, Belästigung, S. 42.

382 Bosshardt, Belästigung, S. 45.

383 Bosshardt, Belästigung, S. 46. Ein Einwand der deutliche Paralellität zur Konstanzannhme aufweist, s. DFG, Forschungsbericht Fluglärmwirkungen, S. 10.

384 Kloepfer/Griefahn/Kaniowski/Klepper/Lingner/Steinebach/Weyer/Wysk, Leben mit Lärm, S. 91.

385 Bosshardt, Belästigung, S. 93 und passim.

und Korrelationen des Verständnisses von Belästigung zu finden. Bei diesem Ansatz geht es also darum, das gespeicherte Wissen empirisch zu erfassen, welches durch Belästigung im Hörer aktiviert wird[386].

Auch hier werden (wertende) Kategorisierungen vorgenommen. Bei *Bosshardt* ergeben sie sich allerdings aus den von den Versuchspersonen vorgegeben Daten bzw. folgert er sie daraus. Seine Arbeit muss daher als Versuch gesehen werden, die Verstehens- und Interpretationszusammenhänge des Belästigungserlebens zu objektivieren und nachvollziehbar zu machen. Es geht Bosshardt also nicht etwa darum, eine Position bezüglich der Scheidung von qualitativen und quantitativen Forschungsansätzen einzunehmen[387]. Vielmehr muss seine Arbeit so verstanden werden, dass brauchbare Quantifizierungen – man könnte wohl auch sagen brauchbare Korrespondenzen[388] – eines Empfindens nur gefunden werden können, wenn Verstehens- und Interpretationsprozesse möglichst eindeutig und präzise definiert worden sind. Sinnvolles quantitatives Arbeiten ist hier nicht Beiwerk, sondern Ziel.

d. Stellungnahme

Eine Stellungnahme zu den hier präsentierten Grundkonzeptionen der Belästigungsforschung kann vor den bereits genannten Hintergrundproblemen, wie insbesondere der kaum vorhandenen Grundlagenüberblicksarbeiten, nur vorsichtig und zurückhaltend erfolgen. Es lässt sich aber festhalten, dass der psychoakustische Ansatz in der Belästigungsforschung kaum noch bzw. eine nur untergeordnete Rolle spielt. Sicher lässt sich auch sagen, dass Belästigungsforschung empirisch ausgerichtete, angewandte (oder problemorientierte) Forschung ist, gleich ob man den weiteren theoretischen Hintergrund eher bei der Sozialforschung oder in der Psychologie sieht. Insofern wäre an dieser Stelle noch einmal die Frage aufzugreifen, inwiefern neben den empirischen Ansätzen in diesen Wissenschaftsbereichen auch noch andere Erkenntnismittel qualitativer Art zur Verfügung stehen[389].

In einer längeren (und auch interdisziplinären) Arbeit zum Thema Umgebungslärm[390] haben *Kloepfer u.a.* ebenfalls zu methodologischen Fragen und der grundsätzlichen Herangehensweise an die „Lärmproblematik“[391] Stellung bezogen. Schon die Herangehensweise bzw. die Verwendung des Begriffs Lärmproblematik im Kontext einer methodologischen Erörterung ist allerdings zu kritisieren. Es werden dort nämlich methodologische Ausführungen mit Blick auf die Belästigung bzw. die

---

386 Bosshardt, Belästigung, S. 101.
387 Anders aber offenbar Kloepfer/Griefahn/Kaniowski/Klepper/Lingner/Steinebach/Weyer/Wysk, Leben mit Lärm, S. 91 ff.
388 S. oben Teil 1, C., I., 1., d.
389 Kloepfer/Griefahn/Kaniowski/Klepper/Lingner/Steinebach/Weyer/Wysk, Leben mit Lärm, S. 77 passim.
390 Zum Begriff bereits oben Teil 1, B., I., 4.
391 Kloepfer/Griefahn/Kaniowski/Klepper/Lingner/Steinebach/Weyer/Wysk, Leben mit Lärm, S. 77.

Belästigungsforschung gemacht. Der Begriff Lärm verknüpft aber, wie gezeigt[392], Geräusche insgesamt mit negativen Wirkungen, also auch mit negativen Gesundheitsreaktionen. Den methodologischen Exkurs bei *Kloepfer u.a.*, könnte man daher auch so lesen, als seien die Ausführungen – also die Frage, inwiefern Belastungen durch Lärm von einem Kontext abhängig seien – unproblematisch auch auf diese negative Wirkung übertragbar. Der Körper aber reagiert nicht immer auf Grund eines intellektuellen Verarbeitungsprozesses[393]. Die Verwischung negativer Wirkungen und die damit – jedenfalls in der Tendenz – einhergehende Ansicht, sie seien abhängig von bzw. beeinflussbar durch den Menschen, ist kein Einzelfall[394].

In ihren methodologischen Ausführungen stellen *Kloepfer u.a.* analytisch-empirische Erklärungsansätze – scheinbar – grundsätzlich einem, nicht gänzlich spezifizierten sinnverstehenden Ansatz[395] gegenüber und werfen dann sogar die Frage auf, ob das „kausale Erklären das einzig mögliche und berechtigte wissenschaftliche Verfahren (ist)?“[396]. Es konnte und sollte hier keine allgemeine Darstellung der Wissenschaftstheorie und -geschichte erfolgen, auch nicht mit besonderem Blick auf die Lärmwirkungsforschung. Daher kann auch eine Stellungnahme hinsichtlich des vorläufigen Standes der Konzepte und Methodiken in der Belästigungsforschung nur oberflächlich erfolgen. Einige grundsätzliche Anmerkungen zu dieser soeben aufgeworfenen Frage scheinen aber dennoch angebracht, da damit ein Anzweifeln der Grundlage empirischer (Lärmwirkungs-)Forschung einhergeht, was schwerwiegende Folgen haben kann.

Im Gegensatz zu den strengen Naturwissenschaften ist in den hier relevanten Wissenschaftsbereichen das Subjekt bzw. eine Vielzahl von Subjekten Beobachtungsgegenstand. Das kann, insbesondere wenn es um die Ergründung von Wahrnehmungsprozessen dieser Subjekte geht, sehr spezielle und schwerwiegende methodische Probleme mit sich bringen, ändert jedoch in prinzipieller Hinsicht nichts an den anzuwendenden erkenntnistheoretischen Grundlagen des Forschens[397], soweit Forschung als methodisches, logisches und transparentes, weil

---

392 S. oben Teil 1, C.

393 S. nur DFG, Forschungsbericht Fluglärmwirkungen, S. 18 f. und S. 518 f. Dazu insg. unten Teil 1, C., III.

394 Puls, Verkehrslärm, S. 90, geht etwa davon aus, dass der Begriff Lärm eine negativ bewertete Schallimmission beschreibe und also (bloß) einer Bewertung unterliege; s. weiterhin die Nachweise in Fn. 642.

395 Vgl. Kloepfer/Griefahn/Kaniowski/Klepper/Lingner/Steinebach/Weyer/Wysk, Leben mit Lärm, S. 94.

396 Kloepfer/Griefahn/Kaniowski/Klepper/Lingner/Steinebach/Weyer/Wysk, Leben mit Lärm, S. 78 und S. 91 („Erleben lasse sich nicht auf das sinnlich Erfahrbare (und naturwissenschaftlich Erfassbare) reduzieren“); ähnlich auch Schick, Belästigung, S. 14.

397 Sokal/Bricmont, Eleganter Unsinn, S. 321, Fn. 4, dazu treffend (Herv. d. Verf.): „Die Naturwissenschaften haben, zumindest auf kurze Sicht, von der postmodernen Dummheit wenig zu befürchten; es sind vor allem die Geschichtswissenschaft und die Sozialwissenschaften … die Leiden, wenn Wortspielereien die strenge Analyse

dadurch nachprüf- bzw. nachvollziehbares Beobachten der Realität verstanden wird[398]. Mit Blick auf die Ergründung von Wahrnehmungsprozessen ist nun die Frage, welche Art des Erklärens von *Kloepfer u.a.* angestrebt wird, soweit dort von qualitativer Forschung und einem sinnverstehenden Ansatz gesprochen wird. Wenn die phänomenal ausgerichtete Arbeit von *Bosshardt* als Beispiel ins Feld geführt wird, muss darauf verwiesen werden, dass es *Bosshardt* zwar in seinem theoretischen Teil durchaus darum ging, das Moderatorenkonzept oder die Regulationskonzepte zu überwinden. Gleichwohl erhebt auch *Bosshardt* Daten und versucht, kausale Schlussfolgerungen oder doch zumindest Korrelationen aus ihnen zu ziehen[399]. Ganz nebenbei ist ein wichtiger theoretischer Ausgangspunkt bei *Bosshardt* die Überlegung, dass eine Kontextabhängigkeit des Belästigungsempfindens nur in den Geräuschbereichen gegeben sein soll, die als gering oder mittelmäßig eingestuft werden[400]. Inwiefern ein wie von *Bosshardt* vertretener phänomenaler Ansatz zwangsläufig auf einen sinnverstehenden Ansatz „hinausläuft“[401] und dabei eine andere Art des Erklärens erlaubt, vermögen *Kloepfer u.a.* jedoch nicht darzulegen.

Wenn *Kloepfer u.a.* feststellen, dass man den gesellschaftlichen Sinn einer Geräuschbelastung erkennen und theoretisch berücksichtigen muss[402], läuft das bis zu einem gewissen Grad auf eine – weitergehende – Kontextualisierung des Begriffs Belästigung hinaus und ermöglicht eine – weitergehende – Relativierung dieser Belastung. Die gesellschaftliche Einbettung der Belästigung *nicht* einzubeziehen steht allerdings – wie jedenfalls für das Moderatorenkonzept und die Regulationskonzepte sowie den phänomenologischen Ansatz gezeigt werden konnte – gar nicht zur Debatte. Mit Blick auf die Methode der sozialwissenschaftlichen (sozial-psychologischen) Aufarbeitung folgt aber nichts weiter daraus, als dass die theoretischen Annahmen und Beschreibungen möglicherweise anspruchsvoller werden müssen, um den Grad der Erklärbarkeit der Belästigungsreaktion weiter zu erhöhen.

---

gesellschaftlicher Realitäten verdrängen. Aufgrund meiner eingeschränkten Kenntnisse beschränkt sich meine Analyse hier auf die Naturwissenschaften (und vor allem die Physik). Während die erkenntnistheoretischen Grundlage des Forschens für die Natur- und Sozialwissenschaften *im wesentlichen gleich sein sollten*, ist mir natürlich sehr wohl bewusst, daß in den Sozialwissenschaften viele spezielle (und sehr schwierige) methodische Probleme auf Grund der Tatsache entstehen, daß die Forschungsgegenstände Menschen (einschließlich ihrer subjektiven Geisteshaltung) sind, (...).“ Zur „wissenschaftlichen Grundhaltung“ ebd., S. 241, sowie Schnell/Hill/Esser, Empirische Sozialforschung, S. 60 (Fn. 1).

398 Raithel, Forschung, S. 11.

399 Bosshardt, Belästigung, S. 173 ff.

400 Bosshardt, Belästigung, S. 36.

401 Kloepfer/Griefahn/Kaniowski/Klepper/Lingner/Steinebach/Weyer/Wysk, Leben mit Lärm, S. 94.

402 Kloepfer/Griefahn/Kaniowski/Klepper/Lingner/Steinebach/Weyer/Wysk, Leben mit Lärm, S. 79 ff. (vor allem S. 95; hier auch ohne Unterscheidung zwischen Belästigungs- und Gesundheitsreaktionen).

Es versteht sich von selbst, dass jedes Ergebnis einer Untersuchung der geräuschbedingten Belästigungsreaktion auf Grund der gezeigten erkenntnistheoretischen Probleme nicht verabsolutiert werden darf. Kontexte sind nicht einfach zu erfassen und können sich ändern. Das besonders hervorzuheben, erscheint aber trivial. Zu behaupten, dass die „Einstellung (des Befragten) zu den lärmemitierenden Einheiten (Geräten, Betrieben, Verkehrssystem etc.) durch die/ den mit dem Emittenten verbundene Bedeutung oder verbundenen Sinn bestimmt (ist)“[403], könnte aber darauf hinauslaufen, dass Belästigung *generell* bloße Ansichtssache sei und damit das empirisch fundierte Wissen über Belästigungsreaktionen diskreditieren. So würde sich bspw. der aufzeigbare Trend zu einer höheren Belästigungsreaktion bei gleicher akustischer Belastung[404] auch als ein Phänomen der bloßen Kontextveränderung deuten lassen[405]. Dies kann sicherlich auch von *Kloepfer u.a.* nicht gemeint sein; denn es würde der gesamten Belästigungsforschung den Boden entziehen, ohne einen adäquaten Ersatz bereit zu stellen.

Im Kern geht es jeder der dargestellten Grundmethodiken um verallgemeinerbare, statistische Aussagen. Unterschiede ergeben sich nur bzw. vor allem hinsichtlich der Herangehensweise an das Problem des Bedeutungsüberbaus des Belästigungsbegriffs. Am Ende aber steht, soweit man einem empirischen Ansatz folgt, eine datenbasierte Aussage über statistische Zusammenhänge. Damit stehen alle beschriebenen Konzepte in der Tradition des kausalen Erklärens sozialer Handlungen bzw. sozialer Zustände[406]. Es kann im Zusammenhang mit dem Begriff Belästigung gleichwohl nicht (niemals) von strenger Kausalität gesprochen werden[407].

Es ist aus Sicht anderer Wissenschaftsbereiche, insbesondere der Rechtswissenschaft, sicherlich wünschenswert, wenn eine Verfeinerung des Moderatorenkonzepts erfolgt bzw. erfolgen kann, die den jeweiligen Erklärungsgehalt der angewendeten Modelle erhöht. Am Grundproblem der Notwendigkeit von IS-Erklärungen im Bereich der Belästigungsforschung wird dies jedoch ebenso wenig etwas ändern wie an der a priori-Anerkennung der grundsätzlichen Möglichkeit kausalen Erklärens auch im Bereich sozialer Zustände.

An Zwischenergebnissen kann somit weiterhin festgehalten werden: Um die Belästigungswirkung eines Verkehrsträgers zu bestimmen, werden in der Regel Bevölkerungsbefragungen durchgeführt, wobei es interdisziplinäre Forschungsvorhaben umfassender Art in den vergangenen Jahrzehnten im deutschsprachigen Raum

---

403 Kloepfer/Griefahn/Kaniowski/Klepper/Lingner/Steinebach/Weyer/Wysk, Leben mit Lärm, S. 95.

404 Vgl. Giering, in: UBA (Hg.), Lärmwirkungen, S. 56 (m.w.N.).

405 So in der Tendenz Kloepfer/Griefahn/Kaniowski/Klepper/Lingner/Steinebach/Weyer/Wysk, Leben mit Lärm, S. 94 f.

406 S. oben Teil 1, C., I., 2.

407 Zur Frage der Kausalität in der medizinisch-physiologischen Wirkungsforschung s. auch unten Teil 1, C., III., 2., b.

praktisch nicht gab[408]. Ziel dieser Bemühungen ist es, Ursache-Wirkungs-Relationen zu erstellen, die einen Hinweis darauf geben, inwiefern sich das Empfinden von Belästigung in der befragten Bevölkerung zusammen mit einem Beurteilungspegel (Dauerschallbelastung) verändert. Solche Aussagen integrieren über einen längeren Zeitraum vorhanden gewesene Störungen unterschiedlichster Lebenssituationen zu einer einheitlichen Wirkungsaussage, die hier nachfolgend – mangels klarer Begrifflichkeiten in den Fachwissenschaften – als Globalreaktion der Belästigung bezeichnet wird[409]. Inwiefern bei einzelnen Ursache-Wirkungs-Relationen der Globalreaktion das Moderatorenkonzept als Modell im Hintergrund steht, ergibt sich immer nur aus dem Studiendesign, wobei es aber anscheinend regelmäßig unterschiedlich verwendet wird[410]. Grundlagenforschung, die sich mit den vorhandenen Modellen bzw. ihren theoretischen Annahmen auseinandersetzt, wird scheinbar kaum betrieben; jedenfalls sind viele der auch schon vom DFG-Fluglärmbericht aufgeworfenen Fragen noch immer aktuell.

2. Überblick über den Stand der psychosozialen Lärmwirkungsforschung

An Hand eines kurzen Überblicks soll abschließend noch versucht werden, einen Eindruck von einigen Ergebnissen psychosozialer Lärmwirkungsforschung zu vermitteln. Einen Anspruch auf Vollständigkeit erhebt er nicht. Es ist zu betonen, dass eine Ergebnisauswahl getroffen und Vereinfachungen vorgenommen werden mussten, da ansonsten der Rahmen dieser Untersuchung gesprengt worden wäre. Die Auswahl der hier präsentierten Ergebnisse ist daher in gewisser Weise willkürlich. Sie versucht aber inhaltliche Aspekte aufzugreifen, die für die spätere Betrachtung der rechtlichen Zusammenhänge, in die das (Flug-)Lärmproblem eingekleidet wird, als wichtig erscheinen.

Es wurde allerdings darauf geachtet, zumindest einige als besonders bedeutsam identifizierte Publikationen sowie die zusammenfassenden Gutachten offizieller

---

408 Ob sich die sog. Fluglärmsynopse selbst so sieht, ist unklar, vgl. Griefahn/Jansen/Scheuch/Spreng, Fluglärmsynopse, S. 1 ff. Sie wird aber von der juristischen Literatur jedenfalls im Hinblick auf ihren „wissenschaftlich umfassenden Ansatz“ gewürdigt, Dolde, ZfL 2003, 88 (88). Das ist schon im Hinblick auf ihren Status als Meta-Analyse ohne eigene Datenerhebung – s. Meyer, ZfL 2003, 147 (152) – eher zweifelhaft. Ausführlich zur Synopse und ihrer Rezeption in der juristischen Literatur, s. unten Teil 3, B., I., 4. c.

409 Der Begriff der Globalreaktion stammt also nicht aus der Lärmwirkungsforschung. Da, wie gezeigt, der Begriff Belästigung in der Lärmwirkungsforschung sehr unterschiedliche Verwendungen erfahren hat, soll er hier für ganz bestimmte Wissensbestände herangezogen werden. Damit ist im Folgenden die Reaktion gemeint, die als Summe der jeweiligen Einzelreaktionen anzusehen ist und regelmäßig in Dosis-Wirkungs-Kurven als Belästigung bezeichnet wird.

410 Giering, in: UBA (Hg.), Lärmwirkungen, S. 52. Für eine Untersuchung, die dem Konzept verschrieben war, s. Wirth, Fluglärmstudie.

Organe oder von damit befassten Behörden heranzuziehen[411]. Diese haben – soweit ersichtlich – nur selten eigene Forschungsvorhaben durchgeführt (oder in Auftrag gegeben), regelmäßig aber die allgemein zugänglichen Forschungsergebnisse rezipiert und dabei aber natürlich ihrerseits eine Auswahl hinsichtlich der von ihnen verarbeiteten Ergebnisse getroffen. Eine Unterteilung des Überblicks wurde insofern vorgenommen, als zuerst solche Ergebnisse dargestellt werden, die in engerem Zusammenhang mit Dosis-Wirkungs-Relationen sowohl bei den Primärreaktionen als auch bei der Globalreaktion der Belästigung stehen (a.). Danach folgen Erkenntnisse und Probleme, die bestimmte Einzelaspekte aufgreifen (b.).

a. Von den Primärreaktionen zur Globalreaktion der Belästigung

Als besonders wesentliche Erkenntnisse der psycho-sozialen Lärmwirkungsforschung sind hier zuerst zu nennen: Die Störung der Kommunikation und die Störung von Ruhe und Entspannung werden als wichtigste Primärreaktionen angesehen[412]. Für die Störung der Kommunikation[413] aber auch für die Globalreaktion[414] wird angenommen, dass sie etwa linear mit dem herangezogenen Beurteilungspegel ansteigt.

Gleich welche Ergebnisse bzw. Dosis-Wirkungs-Relationen zur Globalreaktion man heranzieht, gilt, dass wenn man eine Einschätzung der Bedeutung und des Umfangs der Belästigungsreaktion in einer Bevölkerung vornehmen will, sie im Zusammenhang mit der Zahl der insgesamt Geräuschbetroffenen erfolgen sollte[415].

---

411 Die im Rahmen des Gesetzgebungsverfahrens zur Novellierung des FluLärmG herangezogenen fachlichen Aussagen des SRU und des UBA werden im Zusammenhang mit der Würdigung der tatsächlichen Auswirkungen des Gesetzes noch intensiver behandelt. S. unten Teil 3., B., I., 4., b. und II., 2., a.

412 Oliva, Belastungen, S. 181. S. auch Bosshardt, Belästigung, S. 178, der herausstellt, dass wenn von einer Belästigung gesprochen wird, die Beeinträchtigung einer Aktivität oder die Gefährdung eines positiven Zustands impliziert ist. Überblicke zu den verschiedenen Reaktionen (bzw gestörten Aktivitäten oder Zuständen) finden sich etwa bei Rohrmann/Finke/Guski/Schümer/Schümer-Kohrs, Fluglärm, S. 178 und 212 f.

413 Lazarus-Mainka/Schubeius/Hörmann/Lazarus, ZfL 1983, 4 ff., geben an, dass allgemein gelte, mit dem Geräuschpegel steige auch die Belästigungsreaktion (hier verstanden als Reaktion auf die Störung der Kommunikation). Überblick auch bei Kundi/Haider/Hutter/Moshammer/Wallner, Fluglärm, S. 53 f.

414 Diverse Nachweise bei Giering, in: UBA (Hg.), Lärmwirkungen, S. 21 ff.; Kundi/Haider/Hutter/Moshammer/Wallner, Fluglärm, S. 50 ff. S. auch Oliva, Belastungen, S. 181, der von einem annährend linearer Zusammenhang zwischen 50 und 70 Leq spricht; ähnlich Guski/Schick, in: UBA (Hg.), Fluglärm 2004, S. 44, die ihn ab ca. 45 db(A) Leq sehen.

415 Im DFG, Forschungsbericht Fluglärmwirkungen, S. 534 ff., wird plastisch dargestellt, warum die absoluten Zahlen von Menschen, die Fluglärm als unerträglich beurteilen, in weiter Entfernung vom Flughafen *größer* sind als in seiner unmittelbaren Umgebung; vgl. auch Wirth, Fluglärmstudie, S. 6.

Dies hängt zusammen mit der völlig unstreitigen Erkenntnis, dass es im Bereich der geräuschinduzierten Reaktionen keine Sollbruchstellen gibt bzw. – anders ausgedrückt – keine Alles-oder-nichts-Reaktionen bekannt sind, die als kritische Grenze der Primär- oder Globalreaktion gelten könnte. Es gibt nur (Geräusch-)Schwellen, bei deren Vorliegen man bestimmte Reaktionen überhaupt nicht feststellen kann und die als Wahrnehmungsschwellen bezeichnet werden[416]. Oberhalb der Wahrnehmungsschwelle muss man davon ausgehen, dass auf Grund der individuellen Streuung von Belästigungs- bzw. erheblichen Belästigungsreaktionen[417] in jeder Geräuschbelastungsstufe Menschen vorhanden sind, die belästigt bzw. nicht belästigt sind[418]. Dosis-Wirkungs-Relationen vermitteln nur einen Eindruck davon, wie sich der Anteil der sich stark belästigt fühlenden Menschen mit dem Ansteigen des Beurteilungspegels verändert. In diesem Zusammenhang ist es beispielsweise nicht nachvollziehbar, wenn für die erhebliche Belästigungsreaktion von einem – vermeintlich aus der Literatur zur Belästigungsforschung ableitbaren – Schwellenwert von 55 db(A) Leq ausgegangen wird[419], da die Reaktion, sich belästigt zu fühlen, auch deutlich unterhalb dieses Beurteilungspegels festgestellt werden kann.

Dies führt zurück zu dem schon angeschnittenen Thema des Kriteriums der erheblichen Belästigung in der psycho-sozialen Lärmwirkungsforschung. Dieses Kriterium, also der 25%-Anteil der Befragten, die eine hohe, durch das untersuchte

416 DFG, Forschungsbericht Fluglärmwirkungen, S. 514 („Wahrnehmungsschwellen gehören in vereinfachender Beschreibung zu derartigen „Alles-oder Nichts-Reaktionen", bei denen kritische Grenzen existieren."); in der auf Gesundheitswirkungen fokussierten Forschung wird von „No Observed Effect Level (NOEL)" oder „Lowest Observed Adverse Effect Level" gesprochen, vgl. SRU, Umweltgutachten 2004, S. 323, Rn. 635.

417 Etwa Bosshardt, Belästigung, S. 169; s. auch Oliva, Belastungen, S. 182, der feststellt, dass eine Teilmenge der wahrgenommenen Störung unabhängig von der energetischen Belastung sei; dazu ebenfalls Bosshardt, Belästigung, S. 178 („Im Wahnehmungsprozess werden Schemata nicht nur durch Sinnesinformationen, sondern auch durch Motive, Ziele oder Erwartungen aktiviert.").

418 DFG, Forschungsbericht Fluglärmwirkungen, S. 514 f.; Ortscheid/Wende, in: UBA (Hg.), Fluglärmwirkungen, S. 14. In diesem Zusammenhang unklar ist daher die apodiktische Feststellung, erhebliche Belästigungsreaktionen würden 10 db(A) oberhalb der Schwelle beginnen, ab der Belästigungsreaktion feststellbar seien, vgl. Jansen/Notbohm/Schwarze, Gesundheitsbegriff, S. 42, die sich dann sogar noch gegen die Wissenschaftlichkeit von Aussagen zur Erheblichkeit von Belästigungsreaktionen wenden und darin eher eine pragmatisch-politische Entscheidung sehen.

419 So die Fluglärmsynopse, Zusammenfassung, S. 7 f., die etwa einen Schwellenwert für die Globalreaktion bei 55 db Leq16h sehen will; bereits davor ähnlich Jansen/Notbohm/Schwarze, Gesundheit, S. 42, die die Schwellenwerte – in der Literatur – bei Mittelungspegeln zwischen 50–55 db(A) sehen (ohne Literaturangabe).

Geräusch induzierte Belästigung angeben, wird in aktuelleren Erhebungen scheinbar bei niedrigeren Beurteilungspegeln erreicht als in älteren Untersuchungen[420].

b. *Allgemeine Erkenntnisse*

Über diese in engerem Zusammenhang mit der Abbildung von Dosis-Wirkungs-Relation stehenden Ergebnisse hinaus gibt es in der Belästigungsforschung einige Problembereiche, die teilweise schon sehr lange diskutiert werden, ohne dass sich dazu bisher eine vollständig klare fachliche Position herausgebildet hat. Andererseits werden manche Aspekte, obwohl dazu schon früh deutliche Positionen vertreten wurden, noch immer diskutiert, ohne das ersichtlich ist, wieso hier noch immer Diskussionsbedarf gesehen wird.

Ein gutes Beispiel für Letzteres ist das Problem der Adaption[421]. Damit wird die Vorstellung verbunden, der Mensch könne sich an eine Geräuschsituation und die damit verbundenen Wirkungen ohne bleibende Folgen gewöhnen. Etwas abstrakter hat es der DFG-Forschungsbericht formuliert: nach allgemeinem Verständnis bestünde Adaption darin, „dass eine bestimmte Variable sich anfangs dem Auftreten einer Ursachenvariable folgend ändert, um sich dann über eine Zeitphase hinweg wieder auf einen Ausgangswert einzupendeln"[422]. Der DFG-Forschungsbericht hat sich aber dazu auf den Standpunkt gestellt, dass auch nachweisbare adaptive Reaktionsformen auf Fluglärm nicht ausschließen könnten, „dass in anderen Reaktionsdimensionen etwas geschieht, was den Adaptionen genau zugegen läuft"[423]. Unter Berufung auf theoretische Erwägungen und empirische Daten kam man zu dem Schluss, dass die „Bewältigung der Situation in einer Hinsicht zu Erschöpfung in einer anderen Hinsicht (führe)"[424]. In Erinnerung gerufen seien hier auch noch einmal die Ergebnisse der Studie von *Bosshardt*, die eine Kontextabhängigkeit des Belästigungsempfindens von vornherein nur für den Bereich der unteren und mittleren Schallintensität nahe legen[425].

Einen ähnlichen Fragenkomplex bildet die Rolle, die Ruhepausen für das Empfinden von Belästigung spielen. Welchen Einfluss sie auf die Globalreaktion haben,

---

420 Kundi/Haider/Hutter/Moshammer/Wallner, Fluglärm, S. 50 (m.w.N.); Giering, in: UBA (Hg.), Lärmwirkungen, S. 56 (m.w.N.); Wirth, Fluglärmstudie, S. 32 f. (m.w.N.), aber auch als Ergebnis der eigenen Daten (S. 142).

421 Diskutiert wird die Adaption auch im Bereich der Gesundheitsreaktionen, dazu unten Teil 1, C., III., 4., c.

422 DFG, Forschungsbericht Fluglärmwirkungen, S. 519.

423 DFG, Forschungsbericht Fluglärmwirkungen, S. 520.

424 DFG, Forschungsbericht Fluglärmwirkungen, S. 520. Als Fragestellung dennoch aufgeworfen von Wirth, Fluglärmstudie, S. 43, die dies im Ergebnis aber ebenso ablehnt (S. 125). Scheinbar eine Adaption annehmend jedoch Fluglärmsynopse, Zusammenfassung, S. 5, was verwundert, da ein Teil derselben Autoren in einem anderen Zusammenhang das empirische Wissen als bruchstückhaft bezeichnen, vgl. Jansen/Notbohm/Schwarze, Gesundheit, S. 47.

425 Dazu bereits oben Teil 1, C., II., 1., c.

scheint unterschiedlich beantwortet zu werden[426]. Es ist offensichtlich, dass die Bewertung der Ruhepausen – im Hinblick auf das Empfinden von Belästigung – einen großen Einfluss darauf haben kann, wie man einen Beurteilungspegel bilden sollte. Soweit ersichtlich wird dennoch in den gängigen Beurteilungspegeln der Rolle der Ruhephasen bisher keine Bedeutung beigemessen[427].

Was die Bedeutung einzelner Moderatoren für das Belästigungsempfinden anbetrifft, gehen die Einschätzungen teilweise weit auseinander. In manchen Fällen wird einem Aspekt, der gemeinhin als Moderator angeführt wird, dessen moderierende Wirkung sogar abgesprochen[428]. Ein besonderes Problem stellt auch die Frage dar, in welche Richtung bei den Moderatoren die Kausalität verläuft[429]. Dies aber scheinen vor allem grundlegende Fragen konzeptioneller bzw. methodischer Art zu sein. Inwieweit der Forschende durch seine Gestaltung der Moderatorenfrage auf ein Ergebnis Einfluss nehmen kann, lässt sich schwer einschätzen. Mittlerweile vielfach als besonders bedeutsame, nicht-akustische Faktoren werden die Einstellung der Betroffenen bzw. deren Vertrauen in die Handlungen der Verantwortlichen genannt sowie deren Gefühl der Ausweglosigkeit bzw. Hilflosigkeit der Lärmsituation gegenüber[430].

Ein bisher wenig erforschter Aspekt scheint die Frage zu sein, wie sich das Belästigungsempfinden in der Bevölkerung verändert, wenn die Geräuschsituation nicht stabil ist[431]. Es sind hier zwei Belastungssituationen zu unterscheiden: Zum einen kann eine Geräuschsituation mit konstantem Pegel (steady state), zum anderen eine solche mit einem wesentlich veränderten Pegel untersucht werden[432]. Die Frage ist, ob in Folge einer wesentlichen Änderung (oder einer komplett neu geschaffenen Situation) Überschusseffekte zu erwarten sind.

---

426 Keinen Einfluss auf die Globalreaktion sieht Oliva, Belastungen, S. 181; a.A. ist Wirth, Fluglärmstudie, S. 183.

427 Da an großen Verkehrsflughäfen Ruhepausen regelmäßig nicht vorhanden sind, mag das Problem auch zu vernachlässigen sein. Wenn aber gezeigt werden könnte, dass Ruhepausen sich positiv auf das Empfinden von Belästigung auswirkt, könnte darin ein Argument für (aktive) Lärmschutzmaßnahmen zu bestimmten Tageszeiten gesehen werden, s. etwa die Ergebnisse bei Wirth, Fluglärmstudie, S. 119 und 123. Dazu auch Rohrmann/Finke/Guski/Schümer/Schümer-Kohrs, Fluglärm, S. 178, die die zeitlich größte Störwirkung zw. 18 und 22 Uhr und in der Nacht sehen, also zu Zeiten der Entspannung. Das Argument vorhandener Ruhepausen wurde jedoch – allerdings in fachlich nicht nachvollziehbarer Weise gegen (weiteren) Lärmschutz verwendet, dazu unten Teil 3, C., 1., 3.

428 Oliva, Belastungen, S. 181.

429 Wirth, Fluglärmstudie, S. 162 ff., die daher auch zwischen Moderatoren und Mediatoren unterscheidet (S. 91).

430 Kundi/Haider/Hutter/Moshammer/Wallner, Fluglärm, S. 51 (m.w.N.).

431 Wirth, Fluglärmstudie, S. 30 f. (m.w.N.). Insbesondere mit Blick auf die insoweit nicht vorhandene Aussagekraft der Flugärmsynopse auch Guski/Schuemer, ZfL 2007, 236 ff.; Bröer/Wirth, ZfL 2004, 118 ff.; Guski, ZfL 2003, 14 ff.

432 Wirth, Fluglärmstudie, S. 30.

Die Art der Verkehrsgeräusche kann Einfluss auf das Empfinden von Belästigung haben. So wurde den Eisenbahngeräuschen lange eine weniger belästigende Wirkung zugesprochen. Dies hat zur Folge, dass bei der Berechnung der Beurteilungspegel in diesem Bereich ein sog. Schienenbonus von 5 db(A) integriert ist[433]. Bei Vergleichen der verschiedenen Verkehrsträger miteinander kommt es in jüngster Zeit gehäuft zu Aussagen, dass sich die Befragten bei gegenüber älteren Untersuchungen gleicher Geräuschbelastung durch Fluglärm stärker belästigt fühlen[434].

Ein häufig aufgeworfenes – und kontrovers diskutiertes – Problem ist die Frage, ob die Globalreaktion der Belästigung in ihrer Abhängigkeit zu Dauerschallpegeln untersucht werden sollte und/ oder ob die Anzahl der Flugbewegungen oberhalb eines bestimmten Pegels Berücksichtigung zu finden haben[435]. Mittlerweile mehren sich offensichtlich Fluglärmstudien, die plausibel darlegen, dass die Anzahl der Flugbewegungen oberhalb eines bestimmten Pegels stärker mit der Belästigungs-Reaktion korrelieren als mit der Schallenergie[436], wobei jedoch teilweise behauptet wird, es gebe noch kein einheitliches Bild[437]. Diese Frage wird von manchen aber auch in Zusammenhang gebracht mit dem Ergebnis, dass heute das Kriterium der erheblichen Belästigung in Dosis-Wirkungs-Relationen bereits bei geringeren Geräuschbelastungen erreicht wird als in älteren Studien[438].

Zwei Aspekte sind bisher noch nicht angesprochen worden, die im Hinblick auf die juristische Beurteilung des Fluglärmproblems als besonders bedeutsam anzusehen sind. Da wäre zunächst die Frage, welchen Effekt passive Lärmschutzmaßnahmen auf die Belästigungsreaktion haben können. Verringert sich also das Belästigungsempfinden nach dem Einbau von Schallschutzfenstern? Es scheint dazu keine eindeutige Position zu geben, wobei aber einige Untersuchungen darauf hindeuten, dass der Effekt, der im Hinblick auf das Belästigungsempfinden zu erwarten

---

433 Für umfangreiche Nachweise zum Stand der Diskussion nur Krappel, Lärmschutz, S. 170 ff.

434 Nach Ortscheid/Wende, in: UBA (Hg.), Fluglärmwirkungen, S. 14 (m.w.N.), zeige ein Vergleich mit Straßenverkehrslärm, dasss bei gleicher Geräuschbelastung eine größere Anzahl der Befragten sich belästigt oder erheblich belästigt fühlt (Vorschlag eines „Fluglärm-Malus". Zur höheren Belästigungswikrunge auch Guski/Schick, in: UBA (Hg.), Fluglärm 2004, S. 44; Kundi/Haider/Hutter/Moshammer/Wallner, Fluglärm, S. 51 (m.w.N.). Früh bereits Rohrmann/Finke/Guski/Schümer/Schümer-Kohrs, Fluglärm, S. 179.

435 Uneinig bereits DFG, Forschungsbericht Fluglärmwirkungen, S. 16.

436 Guski/Schick, in: UBA (Hg.), Fluglärm 2004, S. 45 (m.w.N.); s. auch Giering, in: UBA (Hg.), Lärmwirkungen, S. 97; Schäfer, ZfL 1991, 158 ff.; Kundi/Haider/Hutter/Moshammer/Wallner, Fluglärm, S. 53, und sehr kritisch – allerdings insb. mit Blick auf den Immissionsschutz am Arbeitsplatz – Strasser, ZfL 2011, 51 ff.

437 Guski/Schick, in: UBA (Hg.), Fluglärm 2004, S. 46 f. Keine Bestätigung dagegen bei Wirth, Fluglärmstudie, S. 162.

438 Die vorhandenen Erklärungen zusammenfassend Kroesen/Bröer, JASA 2009, 1 (2).

ist, geringer ausfällt, als er angesichts der Pegelveränderung zu erwarten wäre[439]. Allerdings wird auch hervorgehoben, dass die Frage des Effekts passiver Schallschutzmaßnahmen nicht alleine über die Veränderung des Belästigungsempfindens beurteilt werden sollte[440].

Den Überblick über den Stand der Belästigungsforschung schließt die Frage ab, welche Rolle – aus Sicht der Fachwissenschaftler – den Ergebnissen der Lärmwirkungsforschung in Entscheidungsprozessen zukommen sollte. Der DFG-Forschungsbericht vertrat dazu die Ansicht, dass der „Wissenschaftler, der die Wirkung von Fluglärm auf die Bevölkerung untersucht, keine Aussagen wird darüber machen können, welche Wirkung noch als zumutbar, welche als unzumutbar anzusehen sind; die Wissenschaft, welche bestenfalls Zusammenhänge deutlich machen kann, sagt nichts über Zumutbarkeit."[441] Inwiefern eine solche Position auch dann noch einzuhalten ist, wenn Forschung in Entscheidungsberatung bzw. -vorbereitung übergeht – was wohl vor allem für die gutachterlichen Tätigkeiten anzunehmen ist, die der Lärmwirkungsforschung auf Grund der Rechtslage in Deutschland in vielen großen Rechtstreitigkeiten lange Jahre aufgebürdet wurde[442] – lässt sich kaum beantworten. Allerdings offenbaren insbesondere Metaanalysen die Tendenz, sehr definitive Handlungsanweisungen zu formulieren, die wohl kaum noch mit den Vorstellungen des DFG-Forschungsberichts in Einklang zu bringen sind[443].

---

439 Wirth, Fluglärmstudie, S. 125 ff., die angibt, es gebe keine durchgängig signifikanten Ergebnisse, aber eine Tendenz hin zu geringerer Belästigung (S. 129). Rohrmann/Finke/Guski/Schümer/Schümer-Kohrs, Fluglärm, S. 179, gaben bereits früh an, dass die Zufriedenheit mit baulichem Schallschutz begrenzt sei.

440 Wirth, Fluglärmstudie, S. 125, da auch insb. an die physiologisch gemessene Schlafqualität zu denken sei (S. 174). Besonders kritisch auch Bosshardt, Belästigung, S. 180 ff., allerdings ohne auf Gesundheitsreaktionen einzugehen.

441 DFG, Forschungsbericht Fluglärmwirkungen, S. 8. S. auch Rohrmann/Finke/Guski/Schümer/Schümer-Kohrs, Fluglärm, S. 180.

442 Dazu später ausführlich unten Teil 3, B., I., 3.

443 Auffälliges Beispiel ist die Fluglärmsynopse, Zusammenfassung, S. 3, die zunächst eine zurückhaltende Position vorgibt, dann aber doch konkrete Handlungsanweisungen formuliert (ebd., S. 5). Dazu die entsprechende Aufnahme in der juristischen Literatur, etwa Giemulla/Schorcht, ZLW 2004, 386 (389 ff.), und Dolde, ZfL 2003, 122 (122 ff.). Giemulla/Schorcht, ZLW 2004, 386 (389), fordern geradezu das Einhalten bereits gegebener juristischer Strukturen von den Fachwissenschaftlern, wenn sie den Autoren einer Untersuchung vorwerfen, dass ihre Unterteilung bloß zweier Intensitätsstufen (Restrisiko –Risiko) ein „untauglicher Versuch" sei. Die Frage die sich die Fachwissenschaftler stellen müssen, lautet aber, ob ihre fachlichen Untersuchungen überzeugend die Realität abbilden und nicht, ob die Ergebnisse ihrer Untersuchung „Juristen ratlos zurücklassen" (ebd., S. 390); kritisch Guski/Basner/Brink, Auswirkungen nächtlichen Fluglärms, S. 4 ff.

III. Physiologisch-medizinische Lärmwirkungsforschung

Geräuschinduzierte Gesundheitswirkungen sind ein nahezu ebenso komplexes Problem wie die Belästigungswirkungen und sie werden (daher) fast ebenso konträr diskutiert. Dabei war man lange Zeit der Auffassung, dass es, abgesehen von den früh nachgewiesenen Hörschärfeverminderungen, keine Gesundheitsschäden durch Lärm gebe[444]. Dieser Standpunkt wird in dieser Deutlichkeit allerdings schon lange nicht mehr vertreten, wobei dies in hohem Maß davon abhängt, was man genau unter einem Gesundheits*schaden* verstehen will.

Ähnlich wie auch in der Belästigungsforschung dreht sich zuerst alles um die Bestimmung der Grundbegriffe, hier also der Gesundheit (bzw. der Krankheit). Diesbezüglich fällt es den Fachwissenschaftlern allerdings etwas leichter, Ansatzpunkte für ihre Untersuchungen zu finden. So mag zwar der Begriff Gesundheit viele Facetten haben – dazu sogleich –, er kann aber jedenfalls, *immer* – im Sinne eines Mindestgehalts – als die Abwesenheit von Krankheiten definiert werden[445]. Damit ist das Ziel (der Untersuchungs- oder Wirkungsendpunkt) klarer umrissen als in der Belästigungsforschung. Auch der Datenerhebungsprozess gestaltet sich transparenter, weil sich die Aussage „X hat Bluthochdruck“ (oder X ist aufgewacht etc.) leichter nachvollziehbar (intersubjektiv leichter prüfbar) treffen lässt als die Aussage „X ist belästigt“. Anders ausgedrückt können physiologisch-medizinische Lärmwirkungsforscher insgesamt leichter einen Konsens bezüglich ihrer Untersuchungsgegenstände herstellen.

Auch auf der Ebene der Hypothesenbildung haben es die medizinisch-physiologisch ausgerichteten Lärmwirkungsforscher leichter. Zum einen kann man annehmen, dass die Erforschung der menschlichen Physiologie weiter fortgeschritten ist als die Erforschung der menschlichen Psyche bzw. der Einbettung menschlicher Handlungen und Zustände in das soziale Umfeld. Zum anderen ist es nicht nur eine plausible Arbeitshypothese, dass die Körperfunktionen, in denen sich Krankheit manifestiert, zum Teil von einem Bewertungsprozess des Individuums unabhängig ablaufen[446]. Das bedeutet nicht, dass physiologische Reaktionen in Funktionssystemen nicht auch als Folge von Empfindungen – hier also als Folge des (Belästigungs-)

444 Hierfür wird regelmäßig die grundlegende Arbeit von Kryter, Noise zitiert, s. etwa DFG, Forschungsbericht Fluglärmwirkungen, S. 18; Rohrmann/Finke/Guski/Schümer/Schümer-Kohrs, Fluglärm, S. 182.

445 S. unten Teil 1, C., III., 1., d.

446 Dies jedenfalls war der Ausgangspunkt in DFG, Forschungsbericht Fluglärmwirkungen, S. 18 f. und S. 518 f. Einfachstes Beispiel sind die körperlichen Funktionen im Schlafzustand und ihre Beeinflussung durch Geräusche bis hin zum Aufwachen. Hierzu insb. auch Maschke/Wolf/Leitmann, in: UBA (Hg.), Lärmstress, S. 60 Abb. 4.16, mit der Unterscheidung von psychosozialen und biochemioschen Stressreaktionen, die – mit der Ausnahme der Beeinträchtigung des Schlafs – als aufeinander aufbauend dargestellt werden; s. auch SRU, Umweltgutachten 2008, S. 624 f., Rn. 806; Kundi/Haider/Hutter/Moshammer/Wallner, Fluglärm, S. 13.

Empfindens – entstehen können. Beide „Reiz-Reaktions-Wege“ sind denkbar. Sie können zusammenfallen. Auch auf Grund dieser Verwobenheit von Geist und Körper wird man bei den medizinisch-physiologischen Reaktionen ebenfalls kaum zu Allaussagen – im aufgezeigten wissenschaftstheoretischen Sinne[447] – gelangen können. Allerdings kann man wegen der – als unabhängig verstandenen – physiologischen Reaktionen aktueller Beschallung den Standpunkt einnehmen, dass bestimmten Untersuchungsergebnissen medizinisch-physiologischer Lärmwirkungsforschung eine höhere Erklärungskraft zuzusprechen ist[448]. Gleichwohl sind auch Erkenntnisse in der Medizin, anders als in den exakten Wissenschaften, immer mit Unsicherheiten behaftet. Aussagen sind nur in Verbindung mit Wahrscheinlichkeiten als probabilistische Aussagen möglich[449]. Vor diesem Hintergrund sind somit auch (juristische) Entscheidungen zu sehen, die sich auf medizinisch-physiologische Erkenntnisse stützen.

Vorab soll hier auch noch eine weitere Unterscheidung eingeführt werden: Bei geräuschinduzierten Gesundheitsreaktionen wird von auralen und extra-auralen Wirkungen gesprochen. Aural nennt man Wirkungen auf das Ohr selbst, wenn etwa eine sehr hohe Schallenergie auf das Innenohr trifft und es dadurch – zeitlich unmittelbar – beschädigt (Werte über 100 db (A))[450]. Extra-aurale Wirkungen betreffen hingegen im Zusammenhang mit der menschlichen Gesundheit stehende Funktionsänderungen jenseits des Hörorgans im physiologischen, psychologischen und sozialen Bereich[451]. Von praktischer Bedeutung sind vor allem die extra-auralen Wirkungen, da die für aurale Schäden notwendigen extremen Schallbelastungen eher selten erreicht werden[452], jedenfalls nicht als Dauerschallpegel im Umland von Verkehrsflughäfen. Daher wird im Folgenden auch hauptsächlich über extra-aurale Wirkungen gesprochen.

Die Untersuchung der extra-auralen Wirkungen stellt die physiologisch-medizinische Forschung vor ein schwieriges Problem, weil sie mit der Zeit entstehen. Der Untersuchungsgegenstand der physiologisch-medizinischen Wirkungsforschung ist also weniger die einzelne als die dauerhafte Belastung mit Geräuschen bzw. der Beitrag, den sie leistet, zu über längere Zeiträume entstehenden, chronischen

447 S. oben Teil 1, C., I., 1., c.

448 S. dazu die Vermutung des DFG, Forschungsbericht Fluglärmwirkungen, S. 518, dass die Geräuschbelastung in Form von Beurteilungspegeln „umso höher mit Reaktionsvariablen korrelier(en), je weniger komplex diese seien.“

449 Kundt/Krentz/Glass, Epidemiologie, S. 7. Zum Problem der Untersuchbarkeitsbarriere, s. Rohrmann/Finke/Guski/Schümer/Schümer-Kohrs, Fluglärm, S. 34 ff.

450 Aber auch die Hörschwellenverschiebung wird als auraler Schaden angesehen, vgl. Ising/Scheuch/Spreng, in: UBA (Hg.), Fluglärm 2004, S. 89 f.; Ortscheid/Wende, in: UBA (Hg.), Fluglärmwirkungen, S. 8 f.

451 SRU, Umweltgutachten 2002, S. 272, Rn. 587; Kundi/Haider/Hutter/Moshammer/Wallner, Fluglärm, S. 26.

452 Ising/Scheuch/Spreng, in: UBA (Hg.), Fluglärm 2004, S. 88.

Krankheiten[453]. Anders als etwa bei einer Infektionskrankheit ist die sowieso schon komplexe Ursache-Wirkungs-Relation bei geräuschinduzierten chronischen Gesundheitsbeeinträchtigungen also zeitlich schwer greifbar, jedenfalls nicht durch einen Erregerbefund nachweisbar[454].

Als erster Schritt in der Beweiskette ist es allerdings wichtig zu wissen, welche physiologischen Reaktionen in den Funktionsabläufen des Körpers eine einzelne aktuelle Belastung überhaupt auslösen kann. Zwar ist das Vorhandensein physiologischer Reaktionen auf aktuelle Schallbelastungen unumstritten, jedoch wurde früh die Frage aufgeworfen, ob die jeweiligen Körperfunktionen sich an solch kurzfristige Reize nicht wieder anpassen könnten und deshalb chronische Schäden auszuschließen seien[455]. Hier überschneiden sich also die physiologisch-medizinische und die psycho-soziale Wirkungsforschung.

Trotz der also auch im Bereich der physiologisch-medizinischen Lärmwirkung gegebenen Komplexität des Untersuchungsgegenstands scheint hier die Frage nach insgesamt angemessenen Methodiken allerdings weniger umstritten zu sein[456]. Dies mag, wie bereits angedeutet, vor allem daran liegen, dass der negative Wirkungsendpunkt (die Krankheit) klarer umrissen ist und ein deutlicheres Arbeitsprogramm vorgibt[457]. Es bedarf hier vielfach auch keiner vagen Datenerhebung in Form der Befragung. Eine Wirkung auf den Ablauf physiologischer Prozesse lässt sich leichter (im Sinne einer Unzweideutigkeit) feststellen bzw. erheben oder messen[458].

453 Zur Hypothese über die Pathogenese des Bluthochdrucks und den Umweltfaktor Fluglärm als etwaiger Risikofaktor, s. schon DFG, Forschungsbericht Fluglärmwirkungen, S. 359.

454 Maschke/Wolf/Leitmann, in: UBA (Hg.), Lärmstress, S. 19. Auf Grund von experimentellen Untersuchungen sei jedoch die biologische Plausibilität der gesundheitsbeeinträchtigenden Wirkung von Schall dennoch mittlerweile anerkannt (ebd.). Gemeint ist hiermit, dass experimentell Reaktionen nachgewiesen wurden, die sich außerhalb normaler Funktionsbereiche bewegten und insofern als Risikofaktor für die Entstehung verschiedener chronischer Krankheiten anerkannt werden.

455 DFG, Forschungsbericht Fluglärmwirkungen, S. 18 f.; Rohrmann/Finke/Guski/Schümer/Schümer-Kohrs, Fluglärm, S. 193 f. Trotz der dazu nach Betrachtung der Ergebnisse deutlichen Position des DFG, nach der Situationsbewältigung in einer Hinsicht zur Erschöpfung in anderer Hinsicht führt (S. 519 f.) wurde die Anpassungsfrage weiterhin aufgeworfen, vgl. etwa SRU, Sondergutachten 1999, S. 179, Rn. 445 ff.

456 Ohne dass Streitigkeiten damit völlig ausgeschlossen wären, wie etwa die Diskussion um die richtige Methode zur Erfassung der Aufwachwahrscheinlichkeit zeigt, s. unten Teil 1, C., III., 4., a.

457 Zur Unbestimmtheit des Begriffs der Belästigung s. oben Teil 1, C., II., 1.

458 In diesem Sinne Henschler, Langzeitrisiken, S. 11, allerdings für den Vergleich Umwelt- und Gesundheitsschutz. Unklar insoweit Schönpflug, in: UBA (Hg.), Fluglärm 2004, S. 3, der davon geht, dass es keine eindeutigen Kriterien der Schutzbedürftigkeit gebe und insbesondere die Begriffe der Belästigung *und* der

Auch wenn in methodischer Hinsicht kein grundsätzlicher Streit zu verzeichnen ist, gibt es doch unterschiedliche Ansätze. Die folgenden Abschnitte wenden sich daher den physiologisch-medizinischen Geräuschwirkungen in ganz ähnlicher Weise zu, wie es auch für die Belästigungsforschung getan wurde. Es wird nämlich nach den „Methoden" ihrer Beschreibung und Erfassung gefragt. Es zeigt sich, dass dies sinnvoll nur im Rahmen einer Auseinandersetzung mit den grundsätzlichen Ansätzen zur Operationalisierung des Begriffs Gesundheit über seinen Gegenbegriff der Krankheit geschehen kann (1.). Da sich weiter herausstellt, dass das epidemiologische Modell als zentral angesehen werden muss, wenn es um die Beschreibung chronischer Krankheiten geht, wird den Grundlagen der Epidemiologie – und insbesondere dem dort stärker diskutierten Problem der Kausalität – ein eigener kurzer Abschnitt gewidmet (2.). Schon in diesen ersten Einführungen wurde zudem bereits deutlich, dass der Begriff des Funktionszusammenhangs für die physiologisch-medizinisch orientierte Lärmwirkungsforschung von herausgehobener Bedeutung ist. Es soll daher noch etwas näher auf ihn eingegangen werden (3.). Erst danach bzw. auf dieser Grundlage kann, wie auch im Rahmen der Belästigungswirkung, ein Überblick über den Stand der Forschung gewagt werden (4.).

1. *Das Verständnis der „menschlichen Gesundheit" in der Medizin als „Abwesenheit von Krankheiten"*

Eigentlich müsste jede Untersuchung zu umweltbeeinflussten Gesundheitswirkungen, gleich in welchem Wissenschaftsbereich sie angesiedelt ist, mit einer klaren Definition des Begriffs Gesundheit beginnen[459]. Nur wenn der zu untersuchende Ausgangszustand klar bestimmt ist, können überhaupt Veränderungen festgestellt werden. Für die Belästigungsreaktion hat sich bspw. gezeigt, dass gerade diese Definition des zu untersuchenden Zustands mit erheblichen Schwierigkeiten verbunden ist und sich in gewisser Weise erst aus den verschiedenen theoretischen Konzepten zur Beschreibung von Belästigung ergibt. Beim Begriff der Gesundheit scheint dieses Problem, auf den ersten Blick, weniger virulent, da zumindest auf offizielle Definitionsversuche zurückgegriffen werden kann. Die WHO hat in ihrer Satzung eine gemeinhin als sehr ehrgeizig angesehene[460] Definition des Begriffs Gesundheit aufgenommen. Gesundheit sei ein Zustand vollständigen körperlichen,

---

Gesundheit unscharf seien. Zur Unterscheidung von Subjekt- und Objektdaten und der Möglichkeit, auch verbal geäußerte Daten zur Grundlage empirischer Forschung zu machen, s. DFG, Forschungsbericht Fluglärmwirkungen, S. 510 f.

459 Vgl. SRU, Sondergutachten 1999, S. 183 f., Rn. 464. Nicht weil von einem objektiv wahren Kern auszugehen ist, sondern im Bemühen, Nachvollziehbarkeit zu gewährleisten, s.oben Teil 1, C., I., 1., a.

460 Bonita/Beaglehole/Kjellström, Epidemiologie, S. 37. Zur WHO-Definition s. auch Rohrmann/Finke/Guski/Schümer/Schümer-Kohrs, Fluglärm, S. 210 f., die dessen gemischten Ansatz für sinnvoll halten.

geistigen und sozialen Wohlbefindens und nicht einfach bloß die Abwesenheit von Krankheit oder Gebrechen[461].

Man gelangt allerdings mit dem Begriff Wohlbefinden in ganz ähnliche Probleme hinein wie bei dem Begriff Belästigung[462]. Insofern ist es nicht verwunderlich, dass es den Medizinern nach praxisnäheren Begriffsbestimmungen verlangte, die mit gesundheitlichen Aspekten verbunden werden können und über die eine einfachere Messbarkeit hergestellt werden soll[463]. Im Ergebnis bedeutet das, dass sich die Mediziner zwar mit dem WHO-Ansatz ein Idealbild von Gesundheit vorgegeben haben, ihr praktisches Vorgehen aber eher am in der Definition enthaltenen Mindeststandard orientieren, also der Abwesenheit von Krankheiten oder krankheitsrelevanter Störungen[464]. Nur vordergründig ergibt sich das nächste Begriffsbestimmungsproblem. Der Vorteil der Orientierung am Mindeststandard scheint darin zu liegen, dass es bei den Begriffen Krankheit bzw. krankheitsrelevante Störung einfacher ist, das Korrespondenzproblem zu lösen, also akzeptable Indikatoren zu finden bzw. diese – konsensfähig – mit den theoretischen Konstrukten über Krankheit zu verbinden[465].

Es wird hier also angenommen, dass es einfacher ist, einen wissenschaftlichen Konsens bezüglich der Frage zu erreichen, ob eine Krankheit oder eine krankheitsrelevante funktionale Störung vorliegt oder nicht vorliegt, als weiter zu bestimmen, was Wohlbefinden sein könnte und wie dafür entsprechende Indikatoren zu finden sind. Auch dieser Ansatz gelangt jedoch an seine Grenzen. Innerhalb der Medizin scheint jedenfalls kein allgemeingültiges und abschließendes Krankheitsmodell zu existieren. Anders ausgedrückt: Auch innerhalb der Medizin wird an Hand verschiedener Modelle versucht zu beschreiben, wann eine Krankheit vor- bzw. nicht vorliegt. So hat etwa *Seewald* in einer älteren Untersuchung vier in der Medizin verwendete Krankheitsbegriffe unterschieden (den medizinisch-naturwissenschaftlichen, den klinischen, den personalistischen und den sozial-medizinischen

---

461 „Health is a state of complete physical, mental and social well-being and not merely the absence of disease and infimity.“ Constitution of the World Health Organization, zu finden unter: http://www.who.int/governance/eb/who_constitution_en.pdf.

462 Stark normative Vorbelastung, hohe individuelle Streuung und insgesamt unklareres Arbeitsprogramm.

463 Bonita/Beaglehole/Kjellström, Epidemiologie, S. 37 f. gehen zwar davon aus, dass die konkret verwendete Definition zweitrangig sei, heben aber doch hervor, dass eine eindeutige Formulierung und eine leichte Anwendbarkeit (im Sinne einer Messeignung) entscheidend seien.

464 Rohrmann/Finke/Guski/Schümer/Schümer-Kohrs, Fluglärm, S. 212; Bonita/Beaglehole/Kjellström, Epidemiologie, S. 38 ff. Besonders deutlich wird dies im Rahmen des nachfolgend beschriebenen biomedizinischen Krankheitsmodells. Anders aber Griefahn/Jansen/Scheuch/Spreng, ZfL 2002, 171 (172), die ihrem Gesundheitsbegriff auch die „Fähigkeit zur aktiven Anforderungsbewältigung“ hinzufügen.

465 Vgl. oben Teil 1, C., I., 1., d.

Krankheitsbegriff[466]) und versucht, deren Bedeutung für die Rechtswissenschaft (insbesondere das Verfassungsrecht) herauszuarbeiten[467].

Dieser Ansatz soll hier aufgegriffen und aktualisiert werden. Dazu muss angemerkt werden, dass auch die bei *Seewald* unterschiedenen, bereichsspezifischen Krankheitsmodelle in ihren Nuancen für einen Fachfremden nur schwer zu erfassen sind. Gleichwohl kann man sich daran festhalten, dass der medizinisch-naturwissenschaftliche Krankheitsbegriff (a.) nach wie vor das derzeitig die (klassische) Medizin (und das Gesundheitswesen) beherrschende theoretische Konzept darstellt[468]. Von ihm ausgehend – insbesondere von den bei ihm ausgemachten Schwächen – lässt sich darstellen, welche Überlegungen psycho-somatische Krankheitsmodelle verfolgen (b.) und wie beide Krankheitsmodelle in die Epidemiologie einfließen (c.). Noch vorab festzustellen ist – und möglicherweise trivial erscheinen mag –, dass sowohl die psychosomatischen als auch die epidemiologischen Krankheitsmodelle nicht den Boden der empirischen Methodik verlassen. Sie sind gewissermaßen Erweiterungen des klassischen, medizinisch-naturwissenschaftlichen Krankheitsbegriffs[469].

a. Biomedizinisches Krankheitsmodell

Nach dem medizinisch-naturwissenschaftlichen Krankheitsbegriff ist nur derjenige nicht gesund, der einen Befund von Krankheitswert besitzt, wobei der Befund auf medizinisch-wissenschaftlicher Diagnostik beruhen muss, also als objektivierbares Abweichen von einer Norm gesehen werden kann[470]. Wenn also in medizinischen (experimentell-analytischen) Studien in die Kategorien "Krankheit vorhanden" und "Krankheit nicht vorhanden" eingeteilt wird, setzt dies zwangsläufig zunächst die nähere Bestimmung eines normalen Zustandes voraus[471]. Die Entscheidung darüber,

466 Der klinische und der personalistische Krankheitsbegriff werden hier nicht behandelt, da sie von untergeordneter Bedeutung für die Erklärung der hier im Mittelpunkt stehenden chronischen Krankheiten sind, vgl. hierzu Seewald, Gesundheit, S. 19 ff.

467 Seewald, Gesundheit, S. 14 ff.; Seewald, NuR 1988, 161 (164).

468 Trabert/Waller, Sozialmedizin, S. 15; Hucklenbroich, in: Rothaar/Frewer (Hg.), Das Gesunde, das Kranke, passim; vgl. auch Rothschuh, Prinzipien, S. 128, Rn. 140.

469 Für den Einbezug auch psychischer Zustände schon – wenn auch mit Blick auf das Leib-Seele-Problem noch zurückhaltend –, Rothschuh, Prinzipien, S. 134, Rn. 152 und S. 150 ff., Rn. 172 ff.

470 Ausführlich hierzu Hucklenbroich, in: Rothaar/Frewer (Hg.), Das Gesunde, das Kranke, S. 45 ff. (m.w.N.); s. auch Rothschuh, Prinzipien, S. 134 ff, Rn. 153 ff.

471 Bonita/Beaglehole/Kjellström, Epidemiologie, S. 38, gehen dann auch davon aus, dass die konkret verwendete Definition zweitrangig sei. Wichtiger seien eine möglichst eindeutige Formulierung und eine leichte Anwendbarkeit (im Sinne einer Messeignung); vgl. auch Hucklenbroich, in: Rothaar/Frewer (Hg.), Das Gesunde, das Kranke, S. 45; zur Bedeutung der Begriffsdefinition in der Wissenschaftstheorie, s. auch oben Teil 1, C., I., 1., a.

ob eine Krankheit vorliegt, hängt dann unmittelbar vom Stand der bisher gewonnenen medizinischen Erkenntnisse über diesen Normalzustand ab.

Dies sind im Kern noch immer die wesentlichen Grundlagen des medizinisch-naturwissenschaftlichen Krankheitsbegriffs. *Trabert/Waller* bezeichnen dieses von *Seewald* aufgegriffene Konzept auch als bio-medizinisches Krankheitsmodell[472] und erläutern dessen theoretische Annahmen eingehender. *Trabert/Waller* nennen vier Grundannahmen des biomedizinischen Krankheitsmodells. Nach ihm habe jede Krankheit (1) eine spezifische Ursache, sie zeichne sich (2) durch eine bestimmte Grundschädigung aus, wobei diese Grundschädigung entweder in der Zelle oder im Gewebe lokalisiert sei oder aber in einer Fehlsteuerung von mechanischen oder biomechanischen Abläufen bestehe. Krankheiten hätten weiterhin (3) typische äußere Zeichen (Symptome), die durch dafür geschultes Personal (Ärzte) erkannt (diagnostiziert) werden könnten und schließlich müssten Krankheiten (4) beschreib- und vorhersagbare Verläufe haben, die sich ohne medizinische Intervention verschlimmerten[473]. Der normative Aspekt bei der Bestimmung des Normalen ist in diesem Modell also insoweit stark zurück gedrängt, als die Mediziner Normalität regelmäßig funktional verstehen[474], ohne dass damit die Normativität gänzlich verschwindet[475]. Diese Funktionszusammenhänge haben in erster Linie Zellen, Organe und Organsysteme etc. des menschlichen Körpers im Auge.

Die vermeintliche Exaktheit durch eine Isolierung der Betrachtung auf körperliche Funktionen wird allerdings auch angezweifelt, da sie in gewisser Weise psychische Zustände ohne organisches Substrat ausblende[476]. Die Kritik an den Grundannahmen dieses Krankheitsmodells hat dann auch erheblich zur Entwicklung weiterer Modelle beigetragen. Sie konzentrierte sich im Wesentlichen auf vier Punkte: (1) die einseitig biologische Orientierung, (2) die begrenzte Effektivität bei der Bewältigung von Krankheiten, (3) die Konzentration auf das Individuum bzw. die kurative Grundorientierung und (4) die Stabilisierung der Dominanz der Ärzte

472 Auch für das Folgende s. Trabert/Waller, Sozialmedizin, S. 15 ff. (m.w.N.).

473 Vgl. auch Niehaus, Sozialmedizin, S. 26 und 35 f., der von den naturwissenschaftlichen Krankheitsmodellen (und zwar für die Bereiche Genetik, Infektionsbiologie, Immunologie, Endokrinolgie, Patho-Physiologie, Pathobiochemie und Toxikologie) als eine von drei möglichen wissenschaftlichen Erklärungsebenen für Gesundheit und Krankheit spricht; vage dagegen Jansen/Notbohm/Schwarze, Gesundheit, S. 9.

474 Vgl. Maschke/Wolf/Leitmann, in: UBA (Hg.), Lärmstress, S. 21 ff.; Jansen/Notbohm/Schwarze, Gesundheit, 1999, S. 7; SRU, Sondergutachten 1999, S. 39, Rn. 20. Die jeweils bedeutsamen Funktionszusammenhänge im Bereich der (multikausalen) Herz-Kreislauf-Krankheiten, Krebserkrankungen und Infektionskrankheiten werden bei Trabert/Waller, Sozialmedizin, S. 207 ff., leicht verständlich dargestellt.

475 Bonita/Beaglehole/Kjellström, Epidemiologie, S. 38, demonstieren dies an Hand eines einfachen Beispiels.

476 Seewald, Gesundheit, S. 15; Trabert/Waller, Sozialmedizin S. 16, greifen dies wohl unter dem Stichpunkt „einseitig biologische Orientierung“ auf.

in der bzw. die Medikalisierung der Gesellschaft[477]. Diese Punkte sollen nachfolgend etwas vertieft werden.

Innerhalb des bio-medizinischen Modells ist es möglich, den Geist-Körper-Zusammenhang in den Fokus zu nehmen, soweit man eben die insoweit bestimmenden funktionalen Verbindungen beschreiben kann, über deren Vorliegen jedenfalls grundsätzlich Einigkeit besteht[478]. Diesem Vorgehen wird jedoch vorgehalten, dass die schematische Übertragung des bio-medizinischen Modells auf psychische Störungen – und damit deren Thematisierung als Stoffwechseldefekte des Gehirns – trotz intensiver Forschungsbemühungen bisher kaum Erkenntnisse geliefert habe[479]. Zudem habe das Modell bei einer Reihe von Volkskrankheiten bzw. chronischen Massenkrankheiten eine nur begrenzte Erklärungskraft[480]. Die sich auf dieses Modell insbesondere stützenden, individuenbezogenen Maßnahmen werden – nach einigen Untersuchungen – auch nicht als Haupteinflussfaktoren gesehen, die zur allgemeinen Verbesserung der Gesundheit der Bevölkerung beigetragen haben. Dies soll vielmehr eher den Umwelt-, Ernährungs- und Verhaltensänderungen geschuldet sein[481].

Die kurative Grundorientierung hat – ihrem theoretischen Ansatz folgend – das Problem, weder nicht-biologische (oder: nicht bereits hinreichend beschriebene Funktionszusammenhänge) noch außerhalb des einzelnen Menschen liegende Krankheitsursachen in den Blick zu nehmen. Es wird daher konstatiert, dass der gesamte Bereich der Prävention durch andere als medizinische Maßnahmen ausgespart bleibe, was insbesondere bei den Massenkrankheiten auf Grund ihrer chronischen Natur und psycho-sozialen Dimension problematisch sei[482].

Unbehagen gegenüber diesem Modell wird auch deshalb geäußert, weil in ihm eine methodische Überschätzung zum Tragen kommen könnte. Das Konzept verfolgt prinzipiell nämlich eher die Trennung einer Gesamtheit in einzeln zu untersuchende Teile, mit der eine Verengung der Betrachtungsweise einhergeht[483]. Ob dieser letzte Aspekt ernst genommen werden muss, ist allerdings schon im Hinblick auf die in der Wissenschaft regelmäßig vorkommende Notwendigkeit der Reduktion von Komplexität fraglich[484]. Jedoch macht dieser Einwand noch einmal deutlich, wie

---

477 Ausführlich zu diesen Aspekten Trabert/Waller, Sozialmedizin S. 16 ff.

478 Rothschuh, Prinzipien, S. 152 f., Rn. 175 f.; s. auch Seewald, Gesundheit, S. 18 f., der von geistig-seelischen Normabweichungen spricht.

479 Trabert/Waller, Sozialmedizin, S. 16, die auch anmerken, dass das Modell bei einer Reihe von psychosomatischen Störungen wie etwa der Magersucht „vollständig habe passen müssen".

480 Trabert/Waller, Sozialmedizin, S. 17.

481 Trabert/Waller, Sozialmedizin, S. 17 f. (Abb. 1.1) (m.w.N.); s. auch Niehaus, Sozialmedizin, S. 35.

482 Vgl. Trabert/Waller, Sozialmedizin, S. 18.

483 Seewald, Gesundheit, S. 17.

484 Zur wissenschaftstehoretischen Notwendigkeit der Unterteilung – wenn auch im Zusammenhang mit der Erklärung sozialer Handlungen – s. oben Teil 1, C., I., 2.

beschränkt ein Verständnis von Krankheit/Gesundheit bei einer Fixierung allein auf den bio-medizinischen Erkenntnisstand wäre.

Die Kritik am bio-medizinischen Krankheitsmodell darf jedoch auch nicht falsch verstanden werden. Bio-medizinische Erkenntnisse werden als die wesentlichen Grundlagen der Medizin insgesamt nicht ernstlich angezweifelt. Es gibt zu ihnen auch keine sinnvolle Alternativen. Wenn *Seewald* etwa feststellt, dass sich Forschung, Lehre und Anwendung medizinischer Erkenntnisse weit überwiegend im Rahmen naturwissenschaftlicher (empirischer) Denkweisen und Methoden bewegten[485], so ist dem unproblematisch zuzustimmen. Allerdings muss dem Missverständnis vorgebeugt werden, nur im Rahmen der bio-medizinischen Krankheitsmodelle würde man sich auf empirische Denkweisen und Methoden berufen.

b. Psychosomatische Krankheitsmodelle

Psychosomatische Krankheitsmodelle greifen, wie bereits angedeutet, den Körper-Geist-Zusammenhang stärker auf. Sie können verschiedene Prägungen haben, die mit ihren theoretischen Grundannahmen einhergehen, insbesondere also der Frage, wie sich das Psychische im Somatischen niederschlägt[486]. Die Modelle haben dann entweder eine eher psychoanalytische, eine eher psychobiologische oder eine eher psychosoziale Einfärbung. Hier soll nicht näher auf sie eingegangen werden, da die Feststellung ausreicht, dass sie einerseits zwar erste Versuche darstellen, die Komponente des Psychischen stärker in den Vordergrund der medizinischen Forschung zu stellen, andererseits aber ebenso wie das bio-medizinische Krankheitsmodell im kurativen, individuenzentrierten Blickwinkel verharren und so auch relevante soziale Zustände unter Umständen außer Betracht bleiben können[487].

Erwähnenswert ist jedoch das diesen Kategorien zuzuordnende Stress-Modell bzw. Stress-Coping-Modell mit seiner grundlegenden Annahme, dass sog. Stressoren im Organismus physiologische Reaktionen hervorrufen können[488]. Der Vorteil solcher Modelle ist offensichtlich. Mit ihnen wird es möglich, die im Begriff des Stressors zusammengefassten, aber außerhalb des Körpers liegenden Belastungsfaktoren, messbar mit Reaktionsabläufen zu verbinden, die sich im Körper abspielen[489] Im Coping-Modell wird zudem angenommen, dass die Intensität bzw. Pathogenität

485 Seewald, Gesundheit, S. 15 und 17 f.

486 Trabert/Waller, Sozialmedizin, S. 19.

487 Trabert/Waller, Sozialmedizin, S. 22.

488 Trabert/Waller, Sozialmedizin, S. 22. Auf sie wird in der Lärmwirkungsforschung regelmäßig Bezug genommen, s. Kundi/Haider/Hutter/Moshammer/Wallner, Fluglärm, S. 26; Ising/Scheuch/Spreng, in: UBA (Hg.), Fluglärm 2004, S. 90. Ein plastisches Beispiel bietet die Herleitung des Pathogenesemodells in Maschke/Wolf/Leitmann, in: UBA (Hg.), Lärmstress, S. 21 ff., in dem Geräusche als Ausgangspunkt für psychosoziale Stressreaktionen gesehen werden, die wiederum – messbare – biochemische Stressreaktionen bzw. immunologische Reaktionen hervorrufen (S. 60).

489 Vgl. Trabert/Waller, Sozialmedizin, S. 23 f.

der Stressoren nicht unabhängig ist von den Möglichkeiten der Individuen, mit Belastungen umzugehen, weshalb dies auch als Versuch angesehen wird, psychosomatische und soziologische Krankheitsmodelle miteinander zu verbinden[490]. Man kann also sagen, dass es Ziel dieser Krankheitsmodelle ist, eine weitere wichtige Ursachenvariable von Krankheitsentstehungen in den Blick zu nehmen. Je nach konkreter Konzeption können – selbst wenn ein eher psychosoziales Modell verwendet wird – aber auch soziale Zusammenhänge aus dem Blickfeld geraten, wenn deren direkte Wirkung (die Belastung) nicht mit psychischen Mechanismen beschrieben werden kann und daher insgesamt außerhalb des psychosomatischen Denkens liegt[491].

c. *Epidemiologische Modelle als „noch weitergehende" Öffnung des Krankheitsbegriffs?*

Was konnte bisher gezeigt werden? Dem bio-medizinischen Krankheitsbegriff ist eine auf das Kurative begrenzte Sichtweise inhärent. Sie lässt sich auf seine theoretischen Grundannahmen zurückführen. Auch wegen der als Schwäche empfundenen Nichtbeachtung des Körper-Geist-Zusammenhangs seitens des bio-medizinischen Krankheitsmodells wurden alternative Modelle entwickelt, die diesen Aspekt aufzugreifen versuchen. Aber auch diese psycho-somatischen Krankheitsmodelle sind in ihrer Aussagekraft (bzw. ihrem Erklärungswert) beschränkt, insofern sie ebenfalls eher kurativen, individuenzentrierte Blickwinkel einnehmen. Immer besteht auch das Problem, physikalisch beschreibbare Wirkungen mit psychischen Mechanismen zu beschreiben (und zu verknüpfen).

An Hand der bio-medizinischen und der psycho-somatischen Erklärungsmodelle wird auf der einen Seite deutlich, dass über die Kategorie Krankheit (bzw. Gesundheit) häufig getrennt nachgedacht wird, also in den wissenschaftlichen Teildisziplinen verharrend[492]. Die psycho-somatischen Krankheitsmodelle – insbesondere in Form der Stress- und Stress-Coping-Modelle – können auf der anderen Seite jedoch auch als erste Öffnungen des traditionellen, bio-medizinischen Krankheitsbegriffs gesehen werden. Sie weisen den Weg in Richtung von Krankheitsmodellen, die versuchen, *alle* wichtigen Erkenntnisse aus den einzelwissenschaftlichen Teildisziplinen zu verbinden.

Dazu gehört explizit auch das Einbeziehen sozialer Zusammenhänge. Für *Trabert/Waller* präsentiert sich Krankheit nämlich „immer in einem sozialen Kontext"[493]. Man müsse Krankheit sowohl als eine medizinische als auch sozial-wissenschaftliche

---

490 Trabert/Waller, Sozialmedizin, S. 24; zum Problem der Anpassung bzw. Adaption in der Lärmwirkungsforschung, s. bereits oben Teil 1, C., II., 2., b.

491 Trabert/Waller, Sozialmedizin, S. 28, die hier auch noch weitere Kritikpunkte am Stress-Coping-Modell nennen.

492 Vgl. Trabert/Waller, Sozialmedizin, S. 34.

493 Trabert/Waller, Sozialmedizin S. 10; ähnlich Bonita/Beaglehole/Kjellström, Epidemiologie, S. 219; Niehaus, Sozialmedizin, S. 22 ff.

Kategorie verstehen[494]. Soziale Faktoren kämen in allen Aspekten jedes Begriffs von Krankheit zum Tragen, also der Entstehung von Krankheit, der Definition des Begriffs des Krankheitsverhaltens, der Krankheitsfolgen und der medizinischen Versorgung im Krankheitsfall[495]. Für die Aspekte Krankheitsdefinition und Krankheitsentstehung geben die voranstehenden Erläuterungen zum bio-medizinischen und psycho-somatischen Krankheitsbegriff plastische Beispiele.

Diese Überlegungen lassen auch vermuten, warum die WHO eine so weitgehende Definition von Gesundheit vorgenommen hat[496]. Die Mediziner verfügen über einen reichen Erfahrungsschatz hinsichtlich der Frage, welche Bedeutung der soziale Kontext für den Begriff der Krankheit im Allgemeinen hat[497]. Die Beschreibung sozialer Zustände – und damit die Erschaffung einer Messbarkeit in dieser Dimension – ist aber in der physiologisch-medizinischen Wirkungsforschung nicht weniger anspruchsvoll als in der psycho-sozialen.

Die Verbindung verschiedener Aspekte der einzelnen Krankheitsmodelle wird derzeit vor allem von der Epidemiologie (der Sozialmedizin)[498] verfolgt. Es handelt sich dabei um ein Multifaktorenkonzept[499], das also Faktoren unterschiedlicher Art

---

494 Niehaus, Sozialmedizin, S. 24; s. auch Trabert/Waller, Sozialmedizin S. 12, deren Ausführungen letztlich darauf hinauslaufen, dass man jeweils überlegen muss, welche Krankheitstheorien, in welchem Maße geeignet sind, eine Krankheit und ihre Entstehung zu erklären.

495 Trabert/Waller, Sozialmedizin, S. 13.

496 Vgl. Rohrmann/Finke/Guski/Schümer/Schümer-Kohrs, Fluglärm, S. 211; Niehaus, Sozialmedizin, S. 24. Ähnlich Bonita/Beaglehole/Kjellström, Epidemiologie, S. 38, die die Messbarmachung des Untersuchungsgegenstandes für wichtiger halten als die konkret verwendeten Begrifflichkeiten.

497 Für Beispiele aus älteren medizinischen Untersuchungen, s. Trabert/Waller, Sozialmedizin, S. 10 f.

498 Vgl. Trabert/Waller, Sozialmedizin, S. 44: „Die Epidemiologie ist die Methode der Sozialmedizin."

499 Trabert/Waller, Sozialmedizin, S. 37 und 39, unterteilen in das Riskofaktorenmodell und das (sozial-)epidemiologische Modell und favorisieren offensichtlich letzteres, da sie beim Risikofaktorenmodell (1) den Verzicht auf eine einheitliche Theorie vermissen, so dass die Definition von Risikofaktoren sowie die Kombination von Faktoren unterschiedlicher theoretischer Herkunft als auch die Annahme eines passiven Menschenbildes fragwürdig erscheinen. Zudem sei (2) keine Ableitung von präventiven massentherapeutischen Interventionen möglich. Riskofaktoren seien (3) schließlich auch keine Prädiktoren von Krankheiten, sondern nur Faktoren mit einer relativen pathogenen Wahrscheinlichkeit, die sich nur auf Gruppen und nicht auf Individuen bezögen (S. 38). Allerdings wird nicht ganz klar, wieso diese Vorwürfe nicht auch beim zweiten Modell bestehen. Dem sozialepidemiologischen Modell schreiben sie dagegen einen einheitlichen theoretischen Zusammenhang ebenso zu wie einen grundsätzlich hierarchischen Aufbau mit eingebauten Wechselverhältnissen (S. 39), ohne dies hier allerdings näher zu begründen; zum Risikokonzept, s. auch Niehaus, Sozialmedizin, S. 38.

und Herkunft kombinieren kann[500] und zu deren Einzelbeschreibung unter anderem oben genannte (einzelwissenschaftliche) Theorien herangezogen werden können, soweit sie sich für die Entstehung bestimmter Krankheiten als bedeutsam erwiesen haben. Die Epidemiologie nimmt also im Vergleich zu den einzelwissenschaftlichen Krankheitsmodellen einen prinzipiell anderen Standpunkt ein, indem sie versucht, alle – insbesondere auch die in der sozialen Umwelt von Krankheiten liegenden – Ursachen aufzudecken und zu beschreiben[501]. Die auf das Individuum bezogene Sicht der oben beschriebenen Krankheitsbegriffe wird somit – über die Einbindung des Körper-Geist-Zusammenhangs hinaus – nochmals erweitert und die Identifikation von bedingenden Umweltfaktoren ermöglicht[502].

Man könnte sich mit dieser Vorstellung der Entstehung von Krankheit auf den Standpunkt stellen, dass auch derjenige in einer Bevölkerung als krank zu bezeichnen ist, der „sich Gefahren aussetze, die erfahrungsgemäß zu einer Krankheit führten."[503] Ob dies eine – im Hinblick auf in einer industrialisierten Welt immer vorhandene, mehr oder weniger hohe Schadstoffbelastung – sinnvolle Interpretation des epidemiologischen Krankheitsmodells ist, sei hier dahin gestellt. Es wird aber deutlich, wieso jeder epidemiologische Krankheitsbegriff eine gegenüber den vorangehend beschriebenen bio-medizinischen und psycho-somatischen Krankheitsbegriffen besondere Stellung einnimmt. Er ermöglicht nämlich (IN-)Aussagen[504] über den Zusammenhang von Umweltbedingungen und dem Auftreten von Krankheiten in einer Bevölkerung. Daher wird auch die Meinung vertreten, die Sozialmedizin untersuche das Phänomen Krankheit, „wo die klinisch-kurative, individuell vorgehende Medizin ihrer Natur und Methode nach versagt."[505] Der Blick geht also weg vom Einzelbefund, gewonnen an Hand von – vor dem Hintergrund von bekannten Funktionszusammenhängen – gesicherten diagnostischen Methoden. Er entfernt sich auch von der Frage nach möglichen, dem Stand der medizinischen Erkenntnis entsprechenden, auf das Individuum bezogenen Heilungswegen. Entwickelt wird

500 Die unterschiedlichen Krankheitsmodelle seien keine konkurrierenden Theorien, sondern wissenschaftliche Erklärungen mit unterschiedlichen Blickwinkeln, vgl. Trabert/Waller, Sozialmedizin, S. 14 f., mit dem Besipiel der Entstehung einer Depression und der Sicht des Sozialarbeiters, des Psychologen und des Psychiaters auf das Problem; s. auch Niehaus, Sozialmedizin, S. 26.

501 Trabert/Waller, Sozialmedizin, S. 39; Bonita/Beaglehole/Kjellström, Epidemiologie, S. 131 ff.; Niehaus, Sozialmedizin, S. 24 und passim; vgl. auch Seewald, Gesundheit, S. 23 ff. Hinsichtlich der verschiedenen Teilbereiche innerhalb der Epidemiologie, s. unten Teil 1, C., III., 2., a.

502 Seewald, Gesundheit, S. 24 f.

503 Seewald, Gesundheit, S. 25, der allerdings anmerkt, dass unter den Sozialmedizinern insofern keine Einigkeit bestünde.

504 Zum Begriff oben Teil 1, C., 1., c. und d.

505 Seewald, Gesundheit, S. 26, der hier gleichwohl deutlicher hätte herausarbeiten sollen, dass auch die sozial-medizinische (also die epidemiologische) Methode eine wissenschaftlich fundierte, empirische Methode ist.

eine Art allgemeine Ursachenforschung, die sowohl das Verhalten des Einzelnen als auch die Umwelteinflüsse in den Blick nimmt, denen er ausgesetzt ist. Nimmt man es also genau, bietet der epidemiologische Ansatz damit eigentlich keine ganz eigenständige Definition von Krankheit bzw. Gesundheit an, da er hinsichtlich der untersuchten Wirkungsendpunkte nicht ohne „eine Benennung der Erscheinungen, Befunde und damit derjenigen Merkmale (auskommt), die charakteristisch sind für die Feststellung von Krankheiten im naturwissenschaftlich-medizinischen ... Sinn."[506]

d. Zwischenergebnisse

Nach alldem kann man bisher zumindest festhalten: Die Arbeitsgrundlage der Mediziner ist die Einteilung in "krank" und "gesund" und zwar vor allem vor dem Hintergrund festgelegter, dem Stand der wissenschaftlichen Erkenntnis folgender, diagnostischer Methoden, die sich auf den Mindeststandard aus der WHO-Definition beziehen[507]. Dies gilt im Prinzip sowohl für physiologisch-funktionale als auch für sich funktional manifestierende psycho-physische Zustände. Das bio-medizinische Vorgehen unterscheidet sich vom epidemiologischen Vorgehen vor allem durch den Blickwinkel der Untersuchungen, nicht aber in seinen theoretischen und methodischen Ansprüchen[508]. Die Suche nach den Gründen für den Übergang einer bloß temporären Funktionsstörung hin zu einer Krankheit mag man für das Individuum eher als diagnostisches oder experimentell-analytisches[509] Vorgehen begreifen. Dies ändert jedoch nichts daran, dass die Epidemiologie solche Gründe ebenfalls unter Anwendung wissenschaftlicher Methodiken beschreiben kann. Grundlegende theoretische Zweifel an der Epidemiologie scheinen innerhalb der Medizin daher auch nicht erhoben zu werden[510].

---

506 Seewald, Gesundheit, S. 26; in diesem Sinne ist wohl auch SRU, Sondergutachten 1999, S. 15, Rn. 3* ff. zu verstehen. Für eine gut verständliche Herleitung eines epidemiologischen Pathogenesmodells, s. Maschke/Wolf/Leitmann, in: UBA (Hg.), Lärmstress, S. 21 ff., mit dem Ergebnis auf Seite 60, Abb 4.16 (mN).

507 Vgl. Bonita/Beaglehole/Kjellström, Epidemiologie, S. 38 ff. Was den darüber hinausgehenden Gehalt der Definition anbetrifft, so muss man darin wohl eher eine Art normative Zielausrichtung der Disziplin sehen; zur Abgrenzung von Dekriptivität und Normativität des Krankheitsbegriffs, vgl. Hucklenbroich, in: Rothaar/Frewer (Hg.), Das Gesunde, das Kranke, S. 53 ff.

508 Hucklenbroich, in: Rothaar/Frewer (Hg.), Das Gesunde, das Kranke, S. 36 ff., spricht in seinem „rekonstruktiven Ansatz" daher ganz allgemein von „Lebensvorgängen" (S. 39, Fn. 19), die den Gegenstandsbereich der Medizin als Ausgangspunkte festlegten, wozu „selbstverständlich" auch Wechselwirkungen zwischen dem Körperinneren und der Außenwelt gehörten (S. 41).

509 Diesen Begriff verwenden Jansen/Notbohm/Schwarze, Gesundheit, S. 9.

510 Insoweit offensichtlich auch Jansen/Notbohm/Schwarze, Gesundheit, S. 9. Die Frage, ob sich die „stärkeren" Erkenntnisse über ein experimentell-analytisches – wie es Seewald, Gesundheit, S. 27, und wohl auch Jansen/Notbohm/Schwarze, Gesundheit,

An dieser Stelle kann auch eine etwas klarere Aufteilung zwischen der Belästigungsforschung und der Erforschung von Gesundheitswirkungen erfolgen. Wenn ein Soziologe oder ein Psychologe die Belästigung (das Belästigungsempfinden) erforscht, betreibt er a priori Belästigungsforschung, selbst wenn das Empfinden von Belästigung letztlich Auswirkungen auf den psychischen Normalzustand der Untersuchungspersonen hat und insofern innerhalb der psycho-somatischen und sozial-medizinischen Krankheitsmodelle relevant werden kann. Hieran anknüpfend könnte also ein Sozial-Mediziner den Beitrag erforschen, den der Geräuschumgebung im Rahmen der Ätiologie bestimmter Krankheitszustände zukommt. Dann betreibt er physiologisch-medizinisch orientierte Lärmwirkungsforschung[511].

Der eingangs dargestellte Ansatz der WHO mag also – wie es häufig in juristischen Zusammenhängen vorgebracht wird[512] – tatsächlich sehr umfassend sein[513]. Er bietet aber zwei Anhaltspunkte: (1) ein anwendbares – dh. operationalisierbares – Mindestkriterium (wenn eine Krankheit vorliegt, dann liegt jedenfalls ein Gesundheitsschaden vor) und (2) eine erste Aufteilung der maßgeblichen Untersuchungsgebiete, welche auch den sozialen Kontext von Krankheiten berücksichtigen. Das Mindestkriterium ist allerdings insofern problematisch, als der Begriff der Krankheit nur über die hinter ihm stehenden methodischen/theoretischen Grundhaltungen weitere Klarheit erfährt. Auf der anderen Seite beanspruchen alle Krankheitsmodelle Wissenschaftlichkeit. Dies kann kein Ausgangspunkt sein, ein Modell von vornherein aus etwaigen (juristischen) Entscheidungszusammenhängen auszuschließen[514]. Das Korrespondenzproblem[515] scheint in der physiologisch-medizinischen Wirkungsforschung insgesamt weniger virulent zu sein als innerhalb der Belästigungsforschung. Soweit aber soziale Zustände in epidemiologische Untersuchungen einbezogen werden, kann es ebenso stark hervortreten.

S. 10 f., anzunehmen scheinen – oder ein epidemiologisches/sozialmedizinisches Vorgehen gewinnen lassen, erscheint auf Grund der unterschiedlichen Blickwinkel problematisch, s. Trabert/Waller, Sozialmedizin, S. 34 f.; vgl. auch Gross/Löfler, Prinzipien, S. 98. Für einen allgemeineren, wissenschaftstheoretischen Zusammenhang, vgl. Sokal/Bricmont, Eleganter Unsinn, S. 241.

511 Dazu auch die Abb. 1.7 bei Trabert/Waller, Sozialmedizin, S. 39.

512 S. unten Teil 2, B., I., 1., b., aa.

513 Rohrmann/Finke/Guski/Schümer/Schümer-Kohrs, Fluglärm, S. 212, halten ihn allerdings gerade deshalb für brauchbar.

514 Ähnlich Seewald, Gesundheit, S. 137 f.; s. aber auch Couzinet, Zulässigkeit von Immissionen, S. 137, der allein einem naturwissenschaftlichen Gesundheitsbegriff verfassungsrechtliche Relevanz zuspricht, um dieses Ergebnis dann – unter Verweis auf vermeintlich taugliche Abgrenzungskriterien – für die problematische Abgrenzung von somatischen und psychischen Erkrankungen wieder aufzuweichen (S. 138, Fn. 425).

515 S. oben Teil 1, C., I., 1., d.

2. *Grundlagen der Epidemiologie*

Nach den bisherigen Ausführungen zu den verschiedenen Krankheitsbegriffen bzw. den damit verbundenen methodischen und theoretischen Vorstellungen scheint die Feststellung erlaubt, dass die durch die Epidemiologie gewonnenen Erkenntnisse prinzipiell ebenso geeignet sind, vom System Recht rezipiert zu werden, wie die auf Grundlage des klassischen bio-medizinischen Krankheitsbegriffs gewonnenen Erkenntnisse. Da in den späteren Kapiteln eine solche Rezeption näher untersucht werden soll, ist es angezeigt, sich noch etwas tiefer mit den methodischen Grundlagen der Epidemiologie zu beschäftigen.

Ein besonderes Augenmerk soll dabei auf den Aspekt der Kausalität in der Medizin bzw. in der Epidemiologie gelegt werden. Ausgehend von der etwas groben Unterscheidung von akuten und chronischen Gesundheits*schäden*[516] lässt sich sagen, dass in den modernen Industriegesellschaften das Problem akuter Gesundheitswirkungen, die zeitlich unmittelbar als (krankhafter) Schaden auftreten, in den Hintergrund getreten ist. So ist etwa die Sterblichkeit bei Unfallkranken insbesondere durch kompetente Sofortbehandlungen und leistungsfähige Transportsysteme sehr weit abgesunken[517].

Im Mittelpunkt der auf Gesundheitswirkungen gerichteten Fluglärmforschung stehen aber nicht Monokausalitäten, sondern chronische Gesundheitsschäden, von denen man heute weiß, dass sie durch ein vielfach verschränktes System von Einflussfaktoren bedingt sind, die unter Umständen auf verschiedenen funktionalen Ebenen miteinander in Wechselwirkung stehen[518]. Dieses System von Einflüssen auf bestimmte körperliche Funktionszusammenhänge und ihre jeweiligen Wechselwirkungen zu erforschen, ist Ziel der Epidemiologie und zwar vor dem Hintergrund langfristig zu erwartender Schäden. Um gerade der Struktur chronischer Schäden gerecht zu werden, werden daher regelmäßig zur Beschreibung von Wirkungen auf körperliche Funktionen auch die Begriffe akute oder primäre Wirkung oder Reaktion verwendet[519]. Gemeint ist – wie auch beim obigen Beispiel des Unfallkranken – eine zeitlich unmittelbare körperliche Reaktion, für die eine ganz bestimmte Ursache (Monokausalität)

516 Vgl. Henschler, Langzeitrisiken, S. 11. Ein Beispiel im Zusammenhang mit Abb. A1 – s. oben Teil 1, A. – wäre etwa eine schädliche primäre Reaktion im Ohr, etwa das Platzen des Trommelfells.

517 Henschler, Langzeitrisiken, S. 11 f.

518 Trabert/Waller, Sozialmedizin, S. 39 (Abb. 1.7) und später, S. 207 ff., mit krankheitsbezogenen Beispielen. Ausführlicher zu den Funktionsebenen unten Teil 1, C., III., 3. Zum Problem der Interdependenzen im Bereich der Lärmwirkungsforschung, s. Rohrmann/Finke/Guski/Schümer/Schümer-Kohrs, Fluglärm, S. 29 ff. (insb. S. 36 f.).

519 Vgl. SRU, Umweltgutachten 2004, S. 321, Rn. 635. In SRU, Sondergutachten 1999, S. 176, Rn. 437 und S. 324, Rn. 639, wird sogar – dies steht offensichtlich insb. im Zusammenhang mit Störungen des Schlafes – zwischen primären, sekundären und tertiären Reaktionen unterschieden wird. Dazu auch Samel, in: Oldiges (Hg.), Schutz vor nächtlichem Fluglärm, S. 93.

angenommen werden kann. Im Zusammenhang mit langfristigen oder chronischen Schäden wird auch von chronischen Wirkungen oder sekundären Reaktionen[520] und in Zusammenhang mit allen Reaktionen von den zu untersuchenden Wirkungsendpunkten gesprochen[521], weshalb auch bspw. die Belästigung als Wirkungsendpunkt bezeichnet werden kann.

a. *Allgemeine Epidemiologie*

Die Epidemiologie wird als die Grundlagenwissenschaft der öffentlichen Gesundheitspflege bezeichnet, in deren Mittelpunkt die Identifizierung und Kartierung von Krankheiten steht[522]. Etwas anders ausgedrückt geht es dem Epidemiologen zunächst um die Beschreibung und Analyse der Verteilung von Krankheiten, wobei aber – zum Zweck der Prävention – auch deren Ursachen und Folgen in der Bevölkerung in den Blick genommen werden[523].

Der zumeist erste Schritt epidemiologischer Untersuchungen ist also die Erfassung von Krankheitshäufigkeiten oder anderen Gesundheitszuständen[524] an Hand deskriptiver Studientypen[525]. Dafür bedarf es zunächst bestimmter – beschreibender – Merkmale oder Indikatoren, die regelmäßig in unterschiedlicher Häufigkeit, Ausprägung oder zeitlicher Zuordnung vorliegen[526]. Diese gilt es zu messen. In diesem Zusammenhang wird unter Prävalenz eine Momentaufnahme des aktuellen Krankenstands für eine bestimmte Krankheit zu einem bestimmten Zeitpunkt verstanden, wohingegen die Inzidenz die Neuerkrankungsrate einer bestimmten Krankheit innerhalb eines bestimmten Zeitraums bezeichnet[527].

Hier besteht nun der bereits angedeutete Bezug zur bio-medizinischen Vorstellungswelt bzw. den bereits erkannten physiologischen und psychologischen Funktionszusammenhängen, da sie Ausgangspunkt für die Suche nach geeigneten Indikatoren (in Form etwa von akuten Wirkungen) sind. Epidemiologische Forschung beginnt also stets mit zwei Aspekten: (1) der Definition von Zielgrößen (wie etwa eine Erkrankung) und deren Zählung und Messung sowie (2) der räumlichen und zeitlichen Beschreibung der Bevölkerung, in welcher der interessierende

520 Allgemeinverbindliche Begriffsbestimmungen scheint es nicht zu geben.
521 Vgl. SRU, Umweltgutachten 2004, S. 322, Rn. 637.
522 Bonita/Beaglehole/Kjellström, Epidemiologie, S. 17.
523 Trabert/Waller, Sozialmedizin, S. 44; vgl. auch Bonita/Beaglehole/Kjellström, Epidemiologie, S. 21; SRU, Sondergutachten 1999, S. 15, Rn. 16*.
524 Bonita/Beaglehole/Kjellström, Epidemiologie, S. 64.
525 Bonita/Beaglehole/Kjellström, Epidemiologie, S. 71 und 73 f.
526 Niehaus, Sozialmedizin, S. 62 f.
527 Kundt/Krentz/Glass, Epidemiologie, S. 10 und 12; Frentzel-Beyme, Epidemiologie, S. 4.

Zustand untersucht wird[528]. Die Prinzipien der Beschreibung und Messung[529] folgen einem für alle epidemiologischen Arbeitsrichtungen einzuhaltenden Standard.

Der nächste Schritt der Ursachenuntersuchung funktioniert im Wesentlichen über einen Vergleich[530]. Hat man eine bestimmte Krankheitshäufigkeit in einer Bevölkerungsgruppe erfasst, bedarf es noch einer weiteren Vergleichsgruppe. Entscheidend dabei ist, dass beide Gruppen gegenüber einem bestimmten Faktor unterschiedlich exponiert sind, von dem vermutet wird, dass er einen Einfluss auf die Entstehung (Ätiologie) der zu untersuchenden Krankheit hat[531]. Auch hier werden wieder enge Zusammenhänge zum bio-medizinischen Krankheitsbegriff deutlich, da über ihn bereits in vielen Fällen bereits bedingende, physiologische Faktoren aufgezeigt worden sind. Gleichwohl besteht hier auch die Möglichkeit der Öffnung des Blickwinkels, wenn die Vermutung besteht, dass Umwelt- oder Sozialfaktoren ebenfalls auf die Krankheitsentstehung (bzw. die physiologischen Faktoren) Einfluss nehmen[532].

Epidemiologische Forschung kann nun unterschiedliche Schwerpunkte haben. Die hier besonders interessierende Umweltepidemiologie liefert bspw. die wissenschaftliche Grundlage für die Untersuchung und Interpretation der Zusammenhänge zwischen Umwelt und Gesundheit, wohingegen die Arbeitsepidemiologie den Blickwinkel insbesondere auf den Arbeitsplatz legt[533]. Die Sozialepidemiologie legt ihren Schwerpunkt wiederum auf Lebensweisen, Sucht, soziale Ungleichheiten etc. als Faktoren der Krankheitsentstehung[534].

Unabhängig von der jeweiligen Schwerpunktsetzung beschäftigen sich Epidemiologen explizit auch mit den Möglichkeiten der Verbesserung der allgemeinen Gesundheit[535]. So beinhalten experimentelle Studien (auch Interventionsstudien genannt[536]) den Versuch, einen Krankheitsfaktor durch eine Maßnahme (etwa eine Therapie) zu beeinflussen. Der Epidemiologe misst und bewertet dann die Wirkung der Intervention. Für die hier interessierenden Fragestellungen der geräuschinduzierten Gesundheitsreaktionen sind experimentelle Studiendesigns aber von eher untergeordneter Bedeutung. Von großer Bedeutung sind dagegen analytische Studien, weil mit ihnen die möglichen Ursachenzusammenhänge erforscht werden können[537].

---

528 Niehaus, Sozialmedizin, S. 62.

529 Hierzu vertiefend Niehaus, Sozialmedizin, S. 63 ff.; Bonita/Beaglehole/Kjellström, Epidemiologie, S. 40 ff.

530 Trabert/Waller, Sozialmedizin, S. 48, mit dem Beispiel einer Kohortenstudie; s. auch Kundt/Krentz/Glass, Epidemiologie, S. 17; SRU, Sondergutachten 1999, S. 52, Rn. 60.

531 Bonita/Beaglehole/Kjellström, Epidemiologie, S. 64 f.; Niehaus, Sozialmedizin, S. 82 f.

532 Eine Einteilung solcher Faktoren findet sich bei Bonita/Beaglehole/Kjellström, Epidemiologie, S. 220.

533 Bonita/Beaglehole/Kjellström, Epidemiologie, S. 219.

534 Niehaus, Sozialmedizin, S. 63, mit weiteren Untergruppen.

535 Bonita/Beaglehole/Kjellström, Epidemiologie, S. 21 f.

536 Bonita/Beaglehole/Kjellström, Epidemiologie, S. 72 f.

537 Zu den unterschiedlichen Studiendesigns gleich unten Teil 1, C., III., 2., b., bb.

b. Zur Frage der Kausalität

Wie bereits angesprochen sind die Ursachenzusammenhänge bei den meisten Krankheiten äußerst komplex und nicht monokausal[538]. Nur wenige Krankheiten sind etwa alleine durch genetische Faktoren bestimmt[539]. Weit überwiegend sind sie das Ergebnis einer Wechselwirkung zwischen genetischen Faktoren und Umweltfaktoren, wobei Umwelt weit zu bestimmen ist und alles umfasst, was Gesundheit beeinflussen kann[540]. Identifizierte Kausalfaktoren[541] können aber in eine Ursachenhierarchie eingeordnet werden, an deren Ende sich ein spezifisches Pathogen an einem Organ manifestiert und es schädigt[542]. Mit der Öffnung des Blicks – also der Einbeziehung der Umwelt – wird das grundlegende Axiom des Kausalitätsprinzips aber gerade nicht in Frage gestellt[543].

Den Blick auf bestimmte Hierarchieebenen zu beschränken – etwa den letzten Schritt hin zum organischen Schaden –, bringt die im Rahmen der Krankheitsmodelle diskutierten Probleme mit sich[544], insbesondere wenn die Hinweise auf Zusammenhänge zwischen den Hierarchieebenen immer deutlicher werden. Die gefundenen Ursachenzusammenhänge einzuordnen, ihnen wissenschaftliche Evidenz zuzuschreiben, ist allerdings ein in hohem Maße bewertender Prozess, weshalb die Ursachenkonzepte auch nach wie vor umstritten sind[545]. Der Bewertungsprozess kann zudem nur mit einer kausalen Schlussfolgerung enden. Der Prozess dient also (lediglich) der Entscheidung, ob die beobachtete Beziehung mit großer Wahrscheinlichkeit kausal ist[546]. Es sind keine absoluten Kriterien vorhanden, mit denen bestimmt werden kann, ob eine beobachtete Beziehung kausal ist[547]. Die kausale

538 Bonita/Beaglehole/Kjellström, Epidemiologie, S. 131 f. Niehaus, Sozialmedizin, S. 65, spricht von einer „Kette von Ereignissen".

539 Bonita/Beaglehole/Kjellström, Epidemiologie, S. 22. Dies scheint allerdings nach wie vor umstritten zu sein, s. Bonita/Beaglehole/Kjellström, Epidemiologie, S. 134.

540 Bonita/Beaglehole/Kjellström, Epidemiologie, S. 22 und 132, nennen etwa biologische, chemische, physikalische, psychologische, ökonomische und kulturelle Faktoren, wobei zu bedenken sei, dass manche Kausalfaktoren verschiedene Krankheitsentstehungen beeinflussten (ebd., S. 135 f., mit dem Beispiel des Rauchens).

541 Zur weiteren begrifflichen Bestimmung, s. Bonita/Beaglehole/Kjellström, Epidemiologie, S. 136 ff.

542 Bonita/Beaglehole/Kjellström, Epidemiologie, S. 134.

543 Vgl. Niehaus, Sozialmedizin, S. 66. Zur erkenntnistheoretischen Bedeutung der Grundannahme von Kausalität, s. oben Teil 1, C., I., 1.

544 S. oben Teil 1, C., III., 1.

545 S. Bonita/Beaglehole/Kjellström, Epidemiologie, S. 131 und S. 139 (m.w.N.), die die Ursachenkonzepte der allgemeinen Wissenschaftsphilosophie zuordnen.

546 Bonita/Beaglehole/Kjellström, Epidemiologie, S. 138, Trabert/Waller, Sozialmedizin, S. 48.

547 Trabert/Waller, Sozialmedizin, S. 48; Frentzel-Beyme, Epidemiologie, S. 57. Eine Kausalität im Sinne einer DN-Erklärung (s. oben Teil 1, C., I., 1., d.) scheidet auf Grund der Struktur des Untersuchungsgegenstands von vornherein aus, vgl. Niehaus, Sozialmedizin, S. 66 f. Terminologisch fragwürdig daher Ising/Scheuch/

Schlussfolgerung wird daher auf eine große Wahrscheinlichkeit beschränkt, die angenommen wird, wenn bestimmte Beweisschritte eingehalten und von vielen Einzelnachweisen – dazu sogleich – gestützt werden.

In den Bewertungsprozess fließen verschiedene Kausalitätskriterien ein, die als solche Beweise dienen. Hierzu zählen (1) die zeitliche Beziehung, (2) die Plausibilität, (3) die Konsistenz und die (4) Stärke (bzw. (5) Dosis-Wirkung-Beziehungen) gefundener Ergebnisse, (6) Reversibilität und (7) das Studiendesign[548]. Ist die zeitliche Beziehung – also Ursache vor Wirkung – als Grundbedingung hergestellt, kommt der Plausibilität, Konsistenz und Stärke (bzw. der Dosis-Wirkungs-Beziehung) die größte Bedeutung zu[549]. Nicht im strengen Sinne um Kausalitätskriterien handelt es sich bei den sog. „Bias" (Verzerrungen) und „Confoundern" (Störgrößen). Hierbei handelt es sich um Begriffe, die mögliche Fehlerquellen epidemiologischer Studien beschreiben[550]. Der Epidemiologe ist bemüht, diese Fehlerquellen zu kontrollieren und einzuschränken und verfügt insofern auch über geeignete Mittel[551], ohne jemals absolute Sicherheit erreichen zu können. Dennoch sind diese Fehlerquellen nicht im strengen Sinne Kausalitätskriterien[552]. Die Bedeutung von Fehlerquellen wird nämlich insbesondere über den Begriff der Validität abgedeckt, womit die Übereinstimmung der Studie und dem, was sie messen soll, gemeint ist[553].

Eine genauere Erläuterung und Kritik all dieser Kriterien würde den Rahmen der Untersuchung sprengen. Hier seien daher nur einige Anmerkungen zu zwei der bedeutsameren Kausalitätskriterien gemacht, nämlich der Stärke gefundener Ergebnisse (Dosis-Wirkungs-Beziehungen) (aa.) und den Studiendesigns (bb.).

aa. „Stärke" bzw. „Dosis-Wirkungs-Beziehungen"

Unabhängig von der Art des Studiendesign wird der mit dem Vergleich beschriebene Unterschied der untersuchten Ereignisse (Krankheitsfälle etc.) quantifiziert, der jeweils dem Studiendesign zu Grunde liegt[554]. Diese Quantifizierung von Unterschieden

Spreng, in: UBA (Hg.), Fluglärm 2004, S. 98, wo es heisst, *direkte* Kausalbeziehungen zwischen Umweltlärm und Herz-Kreislauf-Krankheiten seien bis 2002 nicht *bewiesen* worden; ähnlich Wende/Ortscheid, in: Ziekow (Hg.), Fluglärm 2003, S. 22.

548 Frentzel-Beyme, Epidemiologie, S. 57 ff.; Bonita/Beaglehole/Kjellström, Epidemiologie, S. 140 ff.; Trabert/Waller, Sozialmedizin, S. 48; Niehaus, Sozialmedizin, S. 33 (passim). Als Beispiel für ihre Anwendung in einer Untersuchung s. Greiser/Greiser, in: UBA (Hg.), Abschlussbericht, S. 17 ff.

549 Bonita/Beaglehole/Kjellström, Epidemiologie, S. 150.

550 Für genaue Definitionen, Beispiele und weitere Fehlerquellen, s. Bonita/Beaglehole/Kjellström, Epidemiologie, S. 90 ff.; Niehaus, Sozialmedizin, S. 86 f.

551 Bonita/Beaglehole/Kjellström, Epidemiologie, S. 95 ff.

552 Etwas unklar daher SRU, Sondergutachten 1999, S. 66, Rn. 102.

553 Bonita/Beaglehole/Kjellström, Epidemiologie, S. 97 f.; Niehaus, Sozialmedizin, S. 87 und 90.

554 Niehaus, Sozialmedizin, S. 82 ff.; SRU, Sondergutachten 1999, S. 52 f., Rn. 60.

bspw. zwischen mit Geräuschen exponierten und nicht-exponierten Personen erfolgt durch die Ermittlung relativer Unterschiede und durch die einer potenziellen Krankheitsursache zuschreibbaren quantitativen Risiken, entweder in Form der Berechnung relativer Risiken oder durch den direkten quantitativen Vergleich der absoluten Inzidenzen, den sog. odds ratios[555].

Die Stärke eines Zusammenhangs zwischen einer möglichen Ursache (Kausalfaktor) und ihrer Wirkung kann also bspw. durch die Größe des Risikoquotienten (relatives Risiko) gemessen werden, wobei ein stärkerer Zusammenhang mit größerer Wahrscheinlichkeit kausal im oben genannten Sinn ist als ein schwacher Zusammenhang[556]. Ein relatives Risiko größer als „2" gilt als stark, wird jedoch in epidemiologischen Studien selten erreicht, woraus wiederum nicht abgeleitet werden kann, dass ein schwächeres relatives Risiko nicht kausal ist[557]. Risikoerhöhungen durch einzelne (Kausal-)Faktoren sind nur selten dominant. Ein Beispiel für eine solche Dominanz ist das Rauchen bzw. Passivrauchen, wo die Risikoerhöhung insbesondere für Krebserkrankungen über (teilweise weit über) 1 liegt[558]. Regelmäßig wird in epidemiologischen Untersuchungen aber nur eine Risikoerhöhung zwischen 0 und 1 ermittelt[559].

Besondere Bedeutung im Zusammenhang mit der Quantifizierung von Unterschieden kommt dem Kriterium der Signifikanz zu. Über die Signifikanz wird angegeben, wie wahrscheinlich es ist, dass ein beobachteter Effekt (hier mit dem Vergleich beobachtete Unterschiede) nur zufälliger Natur ist. Ist ein Ergebnis also signifikant, ist die Wahrscheinlichkeit eines nur zufällig beobachteten Effekts so gering, wie sie im Rahmen der induktiven Statistik nur sein kann, da absolute Gültigkeiten nicht erreicht werden können. So wurde etwa in einer Untersuchung des UBA ein signifikanter Befund angenommen, wenn die Irrtumswahrscheinlichkeit für das Verwerfen der Null-Hypothese (kein statistischer Zusammenhang) kleiner als 5% war[560].

Allerdings ist eben auch anzumerken, dass mit der Signifikanz weder etwas über die allgemeine Bedeutung des Effekts in theoretischer Hinsicht gesagt werden kann, noch dass damit die Existenz eines Effekts bewiesen wäre[561]. Bei von der Lärmwirkungsforschung vorgelegten Dosis-Wirkungs-Beziehungen handelt es sich

555 Niehaus, Sozialmedizin, S. 83; SRU, Sondergutachten 1999, S. 52, Rn. 60.

556 Bonita/Beaglehole/Kjellström, Epidemiologie, S. 145.

557 Bonita/Beaglehole/Kjellström, Epidemiologie, S. 145.

558 Doll/Peto, British Medical Journal 1976, 1525 ff.; Doll/Peto/Weahtley/Grey/Sutherland, British Medical Journal 1994, 901 ff.

559 Vgl. Bonita/Beaglehole/Kjellström, Epidemiologie, S. 145. S. dazu etwa die Ergebnissdiskussion bei Maschke/Wolf/Leitmann, in: UBA (Hg.), Lärmstress, S. 312 ff.

560 Maschke/Wolf/Leitmann, in: UBA (Hg.), Lärmstress, passim; ebenso Greiser/Janhsen/Greiser, in: UBA (Hg.), Arzneimittelverbrauch, S. 27. Dies kann wohl als Standard angesehen werden, s. Schnell/Hill/Esser, Empirische Sozialforschung, S. 452 f. Niehaus, Sozialmedizin, S. 87 f., spricht in diesem Zusammenhang von Validität.

561 Schnell/Hill/Esser, Empirische Sozialforschung, S. 451.

nämlich letztlich (nur) um Korrelationen – oder den damit zusammenhängenden Regressionen. Mit ihnen lassen sich zwar Zusammenhänge zwischen zwei oder mehr Variablen analysieren und bis zu einem gewissen Grad auch Vorhersagen machen[562], jedoch können die Zusammenhänge zwischen den Variablen nicht als Kausalbeziehungen im engeren Sinne verstanden werden. Die Korrelation beschreibt lediglich das Ausmaß, in dem sich zwei Variable gemeinsam änderten, wenn also Änderungen einer möglichen Ursache mit Änderungen in der Wirkung einhergingen. Dies wird dann auch Dosis-Wirkungs-Relation genannt[563].

Auch hier kann es stärkere und schwächere Zusammenhänge geben. Der Nachweis einer eindeutigen Dosis-Wirkungs-Beziehung hat auch starke Evidenz für einen kausalen Zusammenhang im genannten Sinne[564].

bb. „Studiendesigns"

Die verschiedenen gängigen Designs analytischer (und experimenteller) Untersuchungen eignen sich in unterschiedlichem Maße zum Nachweis eines kausalen Zusammenhangs[565]. Die beste Eignung wird experimentellen Studien zugeschrieben[566], die hier allerdings nicht näher betrachtet werden sollen[567]. Im vorliegenden Zusammenhang von Interesse sind die Unterschiede zwischen Kohorten-Studien[568], Fall-Kontrollstudien, Querschnittstudien und Ökologische Studien.

Kohorten-Studien arbeiten zu Beginn mit einer Gruppe von Personen (Kohorte), die nicht erkrankt sind[569]. Die Personen werden entsprechend ihrer unterschiedlichen Exposition gegenüber dem zu untersuchenden Kausalfaktor in Untergruppen unterteilt und die jeweils definierten Variablen gemessen. Die gesamte Kohorte wird zu einem späteren Zeitpunkt nachbeobachtet, um herauszufinden, inwieweit sich das spätere Auftreten von Neuerkrankungen (oder einer anderen Zielgröße) in den Gruppen unterscheidet.

---

562 Ausführlich dazu Pospeschill, Statistische Methoden, S. 341 ff.

563 Vgl. zum Ganzen Bonita/Beaglehole/Kjellström, Epidemiologie, S. 146; Trabert/Waller, Sozialmedizin, S. 48; Kundi/Haider/Hutter/Moshammer/Wallner, Fluglärm, S. 12 f.; SRU, Sondergutachten 1999, S. 66, Rn. 102; s. auch bereits oben Teil 1, C., II., 1.

564 Bonita/Beaglehole/Kjellström, Epidemiologie, S. 146.

565 Bonita/Beaglehole/Kjellström, Epidemiologie, S. 148.

566 Bonita/Beaglehole/Kjellström, Epidemiologie, S. 149; s. auch Niehaus, Sozialmedizin, S. 89.

567 S. bereits soeben Teil 1, C., III., 2., b. Grundlegend zu den verschiedenen Studientypen, s. Niehaus, Sozialmedizin, S. 88 f.; SRU, Sondergutachten 1999, S. 65 f., Rn. 98 ff.; Bonita/Beaglehole/Kjellström, Epidemiologie, S. 71 ff.

568 Auch Nachbeobachtungs- oder Follow-up-Studien, Bonita/Beaglehole/Kjellström, Epidemiologie, S. 82 ff.

569 Vgl. – auch für Nachfolgendes – Bonita/Beaglehole/Kjellström, Epidemiologie, S. 82 f.; Trabert/Waller, Sozialmedizin, S. 48.

Fall-Kontrollstudien untersuchen Personen, die die interessierende Krankheit aufweisen und eine geeignete Kontrollgruppe ohne diese Krankheit (oder Zielgröße)[570]. Die Exposition wird für einen früheren Zeitpunkt erhoben, weshalb auch von retrospektiven Studien[571] gesprochen wird. Ziel ist es, das Auftreten des zu untersuchenden Kausalfaktors in den Fall- und Kontroll-Gruppen zu vergleichen.

Querschnittstudien vermitteln eine Art Momentaufnahme bei der unter Umständen Unklarheit über die zeitliche Abfolge der Ereignisse besteht[572]. Es werden sowohl die Exposition als auch die Wirkungen gemessen[573]. Bei Geräuschexpositionen kann die Gesamtexposition aber regelmäßig von vornherein nur berechnet bzw. an Hand der Daten über vergangene Flugbewegungen abgeschätzt werden, so dass diese Einschränkung der Nachweiseignung hier regelmäßig nicht schwer wiegen dürfte oder aber epidemiologische Studien zu Lärmwirkungen von vornherein immer Fall-Kontrollstudien sind. Wenn man sich sicher ist, dass die Exposition vor der Wirkung liegt, können diese Studien wie Kohortenstudien gelesen werden[574].

Die Unterschiede und Übergänge der bisher vorgestellten Studiendesigns sind scheinbar eher fließend. Einen eindeutigen Unterschied gibt es nur zu den ökologischen Studien, weil sie nicht auf individuenbezogenen Daten basieren[575]. Ökologische Studien[576] arbeiten nicht mit Einzelpersonen, sondern mit Gruppen(-daten). Daher können in solchen Studien die verschiedenartigsten Vergleiche zwischen Populationen, auch in einer Zeitreihe (also sich wiederholend), angestellt werden[577]. Problematisch an solchen Studien ist vor allem die Interpretation ihrer Ergebnisse, unter anderem weil die untersuchten Daten regelmäßig nicht zum Zweck der Studie erhoben wurden[578] bzw. auch hier sich das Problem des (Nicht-)Vorhandenseins von sozio-ökonomischen Daten stellen kann[579]. Die gewichtigere Einschränkung, da Datenprobleme auch bei anderen Studientypen auftreten können und im Übrigen natürlich auch Datenerhebungen vorgenommen werden können, ist jedoch die Untersuchungseinheit „Gruppe" bzw. „Population", weil über sie eine Verbindung zwischen

570 SRU, Sondergutachten 1999, S. 66, Rn. 100; Bonita/Beaglehole/Kjellström, Epidemiologie, S. 78 ff.

571 Niehaus, Sozialmedizin, S. 89; Bonita/Beaglehole/Kjellström, Epidemiologie, S. 79.

572 Bonita/Beaglehole/Kjellström, Epidemiologie, S. 149.

573 Vgl. Bonita/Beaglehole/Kjellström, Epidemiologie, S. 75 f.; SRU, Sondergutachten 1999, S. 65, Rn. 98.

574 Bonita/Beaglehole/Kjellström, Epidemiologie, S. 77.

575 Zur Unterscheidung von sog. Primär- und Sekundärdaten, s. Trabert/Waller, Sozialmedizin, S. 44 f.

576 Man spricht auch von Korrelationsstudien, vgl. Bonita/Beaglehole/Kjellström, Epidemiologie, S. 72 und 75.

577 Bonita/Beaglehole/Kjellström, Epidemiologie, S. 75.

578 Greiser/Janhsen/Greiser, in: UBA (Hg.), Arzneimittelverbrauch, S. 22 ff., griffen in ihrer Studie etwa auf Daten der gesetzlichen Krankenkassen über den Arzneimittelverbrauch zu.

579 Bonita/Beaglehole/Kjellström, Epidemiologie, S. 75.

Exposition und der Wirkung *im Einzelfall* nicht einfach herzustellen ist (bzw. wie beim Arzneimittelverbrauch nur eine Mittelbarkeit besteht)[580].

3. Funktionszusammenhänge

Wie bereits im Rahmen der Erörterung der verschiedenen Krankheitsbegriffe immer wieder angemerkt wurde, ist die Erforschung insbesondere der physiologischen Funktionszusammenhängen von zentraler Bedeutung[581]. Eine eingehende Beschreibung der bisherigen Erkenntnisse über die Funktionszusammenhänge, die bei Geräuscheinwirkungen für maßgeblich gehalten werden, kann hier nicht erfolgen. In Erweiterung der bereits im Rahmen der Darstellung der verschiedenen Krankheitsmodelle gegebenen Problemübersichten[582] soll hier aber zumindest kurz nachgezeichnet werden, welche Funktionsbereiche auf Grund welcher Zusammenhänge prinzipiell diskutiert und prinzipiell als tangiert angesehen werden (a.). Besonderer Augenmerk soll dabei auf den Schlaf und seine Funktionen gelegt werden (b.), dessen Schutz in zunehmendem Maße für das System Recht bedeutsam wird.

a. Grundlegendes

Grundsätzlich wird angenommen, dass jede Wahrnehmung, die durch exogene Stimuli (z.B. auch Schallereignisse) oder endogene Stimuli (z.B. Denkprozesse, Schmerzen) ausgelöst wird[583], eine Aktivierung komplexer Hirnfunktionen nach sich zieht, wobei in den Wahrnehmungsvorgang bestimmte Funktionen einbezogen sind[584] und in Folge dessen es zu einer emotionalen Reaktion kommen kann, die sich im sogenannten autonomen Nervensystem (Vegetativum), im hormonellen, immunologischen und auch im motorischen Regulationssystem mehr oder weniger intensiv zeigen kann[585]. Die Antwort der Regulationssysteme auf den Reiz wird auch als Stressreaktion bezeichnet[586].

Die jeweiligen Reaktionen in den Regulationssystemen können an Hand verschiedener Indikatoren gemessen werden. Für psychobiologische Untersuchungen, und damit zum Nachweis akuter vegetativer Reaktionen bei Lärm, werden bspw.

---

580 Niehaus, Sozialmedizin, S. 89; Bonita/Beaglehole/Kjellström, Epidemiologie, S. 75.

581 S. oben Teil 1, C., III., 1.

582 S. oben Teil 1, A., Abb. A1.

583 S. – auch für eine ausführliche Darstellung der Funktionszusammenhänge – Maschke/Wolf/Leitmann, in: UBA (Hg.), Lärmstress, S. 21 ff.

584 Des Neokortex, des limibischen Systems, des Hypothalamus und der Formatio Retikularis, vgl. Maschke/Wolf/Leitmann, in: UBA (Hg.), Lärmstress, S. 21.

585 Vgl. Maschke/Wolf/Leitmann, in: UBA (Hg.), Lärmstress, S. 21 (m.w.N.).

586 SRU, Umweltgutachten 2004, S. 327, Rn. 641; Wirth, Fluglärmstudie, S. 7. Maschke/Wolf/Leitmann, in: UBA (Hg.), Lärmstress, S. 46, sprechen von einer stressinduzierten, vegetativ-hormonellen Reizanwort und später wird von ihnen ein zusammenfassendes Pathogenesemodell aufgezeigt (S. 59 f.), welches erklärt, warum zwischen psycho-sozialen und biochemischen Stressreaktionen unterschieden werden kann.

größtenteils die Funktionen der durch das vegetative Nervensystem gesteuerten Organe verwendet, zum Beispiel Pulsfrequenz, Blutdruck, Hautwiderstand, Pupillengröße, Vasomotorik (Vasokonstriktion)[587]. Die jeweiligen Reaktionen zeigen sich mit unterschiedlicher Intensität und in unterschiedlicher zeitlicher Abfolge. Da die Reaktionen aber mittlerweile schon länger bekannt sind, kann man die verschiedenen Schwellen recht gut abschätzen, ab denen eine Reaktion im jeweiligen Funktionszusammenhang zu erwarten ist[588]. Es gilt zudem als wissenschaftlich erwiesen, dass die verschiedenen Systeme funktional miteinander verbunden sind[589], wobei insbesondere das vegetative und das hormonelle System dazu dienen, das innere Milieu des Menschen über ein antagonistisches Regulationssystem im Gleichgewicht zu halten[590].

Treffen Geräusche auf einen Menschen, antwortet dieses System in unterschiedlicher Weise, wobei nicht jede geräuschbedingte Aktivierungsreaktion sogleich als „krankhafte Veränderung des menschlichen Organismus aufzufassen ist, und zwar auch dann nicht, wenn die Belästigung kurzzeitig unerträglich erscheint."[591] Dies findet seinen Grund darin, dass der menschliche Körper prinzipiell dazu in der Lage ist, sich über adaptive Regulationsvorgänge anzupassen[592]. Daher ist der Zusammenhang zwischen den Reizantworten und der Gesundheit ein langfristiger, und es wird angenommen, dass „erst wenn lärminduzierte Veränderungen durch dauerhafte und / oder ständig wiederholte Schallbelastungen im vegetativen System zu Überbeanspruchungen und schließlich zu Dysregulationen (Regulationsstörungen) führen, krankhafte Zustände mit klinischem Befund zu erwarten sind."[593]

Man könnte die zu führende Beweiskette also folgendermaßen fassen[594]: Zuerst bedarf es generell der Identifikation der Aktivierungsreaktionen. Damit verbunden ist die Frage, wie diese Reaktionen gemessen werden können. Danach sind die Aktivierungsreaktionen zu identifizieren, die – zumindest kurzfristig – außerhalb eines Normbereichs liegen und insofern einer Gegenregulation bedürfen. Schließlich muss geklärt werden, ob dauerhafte Aktivierungsreaktionen langfristige Folgekosten haben.

---

587 Maschke/Wolf/Leitmann, in: UBA (Hg.), Lärmstress, S. 27 (Abb. 2.2 bis 2.6).

588 Maschke/Wolf/Leitmann, in: UBA (Hg.), Lärmstress, S. 28 mit Beispielen und Nachweisen.

589 Maschke/Wolf/Leitmann, in: UBA (Hg.), Lärmstress, S. 316.

590 Maschke/Wolf/Leitmann, in: UBA (Hg.), Lärmstress, S. 37 und S. 59.

591 Maschke/Wolf/Leitmann, in: UBA (Hg.), Lärmstress, S. 59.

592 Zur Rolle der Informationsverarbeitung, s. Maschke/Wolf/Leitmann, in: UBA (Hg.), Lärmstress, S. 29 ff. Zum Problem der Adaption auch schon oben Teil 1, C., II., 2., b.

593 Maschke/Wolf/Leitmann, in: UBA (Hg.), Lärmstress, S. 59 (m.w.N.), gehen davon aus, dass sich solche Veränderungen regelmäßig erst nach 6–20 Jahren zeigen.

594 Vgl. SRU, Sondergutachten 1999, S. 13, Rn. 4*.

b. Schlaf

Zu komplexen Aktivierungsreaktionen kommt es auch im Schlaf. Sie machen sich etwa durch Frequenzbeschleunigungen im Hirnstrombild und durch eine Erhöhung des Anspannungszustands der Muskulatur bemerkbar[595]. Was genau beobachtet wird, hängt aber auch vom der Definition des Begriffs Schlaf und dem Blickwinkel der Betrachters ab. So könnte man darin psychologisch betrachtet den Weg in das Unbewusste sehen, biologisch betrachtet dagegen einen Erholungsvorgang und neurophysiologisch könnten Schlafvorgänge schließlich als EEG registriert und klassifiziert werden[596].

Im Kern wird auch bei den Störungen des Schlafes davon ausgegangen, dass sie – als Disstreß einzustufende – Primärreaktionen in einem langfristig schädlichen Prozess darstellen und daher ebenfalls an entsprechende Pathogenesekonzepte anknüpfen können[597]. Da aber noch nicht sicher gesagt werden kann, welche Sofortreaktion einen chronischen Schaden am zuverlässigsten aufzeigt, werden vielen Parameter betrachtet und einbezogen[598]. Ausgangspunkt der Identifizierung von solchen zu beobachtenden Reaktionen ist weniger die Gesamtschlafdauer als die Qualität des Schlafs[599]. Das stützt sich auf die Erwägung, dass Schlaf ein rhythmischer Prozess ist, in dem es vor allem um die Regelmäßigkeit des Wach-Schlaf-Zyklusses, aber auch der einzelnen Schlafzustände (REM- bzw. Non-REM-Phasen) geht[600]. Im Hintergrund all dieser Überlegung steht die Überzeugung, dass der Schlaf seine Funktionen, die vor allem in der Erholung und dem Ausgleich der Anstrengungen des Wachseins gesehen wird, nur dann erfüllen kann, wenn zwischen den Kardinalzuständen des Wachseins und Schlafs bzw. seiner Phasen eine Ausgewogenheit besteht[601].

Hinsichtlich der Aktivierungen im Schlaf unterscheidet man mindestens zwischen dem sog. Arousal und Aufwachreaktionen, wobei diese sich unterteilen in solche Aufwachreaktionen, an die man sich erinnert und solche, an die man sich nicht erinnert. Abgrenzungskriterium zwischen diesen Sofortreaktionen ist die Dauer der Aktvierung, so dass man von einem Arousal nur spricht, wenn die Aktivierung 3 Sekunden oder länger dauert und Aufwachreaktionen ab einer Dauer der Aktivierung von mehr als 15 Sekunden erreicht werden[602]. Es gilt weiter: Je länger eine solche Aktivierung dauert, „desto wahrscheinlicher ist es, dass der

---

595 Basner, in: Oldiges (Hg.), Schutz vor nächtlichem Fluglärm, S. 20.

596 Maschke/Wolf/Leitmann, in: UBA (Hg.), Lärmstress, S. 47.

597 Guski/Basner/Brink, Auswirkungen nächtlichen Fluglärms, S. 22 f.; Maschke/Wolf/Leitmann, in: UBA (Hg.), Lärmstress, S. 54.

598 SRU, Umweltgutachten 2004, S. 322, Rn. 635.

599 Maschke/Wolf/Leitmann, in: UBA (Hg.), Lärmstress, S. 53 (m.w.N.).

600 Maschke/Wolf/Leitmann, in: UBA (Hg.), Lärmstress, S. 53 ff. (m.w.N.). Zur Bedeutung des Einschlafens und der letzten Schlafperiode in Reflektion rechtlicher Nachtschutzkonzepte, s. Basner/Samel, ZfL 2007, 86 (87)

601 Maschke/Wolf/Leitmann, in: UBA (Hg.), Lärmstress, S. 48 (m.w.N.).

602 Basner, in: Oldiges (Hg.), Schutz vor nächtlichem Fluglärm, S. 20.

Schläfer das „Wachbewusstsein" erreicht und sich am nächsten Tag an die Phase des bewussten Wachseins erinnert (sog. erinnerbares Erwachen)."[603]

4. *Überblick über den Stand der physiologisch-medizinischen (Flug-)Lärmforschung*

An Hand eines kurzen Überblicks soll nun, wie auch schon im Zusammenhang mit der psycho-sozialen Wirkungsforschung, gezeigt werden, welche Ergebnisse im Bereich der physiologisch-medizinischen Wirkungsforschung vorhanden sind. Auch hier gilt, dass ein Anspruch auf Vollständigkeit nicht erhoben werden kann und eine Ergebnisauswahl getroffen wurde. Es wurden solche Aspekte aufgegriffen, die für die spätere Betrachtung der rechtlichen Zusammenhänge, in die das (Flug-) Lärmproblem eingekleidet wird, als wichtig erscheinen. Es wird eine Unterteilung vorgenommen, die sich an der Unterscheidung von akuten funktionalen Reaktionen (a.) und chronischen Schäden (b.) orientiert. Danach folgen Erkenntnisse und Probleme, die allgemeinere Aspekte aufgreifen (c.).

Vorweg genommen sei aber noch Folgendes: Welchen Erkenntnissen auf welcher Reaktionsebene man sich auch zuwendet, als Grundlage für die Untersuchung geräuschinduzierter chronischer Schäden ist die Aussage zentral, dass Geräusche als Stressoren anerkannt sind und daher über Stressmodelle auch epidemiologisch untersucht werden können[604]. Daher kann in epidemiologischen Untersuchungen von Krankheiten, die durch Stress (mit-)verursacht werden, davon ausgegangen werden, dass Geräusche bestimmte Krankheitsentstehungen begünstigen können[605]. Die biologische Plausibilität für mögliche gesundheitsbeeinträchtigende Wirkungen durch Geräusche kann auf Grund von Laboruntersuchungen als gesichert angesehen werden[606].

---

603 Basner, in: Oldiges (Hg.), Schutz vor nächtlichem Fluglärm, S. 20 (m.w.N.).

604 SRU, Umweltgutachten 2004, S. 321, Rn. 634, in allgemeiner Hinischt und – noch zurückhaltend – SRU, Umweltgutachten 2004, S. 323, Rn. 637, für die Reaktionen in Folge der Störung des Schlafes; hierzu dann aber SRU, Umweltgutachten 2008, S. 625, Rn. 806. Zum Ganzen auch Heudorf, Hess. ÄrzteBl. 2012, 447 (450); Maschke/Wolf/Leitmann, in: UBA (Hg.), Lärmstress, S. 59 f. (m.w.N.); Babisch, Noise & Health 2011, 201 (203) (m.w.N.); Kundi/Haider/Hutter/Moshammer/Wallner, Fluglärm, S. 26 f.; Hume/Brink/Basner, Noise & Health 2012, 297 ff. In SRU, Umweltgutachten 1987, S. 396, Rn. 1445, ging man noch davon aus, dass physiologische Wirkungen hervorgerufen würden, deren Reaktionsmuster (lediglich) *ähnlich* seien wie die von Streßbelastungen.

605 Als Kuriosum muss man daher wohl den Standpunkt von Ising/Scheuch/Spreng, in: UBA (Hg.), Fluglärm 2004, S. 91 ff., bezeichnen, die scheinbar schon die Anknüpfung an das Stresskonzept ablehnen und entsprechend auch die Möglichkeit von chronischen Regulationskrankheiten.

606 Maschke/Wolf/Leitmann, in: UBA (Hg.), Lärmstress, S. 19; s. auch Guski/Basner/Brink, Auswirkungen nächtlichen Fluglärms, S. 63. Zur Unterscheidung von Labor- und Feldforschung, s. Giering, in: UBA (Hg.), Lärmwirkungen, S. 21 ff.

a. Primärreaktionen bzw. akute funktionale Wirkungen

Im Hinblick auf die Primärreaktionen interessiert zunächst vor allem, welche funktionalen Veränderungen ab welcher Effektschwelle zu beobachten sind. Für epidemiologische Untersuchungen, die psycho-somatische und bio-medizinische Reaktionen miteinander verbinden wollen, scheint, wie bereits erläutert wurde, insoweit Einigkeit zu bestehen, dass die Funktionsreaktionen der durch das vegetative Nervensystem gesteuerten Organe untersucht werden, z.B. Pulsfrequenz, Blutdruck, Hautwiderstand, Pupillengröße, Vasomotorik (Vasokonstriktion)[607]. Hautwiderstandsreaktionen werden bspw. im wachen Zustand ab Pegeln von 45–55 db(A) angenommen, die Reizschwelle der Vasokonstriktion dagegen für Pegel oberhalb von 70 db(A)[608].

In den letzten Jahren überwiegend diskutiert wurden allerdings nicht die Effektschwellen der Primärreaktionen im Wachzustand, sondern die der Störungen des Schlafes. Da schon sehr früh klar war, dass der Schlaf als besonders wichtiges Forschungsfeld der somatischen Fluglärmfolgen anzusehen war[609], operierte auch die Rechtsprechung vielfach mit Störungen des Schlafes, wobei allerdings lange nur die Aufweckschwelle im Vordergrund stand und insofern von Reaktionen ab einem Lmax von 55 db(A) ausgegangen wurde[610]. Diese Schwelle scheint mittlerweile aus fachlicher Sicht überholt[611]. Da aber auch im Schlaf verschiedenste Funktionen gestört werden können, darf nicht nur das erinnerbare Aufwachen als Primärreaktion betrachtet werden. Es sind vielmehr eine Reihe von Stressreaktionen – wie etwa das Arousal oder die (einfache) Aufwachreaktion[612] – zu beobachten, für die ebenfalls angenommen wird, dass sie nicht im Schlaf kompensiert oder bewältigt werden können[613]. Die Effektschwellen, die heute als relevante Indikatoren für

---

607 Maschke/Wolf/Leitmann, in: UBA (Hg.), Lärmstress, S. 27; Kundi/Haider/Hutter/Moshammer/Wallner, Fluglärm, S. 28 f.

608 Maschke/Wolf/Leitmann, in: UBA (Hg.), Lärmstress, S. 28.

609 Rohrmann/Finke/Guski/Schümer/Schümer-Kohrs, Fluglärm, S. 215; DFG, Forschungsbericht Fluglärmwirkungen, S. 421; IAL, ZfL 1982, 13 (13).

610 S. unten Teil 3, B., I., 3., c., bb. und cc.

611 SRU, Umweltgutachten 2002, S. 274, Rn. 591 (ab 50 db(A) Lmax); SRU, Umweltgutachten 2004, S. 322 (Tab. 7.5; ab 45 db(A) Lmax induziert), wo allerdings auch deutlich gemacht wird, dass es keine bei einem ganz bestimmten Pegel liegende Aufwachschwelle geben kann. Unklar insoweit SRU, Sondergutachten 1999, S. 178 (Tab. 3.5–12), wo von einer Effektschwelle 45 db(A) Lmax für das erinnerbare Erwachen ausgegangen wird, dann jedoch das Festhalten am Jansen-Kriterium empfohlen wird (ebd., S. 179, Rn. 444).

612 Zur Abgrenzung dieser Begriffe, s. oben Teil 1, C., III., 3., b.

613 SRU, Umweltgutachten 2002, S. 274, Rn. 591; differenziert Guski/Basner/Brink, Auswirkungen nächtlichen Fluglärms, S. 22 ff.

etwaige chronische Schäden in Folge gestörten Schlafs herangezogen werden[614], liegen deutlich unter den Pegelwerten, die noch bis in die 90er diskutiert wurden[615].

Da bei den Störungen des Schlafs insbesondere der Übergang vom Schlaf- in den Wachzustand problematisiert wird – daher auch die Differenzierung zwischen Arousal, Aufwachreaktion und erinnerbarem Erwachen –, ist es wichtig, mit welcher Wahrscheinlichkeit man einen solchen Wechsel annimmt[616]. Sicher ist, dass mit Anstieg des Maximalpegels auch die Wahrscheinlichkeit von geräuschbedingten Aufwachreaktionen ansteigt, wobei auch wieder hervorzuheben ist, dass es sich nicht um ein lineares Modell handelt, man also nicht von einer bestimmten Aufweckschwelle bei einem bestimmten Pegel ausgehen kann[617].

b. Sekundärreaktionen bzw. „chronische Schäden"

Im Vordergrund bei den geräuschinduzierten chronischen Gesundheitsreaktionen stehen Krankheiten des Herz-Kreislaufsystems. Ein eigenständiges Krankheitsbild ist der Bluthochdruck (Hypertonie), der jedoch auch als Vorstufe der Herz-Kreislauf-Krankheiten gesehen werden kann. Untersuchungsergebnisse liegen darüber hinaus auch zur Bedeutung von Geräuschen als Risikofaktor bei der Entstehung von Krankheiten des Immunsystems, Stoffwechselkrankheiten und psychischen Krankheiten vor. Sie werden hier jedoch nicht gesondert behandelt. Zwar liegen

---

614 Ausführlich hierzu die Übersichtstabelle 7–5 in SRU, Umweltgutachten 2004, S. 322 (in Form von LAeq- und LAmax-Pegelwerten).

615 Jansen/Linnemeier/Nitzsche, ZfL 1995, 91 ff.; SRU, Sondergutachten 1999, S. 179, Rn. 444. Zur Ablehnung des Jansen-Kriterium, s. Maschke, Noise & Health 2011, 205 ff.; Maschke/Hecht/wolf, Bundesgesundheitsbl. 2001, 1001 ff. Hierzu sei aber auch schon auf SRU, Umweltgutachten 1987, S. 395, Rn. 1441, verwiesen, wo erste Schlafqualitätsänderungen bei Pegelspitzen von 40 bis 45 db(A) und rechnerisch bei Mittelungspegeln von 39 db(A) angenommen wurden, so dass aus juristischer Perspektive die Frage aufzuwerfen ist, wieso im Zusammenhang mit Schlafstörungen, Schwellen von 60 db(A) Lmax so lange noch als Richtwerte für Entscheidungsprozesse diskutiert wurden. Auch noch höher liegende, abgeschätzte Pegelwerte – allerdings explizit nur für Straßenverkehrslärm – wurden angegeben, IAL, ZfL 1982, 13 (15).

616 Zur Aufwachwahrscheinlichkeitsannahme in der Studie des DLR, s. Basner, in: Oldiges (Hg.), Schutz vor nächtlichem Fluglärm, S. 17 ff. und Basner/Samel, in: Oldiges (Hg.), Schutz vor nächtlichem Fluglärm, S. 55 ff.; zur Kritik s. Greiser, in: Oldiges (Hg.), Schutz vor nächtlichem Fluglärm, S. 31 ff. und Maschke/Neumüller, in: Oldiges (Hg.), Schutz vor nächtlichem Fluglärm, S. 45 ff. un 63 ff. Vgl. auch Hume/Brink/Basner, Noise & Health 2012, 297 ff.

617 SRU, Umweltgutachten 2004, S. 323, Rn. 637. S. aber auch Basner, in: Oldiges (Hg.), Schutz vor nächtlichem Fluglärm, S. 22, der von einem „quasi-linearen" Modell spricht.

auch hier bereits Ergebnisse vor, die teilweise eine tendenzielle Risikoerhöhung aufzeigen, jedoch sind die Ergebnisse noch bruchstückhaft[618].

Was die Entstehung von Bluthochdruck anbetrifft, kamen bereits ältere Studien zu einem signifikanten relativen Risiko für Personen, die an ihrem Wohnort mit Tagesmittelungspegeln von 60–70 db(A) belastet waren, was so in späteren, methodisch verbesserten Studien teilweise nicht bestätigt werden konnte[619]. Dosis-Wirkungs-Untersuchungen zum Zusammenhang zwischen Verkehrslärm und Bluthochdruck lagen lange Zeit kaum vor[620]. Neuere epidemiologische Studien scheinen sich mittlerweile aber wieder einig zu sein und deuten alle in die gleich Richtung: chronisch verkehrsbelastete Personengruppen zeigen eine Zunahme des Risikos für Hypertonie[621], teilweise werden signifikante Zusammenhänge aufgezeigt[622].

Im Hinblick auf Verkehrsgeräusche als Risikofaktor für ischämische Herzkrankheiten wird allgemein festgestellt, dass sie bereits wiederholt Gegenstand epidemiologischer Untersuchungen waren, die in der Gesamtschau eine konsistente Verschiebung zu erhöhten relativen Risiken erkennen lassen[623]. Allerdings erlaubten nur wenige Untersuchungen bisher das Erstellen von Dosis-Wirkungs-Betrachtungen über gleichmäßig abgestufte Schallpegelkategorien und insgesamt wurde die wissenschaftliche Evidenz für den Zusammenhang zwischen der Geräuschbelastung am Wohnort und Herzinfarkten unterschiedlich bewertet[624]. Jedoch scheint sich bezüglich eines erhöhten Herzinfarktrisikos das Meinungsspektrum deutlich einzuengen[625], wobei sich wiederum die Pegel unterscheiden, ab denen von einer Signifikanz hinsichtlich des erhöhten Risikos gesprochen

618 Vgl. Maschke/Wolf/Leitmann, in: UBA (Hg.), Lärmstress, S. 313 ff.; Ising/Scheuch/Spreng, in: UBA (Hg.), Fluglärm 2004, S. 98 f.

619 Maschke/Wolf/Leitmann, in: UBA (Hg.), Lärmstress, S. 303 f.; s. auch SRU, Sondergutachten 1999, S. 174, Rn. 434.

620 Maschke/Wolf/Leitmann, in: UBA (Hg.), Lärmstress, S. 305, in der Untersuchung selbst kam es – mit Blick auf Flugverkehrsgeräusche – ebenfalls zu nicht gänzlich klaren Ergebnissen. Auch im DFG, Forschungsbericht Fluglärmwirkungen, S. 421 f., konnte keine statistische Sicherung erfolgen; dennoch wurde die Hypothese des Fluglärmeinflusses auf den Ruheblutdruck nicht als widerlegt angesehen.

621 SRU, Umweltgutachten 2008, S. 625, Rn. 806; Giering, in: UBA (Hg.), Lärmwirkungen, S. 120; Babisch, in: UBA (Hg.), Cardiovascular Risk, S. 24 ff.; Babisch, in: UBA (Hg.), KUS, S. 22 f.; Davies/van Kamp, Noise & Health 2012, 287 ff.; Babisch, Noise & Health 2011, 201 ff.; Maschke, Noise & Health 2011, 205 ff.

622 SRU, Umweltgutachten 2008, S. 625, Rn. 806 (m.w.N.). Vgl. auch Greiser/Janhsen/Greiser, in: UBA (Hg.), Arzneimittelverbrauch, S. 84.

623 Maschke/Wolf/Leitmann, in: UBA (Hg.), Lärmstress, S. 306; SRU, Umweltguachten 2008, S. 625, Rn. 806; Davies/van Kamp, Noise & Health 2012, 287 ff.

624 Maschke/Wolf/Leitmann, in: UBA (Hg.), Lärmstress, S. 307; ähnlich SRU, Sondergutachten 1999, S. 184, Rn. 465.

625 SRU, Umweltgutachten 2008, S. 625, Rn. 806.

wird[626]. Zuletzt hat eine Studie in der Schweiz signifikante Ergebnisse ab Pegeln oberhalb von 60 db(A) Leq gezeigt[627]. Es zeigt sich auch mehr und mehr, dass insbesondere die nächtliche Geräuschbelastung für die Entstehung von ischämischen Herzkrankheiten von Bedeutung ist[628].

Besonders hervorgehoben werden soll darüber hinaus eine Sekundärdatenanalyse, die ebenfalls teilweise signifikante Ergebnisse für den Zusammenhang von Fluglärm und Arzneimittelverbrauch aufzeigte. Sie ist deshalb besonders erwähnenswert, weil sie auf einem enormen Umfang von Daten aufbaut[629] und zudem etwaige Zusammenhänge über verschiedene Pegelklassen hinweg und für unterschiedliche Zeitscheiben dargestellt wurden[630]. Auch in dieser Studie zeigten sich die stärksten Effekte bei der Betrachtung der nächtlichen Geräuschbelastung[631].

Teilweise werden Sekundärreaktionen auch für besondere Risikogruppen untersucht. Was hierunter genau zu verstehen sein soll, scheint allerdings eher unklar. Zumindest die Auswirkungen von Verkehrsgeräuschbelastungen auf Kinder werden regelmäßiger untersucht, aber auch deren Auswirkungen auf Schwangere und Kranke waren schon Gegenstand von Untersuchungen. Insbesondere hinsichtlich Bluthochdrucks- und bei Atemwegserkrankungen bei Kindern werden teilweise statistisch signifikante Zusammenhänge aufgezeigt[632]. Im Vordergrund der Untersuchungen von Kindern stand jedoch bisher deren kognitive Leistungsfähigkeit. Insbesondere die Lese- und Aufmerksamkeitsfähigkeit ist bei Kindern in höher geräuschbelasteten Gebieten reduziert[633]. Ob darüber hinaus generell eine Tendenz

626 Ausführlich – allerdings vor allem auf Straßenverkehrslärm bezogen – die Meta-Analyse von Babisch, in: UBA (Hg.), Cardiovascular Risk, S. 66, mit einem ansteigenden Risiko ab 60–65 db(A) Lden sowie Babisch, in: UBA (Hg.), NaRoMi, S. 51, mit der Angabe eines Tages-immissionspegels von 65 db(A) außerhalb der Wohnung; s. auch Giering, in: UBA (Hg.), Lärmwirkungen, S. 120, für die Risikozunahme bei Myokardinfarkten; Babisch, in: UBA (Hg.), KUS, S. 22 f.

627 Huss/Spoerri/Egger/Röösli, Epidemiology 2010, 829 ff.

628 Hume/Brink/Basner, Noise & Health 2012, 297 (298).

629 Herangezogen wurden Krankenkassendaten von ca. 42 % der Bevölkerung der Studienregion, vgl. Greiser/Janhsen/Greiser, in: UBA (Hg.), Arzneimittelverbrauch, S. 11 und 70, bzw. ca. 55 % der Bevölkerung der Studienregion in der Fall-Kontroll-Studie, Greiser/Greiser, in: UBA (Hg.), Abschlussbericht, S. 12. Zur Bedeutung der Datenmenge für epidemiologische Studien, s. oben Teil 1, C., III., 2., b.

630 Greiser/Janhsen/Greiser, in: UBA (Hg.), Arzneimittelverbrauch, S. 38 ff.; Greiser/Greiser, in: UBA (Hg.), Abschlussbericht, S. 13 ff.

631 Insb. Greiser/Janhsen/Greiser, in: UBA (Hg.), Arzneimittelverbrauch, S. 75 ff. (Tab. 21–1 und 21–2); Greiser/Greiser, in: UBA (Hg.), Abschlussbericht, S. 13 ff.; s. jedoch einschränkend Guski/Basner/Brink, Auswirkungen nächtlichen Fluglärms, S. 49 f.

632 SRU, Umweltgutachten 2004, S. 324, Rn. 639; uneinheitliche bzw. nicht durchgehend signifikante Ergebnisse dagegen bei Babisch, in: UBA (Hg.), KUS, S. 211 ff.

633 Kundi/Haider/Hutter/Moshammer/Wallner, Fluglärm, S. 47 f.; Guski/Basner/Brink, Auswirkungen nächtlichen Flugräms, S. 36 f.

dahingehend vorhanden ist, dass besondere Risikogruppen bereits bei niedrigeren Geräuschpegeln Reaktionen zeigen, scheint offen[634].

c. *Allgemeine Erkenntnisse*

Der Überblick hat bisher gezeigt, dass es auf fachlicher Seite keinen Streit darüber gibt, ob Geräusche Gesundheitswirkungen hervorrufen können. Sowohl im Hinblick auf Primärreaktionen, aber auch mit Blick auf Wirkungsendpunkte geht man davon aus, dass der Geräuschreiz auf den Körper in negativer Form einwirkt. Fraglich sind, wenn überhaupt, noch das Ausmaß der Wirkung (des Risikoanstiegs) bzw. relevante Schwellenwerte, soweit darüber nach fachlichen Maßstäben entschieden werden kann. Dies dürfte auch damit zusammen hängen, dass zwar prinzipiell Einigkeit darüber besteht, dass Geräusche eine Stressreaktion hervorrufen können und insofern ein Anknüpfungspunkt zum Pathogenesemodell der Regulationskrankheiten besteht. Allerdings bauen diese komplexen Modelle ganz offensichtlich auf vielen Einzelhypothesen auf, die jeweils ihrerseits mehr oder weniger umstritten sein oder durch neue Erkenntnisse überholt werden können und unter Umständen modifiziert oder ersetzt werden müssen. Daher kann man davon ausgehen, dass die Frage nach dem Ausmaß des Risikoanstiegs *immer* umstritten sein wird.

Trotz dieser grundlegenden – erkenntnistheoretischen – Problematik muss anerkannt werden, dass es Aspekte und Zusammenhänge gibt, wie eben etwa für die Störung des Schlafes oder die Begünstigung der Hypertonieentstehung gezeigt, für die sich mindestens deutliche Tendenzen in der Fachliteratur herausgebildet haben. Zum Teil kommen sie mit dem bestmöglichen fachlichen Einzelurteil über die Stärke eines Untersuchungsergebnisses in der Epidemiologie daher, nämlich der Signifikanz. Zudem gilt, wie auch schon bei den Belästigungsreaktionen, dass Gesundheitsreaktionen stark individuell streuen und (auch) daher kritische Grenzen nicht beschrieben werden können, sondern es dafür einer Bewertung bedarf[635]. Wenn solche Bewertungen von der Lärmwirkungsforschung vorgenommen werden, muss im politischen und juristischen Entscheidungsprozess immer mitbedacht werden, dass auch unterhalb etwaiger kritischer Grenzen mit Reaktionen zu rechnen ist.

Bestimmte allgemeinere Problembereiche, die schon im Zusammenhang mit der Belästigungsreaktion erörtert wurden, haben auch bei den Gesundheitsreaktionen ihre Bedeutung. Dazu zählt insbesondere die Frage nach Adaption und Gewöhnung – hier in den Regulationssystemen – und die Rolle, die fachliches Wissen aus Sicht der Forscher in Entscheidungsprozessen einnehmen sollte. Da sich die

---

634 Möglicherweise kann hierzu die NORAH-Studie mit neuen Ergebnissen aufwarten, vgl. Schreckenberg/Eikmann/Guski/Klatte/Müller/Peschel/Schmidt/Seidler/Möhler, ZfL 2012, 107 ff.

635 Mit Blick auf die physiologisch-medizinische Wirkungsforschung (hier bezogen auf Reaktionen im Schlaf), SRU, Umweltgutachten 2004, S. 323 Rn. 635; vgl. auch Eikmann/Herr/Seitz, Umweltmedizinische Forschung und Praxis 2005, 65 (65). Dazu auch bereits oben Teil 1, C., II., 2., a.

Argumentationslinien bei den Gesundheitsreaktionen nicht wesentlich von den im Rahmen der Belästigungsreaktion aufgezeigten unterscheiden, kann generell hierauf verwiesen werden[636]. Allerdings ist auffällig, dass die Anpassungsfähigkeit der Regulationssysteme trotzdem immer wieder diskutiert wird[637], obwohl auch im Zusammenhang mit Gesundheitsreaktionen – insbesondere in Folge nächtlicher Geräuschbelastungen – empirische Befunde[638] und theoretische Überlegungen[639] gegen eine Überstrapazierung der Anpassungsfähigkeit sprechen.

Auf Grund der vielfachen Überschneidung mit bereits im Rahmen der Belästigungsreaktion dargestellten, allgemeineren Problemen soll nun – anstatt einer nochmaligen Diskussion – noch ein Aspekt betrachtet werden, der für die Transformation von fachlichem Wissen in rechtliche Entscheidungszusammenhänge besonders bedeutsam ist. Gemeint sind die Nutzung bestimmter Begriffe und die jeweils dahinter stehenden Konzepte im Rahmen der Auseinandersetzung mit geräuschinduzierten Gesundheitsreaktionen.

Auch in den fachlichen Diskussionen um Gesundheitswirkungen wird etwa von Moderatoren gesprochen[640]. Der Begriff des Moderators ist für politische und juristische Entscheidungszusammenhänge allerdings problematisch. Er suggeriert dem Entscheider einen normativen Spielraum. Wo nämlich eine Wirkung, die aus politischer oder juristischer Sicht prinzipiell problematisch ist, noch von anderen Faktoren abhängt, kann trotz der – unter Umständen sogar deutlichen – fachlichen Ergebnisse, immer auf die Ungewissheit verwiesen werden, die sich aus dem Vorliegen moderierender Faktoren ergibt. Die Einbindung von Moderatoren in die methodische Erforschung der Lärmwirkungen versucht allerdings gerade die Ungewissheit oder Vagheit der Forschungsergebnisse zu verringern. Wenn also etwa unter Einbindung von Moderatoren der Erklärungsgehalt der Belästigungsforschung von 1/3 auf 2/3 erhöht wird, spricht eher mehr dafür, die Ergebnisse der Belästigungsforschung auch tatsächlich in Entscheidungszusammenhängen zu berücksichtigen als weniger.

---

636 S. oben Teil 1, C., II., 2., b.

637 In SRU, Umweltgutachten 2002, S. 271, Rn. 589, heisst es etwa, dass eine auf einen Lärmreiz folgende physiologische Stressreaktion in Form einer Abweichung vom physiologischen Schwankungsbereich gesundheitlich grundsätzlich dann nicht bedenklich sei, wenn es sich um eine vorübergehende Reaktion auf einen akuten Reiz handele. Besonders hervorgehoben wird die Anpassungsfähigkeit bei den Synoptikern, s. Griefahn/Jansen/spreng/Scheuch, ZfL 2002, 171 (172), was letztlich auch zu ihrer Verwertung in der juristischen Literatur geführt hat, vgl. Giemulla/Schorcht, ZLW 2004, 394 (503).

638 SRU, Umweltgutachten 2004, S. 323, Rn. 637.

639 Maschke/Wolf/Leitmann, in: UBA (Hg.), Lärmstress, S. 33, heben für den Adaptionsprozess hervor, dass insoweit die Fähigkeit des Individuums, Entscheidungen treffen zu können, besondere Bedeutung habe. Für die Belästigungsreaktion, vgl. insb. Bosshardt, Belästigung, S. 183.

640 Vgl. Basner, in: Oldiges (Hg.), Schutz vor nächtlichem Fluglärm, S. 20 f.

Besonders problematisch ist jedoch eine unklare Nutzung des Begriffs Belästigung im Zusammenhang mit Gesundheitsreaktionen[641]. Es liegt auf der Hand, dass in Entscheidungszusammenhängen klare Begrifflichkeiten das Aufgreifen außerrechtlichen Wissens erleichtern. Insofern wäre es hilfreich, wenn die Lärmwirkungsforschung nur von Wissen über Belästigungsreaktionen und Wissen über Gesundheitswirkungen sprechen könnte. Damit soll nicht gesagt werden, dass psycho-soziale Stressreaktion nicht in epidemiologisch zu erforschende Pathogenesemodelle eingebaut werden können. Das wäre nicht zielführend. Es sollte aber ein Sprachgebrauch vermieden werden, der (eindeutige) körperliche Primärreaktionen in einen Zusammenhang bringt mit dem problematisch Begriff der Belästigung, dem – wohl auf Grund der hohen Streuung der individuellen Belästigungsurteile – eine viel größere Vagheit anhaftet als den Ergebnissen der physiologisch-medizinischen Lärmwirkungsforschung[642].

IV. Exkurs: Das Problem der summativen Betrachtung von Geräuschquellen

Nachdem nun die Methoden der Lärmwirkungsforschung und einige der dort erzielten Erkenntnisse über die Wirkung von Flugverkehrsgeräuschen dargestellt worden sind, soll nun noch einmal kurz zu einem besonderen Problem der Adäquanz von Geräuschbeurteilungsmaßen zurück gekehrt werden[643]. Die Regelwerke, die sich heute mit Umweltgeräuschen auseinandersetzen, sind vorwiegend sektorale Betrachtungen nur bestimmter Geräusche bzw. Geräuschquellen[644]. Das später noch eingehender zu untersuchende FluLärmG beschäftigt sich also nur mit Fluglärm[645]. Wenn jede Geräuschquelle für sich betrachtet wird, stellt sich zwangsläufig die Frage, ob nicht auch ein eventuelles Zusammenwirken mehrerer – sich sozusagen überdeckender – Geräuschquellen betrachtet und bewertet werden muss und wenn ja, wie man das bewerkstelligen könnte.

---

641 S. etwa IAL, ZfL 1990, S. 1 ff.; Schönpflug, in: UBA (Hg.), Fluglärm 2004, S. 3; Ising/Költzsch, in: UBA (Hg.), Fluglärm 2004, S. 24 und passim, sprechen etwa von „Lärmbelästigung"; s. auch Stoermer, Schutz vor Fluglärm, S. 23, für den die Gesundheitsgefährdung ein bloßes Empfinden darstellt; ähnlich Giemulla/Rathgeb, in: Giemulla/Rathgeb, LuftVG, § 6, Rn. 15a („Lärm ist störender Schall.").

642 S. oben Teil 1, C., II., 1.

643 Zum Begriff oben Teil1, B., I., 4.

644 Koch/Kahle, NVwZ 2006, 1006 (1011); Michler, VBlBW. 2004, 361 (362 f.). Es wird auch von Segmentierung gesprochen, vgl. Koch, NVwZ 2000, 490 (493); Schulze-Fielitz, DÖV 2001, 181 (187). Eine Ausnahme bildet die TA Lärm, die Geräusche aus anderen Anlagen innerhalb des Anwendungsbereichs der TA Lärm in der Lärmbetrachtung einbezieht, s. Michler, VBlBW. 2004, 361 (361 f.).

645 Ekardt, Fluglärmschutzgesetz, § 1 Rn. 4; Reidt/Fellenberg, in: Landmann/Rohmer (Hg.), Umweltrecht, FluglärmG, § 1 Rn. 10 f..

Auf die folgenden rechtlichen Ausführungen zum Fluglärmschutz hat dies allerdings nur begrenzt Auswirkung, da ja auch nur eine sektorale Betrachtung angestrebt wird. Auf der anderen Seite ist der Begriff der Immission nach § 3 Abs. 1 BImSchG nicht sektoral, sondern akzeptorbezogen ausgerichtet, weshalb beim dort verankerten Begriff der schädlichen Umwelteinwirkung auch davon ausgegangen wird, dass eigentlich alle auf den Betroffenen einwirkende Quellen zu berücksichtigen sind[646]. Und auch wenn das BImSchG nicht unmittelbar auf Flugplätze anzuwenden ist (§ 2 Abs. 2 BImSchG), gibt es dennoch im Fluglärmschutzrecht zumindest einen Anknüpfungspunkte für die Berücksichtigung der Wirkung von anderen Lärmquellen.

Damit ist einerseits die Frage angesprochen, inwiefern die Verfassung eine Rechtspflicht vorgibt, ein Zusammenwirken verschiedener Lärmquellen bei Planungen im Zusammenhang mit einer Lärmquelle zu berücksichtigen[647], andererseits die ständige Rechtsprechung des BVerwG, dass Vorbelastungen durch andere Geräuschquellen für den Betroffenen in bestimmten rechtlichen Zusammenhängen schutzmindernd zu berücksichtigen sind[648]. Daher sei hier auch in aller Kürze auf einige Probleme der Fachwissenschaften bei der Gesamtlärmbeurteilung eingegangen.

Wie aus den bisherigen Ausführungen deutlichen geworden ist, können Geräusche im Rahmen einer energetischen Betrachtung zu einem Dauerschallpegel zusammengefasst werden. Soweit es dabei um gleichartige Geräusche eines Sektors geht, erfolgt dieses Zusammenfassen an Hand der sektorspezifischen Berechnungsverfahren und Datengrundlagen. Es gibt aber bisher kein Modell zur integrierten Ermittlung und Bewertung von Gesamtlärm[649]. Zwar können die – sektoral ermittelten – äquivalenten Dauerschallpegel ihrerseits energetisch summiert werden. Dabei sind aber mehrere Dinge zu bedenken:

Erstens kommen bei einer solchen energetischen Addition die Besonderheiten des logarithmischen Rechnens zum Tragen, so dass bspw. zwei gleich hohe äquivalente Dauerschallpegel – etwa in einem Gebiet, dass sowohl Flug- als auch Straßenverkehrsgeräuschen ausgesetzt ist – maximal zu einer Steigerung des Gesamtlärmpegels von 3 db(A) führen[650]. Problematisch ist auch die Situation, in der

646 Jarass, BImSchG, § 3, Rn. 19 und 49; Kutscheidt, in: Landmann/Rohmer (Hg.), Umweltrecht, BImSchG, § 3 Rn. 20c.

647 Dazu später unten Teil 3, B., I., d. sowie im Zusammenhag mit einer Kritik an einem Konzept gestuften Lärmschutzes unter B., II., 1.

648 Michler, VBlBW. 2004, 361 (362); mit besonderem Blick auf den Fluglärm, Storost, NVwZ 2004, 257 (261).

649 Michler, VBlBW. 2004, 361 (366). Dazu aus lärmwirkungsfachlicher Sicht eingängig SRU, Umweltgutachten 2004, S. 327, Rn. 645; s. auch Kundi/Haider/Hutter/Moshammer/Wallner, Fluglärm, S. 50 ff.; Quehl/Basner, ZfL 2008, 240 ff.; Ortscheid/Wende, ZUR 2002, 185 (188); kritisch hinsichtlich des Gesamtbetrachtungsansatzes der Umgebungslärmrichtlinie, Giering, ZfL 2009, S. 122 ff.

650 SRU, Umweltgutachten 2004, S. 327, Rn. 645.

Dauerschallpegel eines Verkehrsgeräuschs deutlich unter dem des anderen liegt und dadurch rechnerisch praktisch keine Auswirkung entfaltet[651].

Zweitens ist zu beachten, dass die sektoralen Berechnungsverfahren sehr unterschiedlich ausfallen. Neben unterschiedlichen Beurteilungszeiträumen sind in manchen Berechnungsverfahren Zu- und Abschläge für besondere akustische Merkmale oder auch für die Berücksichtigung seltener Ereignisse vorgesehen. Unterschiede werden auch bei der Berücksichtigung der zu betrachtenden Tages- bzw. Nachtzeiträume gemacht[652].

Beides zusammen führt Drittens zu der in der Lärmwirkungsforschung allgegenwärtige Frage der Wirkungsadäquanz. Die vielfältigen methodischen Besonderheiten in den jeweiligen Berechnungsvorschriften gehen alle zurück auf bestimmte Erkenntnisse der Lärmwirkungsforschung[653], die – soweit man bzgl. ihrer wissenschaftlichen Evidenz Einigkeit erzielen konnte – sektoral umgesetzt wurden. Was aber die Gesamtwirkung der Geräusche aus verschiedenen Quellen auf den Menschen anbetrifft, gibt es – soweit ersichtlich – weder mit Blick auf die Belästigungsreaktion noch mit Blick auf mögliche Gesundheitsreaktionen Einigkeit über wissenschaftliche Evidenzen. Das kann nicht verwundern, bedenkt man, wie umstritten viele Aspekte noch immer allein bei der sektoralen Betrachtung der Fluglärmwirkungen sind. Aus diesem Grund wird bspw. auch die Etablierung einheitlicher Dosis-Wirkungs-Kurven im Zusammenhang mit der Umgebungslärmrichtlinie von den Fachwissenschaften äußerst kritisch gesehen[654].

V. Ergebnisse

Die im Abschnitt zu den Geräuschwirkungen gefundenen Ergebnisse ohne eine Reduktion der Komplexität der Zusammenhänge zusammenzufassen, ist ein schwieriges Unterfangen. Hinsichtlich eines Auszugs aus dem Stand der Erkenntnisse der jeweiligen Forschungsgebiete sei daher auf die jeweiligen Überblicke verwiesen. Anstatt diese – von der Einschätzung der wissenschaftlichen Evidenz abhängigen – Ergebnisse noch einmal zu wiederholen, soll es hier vielmehr um Aspekte gehen, die die noch vorzunehmende juristische Einordnung der negativen Effekte auf Körper und Geist des Menschen besonders prägen. Insofern kann man nämlich zwischen den beiden Hauptreaktionen Gemeinsamkeiten und Unterschiede feststellen.

Wichtigste Erkenntnis der Realbereichsanalyse ist, dass die Lärmwirkungsforschung sich um Wissen insbesondere über Reaktionen *an Wirkungsendpunkten* bemüht. Dabei wird grundlegend zwischen der Belästigungs- und der Gesundheitsreaktion unterschieden. Was genau wiederum mit Belästigungs- bzw.

651 Michler, VBlBW. 2004, 361 (366); SRU, Umweltgutachten 2004, S. 327, Rn. 645.

652 Vgl. Michler, VBlBW. 2004, 361 (366 f.); zur Bedeutung der Vorschriften zur Berechnung von Geräuschbelastungen, s. oben Teil 1, B., III., 2.

653 Erinnert sei hier nur an das Beispiel des sog. Schienenbonus, s. oben Teil 1, B., I.

654 Dazu insb. Giering, ZfL 2009, 122 ff.; ausführlich Giering, in: UBA (Hg.), Lärmwirkungen, S. 98 f.

Gesundheitsreaktion gemeint ist, hängt vom Untersuchungszusammenhang ab. Allgemein kann aber festgehalten werden, dass die von der physiologisch-medizinischen Wirkungsforschung betrachteten Wirkungsendpunkte regelmäßig Krankheiten sind. Es wird also der Zusammenhang erforscht, der zwischen Geräuschumgebungen und der Entstehung von Herz-Kreislauf-Erkrankungen besteht. Bei der psycho-sozialen Wirkungsforschung wurde die hier so bezeichnete Globalreaktion der Belästigung als besonders wichtiger Wirkungsendpunkt identifiziert. Mit der Beschreibung der Globalreaktion der Belästigung wird das bei den Betroffenen vorhandene Wissen über einzelne Störungssituationen zusammengefasst, wie etwa Störungen der Ruhe oder der Kommunikation. Die gesamte Lärmwirkungsforschung scheint somit bei der Generierung von Wissen über Reaktionen an Wirkungsendpunkten im Wesentlichen *integrativ* vorzugehen, also viele Beeinträchtigungsvorgänge über längere Zeiträume zu betrachten und in quantitative Aussagen zusammenzufassen.

Als einer der entscheidenden Unterschiede zwischen der psycho-sozialen und physiologisch-medizinischen Wirkungsforschung erwies sich, dass bei der Erforschung von Gesundheitsreaktionen zwei Wirkungspfade angenommen werden. Im Stressmodell besteht einerseits die Möglichkeit, dass das über ein Geräusch ausgelöste Empfinden in eine biochemische Stressreaktion mündet. Andererseits wird auch davon ausgegangen, dass Reize direkt – also ohne den Zwischenschritt des *bewussten* Empfindens von Stress – in körperliche Reaktionen münden können. Besonders deutlich wird dies am Beispiel des Schlafs. Für körperliche Reaktionen in Folge von nächtlichen Geräuschen ist es bspw. nicht notwendig, dass der Schläfer einen erinnerbaren Wachzustand erreicht. Dies erscheint für die juristische Einordnung wichtig, weil damit zum Ausdruck kommt, dass Geräuschbetroffene in hohem Maße Belastungen ausgesetzt sein können, ohne dies über eine eigene Bewertung steuern zu können. Soweit hier von Steuerung durch Bewertung gesprochen wird, soll damit nicht einer etwaigen Anpassungsfähigkeit an Stressempfindungen das Wort geredet werden. Im Gegenteil soll klar werden, dass spätestens hier von einer Anpassungsmöglichkeit durch Kontextualisierung nicht mehr geredet werden kann.

Ein weiterer Unterschied zwischen diesen Ansätzen der Wirkungsforschung besteht darin, dass die (Basissatz-)Daten im Fall der psycho-sozialen Wirkungsforschung über die Befragung der Betroffenen erhoben werden. Auch an Hand solcher Daten kann empirische Forschung betrieben werden. Dennoch spricht die Möglichkeit der (technischen) Messung bestimmter Daten im Rahmen der physiologisch-medizinischen Wirkungsforschung für eine bessere intersubjektive Überprüfbarkeit der etwaigen Forschungsergebnisse. Jedenfalls scheint die Feststellung erlaubt, dass im Rahmen der physiologisch-medizinischen Wirkungsforschung weniger über den Vorgang der Datenerhebung debattiert wird als im Bereich der Belästigungsforschung.

Ebenfalls erwähnenswert ist der Umstand, dass die physiologisch-medizinische Wirkungsforschung bei der Erstellung ihrer epidemiologischen Forschungsprogramme auf eine Vielzahl spezifischer, experimenteller Untersuchungen aufbauen kann. Diese zeigen einzelne körperliche Funktionszusammenhänge deutlicher auf, als es etwa für einzelne Zusammenhänge zwischen bestimmten Moderatoren und dem Belästigungsurteil bisher der Fall ist. Auf dieser Grundlage lässt sich auch verstehen, warum die biologische Plausibilität für mögliche gesundheitsbeeinträchtigende Wirkungen durch Geräusche als gesichert angesehen wird. Geräusche sind als Stressoren anerkannt und auch die Anknüpfung an Stresskonzepte bzw. entsprechende Pathogenesemodelle wird nicht ernsthaft in Frage gestellt.

Dies alles läuft auf die These hinaus, dass der wissenschaftliche Wert der Erklärungen, die über epidemiologische Modelle im Hinblick auf die (langfristigen) Fluggeräuschwirkungen heute möglich sind, höher einzuschätzen ist als die Erklärungen, die an Hand der Methoden und Konzepte der psycho-sozialen Wirkungsforschung erreicht werden[655]. Das bedeutet – selbstverständlich – aber nicht, dass die Bemühungen der psycho-sozialen Wirkungsforschung wissenschaftlich wertlos sind. Im Gegenteil wurde gezeigt, dass dort der Anspruch an Wissenschaftlichkeit nicht prinzipiell geringer ist als sonst auch im Rahmen empirischer Forschung. Allerdings scheint die psycho-soziale Wirkungsforschung Probleme zu haben, ihre theoretischen Konzepte (des Wahrnehmungsvorgangs) weiterzuentwickeln und zu operationalisieren. Auch wird dort nur von Dosis-Wirkungs-Beziehung geredet, wohingegen sich die physiologisch-medizinische Wirkungsforschung auch darum bemüht, kausal zu schlussfolgern. Die psycho-soziale und die physiologisch-medizinische Wirkungsforschung teilen jedoch das Bemühen, nachvollziehbare und nachprüfbare Ergebnisse zu erzielen. Im Übrigen gilt, dass sie sich ein Reiz-Reaktions-Schema (Geräusch → Empfindung) teilen, welches innerhalb der physiologisch-medizinisch orientierten Wirkungsforschung durch die Einarbeitung in die beschriebenen epidemiologischen Modelle weiterverarbeitet wurde. Hier gilt: Je besser das Verständnis des psycho-soziale Kontexts ist, in dem sich das Reiz-Reaktions-Schema abspielt, desto höher ist auch die Aussagekraft der (weiterverarbeitenden) Modelle.

Dazu sei abschließend und in Vorgriff auf die sogleich anstehenden rechtlichen Ausführungen noch Folgendes angemerkt. Für eine effektive Reduktion negativer Geräuschwirkungen ist es essentiell zu wissen, welche Faktoren den Entstehungsprozess der negativen Wirkungen beeinflussen. Insoweit ist unumstritten: Umweltgeräusche sind die notwendige Bedingung aller (negativen) Wirkungen. Ohne Geräusche gibt es keine Wahrnehmung, keine Reaktionen[656]. Mit der Wahrnehmung kommt jedoch eine weitere Komponente hinzu, das menschliche

655 Vgl. Maschke, ZfL 2007, 121, der über einen „Primat der Epidemiologie" in der Lärmwirkungsforschung nachdenkt, ohne dabei allerdings explizit von einer Stufung von Belästigungs- und Gesundheitsreaktion auszugehen bzw. sich gegen weitere Grundlagenforschung auszusprechen; vgl. hierzu auch die Diskussion von Spreng, DÄBl. 2009, 71, und Kaltenbach/Maschke, DÄBl. 2009, 71.

656 Vgl. Guski/Basner/Brink, Auswirkungen nächtlichen Fluglärms, S. 64. Evtl. ist hier die Ausnahme zu formulieren, dass unter Umständen bereits die Erinnerung an Störungen ein Empfinden auslösen kann. Jedoch basiert eine solche Erinnerungssituation ebenfalls auf realen Begebenheiten.

Empfinden. Das Empfinden wiederum ist teilweise gesteuert oder beeinflusst – wenn auch in nicht gänzlich geklärter Weise und in nicht gänzlich geklärtem Ausmaß – von Aspekten, die in der Sphäre des Persönlichen anzusiedeln sind.

Man kann nun prinzipiell darüber nachdenken, auch hierauf – steuernden – Einfluss zu nehmen[657]. Das System Recht hat sich aber darauf beschränkt, das Geräusch in den Blick zu nehmen. Insofern stehen ihm im Wesentlichen zwei Steuerungsmittel zur Verfügung, die mit den Begriffen aktive und passive Schallschutzmaßnahmen zusammengefasst werden[658]. Wenn es nun tatsächlich eines der Ergebnisse der Belästigungsforschung ist, dass die akustischen Merkmale nur zu einem bestimmten (geringen?) Anteil ursächlich sind für das Empfinden von Belästigung, lässt die Manipulation der akustischen Ausgangspunkte nur in begrenztem Maß insoweit einen „Reduktionserfolg" erwarten. Daraus zu folgern, dass die Veränderung der Geräuschumgebung zu vernachlässigen sei, wäre jedoch falsch.

Wenn die Belästigungsforschung den Einfluss der physikalischen Beschaffenheit der Geräuschumgebung nur zu einem Teil verantwortlich erklärt für das Empfinden von Belästigung, bedeutet dies zwar, dass andere Einflussfaktoren ebenfalls vorhanden sind. Dies sagt jedoch nichts aus über die Stärke dieser Faktoren im Vergleich zum Einfluss der Geräuschumgebung. Wenn es heute Stand der Erkenntnis ist, dass die bekannten Moderatoren zu etwa einem Drittel für das Belästigungsempfinden verantwortlich sind, muss angenommen werden, dass der Einfluss der diversen einzelnen Moderatoren weit geringer ist, als der Einfluss der Geräuschumgebung. Zudem sagt das Erkennen anderer Einflussfaktoren nichts darüber aus, inwiefern sie mit dem Ziel manipuliert werden könnten, das Belästigungsempfinden zu reduzieren. Schon gar nicht ist damit gesagt, dass dies wünschenswerter wäre als die Manipulation der Geräuschumgebung. Zudem gilt, dass die Geräusche *immer* die absoluten Ausgangspunkte bilden[659].

Die Lärmwirkungsforschung stellt Überlegungen zu Moderatoren und Confoundern an – also anderen Einflussfaktoren –, um abschätzen zu können, welchen Einfluss ganz bestimmte Faktoren auf den untersuchten Wirkungsendpunkt haben, um sie dann letztlich ausschließen zu können. Anders ausgedrückt: Lärmwirkungsstudien sind Studien über den Einfluss des Lärms auf Funktionszusammenhänge. Das Bemühen der gesamten empirischen Wirkungsforschung geht dahin, andere Einflussfaktoren zu erkennen, um sie dann entweder konstant zu halten oder sie adäquat in die grundlegenden Erklärungsmodelle einzubauen. Was im Ergebnis dann

---

657 Kloepfer/Griefahn/Kaniowski/Klepper/Lingner/Steinebach/Weyer/Wysk, Leben mit Lärm, S. 429 ff.; bereits früh skeptisch DFG, Forschungsbericht Fluglärmwirkungen, S. 528; Rohrmann/Finke/Guski/Schümer/Schümer-Kohrs, Fluglärm, S. 248 f.

658 Ausführlich dazu unten Teil 3, A., I.

659 S. jedoch soeben Fn. 657.

als Reaktion übrig bleibt, wird als von der Ausgangsvariable verursacht angesehen – in der Lärmwirkungsforschung also vom Lärm.

D. Exkurs: Lärm und Ökonomie

In dieser Untersuchung stehen die Auswirkungen im Vordergrund, die Geräusche – im weiten Sinne – auf den Körper des Menschen haben, also in Form von Belästigungs- und Gesundheitsreaktionen. Das Thema Lärmwirkung hat aber auch – in mehrfacher Hinsicht – eine ökonomische Dimension. Diese ökonomische Dimension in einer Weise auszudifferenzieren, wie es für die psycho-soziale und physiologische-medizinische Wirkungsforschung versucht wurde, sollte hier nicht, kann hier aber auch nicht geleistet werden. Der Hauptgrund, warum es nicht möglich erscheint, sich mit der ökonomischen Dimension in ausreichendem Maß zu beschäftigen, ist darin zu sehen, dass die diesbezüglich Informationslage als noch viel schlechter einzuschätzen ist als im Zusammenhang mit der psycho-sozialen und physiologisch-medizinischen Wirkungsforschung. Dies soll an einigen Beispielen demonstriert werden.

Zwei Aspekte sollen dazu vorab differenziert werden, wobei die Überlegungen abstrakt gehalten werden müssen[660]: Zum einen hat der Prozess (Flugverkehr), der Geräusche verursacht, die den Ausgangspunkt der oben näher dargestellten Wirkungszusammenhänge bilden, eine unmittelbar betriebswirtschaftliche Bedeutung. Mit anderen Worten: dieser Prozess ist Grundlage eines Industriezweiges. In ihn einzugreifen hat also mindestens Auswirkungen auf diese Industrie[661]. Damit eng verkoppelt, aber weitreichender zu verstehen, hat der Prozess zum anderen volkswirtschaftliche Bedeutung. Wenn in den Industriezweig verändernd eingegriffen wird, verändern sich auch unter Umständen dort zu realisierende Umsätze und damit eventuell auch deren volkswirtschaftliche Bedeutung[662].

---

660 Einen ersten Überblick möglicher Wirkungszusammenhänge bietet Giering, in: UBA (Hg.), Lärmwirkungen, S. 101; die Vielfalt möglicher Wirkungen ebenfalls betonend Kühling, Wertverlustanalyse, S. 18 f.

661 Kloepfer/Griefahn/Kaniowski/Klepper/Lingner/Steinebach/Weyer/Wysk, Leben mit Lärm, S. 311 f., betrachten Lärm als Externalität, so dass diese ökonomische Dimension nicht ins Blickfeld gerät. Zwar wird bei der Überlegung zum Optimum des Lärms auch vom Nutzen der lärmerzeugenden Aktivität gesprochen, allerdings ohne dass insoweit Erläuterungen folgen, ebd., S. 314 ff.

662 Unmittelbar sind die Betriebe des Industriezweiges betroffen, mittelbar kann der Staat betroffen sein, wenn er am Ende weniger Steuereinnahmen erhält, weil die Betriebe weniger Gewinne realisieren oder gar Arbeitsplätze verloren gehen und hierüber entsprechende Kosten entstehen. Auch insoweit sind die Ausführungen in Kloepfer/Griefahn/Kaniowski/Klepper/Lingner/Steinebach/Weyer/Wysk, Leben mit Lärm, S. 312 ff., vage. Zu versuchen alle denkbaren Wirkungszusammenhänge zu erfasssen, würde den Rahmen dieses Exkurses sprengen.

Volkswirtschaftlich betrachtet wird Flugverkehr regelmäßig im Hinblick auf zwei Auswirkungen, nämlich was das Hervorrufen von Wertveränderungen bei Grundstücken in der Nachbarschaft von Flugplätzen anbetrifft und was die Ausgaben anbetrifft, die im Zusammenhang mit der vom Flugverkehr hervorgerufenen Gesundheitslast stehen[663]. Die aber – zumindest für einen Teilbereich – vielleicht am einfachsten zu erfassende ökonomische Dimension von Geräuschen ist die der Kosten für Maßnahmen zum Schutz vor Geräuschen[664]. Diesem Bereich wird das erste Beispiel entnommen.

Schutz vor (Flug-)Geräuschen bedeutete, wie es schon zur Sprache kam, in der Vergangenheit und auch noch heute vor allem, dass Maßnahmen passiven Schallschutzes am Immissionsort durchgeführt werden, also Maßnahmen zur Schalldämmung von Wohnungen[665]. Hierdurch bleiben zwar die hohen Geräuschlasten außerhalb der Wohnungen bestehen, aber es können geringere Geräuschpegel im Gebäudeinneren erreicht werden. Es stellt sich also die simple Frage, was solche Maßnahmen kosten bzw. was sie kosten, wenn ein bestimmter Innenraumpegel erreicht werden soll. Wenn man sich nun die Kostenschätzung für Maßnahmen nach dem novellierten FluLärmG ansieht, wie sie in die Gesetzgebungsunterlagen eingeflossen sind, findet man die im Rahmen eines Gutachtens prognostizierten Kostenfolgen in Höhe von 614 bis 738 Mio. Euro[666].

Das Zustandekommen dieser Zahlen bleibt allerdings weitgehend unklar und man kann insoweit kaum von wissenschaftlichen Ansprüchen reden. In dem angesprochenen Gutachten wird an diversen Stellen darauf hingewiesen, dass eine zur Prognose ausreichende Datengrundlage nicht vorhanden sei[667]. Es ist auch durchzogen von Passagen, zu denen Teile der Gutachter andere Ansichten in die Abschlussfassung des Gutachtens einfügten[668]. Ganz besonders fragwürdig ist, dass man im gesamten Gutachten nicht erfährt, von welchem zu erreichenden Schutzniveau[669]

663 Das damit nicht einmal im Ansatz das abgedeckt wird, was an gesellschaftlichen Reaktionen vorstellbar ist, bestätigt die Wirkungszusammenstellung bei Giering, in: UBA (Hg.), Lärmwirkungen, S. 101.

664 Detaillierter zu denkbaren Maßnahmen, s. unten Teil 3, A., I.

665 Zusammenfassend zur Bedeutung passiver Maßnahmen im Bereich des Fluglärmschutzes auf Ebene der Flughafenplanung vor der Novellierung des FluLärmG, s. unten Teil 3, B., I., 3., c., gg. Für die Rechtslage nach der Novellierung, s. unten Teil 3, B., II., 2., a.

666 BT-Drs. 16/508, S. 3, unter Verweis auf Barth/Brohmann/Arps/Hochfeld, in: Öko-Institut (Hg.), Kostenfolgen. Die Probleme bei der Erstellung dieser Kosteneinschätzung beschreibt Bock, in: Ziekow (Hg.), Aktuelle Probleme 2008, S. 48 ff.

667 Barth/Brohmann/Arps/Hochfeld, in: Öko-Institut (Hg.), Kostenfolgen, S. 59 und passim.

668 Barth/Brohmann/Arps/Hochfeld, in: Öko-Institut (Hg.), Kostenfolgen, passim.

669 Verstanden als die nach Durchführung etwaiger Maßnahmen verbleibende Geräuschbelastung in den Innenräumen. Hinsichtlich der Ableitung der Folgen aus der 2. FluLärmSV, vgl. unten Teil 3, B., II., 2., a., bb.

in den Innenräumen die Gutachter eigentlich ausgehen[670]. Daher kann man mit den Aussagen zu den Annahmen über die Kosten für baulichen Schallschutz pro Wohneinheit, die – neben der Anzahl der zu schützenden Wohneinheiten um die jeweiligen Flughäfen herum – eine der wesentlichen Rechen- oder Prognosegrundlagen bildeten, auch keine Vorstellung darüber gewinnen, welchen typischerweise anzunehmenden Geräuschreduktionseffekt die errechneten Ausgaben hätten[671]. Das muss verwundern, wenn man bedenkt, dass die Berechnung des geräuschmindernden Effekts von Schallschutzmaßnahmen keine grundlegende Problematik darstellt und man davon ausgehen darf, dass ein ökonomisches Gutachten die Marktpreise solcher Maßnahmen ermitteln kann. Dann wäre eigentlich auch eine Antwort auf die Frage zu erwarten, wie viel (errechneter) Geräuschminderung in Folge der angesetzten Kosten pro Wohneinheit angenommen werden darf[672].

Zwei Dinge seien zu diesem Beispiel noch abschließend erwähnt. Das Gutachten legt schon nicht offen, welchen Geräuschminderungseffekt es annimmt. Insofern ist es nicht überraschend, dass auch weitergehende Szenarien nicht behandelt werden. Es wird also nicht dargestellt, welche Kostenfolgen entstehen würden, wenn man einen höheren oder niedrigeren Minderungseffekt zu Grunde legt. Allerdings enthält das Gutachten einen Hinweis darauf, welche Bedeutung den Kostenfolgen in betriebs- und volkswirtschaftlicher Hinsicht beigemessen wird. Es wird nämlich deutlich gemacht, dass mittelfristig von einer Preiserhöhung auszugehen sei, die etwaigen Kosten der betroffenen Betriebe also an die Verbraucher weitergegeben würden[673].

Das zweite Beispiel bezieht sich auf eine Analyse fluglärmbedingter Wertverluste bei Wohneigentum. Hieran soll gezeigt werden, dass ökonomische Analysen in hohem Maße davon abhängen, welche Grundannahmen bei den Analysen herangezogen werden[674]. Dass dabei große Wertungsspielräume bestehen, scheint auch damit zusammenzuhängen, dass die empirische Fundierung dieser Grundannahmen nicht sehr weit fortgeschritten ist.

Die großflächige Ermittlung von fluglärmbedingten Wertverlusten bei Wohneigentum steht insbesondere vor dem Problem der Einstufung und Begründung von Wertverlusten. In seiner auf den Neubau des Verkehrsflughafens Berlin-Brandenburg bezogenen Untersuchung hat *Kühling* eine Wertverlustfunktion erstellt, die, ausgehend von einem für ökonomisch vollkommen unbedenklich gehaltenen

---

670 Vgl. Barth/Brohmann/Arps/Hochfeld, in: Öko-Institut (Hg.), Kostenfolgen, S. 20 ff.

671 Zum Zeitpunkt der Gutachtenfassung stand das nach der 2. FluLärmSV zu erreichende Innenraumschutzniveau noch nicht fest. Insofern konnte von den Gutachtern keine Einschätzung der damit verbundenen Kosten erfolgen. Gleichwohl hinderte die Gutachter nichts daran, das von ihnen angenommene Schutzniveau transparent zu machen.

672 Für die Handhabung im alten FluLärmG, s. unten Teil 3, B., I., 4., a.

673 Barth/Brohmann/Arps/Hochfeld, in: Öko-Institut (Hg.), Kostenfolgen, S. 56.

674 Puls, Verkehrslärm, S. 40; vgl. auch Giering, in: UBA (Hg.), Lärmwirkungen, S. 121 f.; Weiberger, ZfL 1992, 91 (92).

Außenbereichsdauerschallpegel, einen mit dem Tagesdauerschallpegel ansteigenden Wertverlust annimmt[675]. Dabei muss aber an eine fachliche und rechtliche Bewertung angeknüpft werden, die also der Bewertung der Wertverluste vorausgeht[676]. Je nach der fachlichen Bewertung der Geräuscheffekte auf den Körper und Geist des Menschen verändert sich also das Annahmegerüst. Dies zeigt sich auch an den von *Kühling* errechneten Wertverlusten, die er für den Flughafenneubau Berlin-Brandenburg bei etwa 2 Mrd. Euro sieht[677]. Dabei aber geht er – ohne dies hier vertieft zu analysieren und ohne deshalb die Untersuchung pauschal abzulehnen – über die rechtliche Bewertung des Außenlärms hinaus, indem er Außendauerschallpegel für bedenklich erklärt, die es jedenfalls aus Sicht des Gesetzgebers in Form des novellierten FluLärmG nicht sind[678].

Die Bedeutung von Grundannahmen in ökonomischen Analysen bzw. die Frage nach deren empirischer Fundierung tritt auch hervor, wenn man sich etwa die Frage stellt, welche geräuschinduzierten Gesundheitskosten beschreibbar sind[679]. Hier ergeben sich zusätzlich auch noch schwierige ethische Fragestellungen, wie etwa ob bzw. inwieweit man eine Monetarisierung des Gutes Gesundheit überhaupt betreiben möchte[680].

Diese beiden Beispiele deuten an, dass die Erkenntnisse über die Zusammenhänge im Bereich Lärm und Ökonomie dem Stand der Erkenntnis im Bereich der körperlichen Wirkungen scheinbar hinterherhinken. Wenn diese Einschätzung richtig ist, lassen sich in Entscheidungsprozessen die ökonomischen Aspekte, die für einen Aus- oder Neubau sprechen könnten, nicht sinnvoll einfügen.

---

675 Kühling, Wertverlustanalyse, S. 32 ff.

676 Kühling, Wertverlustanalyse, S. 11 f. und 51.

677 Kühling, Wertverlustanalyse, S. 47 f.

678 Bei Kühling, Wertverlustanalyse, S. 24 f., sind damit vor allem die Lärmklassen II und III gemeint. Zu den Grenzwerten des FluLärmG später unten Teil 3, B., II., 2.

679 Schmid, Externe Kosten des Verkehrslärms, S. 181, mit Blick auf die Monetarisierung der Folgen von Belästigungsreaktionen und der Störungen des Schlafes.

680 Giering, in: UBA (Hg.), Lärmwirkungen, S. 100 (m.w.N.). Der erste Schritt in diese Richtung wird jedoch offensichtlich für unproblematisch gehalten und in Form der Quantifizierung von gesunden Lebensjahren, die verloren werden, verwirklicht, vgl. zuletzt für den Bereich des Umweltlärms WHO, Burden of Disease, S. 7; für den Bereich der Luftschadstoffe Barrett/Britter/Weitz, Environ. Sci. Technol. 2010, 7736 ff. Allgemein zur Bedeutung des Kriteriums des Verlust menschlicher Lebenszeit bei der Bewertung externer Schäden, Schmid, Externe Kosten des Verkehrslärms, S. 32 ff.

Teil 2: Verfassungsrechtliche Determinanten des (Flug-)Lärmschutzes

Nach der Analyse des Realbereiches lässt sich mit Sicherheit feststellen, dass Geräuschbelastungen Auslöser ganz bestimmter Wirkungsketten sind und sie gleichzeitig – aber doch wieder auch *nur* – einzelne Kausalfaktoren in einer Reihe von Momenten und Bedingungen darstellen, die zu negativen Auswirkungen beim Menschen führen. Für die Beschreibung dieser Wirkungsketten sind Konzepte und Methoden vorhanden, die man grundsätzlich als wissenschaftlich anerkennt. Streitig ist jedoch die jeweilige Erklärungskraft der bisherigen Erkenntnisse der Forschung über das jeweilige Beziehungsgeflecht, was sowohl für die psycho-soziale als auch – allerdings wohl in abgeschwächter Form – für die physiologisch-medizinische Lärmwirkungsforschung gilt.

Was die negative Wirkung der Belästigung[681] anbelangt, wird – soweit ersichtlich – von niemandem ernstlich bestritten, dass sie von Geräuschbelastungen ausgelöst werden kann. Zwar gibt es nach wie vor keine gänzliche Einigkeit über die hinter dem Begriff der Belästigung stehenden theoretischen Annahmen bzw. die ihn mitbestimmenden Faktoren. Jedoch wird über das – mittlerweile als gängig zu bezeichnende – Moderatorenkonzept etwa 2/3 der geräuschinduzierten Belästigungsreaktion wissenschaftlich erklärt. Dosis-Wirkungs-Relationen vermitteln hier seit langer Zeit ein im Kern durchaus beständiges Bild. Auch wenn also einzelne Untersuchungen immer wieder in ihren Dosis-Wirkungs-Kurven voneinander abweichen, steht hinter jedem Ergebnis zumindest die Aussage, dass mit zunehmender Geräuschbelastung auch die Anzahl der Personen ansteigt, die sich erheblich belästigt fühlen. Die Varianz in den individuellen Aussagen über das Empfinden von Belästigung nimmt mit ansteigender Schallintensität also ab. Darüber hinaus ist auch festzuhalten, dass das Vorhandensein von anderen Einflussfaktoren (Moderatoren) zwar unstrittig ist, deren Bedeutung aber möglicherweise dennoch hinter dem Einflussfaktor Schallintensität zurücktritt. Jedenfalls ist davon auszugehen, dass eine Veränderung anderer Einflussfaktoren nicht bzw. nur bedingt möglich sein wird.

Bei den negativen Wirkungen auf die menschliche Gesundheit[682] ist hervorzuheben, dass ebenfalls niemand ernstlich anzweifelt, dass Geräuschbelastungen im Funktionsgefüge des Körpers Wirkungen auslöst. Sie sind beschreibbar als Reaktion bspw. der Pulsfrequenz, des Blutdrucks etc. oder eben auch über Aufwachreaktionen. Ob diese Wirkungen auch zu chronischen Gesundheits*schäden* führen können, war – jedenfalls im Bereich des Fluglärms – lange umstritten. Aussagen dazu hängen in hohem Maß vom verwendeten Krankheitsbegriff ab bzw. von der dahinter stehenden Untersuchungsmethodik. Heute scheint man sich – wie bereits

681 Dazu und für Folgendes oben Teil 1, C., II, 2.
682 Dazu und für Folgendes oben Teil 1, C., III, 4.

ausgeführt – aber einig zu sein, dass Geräuschwirkungen zu chronischen Schäden führen können. Die Anzahl der Untersuchungen, die solche Schäden auch tatsächlich beschreiben, steigt weiter an. So beschreiben mittlerweile epidemiologische Studien, dass langfristig betrachtet auch Geräuschbelastungen, die vom Betrieb eines Verkehrsflughafens ausgehen, und nicht nur der Straßenverkehrslärm, zu chronischen Gesundheitsschäden bzw. zu einer Risikoerhöhung hinsichtlich des Entstehens verschiedener Krankheiten führen. Gleichwohl lässt sich diese Art Schaden eben (immer) nur statistisch ausdrücken, so dass von einem Gesundheitsschaden nur unter Heranziehung eines epidemiologischen Begriffs- bzw. Erklärungsmodells gesprochen werden kann.

Die rechtliche Aufarbeitung dieser fachwissenschaftlichen Zusammenhänge kann mit der Verfassung bzw. der Frage beginnen, wie sie die Ergebnisse der Realbereichsanalyse aufnimmt und sich dazu verhält. Insoweit sind bestimmte Problemebenen unterscheidbar. Mit der Darstellung dieser Problemebenen beginnt die Analyse der verfassungsrechtlichen Determinanten des Fluglärmschutzes (A.). Wie sich zeigen wird, sind diese Probleme jedoch so vielfältig, dass die These, der einfach-rechtliche Fluglärmschutz sei nur im Lichte des Verfassungsrechts adäquat einzuordnen und zu bewerten, auch gleich wieder in Frage gestellt wird. Dies soll kurz illustriert werden:

Rückt man ein gesetzgeberisches Verhalten in den Mittelpunkt der Betrachtung, beispielsweise die Novellierung des FluLärmG, könnte man etwa die Fragen aufwerfen, welche verfassungsrechtlichen Anforderungen der Gesetzgeber bei dessen Formulierung zu beachten hatte und welche Rolle dabei das auf Fluglärmwirkungen bezogene fachwissenschaftliche Wissen gespielt hat, hätte spielen können bzw. hätte spielen sollen. Man kann insoweit versuchen, zuerst abstrakt eine Art gesetzgeberischen „Verhaltenskodex" zu beschreiben, wie er sich vermeintlich aus der Verfassung ergibt, um diesen dann auf den Entstehungsprozess des einfachen Rechts – hier in Gestalt des FluLärmG als das Produkt der gesetzgeberischen Bemühungen – anzuwenden und hieran zu messen. Ein solches Vorgehen wäre aber in seinem ersten Schritt – also der Bestimmung des Verhaltenskodex – notgedrungen in höchstem Maße abstrakt und man muss befürchten, dass so kaum klare Prüfungsstrukturen zu gewinnen sind. Dies gilt insbesondere hinsichtlich der Frage, wie weit das BVerfG an Tatsachenfeststellungen und Prognosen des Gesetzgebers Anforderungen stellt, sie unter Umständen dann in Frage stellt und schließlich sogar durch eigene Überlegungen ersetzt (ersetzen darf).

Die Verfassung ist nun einmal in hohem Maße auslegungsbedürftig. Je nach Auslegung könnten sich ganz unterschiedliche Verhaltensanforderungen ableiten lassen. Zudem ist – trotz in gewissem Rahmen stabiler Auslegungsmethoden – auch die Suche nach dem vermeintlich richtigen Gehalt einer Norm durch deren Interpretation in hohem Maße wertungsoffen. Die Verfassung gibt auch keine klaren Anweisungen zu der Frage der Abwägung von konfligierenden Verfassungsgütern vor. Ein Verhaltenskodex müsste aber auch gerade zu dieser Frage präzise Maßstäbe enthalten.

Soweit sich aus der Verfassung dennoch abstrakte Vorgaben herleiten lassen, würden diese zwar grundsätzlich auch den Gesetzgeber binden (Art. 1 Abs. 3 GG). Das BVerfG, welches letztlich die Institution ist, die den Gesetzgeber auf dessen Einhaltung verfassungsrechtlicher Vorgaben bei der Gesetzgebung hin kontrolliert, gewährt dem Gesetzgeber aber in unterschiedlichem Maß Gestaltungsspielräume bei der Ausführung bzw. Ausfüllung seiner Aufgaben. Diese Spielräume lassen sich zwar ebenfalls abstrakt beschreiben. Wenn aber in dieser Untersuchung am Ende der verfassungsrechtlichen Ausführungen ein „Verhaltenskodex" formuliert werden soll, muss auch – über die abstrakte Beschreibung hinausgehend – eine Entscheidung bezüglich der *konkreten* Weite etwaiger Gestaltungsspielräume im Bereich des Fluglärmschutzes gefällt und im Zweifel vom BVerfG gegenüber dem Gesetzgeber auch angemahnt werden. Diese Entscheidung lässt sich wiederum ohne den Blick auf das Sachproblem – welches hier insbesondere mit dem FluLärmG adressiert wird[683] – kaum treffen.

Wenn man dagegen zuerst das konkret in Rede stehende gesetzgeberische Verhalten, also dessen tatsächliche Folgen, analysiert, könnte beispielsweise klar werden, in welchen einfach-rechtlichen Regelungen sich welche Abwägungen verbergen und wo diese Regelungen Gestaltungsspielräume enthalten. Denn Verwaltung und Fachgerichte müssen das Recht anwenden und inhaltlich weiter ausfüllen. Hierdurch kann unter Umständen präzisiert werden, wo und in welcher Weise außerrechtliche Wissensbestände herangezogen und verarbeitet wurden. Die tatsächliche Anwendung des einfachen Rechts offenbart dessen reale Effekte. Gelingt diese Analyse des einfachen Rechts, lassen sich Fragen an die Verfassung vielleicht klarer stellen bzw. deutlicher formulieren. Man kann dann etwa mit Blick auf die verfassungsrechtlichen Anforderungen an die Abwägung von Verfassungsgütern fragen, ob die konkret in der Anwendung einer Regelung enthaltene Höherbewertung des einen Verfassungsguts gegenüber einem anderen mit den verfassungsrechtlichen Anforderungen an solche Güterkollisionen in Einklang zu bringen ist.

Die vorliegende Untersuchung wählt dennoch den Weg, zuerst auf die verfassungsrechtlichen Determinanten des (Flug-)Lärmschutzes[684] zu blicken. Das hat zwei

---

683 Eine Darstellung der Mittel und Entscheidungsebenen und der Versuch einer Schwerpunktsetzung im einfach-rechtlichen Fluglärmschutzsystem wird später vorgenommen, s. unten Teil 3, A.

684 Die Untersuchung bezieht sich zwar explizit nur auf das Sachproblem der Fluglärmwirkungen auf den Körper und Geist des Menschen, kann jedoch mit Blick auf die grundsätzlichen Aussagen zur fachlichen Anleitung bei den Begriffen Belästigung und Krankheit bzw. Gesundheit auf den Verkehrslärm insgesamt bezogen werden. Was jedoch das Wissen über die Gesundheits- und Belästigungsreaktionen anderer Verkehrsträger anbetrifft, muss beachtet werden, dass sie auf Grund ihrer jeweiligen Eigenheiten unterschiedlich ausfallen können. Deswegen kann man bei der rechtlichen Aufarbeitung der Wirkungen anderer Verkehrsträger, insbesondere bei den notwendigen Abwägungen, auch zu anderen Ergebnissen kommen, als sie hier präsentiert werden.

Gründe, aus denen sich dann auch die konkreteren Zielrichtungen der verfassungsrechtlichen Ausführungen ergeben.

Erstens: Die tatsächlichen Belastungen des Fluglärms, die im menschlichen Körper und Bewusstsein auftreten, können auf unterschiedliche grundrechtliche Schutzbereiche bezogen werden. Neben dem offensichtlichen Bezugspunkt in Art. 2 Abs. 2 S. 1 GG, der bei genauerer Betrachtung allerdings auch vielfältige Fragestellungen bereit hält, stehen auch die Zusammenhänge der Belastungen mit Art. 14 Abs. 1 S. 1 und Art. 2 Abs. 1 GG im Raum. Alle Fragen im Zusammenhang mit der Bestimmung von Schutzbereichen durch Verfassungsinterpretation können – auch abstrakt – brauchbare Aussagen dazu liefern, nach welchen verfassungsrechtlichen Maßgaben das einfache Fluglärmschutzrecht (in seiner Gesamtheit) zu betrachten ist (B.). Im Zusammenhang mit diesen Fragestellungen ist auch das Problem des Umgangs mit außerrechtlichen Wissensbeständen noch handhabbar, weil noch nicht auf konkrete Bewertungsvorgänge eingegangen werden muss und man sich stattdessen – wie hier intendiert – auf die grundlegenderen Fragen konzentrieren kann. Eine vorgezogene Auseinandersetzung mit den einschlägigen Schutzbereichen unter dem Blickwinkel der Heranziehung außerrechtlicher Wissensbestände schichtet also bestimmte Fragestellungen ab, die später die Betrachtung des einfachen Fluglärmschutzrechts beeinflussen.

Zweitens: Bei der Frage nach dem Prüfungsumfang bzw. der Prüfungstiefe[685] des BVerfG – also auch seines Entscheidungsmaßstabs bspw. bei der Überprüfung konfligierender Verfassungsgüter – sind zwei Aspekte grundsätzlich zu unterscheiden: Zum einen, wie auch schon bei der Auslegung der Schutzbereiche, die Frage nach der Bedeutung außerrechtlicher Wissensbestände bspw. für die Abwägung konfligierender Verfassungsgüter und zum anderen die Frage, mit welcher Grundrechtsfunktion – also entweder einer am Eingriffsbegriff orientierten Abwehrkonstruktion oder einer nur unklar konturierten gesetzgeberischen Schutzpflicht[686] – das BVerfG seine Überprüfung gesetzgeberischen Handelns strukturiert.

Diese beiden Aspekte werden nur sehr abstrakt abgehandelt werden können. Dass sie trotzdem vor die Klammer des einfachen Rechts gezogen werden (C.), findet seinen Grund in der folgenden Überlegung: Der jeweils sehr unterschiedliche Umgang des BVerfG mit dem Problem der Bedeutung außerrechtlicher Wissensbestände und der unterschiedliche Umgang mit den aus den Grundrechtsfunktionen abgeleiteten Prüfungsstrukturen ist jeweils für sich genommen, also ohne den Blick auf ein bestimmtes Sachproblem zu richten, äußerst komplex und vielfach kritikwürdig. Eine solche Kritik kann, auch in einer Untersuchung, die ihren Schwerpunkt auf andere Fragen legt, auf abstrakter Ebene zumindest angesprochen werden. Sie

685 Im Zusammenhang mit der Überprüfung von Tatsachen und Prognosen wird regelmäßig auch von der Kontrolldichte gesprochen, vgl. Schlaich/Korioth, BVerfG, S. 354 ff., Rn. 532 ff. Zur Verbindung all dieser Begriffe mit der Thematik des Gesetzgebungsermessen unten Teil 2, C., III., 2.

686 Dazu insb. unten Teil 2, C., I. und II.

würde unterschlagen, wenn man sich aus pragmatischen Gründen von vornherein die Standpunkte des BVerfG zur Problematik der Grundrechtsfunktionen und daraus abgeleiteter Prüfungsvorgaben zu Eigen machte. Zudem zeigen diese Ausführungen, vor welchen immensen Hürden der tatsächlich durch Fluglärm Belastete steht, wenn er sich mit verfassungsrechtlichen Argumenten gegen die mit Fluglärm einhergehenden geistigen und körperlichen Belastungen wehren will[687].

A. Problemebenen – Norminterpretation, Abwägungen und Funktionsbereiche

Damit sind die Kernpunkte der Auseinandersetzung um die verfassungsrechtlichen Determinanten des Fluglärmschutzes angesprochen. Zwei der diese Untersuchung bestimmenden Fragen sollen nun vor einer Auseinandersetzung mit den relevanten Grundrechtsbereichen und der Diskussion um eine konkrete Maßstabsbildung vertieft werden. Welche Bedeutung können bzw. sollen die Erkenntnisse anderer Wissenschaften überhaupt auf der Ebene der Verfassung haben? (I.) Sprechen die verschiedenen negativen Fluglärmwirkungen im Schwerpunkt *offensichtlich* einen bestimmten grundrechtlichen Funktionsbereich an? (II).

I. Zum Umgang mit „außerrechtlichen Wissensbeständen“

Das Problem der Bedeutung außerrechtlicher Wissensbestände[688] für das System Recht wurde bereits eingangs der Realbereichsanalyse kurz gestriffen[689], allerdings nicht vertieft, da es – gleich wie bzw. nach welchen Regeln man eine Rezeption vornimmt – es immer essentiell ist, die Wirklichkeit bzw. die entscheidungserheblichen Tatsachen möglichst korrekt zu erfassen. Das Bedeutungsproblem bedarf nun jedoch, nachdem größere Klarheit über zumindest die Struktur der die Fluglärmproblematik fachlich bestimmenden Tatsachen herrscht, einer eingehenderen Betrachtung. Denn auch wenn unterschiedlichen Rezeptionsmodellen[690] hier nicht ausführlich und abschließend nachgegangen werden kann, deuten sie doch auf jeweils unterschiedliche Schwerpunktsetzung bei der Antwort auf die Fragen hin, welche Rolle die fachlichen Wissensbestände für das Recht – und zuerst für die verfassungsrechtliche Hierarchieebene – spielen können und dann auch, welche Rolle sie spielen sollen.

Es ist mittlerweile als Gemeinplatz zu bezeichnen, dass das Verfassungsrecht und insbesondere die Grundrechte voraussetzungsbedürftig sind, etwa weil die in

---

687 Hier sei nur auf die ganz praktische Konsequenz in Form der Darlegungsanforderungen verwiesen, wie sie in BVerfG, NVwZ 2011, 911 ff., kürzlich erläutert worden sind. Dazu ausführlicher unten Teil 2, C., III., 3.

688 Es wird auch von „Information“ als dem Schlüsselbegriff gesprochen, vgl. Vesting, in: Schmidt-Aßmann/Hoffmann-Riem (Hg.), Methoden, S. 282 ff.

689 S. oben Einleitung, A. und Teil 1.

690 Für Beispiele und Nachweise s. oben Fn. 35.

bestimmten Begriffen enthaltenen Gewährleistungen in besonderem Maß von diversen Grundannahmen und -voraussetzungen abhängig sind[691]. Davon ist streng genommen die Erfassung des Inhalts einer Norm über ihre Interpretation zu unterscheiden, wobei jedoch die Untersuchung und Bestimmung solcher Grundannahmen regelmäßig Einfluss auf die Interpretation einer Norm haben wird[692]. Wo hier genau Grenzlinien verlaufen, ist nicht Gegenstand dieser Untersuchung. Allerdings ist deutlich hervorzuheben, dass etwa die Frage, was Gesundheit ist, immer – und zwar schon in der Fachwissenschaft selbst[693] – in die Frage überzugehen droht, was Gesundheit sein soll. Trotz dieser Problematik soll versucht werden, die für das Sachproblem wesentlichen Verfassungsbegriffe gerade als interpretationsfähig zu begreifen, ohne dass dabei gleich in den Bereich der Diskussion um Verfassungsvoraussetzungen vorgestoßen werden muss.

Das BVerfG gibt zwar seit jeher zu erkennen, dass es zumindest prinzipiell keine Tatsachenfeststellung betreiben will[694]. Gleichwohl kann es der Heranziehung außerrechtlicher Wissensbestände – insbesondere im Zusammenhang mit der Kontrolle von Legislativakten – für die eigenen Entscheidungen nicht entrinnen[695]. Das lässt sich ohne größere Schwierigkeit an besonders eklatanten Problembereichen illustrieren. Dazu gehört allem voran die Verhältnismäßigkeitsprüfung, bei der schon die Geeignetheits- und Erforderlichkeitsprüfung ohne Inbezugnahme „der Wirklichkeit bzw. (der) Hypothesen und Theorien, die wir über sie haben“[696] nicht auskommt[697].

---

691 Isensee, in: Isensee/Kirchhof (Hg.), HStR, Bd. IX, § 191, Rn. 6, unterscheidet soziale, ökonomisch und ökologische Determinanten; s. auch Lepsius, JZ 2005, 1 (2) (m.w.N.). Mit Blick auf den Begriff der Freiheit, Ekardt, Nachhaltigkeit, S. 252 ff.

692 Vgl. Isensee, in: Isensee/Kirchhof (Hg.), HStR, Bd. IX, § 191, Rn. 81 f.

693 Zu unterschiedlichen fachlichen Verständnissen vom Begriff der Gesundheit, s. oben Teil 1, C., III., 1.

694 BVerfGE 18, 85 (92); 30, 173 (196 f.); 42, 143 (147 f.); 60, 79 (90); 97, 12 (27). In diesen Entscheidungen ging es dem BVerfG allerdings um die Abgrenzung zur Fachgerichtsbarkeit, vgl. Lepsius, JZ 2005, 1 (2). Inwieweit auch im Verhältnis zum Gesetzgeber eher von einer Zurückhaltung oder von einer Kompetenzausdehnung bei der Überprüfung von generellen oder legislativen Tatsachen – zur Unterscheidung von legislativen und adjudikativen Tatsachen nur Kokott, Beweislast, S. 40 ff. – gesprochen werden kann, hängt im wesentlichen davon ab, welche Aufgabe und Stellung man dem BVerfG im Verfassungsgefüge zusprechen will, vgl. dazu Schlaich/Korioth, BVerfG, S. 358 ff., Rn. 539 ff.; Roellecke, in: Isensee/Kirchhof (Hg.), HStR, Bd. III, § 67, Rn. 40 ff.

695 Lepsius, JZ 2005, 1 (2); Bryde, in: Badura/Dreier (Hg.), FS 50 Jahre BVerfG, Bd. 1, S. 555. Zur Tatsachenfeststellung durch das BVerfG – neben vielen anderen – Ossenbühl, in: Starck (Hg.), Festgabe 25 Jahre BVerfG, S. 466; Bryde, in: Badura/Dreier (Hg.), FS 50 Jahre BVerfG, Bd. 1, S. 533 ff.; Korioth, in: Badura/Dreier (Hg.), FS 50 Jahre BVerfG, Bd. 1, S. 63 f.

696 Schlink, in: Badura/Dreier (Hg.), FS 50 Jahre BVerfG, Bd. 2, S. 453 f.

697 Vgl. auch Petersen, Der Staat 2010, 437 (442 ff.); Lerche, Übermaß, passim.

Im Kern geht es beim Umgang mit außerrechtlichen Wissensbeständen auch – aber nicht nur – auf der Ebene der Verfassung also um zwei Problembereiche, die miteinander verknüpft sind. Da wäre zuerst das Problem der Norminterpretation[698], also die Frage, wie ein vager oder mehrdeutiger (Verfassungs-)Begriff ausgelegt werden kann und wie er ausgelegt werden soll (1.). Davon grundsätzlich zu unterscheiden – auch wenn kaum vollständig davon zu trennen[699] – ist das weitreichendere Problem der Abwägung von gegensätzlichen Interessen im Recht (2.)[700].

1. *Norminterpretation/Normergänzung*

Mit Blick auf die Normergänzung führt *Lepsius* aus, sie sei „ein Problem der Verfassungsinterpretation, das nicht an die Wirklichkeitswissenschaften delegiert werden kann, aber von diesen entscheidend abhängt."[701] Von ihm wird also keine (vollständige) Delegation, sondern nur eine (gewisse) Abhängigkeit konstatiert.

---

698 Es wird auch der Begriff der Normkonkretisierung verwendet, vgl. Müller/Christensen, Juristische Methodik, Bd. I, S. 259 ff.; Hesse, Grundzüge, § 2, Rn. 60 ff. Die Unterschiede zwischen Interpretation bzw. Auslegung scheinen aber eher gradueller Natur, vgl. Hofmann, Abwägungen im Recht, S. 123 ff. und 386 ff. Problematisch und anders zu beurteilen ist allerdings der abzugrenzende Begriff der Ausgestaltung von Grundrechten, hierzu Arnold, Schutzbereichsbegrenzung, S. 21 ff.; Hillgruber, in: Isensee/Kirchhof (Hg.), HStR, Bd. IX, § 200, Rn. 62 ff. Für Pieroth/Schlink, StR II, GR, § 6, S. 55, Rn. 225 ff., sind Konkretisierung und Ausgestaltung wiederum Synonyme.

699 S. nur Hofmann, Abwägungen im Recht, S. 1 und 396 ff., der in einem Satz vom Problem der Auffindung des gesetzgeberischen Zwecks, der Problematik konfligierender Zwecke und der Durchführung einer Verhältnismäßigkeitsprüfung spricht.

700 Abwägung soll hier im weitesten Sinne verstanden werden, ohne etwa bereits unterschiedliche Entscheidungsträger oder auch unterschiedliche grundrechtsfunktionale Zusammenhänge vor Augen zu haben. Sie kann in vielen Gewändern und auf vielen Ebenen auftreten und wird sogar als „ubquitärer Vorgang" bezeichnet, Hofmann, Abwägungen im Recht, S. 1; vgl. auch Szczekalla, Schutzpflichten, S. 320 ff.; Alexy, Theorie, S. 423 f. (und passim); Jestaedt, in: Engel/Schön (Hg.), Rechtswissenschaft, S. 252. Später benennt Hofmann, Abwägungen im Recht, S. 387, mit Blick auf die Rechtsetzung das Problem mit der Formulierung der „normstrukturelle(n) Ergänzungsbedürftigkeit des anzuwendenden Rechts (Prinzipien)". Vgl. auch Meßerschmidt, Gesetzgebungsermessen, S. 294 ff., der vom Paradigma der Abwägung bzw. einem Abwägungsdenken spricht.

701 Lepsius, JZ 2005, 1 (3); mit besonderem Blick auf Art. 2 Abs. 2 GG, Seewald, Gesundheit, S. 12, der davon ausgeht, dass bei der Auslegung von verfassungsrechtlichen Begriffen der gesamte thematische Bereich – wohl zu verstehen als der gesamte Realbereich – in die Betrachtung einzubeziehen ist, in dem die Verfassungsnorm wirken soll. Zur Bedeutung der jeweils angenommenen Grundrechtstheorie für die Auslegung der Grundrechte, s. Arnold, Schutzbereichsbegrenzung, S. 47 ff.

Hierbei verhelfen die Rezeptionsmodelle nur bedingt zu größerer Klarheit. Wenn die Normergänzung eine Frage der Verfassungsinterpretation ist, die an die empirischen Wissenschaften nicht delegiert, aber von ihnen angeleitet werden kann, ergibt sich gleichwohl für die hier anstehende Untersuchung ein erster Schwerpunkt. Es ist die Frage zu stellen, was der Begriff „Körperliche Unversehrtheit" und die daraus abgeleitete „Gesundheit" umfassen kann bzw. wie dazu der Begriff der „Belästigung" steht. Die Wirklichkeitswissenschaften können hier nämlich anleiten; nicht nur weil sie Wissen über Reaktionen an – auf diese Begriffe bezogenen – Wirkungsendpunkten bereitstellen, sondern auch weil sie Vorstellungsbilder von diesen Begriffen entwickelt haben, die ihren möglichen Umfang abstecken und so auch den korrespondierenden Verfassungsbegriff beschreiben können[702]. In dieser Weise können sie auch die möglichen Bedeutungen solcher auf den Schutzumfang bezogenen Begriffe wie „Eingriff", „Beeinträchtigung" oder „Gefährdung" vor Augen führen.

In der Vergangenheit haben sich die Rechtswissenschaften bereits durchaus auch mit Blick auf die Verfassungsbegriffe „Körperliche Unversehrtheit" und „Gesundheit" anleiten lassen. Es lässt sich jedoch zeigen, dass das Heranziehen von solchem Fachwissen eher ungeordnet erfolgte und bisweilen willkürlich erscheint. Dies bestätigt das Fazit von *Lepsius*, wonach der Einfluss der Wirklichkeit auf die Verfassungsauslegung keiner allgemeingültigen Methode folge[703]. Man gewinne stattdessen den Eindruck, „als ob verfassungsrechtliche Fragen von außerrechtlichen Faktoren abhängen, ohne dass die jeweiligen technischen oder sozialen Aspekte als Aufgabe der zuständigen Fachdisziplinen begriffen würden."[704]

Ein „Sich-anleiten-lassen" von den Fachwissenschaften ist für das System Recht kein grundsätzliches Problem, behält es doch immer die Entscheidungshoheit über die Begründung für oder wider eine der möglichen Interpretationen[705]. Zudem kann die Verfassungsauslegung unter Heranziehung fachwissenschaftlichen Wissens – jedenfalls in einer rechtswissenschaftlichen Untersuchung – einigermaßen klar vom Problem der Abwägung getrennt werden. Zumindest aber dürfte der Versuch einer Trennung aufzeigen, welche Verbindungslinien sich zwischen Auslegung und Abwägung ergeben.

---

702 Hoffmann-Riem, in: Schmidt-Aßmann/Hoffmann-Riem (Hg.), Methoden, S. 60 ff., spricht von „Brückenbildung". In der von ihm vorgeschlagenen Begrifflichkeit wird Wissen über Lärmwirkungen also vor allem als „Brückendaten", aber auch im Hinblick auf dessen theoretische Konzeptionen relevant.

703 Lepsius, JZ 2005, 1 (3).

704 Lepsius, JZ 2005, 1 (3). Ähnlich Voßkuhle, in: Hoffmann-Riem/Schmidt-Aßmann/Voßkuhle (Hg.), Grundlagen des Verwaltungsrechts, Bd. 1, § 1, Rn. 29 („methodische Unbekümmertheit"); Bumke, in: Schmidt-Aßmann/Hoffmann-Riem (Hg.), Methoden, S. 85 („unübersichtliches Terrain").

705 Nur in wenigen Fällen der exakten Naturwissenschaften wird man das anders sehen müssen. So wäre es wenig rational, wegen eines Sollens etwa die Gesetze der Mechanik zu missachten.

Eine gelungene, rechtswissenschaftliche Auslegung bzw. Ergänzung wird man dann annehmen können, wenn erstens die Erkenntnisse der Fachwissenschaften inhaltlich richtig nachvollzogen worden sind und so zu einer Auslegungen/Ergänzung des relevanten Begriffs führen und wenn zweitens der normative Akt der Beurteilung bzw. Bewertung der gefundenen Auslegung/Ergänzung überzeugt.

2. *Abwägungen*

Auch das Problem der Bedeutung von außerrechtlichem Wissen in der Abwägung gegensätzlicher Interessen kann prinzipiell in die Schritte des inhaltlich richtigen Nachvollziehens und den normativen Akt der Beurteilung des herangezogenen Wissens getrennt werden. Im Gegensatz zur Ergänzung bzw. Auslegung eines Begriffes sind jedoch Abwägungsvorgänge regelmäßig weitaus komplexer, insbesondere weil in sie *alle* wesentlichen Aspekte der betroffenen Wirklichkeit – gewichtet – einfließen sollen[706]. Das bedeutet auch, dass das Problem der Relativität des außerrechtlichen Wissens hier in weit größerem Maß zum Tragen kommt und es insoweit einer klaren Einschätzung und Bewertung durch das Recht bedarf. Beim Problem der Auslegung bedarf es unter Umständen gar keiner abschließenden Entscheidung darüber, als wie sicher das herangezogene Wissen zu bezeichnen ist. So mag bspw. das Wissen über die Stärke des Risikos durch Lärm zu erkranken unklar sein, weil es unterschiedlich bewertet wird. Daran muss die fachliche Anleitung einer Auslegung aber nicht scheitern, weil man es hierfür als alleine entscheidend ansehen kann, dass über einen Risikozusammenhang fachliche Einigkeit besteht[707].

Noch weitere Aspekte demonstrieren die Unterschiedlichkeit der Problembereiche der Auslegung und der Abwägung. So hat *Hofmann* in aller Deutlichkeit hervorgehoben, dass der Vorgang der Abwägung sich im Recht in einem natürlichsprachlichen Rahmen vollzieht[708]. Ganz regelmäßig erfolgt aber die Darstellung der betroffenen Wirklichkeit seitens der (empirischen) Fachwissenschaften über

---

706 Hofmann, Abwägungen im Recht, S. 2 f., der gerade das Umwelt- und Planungsrecht als die Referenzgebiete nennt, in denen sich ganz regelmäßig viele Belange, Aspekte oder Interessen gegenüberstehen; vgl. auch Petersen, Der Staat 2010, 437 (442 ff.). Kritisch zur Abwägung im Rahmen der Verhältnismäßigkeitsprüfung, Hillgruber, in: Isensee/Kirchhof (Hg.), HStR, Bd. IX, § 201, Rn. 78 ff., Pieroth/Schlink, StR II, GR, § 6, S. 69, Rn. 303 (jeweils m.w.N.).

707 Zur Frage der Kausalität in der physiologisch-medizinischen Forschung und der Bedeutung der nachgewiesenen Stärke von Zusammenhängen, s. oben Teil 1, C., III., 2., b. Inwieweit eine fachwissenschaftliche Anleitung bei der Bestimmung des Vorgangs der Beeinträchtigung des sachlichen Schutzbereichs von Art. 2 Abs. 2 S. 1 GG Hilfestellung leisten kann, wird später erörtert, s. unten Teil 2, B., I., 2., c.

708 Hofmann, Abwägungen im Recht, S. 9 und passim; mit besonderem Blick auf fachplanerische Abwägungsentscheidungen Hofmann, in: Ziekow (Hg.), Aktuelle Fragen 2006, S. 153 ff. (insb. 156 ff.).

numerische Verfahren. Die Lärmwirkungsforschung ist dafür ein gutes Beispiel[709]. Wenn die numerischen Ergebnisse der Fachwissenschaften in die sprachliche Operation der Abwägung einfließen sollen, bedürfen sie somit der Transformation[710]. Diese muss als ein in hohem Maße normativer Akt angesehen werden, der die Gefahr birgt – und wohl auch regelmäßig dazu führt –, dass die vermeintliche Transparenz und Exaktheit der numerischen Darstellungsweise verloren geht. Bei der Auslegung ist eine Transformation dieser Art ebenfalls nicht zwingend.

Schließlich ist der gesamte Vorgang der Abwägung mit den Fragen verknüpft, wer – also welche Entscheidungsträger im System Recht – über die sich im Zusammenhang mit einer Abwägung stellenden Probleme der Heranziehung, Einschätzung und Bewertung außerrechtlichen Wissens, des Transformationsaktes etc. zu entscheiden hat. Eine Interessenabwägung des Gesetzgebers folgt aus rechtlichen Gründen anderen Regeln als eine Interessenabwägung der Verwaltung[711]. Komplementär dazu folgt die gerichtliche Kontrolle gesetzgeberischer Akte anderen Überlegungen als die gerichtliche Kontrolle von Verwaltungshandeln[712]. Der Blick auf das Parlamentsgesetz – für diese Untersuchung von zentraler Bedeutung – ergibt insoweit folgende grundsätzlichen Erwägungen:

Im Schrifttum wird angenommen, dass die gesetzgeberische Abwägung durch ein Optimierungsgebot hinsichtlich aller betroffenen Verfassungsgüter strukturiert wird, wobei als Gegenstand der Abwägung alle Auswirkungen eines Gesetzesentwurfs auf die Wirklichkeit in Betracht kommen[713]. Das Gesetz – und mit ihm auch die gesetzgeberischen Abwägungen – wird jedoch gemeinhin für nicht formal begründungsbedürftig gehalten, muss aber begründbar sein[714]. Lediglich

709 S. oben Teil 1, C., II., 2., a. und III., 4., a. und b. Trotzdem können natürlich Forschungsergebnisse – durchaus auch vom Forscher selbst – in einem sprachlichen Fazit verarbeitet werden.

710 Am Beispiel der Gewichtung von Belangen im Rahmen einer verwaltungsrechtlichen Abwägungsentscheidung Hofmann, Abwägungen im Recht, S. 273 ff.

711 Ausführlich dazu Hofmann, Abwägungen im Recht, S. 107 ff. und S. 385 ff.

712 Meßerschmidt, Gesetzgebungsermessen, S. 317 ff., der neben Unterschieden auch strukturelle Übereinstimmungen feststellt.

713 Das BVerfG verlangt regelmäßig – auch vom Gesetzgeber – eine „Gesamtabwägung", BVerfGE 35, 202 (225); 59, 231 (261 ff.); 68, 193 (219); 81, 156 (189 f.); 103, 293 (308 f.), vgl. auch Hofmann, Abwägungen im Recht, S. 415; grundlegend Lerche, Übermaß, S. 153. Vor dem Hintergrund unterschiedlicher Grundrechtstheorien kann diese Aussage allerdings letztlich sehr unterschiedliche Auswirkungen haben, s. – wenn auch explizit nur für normgeprägte Grundrechte – Arnold, Schutzbereichsbegrenzung, S. 47 ff.

714 Vgl. BVerfGE 49, 148 (165); 67, 70 (87); 85, 238 (245); 86, 148 (241); zustimmend Hofmann, Abwägungen im Recht, S. 440; Schlaich/Korioth, BVerfG, Rn. 542; aA insb. Lücke, Begründungszwang, S. 11 und passim; Burghart, Pflicht zum guten Gesetz, S. 181

als Obliegenheit wird es ausgewiesen, dass der Gesetzgeber bei der Rechtsetzung den Sachverhalt mit vernünftigem Aufwand zu ermitteln und zu bewerten habe[715].

Die gerichtliche Kontrolle von Legislativakten bedarf nun demgegenüber in besonderem Maß der Legitimation, da sie die Gewaltbalance zwischen Gesetzgebung und Rechtsprechung in besonderem Maß berührt, also essentielle Fragen der Demokratie und des Rechtsstaats angesprochen werden. Grundsätzlich ist man sich jedoch einig darüber, dass das BVerfG auch parlamentarische Gesetze überprüfen darf. Gleichwohl herrscht keine Einigkeit hinsichtlich der näheren Präzisierung der Prüfungskompetenzen und Maßstäbe[716]. Die Basis der Überlegungen der Rechtsprechung selbst ist, die Begründbarkeit eines Gesetzes, die durch den Verhältnismäßigkeitsgrundsatz eine gewisse Strukturierung erlangt, was gemeinhin als Kompromiss zwischen der dem Gericht zugewiesenen Kontrollaufgabe und dem vor allem demokratietheoretisch gebotenen Respekt vor den Entscheidungen des Gesetzgebers gedeutet wird[717].

Hier kann man für den Moment festhalten, dass mit jedem Abwägungsvorgang immer auch die Frage nach der jeweiligen tatsächlichen Wirkung einer staatlichen Handlung im Raum steht[718]. Wie und mit welchem Maß ein Gesetz auf Abwägungsbelange einwirkt, ist regelmäßig eine prognostische, aber im Kern doch empirische Frage[719]. All diese Aspekte können hier zunächst nur angedeutet werden. Wichtig ist jedoch die Erkenntnis, dass jeder Abwägungsvorgang einen empirischen Kern hat und sich die Frage stellt, wer nach welchen Vorgaben über diesen Kern entscheidet und wie er im Zweifel überprüft wird. Die beiden in diesem Zusammenhang maßgeblichen – später weiter zu erläuternden – Begriffe sind die des Gesetzgebungsermessens und der Prüfungskompetenz. Unabhängig davon ist auch schon jetzt erkennbar, dass die Beurteilung eines jeden Abwägungsvorgangs – gleich wie weit ein Ermessen bzw. Spielräume gewährt werden oder nicht[720] – nur über eine Analyse der Regelung bzw. der staatlichen Handlung selbst vorgenommen werden kann, da sie das gesetzgeberische Abwägungsergebnis darstellt bzw. enthält.

---

715 Hofmann, Abwägungen im Recht, S. 440, ähnlich Meßerschmidt, Gesetzgebungsermessen, S. 1078.

716 Vgl. Schlaich/Korioth, BVerfG, S. 341 ff., Rn. 505 ff.; Hofmann, Abwägungen im Recht, S. 469 ff. (jeweils m.w.N.). S. auch unten Teil 2, C.

717 Hofmann, Abwägungen im Recht, S. 469; vgl. auch Schlaich/Korioth, BVerfG, S. 347 f., Rn. 518.

718 Für diejenigen, die die Rechtswissenschaft als Steuerungswissenschaft begreifen, ist das eine Offensichtlichkeit. Voßkuhle, in: Hoffmann-Riem/Schmidt-Aßmann/Voßkuhle (Hg.), Grundlagen des Verwaltungsrechts, Bd. 1, § 1, Rn. 17, spricht von der „Bewirkungsdimension des Rechts". Vgl. auch Engel, JZ 2005, 581 (582), der explizit auch auf Verfassungsrechtler blickt, die ein Gesetz an Grundrechten messen.

719 Auch wenn man sich in concreto natürlich darüber streiten kann, ob bzw. inwieweit der Empiriker im Rahmen seiner Methoden und Konzepte auch wertend vorgehen muss, dazu die Bsp. bei Petersen, Der Staat 2010, 437 (447 ff.).

720 Teil 2, C., III., 2.

II. Grundrechtliche Funktionsbereiche

Im Mittelpunkt der folgenden inhaltlichen Ausführungen des zweiten Teils sollen die verfassungsrechtlichen Determinanten stehen, die an den Schutz vor geräuschinduzierten Belastungen anzulegen sind. Vorstehend wurde schon angesprochen, welche Rolle dabei das außerrechtliche Wissen bei Auslegungsproblemen und insbesondere im Rahmen von Abwägungen gegensätzlicher Interessen auf Verfassungsebene (aber auch generell) spielt. Als Fazit für den Vorgang der Abwägung auf Verfassungsebene ergab sich, dass nur an Hand einer Analyse des konkreten hoheitlichen Aktes selbst nähere Aussagen zu dessen Gelingen und damit auch zum Gelingen der angesprochenen Transformation des außerrechtlichen Wissens gemacht werden können.

Oben wurde im Zusammenhang mit gesetzgeberischen Akten auch bereits von einem Optimierungsgebot im Rahmen der Abwägung sowie der Bedeutung des Verhältnismäßigkeitsgrundsatzes für die Überprüfung solcher Legislativakte gesprochen, als würde über dessen Anwendung grundsätzlich für alle Fälle Einigkeit bestehen. So verhält es sich aber leider nicht. Zwar kann man grundsätzlich feststellen, dass sich die bestimmenden *rechtlichen* Wertungen jedes verfassungsrechtlichen Abwägungsvorgangs im Wesentlichen aus den Grundrechten ergeben. Insofern bedarf es vordergründig also nur der Beantwortung der Frage, welche Grundrechte durch geräuschinduzierte Wirkungen der Sache nach angesprochen werden. Darüber hinaus bedarf es aber auch der weit schwierigeren Klärung, welcher Funktionsbereich des von den Grundrechten vermittelten Schutzes im konkreten Zusammenhang einschlägig ist. Dies hat in hohem Maße Auswirkung auf die Frage, unter welchen Prämissen eine etwaige gesetzgeberische Abwägung verfassungsrechtlicher Güter zu erfolgen hat bzw. wie sie vom BVerfG überprüft wird. Es stehen sich nämlich hier zwei Grundpositionen gegenüber:

Zum einen könnten die mit dem Fluglärm einhergehenden Belastungen des Körpers und des Geistes des Menschen als staatlicher Eingriff verstanden werden und ihm – im Sinne der klassisch liberalen Funktion der Grundrechte[721] – eine Abwehrposition vermitteln. Dies zöge eine seit langer Zeit stabile und relativ klare Prüfungsstruktur nach sich, in der der in den Belastungen zu sehende Eingriff verfassungsrechtlich zu rechtfertigen ist. Handelt es sich bei der Belastung etwa um einen Eingriff in die körperliche Unversehrtheit, wäre gemäß Art. 2 Abs. 2 S. 3 GG ein einfacher Gesetzesvorbehalt einschlägig, so dass eine staatliche Handlung, die bspw. die Gesundheit als Teilbereich der körperlichen Unversehrtheit beeinträchtigt, sich durch oder auf Grund eines Gesetzes rechtfertigen lässt. Da der bloße Gesetzesvorbehalt aber keine inhaltlichen Anforderungen an das einschränkende Gesetz stellt, wird die Bindung des Gesetzgebers – wie sie sich auch für ihn aus Art. 1 Abs. 3 GG ergibt – im Lichte

721 Exemplarisch Forsthoff, Rechtsstaat im Wandel, S. 213 und 216 f.; schon damals a.A. Hollerbach, AöR 1960, 241 (244 f. und 247 ff.); vgl. auch Hermann, Schutz vor Fluglärm, S. 81.

des Verhältnismäßigkeitsgrundsatzes zur Bindung an das verhältnismäßige Gesetz[722] und damit (insbesondere) das Verhältnismäßigkeitsgebot zum Prüfungsmaßstab des BVerfG für die gesetzgeberischen Abwägungen, wie sie sich im Eingriffsgesetz zeigen.

Konträr dazu könnte man die mit dem Fluglärm einhergehende Belastung auf den Einzelnen als nicht vom Staat, sondern als von *anderen* verursacht ansehen. Wenn die Belastungen als Gefahren gedeutet werden, kann auch in solchen Fällen der Gesetzgeber – im Sinne der grundrechtlichen Schutzfunktion[723] – zum Tätigwerden verpflichtet sein. Wenn sich also die Belastungen auf die Handlung eines anderen oder nicht staatlichen Akteurs zurückführen lassen, wäre nach diesem Ansatz die grundrechtliche Schutzpflichtenfunktion maßgeblich für die Beurteilung der Belastungssituation. Eine Situation, die der Staat also bloß vorfindet, die ihn aber verpflichtet, sich schützend vor die Grundrechtsgüter des Betroffenen zu stellen[724]. Man hätte die verfassungsrechtliche Prüfung des gesetzgeberisch gewährten Schutzes abzuwandeln und danach zu fragen, ob der jeweilige Schutzbereich Schutzpflichten enthält und ob sie verletzt sind. Es gäbe dann keine der klassischen Eingriffssituation äquivalente Rechtfertigungsprüfung, da rechtfertigende Aspekte im Rahmen der Prüfung der Schutzpflichtverletzung nicht von vornherein zu berücksichtigen sind[725] bzw. hinsichtlich eines „Abwägungsprogramms" einer Schutzpflichtverletzungsprüfung sehr unterschiedliche Auffassungen bestehen. Die verschiedenen Ansätze, die Prüfung einer Pflichtverletzung zu konturieren, reichen von der Frage, ob die Pflichtverletzung evident festzustellen ist, über die Anwendung des Untermaßgebotes, bis hin zur Ablehnung eines gegenüber der Verhältnismäßigkeit eigenständigen Prüfungsprogramms[726].

Im Gegensatz zur Abwehrfunktion ist das soeben umrissene dogmatische Gebäude der grundrechtlichen Schutzpflichtsfunktion jedoch sehr umstritten. Es ist allerdings nicht Sinn und Zweck der vorliegenden Arbeit, sich abstrakt und eingehend mit diesen Diskussionen auseinanderzusetzen. Dies soll nur insoweit geschehen, als es für die Bildung eines Maßstabs für die Überprüfung des einfach-rechtlichen Fluglärmschutzes zwingend geboten erscheint. Daher wird hier aus pragmatischen Gründen zunächst angenommen, dass aus den Grundrechten neben ihrer ursprünglichen Abwehrfunktion tatsächlich auch eine – unterscheidbare[727] – Schutzfunktion ableitbar ist. Deren Hauptaufgabe ist darin zu sehen, Übergriffe Privater zu unterbinden, die aus Sicht der Opfer ein Unterlassen wirksamer

722 Pieroth/Schlink, StR II, GR, § 6, S. 65, Rn. 280 ff.

723 Zu deren geschichtlichen Grundlagen nur Hermes, Schutz von Leben und Gesundheit, S. 145 ff.

724 BVerfGE 39, 1 (42); 46, 160 (164); 53, 30 (57); 56, 54 (73).

725 Vgl. Epping/Lenz/Leydecker, Grundrechte, Rn. 141; Isensee, in: Isensee/Kirchhof (Hg.), HStR, Bd. IX, § 191, Rn. 217 ff.

726 Ausführlicher dazu unten Teil 2, C., II.

727 Dies kontrovers diskutierend Ekardt, Calliess und Schwabe, JZ 2007, 135 ff. Anlaß dieser Auseinandersetzung war ein Beitrag von Calliess, JZ 2006, 321 ff., zur grundrechtlichen Schutzpflicht in mehrpoligen Verfassungsrechtsverhältnissen.

staatlicher Maßnahmen bzw. ein willentliches Dulden des Übergriffs durch den Staat darstellen[728].

Wenn man Abwehr- und Schutzpflichtfunktion nach dieser Überlegung grundsätzlich unterscheiden will, zwingt das aber zur Einordnung der mit dem Fluglärm einhergehenden Belastung auf den Einzelnen in einen der Funktionsbereiche. Da Fluglärm am Ende einer komplexeren Ursachenkette steht, ist aber auch diese Einordnung, wie noch zeigen sein wird[729], sehr schwierig und letztlich nicht eindeutig vorzunehmen.

Für den Moment muss hier also festgehalten werden, dass weder von vornherein Klarheit über den genauen Gehalt der Schutzpflichtsfunktion herrscht, noch dass eine Einordnung zur abwehrrechtlichen oder zu schutzgewährenden Seite der Grundrechte eindeutig vorzunehmen ist. Eine vertiefende Auseinandersetzung mit diesen Aspekten soll und kann dennoch einstweilen zurück gestellt werden, da auf Grund vorstehender Ausführungen zumindest folgendes klar ist: Für die bereits als Problembereich identifizierte Frage der Verfassungsinterpretation lässt sich anhand der kursorischen Ausführungen zu den unterschiedlichen Prüfungsstrukturen der Grundrechtsfunktionen erkennen, dass sowohl im Rahmen der grundrechtlichen Abwehr- als auch im Rahmen der grundrechtlichen Schutzfunktionen der Bestimmung des Umfangs des einschlägigen Schutzbereichs entscheidende Bedeutung zukommt[730].

Im Zusammenhang mit der Erarbeitung grundrechtlicher Schutzbereiche kommt es auf eine Beantwortung der Frage der Zuordnung zu einem der grundrechtlichen Funktionsbereiche also nicht an. Besteht aber größere Klarheit über mögliche Zuordnungen der Sachprobleme zu den relevanten Schutzbereiche kann noch einmal im Rahmen der Maßstabssuche zur Zuordnung zu einer der genannten Grundrechtsfunktionen – und den sich daraus weiter ergebenden Konsequenzen – zurück gekehrt und abschließend betrachtet werden.

B. Relevante Grundrechtsbereiche

Die inhaltliche Ausprägung des grundrechtlichen Fluglärmschutzes steht also, wie gezeigt, zuerst vor dem Problem der Formulierung möglichst klarer Schutzbereichsaussagen. Vor dem Hintergrund der genannten Unbestimmtheit der die Schutzbereiche beschreibenden Verfassungsbegriffe soll es Ziel der folgenden Überlegungen sein, sich bei der Schutzbereichszuordnung der Sachprobleme von den Erkenntnissen der Realbereichsanalyse anleiten zu lassen und zu überlegen, ob diese Anleitung sinnvoll und überzeugend erscheint. Bevor in die sich insoweit stellenden Probleme eingestiegen werden kann, bedarf es aber noch einer kurzen Präzisierung der Erkenntnisse über

728 Vosgerau, AöR 2008, 346 (349 f.).

729 S. unten Teil 2, C., I.

730 Vgl. dazu Couzinet, Zulässigkeit von Immissionen, S. 145, im Zusammenhang mit seinen Ausführungen zum Schutzgut von Art. 2 Abs. 2 S. 1 GG.

den tatsächlichen, auf den Menschen bezogenen Wirkungsbereich von Fluglärm, da dieser mehrere, einander überlappende grundrechtliche Schutzbereiche tangieren könnte.

Man kann sich den von einem Flugplatz ausgehenden Lärm als einen Teppich vorstellen, der sich in mit zunehmender Entfernung von der Quelle abnehmendem Maß, aber doch gleichförmig – jedenfalls bis zum Auftreffen auf ein Hindernis – über das den Flugplatz umgebende Gebiet legt. Die Vorstellung eines Lärmteppichs, der sich über Grund und Boden legt, verknüpft Geräuschbelastungen zunächst einmal mit dem Aspekt des Eigentums an jenem Grund und Boden, also insbesondere mit dem Recht, dieses Eigentum uneingeschränkt nutzen zu können. Seiner Darstellung als Dauerschallpegel kann man eine konstante, auf der Flughafennachbarschaft liegende Lärmlast entnehmen. In Anbetracht der anfangs lückenhaften Datenlage bezüglich der Frage nach Auswirkungen von Geräuschbelastungen auf Körper und Bewusstsein von Menschen war es daher auch aus verfassungsrechtlicher Sicht durchaus nahe liegend, dass sich die Entwicklung des Schutzes vor diesen eher vagen, verschwommenen Belastungen im Recht durch den Grundstücksbezug geprägt war[731]. Der Schutz des Menschen vor Geräuschwirkungen war aus Sicht des BVerwG also zunächst ein bloß vermittelter, nämlich über den Schutz des Eigentums und hier insbesondere des Wohnraums[732]. Unabhängig von einer eingehenderen Untersuchung dieser Konstruktion[733] lässt der tatsächliche Wirkungsbereich von Fluglärm in verfassungsrechtlicher Hinsicht durchaus die Einschlägigkeit von bzw. einen Zusammenhang mit Art. 14 Abs. 1 S. 1 GG vermuten.

Die Realbereichsanalyse hat aber von vornherein einen anderen Schwerpunkt gesetzt und deutlich gezeigt, dass Geräusch- bzw. Lärmwirkungsforschung vor allem Forschung am Menschen bzw. mit Blick auf seine Gesundheit und die vom ihm empfundene Belästigung ist. Auch aus Sicht der Betroffenen, so darf man vermuten, steht nicht unbedingt der Schutz ihres Eigentums an erster Stelle ihrer virtuellen Besorgtheits-Skala, sondern die Frage, inwiefern sie einem gesundheitlichen Risiko ausgesetzt sind. Insofern steht heute auch außer Frage, dass Fluglärm in verfassungsrechtlicher Hinsicht in ebenfalls noch näher zu bestimmender Art und Weise an Art. 2 Abs. 2 S. 1 GG anknüpft. Das wirft aber auch die Frage auf, in welchem Verhältnis die Anwendungsbereiche von Art. 2 Abs. 2 S. 1 und Art. 14 Abs. 1 S. 1 GG zueinander stehen, da die beiden Freiheitssphären in unterschiedlichem Maß sensibel sind für etwaige Eingriffe oder daraus resultierende Schutzpflichten[734].

---

731 Vgl. Berkemann, ZUR 2002, 202 (202). Hier ist aber natürlich auch die grundstückbezogene Grundausrichtung des Fachplanungsrechts von Relevanz bzw. hat ihren Beitrag geleistet, s. etwa Schulze-Fielitz, Die Verw. 2002, 525 (526 f.).

732 Dazu später unten Teil 3, B., I., 3., a. und b.

733 Für den Fluglärmbereich ist damit insb. auch die eigentumsbezogene Deutung von § 9 Abs. 2 LuftVG angesprochen, dazu insb. Hermann, Schutz vor Fluglärm, S. 297 ff. Später auch unten Teil 3, B., I., 3., a. und b.

734 Berkemann, ZUR 2002, 202 (203), unter Verweis auf Art. 14 Abs. 2 GG; s. aber auch unten Teil 2, B., I., 3.

Es wird sich zeigen, dass mit der Methodik der Erfassung von Geräuschwirkungen auf den Körper des Menschen in gut nachvollziehbarer Weise an Art. 2 Abs. 2 S. 1 GG anzuknüpfen ist. Damit sind aber nicht alle Schutzbereichsfragen geklärt. Denn die negativen Effekte, die Geräuschen zugeschrieben werden, werden fachlicherseits in Belästigungs- und Gesundheitsreaktionen unterteilt. Um bestimmen zu können, ob aus dieser fachlichen Unterteilung auch auf verfassungsrechtlicher Ebene eine Differenzierung erfolgen sollte, wird dann weiter gefragt, welchen Zusammenhang die Belästigungsreaktion zu Art. 2 Abs. 1 S. 1 GG haben könnte und ob die Zuordnung dieses Sachproblems zu Art. 2 Abs. 2 S. 1 GG oder Art. 2 Abs. 1 S. 1 GG erfolgen sollte.

Hieraus ergeben sich insgesamt drei große Fragenkomplexe hinsichtlich der inhaltlichen Ausprägung der grundrechtlichen Vorgaben zum Fluglärmschutz: Welchen Bezug hat das Sachproblem „Fluglärm und seine Wirkungen auf den Körper und den Geist des Menschen" zu Art. 2 Abs. 2 S. 1 (I.), zu Art. 14 Abs. 1 S. 1 GG (II.) und zu Art. 2 Abs. 1 S. 1 GG (III.)?

I. Fluglärm und Art. 2 Abs. 2 S. 1 GG

Art. 2 Abs. 2 S. 1 GG gewährt jeder Person das Recht auf Leben und körperliche Unversehrtheit. Nach Art. 2 Abs. 2 S. 3 GG darf in diese Rechte nur auf Grund eines Gesetzes eingegriffen werden. Damit ist der verfassungsrechtliche Rahmen des Schutzes der Gesundheit natürlich nur sehr grob vorgezeichnet. Fest steht aufgrund des Gesetzesvorbehalts eigentlich nur, dass die Gesundheit, soweit sie im Begriff der körperlichen Unversehrtheit steckt, nicht uneingeschränkt gewährt wird. Auf der anderen Seite wird gerade dem Rechtsgut Leben und daran anknüpfend allerdings in etwas abgestufter Form auch der körperlichen Unversehrtheit ein besonders hoher Stellenwert eingeräumt[735].

Es besteht mittlerweile auch kein Streit mehr darüber, dass das in Art. 2 Abs. 2 S. 1 GG enthaltene Grundrecht auf körperliche Unversehrtheit eine Bedeutung für alle Fragen im Zusammenhang mit der Notwendigkeit und der Ausprägung von Verkehrslärmschutz hat[736]. Nur welche Bedeutung dies genau sein soll, lässt sich – insbesondere vor dem Hintergrund der oben dargelegten Methoden der Wirkungsbetrachtungen – auch nach dem Studium der dazu vorhandenen rechtswissenschaftlichen Literatur kaum beantworten. Hier an dieser Stelle ist damit allerdings nicht die soeben eingeführte Zuordnung zu einem Grundrechtsfunktionsbereich gemeint, sondern die Frage der Zuordnung von bestimmten Ausprägungen negativer Wirkungen zu einem Schutzbereich.

Was sind nun diese hervorzuhebenden Fragestellungen? Wie oben dargelegt, unterteilt sich die Untersuchung der geräuschinduzierten negativen Wirkungen auf

---

735 Mit Blick auf das Leben von einem „Höchstwert" innerhalb der grundgesetzlichen Ordnung spricht BVerfGE 49, 24 (53). Ähnlich auch BVerfGE 52, 131 (168 f.); 115, 118 (139).

736 S. die Nachweise unten Teil 2, B., I., 1.

den Körper und den Geist des Menschen in Belästigungs- und Gesundheitsreaktionen. Wichtigste Schutzbereichsfrage ist daher, ob das gesamte Spektrum an geräuschinduzierten Wirkungsendpunkten vom sachlichen Schutzbereich des Art. 2 Abs. 2 S. 1 GG umfasst werden soll. In engem Zusammenhang mit diesem Problem steht die weitere Frage, inwiefern der Mensch als eine Einheit von Körper, Geist und Seele anzusehen ist. Wie sich im Zusammenhang mit den Erörterungen zum Schutzbereich darüber hinaus zeigen wird, drängt sich schließlich die Frage auf, welche Rolle es insoweit spielt, dass geräuschinduzierte Wirkungen zu einem wesentlichen Anteil nur langfristig bzw. statistisch – als sog. chronische Schäden – erfasst werden können.

Die Aufarbeitung des vorhandenen Schrifttums zum Thema des Zusammenhang von negativen Geräuschwirkungen und Art. 2 Abs. 2 S. 1 GG ist ein schwieriges Unterfangen. Praktisch alle Literaturansichten stützen sich auf die eine Entscheidung des BVerfG, in der sachlich-inhaltlich zum Thema Gesundheit und Verfassung Ausführungen gemacht wurden. Bei näherer Betrachtung dieser Ansichten wird jedoch deutlich, dass sie sich im Detail unterscheiden, so dass die Frage aufgeworfen werden muss, warum und inwiefern sie alle der Auffassung sein können, die Entscheidung des BVerfG in Sachen Flughafen-Lohausen für sich in Anspruch nehmen zu können. Der Versuch einer gewissen Systematisierung des Themas Fluglärm und Gesundheit in Rechtsprechung und Literatur muss vor diesem Hintergrund gesehen werden (1.).

Ausgangspunkt soll hier daher die Rechtsprechung bzw. die Entscheidung des BVerfG zum Flughafen Lohausen sein. Es geht zunächst vor allem um die Frage, ob die in dieser Entscheidung vorgenommenen Unterscheidungen – insbesondere hinsichtlich der Zuordnung negativer Wirkungen zum sachlichen Schutzbereich – vor dem Hintergrund der fachwissenschaftlichen Methoden und Ergebnisse des ersten Teils nachvollziehbar sind bzw. wo sie Fragen offen lässt. Da die rechtswissenschaftliche Literatur weitgehend an diese Entscheidung anknüpft, ohne die tatsächlich vorhandenen offenen Fragen aufzugreifen, bleibt auch ihre Rezeption letztlich unbefriedigend. Sie bietet, wie zu zeigen sein wird, keine weitergehenden bzw. überzeugenderen Konzepte für den Umgang mit den aufgeworfenen Fragen an. Das gilt auch für die Stimmen, die die körperliche Unversehrtheit als ein Freisein von pathologischen Zuständen verstehen und damit schon weitgehend an ein funktionales Verständnis von menschlicher Gesundheit anknüpfen, bei der auch psychologische und soziale Zustände zum Tragen kommen können.

Daher wird in einem zweiten Schritt der Versuch unternommen, den sachlichen Schutzbereich von Art. 2 Abs. 2 S. 1 GG präziser an den herausgearbeiteten fachlichen Erkenntnissen über insbesondere die Erfassung von Gesundheitsreaktionen auszurichten (2.). Wie sich zeigen wird, spielt dabei die Frage nach der Abwägungsoffenheit der Schutzgüter von Art. 2 Abs. 2 S. 2 GG eine besondere Rolle. Ihr soll daher separat Aufmerksamkeit geschenkt werden (3.).

1. Fluglärm und Gesundheit in Rechtsprechung und Literatur

Das BVerfG hatte zuletzt Anfang der 1980er Jahre in seiner Entscheidung zum Flughafen Lohausen eingehend die Gelegenheit wahrgenommen, sich mit den Fragen des sachlichen Schutzbereichs von Art. 2 Abs. 2 S. 1 GG zu befassen[737]. Die dort gemachten Ausführungen zum Begriff der körperlichen Unversehrtheit prägen nach wie vor alle Abhandlungen, die sich mit der Frage der verfassungsrechtlichen Vorentscheidungen des einfach-rechtlichen Schutzes vor Lärm befassen[738]. Diese Entscheidung soll daher hier an den Anfang gestellt und insgesamt als Kontext für eine Aufarbeitung der rechtswissenschaftlichen Literatur dienen (a.), die vom Bemühen gekennzeichnet ist, eine Begrenzung des sachlichen Schutzbereich zu begründen.

Vor dem Hintergrund der Realbereichsanalyse soll dann die Tragfähigkeit der vom BVerfG gemachten und von der Literatur weitestgehend aufgegriffenen Ausführungen zum sachlichen Schutzbereich untersucht werden (b.). Die Kritik an dieser Position führt letztlich zu der Erkenntnis, dass Eingrenzungen des sachlichen Schutzbereichs seitens der Rechtswissenschaften nur schwer sinnvoll formuliert werden können. Auch wenn man die Begriffsbestimmung zur juristischen Kernarbeit zählen mag, baut sie doch – mal mehr, mal weniger offen – auf den Ergebnissen auf, die die Fachwissenschaften bereitstellen[739]. Es ist daher zuerst Aufgabe der Fachwissenschaften, die Begriffe Gesundheit bzw. Krankheit inhaltlich mit Leben zu füllen. Wenn man – wie hier – eine Eingrenzung des sachlichen Schutzbereichs seitens der Rechtswissenschaften ablehnt, bleiben noch vereinzelte Stimmen in der Literatur übrig, die für eine – jedenfalls was psychische Belastungen anbetrifft – weitgehende Offenheit des sachlichen Schutzbereichs von Art. 2 Abs. 2 S. 1 GG zu stehen scheinen (c.). Ihnen wird hier grundsätzlich zugestimmt. Weil aber auch sie das soziale Wohlbefinden nicht vom Schutzbereich erfasst sehen, werden sie für präzisierungsbedürftig erachtet.

---

737 BVerfGE 56, 54 (72 ff.); inhaltlich nicht weitergehend ist die Entscheidung zum Nichtraucherschutz, BVerfGE 95, 173 ff.; s. auch, BVerfG, NVwZ 1997, 2509 (2509), zur Thematik des Elektrosmogs, wo das BVerfG eine vertiefende Auseinandersetzung ablehnt, weil Wirkungen biologisch-physiologisch feststellbar seien.

738 Im Folgenden ausgeklammert bleibt das Schutzgut Leben, dessen weitere inhaltliche Greifbarkeit allgemein – mit Ausnahme der Diskussion um den Beginn des Lebens – für weniger problematisch gehalten wird als die des Schutzguts der körperlichen Unversehrtheit, s. nur Hermes, Schutz von Leben und Gesundheit, S. 222.

739 Das ist letztlich allen hier analysierten Literaturstimmen gemein, vgl. hier daher nur Hermes, Schutz von Leben und Gesundheit, S. 223; Seewald, Gesundheit, S. 9 ff. und 132 ff.; Schmidt-Aßmann, AöR 1981, 205 (209); Couzinet, Zulässigkeit von Immissionen, S. 136 f.; Hermann, Schutz vor Fluglärm, S. 121 ff.

a. *Einbezug qualifizierter psychischer und Ausschluss sozialer Belastungen – BVerfGE 56, 54 ff. als zentrale Entscheidung*

Die Fluglärmentscheidung des BVerfG geht auf Klagen zweier Anwohner aus der Umgebung des Flughafens Düsseldorf-Lohausen zurück. Diese machten geltend, dass „die staatlichen Organe es in verfassungswidriger Weise unterlassen (hätten), wirksame Maßnahmen zum Schutz gegen den von diesem Flughafen ausgehenden Lärm zu treffen."[740] Diese Unterlassungssituation vor Augen, bindet das Gericht seine inhaltlichen Aussagen zum Umfang des aus Art. 2 Abs. 2 S. 1 GG folgenden Gesundheitsschutzes an die Pflicht staatlicher Organe, sich „schützend und fördernd vor die in Art. 2 Abs. 2 GG genannten Rechtsgüter zu stellen und sie insbesondere vor rechtswidrigen Eingriffen von Seiten anderer zu bewahren."[741] Daher wurde diese Entscheidung insbesondere im Rahmen der Diskussion um Herleitung, Bedeutung und Umfang der grundrechtlichen Schutzpflichtenfunktion rezipiert[742].

Aber auch gerade was den sachlichen Inhalt des Schutzbereichs von Art. 2 Abs. 2 S. 1 GG anbetrifft, beruft sich die gesamte Literatur auf diese Entscheidung[743]. Das Gericht sah es insoweit als bisher nicht hinreichend geklärt an, ob sich die aus Art. 2 Abs. 2 S. 1 GG folgende Schutzpflicht ausschließlich auf den Schutz der körperlichen Unversehrtheit in biologisch-physiologischer Hinsicht beschränkt „oder ob sie sich auf den geistig-seelischen Bereich, also das psychische Wohlbefinden erstreckt oder sogar das soziale Wohlbefinden umfasst."[744] Daran anknüpfend setzt sich das Gericht mit der Gesundheitsdefinition der WHO auseinander und führt aus: „Wird der Begriff der körperlichen Unversehrtheit in Art. 2 Abs. 2 GG mit dem der Gesundheit gleichgesetzt, wie ihn die Weltgesundheitsorganisation in ihrer Satzung vom 22. Juli 1946 definiert hat, dann wären Fluglärmfolgen nicht nur wegen somatischer, sondern bereits wegen

740 BVerfGE 56, 54 (55).

741 BVerfGE 56, 54 (73).

742 Noch immer wird diese Entscheidung insoweit als grundlegend in Bezug genommen, vgl. zuletzt etwa BVerfG, NJW 2010, 1943 (1945, Rn. 22); BVerfG, NVwZ 2011, 991 (993, Rn. 37).

743 Di Fabio, in: Maunz/Dürig (Hg.), GG, Bd. I, Art. 2, Rn. 55 ff.; Murswiek, in: Sachs (Hg.), GG, Art. 2, Rn. 148 ff.; Schulze-Fielitz, in: Dreier (Hg.), GG, Bd. I, Art. 2 II, Rn. 33 ff.; Lorenz, in: Dolzer/Kahl/Waldhoff (Hg.), BK GG, Bd. 1, Art. 2 Abs. 2 S. 1, Rn. 449 ff.; Correll, in: Denninger/Hoffmann-Riem/Schneider/Stein (Hg.), AK-GG, Bd. 1, Art. 2 Abs. 2, Rn. 99 ff.; Lang, in: Epping/Hillgruber (Hg.), GG, Art. 2, Rn. 62; Kunig, in: v. Münch/Kunig (Hg.), GG, Bd. 1, Art. 2, Rn. 62 f.; Starck, in: v. Mangoldt/Klein/Starck (Hg.), GG, Bd. 1, Art. 2 Abs. 2, Rn. 193 f.; Lang, in: Epping/Hillgruber (Hg.), GG, Art. 2, Rn. 62; Jarass, in: Jarass/Pieroth (Hg.), GG, Art. 2, Rn. 83; vgl. zudem Hermes, Schutz von Leben und Gesundheit, S. 223 ff; Berkemann, ZUR 2002, 202 (203 f.). Aus neuerer Zeit insb. Couzinet, Zulässigkeit von Immissionen, S. 129 ff. (allgemein für den Immissionsschutz); Krappel, Lärmschutz, S. 112 ff. (zum Thema Eisenbahnlärm); speziell mit Blick auf den Fluglärm, Hermann, Schutz vor Fluglärm, S. 118 ff.; Heitsch, in: Ziekow (Hg.), Aktuelle Fragen 2008, S. 21 ff.

744 BVerfGE 56, 54 (73 f.). Offen gelassen auch in BVerfG, NVwZ 1997, 2509 (2509).

solcher psychischer und das soziale Wohlbefinden beeinträchtigender Auswirkungen zu bekämpfen, die über die Grenzen des sozial Adäquaten hinausgehen."[745]

Sodann erklärt das BVerfG, dass der Verfassungsgeber den als *weit* zu bezeichnenden Gesundheitsbegriff der WHO kannte und es insofern unerklärlich sei, dass er ihn nicht explizit in den Verfassungstext übernommen hat[746]. Wenn man wiederum einen *engeren* Begriff der körperlichen Unversehrtheit annehmen würde, ergebe sich aber ein Konflikt mit dem „Verständnis des Menschen als einer Einheit von Leib, Seele und Geist" sowie mit der Annahme von „Wechselwirkungen zwischen psychischen und physischen Gesundheitsstörungen."[747] Auch komme man nicht umhin, zumindest solche nicht-körperlichen Einwirkungen von Art. 2 Abs. 2 GG erfasst zu sehen, „die ihrer Wirkung nach körperlichen Eingriffen gleichzusetzen seien."[748] Dies sei zumindest dann anzunehmen, wenn sie das „Befinden einer Person in einer Weise verändern, die der Zufügung von Schmerzen entspricht."[749]

Praktisch sämtliche in der Literatur vertretenen Auffassungen zum sachlichen Schutzbereich von Art. 2 Abs. 2 S. 1 GG orientieren sich an diesen Ausführungen. Überwiegend wird der Schutzumfang des Begriffs körperliche Unversehrtheit mit drei Aspekten beschrieben. Mit ihm sei jedenfalls (1.) die menschliche Gesundheit im biologisch-physiologischen Sinne gemeint, aber auch unterhalb dieser Schwelle (2.) das psychische Wohlbefinden geschützt, soweit es dabei um körperlich vermittelte und vergleichbare Wirkungen (wie etwa Schmerzen) ginge[750]. Daneben umfasse der Begriff (3.) auch den Schutz der körperlichen Integrität als solche, selbst wenn ein etwaiger Eingriff zu keinen Schmerzen führt, wie beispielsweise bei ärztlichen Heileingriffen[751]. Teilweise wird davon begrifflich etwas abgewichen und das Recht auf körperliche Unversehrtheit in drei Schichten unterteilt: die der

---

745 BVerfGE 56, 54 (74).

746 BVerfGE 56, 54 (74).

747 BVerfGE 56, 54 (74 f.). Beides sind im Übrigen empirische Annahmen, deren Gültigkeit das Gericht nicht weiter nachgeht, wobei insbesondere die Frage der Wechselwirkungen für ein funktionales Verständnis von Gesundheit wichtig ist. Anzumerken ist auch, dass die Annahme von Wechselwirkungen den Aspekt des Sozialen nicht aufgreift.

748 BVerfGE 56, 54 (75). Interessant ist die Formulierung „nicht-körperliche Einwirkung" in der Lohausen-Entscheidung. Damit wird in der Tendenz suggeriert, Geräusche wirkten „nicht-körperlich". Möglicherweise hat dies etwas mit der nicht vorhandenen Sichtbarkeit von Geräuschwirkungen zu tun. Es verweist allerdings auf ein unzureichendes Verständnis der Komplexität von Ursache-Wirkungsbeziehung in der Natur.

749 BVerfGE 56, 54 (75).

750 Di Fabio, in: Maunz/Dürig (Hg.), GG, Bd. I, Art. 2 Abs. 2, Rn. 55; Kunig, in: v. Münch/Kunig (Hg.), GG, Bd. 1, Art. 2, Rn. 62 f.; ähnlich Lang, in: Epping/Hillgruber (Hg.), GG, Art. 2, Rn. 62; Jarass, in: Jarass/Pieroth (Hg.), GG, Art. 2, Rn. 83.

751 Dieser dritte Aspekt stützt sich jedoch eigentlich nicht auf die Lohausen-Entscheidung. Herangezogen werden hierfür regelmäßig Entscheidungen, die das auf die körperliche Integrität bezogene Selbstbestimmungsrecht betreffen, vgl. BVerfGE

körperlichen Gesundheit im engeren Sinne (1), der psychisch-seelischen Gesundheit im weiteren Sinne (2) und der körperlichen Integrität unabhängig von der Zufügung körperlicher oder seelischer Schmerzen zusammensetzen[752] (3); ohne dass dadurch ein erkennbarer Zugewinn an begrifflicher Klarheit erreicht wird.

Ähnlich verhält es sich mit Auffassungen, die – in vermeintlich weitergehender Einschränkung des sachlichen Schutzbereichs – darauf beharren, dass Art. 2 Abs. 2 GG nur darauf ausgerichtet sei, das biologisch-physische Substrat zu schützen[753]. Wenn dagegen keine Veränderung der körperlichen Substanz vorliege, sei das Allgemeine Persönlichkeitsrecht angesprochen, weshalb das psychische und das soziale Wohlbefinden nicht zum Schutzbereich des Art. 2 Abs. 2 GG gehörten[754]. Auch diese Ansicht nimmt für sich in Anspruch, sich auf die Lohausen-Entscheidung stützen zu können, welche psychische Schmerzen explizit vom Schutzbereich ausgenommen habe, soweit diese nicht durch „psychosomatische Prozesse zu solchen körperlicher Natur" würden[755]. Letztlich – dies sei hier hervorgehoben – werden damit aber doch wieder teilweise psychische Prozesse eingefangen. Daher ist es fraglich, ob sich diese Ansicht tatsächlich von den zuerst genannten Stimmen unterscheidet, die entweder zwischen drei *Aspekten* oder drei *Schichten* der körperlichen Unversehrtheit differenzieren[756].

Zurück zur Entscheidung des BVerfG: Das Gericht geht tiefergehenden Überlegungen zum fachwissenschaftlich gebräuchlichen Gesundheitsbegriff aus dem Weg[757] und stattdessen verschiedenen rechtlichen Argumenten nach, die gegen einen engeren Begriff der körperlichen Unversehrtheit sprechen sollen, der sich alleine auf biologisch-physiologische Zusammenhänge beschränkt. Es stellt

---

52, 131 (174 f.); 128, 282 (302); dazu nur Jarass, in: Jarass/Pieroth (Hg.), GG, Art. 2, Rn. 83.

752 Schulze-Fielitz, in: Dreier (Hg.), GG, Bd. I, Art. 2, Rn. 33; ähnlich Murswiek, in: Sachs (Hg.), GG, Art. 2, Rn. 148 ff. Das BVerfG spricht übrigens nicht von „Schichten". Der Begriff ist auch problematisch, da er eine Stufung suggeriert.

753 Müller-Terpitz, in: Isensee/Kirchhof (Hg.), HStR, Bd. VII, § 147, Rn. 43 f.; ähnlich Starck, in: v. Mangoldt/Klein/Starck (Hg.), GG, Bd. 1, Art. 2 Abs. 2, Rn. 193; Stein, in: Spickhoff (Hg.), Medizinrecht, Art. 2 GG, Rn. 12; hierzu unklar Hermann, Schutz vor Fluglärm, S. 119, der zunächst die psychische Integrität „grundsätzlich nicht" als von Art. 2 Abs. 2 S. 1 GG umfasst ansieht, dann aber für deren Einbezug ein gewisses Maß an Objektivierbarkeit fordert (S. 121 und 124).

754 Müller-Terpitz, in: Isensee/Kirchhof (Hg.), HStR, Bd. VII, § 147, Rn. 44, der als Beispiele die bloße Berührung oder auch schmerzlose diagnostische Maßnahmen nennt.

755 Vgl. Starck, in: v. Mangoldt/Klein/Starck (Hg.), GG, Bd. 1, Art. 2 Abs. 2, Rn. 193; Müller-Terpitz, in: Isensee/Kirchhof (Hg.), HStR, Bd. VII, § 147, Rn. 44.

756 Fragwürdig daher auch die Darstellung bei Couzinet, Zulässigkeit von Immissionen, S. 130 (Fn. 387) und S. 135, der der herrrschenden Meinung „im Anschluss an die Fluglärm-Entscheidung" entnehmen will, dass sie von einem *Ausschluss* des psychischen Wohlbefindens aus dem Schutzbereich von Art. 2 Abs. 2 S. 1 GG ausgehe.

757 Bis auf wenige Ausnahmen – dazu später unten Teil 2, B., I., c. – gilt das auch für die Literatur, vgl. Couzinet, Zulässigkeit von Immissionen, S. 135.

zunächst Überlegungen zur eigenen bisherigen Rechtsprechung an, in der psychische Belastungen eine Rolle gespielt hatten[758] und verweist also auf eine gewisse Tradition der Berücksichtigung auch psychischer Zustände. Dann verlässt es den Verfassungsbegriff, blickt auf das einfache Recht und sieht ein weites Begriffsverständnis von körperlicher Unversehrtheit auch in den damals „neueren" Lärmschutzvorschriften verwirklicht[759]. Es verweist insbesondere auf die Begriffe der Gefahr, des erheblichen Nachteils und der erheblichen Belästigung in § 3 Abs. 1 BImSchG und §§ 29, 29a LuftVG bzw. dem damaligen FluLärmG[760].

Diese Passagen in der Lohausen-Entscheidung können als der Versuch des Gerichts interpretiert werden, darzulegen, dass die Verfassungsväter, und sich ihnen anschließend der Gesetzgeber, eine Art Mittelweg zwischen einem engen und einem weiten Begriff der körperlichen Unversehrtheit haben wählen wollen[761]. Die insofern genannten historischen und systematischen Argumente[762] sind prinzipiell auch nachvollziehbar. Ob damit auch zwingend die Notwendigkeit einer Beschränkung des sachlichen Schutzbereichs einhergeht, muss jedoch bezweifelt werden. Ein Abgleich mit der Fachwissenschaft im Hinblick auf die Frage, ob die Komplexität der fachwissenschaftlichen Erkenntnis einen solchen Mittelweg nicht vielleicht verhindert, erfolgt jedenfalls nicht. Darauf wird gleich zurück zu kommen sein.

Für seine weitere Prüfung wählt das Gericht dann als Ausgangspunkt die engere Interpretation des Begriffs der körperlichen Unversehrtheit und führt aus, das selbst wenn man diesen wählte, „sich die staatliche Schutzpflicht nicht schon mit der Begründung verneinen (lasse), dass der durch den Betrieb von Verkehrsflughäfen entstehende Fluglärm keinerlei somatische Folgen haben könne, sondern sich in einer Beeinträchtigung des psychischen und sozialen Wohlbefindens erschöpfe. Zumindest in Gestalt von Schlafstörungen lassen sich Einwirkungen auf die körperliche Unversehrtheit schwerlich bestreiten."[763] Der Einbezug von Schlafstörungen, auch nur als hypothetische Überlegung, in den Schutzbereich von Art. 2 Abs. 2 S. 1 GG hat, wie sich noch zeigen wird, erhebliche Konsequenzen für das gedankliche Gebäude, das das BVerfG zu errichten versucht.

In den unmittelbar darauf folgenden zwei Absätzen, die wohl als Sachverhaltsfeststellung gedacht sind, rekurriert das Gericht hauptsächlich auf den DFG-Forschungsbericht von 1974[764]. Es erklärt zunächst, dass eine vorwiegend gesunde Bevölkerung durch den heute üblichen Fluglärm im Durchschnitt nicht in

---

758 Insb. BVerfGE 17, 108 (114 f.); 52, 214 (220 f.)

759 BVerfGE 56, 54 (75).

760 BVerfGE 56, 54 (75 f.).

761 Zwar benutzt – soweit ersichtlich – nur Schulze-Fielitz, in: Dreier (Hg.), GG, Bd. I, Art. 2 Abs. 2, Rn. 35, den Begriff des Mittelweges. In der sich der Entscheidung anschließenden Literatur wird aber regelmäßig die Weite des WHO-Begriffs problematisiert. Für Nachweise, s. unten Teil 2, B., I., 1., b., aa.

762 Vgl. BVerfGE 56, 54 (75 f.).

763 BVerfGE 56, 54 (76).

764 Und zum Teil auf Rohrmann/Finke/Guski/Schümer/Schümer-Kohrs, Fluglärm.

einer Weise beeinflusst werde, die klinisch relevante Störungen auftreten lasse[765]. Soweit hier von „klinischer Relevanz" gesprochen wird, scheint man terminologisch am ehesten an ein biomedizinisches Krankheitsmodell anzuknüpfen. Auf der anderen Seite spricht das Gericht von der durchschnittlichen Beeinflussung der Bevölkerung, was auf die Einbindung epidemiologischen Wissens hindeutet[766]. Diese Passage ist daher auch ein Musterbeispiel für die Probleme, die das Recht im Hinblick auf die Einbindung fachwissenschaftlicher Erkenntnisse über Gesundheitsreaktionen hat.

Das BVerfG macht dann einen – etwas unvermittelten – Sprung und nimmt „Gefährdungslagen" für zumindest zwei Aspekte an, die im Zusammenhang mit Geräuschbelastungen stehen (und zwar (1.) anamnestisch angegebene Schlafstörungen und (2.) das Blutdruckverhalten als Risikofaktor für die Entstehung essentieller Hypertonie), gleichwohl noch nicht bewiesen seien[767]. Unter Berufung auf *Jansen*[768], der in dem der Entscheidung zu Grunde liegenden Planungsverfahren ein medizinisches Gutachten erstellt hatte und am DFG-Forschungsbericht beteiligt war, werden als wesentliche Auswirkungen des Fluglärms die Beeinträchtigung von Kommunikation sowie die Störung von Ruhe und Entspannung (Regeneration) genannt, die sich in einer beachtlichen sozial-psychologischen Verärgerungsreaktion zeigten und ermitteln ließen[769]. Die methodische Erforschung dieser Auswirkungen wird aber eben – durchaus nachvollziehbar und im Einklang mit den obigen Ausführungen zur Geräuschwirkungsforschung – der Soziologie und der Psychologie zugeordnet. Zudem wird konstatiert, dass auch nach *Jansen* somatische Wirkungen durch Fluglärm nicht auszuschließen seien, jedoch noch geprüft werden müsse, ab wann eine unzumutbare Belastung im medizinischen Sinne vorliege[770]. Das Gericht leitet diese Passagen dann wie folgt in die weiteren rechtlichen Ausführungen über: „Werden diese Untersuchungen zugrunde gelegt, dann bewirkt zwar der Fluglärm nach dem gegenwärtigen Stand der Erkenntnisse möglicherweise noch keine Verletzung der körperlichen Unversehrtheit im engeren Sinne; jedoch ist eine nicht unerhebliche Gefährdung dieses durch Art. 2 Abs. 2 GG geschützten Rechtsguts zu befürchten."[771]

---

765 BVerfGE 56, 54 (76).

766 Zur Einführung in die unterschiedlichen Modelle, vgl. oben Teil 1, C., III., 1.

767 BVerfGE 56, 54 (76).

768 Als Beteiligter an der sog. Fluglärmsynopse hatte er auch Einfluss auf das Gesetzgebungsverfahren zur Novellierung des FluLärmG, s. unten Teil 3, B., I., 4., c.

769 BVerfGE 56, 54 (77).

770 BVerfGE 56, 54 (77). Ob diese Formulierung auf eigene Überlegungen oder eine etwaige Stellungnahme von Jansen in einer mündlichen Verhandlung zurückzuführen ist, lässt sich der Entscheidung nicht entnehmen. Festzustellen ist aber, dass es eine Unzumutbarkeit „im medizinischen Sinne" nicht gibt, DFG, Forschungsbericht Fluglärmwirkungen, S. 8; s. auch oben Teil 1, C., II., 2., b.

771 BVerfGE 56, 54 (77).

b. Systematisierung und Kritik

Damit überspringt das BVerfG zentrale Fragen und gibt weit weniger Antworten, als es vielleicht zuerst den Anschein hat. Dies gilt es nun zu vertiefen. Da, wie gezeigt, die Ansichten in der Literatur zum sachlichen Schutzbereich von Art. 2 Abs. 2 S. 1 GG letztlich ebenfalls alle davon ausgehen, dass hinsichtlich psychischer Belastungen der Schutzbereich jedenfalls nicht uneingeschränkt eröffnet ist, sind die folgenden Ausführungen auch als Kritik an diesen Ansichten zu betrachten.

Im Mittelpunkt sowohl der Rechtsprechung des BVerfG als auch der ihr folgenden Literatur steht die These, dass psychische Belastungen rechtlich anders zu behandeln seien als Belastungen der Gesundheit im biologisch-physiologischen oder auch engeren Sinne. Man könnte sagen, dass der sachliche Schutzbereich für psychische Belastungen nur offen stehen soll, wenn sie eine gewisse Qualifikation erfahren haben. Dabei spielt es letztlich keine große Rolle, ob man diese Qualifikation darin erkennt, dass die jeweilige Belastung für mit Schmerzen vergleichbar gehalten werden kann oder aber sie über psycho-somatische Abläufe das biologisch-physiologische Substrat schädigt[772]. Immer sind damit Eingrenzungen des sachlichen Schutzbereichs impliziert, mit denen erhebliche Abgrenzungsschwierigkeiten einhergehen[773].

Für soziale Belastungen wird der sachliche Schutzbereich jedenfalls von allen Ansichten für nicht eröffnet angesehen. Bei der Frage der Aufnahme der drei von der WHO-Definition genannten inhaltlichen Aspekte – dem biologisch-physiologischen, dem psychischen und dem sozialen Wohlbefinden – wird also ein Mittelweg beschritten. Vor dem Hintergrund der Realbereichsanalyse wird diese Eingrenzung des sachlichen Schutzbereichs von Art. 2 Abs. 2 S. 1 GG hier für unbefriedigend gehalten.

Die Kritik an den auf das BVerfG zurückzuführenden und heute gängigen „Mittelweg-Argumentationen“ soll hier in vier Schritten erfolgen. Zuerst wird die Verwendung des WHO-Begriffs noch einmal kurz näher beleuchtet (aa.). Darauf folgen (bb.) eine Betrachtung der herangezogenen normativen Argumente und (cc.) eine Kritik der Rezeption fachwissenschaftlicher Erkenntnisse im Rahmen bzw. zur Unterstützung der Mittelweg-Argumentation bei der Bestimmung des sachlichen Schutzbereichs von Art. 2 Abs. 2 S. 1 GG, die schließlich (dd.) in eine allgemeinere Betrachtung der rechtlichen Behandlung komplexer Ursachenzusammenhänge mündet.

772 Vgl. die Nachweise oben Teil 2, B., I., 1., a.

773 Bereits Hermes, Schutz von Leben und Gesundheit, S. 224 f.

aa. Verwendung des WHO-Begriffs und Konturenlosigkeit des Schutzbereichs

Das BVerfG geht explizit nur auf die Definition des Gesundheitsbegriffs der WHO ein, um dessen Weitläufigkeit herauszustellen[774]. Der Vorgang der Operationalisierung des Begriffs durch die Fachwissenschaften selbst[775] wird vom Gericht ebenso wenig angesprochen wie von der sich ihm anschließenden Literatur[776]. Nicht eingegangen wird insbesondere auf die Gründe für die offene Formulierung der WHO-Definition. Nicht erörtert wird zudem, inwiefern Mediziner psychologische Abläufe und soziale Kontexte in ihre Untersuchungen theoretisch einbauen, sie auch empirisch untersuchen können und welche Ziele sie damit verfolgen.

Da also der überwiegende Teil der rechtswissenschaftlichen Literatur solche Überlegungen nicht anstellt, erkennt sie ein Problem in der Gleichsetzung des sachlichen Schutzbereichs mit der Definition des Begriffs Gesundheit durch die WHO, welches so nicht existiert. Entscheidend ist nämlich, dass körperliche, psychologische oder soziale Aspekte von den Fachwissenschaften mit dem Ziel operabel gemacht werden (können), Wirkungsendpunkte zu untersuchen, die *jedenfalls* dem sachlichen Schutzbereich zuzuordnen sind, nämlich Krankheiten. Die Rechtswissenschaften sind auf diese Erkenntnisse, mit denen eine Abgrenzung von Gesundheit und Krankheit bereits einhergehen, angewiesen[777]. Darüber hinaus auch noch eigene Kategorienbildungen oder eigene Abgrenzungsversuche hinsichtlich der Art des Fachwissens innerhalb des Systems Recht vornehmen zu wollen, liegt nicht in der Kompetenz der Rechtswissenschaften.

Als insofern problematische Kategorienbildung und Abgrenzungsversuch muss aber der Umgang mit der WHO-Definition bezeichnet werden, und zwar selbst wenn man deren programmatischen Gehalt als für das Recht problematisch begreift. Statt

774 BVerfGE 56, 54 (74); die Weitläufigkeit ebenfalls aufgreifend Di Fabio, in: Maunz/Dürig (Hg.), GG, Bd. I, Art. 2 Abs. 2, Rn. 57; Starck, in: v. Mangoldt/Klein/Starck (Hg.), GG, Bd. 1, Art. 2 Abs. 2, Rn. 193; Murswiek, in: Sachs (Hg.), GG, Art. 2, Rn. 150; Schulze-Fielitz, in: Dreier (Hg.), GG, Bd. I, Art. 2, Rn. 37; Lorenz, in: Dolzer/Kahl/Waldhoff (Hg.), BK GG, Bd. 1, Art. 2 Abs. 2 S. 1, Rn. 453; Hermes, Schutz von Leben und Gesundheit, S. 223; Hermann, Schutz vor Fluglärm, S. 122; Steinberg/Wickel/Müller, Fachplanung, S. 61, Rn. 81; Schmidt-Aßmann, AöR 1981, 205 (208); Giemulla/Schorcht, ZLW 2004, 493 (498); vgl. auch Couzinet, Zulässigkeit von Immissionen, S. 132 f., der die Konturenlosigkeit vom Einwirkungsbegriff aus betrachtet.

775 Vgl. – auch für nachfolgende Bezüge zu den Fachwissenschaften – oben Teil 1, C., III., 1.

776 Vgl. etwa Schulze-Fielitz, in: Dreier (Hg.), GG, Bd. I, Art. 2, Rn. 37; Starck, in: v. Mangoldt/Klein/Starck (Hg.), GG, Bd. 1, Art. 2 Abs. 2, Rn. 193 f.; Kunig, in: v. Münch/Kunig (Hg.), GG, Bd. 1, Art. 2, Rn. 62; Hermann, Schutz vor Fluglärm, S. 120; Ansätze bei Murswiek, in: Sachs (Hg.), GG, Art. 2, Rn. 150, allerdings ohne klares Ergebnis.

777 Hermes, Schutz von Leben und Gesundheit, S. 225 f. und 232 ff. (hier auch zu den erkenntnistheoretischen Problemen „erkannter“ bzw. nur „vermuteter“ Ursachenzusammenhänge); Schmidt-Aßmann, AöR 1981, 205 (209 f.); Hermann, Schutz vor Fluglärm, S. 122.

sich nämlich über die Operationalisierung des WHO-Begriffs Gedanken zu machen und daraus etwaige Schlussfolgerungen hinsichtlich der Überzeugungskraft einer Begrenzung des sachlichen Schutzbereichs zu ziehen, flüchtet sich die Rechtswissenschaft in Überlegungen zur Notwendigkeit und Begründbarkeit eines Mittelwegs. Sprachlich mag dieser Mittelweg zu finden und zu begründen sein. Er führt aber auch zur Aufhebung der empirischen Annahme über die Einheit von Körper und Geist[778] und – dies wird regelmäßig ausgelassen – ihrer Einbettung in ein soziales Umfeld, wie sie insbesondere in der Sozialmedizin zum Ausdruck kommen kann. Er führt damit – in noch näher darzustellendem Umfang – zu einer Diskreditierung der Erkenntnisse über psychische und insbesondere soziale Abläufe, die langfristig Krankheitsentstehungen begünstigen. Teilweise wird sich dazu in der Literatur auch kritisch geäußert und darauf hingewiesen, dass psychische Krankheiten sich praktisch kaum von physischen Bedingungen ablösen ließen[779]. Allerdings führt dies nur zu einer weitergehenden Öffnung des sachlichen Schutzbereichs für psychische Belastungen[780].

Ob also die Mittelweg-Argumentationen mit den Konzepten und Modellen der Fachwissenschaften in Übereinstimmung zu bringen sind, bleibt in der Lohausen-Entscheidung offen und ist eine Frage, die auch in die Rechtswissenschaft bisher keine ausreichende Beachtung gefunden hat. Es erscheint daher vor dem Hintergrund der anspruchsvollen Modelle der Lärmwirkungsforschung – den vom BVerfG erörterten Gedanken aufgreifend – äußerst fragwürdig, nicht-körperliche Einwirkungen in den sachlichen Schutzbereich nur einzubeziehen, wenn sie ihrer Wirkung nach mit körperlichen Wirkungen gleichzusetzen sind und dabei den Begriff des Schmerzes als Entscheidungskriterium zu etablieren[781]. Ist das Gleichsetzungs- oder Vergleichbarkeitskriterium klarer und nachvollziehbarer als das, was die Wirkungsforschung selbst anzubieten hat? Und: Ist man bei der Bestimmung der Vergleichbarkeit nicht doch wieder auf den Stand der Fachwissenschaften angewiesen?

Dazu abschließend folgende Überlegung: Es ist nicht von vornherein ausgeschlossen, dass beispielsweise ein Bild oder ein Graffiti als eine im psychischen bzw. sozialen Kontext zu verortende Einwirkung untersucht und so deren Wahrnehmung als Belästigung begriffen wird. Sie könnte sogar eine untersuchbare Gesundheitswirkung auslösen[782]. Jedenfalls muss man bei aktiver, bewusster menschlicher Wahrnehmung *immer* von einer physischen Einwirkung ausgehen; denn auch die

778 Das BVerfG geht von ihr aus, um sie dann einzuschränken, vgl. BVerfGE 56, 54 (74 f.).

779 Murswiek, in: Sachs (Hg.), GG, Art. 2, Rn. 149; ähnlich Kunig, in: v. Münch/Kunig (Hg.), GG, Bd. 1, Art. 2, Rn. 63.

780 Dazu sogleich unten Teil 2, B., I., 1., c.

781 BVerfGE 56, 54 (75).

782 Ob sie tatsächlich nachweisbar sind, ist für das Beispiel nicht relevant. Die Relevanz des ästhetischen Empfindens (dennoch) *grundsätzlich* ablehnend Lorenz, in: Dolzer/Kahl/Waldhoff (Hg.), BK GG, Bd. 1, Art. 2 Abs. 2 S. 1, Rn. 453; offener – allerdings nicht wie hier auf die Wissenschaftlichkeit bestimmter Erkenntnisse gestützt – dagegen BVerwG, NVwZ 1991, 983 (984); NJW 1995, 2648 (2649).

Wahrnehmung von Farbe ist – wie das Hören von Geräuschen – eine physikalisch vermittelte und biologisch erklärbare Einwirkung und im naturwissenschaftlichen Sinne streng kausal. Wie das Beispiel der Störung des Schlafes gezeigt hat, können Reaktionen im Körper und Geist des Menschen sogar ohne bewusste Wahrnehmung ausgelöst werden[783], ohne dass ihre Verursachung durch Geräusche deshalb angezweifelt wird. Es ist auch unstreitig, dass die ausgelösten Verarbeitungsprozesse als physiologische Reaktionen auf die Wahrnehmung des Bildes aufgefasst werden können. Wenn man nun – an Hand wissenschaftlicher Methoden – nachweisen könnte, dass die Einzel- oder Dauerwahrnehmung von Graffiti über diese komplexen Ursachenzusammenhänge eine Belästigungs- oder gar eine Gesundheitsreaktion hervorruft, so wäre dies potentiell rezipierbares Wissen[784].

Man kann mithin festhalten, dass die häufig beschworene Gefahr der Konturenlosigkeit des Schutzbereichs eine Leerformel ist; denn das bereit gestellte Wissen über Ursache-Wirkungs-Zusammenhänge selbst muss den Anforderungen an die Wissenschaftlichkeit empirischer Forschung genügen. Hier aber hat das Verfassungsrecht zurück zu stehen[785]. In Anbetracht dieser Anforderungen an die Wissenschaftlichkeit empirischer Forschung gibt es für den sachlichen Schutzbereich von Art. 2 Abs. 2 S. 1 GG keine Gefahr der Konturenlosigkeit, gleich welche Schichten, Aspekte oder Kontexte das zu rezipierende Wissen untersucht hat. Eine Eingrenzung ergibt sich nur innerhalb der Fachwissenschaften selbst in Form von Untersuchbarkeitsbarrieren.

Es wäre im sachlichen Schutzbereich also alleine zu entscheiden, ob die zu rezipierenden Erkenntnisse auf wissenschaftlichen Methoden basieren. Die Entscheidung, ob bestimmte Erkenntnisse diesen Anforderungen genügen, ist in jedem Fall zu treffen, und zwar auch für Einwirkungen auf biologisch-physiologische Zusammenhänge, die ohne weiteres auch bei engen Interpretationen des Begriffs der körperlichen Unversehrtheit dem sachlichen Schutzbereich des Art. 2 Abs. 2 S. 1 GG zugeordnet werden.

Daher ist es im Übrigen – ebenfalls bereits den Einwirkungsakt betrachtend – auch zutreffend, eine Einschränkung des Schutzumfangs von Art. 2 Abs. 2 S. 1 GG durch die Forderung nach einer gewissen Schwelle oder Intensität einer Einwirkung[786] abzulehnen[787]. Solche, das zu rezipierende Wissen bereits bewertenden

783 S. oben Teil 1, C., V. Dies wird ja auch etwa für Strahlung und durch sie verursachte Schäden nicht angezweifelt.

784 Dann aber eben nur Wissen über Belästigungsreaktionen. Zu deren Einbindung unten Teil 2, B., I., 2., b.

785 Vgl. Hermes, Schutz von Leben und Gesundheit, S. 233.

786 Lorenz, in: Dolzer/Kahl/Waldhoff (Hg.), BK GG, Bd. 1, Art. 2 Abs. 2 S. 1, Rn. 458; Kunig, in: v. Münch/Kunig (Hg.), GG, Bd. 1, Art. 2, Rn. 66; Sendler, UPR 1981, 1, (2); Schenke, NuR 1983, 81 (89); Schmidt-Aßmann, AöR 1981, 204 (212); wohl auch Correll, in: Denninger/Hoffmann-Riem/Schneider/Stein (Hg.), AK-GG, Bd. 1, Art. 2 Abs. 2, Rn. 109 f.

787 Hermes, Schutz von Leben und Gesundheit, S. 225 f.; Murswiek, in: Sachs (Hg.), GG, Art. 2, Rn. 163; Müller-Terpitz, in: Isensee/Kirchhof (Hg.), HStR, Bd. VII, § 147,

Aspekte sind Abwägungsbelange und nicht den Erörterungen über einen Eingriff in grundrechtliche Schutzbereiche zuzuordnen[788].

In diesem Zusammenhang ist schließlich zu fragen, welchen Vorteil das System Recht vom Ausschluss bestimmter Schichten oder Kontexte hätte, wenn in der beschriebenen Weise tatsächlich „Graffiti-Gesundheitswirkungen" nachgewiesen werden könnten. Wenn man durch das Recht steuernd in Wirkungszusammenhänge eingreifen will, wäre es im Hinblick auf eine Steuerungsleistung des Rechts sinnvoll, sie auszublenden? Kann es sinnvoll sein, die Dauerbelastung durch Schlafstörungen oder die geräuschinduzierte Belästigungsreaktion auszublenden, nur weil bei deren Erforschung psychische oder soziale Kontexte eine Rolle spielen können?

Die Darstellung der WHO-Definition in der rechtswissenschaftlichen Literatur ist somit als bisher unzureichend zu bezeichnen. Insbesondere ist es eine bloße Behauptung geblieben, sie sei weitläufig und der fachwissenschaftlich verwendete Gesundheitsbegriff konturenlos. Für die Einbindung der Erkenntnisse über die Bedeutung psychischer und sozialer Zustände werden von den Fachwissenschaften jedenfalls gute Gründe angegeben.

bb. Normative Argumente in der Lohausen-Entscheidung

Es werden vom BVerfG im Wesentlichen zwei klassische Auslegungsargumente vorgebracht, nämlich historische und systematisch-funktionale Überlegungen zum Begriff der körperlichen Unversehrtheit. Diese werden in den Zusammenhang mit der Frage nach der Übereinstimmung des sachlichen Schutzbereichs von Art. 2 Abs. 2 S. 1 GG mit der WHO-Definition des Begriffs der Gesundheit gesetzt[789]. Sie bleiben aber entweder in ihrer Tragweite eher vage oder sind grundsätzlich fragwürdig.

In einer systematischen Überlegung verweist das BVerfG darauf, dass neueren Lärmschutzvorschriften ein weites Verständnis von körperlicher Unversehrtheit zu Grunde liege, weil dort der Schutz auch auf erheblich belästigende und erhebliche Nachteile verursachende Lärmwirkungen bezogen werde[790]. Dieser Passage liegt die Vorstellung zu Grunde, dass die Begriffe Belästigung und Gesundheit miteinander verknüpft sind. Das BVerfG hat dies jedoch nicht weiter erläutert. Aus der Nennung des Begriffs der Belästigung im einfachen Recht würde sich aber ein klares systematisches Argument nur ergeben, wenn man auch eine klare Vorstellung davon hätte, was Belästigung fachwissenschaftlich ist. Wenn eine Belästigungsreaktion nämlich sachlich-inhaltlich *gar nichts* mit Gesundheit zu tun hat, ergibt sich aus der

Rn. 43; Schulze-Fielitz, in: Dreier (Hg.), GG, Bd. I, Art. 2 Abs. 2, Rn. 49 f., lehnt zunächst einen „Bagatellvorbehalt" ab, spricht sich aber im Zusammenhang mit indirekten Beeinträchtigungen für eine Einschränkung durch den Begriff der Sozialadäquanz aus (Rn. 51).

788 Hermes, Schutz von Leben und Gesundheit, S. 225 f.; Müller-Terpitz, in: Isensee/Kirchhof (Hg.), HStR, Bd. VII, § 147, Rn. 43; s. auch oben Teil 2, A., I., 2.

789 BVerfGE 56, 54 (74 ff.).

790 BVerfGE 56, 54 (75 f.).

einfach-rechtlichen Nennung der Belästigung auch kein zwingendes systematisches Argument für oder wider ein bestimmtes Verständnis von Gesundheit als Teil des Begriffs der körperlichen Unversehrtheit. Darüber hinaus wäre auch zu klären, ob bzw. inwiefern (und warum) der rechtliche Begriff davon eventuell abweicht oder nicht abweicht – mit entsprechenden Konsequenzen für die Bedeutung des Arguments.

Dies deutet darauf hin, dass das fachwissenschaftliche Wissen über Belästigungsreaktionen unter Umständen einem anderen Grundrechtsschutzbereich zuzuordnen ist. Dies gilt jedenfalls dann, wenn dieses Wissen keine sachlich-inhaltliche Verbindung zum Begriff der Gesundheit aufweist. Darauf wird zurückzukommen sein[791].

Das Gericht verweist zudem auf die Entstehungsgeschichte von Art. 2 Abs. 2 GG, der eine Reaktion auf die nationalsozialistischen Gräueltaten darstelle[792]. Zudem wird auf die Bedeutung des Grundrechts verwiesen, wenn sie im Lichte von Art. 1 GG und der darin verbürgten Menschenwürde ausgelegt würde[793]. Diese Argumente werden aber lediglich *gegen* eine enge Interpretation des Begriffs der körperlichen Unversehrtheit angeführt. Gleichwohl könnte man den Sinn und Zweck des Grundrechts auch als Argument *für* die Gleichsetzung des Schutzbereichs mit der WHO-Definition ansehen.

Diese normativen Überlegungen bleiben im Übrigen aber unvollendet, da das Gericht sich in der Lohausen-Entscheidung hinsichtlich des Umfangs des sachlichen Schutzbereichs nicht abschließend positioniert. Im zu entscheidenden Fall glaubte das Gericht darlegen zu können, dass es auch im engen Verständnis des Begriffs der körperlichen Unversehrtheit zur Annahme einer Schutzpflicht kommen müsse.

cc. Rezeption fachwissenschaftlichen Wissens durch die Einbindung des Einwirkungsakts

Auch die Art und Weise, in der das BVerfG in der Lohausen-Entscheidung fachwissenschaftliche Erkenntnisse rezipiert, wirft Fragen im Hinblick auf die Mittelweg-Argumentation auf. Das Gericht betrachtet bei der Bestimmung des sachlichen Schutzbereichs nämlich auch *Einwirkungsakte*. Prüfungstechnisch begibt es sich dabei auf die Ebene der Feststellung eines Eingriffs in den Schutzbereich[794]. Die dadurch entstehenden Probleme bilden das Zentrum der folgenden Überlegungen.

---

791 S. unten Teil 2, B., I., 2., b. und II., 2., b. sowie III., 2., a.

792 Zu den damaligen Verbrechen zählten neben physischer Vernichtung auch und gerade der psychische Terror, seelische Folterungen und entsprechende Verhörmethoden, dazu etwa Lorenz, in: Dolzer/Kahl/Waldhoff (Hg.), BK GG, Bd. 1, Art. 2 Abs. 2 S. 1. Rn. 411; Starck, in: v. Mangoldt/Klein/Starck (Hg.), GG, Bd. 1, Art. 2 Abs. 2, Rn. 189.

793 BVerfGE 56, 54 (74); Lang, in: Epping/Hillgruber (Hg.), GG, Art. 2, Rn. 62; Lorenz, in: Dolzer/Kahl/Waldhoff (Hg.), BK GG, Bd. 1, Art. 2 Abs. 2 S. 1, Rn. 413.

794 Hermes, Schutz von Leben und Gesundheit, S. 222, scheint ihr Ineinandergreifen für unausweichlich zu halten, ohne dass dadurch ihre begriffliche Trennung ausgeschlossen werde.

Den Ausgangspunkt der tatsächlichen Ausführungen des BVerfG in der Lohausen-Entscheidung bildet eine (in ihrer Darstellung) unscharfe Aussage. In einem Abschnitt, in dem das Gericht annimmt, dass selbst wenn man den Schutzbereich von Art. 2 Abs. 2 S. 1 GG vor dem Hintergrund eines engen Begriffsverständnisses erfasst, die Rechtsfolge einer staatlichen Schutzpflicht sich im vorliegenden Fall nicht mit Blick auf die (bisherigen) empirischen Erkenntnisse über Lärmwirkungen verneinen lasse[795]. Und in der Tat war es schon damals zweifelhaft – insofern ist dem BVerfG zuzustimmen – zu sagen, es seien *keine* somatischen Folgen durch Geräusche dokumentiert. Das Gericht nennt dann auch Schlafstörungen und das Blutdruckverhalten als Einwirkungen auf den Körper und damit als Stütze für die Annahme einer staatlichen Schutzpflicht vor Fluglärmwirkungen.

Problematisch ist dies allerdings hinsichtlich der Frage nach der Bedeutung der WHO-Definition für den sachlichen Schutzbereich von Art. 2 Abs. 2 S. 1 GG und die „Mittelweg-Argumentation"; denn welcher ist der entscheidende Aspekt etwa bei einer Schlafstörung bzw. weswegen kommt es auf die Schlafstörung im Zusammenhang mit Art. 2 Abs. 2 S. 1 GG an? Wenn man zum Zweck der Argumentation ein enges Verständnis von körperlicher Unversehrtheit in einem engen Gesundheitsbegriff (verstanden als ein nicht näher spezifizierter „Somatismus") verwirklicht sieht, wäre die Frage, ob und wenn ja, welche – in den Worten des Gerichts – somatischen Wirkungen[796] Schlafstörungen genau haben. Wenn solche Wirkungen fachwissenschaftlich beschreibbar sind (und beschrieben wurden), wäre die Begründung für eine Schutzpflicht (im engen Verständnis) vorhanden und es käme eigentlich gar nicht auf die Errichtung eines Mittelweges bzw. den Einbezug psychischer Belastungen an[797].

Wenngleich die Ausführungen des BVerfG in dieser Passage des Urteils inhaltlich einen wahren Kern haben, so sind sie doch vage und unvollständig. Klarer wären sie, wenn man zumindest noch erläutert hätte, welche zeitlich unmittelbar eintretenden körperlichen Folgen eine Schlafstörung hat[798]. Allerdings wäre dann die Frage, welche Rolle eine nur einmalige Schlafstörung für Art. 2 Abs. 2 S. 1 GG spielt bzw. spielen soll, noch schwerer zu vermeiden gewesen. Mit ihr wäre man dann beim eigentlichen Problem letztlich aller pathologischen Zustände angelangt, an denen Geräuscheinwirkungen ihren Anteil haben, nämlich der zeitlichen Verzögerungen des Wirkungseintritts am Untersuchungsendpunkt und damit beim chronischen Schaden. Dies hätte allgemein zur Frage nach der Operationalisierung des Gesundheitsbegriffs in den Fachwissenschaften und konkret zur Frage der Methoden der (Lärm-)Wirkungsforschung führen können. Schlafstörungen und abnormes Blutdruckverhalten führen so zur eigentlich problematischen chronischen Wirkung und deren verfassungsrechtlicher Verarbeitung.

---

795 BVerfGE 56, 54 (76).

796 BVerfGE 56, 54 (76).

797 Insofern etwas deutlicher die spätere Entscheidung zu möglichen Gesundheitsgefahren des Elektrosmogs BVerfG, NVwZ 1997, 2509 (2509).

798 Dazu oben Teil 1, C., III., 3., b.

Problematisch wird die fachwissenschaftliche Rezeption des BVerfG in der Lohausen-Entscheidung also auf Grund der Vermengung von Schutzbereichs- und Eingriffsaussagen. Das apodiktische Einführen einer Gefährdungslage mag zwar insofern der Struktur des Fachwissens über chronische Wirkungen entsprechen, als dort im Hinblick auf die feststellbaren körperlichen Wirkungen in Populationen lediglich Risikoaussagen getroffen werden können[799]. In der Verknüpfung mit der Aussage des BVerfG, es lege keine *Verletzung* im engeren Sinne vor[800], stiftet sie aber immense Verwirrung, weil nicht klar ist und damit auch wieder in Frage gestellt wird, wann und warum (bzw. ob überhaupt) eine durch Schlafstörungen oder durch Veränderung des Blutdruckverhaltens induzierte[801] Verletzung im engeren Sinne vorliegen kann bzw. wie dies nachzuweisen ist.

Wenn das BVerfG – und ihm folgend weite Teile der Literatur[802] – von einer Verletzung im engeren Sinne spricht, stellt sich die Frage, welches Vorstellungsbild von den fachwissenschaftlichen Gesundheits- bzw. Krankheitsbegriffen damit transportiert werden soll. Im engen Verständnis des bio-medizinischen Krankheitsbegriffes kann die Schlafstörung sicher als Symptom auftreten; aber kann sie auch die zu behandelnde Krankheit darstellen[803]? Es schließt sich dann die Frage an, wann überhaupt solche Verletzungen im engeren Sinne vorliegen sollen und wie damit die Problematisierung von Schlafstörungen bzw. Bluthochdruckserscheinungen in Einklang zu bringen ist.

Soweit das Gericht für Verletzungen im engeren Sinne auf klinisch relevante Störungen rekurriert, müssten Schlafstörungen und Blutdruckveränderungen

---

799 Vgl. oben Teil 1, C., III., 2.

800 BVerfGE 56, 54 (77).

801 Wobei dies Wirkungen sind, die unproblematisch mit einem biologisch-physiologischen Verständnis von körperlicher Unversehrtheit in Verbindung gebracht werden können.

802 Schulze-Fielitz, in: Dreier (Hg.), GG, Bd. I, Art. 2 Abs. 2, Rn. 34; wohl auch Hofmann, in: Schmidt-Bleibtreu/Hofmann/Hopfauf (Hg.), GG, Art. 2, Rn. 52; Murswiek, in: Sachs (Hg.), GG, Art. 2, Rn. 149 f. und 155, vermeidet den Begriff der Verletzung im engeren Sinne und hält Lärm für eine Einwirkung auf den Körper, um dann aber dennoch einen Eingriff nur anzunehmen, wenn eine Gesundheitsgefahr vorliege oder ein Vergleichbarkeitskriterium (Schmerz) erfüllt sei. Auch Müller-Terpitz, in: Isensee/Kirchhof (Hg.), HStR, Bd. VII, § 147, Rn. 42, nutzt diesen Begriff, obwohl er der fortwirkenden Beeinträchtigung eher auf Rechtfertigungsebene Bedeutung zumessen will; ähnlich Lorenz, in: Dolzer/Kahl/Waldhoff (Hg.), BK GG, Bd. 1, Art. 2 Abs. 2 S. 1, Rn. 452 und 456, bei dem hinzukommt, dass er eine Erheblichkeitsgrenze anerkennt (Rn. 458).

803 Das ist natürlich nicht auszuschließen, bedarf hier aber auch keiner weiteren Klärung. Hingewiesen sei nur auf Folgendes: Wenn der Arzt auf Ursachenforschung geht und der Patient ihm erklärt, er werde von Verkehrsgeräuschen wach, gelten die Geräusche in den Augen des Arztes sicher nicht als zu behandelnde Krankheiten. Kann aber eine durch Schlafstörungen beim Patienten eintretende Krankheit trotzdem eine Verletzung im engeren Sinn darstellen?

zumindest prinzipiell eine solche Verletzung (biologisch-physiologisch) verursachen können[804]. Und in der Tat wird für Schlafstörungen ja auch zumindest von einer Einwirkung gesprochen, ohne dass vollständig klar wird, was es mit dieser Terminologie – in Abgrenzung zu den Begriffen Gefährdung und Verletzung – auf sich haben soll.

Damit soll nicht in Frage gestellt werden, dass es zutreffend war, von einer Einwirkung auf funktionale Abläufe im Körper auszugehen. Schon damals war es fachwissenschaftlich – scheinbar entgegen der Aussagen von *Jansen* im Prozess[805] – bereits klar, dass aktuelle Beschallung und insbesondere auch die Störung des Schlafs biologisch-physiologische Wirkungen (Einwirkungen) entfaltet[806]. In diesem Zusammenhang ist auch zu fragen, welche Rolle die geforderte Anamnese haben soll. Ist eine Schlafstörung dann – nur dann? – eine Einwirkung auf die körperliche Unversehrtheit, wenn sie im Rahmen eines ärztlichen Befundes angegeben wurde?[807]

Dies lässt sich sogar noch vertiefen: Worin liegt genau die Störung des Schlafes bzw. die Einwirkung auf den Schlaf? Das BVerfG wird hier nicht mehr präziser. Ergründet man sie vor dem Hintergrund der biologisch-physiologischen Funktion des Schlafes[808], ergeben sich weitere Probleme. Wenn man nämlich einmal davon ausgeht, dass eine biologisch-physiologische Funktion des Schlafes – ohne dies genauer fachwissenschaftlich zu fundieren – in der Erholung der Körperfunktionen von den Anstrengungen des Wachzustands zu sehen ist, wo liegt dann genau der Unterschied zur Erholung, die – zumindest vom damals im Verfahren angehörten Gutachter *Jansen* – dem für irrelevant erklärten sozial-psychologischen Bereich zugewiesen wurde?[809] Weitergehende Fragen ergeben sich wiederum im Zusammenhang mit der Annahme einer Einheit von Körper, Geist und Seele. Wenn das BVerfG gerade mit Blick auf diese Einheit Verletzungen im engeren Sinne auch im Bereich des psychischen Wohlbefindens für möglich hält, muss dann nicht auch das die Einbettung des Psychischen in das Soziale behandelt werden, wie sich für das Psychische schon die Frage nach dem Zusammenhang mit dem Körper gestellt hat?

Eine Vielzahl von Fragen stellt sich – quasi spiegelbildlich – auch, wenn man statt von Verletzungen im engeren Sinn über Gefährdungslagen nachdenkt: Ist eine einmalige Störung für eine Gefährdung ausreichend? Wenn ja, welche theoretischen

804 Nur teilweise nachvollziehbar Hermann, Schutz vor Fluglärm, S. 126 f., der verkennt, dass nach dem – auc von ihm für richtig erachteten (ebd., S. 121, Fn. 22) – Wirkungsmodell, psycho-soziale Belastungen ebenfalls problematisch sein können (S. auch ebd, S. 125, Fn. 40).

805 S. oben Teil 2, B., I., 1., a. bzw. die Nachweise in Fn. 771.

806 DFG, Forschungsbericht Fluglärmwirkungen, S. 18 f. und 422; Rohrmann/Finke/Guski/Schümer/Schümer-Kohrs, Fluglärm, S. 39.

807 Zu verschiedenen Verständnissen des Krankheitsbegriffs oben Teil 1, C., III., 1. Hinsichtlich des dort nicht analysierten klinischen und personalistischen Krankheitsbegriff, vgl. Seewald, Gesundheit, S. 19 ff. und 134 ff.

808 S. oben Teil 1, C., III., 3., b.

809 Vgl. BVerfGE 56, 54 (77).

Annahmen – etwa nach einem biomedizinischen Verständnis von Gesundheit bzw. Krankheit – und entsprechende Ergebnisse werden dem zu Grunde gelegt? Wenn nein, wie viele Störungen über welchen Zeitraum sind für eine Gefährdung notwendig? Wenn eine relevante Gefährdung (aber) nur über einen längeren Zeitraum feststellbar ist, handelt es sich dann nicht um einen chronischen Schaden, der im Mittelpunkt steht?[810]

Noch ein letzter Aspekt: Wie bereits gesagt, wird vom BVerfG nicht erklärt, welche somatischen Wirkungen Schlafstörungen haben bzw. ob es im Sachverhalt von ihnen ausgegangen ist. Wenn es – für den entschiedenen Sachverhalt – von vornherein auszuschließen war, von irgendwelchen somatischen Wirkungen auszugehen, konnte auch keine Gefährdung und erst Recht keine Verletzung im engeren Sinne vorkommen. *Jansen* zu zitieren mit der Aussage, somatische Wirkungen seien nicht auszuschließen, jedoch sei ungeklärt, ab welcher Belastung hier von einer Unzumutbarkeit im medizinischen Sinne ausgegangen werden könne[811], muss man daher als widersprüchlich einordnen; denn entweder lagen schon damals Erkenntnisse über somatische Wirkungen vor und es war noch ungeklärt, inwiefern sie eine chronische funktionale Störung verursachen oder es lagen keine Erkenntnisse über somatischen Wirkungen vor und die Frage nach chronischen Störungen hätte sich erübrigt.

Zusammenfassend lässt sich also festhalten, dass die Heranziehung und Diskussion der Schlafstörung bzw. der Veränderung des Blutdruckverhaltens nicht per se eine Argument für die Etablierung eines Mittelwegs bei der Fassung des sachlichen Schutzbereichs von Art. 2 Abs. 2 S. 1 GG beinhalten. Beides sind zuerst körperliche (Primär-)Reaktionen. Die Schlafstörung oder der schlechte Schlaf, den eine Person mit Geräuschbelastungen verknüpft, kann jedoch auch in sozial-psychologischen Untersuchungen eine Rolle spielen[812]. Es kommt hier wie für alle geräuschinduzierten Primärreaktionen darauf an, in welchen weiteren Ursachenzusammenhang sie von den Fachwissenschaften gestellt werden bzw. zur Untersuchung welchen Wirkungsendpunkts sie herangezogen werden.

Überdies zeigen die Ausführungen des BVerfG in der Lohausen-Entscheidung, dass eine Einschränkung des Schutzumfangs des Begriffs der körperlichen Unversehrtheit nicht nur durch die Mittelweg-Argumentation erreicht wird, sondern auch durch den unklaren Umgang mit den fachwissenschaftlichen Versuchen, Ursachenzusammenhänge zwischen zeitlich unmittelbar und langfristig auftretenden Reaktionen

---

810 Die Literatur stellt solche Fragen weitgehend nicht. Paradigmatisch Starck, in: v. Mangoldt/Klein/Starck (Hg.), GG, Bd. 1, Art. 2 Abs. 2, Rn. 194, der einerseits auch schmerzlose, nicht spürbare Emissionen, die erst allmählich eine Gesundheitsschädigung bewirken, als Eingriffe einordnet, andererseits Art. 2 Abs. 2 S. 1 dennoch nicht als „umfassendes Umweltgrundrecht" ansehen will (Fn. 34) und darüber hinaus eine eher restriktive Haltung gegenüber psychischen Belastungen einnimmt. Das suggeriert das Vorhandensein der Möglichkeit einer nachvollziehbaren Grenzziehung, zu der aber nichts weiter gesagt wird.

811 BVerfGE 56, 54 (77).

812 Als Störung der Ruhe und Erholung, s. oben Teil 1, C., II., 2., a.

aufzuzeigen. Wenn man bestimmte Primärreaktionen als Nachweis dafür heranzieht, dass der sachliche Schutzbereich betroffen ist, hat man sich damit auch schon für die verfassungsrechtliche Anerkennung von chronischen Schäden entschieden, die diese Reaktionen langfristig begünstigen.

c. *Körperliche Unversehrtheit als das „Freisein von pathologischen Zuständen" – Zum funktionalen Verständnis des sachlichen Schutzbereichs von Art. 2 Abs. 2 S. 1 GG*

Die rechtlichen Argumente, die im überwiegenden Teil der rechtswissenschaftlichen Literatur für die Abtrennung psychischer, insbesondere aber sozialer Zustände aus dem sachlichen Schutzbereich von Art. 2 Abs. 2 S. 1 GG genannt werden, können ebenso wenig überzeugen wie der dortige Umgang mit der WHO-Definition. Die unterschiedliche Behandlung dieser Zustände gegenüber biologisch-physiologischen Zuständen entspricht auch nicht der empirischen Annahme einer Einheit von Körper und Geist bzw. deren Einbettung in soziale Zusammenhänge. Es ist überdies bisher nicht ausreichend hinterfragt worden, ob für einen Mittelweg bei der Interpretation des Begriffs der körperlichen Unversehrtheit vor dem Hintergrund der Modelle der Wirkungsforschung überhaupt eine Notwendigkeit besteht; denn gleich ob eine Belastung tatsächlich eher biologisch-physiologisch oder sozialpsychologisch vermittelt und entsprechend untersucht wird. Es sind jedenfalls die Wirkungsendpunkte der empirischen Forschung, über die eine Einordnung in den sachlichen Schutzbereich erfolgen kann.

Daher ist den Stimmen in der rechtswissenschaftlichen Literatur zuzustimmen, die den Begriff der körperlichen Unversehrtheit als ein Freisein von pathologischen Zuständen verstehen und sich bei dessen Nachweis auf die Einbindung fachwissenschaftlicher Erkenntnisse stützen wollen[813]. Dies ermöglicht es prinzipiell, jede Art von Wissen über krankhafte Zustände zu rezipieren. Soweit hinsichtlich des Nachweises eines pathologischen Zustands auf das Abweichen von Normalzuständen oder von Normbereichen verwiesen wird, ist auch dem prinzipiell zuzustimmen. Auch solche Abweichungen werden von der Medizin beschrieben. Ihre Herausbildung oder Definition ist als methodische Grundlage der gesamten physiologisch-medizinischen Lärmwirkungsforschung anzusehen[814]. Es gilt hier jedoch die starke Verwobenheit mit der Frage zu beachten, ob ein Einwirkungsakt vorliegt oder nicht.

---

813 Seewald, Gesundheit, S. 132 ff; Hermes, Schutz von Leben und Gesundheit, insb. S. 223 und 225 f.; Heitsch, in: Ziekow (Hg.), Aktuelle Fragen 2008, S. 22 f.; prinzipiell wohl auch – allerdings nicht immer klar – Hermann, Schutz vor Fluglärm, S. 117 ff. (insb. S. 125); Murswiek, in: Sachs (Hg.), GG, Art. 2, Rn. 147 ff.; vgl. auch Lorenz, in: Dolzer/Kahl/Waldhoff (Hg.), BK GG, Bd. 1, Art. 2 Abs. 2 S. 1, Rn. 452, der allerdings bei indirekten Einwirkungen eine Erheblichkeitsgrenze für zulässig erachtet (Rn. 458).

814 Dazu insgesamt oben Teil 1, C., III., 1.; hier nur und insb. Hucklenbroich, in: Rothaar/Frewer (Hg.), Das Gesunde, das Kranke, S. 38 f.

Die vorschnelle Einordnung eines Lebensvorgangs als physiologisch normal kann zu einer Einengung des Schutzbereichs führen[815]. Nicht zu verkennen ist jedoch, dass die Definition solcher Funktion- und Normbereiche unter Umständen Wertungen des Forschers unterworfen sein und ihre konkrete Ausgestaltung einen erheblichen Einfluss auf die Ergebnisse empirischer Forschung haben kann. Dennoch obliegt es nicht den Rechtswissenschaften, hier eigene Kategorien zu bilden oder Vorgaben zu machen. Die Diskussion um die Nachvollziehbarkeit bestimmter Funktionsbeschreibungen oder Normbereiche ist fachwissenschaftlich zu führen und den Rechtswissenschaften bloß zu berichten.

Allerdings ist zu kritisieren, dass sich auch diese Stimmen regelmäßig für einen Ausschluss des sozialen Wohlbefindens bei der Bestimmung des sachlichen Schutzbereichs von Art. 2 Abs. 2 S. 1 GG aussprechen bzw. nicht immer ganz deutlich machen, ob sich pathologische Zustände in bzw. aus allen Aspekten der WHO-Definition ergeben können[816]. Entscheidend kann hier eigentlich nämlich nur sein, dass die herangezogenen fachwissenschaftlichen Erkenntnisse als Ergebnisse wissenschaftlicher Methoden angesehen werden. Im Mittelpunkt steht also die Objektivität der fachlichen Erkenntnisse[817] und nicht eine oberflächliche Einordnung etwaiger Untersuchungsaspekte durch die Rechtswissenschaften[818].

---

815 Vgl. die Dikussion um qualifizierte Primärreaktionen im Zusammenhang mit der Konsistenz des Konzepts gestuften Fluglärmschutzes unten Teil 3, B., II., 1., b.

816 Murswiek, in: Sachs (Hg.), GG, Art. 2, Rn. 149, und Heitsch, in: Ziekow (Hg.), Aktuelle Fragen 2008, S. 22, sprechen jeweils explizit nur davon, dass psychische Zustände selbst als pathologisch angesehen werden können; Hermes, Schutz von Leben und Gesundheit, S. 233 (Fn. 237), geht auch von der Verwertbarkeit sozialmedizinischer Erkenntnisse; unklar Couzinet, Zulässigkeit von Immissionen, S. 130 ff., der sich zunächst für eine Beschränkung des sachlichen Schutzbereichs ausspricht, dann aber Gesundheit als „folgenbezogenes Kriterium" versteht, dabei auf ein objektivierbares Abweichen von einer Normalfunktion abstellt und hier wiederum sozial-medizinische Erkenntnisse *nicht* anerkennen will (S. 137), obwohl er es eingangs als medizinsch gesichert bezeichnet, dass Lärm bei längerfristiger Exposition zur Krankheitsentstehung beiträgt (S. 38).

817 Hermes, Schutz von Leben und Gesundheit, 233.

818 Gesprochen wird dann regelmäßig nicht mehr von einer psychischen oder sozialen *Belastung*, sondern vom *Wohlbefinden* – vgl. Di Fabio, in: Maunz/Dürig (Hg.), GG, Bd. I, Art. 2 Abs. 2, Rn. 56; Müller-Terpitz, in: Isensee/Kirchhof (Hg.), HStR, Bd. VII, § 147, Rn. 44; Hermann, Schutz vor Fluglärm, S. 125; Couzinet, Zulässigkeit von Immissionen, S. 130 – dessen vollständige Garantie sicher von niemandem gewährleistet werden kann, so dass man insofern auch tatsächlich von einer Glücksverheißung sprechen kann, vgl. Di Fabio, in: Maunz/Dürig (Hg.), GG, Bd. I, Art. 2 Abs. 2, Rn. 56, ohne damit aber für die Interpretation des Begriffs der körperlichen Unversehrtheit Wesentliches gewonnen zu haben.

d. *Zwischenfazit*

Der weit überwiegende Teil der rechtswissenschaftlichen Literatur beschreitet bei der Bestimmung des sachlichen Schutzbereichs in nicht überzeugender Weise das Beschreiten einen Mittelweg, der für die Einbeziehung psychisch vermittelter Belastungen eine Art Qualifikation verlangt. Selbst weite Interpretationen des Begriffs der körperlichen Unversehrtheit, die darin das Freisein von pathologischen Zuständen verstehen, sehen regelmäßig zumindest das soziale Wohlbefinden von ihm nicht erfasst. Unklar bleibt hier, ob und warum methodische Ansätze in den Fachwissenschaften, bei denen soziale Aspekte der Krankheitsentstehung aufgegriffen und empirisch untersucht werden, im verfassungsrechtlichen Sinne dem sozialen Wohlbefinden zugeordnet werden, auch wenn sie letztlich Wissen an gesundheitsbezogenen Wirkungsendpunkten generieren. Die verwendete Begrifflichkeit (Wohlbefinden statt Belastung oder Zustand) wechselt dann – ohne ersichtlichen Grund – von einem operationalisierten Krankheitsbegriff zum programmatischen Gehalt der WHO-Definition.

Selbst im Rahmen weiter Interpretationen wird zudem der bedeutsamen Unterscheidung von Gesundheits- und Belästigungsreaktionen in den Fachwissenschaften nicht nachgegangen. Da dies gerade mit Blick auf die Bewältigung der Lärmwirkung im einfachen Recht eine folgenschwere Differenzierung ist, bedürfen alle bisherigen Interpretationen des Begriffs der körperlichen Unversehrtheit der Weiterentwicklung. Hinzu kommt, dass insbesondere das fachliche Wissen über Gesundheitsreaktionen an Wirkungsendpunkten (Krankheiten) nur statistisch ausgedrückt werden kann und daher unter den Begriff des chronischen Schadens fällt. Der Ansatz aber, dass das Recht bei der Ausfüllung des Begriffs der körperlichen Unversehrtheit immer auf fachwissenschaftliche Erkenntnis angewiesen bleibt, wird hier aufgegriffen. Er ist Ausgangspunkt der sich anschließenden Ausführungen.

2. *Gesundheit (und Belästigung) in Art. 2 Abs. 2 S. 1 GG vor dem Hintergrund fachwissenschaftlicher Methodiken – Versuch einer Präzisierung*

Im Folgenden geht es nun darum, auf Basis der fachwissenschaftlichen Methoden und Strukturen zur Erforschung geräuschinduzierter Effekte auf den Körper und den Geist des Menschen eine Lösung der dargestellten Probleme bei der Interpretation des Begriffs der körperlichen Unversehrtheit zu erarbeiten. Insbesondere geht es darum, die verbleibenden Entscheidungen aufzuzeigen, die vom System Recht im Hinblick auf das fachwissenschaftlich bereit gestellte Wissen zu treffen sind.

Grundlage der nachfolgenden Präzisierung ist, dass die Lärmwirkungsforschung zwischen Wissen über Gesundheits- und Belästigungsreaktionen unterscheidet, Art. 2 Abs. 2 S. 1 GG in expliziter Form jedoch weder von der Gesundheit noch von der Belästigung spricht. Wie gezeigt, kann es aber als gesichert angesehen werden, dass der Begriff der Gesundheit bei allen Interpretationen des Begriffs der körperlichen Unversehrtheit durch die Rechtswissenschaft eine Rolle spielt, auch wenn ein eingehender Abgleich mit den fachwissenschaftlichen Vorstellungen vom Begriff der Gesundheit weitgehend fehlt[819]. Der Begriff der Belästigung spielt allenfalls am Rande eine Rolle bei der Interpretation von Art. 2 Abs. 2 S. 1 GG[820]. Hier gilt in noch größerem Maß, dass fachwissenschaftliche Vorstellungen über die Belästigung in die verfassungsrechtliche Diskussion keinen Eingang finden[821]. Zudem ist festzuhalten, dass das gesamte Wissen über die Wirkungsendpunkte Belästigung und Gesundheit/Krankheit die Form statistischer Aussagen hat bzw. nur haben kann.

Da sich gezeigt hat, dass die rechtswissenschaftliche Erörterung des sachlichen Schutzbereichs von Art. 2 Abs. 2 S. 1 GG nicht völlig losgelöst von einem etwaigen Einwirkungsakt erfolgen kann und auch die fachwissenschaftlichen Erkenntnisse komplexe Ursache-Wirkungs-Zusammenhänge beschreiben, werden die nachfolgenden Überlegungen zu einer möglichen fachwissenschaftlichen Anleitung bei der Interpretation von Art. 2 Abs. 2 S. 1 GG auf Aussagen zum sachlichen Schutzbereich (a. und b.) und dem Beeinträchtigungsvorgang (c.) unterteilt. Zudem wird kurz auf die Bedeutung der Durchschnittsbildung für den Schutzbereich (d.) und auf das Problem der Gesamtlärmwirkungen eingegangen (e.).

Explizit wird nachfolgend nur auf die Erforschung geräuschinduzierter Wirkungen auf den Körper und den Geist des Menschen abgestellt. Strukturell sind die Überlegungen aber durchaus auch auf andere Ursachenzusammenhänge, andere Kettenauslöser übertragbar. Allerdings wird sich in anderen Sachzusammenhängen das Problem des Wirkungsendpunktes der Belästigung möglicherweise nicht in so erheblicher Art und Weise stellen[822]. In anderen Sachzusammenhängen gelten

---

819 Insofern zutreffend Couzinet, Zulässigkeit von Immissionen, S. 135, dessen eigene Einordnung fachwissenschaftlicher Krankheitsbegriffe (S. 136 f.) allerdings im Hinblick auf seine Haltung zur Sozialmedizin (S. 137) kritikwürdig ist und den Belästigungsbegriff nicht betrachtet. Ähnlich kritikwürdig hinsichtlich des Begriffs der Belästigung Seewald, Gesundheit, S. 14 ff. und S. 132 ff.

820 Zur Heranziehung des einfachen Rechts durch das BVerfG oben Teil 2, B., I., 1., a.; zum Teil wird der Begriff Belästigung auch im Zusammenhang mit Überlegungen zu einem vermeintlichen Bagatellbereich im Rahmen von Art. 2 Abs. 2 S. 1 GG benutzt, vgl. Hermes, Schutz von Leben und Gesundheit, S. 225.

821 Obwohl der Begriff im einfachen Recht eine feste Größe ist (vgl. nur § 3 BImSchG), gibt es auch dort – soweit ersichtlich – keine Auseinandersetzung mit seiner fachwissenschaftlichen Bedeutung, vgl. Kutscheid, in: Landmann/Rohmer (Hg.), Umweltrecht, BImSchG, § 3, Rn. 13; Couzinet, Zulässigkeit von Immissionen, S. 303 ff.; Jarass, BImSchG, § 3, Rn. 27, der aber auch feststellt, dass das mittels pyschologischer und soziologischer Methoden gewonnene Wissen lediglich Belästigungen nachweist (Rn. 51).

822 Bspw. toxische Stoffe, Strahlung, Feinstaub, etc. verursachen idR. wohl nicht bloß eine – an Hand der aufgezeigten psycho-sozialen Wirkungsmodelle untersuchbare – Empfindung von Belästigung. Weit überwiegend werden hier Gesundheitsreaktionen im Vordergrund der empirischen Forschung stehen. Allerdings kann sich auch in diesen Zusammenhängen die Frage nach der Verwertbarkeit von sozialmedizinischem Wissen stellen.

jedoch jedenfalls die Aussagen bezüglich der Bereitstellung von Wissen über den Wirkungsendpunkt Krankheit.

a. *Die Verbindung des sachlichen Schutzbereichs von Art. 2 Abs. 2 S. 1 GG zu Wissen über Gesundheitsreaktionen*

Die Realbereichsanalyse hat ergeben, dass Wissen über die Entstehung von Krankheiten beeinflusst sein kann von Wissen über den sozialen Kontext einer Krankheit. Auf der anderen Seite wurde gezeigt, dass Belästigungsforschung nicht a priori etwas mit der Erforschung von Gesundheitszusammenhängen zu tun hat. Im Gegenteil ist der Wirkungsendpunkt der Belästigungsforschung eben die Belästigung. Dabei spielt es nur eine untergeordnete Rolle, dass über die genaue Definition und Operationalisierung der Belästigung anscheinend noch immer keine Einigkeit besteht. Wirkungsendpunkt der physiologisch-medizinischen Forschung ist die Krankheit und (nur) bezogen auf diesen Wirkungsendpunkt hin wird die Beeinflussung der Krankheitsentstehung – durch das Soziale bzw. das Psychische – untersucht[823]. Lärm oder Lärmstress sind also erste Indikatoren und markieren den Beginn der Wirkungskette. Psychische Krankheiten können jedoch daneben auch ganz eigenständige Wirkungsendpunkte sein[824], ohne dass sich an der Rolle des Lärms in der Operationalisierung etwas ändert.

Hiernach ist zunächst festzuhalten, dass das auf empirischer Basis erhobene Wissen über Krankheitsentstehungen, gleich welcher Kontext bei seiner Erforschung herangezogen wurde, auf Grund seiner inhaltlichen Nähe zum Begriff der körperlichen Unversehrtheit auch vom Schutzbereich von Art. 2 Abs. 2 S. 1 GG umfasst werden kann[825]. Es besteht kein Bedürfnis, das Wissen über Gesundheitswirkungen

823 Hierzu insb. Maschke/Wolf/Leitmann, in: UBA (Hg.), Lärmstress, S. 63: „Für die umweltepidemiologische Forschung ergeben sich drei Wirkungsebenen, auf denen Zusammenhänge zwischen Lärm und gesundheitlichen Effekten untersucht werden. Es sind dies Stressindikatoren (z.B. Stresshormone), Risikofaktoren (z.B: Blufette, Blutdruck etc.) und schließlich die Entwicklung von Krankheiten. Stressindikatoren besitzen keine unmittelbare klinische Relevanz. Stressindikatoren sind jedoch für die Untersuchung von Wirkungsmechanismen geeignet, da sie kurzfristig ansprechende Reaktionsparameter sind, die am Beginn einer Wirkungskette stehen. Erhöhung von Risikofaktoren muss eine unmittelbar gesundheitliche Bedeutung beigemessen werden. Auch bereits geringe, nicht pathologische Veränderungen können dabei für die Beurteilung von Wirkungszusammenhängen von Bedeutung sein. Die Krankheit als pathologischer Wirkungsendpunkt ist von unmittelbarer gesundheitlicher Relevanz und erlaubt eine Risikoquantifizierung direkt auf der Grundlage der gewonnenen Daten."

824 Vgl. Maschke/Wolf/Leitmann, in: UBA (Hg.), Lärmstress, S. 324 ff.

825 Unklar Couzinet, Zulässigkeit von Immissionen, S. 139 (Fn. 428), der sich im Ergebnis für einen weiten sachlichen Schutzbereich und einen weite Vorstellung des Gefährdungsbegriffs auspricht, aber dennoch bestimmte Belastungen *a priori*

vor dem Hintergrund der WHO-Definition zu problematisieren. Die Behauptung der Weitläufigkeit der WHO-Definition von Gesundheit ist eine Leerformel.

Ein Hinweis darauf, dass letztlich auch das BVerfG hiervon ausgeht, sind die Entscheidungen zum Umgang mit Tabakerzeugnissen. Hier hat das Gericht sich zwar nicht vertieft mit den Vorstellungen über die Begriffe der Gesundheit und Belästigung in den Fachwissenschaften bzw. deren Bedeutung im Rahmen von Art. 2 Abs. 2 S. 1 GG auseinandergesetzt, jedoch hat es, ohne dies weiter zu problematisieren, epidemiologisches Wissen über den Einfluss von Tabakerzeugnissen auf die Entstehung von Krankheiten herangezogen[826].

b. Die Verbindung des sachlichen Schutzbereichs von Art. 2 Abs. 2 S. 1 GG zu Wissen über Belästigungsreaktionen

Aber auch Wissen über Belästigung kann vom sachlichen Schutzbereich des Art. 2 Abs. 2 S. 1 GG erfasst werden. Gleichwohl ist klarzustellen, dass es mit Blick auf die theoretischen Konzepte, die hinter dem Begriff Belästigung stehen, jedenfalls keine zwingende fachliche Grundlage für ein Einbeziehen von Wissen über den Wirkungsendpunkt Belästigung gibt. Dies gilt zumindest für das Wissen über die so bezeichnete Globalreaktion, mit dem eine Erheblichkeit der Belästigung bei einem bestimmten Dauerschallpegel beschrieben wird[827]. Solche Pegel stehen theoretisch/konzeptionell nicht (direkt) in einem Zusammenhang mit Gesundheitswirkungen. Man kann sich jedenfalls insofern nicht auf eine völlig klare und unumstrittene theoretische Verbindungslinie berufen, um den sachlichen Schutzbereich für die fachwissenschaftlichen Beschreibungen der Belästigungsreaktion zu eröffnen.

Ein Einbezug in den sachlichen Schutzbereich könnte sich aber darauf stützen, dass Wissen über die Belästigung in die Erforschung der Entstehung von Krankheiten einfließen kann[828], soweit das epidemiologische Modell insoweit theoretisch plausibel ist. Dann liegt streng genommen aber kein Wissen mehr über Belästigung, sondern Wissen über den Wirkungsendpunkt Krankheit vor. Das Wissen über die Belästigung wird sozusagen umgewandelt bzw. fließt es ein in die Untersuchung bestimmter gesundheitsbezogener Wirkungsendpunkte. Der Einbezug solchen Wissens in den Schutzbereich hat dann nichts mehr mit dem Wirkungsendpunkt Belästigung zu tun.

Wissen über Belästigung kann zudem eine Rolle spielen im Rahmen der Diskussion um kausale Schlussfolgerungen[829], also im Rahmen der Beweisführungen eines Kausalzusammenhangs zwischen der Geräuschbelastung und etwaigen negativen

---

als Beeinträchtigungen ohne Krankheitswert einstuft und sie insofern für Art. 2 Abs. 2 S. 1 GG ohne Relevanz sind.

826 BVerfGE 95, 173 (184 f.); 121, 317 (350).

827 S. oben Teil 1, C., II., 1. und 2., a.

828 Giemulls/Schorcht, ZLW 2004, 493 (503 f.), erkennen dies, behaupten dann aber schlicht, es lege nicht die für einen Bezug zu Art. 2 Abs. 2 S. 1 GG notwendige Unmittelbarkeit/Konkretheit vor.

829 S. oben Teil 1, C., III., 2., b.

Gesundheitswirkungen. Auch hier spielt das Wissen über Belästigung dann keine ganz eigenständige Rolle, weshalb dies auch keine zwingende fachliche Notwendigkeit begründet, den sachlichen Schutzbereich von Art. 2 Abs. 2 S. 1 GG auf Erkenntnisse über die Belästigung allgemein zu erweitern. Vielmehr wird dieses Wissen zwanglos in die Modelle eingearbeitet, deren Wirkungsendpunkt die untersuchte Krankheit(-sentstehung) ist.

Problematisch ist, dass das Wissen über Belästigung teilweise einen – noch näher zu bestimmenden – inhaltlichen Bezug zu anderen Grundrechtsschutzbereichen aufweist[830]; denn Wissen über den Wirkungsendpunkt der Globalreaktion der Belästigung wird gewonnen über das Erheben von Daten auf primären Wirkungsebenen, die einen solchen inhaltlichen Bezug – etwa zum Verhalten in der eigenen Wohnung – herstellen. Daher entsteht die Situation, dass das eigenständige Wissen über Belästigung aus fachlicher Sicht nicht von vornherein eindeutig einem bestimmten Grundrechtsschutzbereich zuzuordnen ist. Es kann aber *auch* dem sachlichen Schutzbereich von Art. 2 Abs. 2 S. 1 GG zugeordnet werden. Zumindest wird das Wissen über Belästigung (als eine Wirkungsebene) auch in epidemiologische Studien eingebaut, ohne dass deshalb diese Studien von vornherein in Zweifel gezogen würden. Das ganz eigenständige Wissen über Belästigung hat – jedenfalls im Rahmen dieser Untersuchungen – also einen Einfluss auf den Wirkungsendpunkt Krankheit. Was der genauere Zusammenhang des eigenständigen Wissens über Belästigung mit anderen Grundrechtsbereichen ist, soll im Rahmen der Erörterung der sachlichen Schutzbereiche von Art. 14 Abs. 1 und Art. 2 Abs. 1 GG weiter vertieft werden. Erst dort wird dann auch den normativen Erwägungen abschließend nachgegangen werden, die sich im Rahmen der Zuordnung des eigenständigen Wissens über Belästigung zu einem der Grundrechtsbereiche ergeben.

c. *Zur Beeinträchtigung des sachlichen Schutzbereich von Art. 2 Abs. 2 S. 1 GG*

Die fachwissenschaftlichen Methoden und Konzepte, die der Erforschung von Krankheiten bzw. ihrer Entstehung dienen, sind auch im Bereich der Vorstellungen über Beeinträchtigungsvorgänge anleitend. Allerdings stellt sich hier die Frage, inwieweit hier eine genauere Betrachtung der Fachwissenschaften überhaupt notwendig ist. Denn im Hinblick auf die rechtliche Bedeutung komplexer Ursachenzusammenhänge, an deren Ende chronische Schäden stehen, scheint sich die rechtswissenschaftliche Literatur eigentlich auch schon seit geraumer Zeit das Wesentliche erarbeitet zu haben. Fast unisono wird festgestellt, im Übrigen unabhängig davon, ob Art. 2 Abs. 2 S. 1 GG in seiner Abwehr- oder Schutzfunktion betrachtet wird, dass eine Beeinträchtigung der körperlichen Unversehrtheit nicht nur als ein gegenwärtiger, punktueller, von einem Verursacher ausgehenden

830 Wie etwa zu Art. 14 Abs 1 GG oder Art. 2 Abs. 1 GG, s. unten Teil 2, B., II., 2., b. und III., 2.

Vorgang verstanden werden kann[831]. Sowohl die Verletzung als auch die Gefährdung der Schutzgüter wird also zur Annahme einer Beeinträchtigung des Schutzbereichs für prinzipiell ausreichend erachtet.

An diesem Punkt bedarf es eigentlich einer näheren Betrachtung des Begriffs der Gefährdung bzw. der Gefahr. Sie sind vor dem Hintergrund der Bewältigung naturwissenschaftlicher und technischer Entwicklungen in der Vergangenheit in noch immer nicht vollständig geklärter Weise[832] durch den Begriff des Risikos abgelöst oder zumindest überlagert worden[833]. Im Verfassungsrecht ist damit zudem die schwierige Diskussion um eine klare Scheidung von grundrechtlichen Abwehr- und Schutzfunktion verbunden, da Risiko und Vorsorge regelmäßig in Zusammenschau betrachtet und der Schutzfunktion zugeordnet werden[834]. Hier kann diese Thematik nicht umfassend erörtert werden. Stattdessen wird davon ausgegangen, dass zwischen dem Begriff der Gefährdung und dem Begriff des Risikos sachlich-inhaltlich kein prinzipieller Unterschied besteht[835]. Dennoch basieren die dogmatischen Strukturen des Immissionsschutzrechts auf einer Dreiteilung, also der Unterscheidung von Gefahr, Risiko und Restrisiko, in der nur der Bereich der Gefahr einem grundrechtlichen Abwehranspruch zugeordnet wird[836]. Zumindest für den Begriff der Gefährdung – soweit er sich auf eine Schutzpflichtsituation bezieht – wurde jedoch auch schon klar erkannt, dass die Versuche, über das Maß an verlangter Wahrscheinlichkeit des späteren Schadenseintritts zu einer qualitativen Situationsunterscheidung zu gelangen, letztlich auf eine Einschränkung des Schutzumfangs von Art. 2 Abs. 2 S. 1 GG abzielen[837].

---

831 Hermes, Schutz von Leben und Gesundheit, S. 227 und S. 232, ist der Ansicht, dass man sich von der Vorstellung eines immer konkreten und klaren Eingriffsvorgangs verabschieden müsse; vgl. auch Couzinet, Zulässigkeit von Immissionen, S. 148 ff. (m.w.N.); Hermann, Schutz vor Fluglärm, S. 125.

832 So jedenfalls das Zwischenfazit bei Jaeckel, Gefahrenabwehrrecht, S. 84 f., die dann einen eigenen Vorschag zur strukturellen Trennung von Gefahr und Risiko erarbeitet.

833 Eingehend zu den Begriffen Di Fabio, Risikoentscheidungen, und aus neuerer Zeit und sich insb. auch auf die Arbeit von Di Fabio stützend, Jaeckel, Gefahrenabwehrrecht.

834 Vgl. Jaeckel, Gefahrenabwehrrecht, S. 315; Sparwasser/Engel/Voßkuhle, Umweltrecht, § 2, Rn. 20 (m.w.N.).

835 Auch das Recht kennt solche Modelle der Zweiteilung, vgl. Jaeckel, Gefahrenabwehrrecht, S. 64 f. Das Atomrecht soll jedoch nach Di Fabio, Risikoentscheidungen, S. 85 ff., eine singuläre Erscheinung sein und sich insb. vom Immissionsschutzrecht in normativer Hinsicht grundsätzlich unterscheiden, S. 87 f. (m.w.N.).

836 Auch das gestufte Fluglärmschutzsystems kennt diese Dreiteilung, s. unten Teil 3, B., II., 1.

837 Hermes, Schutz von Leben und Gesundheit, S. 228 und S. 236 ff.; vgl. auch Couzinet, Zulässigkeit von Immissionen, S. 148 ff. (m.w.N.). Di Fabio, Risikoentscheidungen, S. 89 f., setzt hierfür am im Immissionsschutzrecht für nicht hinreichend erachteten „Kausalnexus zwischen Einzelanlage und Schaden“ an.

Daran anknüpfend wird noch einmal für die Verarbeitung des Beeinträchtigungsvorgangs festgestellt, dass die Versuche rechtswissenschaftlicher Kategorienbildung zwar zulässig sind, jedoch – mit Blick auf die dafür besser geeigneten Fachwissenschaften – niemals gänzlich überzeugen können; denn für die Entscheidung der Fragen, wann etwa Risiken praktisch auszuschließen sind, ob ihnen eine gewisse Wahrscheinlichkeit innewohnt oder ob sie gar die Gefahrenschwelle überschreiten, wird die Rechtswissenschaft doch wieder auf fachwissenschaftlich Erkenntnisse zurückgreifen müssen[838]. Die Transformation solchen Wissens in dafür vorgesehene rechtliche Kategorien birgt aber Gefahren; denn die fachwissenschaftlichen Erkenntnisse vollziehen sich regelmäßig in eigenen Gefahr- oder Risikoterminologien.

Wenn man von einer begrifflichen Ausformung absieht, also das Vorliegen einer Gefährdungssituation für die verfassungsrechtliche Feststellung der Beeinträchtigung des Schutzbereichs von Art. 2 Abs. 2 S. 1 GG prinzipiell ausreichen soll, und das gesamte fachwissenschaftliche Wissen über geräuschinduzierte Wirkungen auf den Körper und den Geist des Menschen solche Situationen darlegt, erscheint eine weitere Präzisierung der maßgeblichen Ursache-Wirkungs-Zusammenhänge im Rahmen des Beeinträchtigungsvorgangs nicht notwendig. Worin könnte also der Mehrwert liegen, sich die Struktur des zu rezipierenden Fachwissens dennoch genauer vor Augen zu führen? Mit aller Vorsicht wird dazu hier folgende Position vertreten: Die Herangehensweise der Lärmwirkungsforschung an ihr Sachproblem offenbart möglicherweise ein grundlegendes Schema, dessen Übertragung ins Recht die verfassungsrechtliche Beurteilung dieses Problems nachvollziehbarer macht; denn auch wenn es richtig ist, dass das Recht immer auf die Bereitstellung von Fachwissen angewiesen bleibt, muss es in der einen oder anderen Form doch ein Urteil über dessen Relevanz fällen. Was die Beurteilung des Beeinträchtigungsvorgangs als eigenen Schritt vor einer Rechtfertigungsprüfung anbetrifft, könnte dies folgendes bedeuten:

Weil dieses Zurechnungsrückgrat fehle, werde der Bereich der Gefahrenabwehr verlassen und sei das immissionsschutzrechtliche Vorsorgegebot relativierbar und relativierungsbedürftig. Schon die Pauschalität dieser Aussage ist zweifelhaft. Selbst im Bereich der Geräuschwirkungen stellt die Fachwissenschaft nicht in Abrede, dass es bei extremer Schallintensität zu einem (zeitlich unmittelbar eintretenden) Gehörschaden kommen kann. Warum hier grundsätzlich kein Kausalnexus nachweisbar sein soll, erschließt sich nicht.

838 Zur Maßgeblichkeit fachwissenschaftlicher Erkenntnisse bereits die Nachweis oben in Fn. 814; auch soweit der Ansatz von Jaeckel, Gefahrenabwehrrecht, S. 314 ff., von einer Abstufung verschiedener Wahrscheinlichkeits- oder Möglichkeitsgrade absieht, kommt er doch nicht umhin, sich bei der Unterscheidung von einfachen zu „ausgereiften objektiven Wissenshorizonten" (S. 315) fachwissenschaftlich anleiten zu lassen.

Wie nunmehr schon vielfach angeklungen ist, wird in den fachwissenschaftlichen Untersuchungen geräuschinduzierter Wirkungen zwischen dem Ereignismoment[839], zeitlich daraufhin unmittelbar eintretende, operationalisierbare Wirkungen – die in verschiedenen Funktionsbereichen oder auf verschiedenen Wirkungsebenen auftreten können – und chronischen Folgen (Wirkungsendpunkten) unterschieden[840]. Wo immer die Fachwissenschaften chronische Folgen untersuchen, identifizieren sie zunächst solche Ereignismomente und zeitlich unmittelbar daran anknüpfende Wirkungen (Störung des Schlafes, Abweichung vom normalen Blutdruckverhalten, etc.)[841]. Ist dieser Schritt getan und existieren darüber hinaus theoretisch plausible Pathogenesemodelle, geht man davon aus, dass sich die Ereignismomente zur chronischen Wirkung kumulieren können.

Man kann nun – in Anlehnung an diese Erkenntnis – von einem Eingriff im verfassungsrechtlichen Sinn immer dann reden, wenn in diesem Sinne Primärwirkungen gefunden sind, von denen seitens der Fachwissenschaften ausgegangen wird, dass sie sich zu chronischen Schäden an Wirkungsendpunkten anhäufen können[842]; im Falle der chronischen Gesundheitswirkungen also bspw. die Schlafstörung und ihr negativer Einfluss auf die biologisch-physiologischen Funktionen des Schlafes, welche langfristig Mitursache von Krankheiten sein kann. Da es eine fachwissenschaftliche Frage bleibt, wann und genau welche[843] Wirkungen theoretisch plausibel sind, ist die Rechtswissenschaft hier im Wesentlichen auf die Rolle des Rezipienten beschränkt. In einer Entscheidungssituation muss sich der Entscheider eine Vorstellung davon machen, ob die theoretische Plausibilität der Verbindung einer nachweisbaren Primäreinwirkung zu einem Wirkungsendpunkt wissenschaftlich anerkannt ist[844].

Nur auf den ersten Blick scheint für die Belästigung etwas anderes zu gelten. In Anbetracht der Realbereichsanalyse wird man sagen können, dass sie in dem Moment eintritt, in dem sie empfunden wird. Dies kann genau der Moment sein,

839 Für den Fluglärm wäre das wohl der Moment, in dem ein Flugzeuggeräusch für einen Menschen „hörbar“ ist.

840 Zu den Methoden und Konzepten der Wirkungsbetrachtungen oben Teil 1, C., II., 1. und III., 1.

841 In der Lärmwirkungsforschung wird von Primärreaktionen gesprochen, vgl. oben Teil 1, C., II., 2., a. und III., 4., a.

842 Couzinet, Zulässigkeit von Immissionen, S. 150 f., spricht davon, dass im Wirkungsschwellenkonzept Immissionen so beschaffen sein müssen, dass sie für alle Akzeptoren unterhalb der Wirkungsschwellen liegen, um für sie einen Eingriff im verfassungsrechtlichen Sinne abzulehnen. Nur in einer Situation „völliger Ungewißheit“ über etwaige Wirkungen könne von einem Heranziehen von Art. 2 Abs. 2 S. 1 GG abgesehen werden (S. 153 ff.).

843 Also bei der Schlafstörung etwa die Frage, ob nur das erinnerbare Aufwachen oder (bereits) die Veränderung der Schlaftiefe etc. als Primärwirkung angesehen werden muss, vgl. oben Teil 1, C., III., 4., a.

844 Mit Jaeckel, Gefahrenabwehrrecht, S. 315, könnte man von einem ausgereiften objektiven Wissenshorizont sprechen.

in dem man durch ein Geräusch etwa in einem Gespräch oder in seiner Ruhe gestört wird. Gleichwohl scheint zumindest das Wissen über die Golbalreaktion der Belästigung ebenfalls ein zeitlich integriertes Wissen zu sein, also das Wissen nicht über nur eine Situation, sondern vieler Belästigungssituationen innerhalb eines zurückliegenden Zeitabschnittes, welches der Befragte abruft[845]. Der psychische Vermittlungsakt erschwert hier den Blick auf das, worauf es ankommt, nämlich das Element des Chronischen in der Struktur des Wissens über Belästigung.

Eine Ereignismomentidentifikation findet also auch im Bereich der Belästigungsforschung statt. Allerdings wird sie hier nicht immer transparent dargestellt. Wegen der fachwissenschaftlichen Uneinigkeit über den Begriff Belästigung und der damit verbundenen Schwierigkeit seiner Operationalisierung bleibt die theoretische Plausibilität bestimmter Ereignismomente eher vage. Auf der anderen Seite ist es in der psychosozialen Wirkungsforschung insgesamt unumstritten, dass Geräusche Ereignismomente auslösen, die zum Wirkungsendpunkt der Globalreaktion der Belästigung führen.

Wollte man – aus Sicht des Systems Recht – dennoch die theoretische Plausibilität dieser im Rahmen der Belästigungsforschung allgemein geltenden Annahme gänzlich bestreiten, würde dies bedeuten, dass man die Heranziehung des Wissens über die Globalreaktion der Belästigung gänzlich abzulehnen hätte. Dies käme einem grundsätzlichen Infragestellen der entsprechenden Konzepte und Methoden gleich. Es bestünde dann keine zwingende Notwendigkeit, im Übrigen auch nicht auf einfach-gesetzlicher Ebene (etwa im Rahmen von § 3 Abs. 1 BImSchG), dieses Wissen überhaupt in rechtliche Entscheidungszusammenhänge aufzunehmen.

Zusammenfassend ist daher festzustellen, dass die geräuschinduzierten Beeinträchtigungsvorgänge prinzipiell zumindest als Gefährdungen des Teilbereichs der Gesundheit des Rechtsguts der körperlichen Unversehrtheit angesehen werden müssen. Je nach Stand der Forschung oder auch des ausgereiften objektiven Wissenshorizonts mag man bei genauerer Betrachtung bestimmter Beeinträchtigungsvorgänge, im vorgeschlagenen Schema mangels eindeutiger Beurteilung der Primärreaktionen bzw. ihrer Verbindung zu einem Wirkungsendpunkt durch die Fachwissenschaften, vereinzelt auch zu anderen Ergebnissen kommen.

Ähnliches kann für die Beeinträchtigungsvorgänge festgehalten werden, die zu einer Belästigungsreaktion führen. Hier kann man sich ebenfalls auf den Standpunkt stellen, dass das Wissen über die Globalreaktion der Belästigung, verfassungsrechtlich relevante Beeinträchtigungsvorgänge im soeben erarbeiteten Sinn enthält; denn die Empfindung von Belästigung kann, wie gezeigt, als Primärreaktion mit Gesundheitsrelevanz operationalisiert werden. Allerdings muss auch der Annahme Rechnung getragen werden, dass die Primärreaktionen der Belästigung – soweit sie sich auf den Wirkungsendpunkt der Globalreaktion der Belästigung beziehen – in ihrer Verbindung zur Krankheitsentstehung „nur“ eine Art Vorstufe bilden. Zwar wird auch im Bereich der Belästigung von Reaktionsschwellen für Primärreaktionen

845 S. oben Teil 1, C., II., 2., a.

und solchen für die Globalreaktion gesprochen, ihre theoretische Anbindung ist jedoch eine andere. Daher erscheint es nachvollziehbar, einen strengeren Maßstab an die verfassungsrechtliche Relevanz der Beeinträchtigungsvorgänge (zur Annahme einer Gefährdungslage) im Bereich der Belästigung anzulegen. Hier wird daher vorgeschlagen, nicht auf die Reaktionsschwellen der Primärreaktionen abzustellen, sondern auf die Reaktionsschwellen, ab denen die Fachwissenschaften für die Globalreaktion der Belästigung im Durchschnitt eine erhebliche Belästigungsreaktion in der Bevölkerung darstellen. Gleichwohl wird noch nicht abschließend dazu Stellung genommen, ob das Wissen über Belästigungsreaktionen unbedingt und vollständig vom sachlichen Schutzbereich des Art. 2 Abs. 2 S. 1 GG umfasst sein sollte; denn wenn man im Bereich der Belästigung die Primärreaktionen in den Blick nimmt, ergeben sich auch noch inhaltliche Bezüge zu anderen Grundrechtsschutzbereichen[846].

d. Zum Problem „besonders schutzwürdiger Gruppen" in den Rechts- und den Fachwissenschaften

Die Fachwissenschaften generieren ihr Wissen über Gesundheits- und Belästigungsreaktionen durch Beobachtungen am oder Befragung von Menschen. Dabei kann es dazu kommen, dass bestimmte Gruppen von Menschen untersucht werden, also etwa die Störung von Schulkindern durch Geräusche und damit in Verbindung stehende Aufmerksamkeitsverluste, die sich letztlich in einer geringeren Lernleistung niederschlagen. Zeigen sich am Wirkungsendpunkt Aufmerksamkeitsverlust oder Lernleistung tatsächlich negative Effekte oder Reaktionen[847], bezieht sich das Wissen auf die besondere Gruppe der geräuschbelasteten Schulkinder. Auf diese Weise können die Fachwissenschaften Wissen über Reaktionen bereitstellen, die in ganz unterschiedlichen Gruppen von Menschen auftreten. Regelmäßig ist es jedoch wohl eher so, dass sich die empirische Erforschung der negativen Wirkung von Geräuschen auf den Körper und den Geist des Menschen nicht auf bestimmte Gruppen als Untersuchungsgegenstand beschränkt. Auch wenn im Rahmen der Realbereichsanalyse auf diesen Aspekt kein Schwerpunkt gelegt wurde, ergab sich doch, dass insbesondere bei Untersuchungen zur Globalreaktion der Belästigung ein Durchschnitt der Bevölkerung befragt wird[848].

Dennoch stellt sich allgemein die Frage, welche Rolle es auf verfassungsrechtlicher Ebene spielt, wenn sich Wissen über Gesundheits- oder – soweit es hier zugeordnet wird – über Belästigungsreaktionen auf besondere Gruppen bezieht.

846 S. bereits einleitend oben Teil 2, B. und abschließend später unten Teil 2, B., III., 2., b.

847 Vgl. SRU, Sondergutachten 1999, S. 179 f., Rn. 441.

848 Vgl. Wirth, Fluglärmstudie, S. 61 f. Teilweise werden jedoch Kinder als besondere Gruppen untersucht, s. oben Teil 1, III., 4., b. bzw. aktuell in der sog. NORAH-Studie, dazu Heudorf, Hess. Ärztebl. 2012, S. 447 ff.

Soweit solches Wissen vorhanden ist[849], stellt sich für die Betroffenen die Frage, ob sie der Schutzbereich von Art. 2 Abs. 2 S. 1 GG erfasst oder dieser sich a priori alleine auf Wissen über die durchschnittliche Bevölkerung bezieht. In der Literatur sind dazu zwar bereits einige Untersuchungen vorhanden, die davon ausgehen, dass sich der Schutzbereich von Art. 2 Abs. 2 S. 1 GG nicht alleine auf die durchschnittliche Bevölkerung bezieht[850]. Die Rechtsprechung hat jedoch bisher weitgehend auf die Maßgeblichkeit des durchschnittlich empfindlichen Menschen abgestellt[851]. Im Übrigen ist auch nicht ersichtlich, dass dieser Aspekt des Schutzumfangs von Art. 2 Abs. 2 S. 1 GG im Bereich des Fluglärmschutzes besondere Beachtung findet[852]. Im Vorgriff auf die Analyse der Novellierung des FluLärmG kann jedenfalls festgestellt werden, dass sich die dortigen Festlegungen auf die durchschnittliche Bevölkerung beziehen bzw. keine Festlegungen vorhanden sind, die den Schutz besonderer Gruppen im Auge haben[853].

Auf den bisherigen Ausführungen aufbauend ist jedoch auch solches Wissen über negative Wirkungen auf den Körper und Geist des Menschen im Rahmen von Art. 2 Abs. 2 S. 1 GG rezeptionsfähig, das sich auf bestimmte Gruppen bezieht. Soweit es vorhanden ist, knüpft es in den Fachwissenschaften an die gleichen Methoden und Konzepte an, wie sie auch für die Untersuchung der Wirkungen herangezogen werden, die sich auf die durchschnittliche Bevölkerung beziehen. Es sind auch keine (weitergehenden) Argumente ersichtlich, die die Anschlussfähigkeit solchen Wissens besonders problematisch machen würden. Art. 2 Abs. 2 S. 1 GG selbst

849 Zu den bisherigen Erkenntnissen der Auswirkungen von Straßenverkehrsgeräuschen auf Kinder, vgl. Babisch, in: UBA (Hg.), KUS, S. 211 ff.

850 Böhm, Normmensch, passim; Wulfhorst, Rechtsgüter, passim; Couzinet, Zulässigkeit von Immissionen, S. 139 ff.; kritisch auch Ekardt, Fluglärmschutzgesetz, § 1, Rn. 11; Ekardt/Seidel, NVwZ 2007, 421 (424).

851 BVerwGE 126, 116 (228 ff., Rn. 324 ff.); 87, 332 (336) (st. Rspr.); die herrschende Auffassung in der Literatur stimmt dem weitestgehend zu – s. Kutscheid, in: Landmann/Rohmer (Hg.), Umweltrecht, BImSchG, § 3, Rn. 11; Schmidt-Aßmann, AöR 1981, 205 (214); Jarass, BImSchG, § 3, Rn. 51 und 53 – wobei teilweise dennoch auch von der Notwendigkeit des Einbezugs besonders empfindlicher Bevölkerungsgruppen gesprochen wird, ohne den sich damit auftuenden Widerspruch aufzulösen, vgl. Couzinet, Zulässigkeit von Immissionen, S. 143 (Fn. 444).

852 Franke, Lärmgrenzwerte, S. 191, hat sich in ihrer Arbeit über die rechtlichen Anforderungen an die Gestaltung einer möglichen Fluglärmschutzverordnung für eine Berücksichtigung besonders schutzbedürftiger Gruppen ausgesprochen.

853 Ausführlich dazu unten Teil 3, B., II., 2. Anderes galt für die Behandlung der Fluglärmproblematik vor der Novellierung. Auf Ebene der Flughafenplanung wurde zuletzt regelmäßig auch dem Schutzbedürfnis besonderer Gruppen durch entsprechende Regelungen in den Planfeststellungsbeschlüssen Rechnung zu tragen, s. PFB BBI 2004, S. 104 ff. (Nr. 5.1.4); PFB Leipzig 2004, S. 29 f. (Nr. 4.5).

bietet jedenfalls keinen Anhaltspunkt, der zu einer Verengung des Schutzbereichs für gerade solches Wissen führen könnte[854].

3. Rechtspolitische Überlegungen zur Abwägungsoffenheit der Schutzgüter von Art. 2 Abs. 2 S. 1 GG

Auf die Komplexität jeder Abwägung und der besonderen verfassungsrechtlichen Problematik unterschiedlicher grundrechtlicher Funktionsbereiche wurde bereits eingangs hingewiesen. Die dortigen Überlegungen führten zu der Erwägung, die verfassungsrechtliche Maßstabsbildung, die den Hintergrund für die Betrachtung einfach-rechtlicher Fluglärmschutzregelungen bilden, unabhängig von den Fragen zu behandeln, die sich im Zusammenhang mit der Zuordnung des Sachproblems der negativen Fluglärmwirkungen zu verschiedenen Grundrechtsbereichen ergeben können[855]. Dennoch soll die Thematik „Fluglärm und Art. 2 Abs. 2 S. 1 GG" nun ein Abschnitt beschließen, der sich mit dem Problem der Abwägung seiner Schutzgüter beschäftigt. Hier wird die Auffassung vertreten, dass eine solche Abwägung möglich sein muss, da sie zur Transparenz der rechtlichen und politischen Entscheidungsprozesse beiträgt.

Die vorangehend vorgenommene Präzisierung der Verwendung der Begriffe Gesundheit und Belästigung führt zu einer umfassenderen Rezeption von Wissen über Gesundheitsreaktionen, das auf Basis wissenschaftlicher Methodik erhoben wurde. Konsequenz daraus könnte sein, dass eine Abwägung des Schutzgutes Gesundheit häufiger notwendig wird. Es bestehen dann nämlich in geringerem Maße Möglichkeiten, die verfassungsrechtliche Relevanz bestimmten Wissens, etwa auf Grund der Problematisierung des Einbezugs psychischer oder sozialer Kontexte bei seiner Erhebung, bereits vor einer Abwägung der damit nachgewiesenen Ursachenzusammenhänge auszuschließen.

Es wurde bereits im Zusammenhang mit der Verwendung der WHO-Definition der Vorwurf einer etwaigen Konturenlosigkeit des Schutzbereichs von Art. 2 Abs. 2 S. 1 GG diskutiert und dem Ergebnis zugeführt, dass er nicht tragfähig ist; letztlich weil bereits hohe Anforderungen an die Generierung des im Rahmen von Art. 2 Abs. 2 S. 1 GG zu rezipierenden Wissens gestellt werden. Diese Anforderungen stellen sicher, dass nur die Erkenntnisse rechtlich relevant werden, die von den Fachwissenschaften selbst für aussagekräftig erachtet werden.

Ähnlich verhält es sich mit dem Vorwurf, dass die Anerkennung der verfassungsrechtlichen Relevanz chronischer Schäden, insbesondere wenn es um fatale Schäden geht (Feinstaub etc.), zu einer weitgehenden Abkehr vom modernen Verkehr, möglicherweise sogar von der modernen Industriegesellschaft führen müsste, wenn

854 Im Gegenteil wird „jeder" ins Auge gefasst, so wie er sich individuell „befindet", vgl. Hermes, Schutz von Leben und Gesundheit, S. 224, Wulfhorst, Rechtsgüter, S. 101; Couzinet, Zulässigkeit von Immissionen, S. 144.

855 S. oben Teil 2, A., II.

man den Staat zwingend zur Abwehr oder zum Schutz vor solchen Schäden verpflichtete[856]. Ohne jegliche Risiken kann sie nämlich nicht betrieben werden. Wenn nun der Wirkungspfad, auf dem sich solche Schäden ergeben, und der Zeithorizont ihrer Entstehung keine Einschränkung ihrer Berücksichtigung mehr ermöglichen, würde dies die Anforderungen an den Staat uferlos werden lassen[857].

Schon die Ableitung eines absoluten Zwangs zur Abwehr oder zum Schutz vor *jeder* Gesundheitsgefahr scheint aber eher abwegig. Wenn nämlich schon für gezielte Eingriffe durch den Staat die Ansicht vertreten wird, dass sie zur Verwirklichung übergeordneter Zwecke gerechtfertigt sein können, kann die Möglichkeit zur Rechtfertigung ungezielter Eingriffe, zu denen die komplexen Wirkungspfade vieler Emissionen zu zählen sind, nicht von vornherein ausgeschlossen werden[858]. Auf der anderen Seite darf das zwangsläufige Vorhandensein technisch-industrieller Belastungen aber auch in keiner Weise dazu führen, diese von vornherein als sozialadäquat zu bezeichnen, um eine verfassungsrechtliche Betrachtung zu verhindern. Ein vorschnelles Abstellen auf Begriffe wie Erheblichkeit, Zumutbarkeit oder Sozialadäquanz führt nur dazu, dass die damit zwingend einhergehenden Entscheidungen bzw. Wertungen nicht offen gelegt werden müssen[859].

Im Übrigen gilt: Wie schon nicht jedes Wissen von den Fachwissenschaften für aussagekräftig gehalten werden muss, so muss auch nicht jedes aussagekräftige Fachwissen über Gesundheitsrisiken dazu führen, dass sich das Schutzgut Gesundheit immer gegen andere verfassungsrechtliche Schutzgüter in einer Abwägung durchsetzt, insbesondere dann nicht, wenn dieses Wissen „lediglich" die Entstehung eines statistischen Schadens darlegt, der durch ein Verhalten verursacht wird, welches von der Mehrheit der Bevölkerung für gesellschaftlich akzeptabel gehalten wird. Es zwingt aber eben das System Recht dazu, eine Abwägung transparent zu

---

856 Für das Sachproblem Fluglärmwirkungen besonders deutlich zusammengefasst von Hermann, Schutz vor Fluglärm, S. 214, in seinem aus Art. 2 Abs. 2 S. 1 GG folgenden „absoluten Standard"; vgl. auch Berkemann, ZUR 2002, 202 (203); Giemulla/Schorcht, ZLW 2004, 396 (393). Dolde, in: Ziekow (Hg.), Fluglärm 2003, S. 41 f., will etwa Verhältnismäßigkeitserwägungen nur für die Frage heranziehen, wie der erforderliche Schutz gewährleistet wird. Die Ansichten, die bereits durch die dargestellten Interpretationen des Begriffs der Gesundheit oder des Beeinträchtigungsvorgangs den Schutzbereich von Art. 2 Abs. 2 S. 1 GG einengen, umgehen das Abwägungsproblem, etablieren aber implizit eine Art absoluten Schutzstandard. Jedenfalls können sie behaupten, dass – aus Sicht des Rechts – keine Gesundheitsbeeinträchtigungen zugelassen werden.

857 Di Fabio, Risikoentscheidungen, S. 51, beschreibt dies als Tendenz hin zu einem Entscheidungsdruck, der von einem „im Zweifel für die Sicherheit" bestimmt wird.

858 Murswiek, in: Sachs (Hg.), GG, Art. 2, Rn. 174 f., für „unbeabsichtigte Folgen auf andere Ziele gerichteten Verhaltens".

859 Calliess, Umweltstaat, S. 304; Hermes, Schutz von Leben und Gesundheit, S. 241 ff.; Couzinet, Zulässigkeit von Immissionen, S. 146 f.

machen[860]. Ziel einer möglichst weitgehenden Einbindung von Wissen über Gesundheitsreaktionen in verfassungsrechtliche Abwägungsprozesse ist also Nachvollziehbarkeit und Entscheidungsrationalität, soweit man letztere in Abwägungsprozessen erkennen will.

4. *Ergebnisse*

Für den weiteren Verlauf der Untersuchung werden für den Problembereich Fluglärm und Gesundheit somit folgende Ergebnisse festgehalten:

Jede Art von wissenschaftlich fundiertem Wissen über Gesundheitswirkungen spricht inhaltlich im Schwerpunkt den sachlichen Schutzbereich von Art. 2 Abs. 2 S. 1 GG an. Dies gilt auch für das durch psychische oder soziale Zustände beeinflusste Wissen über Gesundheitswirkungen, welches von der Sozialmedizin generiert wird. In der Medizin wird die epidemiologische Methode nicht problematisiert. Das Recht muss sich aber deren besonderem Blickwinkel bewusst sein.

Es sprechen nachvollziehbare Gründe dafür, jede Art von Wissen über Gesundheitswirkungen als von Art. 2 Abs. 2 S. 1 GG erfasst anzusehen. Für die normative Unterteilung des Begriffs Gesundheit in Schichten oder Aspekte besteht keine Notwendigkeit. Auch bildet die Methodik der Erfassung von Gesundheitswirkungen in den Fachwissenschaften insoweit keine Argumentationsgrundlage. Das Ergebnis einer solchen Unterteilung im Recht sind Widersprüchlichkeiten bei der Heranziehung fachwissenschaftlicher Erkenntnisse.

Wissen über Belästigungsreaktionen kann in seiner Form als Wissen über den Wirkungsendpunkt der Globalreaktion der Belästigung in den Schutzbereich von Art. 2 Abs. 2 S. 1 GG einbezogen werden. Die Entscheidung darüber, ob es auch einbezogen werden sollte, wird auf einen späteren Zeitpunkt verschoben, weil das Wissen über Primärreaktionen der Belästigung inhaltlich Bezüge zu anderen Grundrechtsbereichen aufweisen könnte. Dann wäre die normative Frage der Zuordnung besser in einer Gesamtschau aller Verbindungslinien zu beantworten, die Wissen über Belästigung herstellt.

Schließlich ist festzuhalten, dass das Wissen über Gesundheitswirkungen abwägungsoffen ist. Im Rahmen umweltvermittelter Gesundheitswirkungen gibt es, wenn überhaupt, nur einen kleinen absoluten Schutzbereich im Rahmen von Art. 2 Abs. 2 S. 1 GG. Selbst für gezielte Belastungen wird angenommen, dass sie abwägbar sind. Für die komplexen Pfade, die schließlich zu chronischen Schäden an gesundheitsrelevanten Wirkungsendpunkten führen, muss dies erst Recht gelten. Dies entspricht auch der Struktur gerade des epidemiologischen Wissens, welches eben (nur) Gefährdungs- oder Risikolagen für die Bevölkerung als Ganzes beschreibt[861].

860 Grundsätzlich zur verfassungsrechtlichen Konfliktlage bei Annahme der Einschlägigkeit der grundrechtlichen Schutzfunktion, Hermes, Schutz von Leben und Gesundheit, S. 246 ff.; s. auch Ekardt/Schmitdke, DÖV 2009, 187 (193 ff.).

861 Es gehört zur Paradoxität dieses Wissens, dass diese Aussage ebenso richtig ist wie die Feststellung, dass in der Zukunft konkrete Personen den Schaden davon

Wann solche Risiken im fachlichen Sinne zu einer nicht mehr hinnehmbaren Gefahr im Rechtssinne werden, ist keine Frage, die von der Empirie zu beantworten ist, sondern eine normative Frage. Im Rahmen einer verfassungsrechtlichen Abwägung kann sie aber nachvollziehbar gemacht werden, wenn der Entscheidungsträger fachwissenschaftliche Aussagen heranzieht, die deutlich machen, welche Folgen seine Entscheidung in der Zukunft haben kann bzw. statistisch gesehen haben wird.

Was die hier angesprochene Abwägung von Wissen über Risiken anbetrifft, so wird sie nicht vom Wissen über Gesundheitswirkungen weiter vorstrukturiert. Allerdings ist es im Rahmen der Gewichtung aufzugreifen, wenn fachlicherseits Risiken hinsichtlich ihrer Quantität oder Qualität unterschieden werden können. Das fachliche Wissen bildet den Ausgangspunkt oder Grundstein für die eigentlich zu bewältigende Aufgabe, nämlich die Frage nach der Entscheidung über eine komplexe Zweck-Mittel-Relation[862]. Sei es, man kleidet sie in die Prüfung der Verhältnismäßigkeit oder in die im Rahmen der Schutzpflichtevidenzprüfung regelmäßig aufgenommenen Formulierungen, wie etwa dass eine Verletzung der Schutzpflicht nur festgestellt werden kann, wenn die getroffene Maßnahme *erheblich* hinter dem Schutzziel zurückbleibt – dazu später mehr[863].

II. Fluglärm und Art. 14 Abs. 1 S. 1 GG

Zwar gewährleistet Art. 14 Abs. 1 S. 1 GG sowohl das Eigentum als Rechtsinstitut als auch als Individualrecht (Grundeigentum als bürgerlich-rechtliches Eigentum)[864]. Dass die Gewährleistung des Rechtsinstituts durch die Belastungen des Fluglärms grundsätzlich in Frage gestellt wird, ist jedoch eher abwegig und kann daher hier vernachlässigt werden kann. Einen Bezugspunkt für die verfassungsrechtliche Beurteilung von Fluglärm könnten allerdings die Gewährleistungen des Individualrechts darstellen, also die Frage des Schutzes der rechtlichen Zuordnung eines vermögenswerten Gutes zu seinem Rechtsträger. Im Vordergrund der Wirkungsforschung stehen jedoch nicht ökonomische Überlegungen, sondern die dargestellten sozialen, psychologischen und physiologischen Belastungen[865]. Dass Art. 14 Abs. 1 S. 1 GG

---

tragen, s. Ekardt/Schmitdke, DÖV 2009, 187 (193); vgl. auch Couzinet, Zulässigkeit von Immissionen, S. 155 ff., mit zwar der Unterscheidung von statistischen Individual- und Kollektivrisiken, die aber nichts anderes als zwei Seiten *einer* Medaille darstellen.

862 Die prospektive Wirkungsabschätzungen und Wertungen enthält, s. Couzinet, Zulässigkeit von Immissionen, S. 102 (Fn. 285); zur Unterscheidung von Prognosen und Wertungen, s. insb. Schlink, in: Badura/Dreier (Hg.), FS 50 Jahre BVerfG, Bd. 2, S. 455 f.

863 S. später unten Teil 3, C., II. und III. 1.

864 Jarass, in: Jarass/Pieroth (Hg.), GG, Art. 14, Rn. 2 und 4.

865 Wobei natürlich die Sorge um das eigene Vermögen durchaus zu einer im Rahmen der Belästigungsforschung relevanten Fragestellung werden kann. Überblickshaft zu den ökonomischen Belastungen oben Teil 1, D.

dennoch bisher für den Bereich des Lärmschutzes von besonderer Bedeutung war, und zwar unter dem Blickwinkel der negativen Folgen für Körper und Geist, ergibt sich daher nicht ohne weiteres und erschließt sich erst auf den zweiten Blick.

Obwohl die Ausrichtung der empirischen Forschung an den Wirkungsendpunkten Gesundheit und Belästigung nicht unmittelbar dafür spricht, dieses außerrechtliche Wissen in Art. 14 Abs. 1 S. 1 GG zu verorten, war das Eigentumsgrundrecht insbesondere für die Rechtsprechung des BVerwG dennoch ein erster Anker[866] für eine zumindest teilweise Eingrenzung der verkehrsbedingten Lärmbelastungen. Da das Grundrecht auf körperliche Unversehrtheit vom BVerfG, wie gezeigt, nur sehr zurückhaltend interpretiert wurde und insbesondere der Frage der Bedeutung des Wissens über Belästigungsreaktionen aus dem Weg gegangen wurde, hat sich auch die verwaltungsgerichtliche Rechtsprechung daran orientiert. Dies führte zu einer gewissen verfassungsrechtlichen „Aufladung" des von ihr ja zunächst – also vor der Novellierung des FluLärmG 2007 – nur konstruierten einfach-rechtlichen Lärmschutzes von Flughafenanwohnern über Art. 14 Abs. 1 S. 1 GG[867]. Ziel dieser Aufladung war es letztlich, einen gegenüber den Anforderungen aus Art. 2 Abs. 2 S. 1 GG vermeintlich präziseren Maßstab zu gewinnen, der das Ausmaß der Lärmbeeinträchtigung deutlich(er) hervortreten lässt und den man etwa am Umfang dessen ablesen können sollte, was den Nutzungsmöglichkeiten des lärmbelasteten Grundstücks bei zunehmender Intensität der konkurrierenden Grundstücksnutzung nach Ort, Zeit und Intensität genommen werde[868]. Gesprochen wurde auch von einem über das Eigentum vermittelten Gesundheitsschutz[869].

Der Frage, ob damit tatsächlich etwas für die Maßstabsbildung des einfach-rechtlichen Lärmschutzes oder wenigstens für die sachlich-inhaltliche Verortung der verfassungsrechtlichen Beurteilung der Lärmprobleme bzw. Lärmwirkungen gewonnen ist, soll – nach einer kurzen Einführung in den verfassungsrechtlichen Eigentumsbegriff (1.) – zuerst nachgegangen werden (2.). Da die Heranziehung von Art. 14 Abs. 1 S. 1 GG zur Beurteilung des einfach-rechtlichen Lärmschutzes zu kritisieren ist und hier im Ergebnis abgelehnt wird, stellt sich noch die Frage, ob es eventuell einen „genuin" eigentumsrechtlichen Anwendungsbezug aller Lärmbelastungen gibt, der sich im Wertverlust als Folge der reduzierten Nutzungsmöglichkeit von Grund und Boden manifestiert (3.).

---

866 S. unten Teil 3, B., I., 3., a. und b.

867 Vgl. Wysk, ZfL 2007, 243 ff., für den darin die Vorstellung zum Ausdruck komme, dass benachbarte Grundstücke in einer gewissermaßen „natürlichen" Konkurrenz stünden, die eine Folge unvereinbarer Nutzungen darstelle. Deutlich auch Czybulka, in: Ziekow (Hg.), Flughafenplanung 2002, S. 13; Stoermer, Schutz vor Fluglärm, S. 43 ff.; Giemulla/Schorcht, ZLW 2004, 493 (496 f.).

868 Wysk, ZfL 2007, 243 (244); Stoermer, Schutz vor Fluglärm, S. 45.

869 Wysk, ZfL 2007, 243 (244); Schmidt-Aßmann, AöR 1981, 205 (206), sprach von der grundeigentumsbezogenen Deutung des Art. 2 Abs. 2 S. 1 GG durch die Rechtsprechung des BVerwG (m.w.N.), s. auch Hermann, Schutz vor Fluglärm, S. 181 ff.

1. *Grundsätze des verfassungsrechtlichen Eigentumsschutzes*

Kernanliegen von Art. 14 GG ist es, das private Eigentum vor ungerechtfertigten Eingriffen der Staatsgewalt zu schützen (Bestandsgarantie)[870]. Art. 14 GG garantiert als „Wertentscheidung des Grundgesetzes von besonderer Bedeutung für den sozialen Rechtsstaat"[871] das private Eigentum, welches dem Einzelnen einen Freiraum im vermögensrechtlichen Bereich und darüber die eigenverantwortliche Gestaltung des eigenen Lebens ermöglichen soll[872]. Wie auch im Zusammenhang mit Art. 2 Abs. 2 S. 1 GG interessiert nun zunächst, wie darauf aufbauend die Beschreibung der von Art. 14 GG erfassten Schutzgüter erfolgt. Was lässt sich also über die von Art. 14 Abs. 1 S. 1 GG konkret geschützten bzw. zu schützenden Rechtspositionen sagen? Und welche Rolle spielt dabei der Beeinträchtigungsvorgang?

Die Frage nach den von Art. 14 Abs. 1 S. 1 GG geschützten Positionen scheint im Zusammenhang mit geräuschinduzierten Belastungen auf den ersten Blick kein grundsätzliches Problem, weil das Grundeigentum unstreitig als von Art. 14 Abs. 1 S. 1 GG geschützte privatrechtliche Position anerkannt ist[873]. Jedenfalls Grundeigentümern wird der Schutz von Art. 14 Abs. 1 S. 1 GG zuteil[874]. Soweit man also in den Geräuschen, die sich „auf" das Grundeigentum „legen"[875], die Beeinträchtigung von mit dem Grundeigentum einhergehenden Rechtspositionen erblicken will, wären diese Geräusche vor dem Hintergrund von Art. 14 Abs. 1 S. 1 GG rechtfertigungsbedürftig.

Allerdings ist es schwierig, den genaueren Inhalt der etwa aus dem Grundeigentum fließenden Rechtsposition zu umschreiben. Das liegt zunächst daran, dass der Gesetzgeber bestimmte Nutzungsmöglichkeiten aus dem Grundeigentum ausklammern kann, so dass diese Aspekte nicht mehr der – grundsätzlich dennoch geschützten – Rechtsposition unterfallen[876]. Wie weit nämlich eine Rechtsposition im Sinne von Art. 14 Abs. 1 S. 1 GG reicht, soll sich aus Sicht des BVerfG aus der

---

870 Jarass, in: Jarass/Pieroth (Hg.), GG, Art. 14, Rn. 2; Wendt, in: Sachs (Hg.), GG, Art. 14, Rn. 5; Böhmer, NJW 1988, 2561 (2562).

871 BVerfGE 14, 263 (277); 102, 1 (15).

872 BVerfGE 83, 201 (208); 97, 350 (377); 102, 1 (15); BVerfG, NVwZ 2010, 512 (514, Rn. 38).

873 BVerfGE 70, 191 (199); 98, 17 (35); s. auch Depenheuer, in: v. Mangoldt/Klein/Starck (Hg.), GG, Bd. 1, Art. 14, Rn. 114; Papier, in: Maunz/Dürig (Hg.), GG, Bd. I, Art. 14, Rn. 55; Bryde, in: v. Münch/Kunig (Hg.), GG, Bd. 1, Art. 14, Rn. 15.

874 Zu den vom Eigentum geschützten Positionen soll nach herrschender Ansicht auch das Recht am eingerichteten und ausgübten Gewerbebetrieb gehören, vgl. BVerwGE 67, 93 (96); BGHZ 161, 305 (312); Wendt, in: Sachs (Hg.), GG, Art. 14, Rn. 26; Depenheuer, in: v. Mangoldt/Klein/Starck (Hg.), GG, Bd. 1, Art. 14, Rn. 132 ff.; Papier, in: Maunz/Dürig (Hg.), GG, Bd. I, Art. 14, Rn. 95; aA. Wieland, in: Dreier (Hg.), GG, Bd. I, Art. 14, Rn. 50 ff.

875 Bei Fluglärm spricht man auch vom Lärmteppich, s. oben Teil 1, B., I., 4.

876 Bryde, in: v. Münch/Kunig (Hg.), GG, Bd. 1, Art. 14, Rn. 16; Papier, in: Maunz/Dürig (Hg.), GG, Bd. I, Art. 14, Rn. 55; vgl. auch Depenheuer, in: v. Mangoldt/Klein/Starck (Hg.), GG, Bd. 1, Art. 14, Rn. 114 ff.; Wendt, in: Sachs (Hg.), GG, Art. 14, Rn. 45 f.

„Gesamtheit der verfassungsmäßigen Gesetze bürgerlichen und öffentlichen Rechts" ergeben[877] Hieran anknüpfend ließe sich sagen, dass die von Geräuschen unbelastete Wohnnutzung, wie sie aus dem Grundeigentum als Möglichkeit folgt, eben von vornherein durch die gesetzlichen Regelungen ausgestaltet und eingeschränkt ist, die die Geräuschumgebung des Grundeigentums insgesamt erst ausmachen bzw. beeinflussen. Wenn dann beispielsweise der Gesetzgeber einen Grenzwert einführt, der eine Geräuschkulisse für unbedenklich oder unbeachtlich erklärt, solange sie den Grenzwert nicht überschreitet, könnte dies unter die gesetzgeberische Ausgestaltungsbefugnis fallen, die mit Art. 14 Abs. 1 S. 1 GG einhergeht.

Damit wäre man aber auch bei den Vorgängen angelangt, die eine Beeinträchtigung im Sinne von Art. 14 GG darstellen können. Dieser unterscheidet explizit zwischen Beeinträchtigungen in Form von Inhalts- und Schrankenbestimmungen, in Form von Enteignungen und in Form von faktischen Vorgängen und knüpft daran auch unterschiedliche Prüfungen an[878]. Auf die Details der begrifflichen Unterscheidungen – etwa der schwierigen und umstrittenen Abgrenzung von Inhalts- und Schrankenbestimmungen[879] – braucht hier nicht eingegangen zu werden. Es reicht aus, sich vor Augen zu führen, dass man entgegen dem soeben gegebenen Grenzwert-(Ausgestaltungs-)Beispiel, die geräuschinduzierten Wirkungszusammenhänge auch schlicht als eine Form von faktischer Beeinträchtigung auffassen könnte. Dann würde man den Schwerpunkt der für Art. 14 GG relevanten Beeinträchtigung nicht auf den die Beeinträchtigung legitimierenden gesetzlichen Regelungen legen, sondern schlicht auf die Faktizität des realen Vorgangs. Möglicherweise sind sogar beide Sichtweisen gleichzeitig zutreffend, weil zwar mit der Novellierung des FluLärmG nunmehr Fluglärmgrenzwerte existieren, aber auch nach wie vor ein durch die planerische Abwägung zu behandelnder Fluglärmbereich[880]. Trotz nun existierender Fluglärmgrenzwerte müssen im Rahmen der planerischen Entscheidungen – in einer noch näher zu bestimmenden Form – Lärmbelastungen abgewogen werden. Aus diesen abgewogenen Lärmbelastungen könnten sich jedoch als indirekte Nebenfolgen Wirkungen auf Rechtspositionen ergeben, die von Art. 14 GG geschützt sind.

Die Unbestimmtheit des Eigentumsbegriffs ergibt sich aber nicht nur aus der bzw. im Zusammenhang mit der Beschreibung der konkret geschützten Rechtsposition, sondern auch auf einer tiefer liegenden – und im vorliegenden Zusammenhang problematischeren – Ebene, weil davon ausgegangen wird, dass Art. 14 GG in einem „inneren Zusammenhang mit der Garantie der persönlichen Freiheit" steht[881]. Der Gewährleistungsbereich von Art. 14 Abs. 1 S. 1 GG hat damit sowohl eine

877 BVerfGE 74, 129 (148); 58, 300 (335 f.); ähnlich BVerfG, NVwZ 2008, 772 (775).

878 So zusammenfassend die Darstellung bei bspw. Jarass, in: Jarass/Pieroth (Hg.), GG, Art. 14, Rn. 29, 35 und 70 f.; vgl. auch Wendt, in: Sachs (Hg.), GG, Art. 14, Rn. 52 f.

879 Dazu etwa Wendt, in: Sachs (Hg.), GG, Art. 14, Rn. 55 ff.

880 Zu den unterschiedlichen Stufen des Fluglärmschutzes auf Ebene der Flughafenplanung unten Teil 3, B., II., 1., a.

881 BVerfGE 24, 367 (389); 50, 290 (293); 70, 191 (201).

gegenstandsbezogene als auch eine personale Dimension[882], wobei die personale Funktion des Eigentums – unter Heranziehung der genannten Rechtsprechung des BVerfG – bei der Bestimmung der konkreten Reichweite ihres Schutzes sogar für entscheidend gehalten wird[883].

Ohne hier zu tief in die historischen, politischen und philosophischen Fragen zu den Verbindungslinien zwischen Eigentum und Persönlichkeitsentfaltung einsteigen zu wollen, lässt sich an deren Vorhandensein jedenfalls folgender Gedanke knüpfen. Aus ihnen ergibt sich nämlich die Möglichkeit, verschiedenste Vorverständnisse über die jeweiligen Rechtspositionen bzw. ihre Bedeutung für die Freiheitsentfaltung bereits in die Bestimmung des Schutzbereichs einfließen zu lassen. Gehaltvollere Aussagen über das, was am Grundeigentum – etwa im konkreten Zusammenhang mit Geräuschbelastungen – eigentlich geschützt werden soll, ergeben sich also dadurch, dass Vorverständnisse – hier also etwa über ein bestimmtes Bild von Wohnnutzung – an den Schutzbereich angelegt werden können, aus denen sich dann erst konkretere Aussagen über die im Raum stehende Rechtsposition ableiten lassen. Bereits durch diesen Vorgang kann sich somit eine Einschränkung oder Ausweitung der geschützten Position selbst ergeben.

Wenn etwa davon gesprochen wird, dass Art. 14 Abs. 1 S. 1 GG eine gesunde Wohnnutzung schütze[884], muss darin ein klärungsbedürftiges Vorverständnis gesehen werden, welches seinem Gewährleistungsgehalt unterstellt wird. Dies gilt hier umso mehr, als für die Frage der Verortung der Rezeption von Wissen über Gesundheitswirkungen Art. 2 Abs. 2 S. 1 GG für maßgeblich erachtet wurde. Ob es nachvollziehbar ist, Art. 14 Abs. 1 S. 1 GG mit dem Schutz gerade der gesunden Wohnnutzung zu beauftragen und hier demnach Wissen über Gesundheitsreaktionen und eventuell auch Wissen über Belästigungsreaktionen zu rezipieren, soll nun wiederum vor dem Hintergrund der fachwissenschaftlichen Methoden und Erkenntnisse betrachtet werden.

2. Vermittelter Schutz gegen „Eingriffe in die Gesundheit“ durch Art. 14 GG?

Ausgangspunkt der Überlegungen der älteren verfassungsrechtlichen Diskussion um die Bedeutung von Art. 14 GG im Zusammenhang mit dem Schutz vor Fluglärm

---

882 Bryde, in: v. Münch/Kunig (Hg.), GG, Bd. 1, Art. 14, Rn. 3. Zum Zusammenhang von Eigentum und Freiheit, vgl. auch Depenheuer, in: v. Mangoldt/Klein/Starck (Hg.), GG, Bd. 1, Art. 14, Rn. 12 ff.; Kimminich, in: Dolzer/Kahl/Waldhoff (Hg.), BK GG, Bd. 1, Art. 14, Rn. 18 ff. Auch die Stimmen, die den Schutz vor Verkehrslärm eher Art. 2 Abs. 2 S. 1 GG zuordnen, gehen dem auch personalen Gehalt von Art. 14 Abs. 1 S. 1 GG und daran anknüpfende Abgrenzungsfragen eher aus dem Weg, vgl. Schmidt-Aßmann, AöR 1981, 205 (206).

883 Bryde, in: v. Münch/Kunig (Hg.), GG, Bd. 1, Art. 14, Rn. 4.

884 Wysk, Zfl 2007, 243 (244); ders., ZLW 1998, 456 (484); auf die Wohnnutzung abstellend, aber den Begriff des *gesunden* Wohnens vermeidend Stoermer, Schutz vor Fluglärm, S. 43 ff.

war zunächst nicht der Aspekt der menschlichen Gesundheit. Vielmehr wurde nur apodiktisch festgestellt, die durch Fluglärm hervorgerufenen Störwirkungen würden die Nutzbarkeit des Grundeigentums, insbesondere die Nutzung zu Wohnzwecken und die dieser Nutzung zugeordneten Grundstücksflächen, wie Balkon, Terrassen und Gärten (Annexnutzung), aber auch die Nutzung zu Arbeitszwecken, also etwa die Nutzung der Betriebsgrundstücke eines Gewerbebetriebs, die Nutzung von Bürogrundstücken betreffen[885]. Als Basis für die Annahme einer mittelbaren Beeinträchtigung der Nutzbarkeit wurde auf die „vielfältigen Störungen des physischen, psychischen und sozialen Wohlbefindens abgestellt, die Fluglärm unmittelbar bei den im belärmten Gebiet wohnenden und arbeitenden Menschen auslöst"[886].

Hier zeigen sich nun ganz konkret die Folgen der fehlenden Auseinandersetzung mit der Struktur des Wissens über Gesundheits- und des Wissen über Belästigungsreaktionen. Dabei ist die Idee natürlich nicht von der Hand zu weisen, dass es Störungen durch Geräusche – in allen Wirkungsbereichen (und -ebenen) des operationalisierten Gesundheits- bzw. Krankheitsbegriffs – gibt, bei denen man nicht sagen kann, ob sie mit chronischen Schäden an Wirkungsendpunkten in Verbindung zu bringen sind, gleichwohl die sozial-psychologische Lärmwirkungsforschung jede Störung durch Geräusche in das Wissen über die Globalreaktion der Belästigung integrieren kann.

Vor dem Hintergrund der Erkenntnisse aus der Darstellung der Wirkungsforschung erscheint es notwendig, diese angenommene Verbindung mittelbarer Art näher zu beleuchten. Anknüpfend an das Vorgehen im Rahmen der Erörterung des Schutzbereichs von Art. 2 Abs. 2 GG soll auch hier nach einer fachwissenschaftlichen Anleitung gesucht werden, die, wenn sie gefunden werden kann, zu bewerten wäre. Weil fachwissenschaftlich vor allem zwei Wirkungsendpunkte unterschieden werden – Belästigungs- und Gesundheitsreaktionen – wird hier nach einer möglichen Anleitung im Hinblick auf Wissen über Gesundheitsreaktionen (a.) und bezüglich des Wissens über Belästigungsreaktionen gefragt (b.).

Eine Beeinträchtigung der Nutzbarkeit des Eigentums, insbesondere des Wohneigentums, müsste sich in irgendeiner Form in der Untersuchung der Wirkungsendpunkte bzw. dem Wissen über diese Wirkungsendpunkte wiederfinden. Nur so wäre die Rezeption solchen Wissens im Rahmen von Art. 14 GG nachvollziehbar und die hiervon ausgehende Strukturierung verfassungsrechtlicher Entscheidungen legitimiert.

---

885 Hermann, Schutz vor Fluglärm, S. 152; Stoermer, Schutz vor Fluglärm, S. 43. Franke, Lärmgrenzwerte, S. 155 (Fn. 80), verweist in diesem Zusammenhang auf lärmwirkungsfachliche Literatur zur Bedeutung von Lärm für die Wohnqualität, ohne jedoch näher auf etwaige Verbindungslinien der dortigen Erkenntnisse zu Art. 14 Abs. 1 S. 1 GG einzugehen.

886 Hermann, Schutz vor Fluglärm, S. 152; s. auch Giemulla/Schorcht, ZLW 2004, 493 (499).

a. *Fachwissenschaftliche Anleitung im Hinblick auf Wissen über Gesundheitsreaktionen*

Eine solche Nachvollziehbarkeit lässt sich mit Blick auf den Wirkungsendpunkt Gesundheit nicht feststellen. Wie gezeigt wird der Begriff Gesundheit in der medizinischen Forschung über den Wirkungsendpunkt Krankheit operationalisiert. Dies kann zwar dazu führen, dass auch psychische und soziale Zustände in einen Zusammenhang zu Gesundheitswirkungen gebracht werden. Dafür bedarf es aus fachwissenschaftlicher Sicht der theoretischen Plausibilität der im Rahmen der jeweiligen Untersuchung zu Grund gelegten Annahmen über die Zusammenhäng der untersuchten Zustände zum Wirkungsendpunkt. Soweit ersichtlich wird aber in solchen Untersuchungen kein Zusammenhang zwischen der eingeschränkten Nutzbarkeit des Eigentums und Krankheiten, auch nicht für psychische Krankheiten, als Wirkungsendpunkten hergestellt.

Ein Zusammenhang wird in solchen Untersuchungen aber hergestellt für das Empfinden von Stress bzw. der daran sich anschließenden körperlichen Stressreaktion. Dieses Stressempfinden kann und wird sich zwar regelmäßig in der Wohnung manifestieren. Dies allerdings ist für das Wissen über Reaktionen am Wirkungsendpunkt nicht von entscheidender Bedeutung. Auf die Manifestation selbst kommt es an. Insgesamt ergibt sich, wie bereits festgestellt, für Wissen über Gesundheitswirkungen eine klare Verbindung zu Art. 2 Abs. 2 S. 1 GG, und zwar auch dann, wenn bei einer empirischen Untersuchung sozial-psychologisch vermittelte Stressreaktionen herangezogen werden.

b. *Fachwissenschaftliche Anleitung im Hinblick auf Wissen über Belästigungsreaktionen*

Wenn das Wissen über Gesundheitsreaktionen nicht nachvollziehbar mit Art. 14 Abs. 1 S. 1 GG in Zusammenhang gebracht werden kann, stellt sich noch die Frage, ob dann nicht wenigstens das Wissen über Belästigungsreaktionen Verbindungslinien zum Freiheitsraum des Einzelnen im vermögensrechtlichen Bereich aufweist.

Auch hier fällt der Blick zunächst auf den Begriff der Belästigung. Was also wird darunter fachwissenschaftlich verstanden bzw. wie wird Wissen über Belästigungsreaktionen generiert? Ähnlich wie auch bei der Frage nach dem Gesundheitsbegriff lässt sich dazu nur etwas im Zusammenhang mit seiner Operationalisierung sagen. Sieht man von den vielen Detailfragen ab, die sich hier im Hinblick auf die Plausibilität der zu Grunde gelegten Annahmen und Konzepte ergeben[887], nimmt man also nur in den Blick, welche Art von Daten regelmäßig im Rahmen von Belästigungsstudien erhoben werden, so zeigt sich folgendes: Wissen über den Wirkungsendpunkt der Globalreaktion der Belästigung wird über die Integration von Daten erreicht, die aus verschiedensten Lebenssituationen hervorgehen[888]. Diese Teilaspekte, die zusammen

887 S. oben Teil 1, C., II., 1.
888 S. oben Teil 1, C., V.

zur Darstellung der Globalreaktion der Belästigung integriert werden, können die Störung verschiedenster Aktivitäten und Zustände umfassen[889]. Diese Störungen können zudem an unterschiedlichen Orten erfolgen und untersucht werden.

Man kann nun vereinfachend sagen, dass sich der Mensch im Schnitt etwa 90% seiner Zeit innerhalb von Gebäuden aufhält[890], davon wieder einen relevanten Teil (vor allem abends und morgens) innerhalb der eigenen Wohnung, und so einen – wenn auch aus Sicht der Fachwissenschaften möglicherweise eher simplen – inhaltlichen Bezug zur Nutzung des Wohnungseigentums herstellen. Ob damit der methodischen Komplexität der Belästigungsforschung Genüge getan wird, sei hier dahingestellt. Auf diese Weise kann man jedenfalls mit groben Argumenten einen tatsächlichen Zusammenhang der Belästigungswirkungen zur Eigentumsnutzung herstellen. Hieraus ergibt sich schließlich tatsächlich die Frage, ob das eigenständige Wissen über Belästigung auf Grund gewisser gesundheitlicher Bezüge Art. 2 Abs. 2 S. 1 GG zuzuordnen ist oder unter dem Blickwinkel der (Wohn-)Eigentumsnutzung doch besser in Art. 14 Abs. 1 S. 1 GG rezipiert wird[891].

Die soeben angestellten Überlegungen sollen jedoch zunächst vorläufiger Natur bleiben, da die Betrachtung der Methodik der Erforschung von Belästigungswirkungen noch einen weiteren Grundrechtsbezug möglich erscheinen lässt, nämlich den zu Art. 2 Abs. 1 GG. Wenn dieser Bezug ebenfalls näher herausgearbeitet ist, soll zur Frage der normativen Zuordnung des Wissens über die Belästigungswirkung zurückgekehrt werden. Für den Abschnitt über Fluglärm und Art. 14 GG abschließenden, nachfolgenden Exkurs soll jedoch einstweilen gelten, dass auch das Wissen über Belästigungsreaktionen nicht im Rahmen von Art. 14 Abs. 1 GG rezipiert werden sollte[892].

---

889 Vgl. Wirth, Belästigung, S. 159 ff.; Schick, Belästigung, S. 54 f. (Abb. 8) und passim. Gleichwohl stellt Bosshardt, Belästigung, S. 162 und 165, in seiner Untersuchung von geeigneten Beschreibungsfaktoren (Wirkungsebenen) des Belästigungsempfindens fest, dass „sowohl bei der Entstehung von Belästigung als auch bei der Verringerung von starken Belästigungen keine speziellen Tätigkeiten betroffen (sind), sondern allgemein sozusagen „das ganze Leben"." Dennoch werden auch von ihm der Aufenthaltsort und die Tätigkeit des Belästigten als häufige Spezifikation der belästigten Person angegeben (S. 170).

890 SRU, Sondergutachten 1999, S. 150, Rn. 358.

891 Überdies stellt sich auch die Frage, ob das gesamte Wissen über den Wirkungsendpunkt Belästigung, also auch soweit über Wirkungsebenen Daten erhoben werden, die nicht in unmittelbarem Bezug zur Nutzung des Wohnungseigentums stehen (etwa Schreck- oder Furchtreaktionen im Freien oder aber der Einfluss von geräuschen auf die Lern- und Arbeitseffektivität), im Rahmen von Art. 14 GG ihre verfassungsrechtliche Bewältigung erfahren sollten.

892 Ausführlich dazu unten Teil 2, B., III., 2., b.

3. *Exkurs: Rezeption „ökonomischen" Wissens*

Die soeben vorgenommen Einordnung des Wissens über Belästigungs- und Gesundheitsreaktionen bedeutet nicht, dass Belastungen durch Fluglärm nicht auch ökonomisch betrachtet werden können[893]. Solches Wissen kann inhaltlich mit Art. 14 Abs. 1 GG in Verbindung gebracht werden, ohne dass Zuordnungskonflikte – wie etwa soeben für das Belästigungswissen aufgezeigt – ersichtlich sind. Auf solchem Fachwissen liegt in dieser Untersuchung jedoch nicht der Schwerpunkt. Dennoch sei hier in gebotener Kürze auf sie eingegangen.

Die vom Fluglärm hervorgerufenen ökonomischen Belastungen des Grundeigentums tangieren weniger die grundlegende Zuordnungsfunktion des Eigentumsrechts zu Gunsten einer konkreten Person als vielmehr deren Nutzungsrechte, soweit diese durch die auf ihrem Grund und Boden liegende Lärmbelastung eingeschränkt werden. Diese Einschränkung, die in der Folge in den Blick genommen werden soll, ist aber keine, die sich im Lärmwirkungswissen ausdrückt, sondern eine ökonomische Einschränkung. Wenn ein Gebiet mit einem Lärmteppich belegt wird, hat dies Auswirkungen auf den ökonomischen Wert, der den Grundstücken in diesem Gebiet zugeschrieben wird. Dabei ist nicht zu verkennen, dass die Zuschreibung des Wertes sicherlich auch davon abhängt, was die Lärmwirkungsforschung zu Belastungen zu sagen hat, die bei den betroffenen Menschen festzustellen sind. Es ist aber davon auszugehen, dass die ökonomischen Betrachtungen darüber hinausgehen, in dem sie spezifisch wirtschaftliche Zusammenhänge (Wirkungsebenen) in den Blick nehmen.

Dies hängt zunächst damit zusammen, dass alle Lärmwirkungen individuell streuen. Personen, die sich selbst für unempfindlich halten, mögen die Belastungen, die mit dem Lärmteppich einhergehen anders einschätzen als empfindliche Personen. Soweit also ein Lärmteppich dazu führt, dass in einem bestimmten Umfang mit Belästigungsreaktionen zu rechnen ist, mag dies manche Personen davon abschrecken, in einem solchen Gebiet zu leben, manche aber auch nicht. Zudem kann über effektiven passiven Lärmschutz die Belastung auf Körper und Geist des Menschen innerhalb von Wohnungen ja auch tatsächlich stark gemindert werden. Diese Aussage scheint jedenfalls für solche körperlichen Reaktionen gültig zu sein, die nicht zwingend über ein Empfinden vermittelt werden, wie etwa verschiedene Reaktionen des Körpers im Schlaf.

Solche Phänomene sollen hier nicht auf ihre gesellschaftspolitische Bedeutung hin analysiert werden[894]. Es geht lediglich um ihr Vorhandensein und damit einhergehende, beschreibbare Wirkungszusammenhänge, die in ökonomische Reaktionen münden und sich als solche ablesen bzw. verwerten lassen.

893 Man könnte von Wissen über Reaktionen an ökonomischen Wirkungsendpunkten sprechen.

894 Sie könnten in Verbindung stehen mit einer Art „Lärm-Ghettoisierung", über die in der sozial-psychologischen Lärmwirkungsforschung auch bereits diskutiert wird, s. Wirth, Fluglärmstudie, S. 184 f.

Anknüpfend an die oben dargestellten Unterscheidungen des Beeinträchtigungsvorgangs handelt es sich bei den ökonomischen Auswirkungen des Lärmteppichs je nach Schwerpunktsetzung entweder um ungezielte, faktische Beeinträchtigungen, die keine Enteignung darstellen oder um Inhalts- und Schrankenbestimmungen[895]. Soweit darin Inhalts- und Schrankenbestimmungen gesehen werden sollen[896], werden dem Gesetzgeber – soweit die grundrechtliche Abwehrfunktion zum Tragen kommt – verfassungsrechtliche Grenzen vor allem durch den Grundsatz der Verhältnismäßigkeit und den Gleichheitssatz (Art. 3 Abs. 1 GG) gezogen[897].

Die Suche nach einer Präzisierung dieser – recht groben – verfassungsrechtlichen Maßstäbe sieht sich mit dem Problem konfrontiert, dass sich weder Rechtsprechung noch Literatur veranlasst sahen und sehen, allgemeine Maßstäbe im Hinblick auf die finanzielle oder wirtschaftliche Zumutbarkeit gesetzlich vorgesehener oder zumindest gesetzlich legitimierter Belastungen[898] zu formulieren. Vielmehr bleibt die Formulierung der verfassungsrechtlichen Anforderungen regelmäßig auf hohem Abstraktionsniveau und diese Anforderungen werden dann nur einzelfallbezogen konkretisiert, nachdem der jeweilige Normgeber – auf der Grundlage einer politischen Abwägungsentscheidung – oder die Verwaltung im Einzelfall die (ökonomischen) Zumutbarkeitsgrenzen jeweils festgelegt haben. Dennoch lassen sich auch auf dem hohen Abstraktionsniveau von Rechtsprechung und Literatur im Bereich der Gewährleistungen aus Art. 14 Abs. 1 S. 1 GG einige wiederkehrende Maßstäbe finden, die zumindest eine gewisse Entscheidungshilfe bieten. Sie betreffen die Anforderungen, die an die Verhältnismäßigkeitsprüfung zu stellen sind[899], etwaige Abwägungsdirektiven[900], Anforderungen an anzustellende Prognosen[901] und die gesetzgeberischen Instrumente zur Erfüllung der Anforderungen[902].

Auf sie soll hier jedoch noch nicht näher eingegangen werden, da die entscheidende Ausrichtung der verfassungsrechtlichen Maßstäbe – wie auch im Zusammenhang mit dem Wissen über Belästigungs- und Gesundheitsreaktionen – zuvor über die Zuordnung des Sachproblems zu entweder der Abwehr- oder der Schutzfunktion

---

895 S. oben Teil 2, B., II., 1.

896 So BVerfG, NVwZ 2010, 512 (514, Rn. 39).

897 BVerfG, NVwZ 2010, 512 (514, Rn. 39).

898 In der Literatur wird dieser Komplex im Zusammenhang mit mehr oder weniger konkreten, meßbaren Pflichten problematisiert, wie bspw. Pflichten zur Modernisierung oder der nachträglichen Anpassung von Gebäuden oder anderen Anlagen an geänderte bzw. verschärfte Standards (Umweltschutz, technische Sicherheit, Gesundheitsschutz etc.), bspw. Longo, Energieversorgung, S. 227 ff.

899 BVerfGE, 122, 374 (392); 113, 167 (260 f.); 113, 63 (80); 112, 93 (110).

900 BVerfGE 110, 1 (28); 100, 226 (241); 79, 292 (302);.

901 BVerfGE 50, 290 (333 f.); 39, 210 (225 ff.). Ausführlicher zu BVerfGE 50, 290 ff., unten Teil 2, C., III., 2.

902 BVerfG, NVwZ 2010, 512 (514, Rn. 42); BVerfGE 100, 226 (240); BVerwG, NVwZ 2003, 1116 (1117).

der Grundrechte erfolgt. Erst wenn hierzu eine klare Aussage gefunden werden kann, können diese Entscheidungshilfen überhaupt nur eine Rolle spielen.

4. Ergebnisse

Zwar ist es durchaus nachvollziehbar, dass die frühere Rechtsprechung versuchte, anhand von Art. 14 Abs. 1 S. 1 GG eine gewisse verfassungsrechtliche Schutzwirkung gegenüber den Verkehrsgeräuschsbelastungen zu etablieren. Wissen über Gesundheitswirkungen ist aber, wie gezeigt, alleine Art. 2 Abs. 2 S. 1 GG zuzuordnen. Auch, aber nicht nur deshalb haben sie keinen Zusammenhang mit Art. 14 Abs. 1 S. 1 GG. Eine nähere Betrachtung der Methodiken der Wirkungsforschung macht nämlich deutlich, dass gesundheitsrelevante Wirkungen von Art. 14 Abs. 1 S. 1 GG nicht umfasst bzw. hierüber Schutz nicht vermittelt werden kann[903].

Für das Wissen über Belästigungsreaktionen kann allgemein festgestellt werden, dass es neben inhaltlichen Verbindungslinien zu Art. 2 Abs. 2 S. 1 GG auch solche zu Art. 14 Abs. 1 S. 1 GG aufweist. Ob es deshalb Art. 14 Abs. 1 S. 1 GG zugeordnet werden sollte, wurde nur in Ansätzen erörtert, da vor solchen Überlegungen zuletzt noch etwaigen Verbindungslinien des Belästigungswissens zum Schutzbereich von Art. 2 Abs. 1 GG nachgegangen werden soll.

Ob man nun für das Wissen über Gesundheitsreaktion und für das Wissen über Belästigungsreaktionen oder nur für das Wissen über Gesundheitsreaktionen eine Rezeption im Rahmen von Art. 14 Abs. 1 S. 1 GG ablehnt: Mit einer Rezeption von Fachwissen über Geräuschwirkungen in Art. 14 Abs. 1 S. 1 GG geht jedenfalls einher, dass einer leichtfertigen Anwendung von Rechtfertigungsmaßstäben, die ihren Ursprung in Art. 14 Abs. 1 S. 1 GG haben, der Weg versperrt ist. Bereits vor einer Analyse des einfach-rechtlichen Fluglärmschutzsystems ist insofern auf die Aspekte der „Situationsgebundenheit“ und der „Vorbelastung“ hinzuweisen[904].

Von der Heranziehung von Art. 14 Abs. 1 S. 1 GG für eine Maßstabsbildung des konkreten Schutzes vor Wirkungen auf den Geist und Körper des Menschen, also im Hinblick auf die Frage, wie viel Lärm den Anwohner gesundheitlich zumutbar sein soll, zu trennen ist schließlich die Frage, wie viel lärmvermittelte Belastung in ökonomischer Hinsicht – also in Auswirkung auf die vermögenswerte Rechtsposition des Eigentums – mit Art. 14 GG zu vereinbaren ist.

III. Fluglärm und Art. 2 Abs. 1 GG

Den Abschnitt zu den im Zusammenhang mit Wissen über Fluglärmwirkungen relevanten Grundrechtsbereichen abschließen soll nun die Eruierung der Frage, inwieweit für das Wissen über Belästigungsreaktionen eine inhaltliche Verbindung

---

903 So bereits Hermann, Schutz vor Fluglärm, S. 186, wenn auch mit anderer Vorstellung von der Operationalisierung des Begriffs Gesundheit und bezüglich der daraus resultierenden Konsequenz.

904 Dazu später unten Teil 3, B., I., 3., c., gg.

zu Art. 2 Abs. 1 GG besteht. Nicht mehr eingegangen wird hier auf Wissen über Gesundheitswirkungen, da insoweit, wie gezeigt, alleine Art. 2 Abs. 2 S. 1 einschlägig ist und in der Literatur ein – in gewissem Umfang – über Art. 2 Abs. 1 GG vermittelter Gesundheitsschutz auch nicht vertreten wird.

Zur Erörterung von etwaigen Verbindungslinien des Wissens über Belästigungsreaktionen zu Art. 2 Abs. 1 GG soll zunächst kurz beschrieben werden, was als vom Schutzbereich des Art. 2 Abs. 1 GG gemeinhin umfasst angesehen wird (1.). Danach folgt – am bisherigen Vorgehen orientiert – die Frage, inwiefern geräuschinduzierte Belästigungswirkungen hiervon umfasst sein könnten (2.). Hierbei wird wiederum bei den Fachwissenschaften Anleitung gesucht, um abschließend zu fragen, welche Lösung zur Rezeption des Wissens über die Belästigung hier als vorzugswürdig angesehen wird.

1. *Zur Unterteilung des Schutzbereichs von Art. 2 Abs. 1 GG*

Art. 2 Abs. 1 GG schützt nicht nur die Freiheit, sich im Rahmen gewisser Schranken so zu verhalten, wie man es will (b.), sondern auch die Integrität der Persönlichkeit selbst (a.), soweit sich dieser Schutz nicht bereits aus den speziellen Freiheitsgrundrechten ergibt. Die Freiheit, sich aktiv entfalten zu können, wird gemeinhin als allgemeine Handlungsfreiheit bezeichnet. Hiervon hebt das BVerfG das Recht auf die Respektierung der Privatsphäre und des sozialen Geltungsbereichs des Einzelnen in Form des „allgemeinen Persönlichkeitsrechts“[905] ab[906], welches es aus Art. 2 Abs. 1 iVm. Art. 1 Abs. 1 GG ableitet[907].

Beiden Sphären wird aber eine gemeinsame Wurzel zugeschrieben und mit der Sicherung der Entstehungsbedingungen freier, autonomer Individualität umschrieben[908]. Auch diese sehr offene Formulierung deutet darauf hin, dass Art. 2 Abs. 1 GG eine Auffangfunktion zukommt, die dann greift, wenn spezielle grundrechtliche Freiheitsverbürgungen keinen Schutz anbieten[909]. Gleichwohl kommt diese Funktion

---

905 Seit BVerfGE 54, 148 (153); vgl. Murswiek, in: Sachs (Hg.), GG, Art. 2, Rn. 60; ähnlich Kunig, in: v. Münch/Kunig (Hg.), GG, Bd. 1, Art. 2, Rn. 30.

906 Starck, in: v. Mangoldt/Klein/Starck (Hg.), GG, Bd. 1, Art. 2 Abs. 1, Rn. 17, spricht auch von unbenannten Freiheitsrechten, von denen das Allgemeine Persönlichkeitsrecht nur das – besonderen Schranken unterliegende – Hauptbeispiel sei; s. auch Di Fabio, in: Maunz/Dürig (Hg.), GG, Bd. I, Art. 2 Abs. 1, Rn. 128; Dreier, in: Dreier (Hg.), GG, Bd. I, Art. 2 Abs. 1, Rn. 24.

907 Auf die anfänglich vertretenen „engen“ Tatbestandsvorstellungen von Art. 2 Abs. 1 GG wird hier nicht mehr eingegangen, vgl. insoweit Starck, in: v. Mangoldt/Klein/Starck (Hg.), GG, Bd. 1, Art. 2 Abs. 1, Rn. 8 (m.w.N.). Zu den Auffassungen, die sich für ein enges Verständnis aussprechen auch Murswiek, in: Sachs (Hg.), GG, Art. 2, Rn. 46 ff.

908 Dreier, in: Dreier (Hg.), GG, Bd. I, Art. 2 Abs. 1, Rn. 25; vgl. auch Murswieck, in: Sachs (Hg.), GG, Art. 2, Rn. 64; Kube, in: Isensee/Kirchhof (Hg.), HStR, Bd. VII, § 148, Rn. 29.

909 Kunig, in: v. Münch/Kunig (Hg.), GG, Bd. 1, Art. 2, Rn. 12.

nur der allgemeinen Handlungsfreiheit zu, da das allgemeine Persönlichkeitsrecht als eine spezielle, dem Schutz des Kernbereichs eines jeden Menschen dienende Freiheitsverbürgung gesehen wird[910].

a. Allgemeines Persönlichkeitsrecht

Das allgemeine Persönlichkeitsrecht ist, wie für Richterrecht typisch, fallspezifisch entwickelt worden. Während für Art. 2 Abs. 2 S. 1 GG – in wie gezeigt allerdings problematischer Weise – gesagt wird, er schütze die körperliche Integrität, findet die Integrität der menschlichen Persönlichkeit in ihrer geistig-seelischen Ausprägung ihren Schutz im Allgemeinen Persönlichkeitsrecht[911]. Geschützt sind Elemente der Persönlichkeit, „die nicht schon Gegenstand der besonderen Freiheitsgarantien des Grundgesetzes sind, diesen aber in ihrer konstituierenden Bedeutung für die Persönlichkeit nicht nachstehen[912]. Es dient also dazu, bestimmte, enger umgrenzte Entstehungsbedingungen freier, autonomer Individualität zu sichern[913].

Auf Grund der Spezialität des allgemeinen Persönlichkeitsrechts müsste hiernach für geräuschinduzierte Wirkungen auf den Körper und den Geist des Menschen zuerst gefragt werden, ob sie von dessen Schutzbereich erfasst sein können. Die bereits genannte fallspezifische Ausformung des allgemeinen Persönlichkeitsrechts hat mittlerweile eine Reihe von persönlichkeitsbezogenen Rechten etabliert, auf die hier nicht im Einzelnen ausführlich eingegangen werden muss[914]. Thematisch käme – wenn überhaupt – ein Zusammenhang zwischen der geräuschinduzierten Belästigungsreaktionen und dem Schutz der engeren persönlichen Lebens- oder Privatsphäre in Frage, soweit die Rechtsprechung hierunter auch das Recht versteht, in Ruhe gelassen zu werden[915]. Räumlich erstreckt sich der Schutz jedenfalls auf einen Bereich, in dem der Einzelne zu sich kommen, sich entspannen und gehen lassen können soll, wozu im Kern – allerdings nicht nur – der häusliche Bereich gezählt wird[916]. Allerdings ist der Schutz der Privatsphäre insgesamt eher so ausgerichtet, die geschützten Sphären vor den Einblicken des Staates oder Dritter abzuschirmen[917]. Geräusche bieten nun aber keine Einblicke, sondern stören ganz einfach nur. Schon deswegen scheint ein Zusammenhang zwischen der geräuschinduzierten

---

910 Kunig, in: v. Münch/Kunig (Hg.), GG, Bd. 1, Art. 2, Rn. 30, auch zur Rolle der jeweils unterschiedlichen Grundrechtsschranken; vgl auch Jarass, in: Jarass/Pieroth (Hg.), GG, Art. 2, Rn. 2 f.; Murswiek, in: Sachs (Hg.), GG, Art. 2, Rn. 64.

911 Murswiek, in: Sachs (Hg.), GG, Art. 2, Rn. 61.

912 BVerfGE 118, 168 (183); 106, 28 (39); 99, 185 (193).

913 Kube, in: Isensee/Kirchhof (Hg.), HStR, Bd. VII, § 148, Rn. 29

914 Dazu nur die Darstellung bei Murswiek, in: Sachs (Hg.), GG, Art. 2, Rn. 68 ff.; ausführlich auch Starck, in: v. Mangoldt/Klein/Starck (Hg.), GG, Bd. 1, Art. 2 Abs. 1, Rn. 85; Di Fabio, in: Maunz/Dürig (Hg.), GG, Bd. I, Art. 2 Abs. 1, Rn. 148 ff.

915 Vgl. BVerfG, NJW 1991, 910 (911), für den Fall des „aufgedrängten Werbematerials".

916 BVerfGE 120, 180 (199); 101, 361 (382 ff.).

917 Murswiek, in: Sachs (Hg.), GG, Art. 2, Rn. 69; vgl. auch Kunig, in: v. Münch/Kunig (Hg.), GG, Bd. 1, Art. 2, Rn. 32 f.

Belästigungsreaktion und dem Schutz der engeren persönlichen Lebenssphäre eher fernliegend und wird auch in der juristischen Literatur in überzeugender Weise abgelehnt[918].

b. Allgemeine Handlungsfreiheit

Zumindest aber im Rahmen der Auffangfunktion der allgemeinen Handlungsfreiheit müsste das Wissen über Belästigungsreaktionen eigentlich rezipiert werden. Das gilt insbesondere, weil – wie oben gezeigt – die ganz herrschende Ansicht zum Zusammenhang von Fluglärmwirkungen und Art. 2 Abs. 2 S. 1 GG ja davon ausgeht, dass Fluglärmwirkungen nur insofern von Art. 2 Abs. 2 S. 1 GG umfasst sind, als sie entweder als qualifizierte psychische Belastung angesehen oder in einen wissenschaftlich nachweisbaren Zusammenhang mit pathologischen Zuständen gebracht werden können[919]. Soweit dies nicht möglich, insbesondere aber soweit dies im Fachwissen gar nicht angelegt ist, stellt sich dann die Frage des Zusammenhangs dieses Wissens mit anderen Grundrechtsbereichen und im Zweifel eben mit der allgemeinen Handlungsfreiheit. Für geräuschinduzierte Wirkungen auf den Körper und den Geist des Menschen wird sie aber praktisch nicht gestellt[920], jedenfalls aber in der fluglärmbezogenen Rechtsprechung nicht erörtert[921].

Dies führt also dazu, dass – abgesehen von der damit einhergehenden Zersplitterung des Fachwissens[922] – nur ein bestimmter, gesundheitsbezogener Ausschnitt des Fachwissens über Fluglärmwirkungen überhaupt verfassungsrechtlich verarbeitet wird, und zwar trotz der Auffangfunktion der allgemeinen Handlungsfreiheit. Im weiten Schutzbereichsverständnis meint allgemeine Handlungsfreiheit nämlich die „Freiheit zu tun und zu lassen, was die Rechte anderer nicht verletzt“[923]. Die allgemeine Handlungsfreiheit soll umfassenden Aktivitätsschutz bieten[924]. Da im weiten Verständnis der allgemeinen Handlungsfreiheit keine gegenständliche

---

918 Ausführlich zu den teilweise vorhandenen Ansichten, die das allgemeine Persönlichkeitsrecht für Geräuschbelastungen aktivieren wollen, Hermann, Schutz vor Fluglärm, S. 193 ff., der schließlich feststellt, dass die untersuchten Störungen oder Wirkungen „das dynamische “Tun“ und nicht das statische “Sein“ (beeinträchtigten)“ (S. 198).

919 S. oben Teil 2, B., I., a. und c.

920 Eine Ausnahme bildet Hermann, Schutz vor Fluglärm, S. 186 ff., mit dem Ergebnis, dass geräuschinduzierte Belästigungswirkungen vor dem Hintergrund der allgemeinen Handlungsfreiheit zu verarbeiten sind (S. 212 f.).

921 Den Nachweis hierfür liefert letztlich die gesamte Analyse des einfach-rechtlichen Fluglärmschutzes in Teil 3, dort aber insb. unter B., I., 3. und B., II., 1.

922 Dazu sogleich unten Teil 2, B., III., 2., b., aa.

923 Seit Elfes BVerfGE 6, 32 (36 ff.), st. Rspr.; vgl. Kunig, in: v. Münch/Kunig (Hg.), GG, Bd. 1, Art. 2, Rn. 12.

924 Dreier, in: Dreier (Hg.), GG, Bd. I, Art. 2, Rn. 23; vgl. auch Jarass, in: Jarass/Pieroth (Hg.), GG, Art. 2, Rn. 3; Di Fabio, in: Maunz/Dürig (Hg.), GG, Bd. I, Art. 2 Abs. 1, Rn. 11; Kunig, in: v. Münch/Kunig (Hg.), GG, Bd. 1, Art. 2, Rn. 12.

Beschränkung des Schutzbereichs vorgenommen wird, kann prinzipiell jedes menschliche Verhalten in den Schutzbereich fallen, ohne Rücksicht darauf, welches Gewicht ihm für die Persönlichkeitsentfaltung zukommt[925]. Daher wird auch jede beispielhafte Aufzählung geschützter Verhaltensweisen für willkürlich gehalten[926]. Es macht insoweit also auch keinen Unterschied, dass selbst für ein weites Verständnis der allgemeinen Handlungsfreiheit hervorgehoben wird, sie habe von einer sozialen und technischen Realität auszugehen[927]. Wenn man die allgemeine Handlungsfreiheit tatsächlich als Auffanggrundrecht verstehen will, können solche Aspekte nur in Rechtfertigungszusammenhängen eine Rolle spielen.

2. *Schutz vor der geräuschinduzierten Belästigungswirkung über Art. 2 Abs. 1 GG?*

Soweit damit also die beiden Teilbereiche des Schutzbereichs von Art. 2 Abs. 1 GG grob umschrieben und abgegrenzt sind, soll nunmehr noch einmal vor dem Hintergrund der Realbereichsanalyse die Frage aufgeworfen werden, inwiefern eine Rezeption des Wissens über geräuschinduzierte Belästigungsreaktionen im Rahmen von Art. 2 Abs. 1 GG tatsächlich nachvollziehbar ist. Wiederum wird also nach einer Anleitung der Fachwissenschaften gesucht (a.). Da man – wie auch schon im Rahmen von Art. 2 Abs. 2 und Art. 14 GG – zu dem Ergebnis kommen kann, dass Wissen über geräuschinduzierte Belästigungsreaktionen auch in diesem Grundrechtszusammenhang rezipiert werden könnte[928], stellt sich abschließend die Frage, wie mit dem Wissen über Belästigungsreaktionen im Hinblick auf seine verfassungsrechtlichen Anknüpfungspunkte umzugehen sein soll (b.).

a. *Fachwissenschaftliche Anleitung im Hinblick auf Wissen über Belästigungsreaktionen*

Auch wenn er nicht den Prozess der Generierung dieses Wissens betrachtet, hat bereits *Herrmann* herausgearbeitet, dass Wissen über Belästigung einen deutlichen Handlungsbezug aufweist[929]. Wie soeben bereits beschrieben, ordnet er dieses Wissen als Nachweis von Störungen des psychischen Wohlbefindens ein, denen keine

---

925 BVerfGE 80, 137 (152).

926 Murswiek, in: Sachs (Hg.), GG, Art. 2, Rn. 55; zur Wertneutralität auch Di Fabio, in: Maunz/Dürig (Hg.), GG, Bd. I, Art. 2 Abs. 1, Rn. 16.

927 Starck, in: v. Mangoldt/Klein/Starck (Hg.), GG, Bd. 1, Art. 2 Abs. 1, Rn. 2. Solche „versteckten“ Tatbestandsvoraussetzungen müssen wohl der Tradition enger Schutzbereichsverständnisse zugerechnet werden. Zur Angst vor einer Banalisierung der Grundrechte, s. nur Murswiek, in: Sachs (Hg.), GG, Art. 2, Rn. 50.

928 Abgesehen davon, dass im Hinblick auf die Auffangfunktion von Art. 2 Abs. 1 GG ein solches Unterfangen eigentlich gar nicht mehr zwingend notwendig ist, weshalb die nachfolgende Erörterung auch kurz gehalten wird.

929 Hermann, Schutz vor Fluglärm, S. 193 ff. (insb. S. 198 f.)

Gesundheitsrelevanz zukäme, sondern schlicht den geistig-kommunikativen Bereich betreffe[930]. Die Beeinträchtigung des psychischen und sozialen Wohlbefindens sei „erst die Folge dieser Störung von Handlungs- und Entfaltungsmöglichkeiten."[931]

Auf eine Störung der Handlungs- und Entfaltungsmöglichkeiten weisen aber nicht erst die „Ergebnisse der psycho-sozialen Wirkungsforschung" hin[932]. Es ist vielmehr (bereits) die Struktur des Wissens, die eine solche Sicht nahe legt. Anders ausgedrückt: Wissen über Belästigungsreaktionen wird als Störung von konkreten Handlungen oder Zuständen empirisch untersucht. Es sind die Wirkungsebenen (Störung der Kommunikation, Störungen der Ruhe etc.) und die Wirkungsendpunkte zu unterscheiden. Das Wissen über geräuschinduzierte Belästigung, insbesondere das Wissen über die Globalreaktion der Belästigung, entsteht mit Blick auf die Störung positiv bewerteter menschlicher Aktion oder Interaktion[933]. Deshalb lässt sich – wie auch schon bei Art. 14 Abs. 1 GG – aus der fachwissenschaftlichen Methodik eine Verbindungslinie zur allgemeinen Handlungsfreiheit aufzeigen. Der Mensch geht Aktivitäten nach, die von Geräuschen gestört werden können. Im Einzelfall mag damit sogar eine Störung der engeren Lebenssphäre, als besonders abzuschirmender Handlungsraum, einhergehen. In der Lärmwirkungsforschung liegt darauf aber kein Schwerpunkt.

b. Abschließende Überlegungen zur Rezeption des Wissens über Belästigungsreaktionen

Für alle hier untersuchten Grundrechtsbereiche konnte aufgezeigt werden, dass zwischen ihnen und dem Wissen über Belästigungsreaktionen Verbindungslinien existieren. Belästigungsreaktionen sind eine Art Vorstufe zu Gesundheitsreaktionen und die an eine Belästigung anknüpfende Stressreaktion wird zudem als Wirkungsebene in epidemiologischen Untersuchungen herangezogen. Belästigungsreaktionen treten zudem ganz regelmäßig, allerdings nicht nur, im Rahmen der Nutzung von Grundeigentum auf. Schließlich weist das Wissen über geräuschinduzierte Belästigungsreaktionen seiner Struktur nach deutlichen Handlungsbezug auf. Die empirische Erforschung der Belästigung geht in ihren Konzepten schon davon aus, dass sie als Störung einer Tätigkeit auftritt. Daher wird man das so generierte Wissen – soweit man dessen Rezeption entweder in Art. 2 Abs. 2 S. 1 GG oder in Art. 14 Abs. 1 S. 1 GG ablehnt – zumindest einer Verarbeitung im Rahmen der allgemeinen Handlungsfreiheit zuführen müssen. In welchem dieser Zusammenhänge *sollte* das Wissen über geräuschinduzierte Belästigungsreaktionen rezipiert werden?

930 Hermann, Schutz vor Fluglärm, S. 194 und 198.
931 Hermann, Schutz vor Fluglärm, S. 198.
932 So aber Hermann, Schutz vor Fluglärm, S. 198 (Fn. 414).
933 Nochmals Bosshardt, Belästigung, S. 170; zu den verschiedenen methodischen Ansätzen ausführlich oben Teil 1, C., II., 1.

aa. Gemeinsamkeiten psycho-sozialer und physiologisch-medizinischer Lärmwirkungsforschung und das Problem der „Wissenszersplitterung"

Ganz allgemein wird sich hier zunächst gegen eine nicht nachvollziehbare Zerteilung der verfassungsrechtlichen Verarbeitung des Wissens über Gesundheits- und des Wissens über Belästigungsreaktionen gestellt. Es wird hier nämlich davon ausgegangen, dass die Gemeinsamkeiten der psycho-sozialen und der physiologisch-medizinischen Lärmwirkungsforschung auch für eine gemeinsame verfassungsrechtliche Verarbeitung sprechen.

Dies ist die Basis für folgenden Gedanken: Da es für das epidemiologisch fundierte Wissen über die geräuschinduzierte Gefährdung der menschlichen Gesundheit mit Art. 2 Abs. 2 S. 1 GG nur einen verfassungsrechtlichen Anknüpfungspunkt geben kann, wird in der Tendenz auch das (eigenständige) Wissen über Belästigungsreaktionen in diesen sachlichen Schutzbereich hineingezogen. Nur so ist eine gemeinsame verfassungsrechtliche Verarbeitung gewährleistet.

Dies gilt jedenfalls für das Wissen über die Globalreaktion der Belästigung, welches – trotz der vielen offenen Fragen im Detail – eine große Stabilität aufweist. Auch wenn die psycho-soziale Lärmwirkungsforschung bisher beispielsweise keine Erklärung für die Zunahme der Globalreaktion der Belästigung bei gleicher Geräuschbelastung aufbieten kann[934], spricht das nicht gegen die Stabilität der Erkenntnisse. Es muss bedacht werden, dass der Erklärungsgehalt psycho-sozialer Erkenntnisse niemals den der strengen oder exakten Naturwissenschaften erreichen kann. Dieser Vorbehalt gilt aber – was hervorzuheben ist – auch für die Erkenntnisse der physiologisch-medizinisch orientierten Wirkungsforschung. Sie kann sich im Zusammenhang mit geräuschinduzierten Wirkungen nicht – wie etwa bei der Zuführung von toxischen Stoffen – auf begrenzbare und möglicherweise bereits gut erforschte funktionale Zusammenhänge im Körper beschränken. Die Lärmwirkungskette ist komplexer. Ihre Länge und Komplexität spricht aber weder gegen die Wissenschaftlichkeit der Erkenntnisse über geräuschinduzierte Gesundheits- noch gegen die der Belästigungsreaktionen.

Ein Zusammenführen des Lärmwirkungswissens in einem grundrechtlichen Zusammenhang kann man allerdings unter dem folgenden Gesichtspunkt kritisch sehen. Bestimmte belästigungsbezogene Primärreaktionen werden fachwissenschaftlich nahezu eigenständig diskutiert, also ohne ihren weiteren Bezug zur Globalreaktion der Belästigung oder zu Gesundheitsreaktionen. Bestes Beispiel hierfür ist die Kommunikationsstörung, die empirisch relativ gut auch unter Laborbedingungen – über das Kriterium der Satzverständlichkeit – zu untersuchen zu sein scheint[935]. Inwiefern solche fachlichen Erkenntnisse dazu führen sollten, dass sie eigenständig in einem anderen grundrechtlichen Zusammenhang verarbeitet

934 S. oben Teil 1, C., II., 2., b.

935 Dazu bspw. Spreng, in: UBA (Hg), Fluglärm 2004, S. 53 ff. Im Bereich der Kommunikationsstörung arbeitet man heute mit standardisierten Verfahren und Indexen, die bspw. die Satzverständlichkeit betreffen (S. 63). Ein Vorgehen, das

werden, muss hier offen bleiben. In dieser Untersuchung soll nicht solches Wissen über ganz bestimmte Situationen des Belästigungsempfindens im Vordergrund stehen, sondern das Wissen über die Globalreaktion der Belästigung.

Die Erörterung von Unterschieden und Gemeinsamkeiten der psycho-sozialen und physiologisch-medizinischen Wirkungsforschung führt weiter zu der Erkenntnis, dass es verschiedene Arten der Wissenszersplitterung geben kann: Deren simpelste Form wurde nunmehr bereits eingehend diskutiert und basiert auf der Unterscheidung der beiden wesentlichen Wirkungsendpunkte „Belästigung" und „Gesundheit/Krankheit". Es ist alleine für Wissen über Gesundheitsreaktionen ein eindeutiger inhaltlicher Bezug zu Art. 2 Abs. 2 S. 1 GG aufzeigbar. Beim Wissen über Belästigungsreaktionen existieren dagegen inhaltliche Bezüge auch zu anderen Grundrechtsschutzbereichen. Eine Zersplitterung tritt also schon dann auf, wenn man Wissen über Gesundheits- und Belästigungsreaktionen nicht gemeinsam einem Grundrechtsbereich zuordnet.

Geht man dagegen von einer unterschiedlichen Zugehörigkeit aus, können sich noch weitere Formen der Zersplitterung ergeben. Kategoriale Unterscheidungen können nämlich auch „innerhalb" des Wissens über Belästigungsreaktionen vorgenommen werden. Je nach Wirkungsebene, die zur Generierung von Wissen über Belästigung betrachtet wurde, kann sich ein besonderer tatsächlicher Zusammenhang ergeben. Neben dem eben genannten Beispiel der Kommunikationsstörung hat die Minderung der Konzentration beim Lesen oder Lernen jedenfalls keinen Bezug zu Art. 14 GG. Dagegen kann die Minderung der Arbeitsleistung durch Lärmbelastung – und insofern theoretisch identifizierte Wirkungsebenen – mehr oder weniger deutlichen inhaltlichen Bezug zu Art. 12 GG aufweisen. Wollte man den unterschiedlichen Bedeutungsgehalten fachwissenschaftlicher Erkenntnis gerecht werden, würde man jeweils unterschiedliche Zuordnungen vornehmen bzw. Rezeptionsfähigkeit erkennen.

Aber auch wenn man eine solche Detailbetrachtung der Unterschiedlichkeit des Fachwissens über die Belästigungsreaktion nicht vornimmt, kann eine Wissenszersplitterung aus Rechtsgründen auftreten, die nicht mit dem Fachwissen und dessen unterschiedlicher Rezipierbarkeit zusammenhängen[936]. Wenn man für das Wissen über die Globalreaktion der Belästigung etwa Art. 14 Abs. 1 S. 1 GG als einschlägig ansieht, entsteht unter Umständen das Problem, dass obligatorisch Berechtigte sich auf dieses Grundrecht nicht berufen können[937], und zwar obwohl auch sie in dem belasteten Gebiet wohnen – und im Zweifel zur Generierung des Wissens beigetragen haben –, was ja inhaltlich als Verbindungslinie zwischen dem Wissen

ganz regelmäßig als Methode im Rahmen der psychoakustischen Erforschung der Geräuschwirkungen kritisiert oder gar abgelehnt wird, s. oben Teil 1, C., II., 1., a.

936 Dazu bereits eingehend Hermann, Schutz vor Fluglärm, S. 184.

937 Zum Streit um die Position des Mieters im Rahmen von Art. 14 Abs. 1 S. 1 GG nur Depenheuer, in: v. Mangoldt/Klein/Starck (Hg.), GG, Bd. 1, Art. 14, Rn. 153. Ein ähnliches Problem ergibt sich bei der Frage nach der Rechtsposition sich im Zusammenhang mit dem eingerichteten und ausgeübten Gewerbebetrieb.

über Belästigungsreaktionen und Art. 14 GG angesehen werden müsste[938]. Wenn also aus rechtlichen Gründen ein Teil der tatsächlich Lärmbetroffenen auf andere grundrechtliche Zusammenhänge verwiesen würde, würde für diese Fälle auch eine unterschiedliche verfassungsrechtliche Betrachtung desselben Fachwissens auftreten. Das mag man als gewollt und als den Feinheiten rechtlicher Unterscheidungen angemessen ansehen, führt aber jedenfalls zu einer Art von Wissenszersplitterung, die nicht im Fachwissen selbst angelegt ist.

Abschließend lässt sich also festhalten, dass eine Zersplitterung des Lärmwirkungswissens zu einer Erhöhung der Komplexität der verfassungsrechtlichen Betrachtungen führt, die hier als unnötig angesehen wird. Dies gilt zumindest solange, wie die Struktur des Fachwissens selbst keine unterschiedliche Behandlung nahe legt, was hier für das Wissen über die Globalreaktion der Belästigung und seine Anschlussfähigkeit an Art. 2 Abs. 2 S. 1 GG angenommen wird.

bb. Einschränkbarkeit und Abwägungsoffenheit

Ansatzpunkt einer weiteren Überlegung zur Rezeption des Wissens über Belästigungsreaktionen ist die Notwendigkeit seiner flexiblen Handhabung. Würde das Wissen um ein Auftreten von Belästigungsreaktionen a priori im Verfassungsrecht zu so etwas wie absoluten oder unhintergehbaren Standards führen[939], wäre der Vorwurf einer zu weit reichenden Abwehrmöglichkeit staatlicher Handlungen, die solche Reaktionen nach sich ziehen, letztlich gerechtfertigt[940]. Darum geht es allerdings beim Wissen über Belästigungsreaktionen im Allgemeinen nicht. Eine Beschreibung der Globalreaktion der Belästigung etwa ist nur eine Korrelation des besonders intensiven Belästigungsempfindens in einer Bevölkerung zu den Geräuschbelastung, denen sie ausgesetzt war. Würde also das Wissen über die Globalreaktion in grundrechtlichen Zusammenhängen rezipiert, wäre damit nicht „jede" Belästigungsreaktion in den Blick genommen und rechtfertigungsbedürftig.

Zudem wurde schon im Zusammenhang mit der Frage nach der Bedeutung des Fachwissens für die Bestimmung des sachlichen Schutzbereichs von Art. 2 Abs. 2 S. 1 GG vorgebracht, dass bereits für die Annahme einer weitreichenden Einschränkung staatlicher Handlungsmöglichkeiten durch die Rezeption solchen Wissens keine Grundlage gegeben ist. Einerseits weil die Rezeption immer daran geknüpft ist, dass Fachwissen den Anforderungen an Wissenschaftlichkeit genügt, welche der Metaebene der Wissenschaftstheorie[941] entspringen. Andererseits weil der Einbezug von Wissen, gleich welcher Art und gleich in welchem grundrechtlichen Funktionszusammenhang, nur dazu führt, dass staatliches Handeln rechtfertigungsbedürftig wird. Aber selbst bei einer Rezeption des gesamten Lärmwirkungswissen in Art. 2

938 S. oben Teil 2, B., II., 2., b.
939 S. etwa die Wortwahl bei Hermann, Schutz vor Fluglärm, S. 214.
940 Vgl. Starck, in: v. Mangoldt/Klein/Starck (Hg.), GG, Bd. 1, Art. 2 Abs. 2, Rn. 193.
941 S. – mit besonderem Blick auf die Geräuschwirkungsforschung – oben Teil 1, C., I., 1.

Abs. 2 S. 1 GG ist nicht zu erkennen, wieso ein unhintergehbarer, absoluter Standard berührt sein könnte – etwa der Wesensgehalt von Art. 2 Abs. 2 S. 1 GG –, wenn in einem bestimmten Rahmen Lärmwirkungen abgewogen bzw. gerechtfertigt und damit verfassungsrechtlich legitimiert werden, die in ein bestimmtes Wissen eingeflossen und durch dieses Wissen auch repräsentiert sind.

Es kann also kein Argument sein, dass das Wissen über Belästigungsreaktionen zwingend entweder in Art. 14 Abs. 1 S. 1 GG oder in Art. 2 Abs. 1 GG zu rezipieren ist, weil nur in diesen Zusammenhängen seine flexible verfassungsrechtliche Handhabung möglich sei; denn auch die körperliche Unversehrtheit kann eingeschränkt werden. Das gilt unabhängig davon, ob im Rahmen von Art. 2 Abs. 2 S. 1 GG neben dem Wissen über Gesundheitsreaktionen auch noch (zusätzlich) das Wissen über die Globalreaktion der Belästigung rezipiert wird. Dadurch wird der Rechtfertigungsprozess zwar erweitert, aber auch transparenter.

Ein Unterschied besteht allerdings insofern, als dem Grundrecht auf körperliche Unversehrtheit – ohne hier auf die mit einer solchen Aussage einhergehenden Probleme eingehen zu wollen[942] – eine höhere Gewichtigkeit zukommt[943]. Wenn aber das Fachwissen selbst eine Rezeption dieses Wissens im Rahmen des Grundrechts auf körperliche Unversehrtheit nahe legt, scheint auch eine damit einhergehende verfassungsrechtliche Gewichtigkeit konsequent.

Auch das Argument der Notwendigkeit einer flexiblen Handhabung des Wissens über Belästigungsreaktionen vermag also nicht zu überzeugen, insbesondere dann nicht, wenn es dadurch zur bereits dargestellten Wissenszersplitterung kommt.

cc. Abgleich mit dem einfach-rechtlichen System gestuften Fluglärmschutzes auf Ebene der Flughafenplanung

Gegen die Problematisierung der Wissenszersplitterung lässt sich allerdings noch ein weiterer Einwand vorbringen. Man könnte argumentieren, dass in der Beachtung verschiedener verfassungsrechtlicher Vorgaben – wie sie mit der Wissenszersplitterung zusammenhängen kann – gar keine Besonderheit zu erkennen ist.

Die verfassungsrechtliche Beurteilung von Lebenssachverhalten verlangt „generell" eine Auseinandersetzung mit verschiedenen verfassungsrechtlichen Aspekten. So ist es ohne Probleme vorstellbar, dass etwa ein Gesetz – wegen seiner unterschiedlichen tatsächlichen Auswirkungen – in verschiedene Grundrechte eingreift und insofern legitimierbar sein muss. Auch hier wurde ja schon gezeigt, dass die ökonomischen Folgen der Belastung mit Lärm Art. 14 Abs. 1 GG berühren[944], diese

942 Zur Frage einer Rangordnung der Grundrechte Hermes, Schutz von Leben und Gesundheit, S. 251 ff. (m.w.N.).

943 Für das Verhältnis von Art. 14 Abs. 1 S. 1 zu Art. 2 Abs. 2 S. 1 GG ergibt sich das aus der Sozialgebundenheit des Eigentums, Berkemann, ZUR 2002, 202 (202); vgl. auch Hermann, Schutz vor Fluglärm, S. 171 f.

944 Es wurde auch von den ökonomischen Wirkungsendpunkten der Geräuschbelastung gesprochen, s. oben Teil 2, B., II., 3.

Belastung mit Lärm aber auch gleichzeitig Gesundheitsreaktionen aufweisen kann, die Art. 2 Abs. 2 S. 1 GG berühren. Daher kann man fragen, warum nicht auch die Belästigungsreaktion als eigenständige Belastungen und Wirkungsendpunkte noch einen weiteren Grundrechtsbereich betreffen sollte.

Die nachfolgenden Ausführungen dürfen nicht so verstanden werden, als würde damit eine komplexe verfassungsrechtliche Beurteilung von Lebenssachverhalten generell abgelehnt. Vielmehr wird sich nur auf den Standpunkt gestellt, dass sie so einfach sein *sollte*, wie es auf Grund tatsächlicher Implikationen zulässig erscheint. Dieser Punkt soll für den Bereich des Wissens über Fluglärmwirkungen und deren Verarbeitung im Recht am später noch eingehend zu diskutierenden sogenannten abgestuften Fluglärmschutzsystem verdeutlicht werden, welches die Beurteilung der Geräuschbelastungen in der Flughafenplanung strukturiert[945].

Ohne das System hier in Gänze darstellen zu wollen, lässt sich sagen, dass es eine Unterteilung der Geräuschbelastungen in verschiedene Stufen nach sich zieht, die sich an den fachwissenschaftlichen Beschreibungen geräuschinduzierter Wirkungen orientieren. Mit jeder Belastungsstufe verbinden sich unterschiedliche Rechtsfolgen. Später wird im Hinblick auf dieses System vor allem kritisiert werden, dass dessen höchste Stufe – die Schwelle zur sog. verfassungsrechtlichen Unzumutbarkeit – mit einem sich auf das geräuschbelastete Grundstück beziehenden Übernahmeanspruch verbunden wird. Dieser wird unter anderem an Art. 2 Abs. 2 S. 1 GG geknüpft und damit (sachlich-inhaltlich) letztlich auch durch Wissen über Gesundheitsreaktionen gestützt. Zur Verhinderung einer vielfachen und nicht mehr nachvollziehbaren Verwendung des Wissens über Gesundheitsreaktionen innerhalb des abgestuften Fluglärmschutzsystems wird später aber vorgeschlagen, es nur in dem rechtlichen Zusammenhang anzuführen, der auch als Schwerpunkt staatlichen Handelns zur Verhinderung solcher Reaktionen zu identifizieren ist. Der Maßnahmenschwerpunkt auf Ebene der Flughafenplanung bildet aber nicht die Gewährung von Übernahmeansprüchen, sondern die Gewährung von Ansprüchen, die auf die Durchführung passiver Schallschutzmaßnahmen abzielen. Diese Ansprüche werden jedoch (bereits) auf der im Stufensystem unterhalb der verfassungsrechtlichen Zumutbarkeitsschwelle liegenden Belastungsstufe gewährt. Damit gehen – später darzustellende – Verwerfungen innerhalb des Systems abgestuften Fluglärmschutzes einher, die dessen Neuausrichtung nahelegen[946].

Ansatzpunkt für diese später angestrebte Neuausrichtung ist nun, dass sich das Wissen über Belästigungsreaktionen in das neue Konzept einfügen lässt. Da der Übernahmeanspruch an ökonomische Folgen der Geräuschbelastung bzw. an Art. 14 Abs. 1 S. 1 GG angeknüpft werden soll und der Schutz vor Gesundheitsreaktionen über die Gewährung passiven Schallschutzes erreicht wird, verbleibt im Stufensystem kein Ort, an dem für ein gänzlich eigenständiges Wissen über Belästigungsreaktionen nachvollziehbar Platz wäre. Das neu ausgerichtete, abgestufte

945 Auch für Nachfolgendes später ausführlich Teil 3, B., II., 1.

946 S. unten Teil 3, B., II., 1., c., cc.

Fluglärmschutzsystem ermöglicht also dann eine unproblematische Anknüpfung an die verfassungsrechtliche Aufarbeitung des Wissens über Fluglärmwirkungen, wenn es nicht im Hinblick auf das Wissen über Belästigungsreaktionen – aus verfassungsrechtlichen Gründen – noch einer weiteren Stufung bedürfte. Somit spricht also auch der Vorgriff auf das neu ausgerichtete Fluglärmschutzsystem dafür, das Wissen über Belästigungsreaktionen nicht vom Wissen über Gesundheitsreaktionen abzutrennen und gemeinsam in einem grundrechtlichen Zusammenhang zu rezipieren.

dd. Auffang- und Unterstützungsfunktion des Wissens über Belästigungsreaktionen

Für eine Rezeption des Wissens über Belästigungswirkungen im Rahmen von Art. 2 Abs. 2 S. 1 GG spricht vor allem, dass es dort ganz spezifische Funktionen erfüllen kann. Es kann dort nämlich eine Auffangfunktion bzw. Unterstützungsfunktion haben[947]. Solange nämlich keine wissenschaftliche Einigkeit über das Vorliegen der theoretischen Plausibilität spezifisch gesundheitsbezogener Primärreaktionen besteht, mit denen chronische Schäden an Wirkungsendpunkten untersucht werden können, eröffnet jedenfalls das Wissen über die Globalreaktion der Belästigung den Anwendungsbereich von Art. 2 Abs. 2 S. 1 GG. Hier hat es also eine Auffangfunktion. Dabei kann die verfassungsrechtliche Vorgabe an die Vermeidung von Belästigungsreaktionen als (abwägungs-)offener angesehen werden als im Fall des Nachweises von chronischen Gesundheitsreaktionen. Damit wird auch ein gewisser Gleichlauf zur Stufung von Wirkungsebenen und Wirkungsendpunkten sowie der Bedeutung der Wirkungsebenen und Wirkungsendpunkten in den Fachwissenschaften erreicht.

Sobald über gesundheitsbezogene Primärreaktionen Einigkeit besteht, kommt dem Wissen über Belästigungsreaktionen dagegen (nur noch) eine Unterstützungsfunktion zu. Im Wesentlichen geht es verfassungsrechtlich dann nämlich um die Verhinderung der Folgen, die sich im spezifischen Gesundheitsreaktionswissen ausdrücken, also letztlich und insbesondere des insoweit bestimmbaren Risikos chronischer Folgen. Und wenn dies effektiv geschieht, kann prinzipiell auch davon ausgegangen werden, dass damit „gleichzeitig" gegen das Entstehen von Belästigungsreaktionen vorgegangen wurde. Einzige Voraussetzung für eine solche Annahme ist in tatsächlicher Hinsicht, dass das Mittel zur Bewältigung (oder Durchbrechung) der spezifischen Wirkungskette, die zu Gesundheitsrisiken führt, in gleichem oder vergleichbarem Maße auch effektiv in die Wirkungskette eingreift, an deren Ende die Globalreaktion der Belästigung steht. Davon wird hier ausgegangen[948]. Im Übrigen gilt dann ein Erst-Recht-Schluss: Werden die spezifischen

947 Dazu später unten Teil 3, B., II., 3., a., cc.

948 Es ist jedoch zu beachten, dass die Effektivität – im Unterschied zur grundsätzlichen Wirksamkeit – des passiven Schallschutzes zur Verhinderung von *Belästigungsreaktionen* fachlicherseits nicht gänzlich klar zu sein scheint, vgl. DFG,

Gesundheitsreaktionen (Risiken) effektiv bewältigt, für die das verfassungsrechtlich zwingend geboten erscheint, und geht mit ihrer Bewältigung auch die Abwendung eines großen Teils der im Rahmen der Globalreaktion der Belästigung als erheblich ausgewiesenen Belästigungsreaktionen – zumindest des beeinflussbaren Teils seiner Entstehung – einher, ist nicht ersichtlich, wie verbleibende Belästigungsreaktionen in verfassungsrechtlicher Hinsicht noch problematisch sein sollten.

3. Ergebnisse

Nach Betrachtung der tatsächlichen Verbindungslinien des Wissens über Belästigungswirkungen zu einzelnen Grundrechtsschutzbereichen, erscheint eine Rezeption zumindest des Wissens über die Globalreaktion der Belästigung im Rahmen von Art. 2 Abs. 2 S. 1 GG vorzugswürdig. Es kam außerdem zum Ausdruck, dass sich mit der Analyse des einfachen Rechts für die Zuordnungsfrage auch noch weitere Erkenntnisse ergeben werden. Wie hier nur angedeutet, ergibt sich ein ganz entscheidendes Argument gegen eine Zersplitterung des Lärmwirkungswissens dadurch, dass dem Gesetzgeber auf einfach-rechtlicher Ebene nur beschränkt Mittel zur Verfügung stehen, um gegen Lärmwirkungen vorzugehen. Wenn die Rezeption des Lärmwirkungswissens auf verfassungsrechtlicher Ebene verschiedene Maßstäbe und Ziele für das einfache Recht hervorbringen sollte, stellt sich also ganz allgemein die Frage, wie sie auf einfach-rechtlicher Ebene überhaupt verfolgt bzw. umgesetzt werden können. Die Frage nach dem Umgang mit Wissen über Gesundheits- und Belästigungsreaktionen wird daher auch im letzten Teil der Untersuchung immer wieder aufzugreifen sein. Erst dort kann vertieft werden, mit welchem Mittel der Gesetzgeber im Schwerpunkt gegen Fluglärmfolgen vorgehen kann bzw. vorgeht.

C. Maßstabsbildung

Die Frage der Bildung eines verfassungsrechtlichen Maßstabs, mit dem einfaches Recht beurteilt werden kann, ist, wie eingangs bereits kurz gezeigt wurde[949], von diversen Problemen umlagert. Zunächst stellt sich auf Grund des naturwissenschaftlichen, medizinischen, soziologischen und psychologischen Kontexts des Sachproblems der Geräuschwirkungen die Frage der rechtlichen Bedeutung fachlicher Erkenntnisse über sie. Im Verfassungsrecht sind damit – über das bisher Gesagte hinaus – zum einen Fragen verbunden, die Schlagwörter wie die gesetzgeberische Gestaltungsfreiheit, die Einschätzungsprärogative oder treffender, nach

Forschungsbericht Fluglärmwirkungen, S. 14; Bosshardt, Belästigung, S. 180 f.; Wirth, Fluglärmstudie, S. 173. Zu bedenken ist auch, dass die eine Maßnahme gegen das Entstehen von Belästigungsreaktion nicht gefunden ist und möglicherweise – auf Grund der Komplexität der Entstehungsbedingungen – nicht zu finden ist. Anders ausgedrückt: Nur der akustische Anteil an der der Entstehung der Belästigung kann wirksam verändert werden.

949 S. oben Teil 2, A.

dem Oberbegriff von *Meßerschmidt*, des Gesetzgebungsermessen[950] betreffen. Zum anderen aber stellt sich auf verfassungsrechtlicher Ebene – nachdem nun gezeigt wurde, welche Grundrechtsbereiche für die Rezeption welchen Fachwissens einschlägig sind – die mit dem Ermessen des Gesetzgebers stark verknüpfte Frage nach der heranzuziehenden Grundrechtsfunktion.

Das Bedeutungsproblem außerrechtlicher Wissensbestände wurde bereits unterteilt in die Aspekte der Verfassungsinterpretation und – allgemein – der überall im Recht vorzufindenden Notwendigkeit von Abwägungen[951]. Das Problem der Abwägung wurde bisher zurück gestellt und nicht näher betrachtet. Es wurde argumentiert, dass in ihrem Rahmen immer auch eine Einschätzung des rezipierten Fachwissens durch das System Recht – also etwa zuerst durch den Gesetzgeber – vorgenommen werden muss. Häufig werden diese Rezeptions- und Einschätzungsvorgänge nicht erklärt und treten nicht offen zutage. Die Einschätzungen des Gesetzgebers müssen aus seiner Entscheidung erst herausgearbeitet werden. Dass dabei selbst wieder Einschätzungen vorgenommen werden müssen, erschwert ein solches Vorgehen. Wenn sie jedoch – etwa aus einer gesetzgeberischen Entscheidung – nachvollziehbar extrahiert werden können, lässt sich auch die Abwägung, die dem Gesetz zu Grunde liegt, besser verstehen. Wenn allerdings dem Gesetzgeber bei seinen Einschätzungen über maßgebliche Tatsachen ein aus der Schutzpflichtenfunktion folgendes weites (Einschätzungs-)Ermessen zugesprochen wird, können sie dann überhaupt von der Rechtsprechung überprüft werden? Welche Funktion hat also ein solches Ermessen?

Um solche Fragen der Einschätzung und Bewertung von Tatsachen im Rahmen von Abwägungen, die sich einfach-rechtlich in Gesetzesform niedergeschlagen haben, soll es im dritten Teil dieser Untersuchung gehen. Den sachlichen Hintergrund bildet das Problem der Fluglärmwirkungen. Gefragt wird nach den konkreten gesetzgeberischen Entscheidungen, die zum Schutz vor den Wirkungen des Fluglärms führen. Welche tatsächlichen Einschätzungen über die Wirkungen von Fluglärm liegen ihnen zu Grunde bzw. lassen sich ihnen entnehmen? Und schließlich: Was ergibt sich aus diesen Einschätzungen für die Abwägung, die der Gesetzgeber in verfassungsrechtlicher Hinsicht durchzuführen hatte? Macht es überhaupt Sinn, diese Einschätzungen in den Blick zu nehmen, sie unter Umständen sogar zu kritisieren, wenn dem Gesetzgeber diesbezüglich ein Gesetzgebungsermessen zugestanden wird?

Damit eine solche Analyse des einfachen Fluglärmrechts vorgenommen werden kann, bedarf es somit einer Stellungnahme zu den eingangs offen gelassenen Problemen, die mit der Unterscheidung einer grundrechtlichen Abwehr- und einer

---

950 Meßerschmidt, Gesetzgebungsermessen, S. 229 ff., macht diesen Begriff zum Zentrum seiner Untersuchung und erläutert auch detailliert, wieso bisher kein gefestigtes Verständnis vom Begriff der gesetzgeberischen Gestaltungsfreiheit auffindbar ist; s. auch Hofmann, Abwägungen im Recht, S. 385.

951 S. oben Teil 2., A., I.

grundrechtlichen Schutzfunktion einhergehen. Das Recht auf körperliche Unversehrtheit umfasst unbestritten beide Funktionsgehalte. Zunächst wird also nachfolgend der Frage nachgegangen, wie eine Zuordnung zu den Funktionsgehalten vorgenommen werden könnte. Insofern sind das Gefüge aus tatsächlichen und rechtlichen Bedingungen sowie die Akteure in diesem Gefüge in den Blick zu nehmen, die im Zusammenwirken die Emission von Fluglärm verursachen (I.).

Das Sachproblem der Wirkungen des Fluglärms auf den Körper und den Geist des Menschen wird allerdings, ohne dabei die Zuordnungsfrage zu problematisieren, im Schrifttum weit überwiegend im Zusammenhang mit der Art. 2 Abs. 2 S. 1 GG zu entnehmenden Schutzfunktion behandelt[952]. Dies hat zur Folge, dass dem Gesetzgeber bei der Entscheidung darüber, wie er das Sachproblem behandeln will, ein weites Gesetzgebungsermessen eingeräumt wird. Dessen Kehrseite ist, dass das BVerfG gesetzgeberische bzw. umfassender staatliche Entscheidungen im Bereich des Fluglärmschutzes mit nur sehr geringer sachlich-inhaltlicher Prüfungstiefe untersucht. Wie sich aber zeigen lässt, ist eine Behandlung des Sachproblems der Fluglärmwirkungen im Kontext grundrechtlicher Schutzfunktionen nicht unbedingt zwingend. Überlegungen, die auf eine Einordnung an Hand des Beeinträchtigungsvorgangs abzielen, bleiben jedenfalls vage.

Die Thematik grundrechtlicher Schutzverpflichtungen ist auch darüber hinaus uferlos, weshalb hier weder eine eindeutige Position zur Einordnung noch zu den weiteren Problemen und Aspekten im Nachgang einer hypothetischen Einordnung unter die grundrechtliche Schutzfunktion formuliert werden kann. Stattdessen wird hier ein anderer, später noch zu präzisierender Ansatz verfolgt. Dessen Ausgangspunkt bildet aber dennoch eine kurze Darstellung der Prüfungsstrukturen, wie sie das BVerfG bei gesetzgeberischen Schutzpflichten heranzuziehen pflegt, und deren Diskussion im Schrifttum (II.). Ziel ist die Erarbeitung einer Grundlage für Überlegungen zur Ausrichtung der weiteren Untersuchung, die im Kern darauf hinauslaufen, dass es für deren Anliegen von untergeordneter Wichtigkeit ist, welche Prüfungsstruktur man konkret wählt (III.). Gerade die Aussagen des BVerfG zur Kontrolle gesetzgeberischer Schutzpflichten basieren nämlich ebenfalls auf Überlegungen, die eine Relation bzw. die Untersuchung eines Verhältnisses im Mittelpunkt haben und zwar das Verhältnis zwischen dem gegebenen und dem gebotenen Fluglärmschutz. Wenn das richtig ist, nährt sich eine solche Prüfung – ungeachtet der Kritik im Schrifttum[953] – an diejenige Verhältnismäßigkeitsprüfung, die beim status passivus vorgenommen wird – tatsächlich weitgehend an. Ob man darin eine

952 Grundlegend insoweit BVerfGE 56, 54 (76); vgl. – neben vielen anderen – Voßkuhle, NVwZ 2013, 1 (7); Di Fabio, in: Maunz/Dürig (Hg.), GG, Bd. I, Art. 2 Abs. 2, Rn. 90; Jarass, in: Jarass/Pieroth (Hg.), GG, Art. 2, Rn. 91; Murswiek, in: Sachs (Hg.), GG, Art. 2, Rn. 198; kritisch Ekardt, Fluglärmschutzgesetz, § 1, Rn. 6 ff.; Ekardt/Schmitdke, DÖV 2009, 187 (192 ff.); für das Heranziehen der Abwehrdimension jedoch Hermann, Schutz vor Fluglärm, S. 113; wohl auch Franke, Lärmgrenzwerte, S. 162 f.

953 S. unten Teil 2, C., II., 2.

„kopernikanische Wende der Grundrechtsdogmatik“[954] sehen muss, kann hier offen bleiben. Eine Lösung der grundsätzlichen Konflikte, die mit der Unterscheidung der unterschiedlichen Grundrechtsfunktionen auftritt, wird hier nicht angestrebt. Möglicherweise gibt es sie nicht[955]. Aus der Verweigerung einer eindeutigen Positionierung zu diesen Grundkonflikten sind aber die entsprechenden Konsequenzen für den weiteren Verlauf der Untersuchung zu ziehen.

I. Maßstabsbildung allein über die Zuordnung zu einer Grundrechtsfunktion?

Die Fluglärmemission ist das Ergebnis eines Zusammenwirkens verschiedener Akteure. Deren tatsächliche Handlungen spielen sich vor unterschiedlichen rechtlichen Hintergründen ab. Will man zwischen unterschiedlichen Grundrechtsfunktionen unterscheiden, muss man eine Antwort auf die Frage finden, wie dieses komplexe Gefüge aus tatsächlichen Handlungen und rechtlichen Bedingungen den Funktionsgehalten zuzuordnen ist.

Gängigerweise wird über die Einordnung des konkret schädigenden Verhaltens in das Schema privat/öffentlich oder auch staatlich/nicht-staatlich versucht, den jeweils maßgeblichen Funktionsgehalt festzulegen[956]. Wenn Fluglärm als *staatliche* Beeinträchtigung gesehen werden kann, muss das seine Behandlung im Kontext der grundrechtlichen Abwehrfunktion rechtfertigen, der das Bild des sich dem Staat erwehrenden Bürgers zu Grunde liegt[957]. Wenn Fluglärm aber als *private* oder *andere* Beeinträchtigung zu sehen ist, die sich ihrerseits als Ausübung grundrechtlich geschützter Freiheit darstellt, hat das verfassungsrechtlich seine Behandlung im Rahmen der grundrechtlichen Schutzfunktion zur Folge. In ihr sammelt sich eine Erwartung des Bürgers an den Staat, ihn auch vor Übergriffen zu schützen, die nicht vom Staat ausgehen[958]. Dies ist letztlich von der Vorstellung getragen, dass der

---

954 Isensee, Das Grundrecht auf Sicherheit, S. 30 ff., 35 ff., 41; vgl. auch Vosgerau, AöR 2008, 347 (380).

955 In diese Richtung argumentiert Vosgerau, AöR 2008, 347 (379, 383 ff.).

956 Zur Entwicklung der begründenden Rechtsprechung und zur diese rezipierenden Literatur nur Hermes, Schutz von Leben und Gesundheit, S. 47 f. bzw. S. 65 f.; aktuell etwa – auch zur teilweise uneinheitlichen Begriffsverwendung in Rechtsprechung und Schrifttum – Calliess, Umweltstaat, S. 307 f. („Staat als Mittler zwischen Privaten“); explizit vor dem Hintergrund der Fluglärmproblematik etwa Hermann, Schutz vor Fluglärm, S. 100.

957 Hesse, in: Benda/Maihofer/Vogel (Hg.), HVerfR, Teil 1, § 5, Rn. 15; Hermes, Schutz von Leben und Gesundheit, S. 79 (m.w.N.).

958 Krings, Schutzansprüche, S. 26 ff. und 364; Hesse, in: Benda/Maihofer/Vogel (Hg.), HVerfR, Teil 1, § 5, Rn. 49 (m.w.N.).

Bürger im Lichte von Art. 1 Abs. 3 GG als prinzipiell frei und der Staat als prinzipiell gebunden anzusehen ist[959].

Ein solches Vorgehen bedarf der Festlegung des schädigenden, beeinträchtigenden oder gefährdenden Vorgangs[960], der Fluglärm schließlich hervorbringt und ob er als Übergriff eines privaten oder nicht-staatlichen Anderen oder eben als staatlicher Beeinträchtigungsvorgang zu klassifizieren ist. Aus dem nachfolgend noch näher zu beschreibenden Bedingungsgefüge (1.) könnten sehr unterschiedliche Aspekte oder Verursachungsbeiträge herausgegriffen werden. Selbst wenn die nachfolgenden Überlegungen – auch im Hinblick auf die späteren Ausführungen zur Schwerpunktsetzung im Rahmen von Teil 3[961] – den Kristallisationspunkt des *Betreibens* von Verkehrsflughäfen in den Mittelpunkt stellen[962], ergeben sich keine einfachen Antworten. Zumindest zwei weitere Fragenkomplexe sind zusätzlich zu unterscheiden: (2.) Welche Rolle spielt die Grundrechtsgebundenheit von Verkehrsflughafen-Betreibergesellschaften für die Grundrechtsfunktionszuordnung? (3.) Und kann vielleicht auch unabhängig von der Frage nach deren Rechtsstatus in diesem verfassungsrechtlichen Sinn eine Entscheidung über die Einordnung des Kristallisationspunktes in das Schema privat/-öffentlich erfolgen?

1. Tatsächliche und rechtliche Bedingungen der Fluglärmemission

Ohne in die Detailfragen im Zusammenhang mit den verschiedenen Facetten des Rechtsbegriffs Fluglärm einzusteigen[963], kann dieser ganz vordergründig als Folge rein privater Handlungen aufgefasst werden. Die Flughafenanwohner, so wird hier unterstellt, setzen nämlich im Schwerpunkt den Begriff Fluglärm mit den Geräuschen gleich, der den sie konkret störenden bzw. gefährdenden An- und Abflugbewegungen entstammt. Rein faktisch gelangt über das vermutete Begreifen der Flughafenanwohner daher zunächst das Starten und Landen von Verkehrsflugzeugen der Luftverkehrsunternehmen in den Blick. Diese sind juristische Personen des Privatrechts und – zumindest regelmäßig – auch gänzlich in privater Hand. Als somit „rein" private Akteure sind sie prinzipiell auch unproblematisch grundrechtsfähig (Art. 19 Abs. 3 GG)[964]. In diesem Zusammenhang kann man aber

959 BVerfGE, 128, 226 (244 f.), das Grundrechtsgebundenheit und Grundrechtsfähigkeit als zwei Seiten einer Medaille ansieht (ebd, S. 248 f.).

960 Vgl. Szczekalla, Schutzpflichten, S. 406 f.; skeptisch jedoch Calliess, Umweltstaat, S. 309.

961 S. unten Teil 3, A.

962 So auch Hermann, Schutz vor Fluglärm, S. 100 ff.

963 Bspw. der Frage, ob Rollvorgänge, Reparaturen auf dem Flughafengelände, Triebwerksprobeläufe etc. zum Rechtsbegriff Fluglärm zu zählen sind, vgl. dazu Reidt/Fellenberg, in: Landmann/Rohmer (Hg.), Umweltrecht, FlugLG, § 1, Rn. 11; Ekardt, Fluglärmschutzgesetz, § 1, Rn. 4.

964 Etwa v. Münch/Kunig, in: v. Münch/Kunig (Hg.), GG, Bd. 1, Vorb. Art. 1–19, Rn. 27; Sachs, in: Sachs (Hg.), GG, Art. 19, Rn. 48. Ausgeklammert wird hier allerdings,

auch darüber nachdenken, ob nicht die gesamte Luftverkehrswirtschaft nur existiert, weil eine private Nachfrage nach ihren Dienstleistungen besteht[965].

Sollten allein diese Verursachungsbeiträge verfassungsrechtlich zu beurteilen sein, wäre beim durch das Verhalten beeinträchtigten Bürger die grundrechtliche Schutzfunktion angesprochen. Denn es ergibt sich recht zwanglos das den Schutzpflichten zu Grunde gelegte Bild vom Dreieck zwischen privatem Störer, privatem Schutzsuchendem und dem Staat als Mittler.

Wie bereits eingangs beschrieben, spielt der Betrieb von Verkehrsflughäfen im Bedingungsgefüge, das zur Fluglärmemission führt, eine zentrale Rolle. Bau und Betrieb von Verkehrsflughäfen sind notwendige Bedingungen für alle Start- und Landevorgänge. Die Infrastrukturanlagen, die den privaten Luftverkehr erst ermöglichen, müssen somit als Konzentrationspunkte angesehen werden. In der Bundesrepublik Deutschland werden Verkehrsflughäfen regelmäßig von Betreibergesellschaften in der Rechtsform entweder einer Aktiengesellschaft oder einer GmbH geführt[966]. Wenn also die Betreibergesellschaften alleine auf Grund der Art ihrer rechtlichen Organisation als privat im Sinne des genannten Schemas anzusehen sind, ergibt sich auch insoweit die Einschlägigkeit der Schutzpflichtenfunktion.

Daher spricht zunächst alles für die Annahme, dass die Entstehung der Fluglärmemission als eine private Handlung anzusehen ist. Dies vernachlässigt jedoch die den einzelnen Verursachungsbeiträgen zu Grunde liegenden Entscheidungen und Verantwortungsbereiche des Staates. Flughafenbetreiber erfüllen ihrer Funktion und Aufgabenstellung nach nämlich Aufgaben der staatlichen Daseinsvorsorge[967]. Luftfahrzeuge dürfen auch außerhalb von genehmigten Flugplätzen nur starten und landen, wenn einem Grundstückseigentümer das Zulassen eines solchen Vorgangs staatlich erlaubt wurde (§ 25 Abs. 1 S. 1 LufVG). Dieser sog. Flugplatzzwang führt im Zusammenspiel mit der grundsätzlichen Genehmigungsbedürftigkeit von Verkehrsflughäfen (§§ 6, 8 LuftVG)[968] dazu, dass den Betreibern eine durch das öffentliche Recht gesicherte Monopolstellung zukommt[969].

---

dass auch ausländische juristische Personen auf deutschem Hoheitsgebiet Flugzeuge starten und landen dürfen.

965 Vgl. Hermann, Schutz vor Fluglärm, S. 111 f.

966 Reidt/Fellenberg/Schiller, in: Grabherr/Reidt/Wysk (Hg.), LuftVG, § 6, Rn. 149; Schwenk/Giemulla, Luftverkehrsrecht, S. 132 f., s. auch Luckow, DVBl. 1981, 1133 (1141); Hermann, Schutz vor Fluglärm, S. 100 f.

967 BGH, WM 1978, 1097 (1099); s. auch Reidt/Fellenberg/Schiller, in: Grabherr/Reidt/Wysk (Hg.), LuftVG, § 6, Rn. 134 und 151; Birmanns, Verkehrsflughäfen, S. 200; Hermann, Schutz vor Fluglärm, S. 103.

968 Ausführlicher dazu unten Teil 3, B., I., 1.

969 Hermann, Schutz vor Fluglärm, 102 f., unter Verweis auf die in der LuftVZO verankerten Erhaltungs- und Betriebspflichten des Betreibers, den Kontrahierungszwang und die staatliche Aufsicht; dazu auch Schwenk/Giemulla, Luftverkehrsrecht, S. 507 f.; Faber, Planung von Flughäfen, S. 201.

Will man also der Komplexität des Bedingungsgefüges gerecht werden, das zur Fluglärmemission führt, greift es zu kurz, allein auf die privatrechtliche Organisationsform der Luftverkehrs- und Flughafenbetreibergesellschaften sowie auf die private Nachfrage nach deren Dienstleistungen abzustellen.

2. Die Problematik des Rechtsstatus der Betreibergesellschaften

Lässt man sich gleichwohl auf diesen Ansatz ein, ist zunächst der Rechtsstatus der Betreibergesellschaften im verfassungsrechtlichen Sinn zu klären[970]; denn ungeachtet ihrer privatrechtlichen Organisationsform sind Verkehrsflughäfen in der Bundesrepublik Deutschland gemischtwirtschaftliche Unternehmen, in denen sich die Anteile des Unternehmens sowohl auf Privatpersonen als auch auf die öffentliche Hand verteilen[971]. Wenn soeben für die Luftverkehrsgesellschaften mit Verweis auf Art. 19 Abs. 3 GG von einer unproblematischen Grundrechtsfähigkeit gesprochen wurde, so muss dies insgesamt bei juristischen Personen des Privatrechts für den Fall eingeschränkt werden, dass sie mehrheitlich von juristischen Personen des öffentlichen Rechts gehalten werden.

In der juristischen Literatur, die sich mit der Fluglärmproblematik auseinandersetzt, wurde dieser Aspekt nur am Rande beleuchtet[972]. Das liegt vermutlich auch daran, dass bis in die 1990er Jahre hinein alle deutschen Verkehrsflughäfen vollständig von der öffentlichen Hand gehalten wurden und ihrer Grundrechtsfähigkeit daher vernachlässigt werden konnte[973]. Über die wesensmäßige Anwendbarkeit der Grundrechte auf inländische juristische Personen nach Art. 19 Abs. 3 GG war jedenfalls vom BVerfG früh unter Durchgriff auf die hinter der juristischen Person stehenden Zusammenschlüsse entschieden und für juristische Personen des Privatrechts in der Regel bejaht, für juristische Personen des öffentlichen Rechts in der Regel verneint worden[974]. Solange Verkehrsflughäfen also als öffentliche Unternehmen anzusehen sind, mithin als juristische Personen des Privatrechts, die sich zu 100% in öffentlicher Hand befinden, ist eine Grundrechtsfähigkeit der Betreibergesellschaften kaum zu begründen[975].

---

970 Ausführlich zur Rechtsstatusbestimmung gerade mit Blick auf Verkehrsflughafenbetreiber, Birkner, Rechtsstatus, S. 73 ff.; vgl. auch Rother, Flughafensysteme, S. 30 ff.

971 Vgl. Giesberts, in: Ziekow (Hg.), Aktuelle Probleme 2011, S. 101 f.; zum Begriff der Gemischtwirtschaftlichkeit etwa Birkner, Rechtsstatus, S. 5 f.

972 Hermann, Schutz vor Fluglärm, S. 112 (Fn. 169), beschäftigt sich mit dem Problem nur kurz und stellt letztlich fest, dass praktisch alle Flughafenbetreibergesellschaften von der öffentlichen Hand gehalten werden.

973 Für zu dieser Zeit dennoch abweichende Auffassungen in der Literatur, s. Hermann, Schutz vor Fluglärm, S. 107.

974 Dazu aktuell BVerfGE 128, 226 (246 ff.); vgl. auch Hermann, Schutz vor Fluglärm, S. 105 f. (m.w.N.).

975 Vgl. nur Sachs, in: Sachs (Hg.), GG, Art. 19, Rn. 110 (m.w.N.).

Mit der zunehmenden Privatisierung der Verkehrsflughäfen hat sich dieser Streit nur graduell verschoben, aber nicht grundsätzlich verändert. Je weiter die Privatisierung voranschreitet, desto leichter mag man sich damit tun, auch die Betreibergesellschaften von Verkehrsflughäfen unter Art. 19 Abs. 3 GG fallen zu lassen bzw. sie als grundrechtsfähig und im oben genannten Schema als privaten Störer anzusehen. Allerdings verneint das BVerfG bei gemischtwirtschaftlichen Unternehmen noch immer deren Grundrechtsfähigkeit, soweit in ihnen die öffentliche Hand entscheidenden Einfluss auf die Geschäftsführung hat, was regelmäßig der Fall sei, wenn die öffentliche Hand über mehr als die Hälfte der Anteile verfüge[976]. Es stellt sogar explizit fest, dass die unmittelbare Grundrechtsgebundenheit der durch die öffentliche Hand beherrschten Unternehmen „sich grundsätzlich von der in der Regel nur mittelbaren Grundrechtsbindung, der auch Private und Privatunternehmen – insbesondere nach den Grundsätzen der mittelbaren Drittwirkung und auf Grundlage von staatlichen Schutzpflichten – unterworfen seien", unterscheide[977].

Selbst wenn also heute beispielsweise die FRAPORT AG zu einem Teil von privaten Investoren gehalten wird, verfügt die öffentliche Hand noch immer über eine Anteilseigentumsmehrheit, so dass ihr auch noch immer ein entscheidender Einfluss auf die Geschäftsführung zugesprochen werden muss. Auch das BVerfG hat sich *gegen* eine Grundrechtsfähigkeit der FRAPORT AG entschieden[978]. Daher wäre nach den vom BVerfG formulierten Voraussetzungen zur Grundrechtsfähigkeit von gemischt-wirtschaftlichen Unternehmen für Betreibergesellschaften wie der FRAPORT AG eine Inanspruchnahme von Grundrechten insgesamt abzulehnen[979]. Im eingangs genannten Schema müssten sie somit als Grundrechtsgebundene angesehen werden, so dass in ihren Fällen ein Schutzpflichtendreieck nicht zustande kommen könnte.

3. Die Problematik der Zurechnung des Verhaltens Dritter

Auch wenn also schon auf Grund einer anzunehmenden Grundrechtsgebundenheit der Betreibergesellschaften von Verkehrsflughäfen deren Einordung als staatlicher Akteur naheliegt, wird hier noch auf die weitere Frage eingegangen, ob und inwiefern ein unter Umständen als privat anzusehendes Handeln dem Staat zugerechnet werden kann. Zumindest für vollständig materiell privatisierte oder von vornherein private Betreibergesellschaften wäre dieser Aspekt auch zu untersuchen. Könnte man nämlich von einer solchen Zurechnung im Zusammenhang mit der Fluglärmemission ausgehen, wäre wiederum die Basis für das Heranziehen der grundrechtlichen

976 BVerfGE 128, 226 (246 f.).
977 BVerfGE 128, 226 (249 f.).
978 BVerfGE 128, 226 (250).
979 Kritisch jedoch Bleckmann, Staatsrecht II, S. 131 f.; Stern, Staatsrecht, Bd. III/1, S. 1170; Ehlers, Verwaltung in Privatrechtsform, S. 85; v. Arnauld, DÖV 1998, 437 (450); Koppensteiner, NJW 1990, 3105 (3114); Wirth, Grundrechtsberechtigung, S. 70 f.; Sachs, in: Sachs (Hg.), GG, Art. 19, Rn. 112.

Schutzpflichtsfunktion in Frage gestellt, weil ein Schutzpflichtendreieck nicht zu erkennen wäre.

Die eingangs dargestellte Unterscheidung zwischen staatlichem und privatem Handeln muss, darauf deuten auch die Ausführungen zu den gemischtwirtschaftlichen Unternehmen bereits hin, als idealtypisch angesehen werden. Die öffentliche Gewalt ist in vielfacher Form am Verhalten Privater beteiligt, in dem sie es veranlasst, genehmigt, unterstützt oder duldet, so dass sich – wie im Bereich der Luftverkehrswirtschaft – komplexe Bedingungsgefüge ergeben. Es ergibt sich als Regel also zumindest häufig eine staatliche Mitverantwortung, die die Grenze zwischen einem hoheitlichen und privaten Beeinträchtigungsvorgang fließend werden lässt[980].

Die Frage, unter welchen Voraussetzungen ein gefährdendes oder schädigendes Verhalten Privater, an dem der Staat zumindest eine Mitverantwortung trägt, ihm auch (verfassungsrechtlich) zugerechnet werden kann, wird kontrovers diskutiert. Es stehen sich noch immer[981] einerseits Ansichten mit einem eher weiten Zurechnungsverständnis[982] und andererseits solche Positionen gegenüber, die eine Ausweitung des abwehrrechtlichen Gehalts der Grundrechte eher ablehnen[983]. Letztere Ansichten stemmen sich letztlich gegen die vollständige Auflösung des klassischen verfassungsrechtlichen Eingriffsbegriffs[984].

Die Debatte um die Voraussetzungen für eine Zurechnung privaten Handelns an den Staat kann jedenfalls als eine Folge der Erkenntnis gesehen werden, dass auch ungezielte, mittelbare, faktische Beeinträchtigungsvorgänge grundrechtliche Relevanz haben müssen. Die in der Literatur diskutierten Zurechnungsgründe werden in Fallgruppen unterteilt[985]. Unterscheidbar sind, (1.) die Zurechnung im Fall der Zuhilfenahme Privater für staatliche Maßnahmen (Zweckveranlassung), (2.) die Zurechnung im Fall des Vorliegens einer Kontrollerlaubnis, (3.) die Zurechnung als Folge staatlicher Hilfe, Anregung und Förderung und (4.) die Zurechnung über den Aspekt staatlicher Duldung. Vor allem die zweite und die vierte Fallgruppe führen de facto zu einer weitgehenden Zurechenbarkeit privater Handlungen an den

980 Hermes, Schutz von Leben und Gesundheit, S. 79; kritisch gegenüber dem Begriff der Mitverantwortung Szczekalla, Schutzpflichten, S. 408 f.

981 S. bereits Hermes, Schutz von Leben und Gesundheit, S. 80 ff.

982 Szczekalla, Schutzpflichten, S. 404 ff.; Ekardt, Nachhaltigkeit, S. 189 ff. und passim; Schwabe, Grundrechtsdogmatik, S. 211 ff., Murswiek, Verantwortung, S. 88 ff.; Baltes, BB 1978, 130 (131);.

983 Isensee, in: Isensee/Kirchhof (Hg.), HStR, Bd. IX, § 191, Rn. 177; Böckenförde, Der Staat 1990, 1 (35); Dietlein, Schutzpflichten, S. 50 f.; Rauschnig, VVDStRL 1980, 167 (182 und 184).

984 Hermes, Schutz von Leben und Gesundheit, S. 81; vgl. auch Schmidt-Aßmann, AöR 1981, 205 (215).

985 So etwa Hermes, Schutz von Leben und Gesundheit, S. 83 ff.; vgl. auch Murswiek, Verantwortung, S. 58 ff.; dies teilweise im Rahmen der besonderen Bedeutung des Eingriffsbegriffs erörternd bspw. Poscher, Abwehrrechte, S. 163 ff.; Szczekalla, Schutzpflichten, S. 406 ff.

Staat und werden daher in der Literatur besonders kritisch betrachtet[986]. Aber auch darüber hinaus scheint die Diskussion bestimmter Beispiele in einer der Fallgruppen eher darauf hinauszulaufen, dass sie Aspekte oder Argumente bei der Bestimmung eines Punktes auf einer gleitenden „Skala“[987] darstellen, an deren einem Ende die Klassifizierung als private und am anderen Ende die Klassifizierung als hoheitlich gegeben ist. Ob es daher überhaupt sinnvoll ist, einen auf der Skala im Graubereich gefundenen Punkt in die eine oder andere Richtung „zu ziehen“, um eine Grundrechtsfunktionenzuordnung durchführen zu können, erscheint daher fraglich.

Wollte man dennoch für den Einzelfall des Bedingungsgefüges der Fluglärmproblematik fragen, wo sich sein Punkt auf dieser Skala befindet, wären folgende – teilweise schon angesprochene – Aspekte zu beachten: Es ist zunächst von der umfassenden Schaffung tatsächlicher und rechtlicher Voraussetzungen und also der staatlichen Veranlassung des Flugverkehrs auszugehen[988]. Zwar gibt es nach wie vor keinen Verkehrswegeplan für den Luftverkehr, der teilweise als wesentliches Merkmal für eine öffentlich-rechtliche Veranlassung angesehen wird[989]. Jedoch werden Verkehrsflughäfen als Bestandteil der öffentlichen Verkehrsinfrastruktur angesehen[990]. Ihre Bereitstellung ist eine Aufgabe der öffentlichen Daseinsvorsorge[991]. Die Betreibergesellschaften sind zudem beim Betrieb der Verkehrsflughäfen in hohem Maß öffentlich-rechtlicher Regelungen unterworfen[992]. Zu erwähnen ist auch, dass die Bestrebungen um einen alle Verkehrsträger umfassenden Plan auf Bundesebene noch immer aktuell sind[993]. Selbst wenn man trotz all dieser Aspekte einer vollständigen Determinierung der Betreibergesellschaften als Folge einer Zweckveranlassung skeptisch gegenübersteht, muss man doch zur Kenntnis nehmen, dass der Staat im Bereich der Luftverkehrswirtschaft in höchstem Maße unterstützend, anregend und helfend auftritt.

Eher dem Kontrollerlaubnis-Ansatz folgt, wer die Gestaltungswirkung der Planfeststellung (§ 9 Abs. 1 S. 2 LuftVG) in den Mittelpunkt stellt und argumentiert, der Vorhabenträger sei damit in die Lage versetzt, sich in dem für das Planvorhaben

986 Eingehende Diskussion bei Couzinet, Zulässigkeit von Immissionen, S. 50 ff.; Hermes, Schutz von Leben und Gesundheit, S. 85 ff. und 95 f.

987 Hermes, Schutz von Leben und Gesundheit, S. 97.

988 Hermann, Schutz vor Fluglärm, S. 111, der explizit davon ausgeht, dass der Staat als „Zweckveranlasser“ auftrete; später auch Stoermer, Schutz vor Fluglärm, S. 46 ff. und S. 59 ff. Teilweise wird die Problematik im Zusammenhang mit der Diskussion abgehandelt, ob eine konkrete Planfeststellung als privat oder gemeinnützig angesehen werden kann, s. etwa Faber, Planung von Flughäfen, S. 102 ff.

989 Hermes, Schutz von Leben und Gesundheit, S. 84, allerdings mit Blick auf die öffentlich-rechtlichen Steuerung des Straßen- und Schienenverkehrs.

990 BVerwGE 123, 261 (271).

991 S. die Nachweise oben in Fn. 968.

992 Dazu bereits oben Teil 2, C., I., 1.

993 Zum Stand der Diskussion um die Notwendigkeit einer zentralen Flughafenplanung, vgl. Lieber, in: Ziekow (Hg.), Aktuelle Probleme 2010, S. 103 ff.

erforderlichen Maß – wie ein Träger öffentlicher Gewalt – über Rechte und rechtlich geschützte Belange Dritter hinwegzusetzen[994].

Im Ergebnis kann daher festgehalten werden, dass auch über Zurechnungsüberlegungen ein als privat eingestuftes Handeln der Verkehrsflughafen-Betreibergesellschaften erfolgen könnte. Dennoch bleiben die gesamten Zurechnungsüberlegungen ambivalent. Die „rechtliche Zwickmühle" aus einerseits der privatrechtlichen Organisationsform – und damit einhergehender Gewinnerzielungsabsicht – der Betreibergesellschaften und andererseits der eklatanten staatlichen Einflussnahme – nicht zuletzt auf Grund des noch immer mehrheitlichen Anteilseigentum der öffentlichen Hand – hat für die weitere Untersuchung zur Konsequenz, dass eine unumstrittene, klare Zuordnung des Bedingungsgeflechts, das zur Fluglärmemission führt, in entweder die Abwehr- oder die Schutzdimension der Grundrechte kaum möglich ist.

II. Die Dogmatik der Schutzpflichten in der Diskussion

Auch wenn die Beschreibung der Flughafenbetreibergesellschaften als staatliche Akteure durchaus naheliegt und das BVerfG in bestimmten Zusammenhängen eine solche Charakterisierung auch vornimmt, hat es im Zusammenhang mit den geräuschinduzierten Belastungen der Flughafenanwohner eine eindeutige Aussage dazu bisher verweigert[995]. Wenn es um die Frage der inhaltlichen Anforderungen geht, die aus den Grundrechten abzuleiten und als Maßstab an die Gestaltung des einfach-rechtlichen Fluglärmschutzes anzulegen sind, stellt sich das Gericht stattdessen auf den Standpunkt, dass der Gesetzgeber insoweit nur einer aus Art. 2 Abs. 2

994 Heitsch, in: Ziekow (Hg.), Aktuelle Fragen 2008, S. 23 (m.w.N.), der allerdings selbst einschränkend erwähnt, dass damit allein die Entscheidung über den Grundsatzstreit staatlicher Mitverantwortung nicht entschieden werden könne.

995 BVerfGE 54, 56 (78 ff.); zuletzt BVerfG, NVwZ 2011, 991 (993, Rn. 37); vgl. auch Voßkuhle, NVwZ 2013, 1 (7). Hermann, Schutz vor Fluglärm, S. 112 (Fn. 170), bietet dafür – mit Blick auf die Entscheidung Lohhausen – eine prozessuale Erklärung an: Die damalige Entscheidung habe nur den Blickwinkel der Schutzpflichten einnehmen können, da das BVerfG die Zulässigkeit dieser Klage nur wegen der erheblichen allgemeinen Bedeutung der Lärmbekämpfung unterstellt habe und dies auch ausschließlich nur für die „allgemeine Rüge", der Gesetzgeber habe es unterlassen, die gesetzlichen Schutzvorkehrungen nachzubessern (BVerfGE 56, 68 (72)). Die nachfolgenden Ausführungen bezögen sich dann auch nur allgemein auf Maßnahmen der Fluglärmbekämpfung und nicht spezifisch auf die Bekämpfung von Fluglärmbelastungen, die vom Betrieb eines bestimmten Verkehrsflughafen ausgingen (S. 84 ff.). Implizit geht Hermann daher davon aus, dass das BVerfG auch im Bereich des Fluglärmschutzes eine Abwehrsituation annehmen würde, soweit es die prozessuale Situation erfordere, vgl. dazu aber sogleich unten Teil 2, C., III., 3., b.

S. 1 GG folgenden gesetzgeberischen Schutzpflichten nachkommen müsse[996]. Dies ist auch die ganz herrschende Ansicht in der Literatur, welche dem Problem der Einordnung der Betreibergesellschaften in das Schema „privat – öffentlich" weitestgehend aus dem Weg geht[997]. Folgend sollen daher die mit dieser Position verbundenen, maßstabsbildenden Anforderungen in zwei Schritten dargestellt werden: Zuerst soll die Position des BVerfG in ihren grundsätzlichen Aussagen und Konsequenzen beschrieben werden (1.). Darauf folgt eine kurze Zusammenfassung der Kritik des Schrifttums (2.).

1. *Die Position des BVerfG*

Was die dogmatische Struktur staatlicher Schutzpflichten anbetrifft, kann die dazu ergangene Rechtsprechung des BVerfG in verschiedene Phasen unterteilt werden[998]. Die erste Phase – bis zur Lohausen-Entscheidung – diente zunächst dazu, sich dieser Figur als dogmatische Kategorie zu vergewissern. Die Lohausen-Entscheidung sei dann Ausgangspunkt der zweiten Phase, in der das BVerfG eine erste inhaltliche Konkretisierung der Frage vornahm, wann überhaupt eine Schutzpflichtsverletzung anzunehmen sei, dafür eine Evidenz verlangte und zudem bei der Frage der Erfüllung einer Schutzpflicht dem Staat insgesamt einen weiten Einschätzungs-, Wertungs- und Gestaltungsspielraum zusprach. Danach sei es in einer dritten Phase zu Entscheidungen gekommen, in denen als Prüfungsmaßstab für die Verletzung der Schutzpflicht nicht nach der Evidenz gefragt wurde, sondern der Begriff des Untermaßverbotes herangezogen wurde. Die andauernde vierte Phase wird so gedeutet, als sei das BVerfG wieder zurückgekehrt zur Evidenzprüfung und erwähnt, wenn überhaupt, das Untermaßverbot nur floskelhaft, ohne dass es Auswirkungen auf konkrete Entscheidung hat.

Was nun die Feststellung einer Schutzpflichtsverletzung anbetrifft, schwankt das BVerfG hiernach zwischen den Polen einer bloßen Evidenzprüfung und dem allgemein als strenger empfundenen Maßstab des Untermaßverbotes[999]. Daher erscheint es angebracht, diese beiden Pole noch etwas eingehender zu betrachten und einander gegenüber zu stellen.

---

996 BVerfGE 56, 54 (78); zuletzt BVerfG, NVwZ 2011, 991 (993 ff., Rn. 36 ff.) – hierzu jedoch auch noch unten Teil 2, C., III., 3.; vgl. auch BVerwGE 142, 234 (278 ff., Rn. 145 ff.).

997 S. oben Fn. 953.

998 Für die nachfolgende Zusammenfassung der Phasen, vgl. Couzinet, Zulässigkeit von Immissionen, S. 98 f., dort jeweils mit Nachweisen aus der Rechtsprechung; ähnliche Darstellung bei Szczekalla, Schutzpflichten, S. 223 ff.

999 Vgl. Couzinet, Zulässigkeit von Immissionen, S. 104; Szczekalla, Schutzpflichten, S. 230 f.; anders aber O. Klein, JuS 2006, 960 ff., der das Untermaßverbot *immer* geprüft sieht, jedoch in unterschiedlicher Tiefe; ähnlich – aber alle Unklarheiten aussparend – Voßkuhle, NVwZ 2013, 1 (1 ff.), der von einer Kombination aus Evidenz und Untermaß spricht.

a. Evidenz

Das BVerfG bezieht den Begriff der Evidenz immer nur auf entweder ein gänzliches Untätigbleiben oder auf ein evidentes Zurückbleiben hinter bzw. evidentes Unzureichen getroffener Maßnahmen gegenüber dem gebotenen Schutz durch den Staat[1000]. Dabei wird stets auch darauf hingewiesen, der Gesetzgeber habe bei der Erfüllung seiner Schutzpflichten einen weiten Einschätzungs-, Wertungs- und Gestaltungsspielraum und könne das Konkurrieren öffentlicher und privater Interessen berücksichtigen[1001]. Eine weitergehende Darlegung, was hierunter genau zu verstehen sein soll, erfolgt jedoch nicht, so dass die Prüfung des BVerfG stets mit dem Ergebnis endet, der Staat habe bereits Maßnahmen ergriffen, die nicht völlig ungeeignet bzw. evident unzureichend seien[1002]. Wie sich *tatsächlich* diese nicht völlige Ungeeignetheit bzw. Nichtevidenz des Unzureichens zeigt, wird nicht ausgeführt. Gegebener und gebotener Schutz müssen bzw. werden also gar nicht erst nachvollzogen und deutlich gemacht.

Eine konkrete Prüfungsstruktur wie etwa die Verhältnismäßigkeit im Rahmen der Abwehrfunktion der Grundrechte wird vom Gericht nicht herausgebildet[1003]. Deren einfache Übertragung in die Schutzfunktion ist aber auch schwer denk- und durchführbar, da man der Ansicht sein kann, dass eine nicht geeignete Schutzmaßnahme schlicht *keine* Schutzmaßnahme ist und auch die Prüfung einer Erforderlichkeit im Zusammenhang mit der Vorstellung, der Gesetzgeber habe sich schützend vor die Rechtsgüter seiner Bürger zu stellen, unbrauchbar ist[1004].

b. Untermaß

Das Untermaßverbot[1005] kann demgegenüber als Versuch gesehen werden, der Strukturlosigkeit der Evidenzfrage (bei Annahme eines weiten Gestaltungsspielraums) zu begegnen[1006]. Entwickelt wurde das Untermaßverbot vor dem Hintergrund der Erkenntnis, dass es eigentlich Sache des Gesetzgebers und nicht der Rechtsprechung sei, Art und Umfang des zu gewährenden Schutzes einer Freiheit festzulegen, da die Verfassung den Schutz nur als Ziel vorgebe, nicht aber seine

---

1000 BVerfG, NVwZ 2011, 991 (993 f., Rn. 38).

1001 BVerfG, NVwZ 2011, 991 (993 f., Rn. 38).

1002 Couzinet, Zulässigkeit von Immissionen, S. 99 f.; Szczekalla, Schutzpflichten, S. 239 f.

1003 Anders O. Klein, JuS 2006, 960 (960), der insgesamt eine bereichsspezifische Fortentwicklung sehen will; Schlink, JZ 2007, 157 ff., spricht dagegen vom Abschied jeder (nachvollziehbaren) Dogmatik; bereits früher wies Schlink, Der Staat 1989, 161 (163 ff.), auf einen „Bundesverfassungsgerichtspositivismus" hin.

1004 Pieroth/Schlink, StR II, GR, § 6, S. 71, Rn. 308 f.

1005 Zur Genese des Begriffs, s. Tzemos, Untermaßverbot, S. 4 ff.

1006 Kerngedanke bei Calliess, Umweltstaat, S. 577. Ob dies allerdings so zutrifft, ist im Hinblick auf die unten durchgeführten, vergleichenden Betrachtungen eher fraglich, s. unten Teil 2, C., III., 1.

Ausgestaltung[1007]. Zudem kann die Gewährung von Schutz für den Bürger in vielen der denkbaren Schutzpflichtkonstellationen einen Eingriff in Rechtspositionen beim anderen darstellen.

Aus Sicht des BVerfG sei deswegen ein – unter Berücksichtigung entgegenstehender Rechtsgüter – *angemessener* Schutz notwendig, der als solcher *wirksam* sein müsse[1008]. Die Vorkehrungen, die der Gesetzgeber vorsieht, müssten dem entsprechen und zudem auf sorgfältigen Tatsachenerhebungen und vertretbaren Einschätzungen beruhen[1009]. Das BVerfG verweist auch darauf, dass es zur Erfüllung der Schutzpflicht nicht genügen könne, wenn der Staat Maßnahmen ergreife, die nicht gänzlich ungeeignet oder völlig unzulänglich sind[1010]. Aber auch im Zusammenhang mit der Prüfung des Untermaßes spricht es von gesetzgeberischen Einschätzungs-, Wertungs- und Gestaltungsspielräumen, deren Umfang von Faktoren verschiedener Art abhänge, wie etwa dem Sachbereich, den Schutzmöglichkeiten und der Bedeutung der Rechtsgüter[1011].

2. *Rezeption im Schrifttum*

Die Kritik an der Rechtsprechung des BVerfG zu seiner Herangehensweise an eine Prüfung von Schutzpflichtsverletzungen hat viele Facetten und konzentriert sich nicht alleine auf die Ausführungen zur Evidenz oder die teilweise Annahme einer (vagen) Strukturierung der Prüfung durch das Untermaßverbot. Im Raum steht vielmehr die Justiziabilität grundrechtlicher Schutzpflichterfüllung in ihrer Gesamtheit. Auf Grund der Weitläufigkeit dieses Problems kann hier keine eingehende Analyse der verschiedenen Problemaspekte und etwaigen Argumentationslinien erfolgen. Es ist zudem keine explizite Zielsetzung der vorliegenden Arbeit, wesentlich Neues zur Diskussion um die Schutzpflichten beizutragen. Es erscheint somit angebracht, zunächst nur einige der wesentlichen Aspekte der Debatte aufzugreifen und darzustellen:

Zur Rechtsprechung des BVerfG zu den Schutzpflichten wird vorgetragen, dass sie nicht von der Feststellung der Schutzverpflichtung selbst zu unterscheiden sei, wenn sich die gerichtliche Kontrolle einer gesetzgeberischen Schutzpflichtsverletzung auf die bloße Feststellung eines Mindestmaßes an Effektivität vorhandener Regelungen beschränke[1012]. Ob also Untermaß und Evidenz – bezogen auf das Vorliegen eines Mindestmaßes an Effektivität – zwingend zu unterscheiden sind, ist

1007 BVerfGE 88, 203 (254 f.).
1008 BVerfGE 88, 203 (254); aufgegriffen von BVerfG, NVwZ 2011, 991 (993 f., Rn. 38).
1009 BVerfGE 88, 203 (254).
1010 BVerfGE 88, 203, (263).
1011 BVerfGE 88, 203, (262).
1012 Hain, DVBl. 1993, 982 (983); Starck, JZ 1993, 816 (817); Gellermann, Grundrechte in einfachgesetzlichem Gewand, S. 347; Hesse, in: Däubler-Gmelin/Kinkel/Meyer/Simon (Hg.), FS Mahrenholz, S. 545.

hiernach zweifelhaft. Stattdessen rückt die Effektivität der Maßnahmen in den Vordergrund, die der Schutzpflichterfüllung dienen.

Dem wird mit einem Verweis auf die Unterschiedlichkeit von Handlungs- und Kontrollnormen begegnet[1013]. Der Effektivitätsgedanke sei zwar von der Handlungspflicht nicht wegzudenken, sage aber nichts über das – möglicherweise unterschiedliche – Kontrollausmaß oder die Kontrolldichte aus[1014]. Das Untermaßverbot finde daher seine Berechtigung in seinem Charakter als Kontrollnorm und nur auf dieser Kontrollebene bestehe die Verkürzung auf das Mindestmaß[1015]. Die Schutzpflicht bleibe hier aber nicht stehen, sondern statuiere eine Art sich an den Gesetzgeber richtendes Optimierungsgebot[1016].

Es erscheint an dieser Stelle aber zumindest angebracht zu fragen, ob ein (weites) Auseinanderfallen von Handlungspflicht und Kontrollebene nicht langfristig dazu führt, dass gesetzgeberische Handlungen nur im Ausmaß der tatsächlich zu erwartenden Kontrolle erfolgen: Ohne jede Kontrolle könnte man geneigt sein, im Gebot der Optimierung, welches der effektiven Erfüllung der Handlungspflichten dienen soll, nicht mehr als einen an den Gesetzgeber gerichteten Wunsch zu sehen[1017]. Zwar ist nicht zu erkennen, dass das BVerfG niemals eine inhaltliche Kontrolle der Erfüllung des an den Gesetzgeber gerichteten Schutzauftrags vornehmen würde, jedoch wird in der Literatur regelmäßig konstatiert, dass es das Gericht bei der bloßen Nennung von Bausteinen belasse[1018].

In diesem Zusammenhang wird dann darauf verwiesen, dass es bei der zurückhaltenden Kontrolle der Handlungspflichten des Gesetzgebers um die Begrenzung

---

1013 Vgl. Szczekalla, Schutzpflichten, S. 353 ff.; zum Modell der Divergenz von Kontroll- und Handlungsnorm, s. nur Hesse, in: Däubler-Gmelin/Kinkel/Meyer/Simon (Hg.), FS Mahrenholz, S. 553 ff. (insb. S. 557 f.); ablehnend Calliess, Umweltstaat, S. 589 ff.; H. H. Klein, DVBl. 1994, 489 (495); Wahl, Der Staat 1981, 485 (499 ff. (insb. 501 f.)).

1014 O. Klein, JuS 2006, 960 (961 f.).

1015 So wohl Voßkuhle, NVwZ 2013, 1 (7), der von einer Kombination der Evidenzkontrolle mit dem Untermaßverbot spricht; vgl. auch Isensee, in: Isensee/Kirchhof (Hg.), HStR, Bd. IX, § 191, Rn. 303.

1016 Hesse, in: Däubler-Gmelin/Kinkel/Meyer/Simon (Hg.), FS Mahrenholz, S. 557 f.; Isensee, in: Isensee/Kirchhof (Hg.), HStR, Bd. IX, § 191, Rn. 269, der dann aber sogar von einer Erfolgspflicht spricht, diese gleichwohl und postwendend wieder einschränkt; vgl. auch Hermes, Schutz von Leben und Gesundheit, S. 261 ff.

1017 Couzinet, Zulässigkeit von Immissionen, S. 103, spricht von einer „Blankoermächtigung"; s. auch Mayer, Nachbesserungspflicht, S. 214 ff.; Cornils, Ausgestaltung, S. 596 ff.; Hesse, in: Däubler-Gmelin/Kinkel/Meyer/Simon (Hg.), FS Mahrenholz, S. 558. Szczekalla, Schutzpflichten, S. 230 und 354, wählt den Begriff der „Evidenz-Erlebnisse", lehnt die Kritik an der Konsequenz eines Auseinanderfallens von Handlungs- und Kontrollnorm gleichwohl mit dem Hinweis auf die Wirkung auf die Motivation des Gesetzgebers ab (S. 355).

1018 Böhm, Normmensch, S. 102; Couzinet, Zulässigkeit von Immissionen, S. 99 (Rn. 271); vgl. auch Vosgerau, AöR 2008, 347 (382).

der Macht des BVerfG gegenüber dem Gesetzgeber gehe[1019]. Vordergründig mag man sich über die Eigenständigkeit der Struktur des Untermaßverbotes streiten; es ist aber der damit verbundene Aspekt der Machtbegrenzung, der in der einen oder der anderen Form diese Diskussion und letztlich auch die gesamte Schutzpflichtendiskussion bestimmt[1020]. Auf seiner Basis lässt sich dann auch dem Argument einer langfristig möglichen Bedeutungslosigkeit des sich an den Gesetzgeber richtenden Optimierungsgebotes entgegnen, dass es darauf schlicht nicht ankomme, da es nur darum ginge, die Macht des BVerfG zu begrenzen. Die Handlungen des Gesetzgebers werden letztlich durch Wahlen beurteilt und müssen sich vor diesem Hintergrund beweisen[1021].

Ob sich aus dem Untermaßverbot tatsächlich ein Erkenntnisgewinn ableiten lässt, wird auch deshalb in Zweifel gezogen, weil man glaubt, dass sich eine qualitative Eigenständigkeit des Untermaßverbotes gegenüber der Prüfung der Verhältnismäßigkeit im Hinblick auf eine andere Art von gesetzgeberischem Entscheidungsspielraum nicht ergebe[1022]. Die Wahrung von gesetzgeberischen Spielräumen – mit der die Begrenzung der Machtausübung des BVerfG korrespondiert – ist hiernach schlicht keine Besonderheit der Kontrolle der Erfüllung von Schutzpflichten[1023]. Wenn überhaupt Unterschiede zwischen dem Spielraum des Gesetzgebers bei der Schutzpflichterfüllung einerseits und beim legislativen Eingriff in Grundrechte andererseits festgestellt werden könnten, so seien sie im Hinblick auf die Zukunftsbezogenheit der Schutzpflicht und den deswegen häufiger auftretenden Prognoseentscheidungen lediglich gradueller Art[1024].

Diese Argumentation unterschlage aus Sicht mancher Vertreter der Unterscheidung der abwehr- und schutzrechtlichen Funktion der Grundrechte deren grundsätzlich verschiedenen Prüfungsgegenstände, also in einem Fall die konkrete Maßnahme und im anderen Fall das konkrete Ziel[1025]. Auch insofern könnte aber erwidert werden, dass damit bestenfalls eine graduelle Verschiebung begründet ist. Selbst wenn der legislative Eingriff sich auf eine Untersuchung des konkreten staatlichen Handelns reduziert, gibt es auch im Rahmen der Schutzpflichten nicht immer unendlich viele Maßnahmen, die zur Zielerreichung parat stehen und zu

---

1019 Szczekalla, Schutzpflichten, S. 352; O. Klein, JuS 2006, 960 (962); s. auch Wahl/Masing, JZ 1990, 553 (553); Schlaich/Korioth, BVerfG, Rn. 513.

1020 Dazu dann auch im Zusammenhang mit den Ausführungen zum Begriff des „Gesetzgebungsermessens" unten Teil 2, C., III., 2.

1021 Zu dieser sog. Stimmzettel-Argumentation, s. Schlaich/Korioth, BVerfG, Rn. 545 f.

1022 Vgl. Alexy, Theorie, S. 427 f.; Borowski, Prinzipien, S. 119. Diese Kritik ist genereller Natur und ergibt sich daher auch mit Blick auf eine unter Umständen als eigenständig aufzufassende Evidenzprüfung.

1023 S. auch Schlaich/Korioth, BVerfG, Rn. 530 ff., in deren Ausführungen zum gesetzgeberischen Spielraum die unterschiedlichen Grundrechtsfunktionen keine Rolle spielen.

1024 Alexy, Theorie der Grundrechte, S. 428.

1025 O. Klein, JuS 2006, 960 (962).

untersuchen wären. Der Weg vom *konkreten Schutzziel* zu den *im Wesentlichen denkbaren und möglichen* Schutzmaßnahmen, die zur Zielerreichung führen, ist nicht von vornherein unbegehbar[1026].

Teilweise wird der Zusammenhang mit dem Kontrollzeitpunkt hervorgehoben und festgestellt, dass die Prüfung des Schutzbegehrens typischerweise eine ex-ante-Kontrolle sei, bei der der Bewertungsspielraum des Gesetzgebers voll respektiert werden müsse, wohingegen der legislative Eingriff ex-post beurteilt werde[1027]. Eine Prognose könne in diesem Zusammenhang in gewissem Rahmen tatsächlich auf ihr Eintreten hin überprüft werden, so dass der Gesetzgeber nicht mit dem Urteil des BVerfG, sondern mit den Auswirkungen seines Handelns konfrontiert werden kann[1028].

Auch dies aber ist sehr pauschal, denn bei Tauglichkeitszweifeln an einem Gesetz nimmt auch das BVerfG häufig – freilich *nur* als Blickwinkel – die ex-ante-Sicht ein, wenn es fragt, ob die den Fehlschlag bedingende Entwicklung vorhersagbar war[1029]. Im Übrigen kann insgesamt festgestellt werden, dass die Unterschiede der Prüfungsgegenstände und damit auch des Prognoseaufwands bzw. die Frage nach der Vorhersagbarkeit eingeschränkt werden kann, indem die unendlichen Maßnahmen in wertender Betrachtung auf die wesentlichen, greifbaren Maßnahmen eingeschränkt werden[1030].

Die Kritik an einer nicht vorhandenen Eigenständigkeit des Untermaßverbotes wird für den als besonders angesehenen Fall des Störerdreiecks noch vertieft[1031]. Hier sei das Erforderliche im Sinne des Übermaßverbotes (immer) gerade noch das, was der Staat in der erforderlichen Effektivität des Untermaßverbotes tun müsse[1032]; die Prüfungsmaßstäbe seien daher zwangsläufig kongruent, könne ein Fall doch nicht abhängig von seiner prozessualen Gestaltung unterschiedlich entschieden werden,

1026 Vgl. Borowski, Prinzipien, S. 196 ff. Beleg dafür soll auch Teil 3 dieser Untersuchung sein. Prinzipiell – wenn auch unter Errichtung hoher Anforderungen an die Aufarbeitung der bereits gegebenen Schutzmaßnahmen, dazu unten Teil 2, C., III., 3. – scheint auch das BVerfG davon auszugehen, vgl. BVerfG, NVwZ 2011, 991 (994, Rn. 39 ff.).

1027 Wahl/Masing, JZ 1990, 553 (558 f.), unterscheiden zwischen den Bezugspunkten des zu Bewahrenden und des (erst) Kommenden; vgl. auch Bryde, in: Badura/Dreier (Hg.), FS 50 Jahre BVerfG, Bd. 1, S. 554.

1028 Bryde, in: Badura/Dreier (Hg.), FS 50 Jahre BVerfG, Bd. 1, S. 554.

1029 Vgl. Meßerschmidt, Gesetzgebungsermessen, S. 994 f.

1030 Entsrpechende Überlegungen werden unten für die Mittel und Entscheidungsebenen des Fluglärmschutzes angestellt, Teil 3, A. Dazu auch die Nachweise soeben in Fn. 1027.

1031 Neben dem Störerdreieck werden auch andere Schutzfunktionskonstellationen diskutiert, wie etwa der „Schutz vor Naturkatastrophen", dazu nur Szczekalla, Schutzpflichten, S. 276 ff.

1032 Hain, DVBl. 1993, 982 (983); Szczekalla, Schutzpflichten, S. 437; Unruh, Schutzpflichten, S. 85 ff.; s. auch Isensee, in: Isensee/Kirchhof (Hg.), HStR, Bd. IX, § 191, Rn. 304.

je nachdem, ob das Opfer Schutz ersuche oder der Störer sich gegen einen Eingriff wehre (sog. „Kongruenzthese")[1033]. Geht man dagegen von einer Inkongruenz aus, wird nochmals deutlich, wie wichtig die Ausrichtung des Dreiecks ist bzw. wie wichtig die Einordnung des Bedingungsgefüges ist, an dessen Ende die Fluglärmemission steht[1034]. Vor dem Hintergrund der Fluglärmproblematik könnte man somit fragen, ob der Ausbau eines Verkehrsflughafens die Anwohner stört oder ob die Anwohner den Ausbau stören?

Der Kongruenzthese wird trotzdem mit der Behauptung begegnet, dass die prozessualen Situationen sehr unterschiedlich sein können, da bspw. die Legitimationslast des Staates eine andere sei, wenn er als Störer freiheitsverkürzend tätig werde[1035]. Zwar kennt der Verfassungsprozess keine subjektive Beweislast[1036], jedoch soll sich hier dennoch die Frage nach der objektiven Beweislast stellen können, welche Ausdruck einer gegensätzlichen Legitimationslast bei der Schutz- und Eingriffssituation seien[1037]. Die objektive Beweislast soll jedenfalls im Fall des Störerdreiecks der Schutzsuchende tragen, weil er keinen Eingriff verteidige, sondern um Schutz ersuche[1038]. Wieder gilt es die Frage zu entscheiden, wer eigentlich wen stört. Im Zusammenhang mit diesen Überlegungen wird dann zudem von einem grundsätzlichen Unterschied zwischen Einschätzungsprärogative und Gestaltungsspielraum ausgegangen. Eine bloße Einschätzungsprärogative bewirke keine Beweislast*umkehr*, so dass Zweifel an Einschätzungen zu Lasten des Staates gingen, wohingegen Zweifel im Zusammenhang mit dem Gestaltungsspielraum sich zu Lasten des Schutzsuchenden auswirkten[1039].

Selbstverständlich ist dies aber kein für sich schlagendes Argument gegen die Kongruenzthese, da diese Unterscheidung von unterschiedlichen Legitimationslasten auf die idealtypische Unterscheidung von Schutz und Eingriff oder Störer und Gestörtem zurückgreift. Ihr Vorhandensein wird aber gerade bestritten bzw. es bestehen Zweifel, ob es möglich ist, hier mit nachvollziehbaren und konsistenten Methoden Unterscheidungen zu treffen. Die Rückkehr zu einem idealtypischen Eingriffsbegriff – und daran dann anknüpfende, unterscheidbare Beweislast- und Legitimationsstrukturen – wird daher auch als eine der radikalen Lösungen der Probleme angesehen, die mit der Kollision von Grundrechtsfunktionen einhergehen[1040].

1033 Ausführlich zu deren verschiedenen Formen Szczekalla, Schutzpflichten, S. 323 ff.; s. darüber hinaus auch Starck, JZ 1993, 816 (817); Hain, DVBl. 1993, 982 (983); Unruh, Schutzpflichten, S. 83 ff.

1034 S. oben Teil 2, C., I.

1035 O. Klein, JuS 2006, 960 (963).

1036 Pestalozza, Verfassungsprozessrecht, § 2, Rn. 50; E. Klein, AöR 1983, S. 424 f.; Weber-Grellet, Beweis-und Argumentationslast, S. 21.

1037 O. Klein, JuS 2006, 960 (963).

1038 Vgl. Benda/Klein, Verfassungsprozessrecht, § 14, Rn. 320.

1039 O. Klein, JuS 2006, 960 (963), der weiter folgert, dass dieser Unterschied von der Kongruenzthese unzulässigerweise verschluckt werde.

1040 Vgl. Vosgerau, AöR 2008, 347 (379 f.).

Im Übrigen ist nicht klar, ob überhaupt bzw. falls ja, welche Unterschiede in den Begriffen Einschätzungsprärogative und Gestaltungsspielraum ausgemacht werden können[1041]. Sollen *alle* sach- oder tatsachenbezogenen Fragen im Rahmen der Prüfung einer Schutzpflichtverletzung dem Begriff des Gestaltungsspielraums unterfallen? Und umgekehrt im Rahmen der abwehrrechtlichen Verhältnismäßigkeitsprüfung einer (bloßen) Einschätzungsprärogative? Entscheidend scheint zu sein, dass es in allen Prüfungsstrukturen – sei es im Rahmen der Verhältnismäßigkeit, des Untermaßes, einer Evidenz- oder Willkürprüfung – gleichermaßen von höchster Bedeutung ist, welche Tatsachenbasis man ermittelt, welche Einschätzungen man insoweit hier trifft[1042].

Wenn sich die Inkongruenz gerade auf unterschiedliche Legitimations- und Beweislasten stützen soll, müssen sich die Verfechter des Vorgehens des BVerfG schließlich fragen lassen, weswegen das BVerfG nicht konsequenter und vor allem häufiger Überlegungen dazu anstellt, welche Kontrolldichte, welche Beweislasten etc. im Hinblick auf die Ermittlung und Einschätzung der Tatsachenbasis im konkreten Fall angemessen ist[1043]. Prüfbare Faktoren hat es dazu ja selbst vorgegeben, weitere Vorschläge dazu sind in der Literatur vorhanden[1044]. Dennoch findet sich gerade keine Trennung von inhaltlichen Fragen nach der Prüfungsstruktur bei der Auflösung grundrechtlicher Kollisionslagen und den prozessualen Fragen nach der Kontrolldichte. Im Gegenteil wurde die Vermengung dieser Fragestellungen nunmehr mehrfach beschrieben und gehört zur gängigen und unbeantworteten Kritik der Literatur am Vorgehen des BVerfG[1045].

III. Ausrichtung der Untersuchung des einfach-rechtlichen Fluglärmschutzes

Die Diskussion um die Justiziabilität der Schutzverpflichtung des Gesetzgebers stellt jede Untersuchung lärmschutzrechtlicher Regelungen vor das Problem der Ausrichtung. Wählt man – beispielsweise als Folge einer Zurechnung des Bedingungsgefüges an den Staat – eine abwehrrechtliche Ausrichtung, so muss der als Eingriff in Art. 2 Abs. 2 S. 1 GG zu wertende Vorgang der Emission von Fluglärm, an den die Immissionen bei den Anwohnern bzw. daraus entstehende Gesundheitswirkungen (kausal) anknüpfen, verfassungsrechtlich gerechtfertigt sein. Es würde sich die Frage der Verhältnismäßigkeit stellen, deren Ablehnung den Eingriff als verfassungswidrig kennzeichnet. Geht man trotz der Argumente für die Nachvollziehbarkeit einer solchen Zurechnung davon aus, dass die Fluglärmemission ein der

1041 Dazu auch gleich unten Teil 2, C., III., 2.
1042 Möstl, DÖV 1998, 1029 (1039); Calliess, Umweltstaat, S. 462; Hain, DVBl. 1993, 982 (984); Schlaich/Korioth, BVerfG, Rn. 534; Stettner, NVwZ 1989, 806 (807).
1043 Vgl. Schlaich/Korioth, BVerfG, Rn. 535; kritisch auch Hesse, in: Däubler-Gmelin/Kinkel/Meyer/Simon (Hg.), FS Mahrenholz, S. 558.
1044 S. unten Teil 2, C., III., 2., a.
1045 Vgl. Couzinet, Zulässigkeit von Immissionen, S. 101 f.

grundrechtlichen Schutzfunktion zu Grunde liegendes Störerdreieck hervorruft, in dem die Fluglärmbetroffenen zu Schutzsuchenden werden, muss man eine Position zu den schwierigen Fragen im Zusammenhang mit der Schutzpflichtendogmatik entwickeln.

Nachfolgend werden drei darauf bezogene Problembereiche noch einmal aufgegriffen. Gibt es (1.) eine Art gemeinsamer Nenner, der die Begriffe Übermaß, Untermaß, Willkür und eventuell auch Evidenz ausmacht? Wenn all diese Begriffe – wenn auch möglicherweise mit graduellen Unterschieden – immer auf Vergleichs- oder Verhältnisüberlegungen[1046] hinauslaufen, welche Rolle spielt (2.) das gesetzgeberische Ermessen dabei? Schließlich: Wenn die gesetzgeberische Einschätzung von Tatsachen und Prognosen die Grundlage aller Verhältnis- oder Vergleichsüberlegungen darstellt, welche Funktion haben dann (3.) Darlegungsanforderungen und Beweislastverteilungen?

1. *Prüfungsstrukturen und ihre Abwägungen – Zum hier verwendeten Begriff der Verhältnisüberlegung*

Es ist im Rahmen der Rezeption der Rechtsprechung des BVerfG bereits angeklungen, dass die unklare Verwendung des Begriffs der Evidenz durch das BVerfG zu einer Vermischung der inhaltlichen Frage nach den Maßstäben oder der Prüfungsstruktur zur Auflösung grundrechtlicher Kollisionslagen und der prozessualen Frage nach der gerichtlichen Kontroll- und Prüfungsdichte führt[1047]. Untersucht man die wenig gehaltvollen Aussagen des BVerfG zur Evidenz- und Untermaßprüfung, stellt man fest, dass die Annahme nur einer Prüfungsstruktur naheliegt: Die Prüfung des Zurückbleibens eines gegebenen *hinter* oder des Unzureichens *gegenüber* einem gebotenen Schutz verlangt – denknotwendig – eine Bestimmung des gebotenen Schutzes (1), eine Bestimmung des tatsächlich gegebenen Schutzes (2) und schließlich deren Vergleich bzw. Lagebestimmung zueinander (3). Dieser Struktur, die hier nachfolgend als „Verhältnisüberlegung“ bezeichnet wird, folgt später auch die Untersuchung des einfach-rechtlichen Fluglärmschutzes.

Diese Überlegung in drei Schritten ist die Struktur, die man gedanklich durchlaufen muss, wenn man zur Feststellung eines Verstoßes gegen das Untermaßverbot kommen will[1048]. Worin sollte also noch die Funktion der Evidenz liegen? Man könnte nun sagen, dass man im Rahmen der Evidenzprüfung ebenfalls die gezeigte

---

1046 Zum Begriff sogleich unten Teil 2, C., III., 1.

1047 Couzinet, Zulässigkeit von Immissionen, S. 101 f.; s. auch Calliess, Umweltstaat, S. 321 ff.; ähnlich bereits Hermes, Schutz von Leben und Gesundheit, S. 76.

1048 Dies wird in BVerfGE 88, 203 ff., zwar so nicht explizit erklärt, lässt sich aber den gedanklichen Operationen um das Schutzkonzept der Schwangerenberatung im Vergleich zur Abtreibungsregel des § 218 StGB 1871 entnehmen (S. 264 ff.). Das Schutzziel, von dem das BVerfG als maßgeblich oder geboten ausgeht, ist die Erhaltung des ungeborenen Lebens. Vgl. auch Möstl, DÖV 1998, 1029 (1038); Hain, DVBl. 1993, 982 (983).

Grundstruktur durchläuft, aber im Rahmen der Lagebestimmung ein evidentes Auseinanderfallen von gegebenem und gebotenem Schutz feststellbar sein muss. Wenn bei der Untermaßprüfung die Lagebestimmung bzw. der Vergleich unter dem Gesichtspunkt der Angemessenheit erfolgt, wäre die Evidenzprüfung nichts anders als die strengere Variante der Untermaßprüfung[1049].

Es scheint fast überflüssig zu erwähnen, dass die Verhältnisüberlegung eigentlich der Struktur der klassischen Verhältnismäßigkeitsprüfung entstammt und sich auch den im Rahmen von Art. 3 Abs. 1 GG angewendeten Überlegungen entnehmen lässt[1050]. So verlangt die Angemessenheit (oder Verhältnismäßigkeit im engeren Sinne) im Rahmen der grundrechtlichen Abwehrfunktion ein ins Verhältnis setzen des Eingriffs bzw. seiner Intensität zum Eingriffszweck. Hier mögen die Bezugspunkte andere sein, auch ist damit nicht entschieden, mit welcher Kontrolldichte man etwa notwendige Prognosen überprüft; die Strukturen der gedanklichen Operationen aber gleichen sich[1051]. Letztlich sind diese Vergleichs- oder Verhältnisüberlegungen auch kein Spezifikum der Rechtswissenschaften. Vielmehr erscheinen sie als Operationen oder Grundbausteine, die auf der wissenschaftstheoretischen Metaebene ihren Ursprung finden und im System des Rechts über den Begriff der Abwägung eingefangen, jedoch häufig in der konkreten Praxis nur unzureichend abgebildet werden. Es überzeugt auch nicht, wenn man – in Abgrenzung zu einer Evidenz- oder Untermaßentsprechungsprüfung – den Kern der klassischen Verhältnismäßigkeitsprüfung darin sieht, dass nur sie ein Inbeziehungssetzen kollidierender Zwecke oder Interessen meine und voraussetze[1052] und die Entsprechungsverhältnismäßigkeit[1053] der Untermaßprüfung stattdessen frage, ob ein Mittel einem Maßstab entspreche, der bei der Zweckverfolgung zu beachten sei[1054]. Sowohl die Gebotenseinaussage als

1049 Diese Überlegung geht allerdings davon aus, dass es bei Grundrechtskollissionen tatsächlich einen Spielraum beim Interessenausgleich zwischen dem Mindest- und dem Höchstmaß der Interessenverwirklichung gibt. Dies wird von Vertretern der (absoluten) Kongruenzthese abgelehnt, vgl. dazu insb. Hain, DVBl. 1993, 982 (983); für weitere Nachweise zu Vertretern der (absoluten) Kongruenzthese, s. Szczekalla, Schutzpflichten, S. 323.

1050 Mit Blick auf den Grundsatz der Verhältnismäßigkeit s. nur Schlink, in: Badura/Dreier (Hg.), FS 50 Jahre BVerfG, Bd. 2, passim, und mit Blick auf den allgemeinen Gleichheitssatz nur Huster, Rechte, S. 29 und passim.

1051 Mit Blick auf den Verhältnismäßigkeitsgrundsatz spricht Hofmann, Abwägungen im Recht, S. 477 f. und 484 f., etwa von der „hypothetischen Referenzlösung"; vgl. auch Szczekalla, Schutzpflichten, S. 325 f. und 329. Cornils, Ausgestaltung, S. 650 ff., spricht von Verhältnismäßigkeitserwägungen, deren Strukturen in vielen Begriffen zu finden sei (etwa auch der hinreichenden Effizienz), geht im Ergebnis aber – dazu auch sogleich im Text – dennoch von unterschiedlichen Bindung aus, weil er eine Verhältismäßigkeit im Sinne des Verhältnismäßigkeitsgrundsatzes und eine Verhältnismäßigkeit im nicht technischen Sinne unterscheidet.

1052 Cornils, Ausgestaltung, S. 653.

1053 Zum Begriff der Entsprechungsprüfung, s. Huster, Rechte, S. 129 ff.

1054 Huster, Rechte, S. 142.

auch das tatsächliche Schutzniveau enthalten einen Sinn oder Zweck bzw. wollen Interessen verwirklichen, so dass die soeben dargestellte Argumentation artifiziell erscheint. Dass nach Kosten- und Nutzeneffekten eines Mittels im Hinblick auf ein kollidierendes Interesse im Rahmen der Untermaßprüfung nicht gefragt wird, scheint eher daran zu liegen, dass man solche Überlegungen nicht anstellen will.

Die angedeutete Verhältnisüberlegung soll hier in abstrakter Form noch etwas näher betrachtet werden. Eines ihrer Kernprobleme ist, dass es sich bei ihrem Betrachtungsgegenstand um rechtliche Regelungen *und* deren Auswirkungen handelt. Das gilt sowohl für Überlegungen im Zusammenhang mit dem gebotenen als auch mit dem tatsächlichen Zustand – jedenfalls soweit man in rechtlichen Regelungen die Haupthandlungsform des Staates sieht[1055].

Wenn man sich nun fragt, was das Gebotene sein soll, wird man sagen müssen, dass dieser Bestimmungsprozess stark normativ geprägt ist, also – auf den ersten Blick – wenig Rückgriff auf Wissen über Tatsachen verlangt. Das Gebotensein ist nicht im naturwissenschaftlichen Sinne determiniert. Aussagen über das Gebotene können nicht in diesem Sinne wahr oder unwahr sein. Dennoch sind Aussagen über das Gebotene nie gänzlich unabhängig von Aussagen über das Mögliche. Das Mögliche ist im Kern hingegen eine empirische Frage und den Kategorien wahr oder unwahr zugänglich[1056]. Deshalb ist es auch nicht möglich zu sagen, die Bestimmung des Gebotenen käme gänzlich ohne einen Rückgriff auf Wissen über Tatsachen aus[1057]. Aber die Frage, welcher der möglichen Zustände geboten sein soll, ist in letzter Konsequenz wertend zu entscheiden.

Dagegen wird man beim Bestimmungsprozess des Gegebenen von einer von vornherein eher empirischen Fragestellung ausgehen können. Ein gegebener Schutzstandard ist feststellbar, soweit man in einer Prognose über die Konsequenzen eines eingesetzten Schutzmittels auch eine tatsachenbezogene Aussage sehen will. Aber auch der Bestimmungsprozess des Gegebenen kommt nicht ohne wertende Vorgänge aus. Sei es im Rahmen der Deutung bzw. Auslegung der rechtlichen Regelung, auf die der Einsatz eines Schutzmittels zurückzuführen ist. Im Verkehrslärmbereich wären dies die Regelungen, die vorgeben wie Verkehrsgeräuschen zu begegnen ist. Oder sei es auf Grund der Notwendigkeit des schon mehrfach zur Sprache gekommenen Transformationsprozesses von außerrechtlichem Wissen in rechtliche Kategorien. Der Transformationsprozess tritt hier sogar offener zu

1055 Zur Maßgeblichkeit (eigentlich) des gesamten staatlichen Handelns im Rahmen der Prüfung einer Schutzpflichtverletzung, s. unten Teil 2, C., III., 3., b. Zu den verschiedenen staatlichen Handlungsoptionen im Bereich des Fluglärmschutzes, s. unten Teil 3, A., I.

1056 Das ist selbstverständlich eine idealtypische Darstellung, vgl. – vor dem Hintergrund der Unterscheidung von Prognosen und Bewertungen – Schlink, in: Badura/Dreier (Hg.), FS 50 Jahre BVerfG, Bd. 2, S. 455 ff.

1057 Ein weiterer Aspekt der Notwendigkeit der Beachtung von außerrechtlichem Wissen (Tatsachen) kann in dessen Anleitungsfunktion für die Auslegung gesehen werden. Dazu oben Teil 2, A., I., 1.

Tage, da es ja regelmäßig konkrete einfach-rechtliche Regelungen schon gibt, deren Schutzwirkungen zu untersuchen sind.

Das kann an einfachen Beispielen zum Fluglärmschutz weiter verdeutlicht werden: Wenn man rechtliche Regelungen betrachtet, die vor Fluglärm schützen sollen, stellt sich zunächst die Frage, wie sie das eigentlich tun bzw. bewerkstelligen, was also das konkrete Schutzmittel ist. Eine Antwort kann sein, dass die rechtliche Regelung passiven Lärmschutz gewährt. Dann stellt sich die weitere Frage, in welchem Umfang das Mittel gewährt wird. Hier geht es um die genaue Ausgestaltung der Gewährung, die rechtlichen Voraussetzungen etwa, die vorliegen müssen, um in den Genuss der weiteren Wirkung des Schallschutzes zu kommen. Wenn darüber Klarheit herrscht, schließt sich dann die Frage an, welche tatsächlichen Wirkungen die Gewährung des passiven Schallschutzes im ermittelten Umfang im Lichte des eigentlich zu bewältigenden Sachproblems (Fluglärmfolgen) hat. Wenn man etwa passiven Lärmschutz gewährt, stellt sich die – entweder auf das Individuum oder ein Kollektiv – bezogene Frage, welche Wirkungen dadurch gemindert werden oder gar wegfallen. Nach dem Einbau eines Lärmschutzfensters können bspw. Aufwacherscheinungen wegfallen und damit langfristig deren Beitrag zur Entstehung von Krankheitserscheinungen[1058]. Aussagen hierzu bleiben aus methodischen Gründen aber immer statistischer Natur. Insofern macht es einen erheblichen Unterschied, wenn man hinsichtlich der Wirkungen von passivem Lärmschutz verlangen würde, dass er jeweils *konkret, nachweislich und im Einzelfall* zur Verbesserung der Schutzsituation beiträgt.

Wenn nun auf der einen Seite die Überlegungen zum gebotenen Schutzniveau mit dem Ergebnis enden, dass es *hoch* sein muss, und auf der anderen Seite das Ergebnis zum tatsächliche gegebenen Schutzniveau etwa zu der Aussage führt, dass – hier gedacht als fiktives Großflughafenbeispiel – 40.000 Menschen passiver Lärmschutz zusteht, der dazu führt, dass die kollektive Gesundheitslast dieser Menschen gemindert wird, und weitere 100.000 Menschen nächtliche Lärmbelastungen ohne Schutz hinzunehmen haben, stehen sich sehr unterschiedliche Aussagen gegenüber, die es auf dritter Stufe der gedanklichen Operation miteinander in Verhältnis zu setzen gilt.

Man kann sich auf den Standpunkt stellen, dass die beschriebene Verhältnisüberlegung kein höheres Konkretisierungsniveau erreichen muss. Es gilt aber: Je niedriger das Konkretisierungsniveau, desto weniger nachvollziehbar ist die Verhältnisüberlegung und desto geringer ist (am Ende) auch die Überprüfungs- und Befriedungsleistung eines Rechtsschutzes, in dem eine solche Überlegung ihren Platz hat. Und: Wenn empirische Erkenntnisse im Prozess der Verhältnisüberlegung betrachtet werden, stellt sich die Frage, wie sie transformiert werden. Je niedriger das notwendige Konkretisierungsniveau ist, desto größer wird auch das Risiko, dass der Transformationsprozess willkürlich bzw. nicht nachzuvollziehen ist.

1058 So man annimmt, dass Aufwachreaktion/-erscheinungen überhaupt einen Beitrag zur Entstehung von Krankheiten leisten, dazu oben Teil 1, C., III., 3., b., und 4., b.

Die Strukturen der Überlegungen, die in einer vermeintlich eigenständigen Evidenzprüfung durchgeführt werden könnten, deuten also nicht auf eine grundsätzliche Unterschiedlichkeit von Evidenz und Untermaß hin. Dies gilt weitestgehend auch für die Frage nach der Angemessenheit im Rahmen der klassischen Verhältnismäßigkeitsprüfung. Wenn Unterschiede ausgemacht werden können, so sind sie lediglich gradueller Natur. Auf die vermeintlich verschiedenen Ausrichtungen der Verhältnisüberlegungen (evident unzureichend vs. angemessen bzw. unangemessen) kann ein grundsätzlicher Unterschied kaum gestützt werden. Die hier zu treffenden Abwägungen sind ohnehin kaum – oder nur, wie eben gezeigt, unter Hinzuziehung zusätzlicher Annahmen und gedanklicher Operationen – weiter konkretisierbar und daher nur eingeschränkt als rational zu bezeichnen. Auch dies wird bereits seit geraumer Zeit für die Verhältnismäßigkeitsprüfung diskutiert[1059].

Näher liegt, dass die Überprüfung der grundrechtlichen Schutzverpflichtung auf Basis der gezeigten Struktur erfolgt. Anders ausgedrückt: In einer Verhältnisüberlegung wird *immer* darüber entschieden, ob die feststellbaren Schutzwirkungen zum festgestellten Schutzziel im – rechten – Verhältnis stehen. Soweit in der Schutzpflichten-Rechtsprechung des BVerfG von Evidenz die Rede ist, deutet dies eher auf den Willen des Gerichts hin, die Verhältnisüberlegung mit insgesamt verminderter Kontrolldichte überprüfen zu wollen.

2. *Gesetzgebungsermessen*

Neben der Frage nach den Strukturen der Überprüfung einer Schutzpflichtsverletzung verlangt auch die Frage nach der Bedeutung und Rolle des Gesetzgebungsermessens als Scharnierstelle[1060] der Machtbalance zwischen BVerfG und Gesetzgeber eine detailliertere Betrachtung. Wenn es richtig ist, dass das BVerfG mit dem Verweis auf eine Evidenz vor allem seine verminderte Kontrollkompetenz darstellen will, kulminiert die Diskussion um die Justiziabilität der gesetzgeberischen Schutzverpflichtung in der allgemeinen Frage nach dem Einschätzungs-, Gestaltungs- und Wertungsspielraum des Gesetzgebers. Sie ist – wie es bereits anklang – kaum zu trennen von funktionell-rechtlichen Überlegungen zur Position des BVerfG im verfassungsrechtlichen Machtgefüge. Anders ausgedrückt geht es um den Gedanken der Machtbegrenzung des BVerfG gegenüber dem Gesetzgeber. Gerade vor diesem Hintergrund werden Gestaltungs- und Entscheidungsfreiräume – zusammengefasst

---

1059 Schlink, in: Badura/Dreier (Hg.), FS 50 Jahre BVerfG, Bd. 2, S. 460 ff.; Groß, DÖV 2006, 856 (858 f.); Hillgruber, JZ 2011, 861 (862).

1060 Meßerschmidt, Gesetzgebungsermessen, S. 1064, geht davon aus, dass das Gesetzgebungsermessen sich an der Schnittstelle der beiden bestimmenden und teilweise konfligierenden Elemente der Verfassungsordnung – ihrem repäsentativ-demokratischen und justiziell-rechtsstaatlichen Moment – befindet, weshalb in diesem Zusammenhang auch die Bedeutung von „Vorverständnissen" von hervorgehobener Bedeutung sei.

im Oberbegriff des gesetzgeberischen Ermessens – in der Literatur auch eingehend diskutiert[1061].

In Anlehnung an *Meßerschmidt* wird nachfolgend davon ausgegangen, dass mit dem Begriff des gesetzgeberischen Ermessens und dem Verweis auf eine Gestaltungsfreiheit oder auf Spielräume des Gesetzgebers verfassungsrechtlich keine gänzlich gefestigten Kategorien beschrieben sind[1062]. Man kann aber sagen, dass die Verwendung solcher Begriffe zu einer zurückhaltenden Prüfung seitens des BVerfG führen kann und sie daher auch wesentlich zur Verwirklichung des Machtbegrenzungsgedankens beitragen. Denn je häufiger und je intensiver eine Kontrolle des gesetzgeberischen Handelns durchgeführt wird, desto wahrscheinlicher ist eine Kritik an ihm, unter Umständen mit der Konsequenz der Aufhebung einer gesetzgeberischen Entscheidung. Insofern ist die standardmäßige Formel des BVerfG, die auf die Einräumung eines weitgehenden gesetzgeberischen Ermessens im Zusammenhang mit der grundrechtlichen Schutzfunktion zielt[1063], Ausdruck einer besonderen Zurückhaltung und Abgrenzung gegenüber dem Gesetzgeber.

Selbst wenn man also in Evidenz-, Über- und Untermaßprüfung unterscheidbare dogmatisch Konstrukte mit jeweils verschiedenen Bindungen des Gesetzgebers entdecken könnte, gibt es keine *auf das Gesetzgebungsermessen bezogene* Fehlerlehre, wie etwa im Bereich des Verwaltungsermessens[1064]. Insofern ist es also nicht allein die Postulierung eines mehr oder weniger weiten Gesetzgebungsermessens, welches zur Machtbegrenzung des BVerfG führt, sondern ein Gesetzgebungsermessen ohne ermessenspezifische Bindungen, das es zu kontrollieren gilt. *Meßerschmidt* geht daher davon aus, dass sich in einer Ermessensfehlerlehre ein Rationalitätsanspruch verkörpert, der – unter Anerkennung einer weitgehenden Entscheidungsautonomie des demokratisch unmittelbar legitimierten Gesetzgebers – auch dem Gesetzgebungsermessen eine unverwechselbare Gestalt geben könnte[1065].

Die Komplexität, die aus einer Mindestrationalität für das Gesetzgebungsermessen bzw. eine spezifische Fehlerlehre folgen könnte, vermag die vorliegende

---

1061 Meßerschmidt, Gesetzgebungsermessen; s. auch Schlaich/Korioth, BVerfG, Rn. 501 ff.; Hesse, in: Däubler-Gmelin/Kinkel/Meyer/Simon (Hg.), FS Mahrenholz, S. 541 ff. (insb. S. 553 ff.); Ossenbühl, in: Starck (Hg.), Festgabe 25 Jahre BVerfG, S. 459 ff. (insb. S. 504 ff.).

1062 Meßerschmidt, Gesetzgebungsermessen, S. 1063; s. auch Hesse, in: Däubler-Gmelin/Kinkel/Meyer/Simon (Hg.), FS Mahrenholz, S. 542.

1063 S. oben Teil 2, C., II., 1.

1064 Vgl. Meßerschmidt, Gesetzgebungsermessen, S. 1070 ff.

1065 Meßerschmidt, Gesetzgebungsermessen, S. 1067 f. und 1070, der auch darauf hinweist, dass in anbetracht der vielen umstrittenen Rationalitätsbegriffe, auf die eine verfassungsrechtliche Rationalität verweisen müsste, nur von einer Mindestrationalität ausgegangen werden könnte, weshalb eine Fehlerlehre auch kein umfassender Ansatz zur Verwissenschaftlichung der Politik sei (S. 1078).

Untersuchung zwar nicht einzufangen[1066]. Wie die Diskussion um die Justiziabilität der grundrechtlichen Schutzverpflichtung jedoch gezeigt hat, wird dort vor allem darüber gestritten, welche Rolle einem gesetzgeberischen Ermessen im Hinblick auf einen vermeintlich erhöhten Prognoseaufwand beigemessen wird. Soweit hier nachfolgend von Prognosen die Rede ist, liegt dem ein weites Begriffsverständnis zu Grunde, welches sowohl die prospektive Wirkungsabschätzung als auch die der Bewertung der Wirkungsabschätzung zu Grunde liegenden Faktoren umfasst[1067]. Damit ist das fachliche Wissen, das dem einfach-rechtlichen Fluglärmschutzsystem zu Grunde liegt – und dort insbesondere der Novellierung des FluLärmG –, weitestgehend als Prognose in diesem Sinne aufzufassen. Das gilt jedenfalls für Wissen über Reaktionen an Wirkungsendpunkten.

Es stellt sich daher die Frage, ob und wenn ja welche Kontrolldichte im Hinblick auf solche Grundlagen einer gesetzgeberischen Entscheidung nachvollziehbar erscheint, wenn an das Gesetzgebungsermessen der Maßstab einer Mindestrationalität gelegt wird. Das BVerfG hat insoweit selbst ein (Stufen-)Modell entwickelt, das es ermöglichen soll, eine jeweils angemessene Kontrolldichte zu finden. Dieses Modell soll nachfolgend zunächst dargestellt werden (a.). Daran knüpft eine Einordnung der Fluglärmproblematik an, im Rahmen derer einige kritische Anmerkungen zu den Stufungen erfolgen (b.).

a. Abstufungen des Gesetzgebungsermessens nach dem Mitbestimmungsurteil

Die Rechtsprechung des BVerfG sieht seit dem Mitbestimmungsurteil[1068] ein abgestuftes System des Gesetzgebungsermessens vor. Das BVerfG bezog sich in diesem Urteil explizit auf die Kontrolle gesetzgeberischer Prognosen. Die Ungewissheit über die Auswirkungen eines Gesetzes könne einerseits nicht die gesetzgeberische Befugnis in Frage stellen, Gesetze von großer Tragweite für die Zukunft zu erlassen; gleichzeitig könne sie aber andererseits auch nicht automatisch dazu führen, dass eine Kontrolle des Gesetzes und der zu Grunde gelegten Annahmen und Prognosen durch das BVerfG vollkommen ausbleibe[1069]. Prognosen enthielten stets „ein

1066 Meßerschmidt, Gesetzgebungsermessen, S. 817 ff., 881 ff., 926 ff., untersucht sie für die Aspekte der Verfahrensrationalität, der Zwecksetzung und insbesondere für die empirische Einschätzungsprärogative des Gesetzgebers.

1067 Wie hier bereits Couzinet, Zulässigkeit von Immissionen, S. 102; s. auch Möstl, DÖV 1998, 1029 (1038); Krings, Schutzansprüche, S. 270 f.; zur Unterscheidung von Prognosen und Bewertungen, Schlink, in: Badura/Dreier (Hg.), FS 50 Jahre BVerfG, Bd. 2, S. 455 f.

1068 BVerfGE 50, 290 ff. Ob BVerfGE 88, 203 (262 ff.), als Rücknahme der Drei-Stufen-Lehre zu sehen ist, wird kontrovers diskutiert, vgl. Schlaich/Korioth, BVerfG, Rn. 538.

1069 Vgl. BVerfGE 50, 290 (332).

Wahrscheinlichkeitsurteil, dessen Grundlagen ausgewiesen werden können und müssen; diese sind einer Beurteilung nicht entzogen."[1070]

Um eine nachvollziehbare Abstufung der Prüfungstiefe bei Prognosen und ihren Grundlagen zu erreichen, etabliert das BVerfG verschiedene Beurteilungsfaktoren. Diese hatte es zwar im Hinblick auf andere Zusammenhänge entwickelt, sie führten aber auch bei der Prognosekontrolle zu differenzierten Maßstäben[1071]. Die Abstufung der Prüfungstiefe erfasst also nicht nur die Prognosekontrolle, sondern auch die inhaltliche Kontrolle der Richtigkeit von Tatsachenfeststellungen[1072]. Insbesondere sei der „Eigenart des in Rede stehenden Sachbereichs, den Möglichkeiten, sich ein hinreichend sicheres Urteil zu bilden, und der Bedeutung der auf dem Spiel stehenden Rechtsgüter"[1073] Rechnung zu tragen.

Diese Faktoren wurden in der Literatur teilweise mit demokratietheoretischen Überlegungen angereichert. So gelte ein Vorrang des Gesetzgebers bzw. eine weniger ausgeprägte Kontrolldichte immer dort, wo von einer funktionierenden Interessenrepräsentation auszugehen sei und bei repräsentationsschwachen Interessen dagegen eine kompensatorische, stärkere Ermessenskontrolle[1074]. Als Beispiele für repräsentationsschwache Interessen werden die Interessen struktureller Minderheiten oder die Bedürfnisse zukünftiger Generationen genannt[1075].

Das Gericht unterscheidet schließlich die Stufen der (oberflächlichen) Evidenzkontrolle, der Vertretbarkeitskontrolle (auf mittlerer Stufe)[1076] sowie eine intensive inhaltliche Kontrolle, für die das Gericht keine eigene Begrifflichkeit entwirft[1077]. Vor diesem Hintergrund wäre also der im Rahmen der Prüfung einer Verletzung von Schutzpflichten vorgenommene Verweis auf die Notwendigkeit eines evidenten Unzureichens oder eine evidente Verletzung durch das BVerfG nichts anders als der Ausdruck für eine Überprüfung gesetzgeberischer Ermessenspielräume auf

---

1070 BVerfGE 50, 290 (332); dazu auch Kokott, Beweislast, S. 24 ff.; Stettner, NVwZ 1989, 806 (807); Hofmann, Abwägungen im Recht, S. 484; diesen Aspekt in seinen Ausführungen vernachlässigend Hesse, in: Däubler-Gmelin/Kinkel/Meyer/Simon (Hg.), FS Mahrenholz, S. 555 f.

1071 BVerfGE 50, 290 (333).

1072 Schlaich/Korioth, BVerfG, Rn. 533 ff.; Stettner, NVwZ 1989, 806 (807).

1073 BVerfGE 50, 290 (333).

1074 Meßerschmidt, Gesetzgebungsermessen, S. 1082 f.

1075 Meßerschmidt, Gesetzgebungsermessen, S. 1082 f., der als Gegenbeispiel Interessen im „Geltungsbereich des sozialstaatlichen Gestaltungsauftrags" nennt.

1076 Schlaich/Korioth, BVerfG, Rn. 536, sehen die Stufen eher als Markierungen auf einer „gleitenden Skala" an und halten Evidenz und (Un-)Vertretbarkeit für nicht wirklich unterscheidbar; ähnlich Stettner, NVwZ 1989, 806 (808 ff.).

1077 BVerfGE 50, 290 (333); vgl. auch Couzinet, Zulässigkeit von Immissionen, S. 103, der die Bedeutung des im zweiten Urteil des BVerfG zum Schwangerschaftsabbruch II (BVerfGE 88, 203 ff.) im Raum stehenden Rechtsguts für das wesentliche Argument hält, welches das Gericht veranlasst habe, eine strengere Kontrolldichte (Vertretbarkeitskontrolle) anzulegen; s. auch bereits Hesse, in: Däubler-Gmelin/Kinkel/Meyer/Simon (Hg.), FS Mahrenholz, S. 553.

der denkbar niedrigsten dafür vorgesehenen Stufe nach der Faktorenlehre. Es ist aber auch hervorzuheben, dass die Faktorenlehre im Kontext einer klassischen Eingriffssituation bzw. daran anschließender Verhältnismäßigkeitsprüfung entwickelt wurde[1078]. Da sie aber als Antwort auf ein generelles, alle Prüfungsstrukturen verbindendes Problem gedacht ist, ist sie auf die Verhältnisüberlegung übertragbar[1079]. In allen Prüfungsstrukturen muss es nämlich zu Tatsachenfeststellungen bzw. zu Prognosen kommen.

b. *Fluglärmschutz und Gesetzgebungsermessen*

Man kann nun Überlegungen zu den – durch die um demokratietheoretische Erwägungen erweiterten – Faktoren der soeben genannten Rechtsprechung im vorliegenden Untersuchungskontext anstellen und argumentieren, dass die Beteiligung der öffentlichen Hand an den Betreibergesellschaften die Anwohner und deren Interessen zu einer Art strukturellen Minderheit macht. Zudem wäre die Bedeutung der in Rede stehenden Rechtsgüter der (lärm-)schutzsuchenden Bürger als sehr hoch einzuschätzen, da es – zumindest in Anbetracht eines Teils des fachlichen Wissens über Fluglärmwirkungen – um deren körperliche Unversehrtheit bzw. um Krankheiten geht, die fatal verlaufen können[1080]. Auf der anderen Seite müsste anerkannt werden, dass die Möglichkeiten, sich ein sicheres Urteil über die komplexen Ursache-Wirkungsketten zu bilden, die Geräusche auslösen, strukturell begrenzt sind. Möglicherweise lässt sich sogar sagen, dass sie komplexer sind als im Fall anderer umweltvermittelter Wirkungen, weil sie teilweise über psychische Zustände vermittelt werden. Hervorzuheben ist allerdings, dass nicht der Aspekt des Psychischen problematisch ist, sondern das Hinzutreten eines Wirkungsmechanismus[1081].

Aus den vorstehenden Überlegungen wird aber auch klar, dass eine Stufeneinordnung über die genannten Faktoren wiederum diverse Fragen aufwirft. So ist es beispielsweise unklar, wie in einem Fall zu verfahren wäre, bei dem eine schwierige Prognose im Raum steht (und evtl. nur „unsicheres" Wissen ermöglicht), die aber intensive individuelle Belastungen ermöglichen soll[1082]. Überwiegt etwa die Problematik der Komplexität der zu betrachtenden Wirkungsketten oder der Aspekt der

1078 BVerfGE 50, 290 (339 ff.).

1079 Hesse, in: Däubler-Gmelin/Kinkel/Meyer/Simon (Hg.), FS Mahrenholz, S. 555 ff.; im Ergebnis wohl auch Couzinet, Zulässigkeit von Immissionen, S. 103 (Fn. 289, m.w.N.), und Benda/Klein, Verfassungsprozessrecht, § 14, Rn. 310 ff.

1080 Zur Bedeutung des Schutzes der Gesundheit der Bevölkerung, s. nur BVerfGE 110, 141 (163); 121, 317 (356 f.).

1081 S. oben Teil 1, C., V. Bedenken gegen die Prämisse, wonach Schwierigkeiten bei der Prognose Einfluss auf die Einstufung haben sollten, bei Meessen, NJW 1979, 833 (836); zurückhaltender Breuer, Der Staat 1977, 21 (31).

1082 Hofmann, Abwägungen im Recht, S. 483.

im Raum stehenden Rechtsgüter? Wie komplex ist die Wirkungskette im Vergleich zu anderen Wirkungsketten in andern Problembereichen?

Hinsichtlich der daraus folgenden methodischen Anforderungen ist schließlich unklar, was mit einem engeren oder weiteren Spielraum des Gesetzgebers gemeint ist und wie er sich konkret auswirkt[1083]. Zur Vereinfachung könnte man noch überlegen, einzelne Entscheidungselemente einer Prognose gar nicht in den Blick zu nehmen und hier je nach Prüfungsstufe kleineren oder größeren Freiraum nur im Hinblick auf eine konsistente Aggregation der Schlussfolgerung zu gewähren. Da aber dem Gesetzgeber von vornherein keine Gesetzesbegründung abverlangt werden soll[1084], die solche Schlussfolgerungen enthalten könnte, scheitert das Abstufungssystem eigentlich schon am fehlenden Prüfungsgegenstand[1085].

An dieser Stelle besonders problematisch ist das schon zur Sprache gekommene Transformationsproblem[1086]; denn im Hintergrund der im Rahmen der Faktorenlehre benutzten natürlich-sprachlichen Darstellungen, wie etwa die *sehr wahrscheinliche* Entwicklung oder die *sehr intensive* Belastung, sind diese ohne Hinzuziehung erläuternder fachwissenschaftlicher Darstellungen, „zu vage, um eine nach verschiedenen Graden der Kontrolldichte differenzierende Kontrolle durchführen zu können."[1087] Wird aber etwa epidemiologisches Wissen über die (Verkehrslärm-) Krankheitslast in einer Bevölkerung zur Verdeutlichung der Intensität der im Raum stehenden Belastung verarbeitet, werden letztlich numerische Aussagen mit Begriffen wie unbedeutend, intensiv, sehr intensiv etc. verbunden. Die im Rahmen der Diskussion um die Abwägung innerhalb der klassischen Verhältnismäßigkeitsprüfung seit längerem vorgetragene Kritik, es handele sich hierbei um einen eher zufälligen Prozess, der vor allem die Präferenzen des Prüfenden zur Geltung bringe[1088], findet hier also auf tiefer liegender Ebene seine Bestätigung.

Abschließend kann man somit feststellen, dass die Versuche einer mal stärkeren, mal schwächeren Bindung des Gesetzgebers bei seinen Einschätzungen von Tatsachen und Prognosen weder ein Wesensmerkmal der Abwehr- noch der Schutzfunktion der Grundrechte ist, sondern vielmehr ein allgemeines funktionell-rechtliches Problem des Zusammenspiels von Gesetzgeber und BVerfG. Es tritt im Recht mit größter Dringlichkeit auf, wenn es – wie bereits eingangs beschrieben[1089] – um die

---

1083 Hofmann, Abwägungen im Recht, S. 483.

1084 Das BVerfG beschränkt sich auf das Ergebnis verfassungsrechtlicher Abwägungen, das Gesetz, vgl. BVerfGE 86, 148 (241). Begründungspflichten des Gesetzgebers werden im Schrifttum mehrheitlich abgelehnt, vgl. Hebeler, DÖV 2010, 754 ff.; Redeker/Karpenstein, NJW 2001, 2825 ff.; W. Cremer, NVwZ 2004, 668 ff.; Hofmann, Abwägungen im Recht, S. 417 f. (jeweils m.w.N.).

1085 Hofmann, Abwägungen im Recht, S. 483.

1086 S. oben Teil 2, A., I., 2.

1087 Hofmann, Abwägungen im Recht, S. 483.

1088 Schlink, in: Badura/Dreier (Hg.), FS 50 Jahre BVerfG, Bd. 2, S. 460 ff.; Groß, DÖV 2006, 856 (858 f.); zuletzt etwa Hillgruber, JZ 2011, 861 (862).

1089 S. oben Teil 2, A., I., 2.

Beurteilung von Abwägungen geht: je komplexer die Abwägungen, desto dringlicher das Problem.

Eine Besonderheit könnte sich nach der Etablierung der Schutzfunktion der Grundrechte nur insoweit ergeben haben, als mit ihr die Grundlage geschaffen wurde, um mehrdimensionale Grundrechtskollisionen zur „Dauerfigur im öffentlichen Recht“[1090] werden zu lassen und so – vermeintlich – die Häufigkeit von Konfliktlagen weiter erhöht wird, die abwägend zu bewältigen sind. Wenn es richtig ist, dass Konflikte zunehmen, wird aber die Frage nach rechtssicheren Anwendungsregeln unterschiedlicher Bindungen des Gesetzgebers – bei seinen Abwägungen und den damit verbundenen Tatsachenfeststellungen bzw. Prognosen – nur umso dringlicher. Es kann keine Lösung sein, gesetzgeberische Schutzpflichten anzuerkennen und damit den Dauerkonflikt zu verrechtlichen, aber bei der Überprüfung seiner Bewältigung einzig auf eine so weit als möglich zurückgenommene Kontrolldichte zu verweisen.

Von solchen Anwendungsregeln ist die Rechtswissenschaft allerdings weit entfernt. Die Faktorenlehre mag ein Schritt in diese Richtung sein, lässt aber, wie gezeigt, wesentliche Fragen unbeantwortet, die möglicherweise auch nicht weiter beantwortet werden können, wenn die Rechtswissenschaft bei der für sie so wesentlichen Abwägung im natürlich-sprachlichen Umfeld verbleiben soll[1091]. Das Schrifttum scheint sich im Übrigen, was den Stellenwert der Abstufungen und Kriterien im Mitbestimmungsurteil anbetrifft, nicht einig zu sein. Einerseits wird die Plausibilität des Ansatzes herausgestellt und weiter diskutiert[1092]; andererseits wird konstatiert, dass das Konzept sich nicht durchgesetzt hätte[1093].

3. *Darlegungsanforderungen und objektive Beweislastverteilung*

Die Ausführungen zum Gesetzgebungsermessen haben gezeigt, dass den Tatsachen und Prognosen, die einer Entscheidung zu Grunde gelegt werden, – unabhängig von der Frage konkreter grundrechtlicher Bindungen des Gesetzgebers – größte

1090 Wahl/Masing, JZ 1990, 553 (556); vgl. auch Schlink, in: Badura/Dreier (Hg.), FS 50 Jahre BVerfG, Bd. 2, S. 463.

1091 Dazu bereits oben Teil 2, A., I., 2. und soeben Teil 2, C., III., 1. Im Zusammenhang mit der planerischen Abwägung auf Ebene der Flughafenplanung dazu auch unten Teil 3, B., II., 5., a.

1092 Schlaich/Korioth, BVerfG, Rn. 532 ff. Dies geschieht häufig auch im Zusammenhang mit der prozessualen Frage nach einer Beweiserhebung durch das BVerfG oder etwaiger Beweislastverteilungen, vgl. Benda/Klein, Verfassungsprozessrecht, § 14, Rn. 310 ff.; Kriele, in: Isensee/Kirchhof (Hg.), HStR, Bd. IX, § 188, Rn. 60 ff.

1093 Hofmann, Abwägungen im Recht, S. 483; Meßerschmidt, Gesetzgebungsermessen, S. 743 f. (m.w.N.). Diese Einschätzung dürfte in nicht unerheblichem Maß auch an der Rechtsprechung des BVerfG zu den Schutzpflichten liegen, in der eine eingehende Auseinandersetzung mit der Thematik der Kontrolldichte gerade nicht erfolgt, s. dazu die kritischen Stimmen oben Teil 2, C., II., 2.

Bedeutung zukommt. In einem Gerichtsprozess ist damit der Problemkomplex der Darlegungs- und Beweislasten angeschnitten. Dies gilt – allerdings unter besonderen Vorzeichen – auch für den Verfassungsgerichtsprozess.

Das BVerfG hat nun vor kurzem in einer Kammerentscheidung zu den Darlegungslasten im Zusammenhang mit einer Verfassungsbeschwerde gegen das novellierte FluLärmG Stellung genommen. Das Gericht lehnte dort die Verfassungsbeschwerde insgesamt als unzulässig ab, unterschied aber zwei prozessuale Konstellationen. Der Beschwerdeführer hatte sich zum einen gegen bestimmte Normen des FluLärmG gewendet, aber zum anderen auch eine allgemeine gesetzgeberische Schutzpflichtverletzung geltend gemacht[1094]. Die konkreten Ausführungen des Gerichts sind Gegenstand der nachfolgenden Analyse. Es wird hier vermutet, dass die sehr hohen Darlegungsanforderungen, die das Gericht in diesem Beschluss formuliert hat, auch auf eine Vorfestlegung der objektiven Beweislastverteilung hindeuten. Aber auch wegen der im Beschluss vorgegebenen Unterscheidung verschiedener Verfahrensgegenstände werfen die Darlegungsanforderungen Fragen im Hinblick auf die Unterscheidung von grundrechtlicher Abwehr- und Schutzfunktion auf.

Um die diesbezüglichen Gedankengänge nachvollziehen zu können, bedarf es zuvor allgemeiner Ausführungen zu den Darlegungsanforderungen im Rahmen einer Individualverfassungsbeschwerde sowie einer kurzen Darstellung der möglichen Verfahrensgegenstände einer Verfassungsbeschwerde (a.). Darauf folgt eine Analyse der Argumentation des BVerfG in der genannten Entscheidung (b.). Dies mündet schließlich in die Frage, ob Darlegungslasten im Verfassungsprozessrecht – insbesondere im Bereich des Fluglärmschutzes – letztlich parallel zur Frage der objektiven Beweislastverteilung laufen (c.).

a. Allgemeine Darlegungsanforderungen und Verfahrensgegenstände

Für die Zulässigkeit einer Individualverfassungsbeschwerde verlangt § 90 BVerfGG, dass der Beschwerdeführer behaupten muss, in einem seiner Grundrechte oder in diesen gleichgestellten Rechten der Verfassung verletzt zu sein. Die Behauptung bedarf einer gewissen Plausibilität, einer gewissen Substantiiertheit, was als Voraussetzung allerdings nicht § 90 BVerfGG zu entnehmen, sondern vielmehr auf §§ 23 Abs. 1 S. 2, 92 BVerfGG zu stützen ist[1095]. Der Tatsachenvortrag muss die Verletzung möglich erscheinen lassen[1096] und dem BVerfG ohne weiteres eine Beurteilung des Falles ermöglichen[1097]. Die Möglichkeit einer Verletzung darf nicht von vornherein

1094 BVerfG, NVwZ 2011, 991 (991, Rn. 18).
1095 Vgl. Schlaich/Korioth, BVerfG, Rn. 216.
1096 BVerfGE 38, 139 (146); 47, 253 (279); st. Rspr. mit jeweils leicht unterschiedlichen Formulierungen, s. Schlaich/Korith, BVerfG, Rn. 216 (Fn. 85).
1097 Schlaich/Korioth, BVerfG, Rn. 216.

ausgeschlossen sein[1098]. Die insoweit gängige Formel des BVerfG lautet, dass der Beschwerdeführer selbst, gegenwärtig und unmittelbar beschwert sein muss[1099].

Aus den §§ 92, 95 Abs. 1 S. 1 BVerfGG ergibt sich, dass Gegenstand einer Verfassungsbeschwerde sowohl eine Handlung als auch ein Unterlassen sein kann. Dies entspricht letztlich der umfassenden Grundrechtsbindung, die in Art. 1 Abs. 3 GG etabliert wird. Jeder Akt der öffentlichen Gewalt kann Gegenstand einer Verfassungsbeschwerde sein. Die Begründung muss jedenfalls das Recht bezeichnen, in dem sich der Beschwerdeführer selbst, gegenwärtig und unmittelbar durch eine Handlung oder ein Unterlassen verletzt fühlt. Wenn mehrere Akte der öffentlichen Gewalt im Raum stehen, überlässt das BVerfG dem Beschwerdeführer die Wahl der Ausrichtung seiner Verfassungsbeschwerde[1100]. Jedoch ist regelmäßig die Unmittelbarkeit der Beschwer problematisch, wenn der angegriffene Akt eine Rechtsnorm darstellt, die auf den Vollzug von Behörden und Gerichten ausgelegt ist und daher der Vollzug selbst vor den Gerichten angegriffen werden kann[1101].

Aus diesen Ausführungen folgt die allgemein anerkannte Unterscheidung von Individualverfassungsbeschwerden, die sich gegen eine Grundrechtsverletzung durch ein Gesetz wenden und solchen, die ihren Grund in einer Maßnahme der vollziehenden oder der rechtsprechenden Gewalt finden. In beiden Zusammenhängen stehen *Handlungen* zumindest insofern im Mittelpunkt der Betrachtung, als mit dem Gesetz oder der Maßnahme immer eine Aktion oder eine Aktivität verbunden werden kann. Beide Fälle sind die klassischen Situationen, die der Vorstellung der Grundrechte als Abwehrrechte des Bürgers gegen den Staat zu Grund liegen. Jeweils gilt es in ihrem Zusammenhang insbesondere die Verhältnismäßigkeit des Eingriffs in das Freiheitsgrundrecht zu prüfen. Drückt man es neutraler aus, stehen allerdings bloß *Verhaltensweisen*[1102] im Raum und es nicht ersichtlich, wieso nicht auch ein Unterlassen eine solche Verhaltensweise darstellen soll[1103]. Dementsprechend ist prinzipiell auch ein Unterlassen, insbesondere ein gesetzgeberisches Unterlassen als Beschwerdegegenstand denkbar. Als unechtes gesetzgeberisches Unterlassen wird der Fall bezeichnet, in dem der Gesetzgeber seiner Normerlaßpflicht *nicht in zureichender Weise* nachkommt[1104]. Diese Formulierung rückt sehr nahe an die Terminologie der Schutzpflichten-Rechtsprechung heran.

Bei Anerkennung einer entsprechenden Grundrechtsfunktion kann sich – wie bereits ausführlich beschrieben – eine Grundrechtsverletzung auch dadurch ergeben, dass ein grundrechtlicher Anspruch auf Schutz durch eine der staatlichen Gewalten besteht, dieser Schutz aber nicht gewährt wurde. Was ist der Verfahrensgegenstand

1098 BVerfGE 6, 445 (447); st. Rspr.
1099 BVerfGE 1, 97 (101 f.); st. Rspr.
1100 Pieroth/Schlink, StR II, GR, § 35, S. 308, Rn. 1233.
1101 Vgl. BVerfGE 67, 157 (160); 109, 279 (306 f.).
1102 So die Wortwahl bei Pieroth/Schlink, StR II, GR, § 6, S. 81, Rn. 359 f.
1103 Zur Problematik der Unterscheidung von Handlung und Unterlassung, s. Borowski, Prinzipien, S. 210 ff. (m.w.N.).
1104 Schlaich/Korioth, BVerfG, Rn. 213.

einer darauf ausgerichteten Verfassungsbeschwerde? Liegt er in einer (Verletzungs-) Handlung oder einem unechten Unterlassen? Sucht der Flughafenanwohner Schutz beim Staat, weil er eine Handlungen – das *Gesetz* –, abgewehrt wissen will, oder prangert er ein gesetzgeberisches Unterlassen an – das *nicht zureichende* Gesetz?

Intuitiv mag man sich eher darauf einlassen, in der Schutzsuche weniger die Abwehr einer Handlung als das Geltendmachen einer (unechten) Unterlassung zu sehen[1105]. Dennoch ist man damit wieder am Ausgangspunkt der Überlegungen zur Maßstabsbildung angekommen, also der Frage nach der Einordnung des Fluglärm-Bedingungsgefüges, die übergeht in die problematischen Ausführungen zur Dogmatik der Schutzpflichten. Interessant ist jedenfalls die auch in der nachfolgenden Ausführungen deutlich werdende Frage, ob man in einem Sachzusammenhang gleichzeitig eine Abwehr- und eine Schutzsituation prüfen kann, weil ein vorhandenes Gesetz einmal Ausgangspunkt von Eingriffsüberlegungen und einmal im Hinblick auf sein Unzureichen als Ausgangspunkt für Überlegungen zur Konkretisierung von Schutzpflichten angesehen werden kann. Das darf nicht vorschnell abgetan werden. Zu den Konsequenzen des FluLärmG gehört es nämlich auch, dass Anwohner *außerhalb* von Schutzzonen um Bestandsflughäfen in der Nacht einer Geräuschumgebung ausgesetzt sind, die fachlicherseits im Hinblick auf Gesundheitsreaktionen – auch an Wirkungsendpunkten – als fachlich problematisch erachtet werden können[1106].

b. Darlegungsanforderungen im Bereich des Fluglärmschutzes aus Sicht des BVerfG

Eine kürzlich eingereichte Verfassungsbeschwerde gegen das FluLärmG hat das BVerfG mit einem Beschluss abgelehnt, in dem es die Zulässigkeit der Beschwerde verneinte. Dabei hat es zwei Verfahrensgegenstände betrachtet, nämlich Einwendungen der Beschwerdeführer gegen bestimmte Normen des FluLärmG und die allgemeine Geltendmachung einer gesetzgeberischen Schutzverpflichtung[1107].

Bei der Beschwerde gegen bestimmte Normen unterschied das Gericht weiter zwei mögliche Eingriffskonstellationen, in denen eine mögliche Verletzung des aus Art. 2 Abs. 2 S. 1 GG folgenden Grundrechts auf Leben und körperliche Unversehrtheit gesehen werden könnte. Sie sei im unmittelbaren Anwendungsbereich des FluLärmG denkbar durch die dort festgelegten Grenzwerte und als Folge von deren Verzahnung mit den Regelungen des LuftVG[1108].

Hinsichtlich einer Verletzung durch den unmittelbaren Anwendungsbereich habe der Beschwerdeführer jedoch nicht hinreichend konkret vorgetragen, dass das Gesetz auf Grund der zu hoch angesetzten Grenzwerte in verfassungswidriger

---

1105 So sprechen dann auch Schlaich/Korioth, BVerfG, Rn. 213, deutlich von der (Schutz-)Pflicht zum (ausreichenden) Normerlass.

1106 S. unten Teil 3, B., II., 3., b., aa., (1) und (2).

1107 BVerfG, NVwZ 2011, 991 (991, Rn. 18).

1108 BVerfG, NVwZ 2011, 991 (992, Rn. 21, 24).

Weise baulichen Schallschutz oder Entschädigungen vorenthalte[1109]. Was eine Verletzung in Folge der Verzahnung anbetrifft, konnte das Gericht die Beschwerde abweisen, weil es insoweit vorrangig notwendig gewesen wäre, den fachgerichtlichen Rechtsschutz zu durchlaufen. Nur dann wäre es nämlich möglich, über die konkrete Anwendung einer – in der Literatur kontrovers diskutierten[1110] – Verzahnung zu urteilen[1111].

Von besonderer Bedeutung sind die weiteren Ausführungen zu einer möglichen Verletzung im Anwendungsbereich des FluLärmG. Hier macht das Gericht den Beschwerdeführern zunächst zusätzlich den Vorwurf, nicht ausreichend vorgetragen zu haben, in welche Kategorie sie nach dem Gesetz tatsächlich fallen, da im Anwendungsbereich des Gesetzes kein Schutz, ein nur eingeschränkter Schutz und einer Art Maximalschutzleistung denkbar seien[1112]. Abschließend stellt das Gericht dann allerdings fest, dass, soweit die Beschwerdeführer gegen die Grenzwerte direkt Bedenken erhoben hätten, sie nicht geltend machten, „dass die im Fluglärmgesetz vorgesehenen Maßnahmen des passiven Schallschutzes und der Entschädigung von vornherein ungeeignet seien, der Schutzpflicht aus Art. 2 Abs. 2 S. 1 GG zu genügen, sondern dass sie wegen der zu hohen Grenzwerte „zu spät“ einsetzen“[1113].

Abgesehen davon, dass nicht leicht ersichtlich ist, was sich das Gericht genau unter einem zu späten Einsetzen vorstellt, deutet diese Formulierung auf eine unklare Verbindung von abwehr- und schutzrechtlichen Aussagen hin. Es könnte gemeint sein, dass die Beschwerdeführer vorgetragen haben, der Schutz durch die festgelegten Grenzwerte sei unzureichend, weil dadurch nur in besonders stark mit Dauerschall belasteten Gebieten passiver Schallschutz gewährt wird und sie – außerhalb des Anwendungsbereichs des FluLärmG – ohne Schutz dastehen. Jedenfalls ist der Vorwurf unverständlich, man habe sich nicht auf eine Ungeeignetheit der Maßnahme an sich berufen. Wenn es nämlich um die Zulässigkeit einer Verfassungsbeschwerde gegen ein Gesetz geht, welches einen Eingriff in ein Freiheitsrecht darstellen könnte, müssen die Fragestellung und entsprechende Darlegungen nicht darauf abzielen. Soweit man auch im Unterlassen einen zulässigen Verfahrensgegenstand sehen will, kann sie lauten: Kann in der Nichtgewährung von Maßnahmen – außerhalb des FluLärmG – die Möglichkeit eines Eingriffs in Art. 2 Abs. 2 S. 1 GG gesehen werden? Herauszuarbeiten wäre nur, worin gerade die Belastung (der Eingriff) in einer Nichtgewährung zu sehen ist. In der einfachsten Konstellation der kompletten Nichtgewährung jeglichen Schallschutzes wäre die Belastung also die Lärmwirkung, die auf Grund einer ungefilterten Geräuschkulisse beim Beschwerdeführer eintritt; denn sie tritt ein, weil – nach Betrachtung der

1109 BVerfG, NVwZ 2011, 991 (992, Rn. 25).
1110 Zur Verzahnung später ausführlich unten Teil 3, B., II., 4. und 5.
1111 BVerfG, NVwZ 2011, 991 (992, Rn. 27).
1112 BVerfG, NVwZ 2011, 991 (992, Rn. 26).
1113 BVerfG, NVwZ 2011, 991 (992, Rn. 26).

wesentlichen staatlichen (Schallschutz-)Handlungen – für bestimmte Belastungskonstellationen eben kein Schutz vorgesehen ist[1114].

Der soeben dem BVerfG gemachte Vorwurf einer unzulässigen Verbindung von abwehr- und schutzrechtlichen Überlegungen kann nun auch den Überlegungen um eine Nichtgewährung von Schutz in Form baulicher Maßnahmen als Folge der Anwendung bzw. des Anwendungsbereichs des FluLärmG gemacht werden. Man könnte sich auf den Standpunkt stellen, dass dieser Vermengung von abwehr- und schutzrechtlichen Überlegungen die Vorstellung zu Grunde liegt, das Gesetz stelle – im Bereich der Nichtgewährung[1115] – ein *Unterlassen* und – im Bereich der eingeschränkten oder sogar der Maximalgewährung – ein *Unzureichen* dar. Nur Letzteres wäre im Zusammenhang mit der Frage einer Schutzpflichtverletzung zu behandeln.

Was schließlich die allgemeine Rüge der Beschwerdeführer anbetrifft, der Gesetzgeber sei im Bereich der „Fluglärmproblematik"[1116] seiner Schutzpflicht nicht nachgekommen, greift das Gericht auf die bekannten Bausteine aus der Evidenz- und Untermaßrechtsprechung und insbesondere den Hinweis auf Einschätzungs-, Wertungs- und Gestaltungsspielräume des Gesetzgebers zurück[1117]. Aus diesen speziellen Anforderungen folgten entsprechende Darlegungslasten[1118]. Für das BVerfG genügt es offensichtlich nicht, alleine die Maßstäbe einzuhalten, die allgemein an eine ordnungsgemäße Begründung anzulegen sind. Der Beschwerdeführer soll zudem seine prozessuale Situation bedenken, in der er sich an den Gesetzgeber im Hinblick auf eine von ihm angenommene Schutzpflichtverletzung wendet.

In dieser Situation will das BVerfG von den Beschwerdeführern aufgezeigt wissen, was das Regelungskonzept des Gesetzgebers für einen bestimmten Problembereich insgesamt ist, wozu zumindest gehöre, dass die einschlägigen Regelungen

---

1114 Die Frage der Verzahnung des FluLärmG mit dem LuftVG braucht insofern nicht mehr erörtert werden. Wie sich nämlich später zeigen wird, geht das BVerwG mittlerweile davon aus, dass das FluLärmG den passiven Schallschutz abschließend regelt, s. unten Teil 3, B., II., 4., a. Allerdings wäre wohl darzulegen, welche Rolle alle sonstigen staatlichen Handlungen spielen, die außerhalb des Anwendungsbereichs des FluLärmG liegen.

1115 Auch im Anwendungsbereich des FluLärmG scheint eine Nichtgewährung als Folge der diversen Ausnahmetatbestände denkbar, vgl. unten Teil 3, B., II., 2., a., bb., (1).

1116 BVerfG, NVwZ 2011, 991 (993, Rn. 36). Mit der Wortwahl wird bereits das Ergebnis vorgeprägt; denn das BVerfG öffnet den Blick auf die Fluglärmproblematik *insgesamt*, nicht auf einzelne Maßnahmen des staatlichen Fluglärmschutzes oder wenigstens einzelne Entscheidungsebenen und dort zur Anwendung kommende Maßnahmen. Die Darlegung des gesamten staatlichen Schutzes vor Fluglärm kann den Beschwerdeführer nur scheitern lassen, insbesondere wenn er gezwungen wird, die Darlegung auf eine *völlige Ungeeignetheit* auszurichten. Zu den Mitteln und Entscheidungsebenen des Fluglärmschutzes, s. unten Teil 3, A.

1117 BVerfG, NVwZ 2011, 991 (993 f., Rn. 37 f.); Nachweise bereits oben Teil 2, C., II., 1.

1118 BVerfG, NVwZ 2011, 991 (994, Rn. 39).

insgesamt dargestellt werden, die dazu gängige Verwaltungspraxis wiedergegeben sowie die einschlägige fachgerichtliche Rechtsprechung aufgearbeitet wurde[1119]. In einem zweiten Schritt bedürfe es außerdem einer Darstellung, „ob und gegebenenfalls welche Schutzmaßnahmen zu Gunsten der Beschwerdeführer in ihrer jeweiligen Situation unternommen wurden, und aus welchen konkreten Gründen – aus Sicht der Beschwerdeführer – vom Versagen der gesetzgeberischen Konzeption auszugehen ist. Dazu gehört auch die Darlegung, weshalb Verbesserungen auf das für notwendig erachtete Maß durch die Einleitung von Verwaltungs- und gegebenenfalls gerichtlichen Verfahren nicht erreicht werden können."[1120]

Es ist zudem darauf hinzuweisen, dass das Gericht hier auch nur noch von der Darlegung einer völligen Ungeeignetheit oder völligen Unzulänglichkeit der Maßnahmen des Gesetzgebers spricht, das Schutzziel zu erreichen. Die aus der Beachtung des Untermaßverbots folgende Anforderung, Vorkehrungen des Gesetzgebers müssten für einen angemessenen und wirksamen Schutz ausreichend sein und zudem auf sorgfältigen Tatsachenermittlungen und vertretbaren Einschätzungen beruhen, wird nicht aufgegriffen. Auch die Möglichkeit, dass die Schutzmaßnahmen hinter dem gebotenen Schutzziel erheblich zurückbleiben, wird im Rahmen der Darlegungslasten nicht mehr aufgegriffen[1121]. Dies ist besonders misslich, weil die Frage einer möglichen Verletzung von Art. 2 Abs. 2 S. 1 GG am Ende auch deshalb abgelehnt wird, weil die Beschwerdeführer nur moniert hätten, dass die vorgesehen Maßnahmen wegen der zu hohen Lärmgrenzwerte „zu spät" einsetzten, aber nicht gänzlich ungeeignet seien. Wenn sowohl im Rahmen der allgemeinen Rüge einer Schutzpflichtsverletzung als auch im Rahmen einer vermeintlich auf einen gesetzgeberischen Eingriff bezogenen Verfassungsbeschwerde lediglich die Darlegung einer gänzlichen Ungeeignetheit zum Erfolg führt, muss man sich fragen, wie man noch zwischen den Konstellationen differenzieren soll.

c. Von der Darlegungs- zur Beweislastverteilung?

Im Rahmen der Diskussion um die Justiziabilität der gesetzgeberischen Schutzverpflichtung kam zum Ausdruck, dass ein Argument gegen die Kongruenz von Über- und Untermaßprüfung auch aus einer – vermeintlichen – Unterschiedlichkeit der Legitimations- und Beweislasten gewonnen wird. Selbst wenn man, so heißt es, von einer materiellen Symmetrie der Katheten von Untermaß und Übermaß ausginge, müsse diese keine Entsprechung auf prozessualer Ebene finden; denn der Staat sei im Störerdreieck für den Eingriff des Störers legitimationspflichtig, der Schutzsuchende aber für sein Begehr[1122]. Zwar gebe es im Verfassungsprozess keine subjektiven Beweislasten, da das BVerfG gemäß § 26 BVerfGG von Amts

1119 BVerfG, NVwZ 2011, 991 (994, Rn. 39).
1120 BVerfG, NVwZ 2011, 991 (994, Rn. 39).
1121 So noch im Absatz zuvor das Gericht selbst, vgl. BVerfG, NVwZ 2011, 991 (993 f., Rn. 38).
1122 O. Klein, JuS 2006, 960 (964).

wegen den zur Erforschung der Wahrheit erforderlichen Beweis erhebt, jedoch könne sich auch im Verfassungsrecht die Frage nach der objektiven Beweislast stellen, für die entscheidend sei, ob jemand seinen Rechtskreis verteidige oder ob er daraus hervortritt[1123].

Es liegt zunächst nahe darauf hinzuweisen, dass wenn sich die Entscheidung über die objektive Beweislast an der Ausrichtung des Störerdreiecks orientiert, damit auf dieser prozessualen Ebene eine Inkongruenz *hergestellt* wird, die sich auf materielle Überlegungen stützt. Dann aber ist schon die Ausgangsannahme der Kongruenz – nämlich die materielle Symmetrie – in ihrer prozessualen Auswirkung in Frage gestellt. Man muss die Kongruenzthesen daher wohl so deuten, dass mit ihnen auch prozessuale Fragen der Beweislastverteilung eingefangen werden sollen.

Zu bedenken ist zudem, dass es – unabhängig von der grundrechtlichen Schutzpflichtendiskussion – nicht unumstritten ist, wie die Beweislasten im Verfassungsprozessrecht zu bestimmen sein könnten. So wird etwa die Meinung vertreten, die objektive Beweislast liege immer dann beim Beschwerdeführer, wenn das BVerfG dem Gesetzgeber einen Beurteilungs- und Prognosespielraum zubilligt[1124]. Gesetzgeberische Spielräume sind aber – wie soeben gezeigt – gerade nicht allein auf die grundrechtliche Schutzdimension beschränkt. Wenn man also die Beweislast auf diese Weise bestimmen wollte, wäre man wiederum auf den nur graduellen Unterschied von Unter- und Übermaßverbot zurückgeworfen.

Die objektive Beweislastverteilung als Folge von Beurteilungs- und Prognosespielräumen kann also nicht wirklich überzeugen[1125]. Die Darstellung dieser Ansicht sollte hier nur als Beispiel dafür dienen, dass selbst wenn im öffentlich-rechtlichen Prozess die Notwendigkeit einer solchen Beweislastverteilung unumstritten ist, über die Art ihrer Begründung und Ausrichtung gleichwohl keine Einigkeit besteht[1126]. Insofern lässt sich aus der objektiven Beweislastverteilung auch nur sehr bedingt ein Argument im Rahmen der Diskussion um die Justitiabilität der grundrechtlichen Schutzverpflichtung konstruieren.

Die hier nun interessierende Frage ist aber nicht diejenige nach der „richtigen“ Begründung und Ausrichtung der objektiven Beweislast im öffentlich-rechtlichen und insbesondere dem Verfassungsgerichtsprozess. Die vorstehenden Ausführungen zu den Darlegungsanforderungen im Bereich des Fluglärmschutzes werfen vielmehr die Frage auf, wie die Darlegungsanforderungen zur Thematik der Beweislastverteilung stehen.

1123 O. Klein, JuS 2006, 960 (964).

1124 Kriele, in: Isensee/Kirchhof (Hg.), HStR, Bd. IX, § 188, Rn. 60.

1125 Jedenfalls für Prognosen wäre zumindest zu bedenken, dass sie immer auf nachvollziehbaren und ermittelbaren Prognose*tatsachen* aufbauen, s. die Nachweis oben in Fn. 1071.

1126 Für eine ausführliche Diskussion verschiedener Ansätze zur Bestimmung der objektiven Beweislastverteilung, s. Kokott, Beweislast, S. 71 ff.; Berg, Beweismaß und Beweislast, S. 78 ff.

Im Zivilprozess wird gemeinhin zwischen der Beweisführungslast (auch subjektive oder formelle Beweislast) und der objektiven oder materiellen Beweislast unterschieden[1127]. Im ersten Fall wird am Beginn des Prozesses (bzw. in seinem weiteren Verlauf) und aus der Sicht der Parteien danach gefragt, welche Partei ein bestimmtes Tatbestandsmerkmal zu beweisen hat. Im anderen Fall wird – und hier liegt die Übereinstimmung zum Verwaltungs- oder Verfassungsgerichtsprozess – am Ende eines Prozesses und aus der Sicht des Gerichts gefragt, zu wessen Nachteil es ausschlägt, dass eine Tatsachenbehauptung im Prozess endgültig unklar geblieben ist[1128]. Unter der Herrschaft der Verhandlungsmaxime spricht man von einer Darlegungs- oder Behauptungslast, wenn die Parteien zur Vermeidung prozessualer Nachteile bestimmte konkrete Tatsachenbehauptungen zunächst einmal aufstellen müssen[1129]. Es ist insofern auch verständlich, wenn überwiegend davon ausgegangen wird, dass Behauptungs- und Beweislast grundsätzlich übereinstimmen[1130]. Die Unterscheidung von Behauptungs- oder Darlegungslast und subjektiver Beweislast machen darüber hinaus nur im Bereich der Verhandlungsmaxime Sinn, da nur dort den Parteien die Beibringung der erforderlichen Tatsachen obliegt.

Dennoch nutzt auch das BVerfG – wie gezeigt – den Begriff der Darlegungslast und stellt sich damit in gewissem Maße quer zu den soeben vorgenommenen Überlegungen zur Verhandlungs- und Untersuchungsmaxime. Sowohl die konkrete Herleitung der Darlegungslast[1131] als auch deren Ausgestaltung deuten darauf hin, dass das Gericht hier auf Ebene der Zulässigkeitsprüfung den Beschwerdeführern zu erkennen gibt, sie würden letztlich auch auf Ebene der Begründetheit ein non-liquet zu tragen haben. Mehr noch: Die Ausgestaltung der Darlegungsanforderungen ermöglicht es dem BVerfG, eine Verfassungsbeschwerde – unter dem Gesichtspunkt einer vorgezogenen Beweislastentscheidung[1132] – bereits als unzulässig abzuweisen. Betrachtet man die Ausführungen des Gerichts zu den aus seiner Sicht notwendigen Darlegungen etwas genauer, zeigt sich Folgendes:

Das Gericht führt aus, dass es Aufgabe der Beschwerdeführer sei, das gesetzgeberische Regelungskonzept zu erfassen und die entsprechende Verwaltungspraxis bzw. fachgerichtliche Rechtsprechung aufzuarbeiten[1133]. Die Beschwerdeführer sollen aufzeigen, weswegen etwaige Schutzmaßnahmen zu ihren Gunsten ein „Versagen

1127 Foerste, in: Musielak (Hg.), ZPO, § 286, Rn. 32 f.; Saenger, in: Saenger (Hg.), ZPO, § 286, Rn. 53 f.; vgl. zum Ganzen insb. auch Kokott, Beweislast, S. 2.

1128 Prütting, in: Rauscher/Wax/Wenzel (Hg.), MK-ZPO, § 286, Rn. 97.

1129 Kokott, Beweislast, S. 2 (Fn. 3a).

1130 Foerste, in: Musielak (Hg.), ZPO, § 286, Rn. 33;

1131 Das BVerfG spricht davon, dass sie sich aus den spezifischen Anforderungen der Feststellung einer gesetzgeberischen Schutzpflichtverletzung ergeben, BVerfG, NVwZ 2011, 991 (994, Rn. 39).

1132 Möstl, DÖV 1998, 1029 (1033), spricht von einer bedenklichen Parallelität des Prüfprogramms von Zulässigkeit und Begründetheit; s. auch bereits Lerche, AöR 1965, 341 (351).

1133 Vgl. – auch für Nachfolgendes – BVerfG, NVwZ 2011, 991 (994, Rn. 39 ff.).

der gesetzgeberischen Konzeption“ darstellen. Für das Luftverkehrsrecht zählt es dann konkrete Regelungen auf, die das Fluglärmschutzsystem ausmachen.

Explizit sagt es an keiner Stelle, dass zu den Darlegungen auch gehört, in welcher tatsächlichen Hinsicht vorhandene Schutzmechanismen wirken oder nicht wirken. Damit ergibt sich eine etwas merkwürdige Situation: Entweder wird den Beschwerdeführern damit gesagt, sie müssten den Regelungskomplex des Fluglärmschutzsystems durchdringen, dürften aber zum Beleg des unzureichenden Charakters dieses Regelungskomplexes nicht auf tatsächliche Auswirkungen abstellen[1134]. Oder aber es ist ein Aufzeigen und Abstellen auf bestimmte tatsächliche Wirkungen möglich und es wird auf der Zulässigkeitsebene dann unter dem Deckmantel des Begriffs der Darlegungslast eine subjektive Beweisführungslast etabliert.

Jedenfalls muss sich das Gericht fragen lassen, wie man substantiiert aufzeigen soll, dass etwa verwaltungsverfahrensrechtliche Vorschriften, die die Möglichkeit etablieren, einem Planfeststellungsbeschluss nachträglich Schutzauflagen beizufügen[1135], sich vor dem Hintergrund der gesetzgeberischen Schutzverpflichtung als unzureichend oder gänzlich ungeeignet erweisen. Wenn man diese Regelungen allein aus rechtlicher Perspektive betrachtet, bleibt nur die Feststellung, dass sie Schutz ermöglichen *können*. Gleiches lässt sich für alle anderen in der Entscheidung beispielhaft aufgezeigten Regelungen sagen. Mit all diesen Regelungen geht zumindest eine Schutz*möglichkeit* einher. Der springende Punkt einer solchen Verfassungsbeschwerde wird aber wohl sein, dass aus Sicht der Beschwerdeführer ein Schutz *tatsächlich* nicht oder jedenfalls nicht in ausreichendem Maß erfolgt.

Kehrt man nun an den Ausgangspunkt der Überlegungen des Gerichts zurück, die der Herleitung der Darlegungslast in der dargestellten Form dienten, gerät man hinsichtlich der Darlegungsanforderungen in eine Sackgasse. Das Gericht stützte sie auf die spezifischen Anforderungen an die Feststellung einer gesetzgeberischen Schutzpflichtverletzung, zu denen insbesondere das Gesetzgebungsermessen gehören soll. Wenn ein solches Gesetzgebungsermessen dazu führt – und de facto wird in der Literatur ja genau diese Konsequenz moniert[1136] –, dass das Gericht Tatsachen- und Prognosefeststellungen im Bereich der Schutzpflichten nicht näher überprüft, eine Darlegung aber nur dann gelingen kann, wenn man tatsächliche Wirkungen rechtlicher Regelungen mitbetrachtet, nähert sich die Darlegung einer gesetzgeberischen Schutzpflichtverletzung der Arbeit des Sisyphos[1137].

1134 Nicht nur die Darlegung eines Unzureichens, auch die Darlegung einer gänzlichen Untauglichkeit erscheint ohne Rückgriff auf tatsächliche Auswirkungen unmöglich.

1135 Vgl. BVerfG, NVwZ 2011, 991 (994, Rn. 41.).

1136 S. oben Teil 2, C., II., 2.

1137 An dieser Stelle ist bereits darauf hinzuweisen, dass Fluglärmbetroffene auch im Rahmen der Anfechtung einer Flughafenplanfeststellung Darlegungshürden zu überwinden haben, die kaum überwindbar erscheinen. Insbesondere in Folge der Annahme, dass das FluLärmG abschließend sei, lässt sich eine damit einhergehende Einschränkung hinsichtlich der Art des Vorbringens aufzeigen, mit dem

Abschließend kann dennoch auch für die Konkretisierung der Darlegungsanforderungen durch das BVerfG festgestellt werden, dass sie eine eingehendere Auseinandersetzung mit dem einfachen Fluglärmschutzrecht nicht unnötig machen. Wenn auch die aufgezeigte Verbindung von Darlegungs- und Beweislastverteilung – insbesondere vor dem Hintergrund der regelmäßig nur minimalen Kontrolldichte – problematisch ist, sollte die nachfolgende Untersuchung in Teil 3 die aufgezeigte Konkretisierung der Darlegungsanforderungen nur zum Anlass nehmen, sich über das gesetzgeberische Regelungskonzept im Bereich des Fluglärmschutzes eingehend Gedanken zu machen. Dabei müssen – trotz der Ausführungen des BVerfG – in gewissem Umfang auch tatsächliche Zusammenhänge berücksichtigt werden.

Zu bedenken ist auch, dass die Darlegungsanforderungen zwar als sehr hoch – und in ihrer Verbindung zum Gesetzgebungsermessen als weitgehend unklar – einzuschätzen sind, sie aber doch auch darauf hindeuten, dass das BVerfG durchaus gewillt sein kann, das einfache Recht näher unter die Lupe zu nehmen; auch wenn es unmöglich erscheint, vorherzusagen, wann dies der Fall ist bzw. welche Argumente es dazu veranlassen könnte. Jedenfalls sind die durch solche Darlegungen zu gewinnenden Informationen nur dann sinnvoll, wenn sie in eine Verhältnisüberlegung eingebaut werden.

4. Ergebnisse

Die nähere Betrachtung der möglichen Prüfungsstrukturen, der Problematik des Gesetzgebungsermessens und der Darlegungs- und Beweislasten im Bereich des Fluglärmschutzes deuten insgesamt darauf hin, dass es für die weitere Untersuchung von untergeordneter Bedeutung ist, eine abschließende Position zu dem Streit um die Justiziabilität der gesetzgeberischen Schutzverpflichtung einzunehmen. Die eingehendere Analyse der einfach-rechtlichen Fluglärmschutzregelungen bleibt selbst vor dem Hintergrund einer in einem konkreten Verfahren vor dem BVerfG möglicherweise geringen Prüfungstiefe in Form der Gewährung großzügiger gesetzgeberischer Ermessensspielräume nützlich, die die regelmäßige Folge des Heranziehens der grundrechtlichen Schutzfunktion sind. Immer kann sie nämlich aufzeigen, mit welchen Einschätzungen der Gesetzgeber die dargestellte Verhältnisüberlegung durchlaufen oder gar vermieden hat. Anders ausgedrückt kann sie – insbesondere wenn man ein Auseinanderfallen von Handlungs- und Kontrollnorm für möglich hält – hinterfragen, ob der Gesetzgeber dem sich an ihn gerichteten Optimierungsgebot nachgekommen ist bzw. wo und inwiefern an der gesetzgeberischen Optimierung Zweifel angebracht sind.

Die nachfolgende Analyse des einfachen Fluglärmschutzrechts verlöre auch dann nicht ihre Relevanz, wenn man die Verkehrs- bzw. Fluglärmproblematik abwehrrechtlich konstruieren würde; denn im Rahmen der dann notwendigen klassischen

eine planerische Abwägung noch in Zweifel gezogen werden könnte. Dazu ausführlich unten, Teil 3, B., II., 4. und 5.

Verhältnismäßigkeitsprüfung würden doch wieder – wenn auch unter anderen Vorzeichen – all die Erwägungen und Einschätzungen auftauchen, die man im Rahmen einer Analyse der Schutzmaßnahme zu Tage fördern kann. Wie intensiv sich der Eingriff – etwa durch eine Duldungspflicht der Anwohner hinsichtlich der Fluglärmbelastungen, soweit sie sich noch nach Implementation der Maßnahmen des FluLärmG ergeben – in die Gesundheit darstellt, weiß man nur, wenn man den dann gegebenen tatsächlichen Schutzzustand kennt. Und auch die Diskussion um die Mehrdimensionalität der Interessen kehrt im Rahmen der Angemessenheitsprüfung bzw. im Rahmen der Verhältnismäßigkeit im engeren Sinne mit all den damit verbundenen Problemen wieder.

Vor dem Hintergrund der Vagheit der angebotenen Lösungen zur Maßstabsbildung versteht sich Teil 3 dieser Untersuchung also nicht als eine Prüfung des einfachen Rechts, an deren Ende der binäre Code der Verfassungsmäßig- bzw. Verfassungswidrigkeit steht[1138]. Auch wenn dies die praktische Verwertbarkeit der Untersuchung einschränken mag, erscheint es als eine sinnvollere und lohnenswertere Aufgabe, das einfache Recht in seinen Schwerpunkten danach zu untersuchen, wo und inwiefern sich die „Domäne des Politischen"[1139] niedergeschlagen hat, wo also welcher Ausgleich von Interessen vorgenommen wurde, welche Einschätzungen im Hinblick auf die Entscheidungserheblichkeit von Tatsachen ihnen möglicherweise zugrundeliegen und zu welchem Ergebnis dies für die beteiligten Interessen führte. Dies kann man auch als die Suche nach einer Mindestrationalität begreifen, wie sie sich als *andere* Seite der Lehre des Gesetzgebungsermessens darstellt[1140]. Das gilt auch dann, wenn man den Untersuchungskontext auf die geräuschinduzierten Reaktionen des Körpers und des Geistes des Menschen beschränkt und daher die vorgenommenen Verhältnisüberlegungen a priori unzureichend sind.

Die Suche nach der Rationalität des einfach-rechtlichen Fluglärmschutzes soll, auch wenn sie noch weiterer Konkretisierung bedarf[1141], an der dargelegten Verhältnisüberlegung ausgerichtet werden. Dies allerdings nicht, weil sie *aus* dem Bereich der grundrechtlichen Schutzfunktion stammt und diese – im Einklang mit der Rechtsprechung – für einschlägig gehalten wird; denn es war nicht klar zu entscheiden, ob Fluglärm als privater oder staatlicher Beeinträchtigungsvorgang anzusehen ist. Zudem wurde deutlich, dass die inhaltlichen Unterschiede zwischen der Prüfung einer Schutzpflichtsverletzung sowie der Abwehr eines staatlichen Eingriffs, wie

1138 Der im Übrigen einer „allgemeinen Erosion" unterliegt, wie Meßerschmidt, Gesetzgebungsermessen, S. 1005, im Rahmen seiner Ausführungen zur gesetzgeberischen Nachbesserungspflicht (die an der Erosion Anteil hat) feststellt.

1139 Meßerschmidt, Gesetzgebungsermessen, S. 1067; vgl. auch Hesse, in: Däubler-Gmelin/Kinkel/Meyer/Simon (Hg.), FS Mahrenholz, S. 554 und 559; Schlink, in: Badura/Dreier (Hg.), FS 50 Jahre BVerfG, Bd. 2, S. 455.

1140 Meßerschmidt, Gesetzgebungsermessen, S. 1067.

1141 Weshalb im Rahmen der Untersuchung des einfach-rechtlichen Fluglärmschutzes immer wieder darauf eingegangen werden wird, vgl. insb. unten Teil 3, A., II., 3., und B., II., 1.

sie Schrifttum und Rechtsprechung teilweise sehen wollen, kaum nachvollziehbar sind. Noch schwieriger erscheint es, diese vagen Vorgaben in eine konkrete Prüfung umzusetzen. Ob also die Ausrichtung des Maßstabs zur Überprüfung eines Gesetzgebungsaktes im Bereich des Fluglärmschutzes eher der Verhältnismäßigkeit oder der Untermaßprüfung – oder gar einer davon noch zu unterscheidenden Evidenzprüfung – folgen sollte, war somit auch deshalb nicht klar zu entscheiden. Immer hängt der Metabegriff der „Abwägung" von der Konkretisierung der im jeweiligen Einzelfall anstehenden sachlich-inhaltlichen Fragen ab, die zudem in hohem Maß auf unsicherem bzw. prognostischem Wissen basieren. Wann bzw. ob überhaupt jemals das BVerfG bereit ist, sich diese Fragen für das Sachproblem Fluglärm zu stellen und Einschätzungen des Gesetzgebers im Zweifel sogar durch eigene zu ersetzen, vermochten die vorstehenden Ausführungen nicht zu klären.

Diese Überlegungen führen insgesamt dazu, es im Kontext einer eingeschränkten Abwägung auf verfassungsrechtlicher Ebene als zentrale Aufgabe des nachfolgenden Teil 3 anzusehen, das *gegebene* Schutzniveau des einfach-rechtlichen Fluglärmschutzes zu untersuchen. Den damit verbundenen sachlich-inhaltlichen Fragen über die Wirkungen des Lärms auf den Körper und den Geist des Menschen wird allerdings nicht vorschnell unter Verweis auf ein Gesetzgebungsermessen bzw. auf ein etwaiges Ermessen der Verwaltung ausgewichen, mit denen immer ein Rückzug der gerichtlichen Untersuchungstiefe korrespondiert. Auch soweit Spielräume anerkannt werden, soll weiter überlegt werden, wie sich eine im Hintergrund ablaufende Verhältnisüberlegung gestaltet haben könnte. Ziel ist es also, diese Ermessensakte und ihre Bedeutungen für die Verhältnisüberlegung näher zu beleuchten.

Soweit es – vom interdisziplinären Ansatz der Arbeit aus betrachtet – möglich erscheint, gilt es offen zu legen, wo und inwiefern diese Ermessensakte von außerrechtlichem Wissen beeinflusst werden. In Teil 1 der Untersuchung konnte nämlich gezeigt werden, wie weit teilweise die Aussagen der empirischen Wissenschaften zu bestimmten Aspekten der Messung, Berechnung und schließlich Bewertung von Geräuschen auseinander gehen können. Dieses Vorgehen ist allerdings wegen der Vielfalt der Fragestellung an bzw. der Vielfalt der Berührungspunkte mit anderen Wissenschaftsbereichen problematisch, und zwar selbst dann, wenn man sich – wie hier geschehen – auf die Wirkungen von Geräuschen auf den Körper und den Geist des Menschen konzentriert.

Vor diesem Hintergrund müssen die nachfolgenden Ausführungen kritisch gelesen werden. Die außerfachlichen Kompetenzen eines Juristen, können niemals so weit gehen, dass er besser geeignet wäre, die anzusprechenden fachlichen Fragen zu beurteilen. Daher muss sich die Untersuchung der Ermessensakte auch weitestgehend darauf beschränken, sie zu finden und oberflächlich einzuordnen. Selten werden sie so eindeutig unzulänglich sein, dass man einen anderen Standpunkt vertreten *muss*.

Hinzu kommt, dass der für das Verfassungsrecht problematisierte Transformationsakt von außerrechtlichem Wissen, insbesondere in Form von quantitativen Aussagen, in eine rechtlich verwertbare sprachliche Operation zwar weiter transparent gemacht werden könnte, aber anzunehmen ist, dass auch nach der Heranziehung solch zusätzlicher Methodiken eine Art „Bewertungsbarriere" errichtet würde. Solche Transformationsakte lassen sich auch in den Abwägungen auf einfach-rechtlicher Ebene finden[1142]. Auch wenn derzeit aus rechtlicher Sicht keine zwingende Notwendigkeit besteht, diese Transformationsakte in jedem Fall näher zu untersuchen, wird hier davon ausgegangen, dass eine Abwägung umso nachvollziehbarer wird, je transparenter Art und Übertragung des Wissens über die in sie eingestellten Belange ist.

1142 Etwa im Rahmen der planerischen Abwägung, dazu unten Teil 3, B., II., 4. und 5.

Teil 3: Einfach-rechtlicher Fluglärmschutz vor und nach der Novellierung des FluLärmG

Nachdem nun eine erste Zu- und Einordnung des außerrechtlichen Wissens auf verfassungsrechtlicher Ebene insbesondere auch mit Blick auf eine Maßstabsbildung erfolgt ist, stellt sich die weitere Frage, wie der Flughafenanwohner auf einfach-rechtlicher Ebene geschützt wird. Oder anders formuliert: Welche tatsächlichen Maßnahmen hält das einfache Recht bereit bzw. können zur Umsetzung gelangen, um der negativen Wirkung der Gesundheits-, aber auch der Belästigungsreaktion zu begegnen und welchen tatsächlichen Effekt in der Außenwelt haben diese Maßnahmen? Es geht hier also um die weitere rechtliche Umsetzung oder Verwertung der Erkenntnisse der Geräuschermittlung und der Geräusch- bzw. Lärmwirkungsforschung. Wie integriert das einfache Recht diese fachlichen Erkenntnisse in seine Entscheidungsprozesse, und inwiefern nehmen unter Umständen die gezeigten verfassungsrechtlichen Anforderungen wiederum Einfluss auf diese Entscheidungsprozesse.

Beim Versuch der Beantwortung dieser Fragen wird schnell klar, dass Lärmschutz nicht nur in fachlicher und verfassungsrechtlicher, sondern auch in einfach-rechtlicher Hinsicht „vielgestaltig, zersplittert und damit unübersichtlich ist."[1143] Es ist deshalb unumgänglich, sich einerseits die vorhandenen tatsächlichen Mittel genauer vor Augen zu führen, über die Fluglärmschutz ermöglicht werden kann, und sich andererseits zu fragen, auf welchen einfach-rechtlichen Entscheidungsebenen Fluglärmschutz durchgeführt wird, weil sie durchgeführt werden muss oder durchgeführt werden kann (A.). Beide Varianten sind von Interesse, weil dort, wo Lärmschutz tatsächlich durchgeführt wird, im Hintergrund auch immer die Frage steht, welche fachlichen Erkenntnisse und verfassungsrechtlichen Vorgaben unter Umständen zur Begründung von Maßnahmen herangezogen wurden.

Diese einführenden, der Strukturierung möglicher Maßnahmen dienenden Überlegungen sollen zu Schwerpunktsetzungen führen, da Lärmschutz im Allgemeinen und Fluglärmschutz im Besonderen in vielen Formen umgesetzt werden kann. Ziel dieser Arbeit ist es auch, soweit dies möglich ist, die Effekte der einzelnen Lärmschutzmittel auf ihren jeweiligen Ebenen und auch in ihrer Gesamtheit einzuordnen. Die Schwerpunktsetzung erfolgt dabei zunächst vor dem Hintergrund des erarbeiteten fachwissenschaftlichen Rahmens. Im weiteren Verlauf sollen aber auch verfassungsrechtliche Überlegungen zu einer differenzierteren Betrachtung und Einordnung der vorhandenen Lärmschutzmittel beitragen.

Letztlich werden also einfach-rechtliche Schnittstellen gesucht, mit bzw. an denen der Gesetzgeber insbesondere versucht, den ihm vorgegebenen fachwissenschaftlichen und verfassungsrechtlichen Rahmen auszufüllen. Wie bereits ausgeführt kann

1143 Paetow, NVwZ 2010, 1184 (1184).

und darf der Gesetzgeber prinzipiell fachwissenschaftliches Wissen einordnen und abschätzen und daran anknüpfend Maßnahmen zwingend anordnen. Oder aber er kann einen Rahmen vorgeben, in dem zuerst die Verwaltung und dann unter Umständen die Fachgerichtsbarkeit über die Durchführung von Maßnahmen entscheiden und dabei gegebenenfalls sich auf fachwissenschaftliches Wissen berufen.

Wenn man wie hier zu dem Ergebnis kommt, dass die verfassungsrechtliche Beurteilung des Verkehrslärmschutzes im Wesentlichen auf die gezeigte, komplexe Verhältnisüberlegung hinausläuft, dann stellt sich weiter die Frage, ob die maßgeblichen (Lärmschutz-)Schnittstellen bzw. die durch sie gesteuerten Maßnahmen effektiv sind, also effektiv schützen. Die Fachwissenschaften bilden insofern lediglich den Hintergrund, vor dem sich Fragen der Effektivität einschätzen lassen, wobei die bereits genannte Unterscheidung von Sein und Sollen weiterhin zu beachten ist[1144]. Eine sogleich noch vorzunehmende Schwerpunktsetzung (A.) ermöglicht es, die zu untersuchenden Schaltstellen oder Schnittstellen auf die Bereiche der Flughafen- (B.) und den Bereich der Flugroutenplanung (C.) zu reduzieren. Diese beiden Abschnitte beginnen dann jeweils mit einer kurzen Einführung in deren Grundstrukturen.

All dies erfolgt aber nicht mit dem Ziel, die als Schwerpunkte erkannten einfachrechtlichen Schnittstellen in das Schema „verfassungsgemäß – verfassungswidrig" einzuordnen. Wie die Ausführungen zur verfassungsrechtlichen Maßstabsbildung gezeigt haben, hat nicht ein solches Ergebnis Erkenntnismehrwert, sondern vielmehr das Herausarbeiten der sachlich-inhaltlichen Aspekte, die in eine, einem solchen Ergebnis vorangehende, Abwägung einzuführen sind. Es geht also darum aufzuzeigen, wie man die Schnittstellen bzw. die damit einhergehenden Lärmschutzerfolge – soweit sie festzustellen sind – in verfassungsrechtliche Verhältnisüberlegungen einfügen könnte, ohne diese damit auch in die eine oder andere Richtung zwingend entscheiden zu müssen[1145]. Über allem steht allerdings die Prämisse, dass das System Recht bereit dazu ist, sich auch mit den dazu notwendigen sachlich-inhaltlichen Fragen auseinanderzusetzen. Nach Betrachtung der Schwerpunktmaßnahmen auf der Flughafenplanungs- und der Flugroutenfestlegungsebene soll dennoch zumindest eine kurze Stellungnahme zu den Implikationen für eine verfassungsrechtliche Verhältnisüberlegung erfolgen (D.).

A. Mittel und Entscheidungsebenen des Fluglärmschutzsystems

Dem Staat stehen, unabhängig von feineren Unterscheidungen und eingehenderen Analysen einzelner tatsächlicher Lärmschutzinstrumente, zwei große Gruppen rechtlicher Steuerungsmittel zur Verfügung, über die Lärmschutzmaßnahmen

1144 S. oben Teil 2, A., I.

1145 Das ist im Übrigen auch vor dem Hintergrund der nicht vertieft dargestellten ökonomischen Wirkungen schwierig, s. oben Teil 1, D.

umgesetzt werden können. Dies sind die Instrumente direkter und indirekter Verhaltenssteuerung[1146].

Die direkte Verhaltenssteuerung kann über die klassischen Mittel der Ge- oder Verbote (insbesondere im Zusammenhang mit der Festsetzung von Grenzwerten) und der administrativen Kontrollmaßnahmen (insbesondere im Zusammenhang mit der Errichtung von Verkehrsinfrastruktur als Eröffnungskontrolle in Form von Genehmigungsvorbehalten, aber auch repressiv in Form von fortlaufender Betriebskontrolle) erfolgen. Mittel indirekter Verhaltenssteuerung umfassen dagegen eher beeinflussende oder motivierende Maßnahmen, regelmäßig in Form der Verknüpfung eines Verhaltens mit wirtschaftlichen Anreizen (Subventionen) oder Nachteilen (Abgaben), aber auch informationelle und kooperative Instrumente, die insbesondere auf Verhaltensbeeinflussung durch Gewinnung und Vermittlung von Umweltdaten abzielen oder Verhandlungslösungen im Blick haben.

Diese Unterteilung ist allerdings eher als eine theoretische Überlegung zu betrachten. In der Praxis kommen umweltbezogene Instrumente nämlich nur selten in Reinform vor bzw. ergeben sich je nach Entscheidungsebene, Rechtsform, Zielsetzung und Wirkungsweisen eher Zwischenformen, so dass auch die Politik letztlich mit einem Instrumentenverbund arbeitet[1147]. Dem Begriff des Instrumentenverbundes kann in Anbetracht der Vielgestaltigkeit der vorhandenen Lärmschutzmittel und sie steuernder einfach-rechtlicher Regelungen durchaus zugestimmt werden. Jedoch hilft dies bei der eingangs aufgeworfenen Frage nach der Erkennung von Schwerpunkten etwaiger Lärmschutzmaßnahmen nicht weiter. Im Gegenteil verhindert er die Erkenntnis, dass die Verhaltenssteuerung im Bereich des Verkehrslärmschutzes im Schwerpunkt eher auf direkte Maßnahmen setzt. Im Vordergrund stehen nämlich, wie gleich noch auszuführen ist, administrative Kontrollen, die die Einhaltung von – über Grenzwerte gesteuerte – Ge- oder Verbote überprüfen.

Eine weitere Grobcharakterisierung möglicher Ansatzpunkte für Lärmschutzmaßnahmen ergibt sich aus ihren denkbaren Zielrichtungen: (1) Verringerung der Emission (an der Quelle) oder (2) Schutz vor Immission (am Rezeptionspunkt/Einwirkungsort). Darauf aufbauend heißt es, der Immissionsschutz gehe mit den nicht vermeidbaren bzw. nicht vermiedenen Emissionen um, indem er sie entweder günstig verteilt oder gegen sie abschirmt[1148]. Klar wird damit aber, dass nur die vermiedene Emission eine

1146 Dazu und für Folgendes Kloepfer/Griefahn/Kaniowski/Klepper/Lingner/Steinebach/Weyer/Wysk, Leben mit Lärm, S. 407 f. Zur Unterscheidung von direkter und indirekter Verhaltenssteuerung grundlegend Rehbinder, in: Hansmann/Sellner (Hg.), Grundzüge, S. 248 ff.

1147 Kloepfer/Griefahn/Kaniowski/Klepper/Lingner/Steinebach/Weyer/Wysk, Leben mit Lärm, S. 408. Vgl. auch Koch, NVwZ 2000, 490 (498); Stoermer, Schutz vor Fluglärm, S. 52.

1148 So Kloepfer/Griefahn/Kaniowski/Klepper/Lingner/Steinebach/Weyer/Wysk, Leben mit Lärm, S. 405 f. Die Formulierung ist aber genau genommen missverständlich, da hiernach der Eindruck entsteht, aus dem Immissionsschutzrecht sei die *Verhinderung* von Emissionen vollkommen ausgeklammert, was auch Kloepfer/Griefahn/

vollständige Entlastung darstellt, da Abschirmungen immer nur punktuell erfolgen können bzw. außerhalb der Abschirmung nicht wirken.

An der Quelle ansetzender Lärmschutz wird regelmäßig *aktiver* Lärmschutz[1149] genannt, wobei der juristische Sprachgebrauch hier weit zu verstehen ist und alle Maßnahmen umfasst, die nicht am Einwirkungsort selbst stattfinden[1150], wohingegen der technisch-fachliche Sprachgebrauch nur technische Maßnahmen am lärmerzeugenden Gerät beinhaltet[1151].

In der Praxis dominierend ist hingegen der *passive* Lärmschutz[1152], also Maßnahmen, die den Empfänger am Immissionsort abschirmen sollen wie etwa die Isolierung von Fenstern, Dächern und Umfassungsbauteilen[1153], obwohl – wie bereits angedeutet – alleine aktive Maßnahmen geeignet sind, auch im Außenbereich die Senkung von Geräuschbelastungen herbeizuführen und schon deshalb aktive Lärmschutzmaßnahmen die gegenüber passiven Maßnahmen effektiveren Lärmschutzmittel darstellen[1154]. Nicht zu verkennen ist jedoch auch, dass der Einsatz von aktiven Lärmschutzmaßnahmen in stärkerem Maß mit anderen Belangen kollidiert wie etwa dem gesellschaftlichen Bedürfnis nach Mobilität oder Wirtschaftsinteressen.

Kaniowski/Klepper/Lingner/Steinebach/Weyer/Wysk, Leben mit Lärm, S. 405 ff., dann nicht annehmen; ähnlich Paetow, NVwZ 2010, 1184 (1188).

1149 Franke, Lärmgrenzwerte, S. 218, Faber, Planung von Flughäfen, S. 373; Hermann, Schutz vor Fluglärm, S. 316. Ising/Költzsch, in: UBA (Hg.), Fluglärm 2004, S. 22, nutzen auch den Begriff des *primären* Schallschutzes, der allerdings irreführend ist, da ein Stufenverhältnis zu einem etwaigen *sekundären* Schallschutz suggeriert wird.

1150 Also auch Nutzungsbeschränkungen einer Anlage (Flugverbote) oder auch Schallschutzwände zwischen Emisisons- und Immissionsort, vgl. Hermann, Schutz vor Fluglärm, S. 316; Schmidt, JbUTR 1990, 159 (167 f.).

1151 Kloepfer/Griefahn/Kaniowski/Klepper/Lingner/Steinebach/Weyer/Wysk, Leben mit Lärm, S. 406; Ising/Költzsch, in: UBA (Hg.), Fluglärm 2004, S. 22. Vertiefend zur Unterscheidung von aktiven und passiven Maßnahmen, Koch/Wieneke, NVwZ 2003, 1153 (1158); Faber, Planung von Flughäfen, S. 371 ff.; Hermann, Schutz vor Fluglärm, S. 316 ff.

1152 Franke, Lärmgrenzwerte, S. 215; Kloepfer/Griefahn/Kaniowski/Klepper/Lingner/Steinebach/Weyer/Wysk, Leben mit Lärm, S. 406. S. auch sogleich Teil 3, A., I., 3.

1153 Mit Blick auf die gegebenen technischen Möglichkeiten des passiven Schallschutzes spricht Kötz, ZfL 2004, 21 (21), von einem beachtlichen Maß an Perfektion, die solche Maßnahmen erreicht hätten und hält ihre schwerpunktmäßige Anwendung zugleich für eine Kapitulation vor der immer weiter anwachsenden Verkehrslärmgesamtlast.

1154 Unklar daher die Behauptung von Ising/Költzsch, in: UBA (Hg.), Fluglärm 2004, S. 23, primäre Maßnahmen schützten am umfassendsten und seien daher vorrangig zu realisieren. Flugverbote sind umfassender und daher effektiver als die technische Reduktion der Emission, weil sie die Entstehung von Geräuschen komplett verhindern. Aus Sicht der Autoren gehören sie aber zu den – nicht weiter zugeordneten – administrativen Maßnahmen (S. 23).

Sie führen nämlich regelmäßig zu einer mehr oder minder starken Einschränkung der verkehrlichen Kapazität[1155].

In tatsächlicher Hinsicht gibt es weiterhin die Möglichkeit, zwischen Lärmschutzmaßnahmen zu unterscheiden, die am Verkehrsmittel, am Verkehrsweg oder an einer Verkehrsanlage bzw. jeweils an deren Betrieb oder deren Nutzung ansetzen. Darüber grundsätzlich hinausgehend – ebenfalls bei bzw. für alle Verkehrsarten – könnte Lärmschutz auch dadurch betrieben werden, das Bedürfnis nach Mobilität in der Bevölkerung einzudämmen bzw. die verschiedenen Faktoren zu beeinflussen, von denen dieses Bedürfnis abhängt. Dieser letzte Lärmschutzansatz wird hier vernachlässigt[1156].

Die nachfolgenden Ausführungen sollen dazu dienen, zunächst das Verständnis für die soeben bloß aufgelisteten Lärmschutzmaßnahmen zu vertiefen (I.), letztlich mit dem Ziel, eine Reduktion der Untersuchungsgegenstände zu erreichen, da es nicht möglich ist, alle Lärmschutzmaßnahmen auf allen Entscheidungsebenen in die Betrachtung einzubeziehen (II.). In diesem Zusammenhang erfolgt auch eine nochmalige Auseinandersetzung mit den Darlegungsanforderungen aus der jüngeren Rechtsprechung des BVerfG[1157]. Es kann gezeigt werden, dass eine Erfassung des *gesamten* Systems von Lärmschutzmaßnahmen zwar möglich ist, für die – auch nur oberflächliche – Beurteilung der tatsächlichen Auswirkungen dieses Systems allerdings nicht ausreichend Informationen vorhanden sind. Deshalb bleiben auch die hier angestellten Überlegungen zu einer möglichen Ausrichtung der Schwerpunktidentifikation problematisch. Dennoch muss versucht werden, über eine vorläufige und oberflächliche Bewertungen und Einschätzungen der Effekte einzelner Lärmschutzmaßnahmen zu einer Abschichtung der Untersuchungsgegenstände zu gelangen (III.).

I. Aktiver und passiver Verkehrslärmschutz – Ein Überblick

Die Einteilung durchführbarer Lärmschutzmaßnahmen ist vor allem auch deshalb zu vertiefen, weil sie jeweils ganz spezifisch mit einfach-rechtlichen Entscheidungsebenen verknüpft sind. Letztlich verfolgt dies das Ziel, nicht nur die wesentlichen Lärmschutzmittel, sondern auch die rechtlichen Entscheidungsebenen herauszufiltern, die für den Schutz vor Fluglärm von zentraler Bedeutung sind, ohne hier schon detailliert auf rechtliche Zusammenhänge einzugehen. Dies kann nur vor dem

1155 Franke, Lärmgrenzwerte, S. 215; Wysk, in: Ziekow (Hg.), Praxis des Fachplanungsrechts, S. 637, Rn. 1722.

1156 Festzustellen ist jedenfalls, dass das Recht hierzu keine Aussage trifft. Außerdem wäre auch nicht klar, wie hier Maßnahmen überhaupt zu realisieren wären. Ebenfalls ungeklärt ist, ob die Umsetzung solcher Maßnahmen – wenn sie denn vorhanden wären – mit der freiheitlichen Grundordnung überhaupt vereinbar wäre, vgl. Kloepfer/Griefahn/Kaniowski/Klepper/Lingner/Steinebach/Weyer/Wysk, Leben mit Lärm, S. 431. S. auch oben Teil 1., C., V.

1157 S. bereits oben Teil 2., C., III., 3., b.

Hintergrund der Effektivität erfolgen, also der Frage, wo, welche Maßnahmen, mit welchem Erfolgt durchgeführt werden. Um hierfür die Grundlagen zu erarbeiten, werden nachfolgend mögliche Ansatzpunkte für Lärmschutzmaßnahmen vorgestellt (1. bis 3.) und schließlich (4.) erste Überlegungen zum Verhältnis von aktiven und passiven Schallschutzmaßnahmen vorgenommen.

1. Verkehrsmittel

Am Verkehrsmittel ansetzender Lärmschutz beschäftigt sich mit der *Beschaffenheit des Verkehrsmittels* und zielt darauf ab, dass es beim Betrieb weniger Emissionen abgibt. Emissionen entstehen also erst gar nicht bzw. sollen in geringerem Umfang entstehen. Insofern ist am Verkehrsmittel ansetzender Lärmschutz aktiver Lärmschutz. Staatliche Einflussnahme kann hier bspw. auf den Produzenten oder den Käufer abzielen, indem entweder – direkte Verhaltenssteuerung – Grenzwerte für maximal zulässige Emissionen beim Betrieb des Verkehrsmittels erlassen werden oder – indirekte Verhaltenssteuerung – Anreize (Subventionen, Steuervorteile, Benutzungsvorteile, die an Produkteigenschaften geknüpft sind) für ein bestimmtes Käuferverhalten gesetzt werden[1158].

2. Der Betrieb bzw. die Nutzung von Verkehrsanlagen und Verkehrsmitteln

Die deutsche Rechtsordnung unterscheidet zwischen den Verkehrswegen als Anlagen, die neu oder umgebaut werden können, und deren Betrieb bzw. Nutzung[1159]. Für den Bau und die Änderung von Anlagen sehen die jeweiligen Fachplanungsgesetze die eingangs genannten administrativen Kontrollverfahren vor, in deren Rahmen an diversen Stellen und in unterschiedlicher Weise (aktiver und passiver) Lärmschutz betrieben werden kann.

Regelungen, die den *Betrieb und die Nutzung von Verkehrsanlagen* betreffen, die also aktiven Lärmschutz gewährleisten sollen, erfolgen zwar häufig durch besondere Rechtsakte (Genehmigung, Verkehrszeichen und -regeln), werden aber regelmäßig – insbesondere im Luftverkehrsrecht – in die administrative Kontrolle der projektierten Anlage oder deren Änderung (Anlagenzulassung oder Änderungszulassung[1160])

1158 Kloepfer/Griefahn/Kaniowski/Klepper/Lingner/Steinebach/Weyer/Wysk, Leben mit Lärm, S. 409. Schulze-Fielitz, DÖV 2001, 181 (182), erläutert einige der hier anzutreffenden Umsetzungsprobleme (m.w.N.).

1159 Kloepfer/Griefahn/Kaniowski/Klepper/Lingner/Steinebach/Weyer/Wysk, Leben mit Lärm, S. 424; s. auch Wysk, in: Ziekow (Hg.), Praxis des Fachplanungsrechts, S. 579 f., Rn. 1550 ff.; Schulze-Fielitz, DÖV 2001, 181 (182).

1160 Eine detailliertere Aufarbeitung der verschiedenen adminstrativen Kontrollen des Luftverkehrsrechts im Bereich der Flughafenplanung erfolgt unten Teil 3, B., I., 1.

integriert[1161]. Sie sind Instrumente direkter Verhaltenssteuerung. Besonders hervorzuheben sind als solche, die Bodenanlage betreffenden Betriebsregelungen: (1) der Verkehrszweck einer Anlage (§ 42 Abs. 2 Nr. 8, 52 Abs. 2 Nr. 1 LuftVZO), (2) Regelungen betreffend der Art und Zahl nutzungsberechtigter Luftfahrzeuge, (3) die Betriebszeiten einer Anlage und (4) Kontingentierungen (als Beschränkungen der Kapazität einer Anlage, etwa durch Bewegungskontingente)[1162].

Auf einen weiteren Aspekt ist hier noch hinzuweisen. Auch für den Luftraum ergibt sich die Möglichkeit der Strukturierung seiner Nutzung. Inwiefern An- und Abflugverfahren (sog. Flugrouten) als Ansatzpunkte für Maßnahmen zum Schutz vor Lärm in Betracht kommen – oder gar Betriebsregelungen darstellen – soll hier aber zunächst offen bleiben[1163]. Festzuhalten ist lediglich, dass über die konkrete Streckenführung prinzipiell auch bei der Gestaltung von An- und Abflugverfahren Lärmschutz betrieben werden kann. Auf Grund gesetzlicher Zuweisung werden sie jedoch nicht im Rahmen des Planungsprozesses bzw. der administrativen Kontrolle der Verkehrsanlagen von der Fachplanungsbehörde festgesetzt, sondern nur prognostisch eingebunden und später in einem separaten, nachfolgenden Planungsschritt festgelegt[1164].

An die eingangs genannte Unterscheidung von Verkehrsmitteln und Verkehrsanlage anknüpfend können Lärmschutzmaßnahmen, die den *Betrieb von Verkehrsmitteln* betreffen, weiterhin zwei Richtungen haben: (1) Sie können als Verhaltensanforderungen auf die Bedienung des Verkehrsmittels gerichtet sein, also den Fahrzeugführer betreffen (§ 1 Abs. 2 LuftVO), oder (2) der Effektivität von Maßnahmen dienen, die die Einhaltung von Lärmvorschriften im Auge haben (Überwachung und Sanktion)[1165]. Auch hier steht das Verhindern von Emissionen

---

1161 Koch, NVwZ 2000, 490 (498); Kloepfer/Griefahn/Kaniowski/Klepper/Lingner/Steinebach/Weyer/Wysk, Leben mit Lärm, S. 424 f. In Anlehnung an §§ 41 ff. BImSchG wird insoweit regelmäßig von einem Stufenkonzept gesprochen, vgl. Faber, Planung von Flughäfen, S. 371 ff.; Franke, Lärmgrenzwerte, S. 214. Insgesamt vernachlässigt dies allerdings den Blick auf mögliche Handlungsinstrumente anderer Planungsebenen und deren Beiträge zur Lärmproblematik, s. Stoermer, Schutz vor Fluglärm, S. 52 (m.w.N.).

1162 Kloepfer/Griefahn/Kaniowski/Klepper/Lingner/Steinebach/Weyer/Wysk, Leben mit Lärm, S. 425, sprechen von einem „Tableau betrieblicher Mittel zur Verkehrsregulierung" in allen Verkehrsbereichen, die durchweg auf „sachliche, räumlich oder zeitliche" Beschränkung der Benutzung abzielen und häufig in einer Mittelkombination Art und Menge des Verkehrs wirkungsvoll kanalisieren. Vgl. auch Franke, Lärmgrenzwerte, S. 219 f.

1163 Ausführlicher zum Begriff der Flugroute und ihrer Bedeutung für die Flughafenplanung unten Teil 3, C.

1164 Als Teil der bundeseigenen Luftverkehrsverwaltung (Art. 87d Abs. 1 GG) ist dafür gemäß § 27 LuftVO das BAF zuständig.

1165 Kloepfer/Griefahn/Kaniowski/Klepper/Lingner/Steinebach/Weyer/Wysk, Leben mit Lärm, S. 428 f. Betrieb und Nutzung von Verkehranlagen meint hier also eigentlich *nach* Zulassung und Planung. Betrieb und Nutzung gerade der Verkehrsanlage bzw.

im Vordergrund, so dass beide Maßnahmerichtungen eher dem aktiven Lärmschutz zuzuordnen sind.

3. *Verkehrsweg bzw. Verkehrsanlage*

Es ist bereits angeklungen, dass die Frage nach Lärmschutz beim Betrieb eines Verkehrsweges bzw. einer Verkehrsanlage mit deren grundsätzlicher Zulassung verwoben ist. Die Planung solch komplexer Infrastruktur erfolgt im Luftverkehrsbereich durch auf Landesebene erfolgende, projektbezogene Fachplanung[1166]. An einer vorangehenden bundesstaatlichen Gesamtplanung fehlt es im Gegensatz zu den Verkehrsträgern Schiene und Straße bisher[1167].

Bei der projektbezogenen Fachplanung geht es darum, die Verträglichkeit des Projekts mit seiner Umgebung sicherzustellen[1168]. Soweit nämlich die Verträglichkeit nicht von vornherein gegeben ist, wird sie regelmäßig durch flankierende Vorkehrungen – direkte Verhaltenssteuerung – hergestellt[1169]. Es ist daher zutreffend zu sagen, dass die planerische Reaktion auf die Überschreitung von fachwissenschaftlich beschriebenen Belastungsgrenzen bei Verkehrswegen bzw. Verkehrsanlagen regelmäßig nicht die Versagung des Vorhabens ist, sondern die Festsetzung flankierender Lärmschutzmaßnahmen, mit denen die Belastung (dann abwägungsfehlerfrei) auf ein zumutbares Maß gesenkt werden soll[1170].

Nicht ist jedoch damit gesagt, dass es sich bei diesen Schutzmaßnahmen um entweder aktive oder passive handeln muss. Es hatte sich bei luftverkehrlichen Großvorhaben in der Praxis in der Vergangenheit allerdings eingebürgert, dass die Hauptelemente flankierender Maßnahmen solche passiven Schallschutzes sind[1171]. Soweit Maßnahmen aktiven Schallschutzes integriert wurden, betraf dies

---

des Verkehrsweges auf Zulassungs- bzw. Planungsebene sollen gesondert betrachtet werden.

1166 Dies vernachlässigt bis zu einem gewissen Grad die Landesplanung bzw. die Raumordnung, die durch planerische Ausweisung auf die projektbezogene Planung Einfluss nehmen kann. Weitere Erläuterungen unten Teil 3, A., III., 2.

1167 Zum Stand der Bemühungen um eine staatliche Gesamtplanung im Luftverkehrsbereich, s. Lieber, in: Ziekow (Hg.), Aktuelle Probleme 2010, S. 103 ff.; Hösch, in: Ziekow (Hg.), Aktuelle Probleme 2010, S. 73 ff.

1168 Koch/Wieneke, NVwZ 2003, 1153 (1158).

1169 Mit Blick auf die größeren Vorhabenplanungen der Vergangenheit dazu unten Teil 3, B., I., 3., c.

1170 Kloepfer/Griefahn/Kaniowski/Klepper/Lingner/Steinebach/Weyer/Wysk, Leben mit Lärm, S. 422; s. auch Wysk, ZLW 1998, 456 (482), der für den abwägungserheblichen Lärm davon ausgeht, dieser werde „typischerweise weggewogen".

1171 Franke, Lärmgrenzwerte, S. 215; Hermann, Schutz vor Fluglärm, S. 272, Fn. 326 (m.w.N.). Kloepfer/Griefahn/Kaniowski/Klepper/Lingner/Steinebach/Weyer/Wysk, Leben mit Lärm, S. 422, sprechen vom „gängigen Mittel der Konfliktbewältigung" und einem „fast unantatsbaren Dogma".

regelmäßig nur bestimmte flugbetriebliche Vorkehrungen[1172], die an einem Standort zugelassenen Triebwerksprobeläufe[1173] oder die Einschränkung der Nutzung der Schubumkehr[1174]. Regelmäßig vorgesehen war auch der Vorbehalt weiterer Maßnahmen[1175].

Für die auf große Infrastrukturprojekte bezogenen Planfeststellungsbeschlüsse der jüngeren Vergangenheit muss daher konstatiert werden, dass über prinzipielle Kontingentierungen oder Deckelungen bzw. eine Verklammerung der verschiedenen aktiven und passiven Maßnahmen nicht nachgedacht wurde. Allerdings standen bzw. stehen die Fachplanungsbehörden auch vor dem rechtlichen Problem, bestimmte Maßnahmen, wie etwa soeben für die Festlegung Flugverfahren angedeutet, gar nicht vornehmen zu dürfen, da sie in die Kompetenzbereiche anderer Behörden fallen.

Soweit aktive Maßnahmen in Form von Nutzungsbeschränkungen vorgesehen waren, muss man davon ausgehen, dass sie auf die Größe des mit dem Betrieb der Anlage verbundenen Lärmteppichs nur einen untergeordneten Einfluss hatten[1176]. Die wenigen aktiven Maßnahmen, ausgeklammert seien die zuletzt fachgerichtlich durchgesetzten Nachtflugverbote[1177], konnten daher von vornherein nicht zu einer Reduktion der Gesamtbelastungen führen[1178].

4. *Zum Verhältnis von aktivem und passivem Verkehrslärmschutz bei der Planung von Verkehrswegen bzw. Verkehrsanlagen*

Die bisherigen Ausführungen zu den verschiedenen Lärmschutzmöglichkeiten bzw. den Entscheidungsebenen, für die sie relevant sind, zeigen, wie vielgestaltig Verkehrslärmschutz betrieben werden kann. Augenscheinlich ist jedoch schon jetzt,

---

1172 PFB BBI 2004, S. 104 ff. (Nr. 5.1.1. 1) bis 4) mit der Einschränkung der nächtlichen Nutzung „nur" bestimmter Flugzeugarten in der Nacht, nicht aber des Betriebs in der Nacht als solchem); ähnlich PFB FFM 2007, S. 20 ff. (A., II., Nr. 1. bis 3.).

1173 PFB BBI 2004, S. 104 ff. (Nr. 5.1.1. 5)); PFB FFM 2007, S. 20 ff. (A., II., Nr. 9); PFB Leipzig 2004, S. 22 ff. (Nr. 4.7.2).

1174 PFB BBI 2004, S. 104 ff. (Nr. 5.1.1. 6)); PFB FFM 2007, S. 20 ff. (A., II., Nr. 7); PFB Leipzig 2004, S. 22 ff. (Nr. 4.7.4).

1175 PFB BBI 2004, S. 104 ff. (Nr. 5.1.9, allerdings – mit Ausnahme der Änderung von An- und Abflugverfahren – ohne klare Voraussetzungen); PFB FFM 2007, S. 141 ff. (A., XI., Nr. 5.1.4 mit der Anknüpfung an die Neufestsetzung von Lärmschutzbereichen und für den Fall der Überschreitung der avisierten Flugbewegungen); PFB Leipzig 2004, S. 22 ff. (Nr. 4.9, mit dem Schwerpunkt auf der Ergänzung von Nachtlärmschutzmaßnahmen).

1176 Lokale Effekte sind anzunehmen für das nächtliche Verbot der Nutzung einer Bahn – etwa PFB FFM 2007, S. 20 ff. (A., II., Nr. 4) – aber auch für den Bau einer Lärmschutzhalle für Triebwerksprobeläufe.

1177 S. unten Teil 3, B., I., 3., c., ee. und ff. sowie BVerwGE 142, 234 (306 ff., Rn. 252 ff.).

1178 Zu möglichen Präzisierungen des Begriffs sogleich unten Teil 3, A., II.

dass die Unterscheidung bzw. die unterschiedlichen tatsächlichen Wirkungen von aktivem und passivem Schallschutz von besonderer Bedeutung sind.

Wie vorstehend ausgeführt lag zumindest in der jüngeren Vergangenheit auf Ebene der Anlagenfachplanung der Schwerpunkt der getroffenen Maßnahmen im Bereich des passiven Lärmschutzes. Damit ist allerdings auch nur ein erster Hinweis auf mögliche Schwerpunkte tatsächlicher Fluglärmschutzmaßnahmen gegeben. Die Frage, wie in Verwaltungsentscheidungen Verkehrslärm- bzw. Fluglärmschutz insgesamt auszurichten ist, ob man also etwa den Schwerpunkt auf aktive oder passive Maßnahmen zu legen hat, könnte der Gesetzgeber auch im Sinne eines gestuften Verhältnisses geregelt haben.

Dafür sprechen jedenfalls die §§ 41 ff., 50 BImSchG, mit denen der Gesetzgeber ein Mehrebenensystem von Anforderungen errichtet, durch das bei der Zulassung von Straßen und Eisenbahnverkehrsanlagen (bzw. bei deren wesentlicher Änderung) der Schutz vor Immissionen zugunsten betroffener Anwohner in Stufen gewährleistet werden soll[1179]. Als effektivster Schutz wird dort das voneinander Fernhalten unverträglicher Nutzungen angesehen und an erste Stelle der rechtlichen Bewertung gesetzt, und zwar durch das Prinzip der Nutzungstrennung auf Ebene der Raumordnung und Landesplanung (§ 50 BImSchG). Soweit eine Nutzungstrennung nicht möglich ist, enthalten auf der nächsten Stufe die §§ 41 ff. BImSchG Maßstäbe zur Sicherstellung, damit zumindest die Verhinderung von schädlichen Umwelteinwirkungen[1180] sichergestellt ist. Dies soll zuerst durch Vorkehrungen des aktiven Lärmschutzes erfolgen, und nur soweit sich diese Maßnahmen gemäß § 41 Abs. 1 BImSchG als technisch ungeeignet erweisen oder die Kosten hierfür gemäß § 41 Abs. 2 BImSchG außer Verhältnis zum angestrebten Zweck stehen, darf die planende Behörde auf passive Lärmschutzmaßnahmen zurückgreifen. Für diesen Fall sieht § 42 Abs. 1 BImSchG einen Anspruch des Betroffenen auf angemessene Entschädigung gegen den Träger der Baulast der betreffenden Verkehrsanlage vor[1181].

Dieses System gilt für alle planfeststellungspflichtigen Vorhaben des Straßen- bzw. Eisenbahnbaus[1182] und damit für alle bedeutsamen Infrastrukturvorhaben in diesen Verkehrsbereichen. Es betrachtet aber von vornherein nur die Lärmschutzmaßnahmen auf einer Entscheidungsebene, nämlich im Rahmen der straßen- und eisenbahnrechtlichen Planfeststellung. Technische Maßnahmen am Verkehrsgerät bzw. andere Planungsebenen geraten hier also nicht in den Fokus. Es gibt in diesen Verkehrsbereichen auch keine – neben der Planfeststellungsentscheidung – zusätzlich notwendige Unternehmergenehmigung wie im Luftverkehrsbereich für

---

1179 Ausführlich zuletzt Krappel, Lärmschutz, S. 55 ff.; s. auch Koch, NVwZ 2000, 490 (492 ff.); Schulze-Fielitz, DÖV 2001, 181 (183 ff.); Franke, Lärmgrenzwerte, S. 214.

1180 Zur Problematik des Begriffs später unten Teil 3, B., II., 1., b.

1181 Stoermer, Schutz vor Fluglärm, S. 50; Krappel, Lärmschutz, S. 61 f.; Faber, Planung von Flughäfen, S. 377 ff.

1182 Zur näheren Ausgestaltung des Planfeststellungserfordernisses im Straßen- und Eisenbahnverkehrsbereich, s. nur Stüer, Handbuch, S. 1102, Rn. 3282 und S. 1142, Rn. 3387 ff.

den Flugplatz, in der ebenfalls Lärmschutzmaßnahmen festgehalten sein können (Betriebsregelungen)[1183]. Vor allem aber gibt es auch regelmäßig keine nachlaufenden Entscheidungen, wie etwa die Flugroutenfestlegung, sieht man einmal von der Möglichkeit der sog. Abschnittsbildung ab[1184]. Zudem sind die Eisenbahn und der Straßenverkehr durch das Vorhandensein einer staatlichen Gesamtplanung schon besser vorstrukturiert.

Nicht nur wegen dieser rechtlichen Rahmenbedingungen unterscheidet sich der Luftverkehrsbereich von den anderen Verkehrsträgern. Auch ein gesetzliches, auf vor allem die Planfeststellung gemünztes Lärmschutzmodell, das etwa ein Rangverhältnis von zuerst aktiven und dann passiven Maßnahmen vorgibt, existiert für den Luftverkehrsbereich jedoch nicht[1185]. Zwar gab es Stimmen, die sich für eine Übertragung des genannten Modells des BImSchG stark machten[1186]; die Rechtsprechung hat dies jedoch abgelehnt und betont, dass der Gesetzgeber die Andersartigkeit der Emissions- und Immissionssituation beim Fluglärm erkannt und daher den Luftverkehr bewusst aus dem dargestellten gestuften Lärmschutzmodell des BImSchG ausgeklammert habe[1187].

Der Flugverkehr weist gegenüber dem Straßen- und Schienenverkehr auch nicht nur rechtliche, sondern diverse tatsächliche Besonderheiten auf. Er ist zunächst einmal nicht auf (weitestgehend) zwei Dimensionen beschränkt. Da der Flugverkehr den Luftraum nutzt, steht eine Instrumentengruppe des Lärmschutzes nicht zur Verfügung, nämlich Maßnahmen zwischen Emissionsort und den baulichen Anlagen – also der Wohnung als vermeintlicher Hauptaufenthaltsort – des Empfängers[1188]. Zudem (und deshalb) ist Fluglärm flächendeckender als Straßen- und Schienenverkehrslärm, bedenkt man, wie wenige Luftverkehrsstraßen es im Vergleich zu

---

1183 Dazu unten Teil 3, B., I., 1.

1184 Zur Thematik der Abschnittsbildung im Eisenbahn- und Straßenverkehr, Steinberg/Wickel/Müller, Fachplanung, S. 228 ff., Rn. 88 ff., und Ziekow, in: Ziekow (Hg.), Praxis des Fachplanungsrechts, S. 230 ff., Rn. 711 ff.

1185 Insb. zum umstrittenen Verhältnis von aktiven zu passiven Schallschutzmaßnahmen, s. auch unten Teil 3, B., I., 3., c., bb.

1186 Hermann, Schutz vor Fluglärm, S. 324 f.; Luckow, DVBl. 1981, 1133 (1134); s. auch Giemulla/Rathgeb, in: Giemulla/Schmid (Hg.), LuftVG, Bd. 1.1, § 6, Rn. 15c.

1187 St. Rspr., vgl. BVerwGE 125, 116 (195 f., Rn. 254); BVerwGE 87, 322 (373); s. auch Faber, Planung von Flughäfen, S. 381 ff.

1188 Franke, Lärmgrenzwerte, S. 215. Ausgenommen sind die Lärmschutzhallen für Triebwerksprobeläufe. Dies gilt allerdings nur, soweit man die bei den Probeläufen entstehenden Geräusche auch als Fluglärm versteht. Gemeinhin wird er dem Bodenlärm zugeordnet und hierüber lediglich als Fluglärm im weiteren Sinne verstanden, eingehend Wysk, ZLW 1998, 456 (481 f.); s. auch Giemulla/Rathgeb, DVBl. 2008, 669 (673); Kloepfer/Griefahn/Kaniowski/Klepper/Lingner/Steinebach/Weyer/Wysk, Leben mit Lärm, S. 421, sprechen in diesem Zusammenhang von Bodenlärm.

Straßen- und Schienenwegen gibt. Sich ihm zu entziehen ist somit schwieriger[1189]. Das Prinzip der Nutzungstrennung kann jedenfalls unter diesen Rahmenbedingungen nur sehr begrenzt Wirkungen entfalten[1190]. Auf Grund der erhöhten Bedeutung der Dreidimensionalität des Fluglärms heißt Nutzungstrennung hier vor allem, dass man möglichst keine Nutzungen *unter* der Fluglärmdecke ansiedeln sollte.

Ob man aber deshalb die Ansicht vertreten muss, den „jeweils zuständige(n) Behörden die Auswahlentscheidung zwischen rechtlich wählbaren Maßnahmen des aktiven und passiven Lärmschutzes" zu überlassen[1191], erscheint jedoch fraglich, soweit damit eine Stufung zwischen aktiven und passiven Lärmschutzmaßnahmen im Fluglärmschutzbereich insgesamt abgelehnt wird. Sicherlich muss die Planfeststellungsbehörde sich vor Augen führen, welche Maßnahmen ihr rechtlich überhaupt zustehen. Auch muss sie entscheiden, welche Auswirkungen der Einsatz bestimmter Maßnahmen auf alle Beteiligten hat. Da sie hier ein sehr komplexes Interessengeflecht vorfindet, bedarf sie einer gewissen Flexibilität, was den Einsatz der verschiedenen, ihr prinzipiell zur Verfügung stehenden Schutzmaßnahmen anbetrifft. Gedanklich aber gehen aktive Maßnahmen in den Lärmschutzüberlegungen immer vor, und zwar auch dann, wenn man in rechtlicher Hinsicht von einem Nebeneinander der vorhandenen Maßnahmen ausgeht. Das lässt sich an einem einfachen Beispiel illustrieren:

Betrachtet man das Ergebnis einer Lärmberechnung *in Reinform*, also den Lärmteppich an einem Flughafenstandort, der sich aus den vorhandenen Daten über Flugbewegungen und ohne jegliche betriebliche Einschränkungen ergibt, so hat man eine Art Gesamtausmaß der Geräuschbelastungen an einem Standort vor

---

1189 Das zeigt auch ein Blick auf die Schutzzonenkarten für den Flughafen Frankfurt/Main, https://wirtschaft.hessen.de/verkehr/luftverkehr/laermschutzbereich-flughafen-frankfurt (Zuletzt aufgerufen am 25.08.2013). Zum Ganzen auch Stoermer, Schutz vor Fluglärm, S. 52 (m.w.N.). Wirth, Fluglärmstudie, S. 183, geht davon aus, dass ein „Konzept der Kontrolle" gerade für die Belästigung durch Fluglärm von besonderer Bedeutung ist. Damit soll die Bedeutung des Straßen- und Schienenverkehrslärms nicht herabgesetzt werden. Die durch sie hervorgerufenen Belastungen sind jedoch punktueller, weil die ersten baulichen Anlagen bereits als Hindernisse und somit dämmend wirken. Insofern sind (entlang der Trasse) zumeist „nur" diese ersten Hindernisse besonders schutzbedürftig.

1190 Hinzu kommt, dass Verkehrsflughäfen ihrer Funktion nach gerade auch in bzw. für Ballungszentren angelegt werden, Stoermer, Schutz vor Fluglärm, S. 52. Zur unterschiedlichen Stoßrichtung von Immissionsschutz- und Siedlungsbeschränkungsmaßnahmen, s. BVerwG, Urt. v. 16.3.2006 – 4 A 1001/04, Rn. 179 (Juris) (BBI-Gemeindeklagen).

1191 Stoermer, Schutz vor Fluglärm, S. 52; Faber, Planung von Flughäfen, S. 383. So zwar auch Franke, Lärmgrenzwerte, S. 216 f., die allerdings dann auch von einem *relativen* Vorrang aktiver Schallschutzmaßnahmen ausgeht; ähnlich Ramsauer, NVwZ 2004, 1041 (1051); Quaas, NVwZ 1991, 16 (20). Einen Vorrang deutlich ablehnend, Wysk, in: Ziekow (Hg.), Praxis des Fachplanungsrechts, S. 638, Rn. 1725; s. auch Koch/Wieneke, NVwZ 2003, 1153 (1160).

sich. Würde man nun ein komplettes Nachtflugverbot – zwischen 22 und 6 Uhr – als betriebliche Einschränkung an diesem Standort vorsehen, fiele die gesamte nächtliche Geräuschbelastung – abgesehen von evtl. verspäteten Flügen – weg. In diesem Fall wären passive Schallschutzmaßnahmen zum Schutz vor nächtlichen Geräuschbelastungen also sinnlos geworden. Betrachtet man aber den Fall eines eingeschränkten Nachtflugverbots, wie es etwa momentan im Verkehrsflughafen Frankfurt/Main gilt, ist die Situation eine etwas andere. Die Geräuschbelastung reduziert sich dann – wiederum abgesehen von den Verspätungsflügen – nämlich (nur) zwischen 23 und 5 Uhr auf null. Aus den verbleibenden Flugbewegungen in den zwei nächtlichen Betriebsstunden ergeben sich rechnerisch unter Umständen noch immer Dauerschallpegel bzw. Einzelpegelereignisse, die ein Schutzbedürfnis der Nachbarschaft in Form passiver Schallschutzmaßnahmen begründen können. Gedanklich aber geht die aktive Maßnahme des eingeschränkten Nachtflugverbots Überlegungen zu weitergehenden Schutzmaßnahmen vor[1192]. Dies gilt prinzipiell für alle aktiven Schutzmaßnahmen, weil sie bereits die Entstehung der Emission verhindern, so dass deren Immission gar nicht mehr betrachtet werden muss.

Ein Nebeneinander von aktiven und passiven Maßnahmen kann also aus Sicht der Lärmbetroffenen in gewisser Weise günstiger sein. Der Einführung von aktiven Maßnahmen, die wie gezeigt am effektivsten das Vorhandensein von Geräuschen verhindern, kann dann zudem nicht allein mit dem Argument begegnet werden, man könne bzw. werde umfangreiche passive Maßnahmen durchführen[1193]. Die jeweils zuständigen Behörden mussten bisher im Bereich der Flughafenplanung daher auch immer *alle* Maßnahmen betrachten und ein Maßnahmenbündel finden, das die Belastungen (insgesamt) minimiert[1194]. Zwar hat sich das BVerfG noch nicht detailliert mit den verschiedenen Mitteln und Ebenen des Fluglärmschutzes auseinandersetzen müssen; allerdings hat es darauf hingewiesen, dass die Frage der Effektivität des konkreten Fluglärmschutzes nur unter Heranziehung *aller* staatlichen Maßnahmen beantwortet werden kann[1195]. Auch dem kann man entnehmen, dass von einer exakten und strengen Stufung zwischen aktiven und passiven Fluglärmschutzmaßnahmen nicht auszugehen ist.

Ob allerdings ein relatives Nebeneinander von aktiven und passiven Maßnahmen aus Betroffenensicht immer zielführend ist, muss dennoch bezweifelt werden. Es wurde schon festgestellt, dass in der Anwendungspraxis der passive Schallschutz überwiegt. Daher ist fraglich, ob sich tatsächlich immer verhindern lässt, dass nicht gerade *wegen* der Ausweitung passiver Maßnahmen – und damit vermeintlich

---

1192 Vgl. Franke, Lärmgrenzwerte, S. 212; s. auch Stoermer, Schutz vor Fluglärm, S. 149, der den Gedanken gleichwohl gegen einen „Vorrang" aktiver Maßnahmen in Position bringt, weil passive Schallschutzmaßnahmen im Hinblick auf verbleibende (!) Belastungen im Innenraum nicht „wertlos" seien.

1193 Quaas, NVwZ 1991, 16 (20).

1194 Koch/Wieneke, NVwZ 2003, 1153 (1158); Quaas, NVwZ 1991, 16 (20).

1195 BVerfG, NVwZ 2011, 991 (994, Rn. 39 ff.); s. auch Wysk, in: Ziekow (Hg.), Praxis des Fachplanungsrechts, S. 638, Rn. 1725.

erreichter Reduktionserfolge – die zusätzliche Anordnung von (effektiven) aktiven Maßnahmen unterlassen wird. Spätestens mit der Novellierung des FluLärmG könnte es also – praktisch – zu einem „zuerst passive Maßnahmen und dann – soweit noch notwendig – alles andere" gekommen sein. Die Literatur sieht dieses Problem so nicht und verweist auf den gegenüber aktiven Maßnahmen nicht abschließenden Charakter des FluLärmG[1196] sowie darauf, dass es aus verfassungsrechtlichen Gründen heraus unzulässig wäre, auf aktiven Schallschutz gänzlich zu verzichten[1197]. Letztlich läuft das Nebeneinander von Maßnahmen auf die Frage hinaus, womit eigentlich welche Schallschutzerfolge erzielt werden bzw. wie effektiv die Maßnahmen jeweils sind.

Das soeben gegebene Beispiel ist insoweit vereinfachend. Der Reduktionserfolg eines kompletten Verbots, sei es für die Gesamtnacht, sei es für bestimmte Teile der Gesamtnacht, ist eindeutig. Wie aber ist der Reduktionserfolg einzuschätzen, der sich etwa aus dem Verbot der Schubumkehr oder aus anderen Arten der betrieblichen Einschränkung ergibt wie etwa dem Nachtlandeverbot bestimmter Flugzeugtypen? Und: Welche Bedeutung hat ein etwaiger Reduktionserfolg solcher Maßnahmen im Hinblick auf den Einsatz passiver Schallschutzmaßnahmen? Darauf wird noch zurückzukommen sein.

II. Zur Ausrichtung einer Schwerpunktidentifikation

Ein strikt hierarchisches, vom Gesetz vorgegebenes Verhältnis von aktiven und passiven Maßnahmen – auf die der Betroffene bei Erfüllung von gesetzlichen Voraussetzungen einen Anspruch hat – kann also für den Schutz vor den Wirkungen des Fluglärms auf den Körper und das Bewusstsein des Menschen nicht festgestellt werden. Wie aber soll man das konkrete Fluglärmschutzrecht analysieren, wenn statt einem schrittweisen Vorgehen immer ein Maßnahmenbündel zu betrachten ist? Woran richtet man sich hier aus? Meint man mit Maßnahmenbündel nur die Maßnahmen, die einer Handlungs- bzw. Entscheidungsebene zustehen oder sind tatsächlich alle Maßnahmen einzubeziehen, die auf allen Ebenen einsetzbar sind bzw. durchgeführt wurden, gleich wie groß ihr tatsächlicher Effekt war bzw. ist? Und: Vor welchem Hintergrund werden die Effekte betrachtet? Reicht es aus, einen rechnerischen Effekt festzustellen oder muss man auch die weiteren Wirkungen der Geräuschlast einbeziehen?

Um für diese Fragen mögliche Lösungen und Antworten zu finden, werden hier zunächst in abstrakter Form weitere Überlegungen zu den Schwerpunkten des Fluglärmschutzrechts angestellt. Man muss zwar davon ausgehen, dass Fluglärmschutz

1196 Reidt/Fellenberg, in: Landmann/Rohmer (Hg.), Umweltrecht, FlugLG, § 1, Rn. 25; Steinberg/Wickel/Müller, Fachplanung, S. 312, Rn. 276.

1197 Wysk, in: Ziekow (Hg.), Praxis des Fachplanungsrechts, S. 638, Rn. 1725. Hier sei nur am Rande darauf hingewiesen, dass auch im *strikten* System der §§ 41 ff., 50 BImSchG Mittel und Wege gefunden werden, den Vorrang aktiver Schutzmaßnahmen zu überwinden, vgl. Schulze-Fielitz, Die Verw. 2002, 525 (545 ff) (m.w.N.).

ein Art Instrumentenverbund ist, in dem alle Maßnahmen einen Effekt zum Schutz vor Lärm beitragen. Man muss sich zudem vor Augen führen, dass eine prinzipielle Stufung von aktiven und passiven Maßnahmen nicht vorgesehen ist. Aus Praktikabilitätsgründen kann es aber nur Ziel sein, die konkret zu untersuchenden Maßnahmen auf das Wesentliche einzugrenzen. Wie aber lässt sich – vor diesem Hintergrund – eine solche Reduktion argumentativ untermauern?

Ein erster Hinweis hat sich bereits insofern ergeben, als die Analyse von zurückliegenden Aus- bzw. Neubauplanfeststellungsbeschlüssen gezeigt hat, dass dort aktive Lärmschutzmaßnahmen zwar eingesetzt wurden, jedoch anzunehmen ist, dass sie zumeist nur lokale Effekte haben konnten und die Literatur daher davon ausging, dass der Maßnahmenschwerpunkt bei der Planfeststellung beim passiven Lärmschutz zu sehen sei[1198]. Bei der Frage nach der Gesamtausrichtung des Fluglärmschutzsystems geht es aber um mehr als nur die Fachplanung. Ist es also möglich, eine Art abstrakte Bestimmung möglicher Lärmschutzerfolge auf den einzelnen Ebenen vorzunehmen und die jeweils für sie verantwortlichen Maßnahmen zu identifizieren? Nur wenn hierzu sinnvolle Antworten gefunden werden können, stellt sich überhaupt die weitere Frage, welchen Effekt einzelne – als Schwerpunkte bereits identifizierte – Ebenen und die dortigen Schnittstellen des Fluglärmschutzrechts konkret haben und welche sie unter Umständen haben sollten.

Wie bereits dargelegt wurde, kann für den Fluglärmschutz folgendes Bild gezeichnet werden: Verschiedene Akteure arbeiten auf verschiedenen Handlungsebenen mit verschiedenen Mitteln gegen Entstehung und weitere Wirkungen der Geräuschbelastung. Eine Abstimmung der verschiedenen Handlungen tritt nicht – jedenfalls nicht offensichtlich – zu Tage bzw. ist in bestimmten Fällen von vornherein – aus tatsächlichen oder rechtlichen Gründen (Flugverfahren) – kaum oder gar nicht möglich bzw. nicht zulässig. Dennoch ist es zumindest denkbar, das Fluglärmschutzrecht trotz der fehlenden gesetzlichen Vorstrukturierung zu abstrahieren und ebenenspezifisch zu betrachten[1199]. Vergessen werden darf dabei aber eben nicht die Frage nach den entscheidenden Ebenen und den dort entscheidenden Maßnahmen – bzw. den rechtlichen Schnittstellen, die diese Maßnahmen vorsehen oder prägen. Hierzu gehört auch die noch weitergehendere Frage, woran man sich hinsichtlich der Effekte, die einzelne Maßnahmen haben können bzw. zurückliegende Maßnahmen hatten, eigentlich orientieren soll? Diesen Fragen soll nunmehr kurz nachgegangen werden.

1198 S. oben Teil 3, A., I., 3. (Fn. 1173–1176).

1199 So auch die Herangehensweise bei Stoermer, Schutz vor Fluglärm, S. 52. Vgl. auch Berkemann, ZUR 2002, 202 (205); Koch, NVwZ 2000, 490 (497 ff.); Faber, Planung von Flughäfen, S. 383.

1. Emittierte „objektive" Schallgesamtlast?

Denkbar wäre zunächst, die Bestimmung der Veränderung einer Art objektiven Schallgesamtlast (Geräuschlast)[1200]. Darunter wird hier, in Anlehnung an die Unterscheidung zwischen Geräuschen und Lärm, die emittierte Schallintensität eines Verkehrsträgers verstanden, wobei der Blick – wiederum zur Reduktion der Komplexität – wohl zunächst eher auf einzelne Flughäfen zu richten sein wird. Die Ausführungen zu den physikalischen Grundlagen des Schalls haben gezeigt, dass der Berechnung eines solchen Fußabdruckes oder Lärmteppichs einzelner Flughäfen nichts prinzipiell im Wege steht.

Informationen dazu, wie sich eine solche Schallgesamtlast des Flugverkehrs in Deutschland verändert hat, lassen sich jedoch nicht finden. Auch bei einzelnen Flughäfen könnte bestenfalls in den jeweiligen Ausbauetappen, an Hand der dort unter Umständen durchgeführten Berechnungen, festgestellt werden, welche Veränderungen sich ergeben haben. Auch die offizielle Fluglärmbeobachtung – hier verstanden als Schalllastbeobachtung – steht noch am Anfang bzw. ist erst im Aufbau begriffen. Diese Beobachtung ist allerdings auch wieder nur eine Messung und schon von daher problematisch. Die rechtlichen Handlungs- und Entscheidungsebenen richten sich jedenfalls nach Geräuschberechnungen[1201].

Ob in Zukunft dieser Mangel an Informationen zurückgehen wird, ist eher zweifelhaft. Zwar sieht auch das novellierte FluLärmG für alle wesentlichen Flughäfen die Pflicht vor, eine Schutzbereichsberechnung und -festsetzung vorzunehmen (§ 2 Abs. 1 FluLärmG)[1202]. Jedoch hat dies bereits in der Vergangenheit – soweit ersichtlich – nicht dazu geführt, dass an einer zentralen Stelle alle Daten gesammelt, ausgewertet und zu Problemlösungen herangezogen werden. Zwar ist vorgesehen, dass Schutzbereichsberechnungen jedenfalls in bestimmten Abständen zu wiederholen sind (§ 4 Abs. 6 S. 1 FluLärmG). Allerdings sieht das Gesetz bezüglich dieser Berechnungen keine prinzipielle Veröffentlichungspflicht vor. Nur wenn sich eine wesentliche Veränderung der Lärmbelastung zeigt, soll auch der Schutzbereich neu festgesetzt werden[1203].

Darüber hinaus darf nicht vergessen werden, dass aus Schutzbereichsfestsetzungen nicht immer ohne weiteres die relevante Schallgesamtlast abgeleitet werden

---

1200 Hier wird vernachlässigt, dass auch in die Berechnungsvorschriften Wertungen einfließen, s. oben Teil 1., B., I.

1201 Für die Situation nach der Novellierung des FluLärmG, s. unten Teil 3, B., II., 3., a. Ausnahme scheint die Flugzeugzulassung zu sein, s. oben Teil 1., B., I., 4., die jedoch für die „emitierte Gesamtlast" nur insofern relevant ist, als sie die Berechnung des Fußabdrucks beeinflusst, erläuternd dazu oben Teil 1., B., III., 2.

1202 Ausführlicher zur Bedeutung der Schutzbereiche für die Gewährung passiven Schallschutzes unten Teil 3., B., I., 3., c., gg. und II., 2., a.

1203 Es ist anzunehmen, dass sie in Anlehnung an § 4 Abs. 5 S. 2 FluLärmG zu bestimmen ist, was die Frage nach dem Umgang mit schleichenden Veränderungen aufwirft.

kann. Zu bedenken ist etwa, dass der Grund für eine räumliche Ausdehnung von Schutzzonen auch in der Veränderung der maßgeblichen Grenzwerte oder in der Veränderung der maßgeblichen Berechnungsvorschriften liegen kann. Die hier interessierende Frage ist aber vielmehr, ob ein bestimmter, objektiver Wert über einen gewissen Zeitraum – bei gleichen Berechnungsverfahren und dann also auf Grund von Veränderungen des Flugbetriebes – weiter entfernt vom Flughafen erreicht wird. Problematisch ist insofern auch jede Veränderung von Flugrouten, da hierdurch natürlich ein neuer Belastungszustand geschaffen und damit der Aspekt der Vergleichbarkeit eines Blick in die Vergangenheit (der Schalllast) für den jeweiligen Flugplatz verhindert oder zumindest erheblich erschwert wird.

Ansonsten kann man derzeit lediglich pauschale Annahmen bezüglich der Schallgesamtlast machen, die sich im Wesentlichen auf die Zunahme des Verkehrs insgesamt stützen. So könnte man argumentieren, dass *natürlich* auch die (Schall-) Gesamtlast zunimmt, wenn an einem Flughafen wie bspw. Frankfurt am Main mit etwa 710.000 Flugbewegungen für das Jahr 2020 zu rechnen ist (statt mit etwa 460.000 bis 480.000 Flugbewegungen in den Jahren 2010–2012[1204]). Auf Grund solcher Annahmen können jedoch die Effekte einzelner, zurückliegender Schutzmaßnahmen kaum beurteilt werden.

2. *„Lärmlast" als Verlauf der Belästigungs- oder Gesundheitsreaktionen?*

Anstatt nur auf eine objektive Schallgesamtlast zu schauen, könnte man sich auch an den Geräuschwirkungen orientieren. Dann wäre also etwa nach der *Lärm*last zu fragen, wobei sowohl der Verlauf der Belästigungs- als auch der Gesundheitsreaktionen im Vordergrund stehen kann, die durch die Geräuschlast hervorgerufen werden. Letztlich können aber auch über solche Betrachtungen die Effekte zurückliegender Schutzmaßnahmen nur sehr schwer beurteilt werden.

Interessanterweise wird in der Literatur dennoch gerade dieser Blickwinkel der größeren Lärmlast wie selbstverständlich im Zusammenhang mit dem Bedürfnis nach weiteren Schallschutzmaßnahmen genannt. Allerdings wird dafür zumeist nur auf die in der Bevölkerung hervorgerufene Belästigungsreaktion – nicht jedoch auf die Gesundheitsreaktionen – verwiesen, die trotz etwaiger Erfolge im Bereich der technischen Reduktion des Emissionsausstoßes zugenommen habe, weshalb auch von deren Überkompensation gesprochen wird[1205].

1204 Vgl. die Berichte über die Verkehrszahlen der Fraport AG unter: http://www.fraport.de/content/fraport/de/investor-relations/finanz-und-verkehrszahlen/verkehrszahlen.html (Zuletzt besucht am 26.02.2013).

1205 Zum Ganzen SRU, Umweltgutachten 2008, S. 623 f., Rn. 805 und S. 627, Rn. 809 f. (m.w.N.); SRU, Sondergutachten 1999, S. 183 f., Rn. 464; Kloepfer/Griefahn/Kaniowski/Klepper/Lingner/Steinebach/Weyer/Wysk, Leben mit Lärm, S. 413 ff. (415); Koch, in: Dolde/Hansmann/Paetow/Schmidt-Aßmann (Hg.), FS Sellner 2010, S. 278 (Fn. 14). Daten dazu auch – allerdings etwas unübersichtlich – bei Franke, Lärmgrenzwerte, S. 33 f. (Fn. 86–93).

Diese Aussage wird in all ihrer Pauschalität im Prinzip seit Jahren immer wieder getroffen, obwohl sie letztlich nur durch die regelmäßigen Belästigungsbefragungen genährt wird. Derartige Befragungen können jedoch sehr unterschiedlicher Natur und Qualität sein[1206]. Häufig handelt es sich bei den herangezogenen Daten nur um die Ergebnisse globaler Befragungen über die Belästigungswirkung der verschiedenen Verkehrsträger, die sich nicht direkt auf das Empfinden gerade der Fluglärmbelasteten in einem bestimmten Gebiet beziehen bzw. deren über die Zeit betrachtetes, verändertes Empfinden. Darüber lassen sich dann für eine Ausrichtung bzw. eine Schwerpunktidentifikation wiederum auch nur pauschale Argumente gewinnen. Im Übrigen verdecken diese Befragungen bestimmte Ergebnisse der Belästigungsforschung, wie etwa dass Fluglärm für die unmittelbar in der Umgebung Wohnenden die bei weitem störendste Lärmquelle ist[1207].

Prinzipiell könnten natürlich auch spezifisch den Fluglärm betrachtende Studien herangezogen werden. Dann aber steht man vor den schon beschriebenen Problemen der Belästigungsforschung, nämlich der häufig unterschiedlichen Methodik. Sie erschwert (bzw. verhindert) einen einfachen Vergleich von Studien. Ziel ist es aber, einfach vergleichbare Informationen zu gewinnen, und zwar in einem zeitlichen Verlauf.

Dennoch werden in der Belästigungsforschung die Ergebnisse einzelner Studien miteinander verglichen[1208]. Was sich hier als allgemeiner Trend zeigt, ist in der Tat eine Zunahme des Belästigungsempfindens als Folge einer Fluggeräuschbelastung[1209]. Studien zum Verlauf einer fluglärmbelasteten Region gibt es allerdings kaum[1210]. Unter diesen Umständen erscheint auch eine Ausrichtung der Schwerpunktidentifikation an der Lärmlast als Belästigungsverlauf im Moment schwer durchführbar.

Doch auch nach dem Verlauf der Gesundheitswirkungen zu fragen, führt nicht weiter. Dass zunächst nur auf die Veränderung der Belästigungsreaktion verwiesen wird, ist verständlich, wenn man die Entwicklung der Erkenntnisse der Lärmwirkungsforschung bedenkt. Zwar wird die Fluggeräuschbelastung schon lange mit körperlichen Reaktionen in Verbindung gebracht, jedoch konnten tatsächlich lange

---

1206 Zu den Methoden und Konzepten, s. oben Teil 1., C., II., 1.

1207 SRU, Umweltgutachten 2008, S. 622 ff., Rn. 805; Kötz, ZfL 2004, 21 (21); s. auch Koch, in: Dolde/Hansmann/Paetow/Schmidt-Aßmann (Hg.), FS Sellner 2010, S. 279.

1208 Bspw. bei Wirth, Fluglärmstudie, S. 175 ff. Kritisch – insbesondere mit Blick auf die Absichten der Umgebungslärmrichtlinie – Giering, in: UBA (Hg.), Lärmwirkungen, S. 98 ff.

1209 Und zwar vor allem in Gebieten mit einer Belastung *unterhalb* von 60 db(A) Leq, Wirth, Fluglärmstudie, S. 176. S. auch Bröer/Wirth, ZfL 2004, 118 (118 f.) (m.w.N.).

1210 Ausnahme – mit gewissen Einschränkungen – wohl für die Region Zürich, Wirth, Fluglärmstudie, S. 165 f. In Zukunft wird evtl. auch die NORAH-Studie für die Rhein-Main-Region Erkenntnisse dazu liefern, s. Schreckenberg/Eikmann/Guski/Klatte/Müller/Peschel/Schmidt/Seidler/Möhler, ZfL 2012, 107 ff.

keine klareren Aussagen über die genauen Zusammenhänge gemacht werden. Auch nachdem solche Aussagen in Form von Risikowissen mehr und mehr vorhanden sind[1211], gibt es nach wie vor Lärmwirkungsforscher, die eine damit mögliche Beweisführung vehement bestreiten[1212].

All dies erschwert somit auch hier die Betrachtung von über die Zeit hinweg eintretender Veränderungen der Lärmlast. Bei Gesundheitsreaktion in Folge von Fluggeräuschbelastungen ist es eigentlich sogar so, dass erst in jüngerer Zeit überhaupt Aussagen quantifizierender Art gemacht werden, die von den Medizinern überwiegend als konsistent betrachtet werden. Die Informationslage für die Veränderung der Gesundheitsreaktion in der Bevölkerung um bestimmte Flughäfen herum muss allerdings ebenfalls als unbefriedigend bezeichnet werden.

3. Nochmals: Darlegungsanforderungen?

Eine Ausrichtung der Schwerpunktidentifikation an über die Jahre hinweg gesammelten Daten, die entweder ein Bild davon nachzuzeichnen versuchen, wie sich eine Schall- oder eine Lärmlast entwickelt hat, kann also de facto nicht erfolgen. Die aus vereinzelten Berechnungen oder Untersuchungen zu gewinnenden Informationen haben eher fragmentarischen, punktuellen Charakter. Der Nachweis, dass bestimmte Maßnahmen in der Vergangenheit eine bestimmte Konsequenz gezeigt haben, ist an Hand von einzelnen Berechnungen und Untersuchungen jedenfalls nicht zu führen.

Der Sinn und Zweck dieser Überlegungen zur Möglichkeit einer Schwerpunktidentifikation an Hand von Daten über die Geräusch- bzw. die Lärmlast lag auch darin, die Kritik an den vom BVerfG etablierten Anforderungen zu untermauern, eine Verletzung grundrechtlicher Schutzpflichten im Bereich des Fluglärmschutzes darzulegen[1213]. Wenn es schon nur schwer möglich ist, über einigermaßen zuverlässige empirische Daten die Schwerpunkte eines solchen Regelungskonzepts abstrakt zu benennen, ist es dann realistisch, die Erfassung *und* Beurteilung eines gesamten Systems zu verlangen?

Aus Sicht des BVerfG gehöre zur Erfassung des Regelungskonzepts, „dass die einschlägigen Regelungen des als unzureichend beanstandeten Normkomplexes jedenfalls in Grundzügen dargestellt, die Verwaltungspraxis hierzu wiedergegeben und die einschlägige fachgerichtliche Rechtsprechung aufgearbeitet wird. In einem zweiten Schritt bedarf es dann der Darstellung, ob und gegebenenfalls welche

---

1211 S. oben Teil 1, C., III., 4.

1212 Sich insbesondere gegen das epidemiologische Wissen wendend und die Erkenntnisse der Fluglärmsynopse verteidigend, Scheuch/Jansen, Lärmmedizinische Stellungnahme im PF-Verfahren Vorfeld-West Flughafen Düsseldorf, S. 4 ff., zu finden unter (zuletzt abgerufen am 04.08.2013): http://www.mbwsv.nrw.de/verkehr/luftverkehr/Planung/Planfeststellung_FH_Duesseldorf/_pdf_container/F_Laermmedizin.pdf.

1213 BVerfG, NVwZ 2011, 991 (Rn. 36 ff.); ausführlich dazu oben Teil 2, C., III., 3.

Schutzmaßnahmen zu Gunsten der Bf. in ihrer jeweiligen Situation unternommen wurden, und *aus welchen konkreten Gründen* – aus Sicht der Bf. – vom Versagen der gesetzgeberischen Konzeption auszugehen ist."[1214]

Das BVerfG spricht also eben nicht nur davon, dass das System zu erfassen sei. Es verlangt vielmehr vom Beschwerdeführer, die konkreten Gründe zu benennen, warum von einem Versagen des Systems auszugehen sei. Dies aber erscheint, wie bereits ausgeführt[1215], nur möglich, wenn man die konkret realen Folgen des Systems beurteilt, sei es mit Blick auf die Entwicklung der objektiven Schalllast oder sei es unter Einbezug einer Wirkungsperspektive. Was bleibt, ist also die ernüchternde Erkenntnis, dass spätestens diese Anforderungen, nimmt man sie ernst und wendet sie konsequent an, einem grundrechtsbezogenen Rechtsschutz den Riegel vorschieben.

III. Versuch der abstrakten Bewertung einzelner Lärmschutzmaßnahmen zur Reduktion des Untersuchungsgegenstands

Wie bereits gezeigt lässt sich an Hand bestimmter Informationen nur eine allgemeine Tendenz der Schall- und Lärmentwicklung nachzeichnen. Eine Einschätzung und vorläufige Bewertung einzelner Lärmschutzmaßnahmen kann sich daher zunächst nur auf solche allgemeinen Aussagen stützen. Ihre Überzeugungskraft mag man daher als begrenzt bezeichnen. Andererseits sind sie – insbesondere vor dem Hintergrund der problematischen Informationslage zum konkreten Verlauf der Geräusch- bzw. Lärmlast an bestimmten Orten – auch nicht willkürlich. Die nachfolgenden Überlegungen versuchen sich trotz dieser Probleme an einer ersten Einschätzung und führen so zu einem Ausschluss der Betrachtung von Lärmschutzmaßnahmen am Verkehrsgerät (1.) und der Entscheidungsebene der Raumordnung (2.). Schließlich ist es auch möglich, zu einer Fokussierung der Bedeutung der Flughafenplanungs- und Flugroutenfestsetzungsebene zu gelangen (3.).

1. Ausschluss der Betrachtung von Lärmschutzmaßnahmen „am Verkehrsgerät"

Selbst wenn dazu keine eindeutigen Daten vorhanden sind, kann man davon ausgehen, dass die emittierte objektive Schallgesamtlast des Verkehrsträgers Flugzeug angestiegen ist, da die Zahl der Flugbewegungen auf jedem großen Verkehrsflughafen über die letzten Jahrzehnte hinweg drastisch angestiegen ist[1216]. Soweit ersichtlich wird nicht die Ansicht vertreten, dass technische Innovationen zur Reduktion am Verkehrsgerät hier einen adäquaten Ausgleich geschaffen hätten. Es wird jedoch behauptet, technische Innovationen hätten die Zunahme der Geräuschlast zumindest

1214 BVerfG, NVwZ 2011, 991 (993, Rn. 39) (Herv. vom Verf.).
1215 S. oben Teil 2, C., III., 3., b.
1216 S. die Nachweise in Fn. 1206.

gebremst[1217]. Vor dem Hintergrund der dargestellten Informationslage wäre es allerdings eine äußerst fragwürdige Wertung, wenn man zu Lasten der Anwohner annehmen würde, dass ein Anwachsen etwa der objektiven Schallgesamtlast durch technisch Innovationen verhindert worden sei, ohne konkrete Nachweise dafür zu haben[1218]. Welche Rolle technische Innovationen im Lärmlastverlauf gespielt haben bzw. in Zukunft spielen können, ist jedenfalls nicht bekannt. Allein der Anstieg der Flugbewegungszahlen ist belegbar und kann nachvollzogen werden.

Ohne die vergangene und zukünftige Bedeutung technischer Innovationen herabzuspielen, scheint es hieran anknüpfend möglich, die Ebene der technischen Gestaltung des Verkehrsgeräts in der vorliegenden Untersuchung zu vernachlässigen. Allerdings muss man sich dabei auf zusätzliche Überlegungen stützen: Im Rahmen einer vorläufigen Bewertung zur Schwerpunktidentifikation kann man nämlich davon ausgehen, dass es beim Lärmschutz am Gerät nicht darum geht (nicht darum gehen kann), von den Herstellern ein technisch noch nicht erreichtes Ziel einzufordern[1219]. Auf dieser Ebene können lediglich Anreize gesetzt werden. Ziel muss es hier sein, zu einer möglichst schnellen Umsetzung bereits vorhandener technischer Innovationen beizutragen[1220].

Dies hat aber zur Konsequenz, dass Lärmschutz am Gerät, wenn überhaupt, eher nur langfristig betrachtet auch für den Betroffenen bemerkbar werden kann. Je nach Länge des Umsetzungszeitraums einer Innovation kann dies dazu führen, dass der damit einhergehende Reduktionserfolg durch das Anwachsen des Verkehrsvolumens wieder überkompensiert wird. Wenn es dagegen Ziel des Fluglärmschutzsystems ist, eine *Reduktion* der Schalllast – und hierüber dann eine Reduktion der Lärmlast – insgesamt zu erreichen, können technische Innovationen also nur im Zusammenhang mit anderen Maßnahmen und nur langfristig wirken[1221].

Insoweit ist auch die Flugzeugzulassung in den Blick zu nehmen. Eine eingehende juristische Aufarbeitung der dort relevanten Regelungen ist bisher allerdings

---

1217 Schulze-Fielitz, DÖV 2001, 181 (181 f.); Ekardt, Fluglärmschutzgesetz, Einl., Rn. 27, nennt dies „Rebound-Effekt", der nur über absolute Mengenbegrenzungen lösbar sei. Vor dem Hintergrund der Problematik des Klimawandels zur Bedeutung von Kontingentierungen auch Winter, ZaÖRV 2012, 103 (134 ff.).

1218 Vgl. die schon damals fragwürdigen Überlegungen des Gerichts in – insoweit nicht in der Entscheidungssammlung abgedruckt – BVerwG, Urt. v. 7.7.1978 – IV C 79.76, Rn. 80 und 84 (Juris), zum im Verfahren vorgebrachten Argument der Überkompensation einer Verteilung der Flugbewegungen auf die vorhandenen Bahnen, die sich als vollkommen verfehlt herausgestellt haben.

1219 Vgl. Kloepfer/Griefahn/Kaniowski/Klepper/Lingner/Steinebach/Weyer/Wysk, Leben mit Lärm, S. 409 ff.

1220 Dass technische Innovationen zudem nicht programmiert werden können und es wohl auch faktische Grenzen für technische Reduktionserfolge gibt, versteht sich von selbst.

1221 Ekardt, Fluglärmschutzgesetz, Einl., Rn. 28.

nicht erfolgt[1222]. Auf dieser Entscheidungsebene haben internationale Übereinkünfte großen Einfluss. Die ICAO erlässt die technischen Standards, die bei der Flugzeugzulassung zu beachten sind. Die 1971 begründete lärmabhängige Musterzulassung („noise certification scheme") teilt Flugzeugtypen in verschiedene Kapitel ein, die jeweils unterschiedliche und von Zeit zu Zeit aktualisierte Anforderungen an die zulässige Lärmemission stellen und auch Grundlage der gemeinschaftsrechtlichen und nationalen Zulassung ist (§§ 2 ff. LuftVG)[1223]. Flugzeuge bestimmter Kapitel sind mittlerweile für den Betrieb in Europa nicht mehr zugelassen[1224]. Die Kapitel-Einteilung dient außerdem dazu, Anreize für den Einsatz lärmarmer Flugzeuge zu setzen sowie als Ansatzpunkt für (insbesondere nächtliche) Betriebsbeschränkungen für bestimmte Luftfahrzeuge[1225]. Schließlich ist sie auch Anknüpfungspunkt für die Erhebung sog. Lärmentgelte[1226].

All dies mögen weitere, mit technischen Spezifitäten zusammenhängende Ansätze sein, Lärmschutz zu betreiben. Jedoch wird ihr tatsächlicher Effekt angezweifelt. So wird etwa ein beständiger Streit über die Typeneinteilung beobachtet und moniert, dass die ICAO-Standards eher eine Art kleinster gemeinsamer Nenner seien bzw. meist nur einforderten, was technisch schon erreicht sei[1227]. Zu bedenken ist weiterhin, dass die ICAO eine deutlich wirtschaftliche Ausrichtung hat, die Zweifel am Wert der ICAO-Normen für den technischen Fortschritt berechtigt erscheinen lassen. Dort implementierte Innovationen seien vielmehr durch die Eigeninteressen der Luftfahrtindustrie getrieben, soweit diese mit der Lärmminderung parallel gehen[1228]. Davon aber kann man nicht a priori ausgehen.

Dies alles darf, wie bereits soeben erwähnt, nicht so verstanden werden, als könne man auf Lärmschutz am Gerät verzichten. Die Bemühungen, hier technische Fortschritte zu erzielen, gänzlich einzustellen (und also auf steuernde Eingriffe hier zu verzichten), wäre vor dem Hintergrund des weiterhin angestrebten Wachstums der Flugbewegungszahlen fatal. Betrachtet man die Umsetzung technischer Innovationen in der Vergangenheit, kann man aber wohl sagen, dass Lärmschutz am Gerät für den Betroffenen in der Vergangenheit keine Verbesserung der Gesamtsituation

1222 Ansätze bei Stoermer, Schutz vor Fluglärm, S. 55 ff., Koch, NVwZ 2000, 490 (498); Kloepfer/Griefahn/Kaniowski/Klepper/Lingner/Steinebach/Weyer/Wysk, Leben mit Lärm, S. 411 ff.; detailliert zum Ablauf aus fachlicher Sicht, Feldmann, in: Möser (Hg.), Messtechnik, S. 85 ff.

1223 Koch, NVwZ 2000, 490 (498); Kloepfer/Griefahn/Kaniowski/Klepper/Lingner/Steinebach/Weyer/Wysk, Leben mit Lärm, S. 411 f.

1224 Stoermer, Schutz vor Fluglärm, S. 57; Koch, NVwZ 2000, 490 (498).

1225 S. die Nachweise zu den entsprechenden Nachtflugregelungen in den jüngeren PFBen in Fn. 1173.

1226 Dazu nur Stoermer, Schutz vor Fluglärm, S. 57 (m.w.N.).

1227 Kloepfer/Griefahn/Kaniowski/Klepper/Lingner/Steinebach/Weyer/Wysk, Leben mit Lärm, S. 413; kritisch auch Koch, NVwZ 2000, 490 (498).

1228 Kloepfer/Griefahn/Kaniowski/Klepper/Lingner/Steinebach/Weyer/Wysk, Leben mit Lärm, S. 413.

(im Sinne einer Reduktion der objektiven Schallbelastung) gebracht hat. Es wurde lediglich eine insoweit noch ungünstigere Situation verhindert.

Die technische Verhinderung einer noch größeren Geräuschbelastungssituation als Schwerpunkt der staatlichen Maßnahmen zum Schutz vor Fluglärm und seinen Wirkungen auf den Körper und den Geist zu bezeichnen, kann aber schon vor dem Hintergrund der Nichtprogrammierbarkeit von Innovationen nicht überzeugen. Im Übrigen ist hier noch einmal auf die Situation des Rechtsschutzsuchenden und seine Darlegungsanforderungen im Rahmen einer Verfassungsbeschwerde hinzuweisen[1229]. Es kann nicht sinnvoll sein, von ihm zu verlangen, diese Ebene möglicher staatlicher Einflussnahme zu erfassen und zu beurteilen.

2. *Ausschluss der Betrachtung der Entscheidungsebene „Raumordnung"*

Die Ausführungen zur Möglichkeit, technische Innovationen über Anreize zu unterstützen und zu gewissen Steuerungsmöglichkeiten im Bereich der Flugzeugzulassung haben verdeutlicht, dass ohne übergeordnete Planung, die auf eine mengenmäßige Begrenzung der Belastung abzielt, bestenfalls die Erhaltung eines status quo möglich erscheint.

Was übergeordnete rechtliche Planungsstufen anbetrifft, könnte man an staatliche Einflussnahmemöglichkeiten auf Ebene der Raumordnung denken. Auch auf dieser Ebene kann und wird vor Fluglärm geschützt bzw. durch bestimmte Vorgaben in den Raumordnungsplänen auf die Ebene der Fachplanung Einfluss genommen. Diese Möglichkeiten der Einflussnahme werden in dieser Untersuchung dennoch ebenfalls nicht weiter erörtert. Sie sind, wie die nachfolgenden Ausführungen zeigen, kein Schwerpunkt des staatlichen Fluglärmschutzsystems.

Schon aus Kompetenzgründen ist das Verhältnis von Raumordnung und luftverkehrlicher Fachplanung nicht unproblematisch. Nach der Föderalismusreform unterliegt die Raumordnung gemäß Art. 74 Abs. 1 Nr. 31 GG der konkurrierenden Gesetzgebung. Der Luftverkehr ist dagegen seit jeher gemäß Art. 73 Abs. 1 Nr. 5 GG der ausschließlichen Gesetzgebung des Bundes zugeordnet. Sich daraus ergebende Zuständigkeitskonflikte zwischen einer Raumordnung, die im Rahmen der ihr zugestandenen (Flughafen-)Standortplanung nachfolgenden Entscheidungen in mehr oder weniger großem Umfang vorgreift, und der Fachplanung hat die Rechtsprechung zuletzt häufig beschäftigt[1230]. Aus diesen zuletzt ausgefochtenen Streitigkeiten – etwa im Zusammenhang mit dem Nachtflugverbot am Flughafen Frankfurt/Main – scheint die Raumordnung mit neuen Gestaltungsmöglichkeiten hervorzugehen[1231].

1229 S. oben Teil 2, C., III., 3., b.

1230 BVerwGE 142, 234 (319 ff., Rn. 294 ff.); 125, 116 (130 ff., Rn. 54 ff.).

1231 Selbst wenn über raumordnerische Festlegungen auf Betriebsbeschränkungsaspekte nunmehr Einfluss genommen werden kann, s. BVerwGE 142, 234 (320 f., Rn. 302), erfolgt die rechtsverbindliche Festlegung von aktiven Maßnahmen, wie etwa dem Nachtflugverbot am Flughafen Frankfurt/Main, allerdings noch immer im Planfeststellungsverfahren.

Vorgaben zu konkreten aktiven oder passiven Lärmschutzmaßnahmen werden aber noch immer für kompetentiell unzulässig erachtet[1232]. Auch eine vorbereitende, räumliche Trennung von Nutzungen als eigentliche Kernaufgabe der Raumordnung („Standortwahl")[1233] kann in einem dicht besiedelten Land kaum wesentlichen Einfluss auf die Entwicklung der Schall- bzw. Lärmlast nehmen. Zudem ist zu bedenken, dass – jedenfalls für die großen deutschen Verkehrsflughäfen – die grundsätzliche Standortwahl schon erfolgt ist.

Auch hierzu wieder der Hinweis auf die Darlegungsanforderungen des BVerfG[1234]: Der Einzelne mag gegen eine Standortwahl vorbringen, dass sie ihn belastet und insofern für einen anderen Standort plädieren. Da aber wegen der dichten Besiedelung in Deutschland kein Standort *ohne* zusätzliche Belastung für irgendjemanden zu finden ist, lässt sich mit einer solchen Argumentation schwerlich der Vorwurf mangelnder Effektivität des gesetzgeberischen Regelungskonzepts insgesamt begründen, welches dem Schutz vor den Wirkungen des Fluglärms dienen soll. Hinweise auf eine Ineffektivität des Schutzes vor Fluglärm auf Raumordnungsebene wären allenfalls möglich, wenn man tief in konkrete Standortplanungen einstiege und jeweils vorgeschlagene Alternativen zu den letztlich festgelegten Standorten betrachten würde. Eine solche Betrachtung verlangt aber eine gänzlich andere Perspektive, als sie der Einzelne einnimmt. Soweit also auf Raumordnungsebene auf aktive und passive Maßnahmen nur in gewissem Rahmen Einfluss genommen werden kann und die Nutzungstrennung auf den ersten Blick (nur) zu einer anderen Verteilung der Schall- oder Lärmlast führt, kann hier also ebenfalls kein Schwerpunkt des Fluglärmschutzsystems gesehen werden[1235].

3. *Fokussierung der Entscheidungsebenen „Flughafenplanung" und „Flugroutenfestsetzung"*

Als wesentliche Entscheidungsebenen, in deren Rahmen Lärmschutz betrieben werden kann bzw. durchzuführen ist, bleiben dann nur noch die Flughafenplanung und die Flugroutenfestsetzung[1236]. Für diese Ebenen geht es nun darum, auf die Schnittstellen zu fokussieren, die aktive und passive Mittel des Lärmschutzes ausrichten.

1232 Vgl. BVerwGE 142, 234 (321 ff., Rn. 304 ff.), wo das Gericht erläutert, inwiefern landesplanerische Gewichtungsvorgaben den Spielraum der fachplanerischen Entscheidungen (lediglich) einengen. Noch mit Blick auf die vorangehende Entscheiung des VGH Kassel dazu die Kritik von Steinberg, NVwZ 2010, 273 ff. und die Entgegnung von Lieber, NVwZ 2011, 910 ff.

1233 Spannowsky/Runkel/Goppel, ROG, § 1, Rn. 49; s. auch Ziekow, in: Ziekow (Hg.), Praxis des Fachplanungsrechts, S. 179 ff., Rn. 586 ff.

1234 S. oben Teil 2, C., III., 3., b.

1235 Das Problem korrespondiert zu der Verteilungskontroverse auf Flugroutenebene, s. unten Teil 3, C., II., 3., a.

1236 Inwieweit man in der Schutzbereichsfestlegung eine weitere Entscheidungsebene sehen kann, soll hier nicht erörtert werden. Da insoweit aber – wie auch schon

Für sie soll hier nunmehr noch dargelegt werden, inwiefern sie als die Schwerpunkte des staatlichen Lärmschutzkonzepts angesehen werden müssen.

Bereits in der Einleitung wurde vom im Rahmen der Flughafenplanung zur Anwendung kommenden abgestuften Fluglärmschutzsystem als Kern der vorliegenden Untersuchung gesprochen[1237]. Auch wenn es noch nicht explizit in Bezug genommen wurde, konnten dessen konkrete Folgen über die Analyse einiger jüngerer Planfeststellungsbeschlüsse bereits etwas eingeschätzt werden[1238]. Eine vertiefende Auseinandersetzung mit diesem Stufensystem und seinen tatsächlichen Folgen soll jedoch erst später erfolgen[1239], da zuvor noch deren Entwicklung nachgezeichnet werden soll. Hier kann insofern aber bereits festgehalten werden, dass es vor der Novellierung des FluLärmG zumindest in der Literatur einhellig Auffassung war, dass der Schutz der Flughafenanwohner von der Luftverkehrsverwaltung als Teil ihrer planerischen Aufgaben nach dem LuftVG zwar ohne konkrete normative Vorgaben wahrgenommen wurde, aber dennoch die Flughafenplanung als zentraler Platz bzw. zentrales rechtsstaatliches Mittel zum Schutz vor Fluglärm angesehen wurde[1240].

Da keine übergeordneten Ziele bzw. gesamtstaatlichen Planungen und vor allem aber keine gesetzgeberischen Regelungen vorhanden waren, die konkrete materielle Fluglärmschutzstandards – Lärmgrenzwerte – zum Inhalt hatten[1241], war die Rechtsprechung gezwungen gewesen, sich selbst zu helfen. Sie entwickelte also das abgestufte Fluglärmschutzsystem und stützte sich dabei einerseits auf die §§ 8 Abs. 1, 9 Abs. 2 LuftVG und andererseits auf die Ausführungen des BVerfG in seiner Entscheidung zum Flughafen Lohausen. Dieses System wurde auch durch die Novellierung des FluLärmG strukturell nicht angetastet. Die Rechtsprechung – und überwiegend auch die Literatur – gehen davon aus, dass der Gesetzgeber nunmehr in Form der (Lärm-)Grenzwerte des § 2 Abs. 2 FluLärmG zumindest die materiellen Standards gesetzt hat, die so lange eingefordert wurden[1242].

Der nachfolgend zu untersuchende Schwerpunkt normativer Vorgaben, die den Schutz des Menschen vor Fluglärm auf Ebene der Flughafenplanung möglich machen bzw. bestimmen, wird daher nach wie vor im abgestuften Fluglärmschutzsystem gesehen. Dass hier auch hinsichtlich tatsächlich zu bestimmender, realer Effekte ein Schwerpunkt des gesamten, auf diverse Entscheidungsebenen verstreuten Fluglärmschutzsystems liegt, kann allerdings, wie gezeigt, nicht an Hand von Nachweisen über konkrete Reduktionserfolge in Folge von Schallschutzmaßnahmen

bei der Raumordnung – unterschiedliche Kompetenzen zu beachten sind, dürften die Einflusnahmemöglichkeiten auch hier begrenzt sein.

1237 S. oben Einleitung, A.

1238 S. oben Teil 3, A., I., 3.

1239 Dazu ausführlich unten Teil 3., B., II., 1.

1240 Dolde, in: Ziekow (Hg.), Fluglärm 2003, S. 37; Berkemann, ZUR 2002, 202 (205); Koch, NVwZ 2000, 491 (498).

1241 Storost, NVwZ 2004, 257 (259), sprach von einem „Skandalon“.

1242 BVerwGE 142, 234 (286, Rn. 180 ff.); zum abschließenden Charakter des FluLärmG unten Teil 3, B., II., 4.

auf Ebene der Flughafenplanung gelingen. Das abgestufte Fluglärmschutzsystem auf Ebene der Flughafenplanung war allerdings in der Vergangenheit Grundlage der nachweisbaren Ausweitung des Umfangs von zu gewährendem passiven Schallschutz in der Umgebung von Flughäfen[1243]. Die Geräuschlast wurde dadurch zumindest für deren Innenraum reduziert.

Zudem ist es – abgesehen von der immer bestehenden Möglichkeit gesetzgeberischer Aktivität – der einzige Ort, an dem es zumindest theoretisch zu umfassenderen aktiven Maßnahmen kommen kann[1244]. Zwar hat die Analyse der in aktuellen Planfeststellungsbeschlüssen vorgesehenen Lärmschutzfestsetzungen zum Vorschein gebracht, dass das abgestufte Fluglärmschutzsystem tatsächlich in der Vergangenheit nicht zu solch umfassenden aktiven Maßnahmen geführt hat. Auf Grund der nachfolgenden Überlegungen gilt es jedoch schon die bloße Möglichkeit besonders hervorzuheben:

Passive Maßnahmen verbessern von vornherein nur innerhalb von Gebäuden die Geräuschbelastungssituation und auch nur innerhalb des räumlichen Gebiets, in dem auch tatsächlich passiver Schallschutz gewährt wird. Wie ebenfalls deutlich geworden sein sollte, lassen sich außerhalb von Gebäuden Reduktionserfolge wohl nur auf zwei Wegen erringen. Entweder es treten technische Innovationen ein, die nicht überkompensiert werden, bzw. man versucht, über zusätzliche aktive Maßnahmen einer Überkompensation entgegenzuwirken. Oder man versucht, über aktive Maßnahmen die Reduktion *selbst und direkt* herbeizuführen. Aktive Maßnahmen können nämlich dann ohne technische Innovationen zu Reduktionserfolgen führen, wenn sie absolute Begrenzungen vorsehen. Insoweit sind als effektive Mittel nur das Verbot (etwa das „Nachflugverbot“) oder das Bewegungskontingent denkbar. Wenn ein Kontingent allerdings nur den Status quo einfriert, bedarf es wiederum zusätzlich flankierender Maßnahmen, die über die Zeit zur Verbesserung (verringerte Emissionen) der Flugzeugflotte führen. Andere aktive Schutzmaßnahmen können, wie vorangehend gezeigt, bestenfalls begrenzt bzw. lokal zu einer Entlastung führen, die ebenfalls aber unter dem Vorbehalt der – für die Vergangenheit anzunehmenden – Überkompensation steht, soweit die Schutzmaßnahmen nicht durch Bewegungskontingente flankiert werden.

Diese Überlegungen gehen eigentlich über die Frage nach der Ausrichtung einer Schwerpunktidentifikation bzw. nach einer ersten Bewertung von Fluglärmschutzmaßnahmen sogar hinaus. Sie zeigen, wie wichtig es für eine Beurteilung von einzelnen Fluglärmschutzmaßnahmen, aber auch für eine Beurteilung des gesamten staatlichen Fluglärmschutzsystems wäre, einen übergeordneten Plan zu haben, der konkretere, rechtsverbindliche Lärmschutzziele festlegt. Wenn es das gesetzgeberische Ziel sein sollte, langfristig bestimmte Außenpegel anzustreben,

1243 Dazu insbesondere der Rechtsprechungsverlauf vor der Novellierung des FluLärmG, Teil 3, B., I., 3., c.

1244 Gemeint ist der Versuch, *absolute* Lärmgrenzen zu setzen, um Überkompensationen zu verhindern, s. oben Teil 3, A., III., 1.

die *unterhalb* der momentan bestehenden Geräuschbelastungssituation liegen[1245], so funktioniert dies nur über aktive Schallschutzmaßnahmen[1246]. Ein Fluglärmschutzsystem, das dies nicht zur Kenntnis nimmt bzw. die notwendigen aktiven Maßnahmen nicht durchzusetzen vermag, ist entweder unbewusst unvollständig oder verdeckt diesen Mangel systematisch.

Der nach Schutz suchende Anwohner muss jedoch zusätzlich zur Flughafenplanungsebene auch auf die Flugroutenfestsetzung hingewiesen werden. Dies hat sich in den letzten Jahren zunehmend herauskristallisiert. Die rechtliche Auseinandersetzung um den konkreten Fluglärmschutz hat sich bisher, wie bereits angedeutet, überwiegend auf die Flughafenplanung fokussiert. Es ist insofern auch nicht von geringer Bedeutung, dass die Rechtsprechung auf dieser Entscheidungsebene die Entwicklung normativer Standards vorangetrieben hat. Die tatsächliche Umsetzung passiver Schallschutzmaßnahmen als wesentliche Folge ihrer Anwendung war aber immer an das Wissen gebunden, wo der Fluglärm – der Lärmteppich – eigentlich auftreten würde. Jede Fluglärmermittlung ist also – und war schon immer – zwingend an das Wissen gebunden, welchen Weg die Flugzeuge überhaupt im Raum nehmen bzw. wo deren Geräusche auf dem Boden auftreffen[1247]. Rechtsverbindlich entschieden wird darüber aber erst im Rahmen der Flugroutenfestsetzung. Auch daran hat sich durch das neue FluLärmG strukturell nichts geändert.

Die sich aus dieser Systematik ergebenden Probleme beziehen sich auf die planerische Abwägung. Sie seien hier allerdings nur angedeutet: Wenn auf Ebene der Flughafenplanung über aktive Maßnahmen entschieden werden soll, einer der wesentlichen Aspekte des konkreten Gewichts zukünftiger Belastungen aber erst mit der Entscheidung über die konkrete Führung der Flugrouten bekannt ist, kann es dann ausreichen, die Flugrouten in die planerische Abwägung nur als Prognose einzubeziehen? Anders ausgedrückt: Was sind die Folgen einer solchen Regelung für die planerische Abwägung und dort unter Umständen anzuordnende aktive Maßnahmen? Kann man – wenigstens theoretisch – noch davon ausgehen, dass auf Ebene der Flughafenplanung nicht nur lokal bzw. begrenzt wirkende aktive Maßnahmen angeordnet werden könnten? Und umgekehrt: Welche Folgen hat es, wenn von aktiven Maßnahmen abgesehen wird, die spätere rechtsverbindliche Festsetzung von Flugrouten dann aber zu einer größeren Belastung der Anwohner führt? Bei all dem ist zu bedenken, dass ja gerade die bloße Möglichkeit, umfassende aktive Schallschutzmaßnahmen anzuordnen, als besonders relevant für die Effektivität des gesamten gesetzgeberischen Fluglärmschutzsystems angesehen wurde.

1245 Der Sachverständigenrat für Umwelfragen erhebt solche Forderungen seit langer Zeit, s. nur SRU, Umweltgutachten 2004, S. 321, Rn. 634 (m.w.N.).

1246 S. auch – allerdings vor der Hintergrund des Schutzsystem der §§ 41 ff., 50 BImSchG – Schulze-Fielitz, Die Verw. 2002, 525 (542).

1247 S. unten Teil 3., B., II., 3., a.

Die Verbundenheit von Flughafenplanung und Flugroutenfestsetzung ist mit den zwei großen Aus- und Neubauvorhaben in Frankfurt am Main und Berlin-Brandenburg nun endgültig auch in der juristischen Diskussion angekommen[1248]. Verwunderlich ist allerdings, dass die Einflussnahmemöglichkeit der Flugroutenplanungsebene auf die zu bewältigende Geräuschlast lange nur sehr zögerlich beobachtet und analysiert wurde. Bereits die DFG-Studie hat deutlich darauf hingewiesen, welche Rolle die Flugroutenplanung – in tatsächlicher Hinsicht – für den Schutz vor Fluglärm spielen kann[1249].

Nun ist es aus Sicht des Flughafenanwohners selbstverständlich besser, Lärm erst gar nicht oder nur in geringem Maße ausgesetzt zu sein. Wo sich der Raumordnung kaum Möglichkeiten bieten, wirklich effektiv etwas für den Schutz vor Fluglärm zu tun, kann die Flugroutenfestsetzung unter Umständen erfolgreicher sein. Sie ist nämlich nicht auf zwei Dimensionen (die Flächen) beschränkt. Neben der Frage nach der Bedeutung der Flugroutenfestsetzung für die planerische Abwägung stellt sich daher auch allgemein die Frage, welcher tatsächliche Reduktionsbeitrag sich hier ergeben kann.

B. Flughafenplanung

Da an Hand vorstehender Überlegungen zumindest abstrakt begründet und dargelegt wurde, warum die Ebene der Flughafenplanung die entscheidenden Elemente eines effektiven Fluglärmschutzsystems auf sich konzentriert, gilt es nun weiterhin deren wesentliche Strukturen kurz darzustellen (I.). Dabei soll nicht nur die Entwicklung des auf dieser Entscheidungsebene etablierten abgestuften Fluglärmschutzsystems näher betrachtet werden. Es soll vielmehr auch in die rechtlichen Prozesse eingeführt werden, an deren Ende der Vollzug entweder passiver oder aktiver Schallschutzmaßnahmen steht. Da die Novellierung des FluLärmG ganz offensichtlich in diese Prozesse eingegriffen hat, können die sogleich folgenden Ausführungen zur Bestimmung der sog. Unzumutbarkeitsschwellen durch die Rechtsprechung auch als rechtshistorische Betrachtungen angesehen werden. Auf diesem Überblick aufbauend kann dann dazu übergegangen werden, die Schnittstellen des Fluglärmschutzes auf Ebene der Flughafenplanung nach der Novellierung des FluLärmG einer detaillierten Analyse zu unterziehen (II.). Insbesondere der zweite Schritt findet vor dem Hintergrund der im Rahmen von Teil 2 erarbeiteten verfassungsrechtlichen Vorgaben statt.

I. Struktur und Inhalt der Flughafenplanung im Überblick

Ausführungen zur Flughafenplanung wurden bisher so dargestellt, als seien sie alleine auf das Verfahren der Planfeststellung hin ausgerichtet. Damit wurde genau genommen unterschlagen, dass es ein etwas komplexeres Geflecht luftrechtlicher

1248 S. – auch für Nachweise – unten Teil 3, C., I., 3.
1249 DFG, Forschungsbericht Fluglärmwirkungen, S. 530.

Zulassungsakte bei der Neuanlegung und dem Ausbau von Flugplätzen gibt. Das Verhältnis der luftverkehrsrechtlichen Genehmigung zur luftverkehrsrechtlichen Planfeststellung gilt es somit zu erläutern (1.). Da sich zeigen wird, dass mittlerweile die Planfeststellung das verfahrensrechtliche Zentrum von Flughafenneu- und ausbauten darstellt, beschäftigt sich auch die weitere Untersuchung nur mit deren wesentlichen Elementen. Geprägt ist sie von der planerische Gestaltungsfreiheit und ihren Einschränkungen (2.). Besonderer Augenmerk bei der Einschränkung der planerischen Gestaltungsfreiheit war bis zur Novellierung des FluLärmG auf die sachlich-inhaltliche Bestimmung der maßgeblichen Unzumutbarkeitsschwellen des abgestuften Fluglärmschutzsystems zu legen (3.). Im Mittelpunkt stand die fachplanerische Unzumutbarkeitsschwelle, da hierüber von der Planfeststellungsbehörde festgelegt wurde, welche Anwohner konkret passiven Lärmschutz zu bekommen hatten und welche nicht. Nach der Darstellung der insofern zentralen Entscheidungen des BVerwG wird abschließend die Neuprogrammierung des FluLärmG vor dem Hintergrund der alten Gesetzeslage vorgestellt (4.).

1. *Luftverkehrsrechtliche Genehmigung und luftverkehrsrechtliche Planfeststellung*

In der Konzeption des LuftVG bedarf es für die Anlegung und den Betrieb eines jeden Flugplatzes sowie für jede Anlagen- und Betriebsänderung eines luftrechtlichen Zulassungsaktes, dessen Charakter sich mit dem Typ des Flugplatzes und der Art des Vorhabens ändert[1250]. Dieses relativ unübersichtliche Nebeneinander hat historische Gründe, da zunächst für die Anlegung von Flugplätzen nur eine Flugplatzgenehmigung notwendig war, die als Unternehmergenehmigung[1251] bezeichnet wurde, und erst später die Planfeststellungpflicht zusätzlich eingeführt wurde[1252].

So kommt es, dass noch heute nach § 6 Abs. 1 LuftVG der Betrieb und die Anlegung neuer Flugplätze (Flughäfen, Landeplätze und Segelfluggelände) stets zu genehmigen sind und nach § 8 Abs. 1 LuftVG für die Anlegung und Änderung bestimmter Flugplätze auch noch ein Plan nach § 10 LuftVG festgestellt werden muss[1253]. Nachfolgend wird daher kurz zur Notwendigkeit und zum Inhalt der luftverkehrlichen Genehmigung Stellung genommen (b.). Wenn deren Anwendungs- bzw.

1250 Wysk, ZLW 1998, 456 (457), der ausführt, dass der Begriff der Änderung stets Ausbau (Erweiterung), Rück- und Umbau umfasst; s. auch Franke, Lärmgrenzwerte, S. 57; Hermann, Schutz vor Fluglärm, S. 224.

1251 Hermann, Schutz vor Fluglärm, S. 224; Wysk, in: Ziekow (Hg.), Praxis des Fachplanungsrechts, S. 588, Rn. 1576; Faber, Planung von Flughäfen, S. 62.

1252 Ramsauer, NVwZ 2004, 1041 (1046).

1253 Darüber hinaus ermöglicht § 8 Abs. 2 LuftVG in Form der Plangenehmigung für bestimmte Fälle eine Abweichung vom (aufwendigen) Planfeststellungverfahren und § 8 Abs. 3 LuftVG für Fälle unwesentlicher Bedeutung sogar das Absehen sowohl von der Planfeststellung als auch von der Plangenehmigung.

Funktionsbereiche beschrieben sind, kann die Konzentration auf die luftverkehrliche Planfeststellung erläutert werden (c.). Zuerst jedoch erfolgt eine Einführung in die wichtigsten technischen Grundlagen und Begriffe, die der gesamten Verfahrenseinordnung zu Grunde liegen (a.).

a. Technische Grundlagen im Überblick

Erster Anknüpfungspunkt für planungsrechtliche Rechtsfolgen ist im Luftverkehrsrecht der Typ des Flugplatzes, wobei der Begriff Flugplatz als Oberbegriff für die abschließende Aufgliederung des Luftverkehrsgesetzes in Flughäfen, Landeplätze und Segelfluggelände gesehen wird (§ 6 Abs. 1 LuftVG)[1254]. Für deren genaue Unterscheidung bietet das LuftVG zwar kaum Hilfestellungen. Jedoch ist dies für die vorliegende Untersuchung von untergeordneter Bedeutung; denn bei der Frage des Übergangs von einem Landeplatz zu einem Flughafen markiert der Betrieb von Flugzeugen nach Instrumentenflugregeln (kurz: IFR; § 27a, §§ 36–42 LuftVO)[1255] auf einer Präzisionslandebahn die Notwendigkeit eines Bauschutzbereichs, welcher wiederum als Abgrenzungsmerkmal zwischen Landeplatz und Flughafen herangezogen wird (Vgl. § 12 LuftVG)[1256]. Hier im Mittelpunkt stehen die größeren Verkehrsflughäfen, deren Betrieb ohne Instrumentenflugregeln heute nicht mehr vorstellbar ist[1257].

In diesem Zusammenhang ebenfalls zu erwähnen ist die Unterscheidung von Sonderflughäfen bzw. Sonderfluglandeplätzen (§§ 38 Abs. 2, 49 Abs. 2 LuftVZO) und solchen Flughäfen und Landeplätzen, die dem allgemeinen Verkehr dienen (§ 6 Abs. 3 LuftVG). Verkehrsflughäfen bzw. -landeplätze hat der Flughafenunternehmer zu unterhalten und ihre Benutzung kraft der ihn betreffenden Betriebspflicht (§§ 45 Abs. 1 S. 1, 53 LuftVZO) zu ermöglichen[1258].

Flugplätze sind komplexe Gebilde aus Flächen, Gebäuden, Einrichtungen und Anlagen verschiedenster Art[1259]. Was genau vom Rechtsbegriff des Flugplatzes umfasst ist, ist nicht immer leicht zu bestimmen. Er soll aber alle Anlagen betreffen, die dem eigentlichen Flugbetrieb, dem Starten, Landen, Rollen, oder Abstellen von

---

1254 Wysk, in: Ziekow (Hg.), Praxis des Fachplanungsrechts, S. 581, Rn. 1557. Dort auch zur Bedeutung Internationaler Abkommen bei den Begriffsbildungen des LuftVG.

1255 Dazu später auch unten Teil 3., C., I., 1. Der Segelflug wird hier nicht näher betrachtet, weil davon ausgegangen werden kann, dass die dabei entstehende Geräuschkulisse zu vernachlässigen ist.

1256 Hermann, Schutz vor Fluglärm, S. 240; Faber, Planung von Flughäfen, S. 202 f.; Wysk, in: Ziekow (Hg.), Praxis des Fachplanungsrechts, S. 582, Rn. 1559.

1257 Um Verkehrsflughäfen herum wird selbst dann nach IFR geflogen, wenn Sichtflug möglich wäre, Lübben, in: Hobe/Ruckteschell (Hg.), Kölner Kompendium, Bd. 2, E., Rn. 70.

1258 Hierzu Faber, Planung von Flughäfen, S. 205 f.

1259 Wysk, in: Ziekow (Hg.), Praxis des Fachplanungsrechts, S. 583, Rn. 1563.

Luftfahrzeugen dienen[1260]. Auch die diese Flächen umgebenden Hochbauten können auf Grund ihrer dienenden Funktion zum Flugplatz gezählt werden, stehen jedoch in unterschiedlicher Intensität in einem flugbetrieblichen Zusammenhang[1261].

Für die Vorhabenplanung und ihre rechtliche Einordnung ist aber – neben der Bestimmung von Umfang und Art des Flugplatzes – auch die Bestimmung der Kapazität eines Flugplatzes von Bedeutung[1262]. Der Begriff der (technischen) Kapazität wird allerdings nicht einheitlich verstanden und bestimmt. Weitergehende Einigkeit scheint nur hinsichtlich der Unterscheidung von luftseitiger und landseitiger Anlagenkapazität zu bestehen.

Die luftseitige Kapazität eines Flugplatzes bestimmt die möglichen Flugbewegungen (Starts und Landungen) und kann entweder unter idealisierten oder ausgerichtet auf mehr praktische bzw. reale Bedingungen bestimmt werden[1263]. Bestimmt wird sie zunächst von der baulichen Substanz, also vor allem von den Roll- und Vorfeldern, sowie insbesondere von Art und Anzahl der Start- und Landebahnen[1264]. Es ergibt sich aber auch ein funktionaler Zusammenhang zu sog. Flugbetriebsszenarien[1265], welche auf die die Anlagennutzung beeinflussenden Aspekte abzielten, also vor allem auf den abzuwickelnden Flugzeugmix, auf die Flugstreckengeometrie sowie auf klimatische Randbedingungen[1266]. Die landseitige Kapazität bezieht sich dagegen auf den Durchsatz an Passagieren und Fracht und ist also abhängig von Art, Umfang und Ausstattung der Abfertigungsgebäude[1267]. Die Variabilität dieser Parameter und deren vielfach notwendige, prognostische Einschätzung schließen es praktisch aus, von einem einzigen, absoluten Wert der Kapazität eines Flughafens auszugehen[1268].

1260 Franke, Lärmgrenzwerte, S. 57 f.; Grabherr, in: Grabherr/Reidt/Wysk (Hg.), LuftVG, § 8, Rn. 23.; Giemulla/Rathgeb, in: Giemulla/Schmid (Hg.), LuftVG, Bd. 1.1, § 6, Rn. 7.

1261 Wysk, in: Ziekow (Hg.), Praxis des Fachplanungsrechts, S. 587, Rn. 1575 und S. 590, Rn. 1584; Wysk, ZLW 1998, 456 (460); Franke, Lärmgrenzwerte, S. 58.

1262 BVerwG, NVwZ 2001, 566 (566); BVerwG, NVwZ 2000, 681; Wysk, in: Ziekow (Hg.), Praxis des Fachplanungsrechts, S. 583, Rn. 1563; s. auch Baumann, in: Ziekow (Hg.), Aktuelle Fragen 2007, S. 9 f.

1263 Wysk, in: Ziekow (Hg.), Praxis des Fachplanungsrechts, S. 584, Rn. 1564; ähnlich Baumann, in: Ziekow (Hg.), Aktuelle Fragen 2007, S. 11 f.

1264 Baumann, in: Ziekow (Hg.), Aktuelle Fragen 2007, S. 10; ausführlich zu den Flugbetriebsflächen Wysk, in: Ziekow (Hg.), Praxis des Fachplanungsrechts, S. 585, Rn. 1568 ff.

1265 Zum Begriff später auch unten Teil 3, B., II., 3., a.

1266 Wysk, in: Ziekow (Hg.), Praxis des Fachplanungsrechts, S. 584, Rn. 1566.

1267 Wysk, in: Ziekow (Hg.), Praxis des Fachplanungsrechts, S. 584, Rn. 1564.

1268 Wysk, in: Ziekow (Hg.), Praxis des Fachplanungsrechts, S. 585, Rn. 1567; Baumann, in: Ziekow (Hg.), Aktuelle Fragen 2007, S. 12 f.

b. Notwendigkeit und Inhalt einer luftverkehrlichen Genehmigung

Noch immer bedarf jeder Verkehrsflughafen einer sich auf seine Anlegung und seinen Betrieb (§§ 42 Abs. 1, 52 Abs. 1, 57 Abs. 1 LuftVZO) beziehenden Genehmigung nach § 6 Abs. 1 S. 1 LuftVG. Jedenfalls ist für die erstmalige Anlegung bzw. die erstmalige Aufnahme des Betriebs eines Flugplatzes eine luftverkehrliche Genehmigung erforderlich. Es ist zwar auch für die Zukunft nicht vollständig ausgeschlossen, dass es, wie im Fall des Flughafens BBI, auch bei einem Standortwechsel zur Neuanlegung eines Flugplatzes kommt[1269], jedoch kann für Deutschland festgestellt werden, dass die erstmalige Anlegung und Inbetriebnahme eines Flugplatzes in Zukunft kaum noch praktische Relevanz haben werden.

Vielmehr sind heute und für die Zukunft vor allem die Änderung[1270] oder Erweiterung von Flughafenanlagen von praktischem und rechtlichem Interesse. Jedoch bedarf nicht jede Änderung oder Erweiterung von Anlagen einer Genehmigung. Gemäß § 6 Abs. 4 S. 2 LuftVG ist eine Änderungsgenehmigung nämlich nur erforderlich, wenn die beabsichtigte Änderung wesentlich ist. Wann eine solche Wesentlichkeit vorliegt, wird als eine der schwierigsten Fragen des Luftverkehrsrechts angesehen[1271]. Die Rechtsprechung hat zu ihrer Beantwortung den sog. Negativtest entwickelt, der für die vorliegende Untersuchung jedoch nicht von weiterer Bedeutung ist[1272].

Genehmigungspflichtig ist aber nicht nur die wesentliche Änderung von Anlagen, sondern auch ihr Betrieb, worunter nicht nur das Vorhalten und Unterhalten der Flugplatzanlage zu verstehen ist, sondern auch der Betrieb der Luftfahrzeuge selbst[1273] sowie die Änderung von Betriebszeiten[1274]. Dennoch wird nicht jede Art von Betriebsregelung für genehmigungspflichtig gehalten, sondern nur solche, die einen engen Bezug zum Betrieb des Flugplatzes haben[1275], weshalb wiederum

---

1269 Zur auf diesen Fall bezogenen Rechtsprechung des BVerwG unten Teil 3, B., I., 3., c., ee.

1270 Der Begriff der Änderung umfasse zunächst jede Abweichung vom genehmigungsrechtlich festgelegten Bestand, Wysk, in: Ziekow (Hg.), Praxis des Fachplanungsrechts, S. 621, Rn. 1676; s. auch Delbanco, Verkehrsflughäfen, S. 174 ff.

1271 Ramsauer, NVwZ 2004, 1041 (1049); Franke, Lärmgrenzwerte, S. 59 ff.

1272 Weiterführend Wysk, in: Ziekow (Hg.), Praxis des Fachplanungsrechts, S. 579, Rn. 1551 und 1683; s. auch Delbanco, Verkehrsflughäfen, S. 181; Ramsauer, NVwZ 2004, 1041 (1047 f.); Rathgeb, in: Giemulla/Schmid (Hg.), LuftVG, Bd. 1.1, § 6, Rn. 9; Reidt/Fellenberg/Schiller, in: Grabherr/Reidt/Wysk (Hg.), LuftVG, § 6, Rn. 29 ff. Änderungen, die die Kapazität eines Flughafens betreffen, können insbesondere die Wesentlichkeit begründen, Wysk, in: Ziekow (Hg.), Praxis des Fachplanungsrechts, S. 621, Rn. 1678; s. aber auch BVerwG, NVwZ 2001, 566 (566); BVerwG, NVwZ 2000, 681.

1273 Rathgeb, in: Giemulla/Schmid (Hg.), LuftVG, Bd. 1.1, § 6, Rn. 8.

1274 Reidt/Fellenberg/Schiller, in: Grabherr/Reidt/Wysk (Hg.), LuftVG, § 6, Rn. 24, insb. mit Blick auf Nachtflugverbote etc.

1275 Franke, Lärmgrenzwerte,. S. 58; s. auch Bidinger, Planung, S. 85.

zwischen Regelungen des Flughafenbetriebs und Regelungen des Flugbetriebs zu unterscheiden ist.

In ihrer Form als Unternehmergenehmigung dient die luftverkehrliche Genehmigung vor allem der Wahrung der Öffentlichen Sicherheit und Ordnung[1276], die an einem Flugplatz durch luftfahrtspezifische und betriebsbedingte Gefahren (§§ 29 Abs. 1 S. 1, 2. Fall, 29b LuftVG), aber auch durch betriebsfremde, äußere Gefahren (§§ 29 Abs. 1 S. 1, 1. Fall, 29c, 29d LuftVG) bedroht sein kann[1277]. Da das Genehmigungsverfahren nicht mit Konzentrationswirkung ausgestattet ist, kann es nur seine Aufgabe sein, den luftfahrtspezifischen Gefahren zu begegnen. Zu ihnen gehört auch der Fluglärm[1278]. Eine Abwägung ist hier nicht vorgesehen[1279].

Im Hinblick auf ihren auch planerischen Gehalt geht die Genehmigung jedoch über das Verhältnis von Flugplatzbetreiber und Luftfahrtbehörde hinaus und bezieht auch die Auswirkungen der Genehmigung auf die betroffenen öffentlichen und privaten Rechte, Interessen und Belange Dritter in das Entscheidungsprogramm ein[1280]. In der Umgebung entstehende Konflikte sind also zu bewältigen und gegenläufige Interessen nach Maßgabe des Abwägungsgebotes gegebenenfalls überwindbar[1281].

Das verbindliche Mindestprogramm der planerischen Beurteilung im Rahmen einer luftverkehrlichen Genehmigung lässt sich § 6 Abs. 2 LuftVG entnehmen, auch wenn dieser seinem Wortlaut nach auf die Erstgenehmigung zugeschnitten wurde[1282]. Zu prüfen sind Versagungsgründe, die sich aus der Planrechtfertigung, der Geeignetheit des Geländes, den Vorgaben der Raumordnung, der Umweltverträglichkeitsprüfung, städtebaulichen Anforderungen, aus der Beeinträchtigung öffentlicher Interessen, aber auch aus den Schutzinteressen der Anwohner im Hinblick auf den Fluglärm ergeben können[1283].

Der Inhalt einer Genehmigung hängt vom Flugplatztyp (§§ 42 Abs. 2, 52 Abs. 2 und 57 Abs. 2 LuftVZO) bzw. von der Art des Vorhabens ab. Entscheidend ist, dass sie mit Nebenbestimmungen versehen werden kann, die als maßgebliches Mittel zur Problembewältigung auf die Gestaltung des Flugplatzes und des Flugbetriebs

---

1276 Franke, Lärmgrenzwerte, S. 62; zur Bedeutung als personenbezogene Voraussetzung, s. Wysk, in: Ziekow (Hg.), Praxis des Fachplanungsrechts, S. 589, Rn. 1581 f.

1277 Wysk, in: Ziekow (Hg.), Praxis des Fachplanungsrechts, S. 588, Rn. 1577.

1278 Franke, Lärmgrenzwerte, S. 63 f.; Wysk, in: Ziekow (Hg.), Praxis des Fachplanungsrechts, S. 588, Rn. 1577.

1279 Franke, Lärmgrenzwerte, S. 62.

1280 Kämper, ZLW 2009, 16 (16); Franke, Lärmgrenzwerte, S. 62 f.; Wysk, in: Ziekow (Hg.), Praxis des Fachplanungsrechts, S. 590, Rn. 1583.

1281 Zur planerischen Abwägung ausführlich unten Teil 3, B., II., 4. und 5.

1282 Wysk, in: Ziekow (Hg.), Praxis des Fachplanungsrechts, S. 593, Rn. 1592.

1283 Ausführlich zu den einzelnen Aspekten Faber, Planung von Flughäfen, S. 219 ff.; s. auch Wysk, in: Ziekow (Hg.), Praxis des Fachplanungsrechts, S. 593, Rn. 1592 ff.; Kämper, ZLW 2009, 16 (16 ff.). Die Lärmbelastung kann auch im Rahmen der UVP von Bedeutung sein, vgl. Franke, Lärmgrenzwerte, S. 66 f.

abzielen können[1284]. Bisher war auch anerkannt, dass eine Genehmigung in entsprechender Anwendung von § 9 Abs. 2 LuftVG Auflagen zum Schutz der Anwohner vor Fluglärm enthalten kann bzw. sie sogar nach Bestandkraft noch verfügt werden konnten[1285]. Es sind also diese Nebenbestimmungen, über die die bereits besprochenen Mittel des aktiven und passiven Lärmschutzes aufgegriffen und umgesetzt werden können[1286].

Soweit ihr Inhalt reicht, entfaltet die Genehmigung Zulassungs- und Duldungswirkung. Sie lässt also einerseits das präventive Verbot (Flugplätze anzulegen bzw. zu betreiben) erlöschen und zwingt andererseits die Umgebung, die Durchführung des Vorhabens grundsätzlich zu tolerieren. Wenn aber neben dem Genehmigungsverfahren auch ein Planfeststellungverfahren durchzuführen ist, geht die Zulassungswirkung von beiden Entscheidungen aus.

c. Konzentration auf die luftverkehrliche Planfeststellung

Wie bereits angedeutet, besteht heute kaum noch ein Bedarf für die Neuanlegung eines Flugplatzes. Auch die Zeit, in der in den neuen Bundesländern Flugplätze entstehen, scheint mittlerweile vorbei. Daher braucht auf die auch für solche Fälle bedeutsame Frage der Koordinierung von Genehmigungs- und Planfeststellungsverfahren nicht vertiefend eingegangen zu werden. Es reicht aus, sowohl darauf hinzuweisen, dass – wie soeben gezeigt – das Genehmigungsverfahren ein über die planerischen Elemente hinausgehendes Prüfungsprogramm aufweist, als auch darauf hinzuweisen, dass im Hinblick auf planerische Elemente gemäß § 6 Abs. 4 S. 1 LuftVG vom Planfeststellungsbeschluss abweichende Regelungen nicht mehr zulässig sind[1287]. Daher ermöglicht es § 8 Abs. 6 LuftVG auch, die Genehmigung gleichzeitig oder im Anschluss an den Planfeststellungsbeschluss mit dem entsprechenden Ergebnis des Planfeststellungsverfahrens zu erteilen[1288].

Soweit ein ziviler Flugplatz keines Bauschutzbereichs bedarf – also für diese Untersuchung von untergeordneter Bedeutung ist –, ist die luftverkehrliche Genehmigung alleiniges Zulassungsinstrument und wird in diesem Zusammenhang daher sowohl als überwachungsrechtliche Unternehmergenehmigung als auch

1284 Wysk, in: Ziekow (Hg.), Praxis des Fachplanungsrechts, S. 606, Rn. 1634; s. auch Ramsauer, NVwZ 2004, 1041 (1047).

1285 Wysk, in: Ziekow (Hg.), Praxis des Fachplanungsrechts, S. 606, Rn. 1634. Ausführlicher zur Bedeutung von § 9 Abs. 2 LuftVG für das Planfeststellungsverfahren *vor* der Novellierung des FlugLSchG sogleich unten Teil 3., B., I., 2., b. und 3.

1286 S. oben Teil 3, A., I., 2. und 3.

1287 Vgl. Wysk, in: Ziekow (Hg.), Praxis des Fachplanungsrechts, S. 605, Rn. 1631.

1288 Ausführlich zur Historie des Nebeneinanders von luftverkehrlicher Genehmigung und Planfeststellung Franke, Lärmgrenzwerte, S. 67 ff., die im Ergebnis davon ausgeht, dass dessen praktische Relevanz heute gering ist (S. 77); s. auch Wysk, in: Ziekow (Hg.), Praxis des Fachplanungsrechts, S. 605, Rn. 1631.

als Planungsentscheidung angesehen[1289]. Nur in solchen Fällen entfaltet sich ihre Doppelnatur in vollem Maß.

Flughäfen mit beschränktem Bauschutzbereich nach § 17 LuftVG dürfen gemäß § 8 Abs. 1 S. 1 LuftVG nur geändert werden, wenn der Plan nach § 10 LuftVG vorher festgestellt ist. Dieses umfassende Planfeststellungserfordernis für die Anlagen-Änderungssituation gilt wiederum nicht uneingeschränkt, da § 8 Abs. 2 LuftVG für einfach gelagertere Fälle eine „Plangenehmigungsverfahren" vorsieht und § 8 Abs. 3 LuftVG sogar davon ausgeht, dass beide Verfahren unterbleiben können, wenn Änderung oder Erweiterung von unwesentlicher Bedeutung sind. Änderung des Betriebs der Anlage oder der betrieblichen Abläufe werden also von § 8 Abs. 1 LuftVG noch immer nicht explizit erfasst, obwohl es möglich ist, im Planfeststellungsverfahren betriebliche Regelungen festzulegen (§ 8 Abs. 4 S. 1 LuftVG)[1290].

Hieran schließt sich die weitere Frage an, wann für eine Änderung bestehender Anlagen oder bestehender Betriebsregelungen überhaupt eine Planfeststellungspflicht besteht. Es ist davon auszugehen, dass jede Erweiterung der die luftseitige (technische) Kapazität bestimmenden baulichen Merkmale eines Flughafens sowie die Änderung planfestgestellter Regelungen ein Planfeststellungsverfahren erzwingt[1291]. Zudem eröffnet § 8 Abs. 4 S. 1 LuftVG die Möglichkeit, auch betriebliche Regelungen einzubeziehen, was aus systematischen Erwägungen und im Hinblick auf das Gebot, alle Konflikte, die das Vorhaben in der Umgebung auslöst, auch umfassend zu lösen, als folgerichtig angesehen wird[1292] und in der Praxis regelmäßig der Fall war[1293].

Man kann also davon ausgehen, dass die die Untersuchung interessierenden, größeren Infrastrukturvorhaben ganz regelmäßig die Durchführung eines Planfeststellungsverfahrens verlangen[1294]. Da der schon erwähnte § 8 Abs. 6 LuftVG zudem vorsieht, dass die Genehmigung nicht Voraussetzung für ein Planfeststellungs- oder Plangenehmigungsverfahren ist und Anpassungsbescheide hier nach einer Änderungsplanfeststellung ergehen, kann also der weitere Verlauf der Untersuchung sich alleine auf das materielle Entscheidungsprogramm im Rahmen der Planfeststellung konzentrieren. Für die Planfeststellung gilt es also zu untersuchen, welche Möglichkeiten sich hier bieten, aktiven oder/und passiven Lärmschutz zu betreiben

1289 Ramsauer, NVwZ 2004, 1041 (1046); Wysk, in: Ziekow (Hg.), Praxis des Fachplanungsrechts, S. 579, Rn. 1551.

1290 Ramsauer, NVwZ 2004, 1041 (1047).

1291 Franke, Lärmgrenzwerte, S. 77; Delbanco, Verkehrsflughäfen, S. 29; Wysk, in: Ziekow (Hg.), Praxis des Fachplanungsrechts, S. 612, Rn. 1650.

1292 Wysk, in: Ziekow (Hg.), Praxis des Fachplanungsrechts, S. 612, Rn. 1650; Wysk, ZLW 1998, 456 (458 f.).

1293 Vgl. oben die Analyse der jüngeren PFBe Teil 3, A., I., 3. sowie die Analyse der Rechtsprechung des BVerwG unten Teil 3, B., I., 3., c.

1294 Wysk, ZLW 1998, 456 (458), spricht vom Zentrum luftverkehrlicher Entscheidungen, die die Genehmigung allerdings nicht vollkommen entbehrlich machen würde; s. auch Franke, Lärmgrenzwerte, S. 77.

bzw. in welchem Rahmen und in welcher Art hier Lärmschutz eventuell sogar zwingend vorgesehen ist.

2. *Grundlagen des Flughafenplanfeststellungsrechts*

Sinn und Zweck jeder Planfeststellung besteht vor allem darin, dies ist teilweise schon angeklungen, die Vielzahl der von einem Vorhaben berührten Rechte und Interessen miteinander in Einklang zu bringen sowie die durch das Vorhaben ausgelösten Probleme in einer einheitlichen Gesamtregelung zu bewältigen. Durch die Planfeststellung soll eine umfassende Regelung aller von ihr berührten öffentlich-rechtlichen Rechtsbeziehungen getroffen werden, so dass neben ihr grundsätzlich keine andere behördliche Entscheidung mehr getroffen werden muss (§ 75 Abs. 1 S. 1 Hs. 2 VwVfG).

Um dies bewerkstelligen zu können, kommt der zuständigen Planfeststellungsbehörde bei der Planfeststellung ein planerischer Gestaltungsspielraum zu[1295], der auch als eigenverantwortliche und umfassende planerische Freiheit für die Einfügung der planfestzustellenden Anlage in die Umwelt und ihre technische Ausgestaltung umschrieben wird, die eine Überprüfung des Vorhabens unter allen technischen und planerischen Aspekten und Alternativen zulässt[1296]. Damit erstreckt sich die planerische Freiheit in umfassender Weise auf alle Gesichtspunkte der Planung, die zur optimalen Verwirklichung der gesetzlichen Planungsaufgabe, aber auch zur Bewältigung der vom Vorhaben in seiner räumlichen Umgebung aufgeworfenen Probleme von Bedeutung sind[1297]. Planung ohne Gestaltungsspielraum wird gemeinhin als ein Widerspruch in sich selbst angesehen[1298]. Dies geht prinzipiell so weit, dass auch der Antragsteller regelmäßig keinen Anspruch auf Planfeststellung seines beantragten Vorhabens hat, sondern nur einen Anspruch auf fehlerfreie Ermessensentscheidung[1299].

Die planerische Gestaltungsfreiheit ist also das Zentrum der rechtlichen Beurteilung, weil der Planfeststellungsbehörde einerseits zwar Spielraum gewährt wird, sie andererseits aber auch rechtlichen Bindungen unterworfen ist. Planerische

---

1295 Insoweit grundlegend für das Bauplanungsrecht, BVerwGE 34, 301 (304); durch BVerwGE 48, 56 (63 f.) übertragen auf die fernstraßenrechtliche und durch BVerwGE 56, 110 (116) auf die luftverkehrliche Planfeststellung; hierzu auch unten Teil 3, B., I., 3. Rechtsgrundlagen im Luftverkehrsrecht sind §§ 8 Abs. 1 und 2, 10 Abs. 1 LuftVG für Planfeststellungs- und Plangenehmigungsverfahren sowie § 6 Abs. 1 und 4 LuftVG für Genehmigungsverfahren; ausführlich zum Ganzen Faber, Planung von Flughäfen, S. 104 ff.; Hermann, Schutz vor Fluglärm, S. 241 ff.; Franke, Lärmgrenzwerte, S. 81 f.

1296 Dürr, in: Knack/Henneke (Hg.), VwVfG, § 74, Rn. 74; s. auch Franke, Lärmgrenzwerte, S. 81.

1297 BVerwGE 56, 110 (116); 87, 332 (341).

1298 BVerwGE 34, 301 (304); 48, 56 (59); 56, 110 (116).

1299 BVerwGE 97, 143 (149).

Gestaltungsfreiheit bedeutet nicht schrankenlose Planungsbefugnis. Bindungen ergeben sich vielmehr sowohl aus den jeweiligen Fachplanungsgesetzen als auch aus allgemeinen rechtsstaatlichen Überlegungen und Grundsätzen, wobei auch für solche Bindungen angenommen wird, dass sie dem Wesen der Planung entsprechen[1300].

Darauf aufbauend verlangt eine fehlerfreie Ausübung der planerischen Freiheit das Durchlaufen eines bestimmten Prüfprogramms, welches regelmäßig vier Schritten durchläuft. Von einer Fehlerfreiheit wird ausgegangen, wenn (1) die Ausübung von planerischer Freiheit mit der maßgeblichen Zulassungsnorm in Einklang steht und die Ziele der Norm gerechtfertigt sind (Planrechtfertigung), (2) wenn den strikt zu beachtenden Normen des Raumordnungsrechts entsprochen wurde (insbesondere Zielen der RO), wenn sie (3) mit dem gesamten auf Grund der Konzentrationswirkung beachtlichen strikten Recht in Einklang steht und (4) den Geboten der gerechten Abwägung und Problembewältigung unter Berücksichtigung vorgegebener gesetzlicher Wertungen genügt[1301]. Aus diesem Prüfprogramm wurde jedoch hier bereits die Ebene des Raumordnungsrechts als für das gesamte Fluglärmschutzsystem weniger relevant ausgeschlossen[1302]. Daher vernachlässigen die weiteren Ausführungen auch die Strukturen des zum Teil umstrittenen Zusammenspiels von Raumordnung und Fachplanung[1303].

a. Planrechtfertigung und Bedarf

Als ungeschriebene Voraussetzung für eine fehlerfreie Ausübung planerischer Freiheit verlangt die Rechtsprechung seit jeher eine sog. Planrechtfertigung[1304]. Diese bindet die planerische Entscheidung insofern, als die Fachplanungsbehörde im Grundsatz ein Vorhaben nur als legitimiert ansehen darf, wenn dafür ein Bedarf besteht. Dies stützt sich auf die Überlegung, dass hoheitliche Planung nicht schon aus sich selbst heraus gerechtfertigt ist, sondern im Hinblick auf die mit dem Vorhaben regelmäßig verbundenen Einwirkungen der Rechte Dritter ein Rechtfertigungsbedürfnis entsteht[1305]. Dem soll genüge getan sein, wenn für das beabsichtigte Vorhaben nach Maßgabe der vom jeweiligen Fachplanungsrecht verfolgten Ziele ein Bedürfnis besteht, welches die Planung als objektiv erforderlich erscheinen

---

1300 BVerwGE 56, 110 (116 f.); 75, 214 (232); 87, 332 (341).

1301 Für die Flughafenplanung im Kern angelegt durch BVerwGE 56, 110 (117); ausführlich dazu Hermann, Schutz vor Fluglärm, S. 246 ff.; Faber, Planung von Flughäfen, S. 118 ff.

1302 S. oben Teil 3, A., III., 2.

1303 Zur Diskussion um die Beeinflussung des Nachtlärmschutzkonzepts im Fall des Verfahrens um den Ausbaus des Verkehrsflughafens Frankfurt/Main, s. oben Fn. 1233.

1304 Wiederum im Verlauf vom Bauplanungs- zum Luftverkehrsrecht: BVerwGE, 34, 301 (305); 48, 56 (60); 56, 110 (118 ff.); zu diesem Verlauf ausführlich Faber, Planung von Flughäfen, S. 170 ff.

1305 BVerwGE 56, 110 (118); s. auch Jannasch, VBlBW. 2008, 361 (363).

lässt[1306]. Objektive Erforderlichkeit soll nicht erst gegeben sein, wenn das Vorhaben unausweichlich erscheint, sondern wenn die Planung sich als vernünftigerweise geboten darstellt[1307].

Häufig wird das Erfordernis der Planrechtfertigung in der Literatur auch als bloße Ausprägung des Prinzips der Erforderlichkeit dargestellt, welches bei jeder staatlichen Maßnahme Anwendung findet, und damit die Frage aufgeworfen, ob es überhaupt ein eigenständiges Kriterium darstellt[1308]. Dies soll bis zu einem gewissen Grad die zentrale Bedeutung verkennen, die die Bedürfnisprüfung für die planerische Abwägung, insbesondere für den Gewichtungsvorgang hat[1309]. Die Rechtsprechung verlangt jedenfalls nach wie vor die gesonderte Feststellung der Erforderlichkeit eines Vorhabens[1310], wofür bisher eine genauere Betrachtung der vom LuftVG verfolgten Ziele und des hierdurch ausgelösten Bedarfs verlangt worden ist[1311]. Die Förderung der Belange des Luftverkehrs ist gesetzliches Ziel des LuftVG, wozu vor allem die Bewältigung des prognostizierten Verkehrsbedarfs und die Gewährleistung der Sicherheit des Luftverkehrs zählen[1312]. Die Verfolgung anderer gesetzlicher Ziele neben diesen zentralen Eckpfeilern ist zwar denkbar[1313], jedoch ist der eigentliche Kernpunkt der Planrechtfertigung die Prognostizierung eines Bedarfs. Sie steht auch deshalb im Mittelpunkt der Auseinandersetzung um eine jeweilige Planrechtfertigung, weil, wie bereits mehrfach festgestellt[1314], bisher keine gesetzliche Festlegung – wie etwa im Bereich der Verkehrsträger Schiene und Straße – von prioritären Vorhaben auf Bundesebene erfolgt ist. Daher ist die Bedarfsprognose im Luftverkehrsbereich vor allem ein Streit unter Gutachtern über die zukünftige Nachfrage nach Luftverkehrsdienstleistungen[1315].

Die Bedarfs- oder Bedürfnisprüfung hat auch einen nicht zu unterschätzenden Einfluss auf die Lärmermittlung und daher auch auf deren Gewichtung im

1306 BVerwGE 56, 110 (118); s. auch Hermann, Schutz vor Fluglärm, S. 246 f.; Jannasch, VBlBW. 2008, 361 (363); Dürr, in: Knack/Henneke (Hg.), VwVfG, § 74, Rn. 82; Jarass, DVBl. 1998, 1202 (1204).

1307 St. Rspr. BVerwGE 125, 116 (177, Rn. 182); 107, 142 (145); 56, 110 (119).

1308 Kopp/Ramsauer, VwVfG, § 74, Rn. 30 ff.; s. auch Wahl, NVwZ 1990, 426 (437); Wahl/Dreier, NVwZ 1999, 606 (613 f.); Kühling/Hermann, Fachplanungsrecht, S. 88, Rn. 273; Steinberg/Wickel/Müller, Fachplanung, S. 210, Rn. 47.

1309 Für Wysk, in: Ziekow (Hg.), Praxis des Fachplanungsrechts, S. 618, Rn. 1666, hat der Verkehrsbedarf eine zentrale, kaum zu überschätzende Funktion; vgl. auch Hermann, Schutz vor Fluglärm, S. 247; zurückhaltend Franke, Lärmgrenzwerte, S. 84.

1310 BVerwGE 142, 234 (255 ff., Rn. 48 ff.); 125, 116 (176 ff., Rn. 179 ff.).

1311 BVerwGE 125, 116 (177, Rn. 182); 107, 142 (145); 56, 110 (119).

1312 BVerwGE 107, 142 (145); 56, 110 (119 f.).

1313 Dazu Franke, Lärmgrenzwerte, S. 83 (m.w.N.).

1314 S. oben Teil 3, A., I., 3.

1315 Vgl. Wysk, in: Ziekow (Hg.), Praxis des Fachplanungsrechts, S. 618, Rn. 1667; zuletzt intensiv geführt in BVerwGE 142, 234 (257 ff., Rn. 58 ff.).

Abwägungsprozess. Wie gezeigt[1316] fließt in die Berechnungsverfahren ein sogenanntes Betriebsmodell ein, welches unter anderem prognostizierte Flugbewegungszahlen für ein bestimmtes Betriebsjahr in der Zukunft enthält. Es handelt sich hierbei um nichts anderes als einen prognostizierten Bedarf. Auf Grund dieses Zusammenhangs sprechen auch nachvollziehbare, gewichtige Gründe dafür, eine möglichst genaue Prüfung dieser Bedarfsprognose durchzuführen. Zwar ist es richtig, dass ein zu hoch angesetzter Bedarf – zumindest prinzipiell – im Zusammenhang mit der Lärmberechnung auch höhere Beurteilungspegel bedingt, die in der (Rechts-)Folge zu tatsächlich effektiveren Schutzansprüchen führen *können*. Ein Automatismus tritt allerdings nur insofern ein, als ein zu hoch eingeschätzter Bedarf auch zu einer räumlichen Ausdehnung der Schutzzone führt[1317]. Allerdings bewirkt dies, wie die nachfolgenden Überlegungen zeigen sollen, keineswegs einen Automatismus im Hinblick auf einen bei jedem Betroffenen eintretenden, effektiveren Fluglärmschutz.

Man könnte zwar sagen, dass etwa eine – auf Grund eines zu hoch angesetzten Bedarfs auch zu hoch berechnete – Tagespegelerhöhung im Bereich zwischen 50 und 55 db(A) Leq, die auf einem Grundstück eintritt, im Rahmen der planerischen Abwägung abstrakt zu einem größeren Gewicht der dortigen Belastung führt. Auswirkungen in tatsächlicher Hinsicht hat dies jedoch nicht. Zur Gewährleistung passiver Schallschutzmaßnahmen führt es nicht[1318] und dass es im Rahmen der planerischen Abwägung zu einer anderen Abwägung kommt, in deren Folge aktive Maßnahmen erlassen werden, ist – wie noch zu zeigen sein wird – kaum vorstellbar[1319]. Der von einer solchen Tagespegelerhöhung Betroffene wird also von dem Argument, ein fehlerhaft zu hoch eingeschätzter Bedarf würde mittelbar auch bei ihm zu einer Ausweitung des Schallschutzes führen, nicht erreicht.

Diesen Überlegungen kann sicherlich entgegenhalten werden, dass im Fall eines nicht eingetretenen Bedarfs ja auch die mit dem prognostizierten Bedarf einhergehende Belastung nicht eingetreten ist. Ob dies tatsächlich immer auch der Fall ist, kann aber auf Grund der Komplexität der Lärmberechnungen kaum beurteilt werden. Die Zahl der in eine Berechnung einfließenden Flugbewegungen ist jedenfalls nicht der einzig zu beachtende Faktor. Man wird aber wohl sagen können, dass ein zu hoch angesetzter Bedarf an Flugbewegungen ein Lärmpotential darstellt, das, wenn es Ausrichtungspunkt weiterer Fluglärmschutzmechanismen sein sollte, diese entsprechend weniger anspruchsvoll macht. Zudem ist darauf hinzuweisen, dass es beim Bedarf um die Erforderlichkeit eines Vorhabens geht. Wenn sie nicht vorliegt, lässt sich durchaus die Meinung vertreten, dass auch die – dann niedriger eintretende – Belastung nicht gerechtfertigt ist.

1316 S. oben Teil 1, B., III., 2.

1317 Zum Begriff der Schutzzone als bestimmendes Element der Vorfeld-Unzumutbarkeit, s. unten Teil 3, B., I., 3., c.

1318 Zu den Rechtsfolgen im abgestuften Fluglärmschutzsystem, s. unten Teil 3, B., II., 1., a.

1319 Zur Strukturlosigkeit der planerischen Abwägung, s. unten Teil 3, B., II., 5.

b. „Striktes Recht" und „planerische Abwägung"

Bevor es zur planerischen Abwägung kommen kann, muss die Planfeststellungsbehörde den speziellen Anforderungen des jeweiligen Fachplanungsrechts genügen und die zwingenden Rechtssätze beachten, für die sich in der Rechtsprechung die Bezeichnung „Planungsleitsätze" eingebürgert hat[1320]. Hierunter versteht man gemeinhin strikt zu beachtende normative Gebote, die dem Planenden gerade *keinen* Gestaltungsspielraum geben und im Rahmen der planerischen Abwägung daher nicht überwunden werden können[1321]. Die Beachtung solcher Planungsleitsätze ist der Abwägung also vorgeschaltet und gerichtlich voll überprüfbar[1322].

Welche Normen als Planungsleitsätze – oder schlicht: striktes Recht[1323] – zu qualifizieren sind, lässt sich nur über die Auslegung der Norm selbst und die Bestimmung ihres spezifischen Regelungsgehaltes ermitteln[1324]. Im Gegensatz dazu verlangen Optimierungs- und Minimierungsgebote lediglich eine gesteigerte Rechtfertigung – im Sinne eines näher zu bestimmenden Argumentationsaufwandes – bei ihrer Überwindung durch gegenläufige Belange im Rahmen der Abwägung[1325].

Auch das Luftverkehrsrecht kennt striktes Recht, welches die planerische Abwägung einschränkt. Es ergab sich vor der Novellierung des FluLärmG aus § 9 Abs. 2 LuftVG und dem Grundgesetz bzw. der daran anknüpfenden Rechtsprechung, die aus dieser Norm eine Unzumutbarkeitsschwelle ableitete und unterhalb der grundrechtsbezogenen Gefahrenschwelle ansiedelte. Diese Schwelle, auch fachplanerische Unzumutbarkeitsschwelle genannt, band – aus Sicht der Rechtsprechung und der Literatur – die Planfeststellungsbehörde und war im Rahmen der planerischen Abwägung nicht zu überwinden[1326]. In tatsächlicher Hinsicht hatte dies zur Folge, dass dem von Geräuschen oberhalb der Schwelle des § 9 Abs. 2 LuftVG Betroffenen besondere Schutzvorkehrungen zu Teil wurden. Hinsichtlich der Art der im Rahmen von § 9 Abs. 2 LuftVG möglichen Schutzvorkehrung hatte die Rechtsprechung zwar

1320 Zur Entstehungsgeschichte des Begriffs, s. Wahl, NVwZ 1990, 426 (435 f.).

1321 BVerwGE 71, 163 (164); Kopp/Ramsauer, VwVfG, § 74, Rn. 44; Wahl, NVwZ 1990, 426 (436). Franke, Lärmgrenzwerte, S. 85, die allerdings auch auf terminologische Unklarheiten verweist; dazu auch Hermann, Schutz vor Fluglärm, S. 250 f.

1322 BVerwGE 71, 163 (164 f.); 48, 56.

1323 So die Wortwahl in BVerwG, NVwZ-RR 1998, 284 (287); NVwZ-RR 1997, 217 (218); s. auch Jarass, DVBl. 1998, 1202 (1205); Steinberg/Wickel/Müller, Fachplanung, S. 196, Rn. 12.

1324 Dreier, Abwägung, S. 95.

1325 Kopp/Ramsauer, VwVfG, § 74, Rn. 45 (Fn. 102, m.w.N.); kritisch Wahl, NVwZ 1990, 426 (440). Zu den Rechtfertigungsanforderungen für Flugbewegungen in der Nacht, s. unten Teil 3, B., I., 3., c., ff.

1326 Zuletzt etwa BVerwGE 125, 116 (199, Rn. 268); ausführlich Hermann, Schutz vor Fluglärm, S. 273 ff.; s. auch Wysk, in: Ziekow (Hg.), Praxis des Fachplanungsrechts, S. 613, Rn. 1655; Franke, Lärmgrenzwerte, S. 85 f. Zur Herleitung durch die Rechtsprechung gleich auch unten Teil 3, B., I., 3., a. und b.

das Ergreifen aktiver Maßnahmen nie ganz ausgeschlossen, sich aber in der Sache im Schwerpunkt für eine Art Vorrang des passiven Schallschutzes entschieden[1327].

Nach der Novellierung sehen die Rechtsprechung und der überwiegende Teil des Schrifttums nunmehr in den Grenzwerten des FluLärmG die fachplanerischen Unzumutbarkeitsschwellen und das Gesetz selbst als striktes Recht an[1328]. Der physisch-reale Ausgleich in Form von passiven Schallschutzmaßnahmen, der früher in § 9 Abs. 2 LuftVG angesiedelt war, hat nunmehr also durch das FluLärmG eine Regelung erfahren. Das Gesetz soll zudem insoweit abschließend sein. Wesentliches Argument dabei ist, dass mit der Novellierung des FluLärmG es auch in § 8 Abs. 1 LuftVG zu Veränderungen kam, welches die zentrale Norm darstellt, die zur Abwägung in der luftverkehrlichen Planfeststellung ermächtigt. Nunmehr sieht dort der neu eingefügte S. 3 vor, dass bei der planerischen Abwägung die Werte des FluLärmG zu beachten sind. Eine solche Beachtenspflicht wird gemeinhin als Zeichen für den zwingenden Charakter einer Regelung angesehen[1329].

Das aber wirft – für den Zustand vor und nach der Novellierung – die Frage auf, welcher Zusammenhang überhaupt zwischen dem physisch-realen Ausgleich durch Schutzvorkehrungen und der planerischen Abwägung besteht. Dabei ist sowohl im Auge zu behalten, welche Rechtsfolge jeweils mit diesen Ansätzen verknüpft war bzw. ist, aber auch welches Schutzmittel zum Einsatz kam bzw. kommt. Diese Fragen sollen später sowohl im Zusammenhang mit der Analyse des Konzepts des abgestuften Fluglärmschutzes als auch im Rahmen der Untersuchung der Strukturen der planerischen Abwägung auf Flughafenplanungs- und Flugroutenfestsetzungsebene wieder aufgegriffen werden[1330].

Wie bereits dargestellt verlangt das Abwägungsgebot – als zentrale Bindung der planerische Gestaltungsfreiheit[1331] –, dass bei der Planfeststellung die von dem Vorhaben berührten öffentlichen und privaten Belange einschließlich der Umweltverträglichkeit im Rahmen der Abwägung zu berücksichtigen und gerecht gegeneinander und untereinander abzuwägen sind (§ 8 Abs. 1 S. 2 LuftVG). Der

1327 BVerwGE 87, 332 (343 ff.); hierzu unten Teil 3, B., I., 3., c., bb. Die Möglichkeit befürwortend Geiger, NuR 1982, 126 (133); ablehnend dagegen Wysk, in: Ziekow (Hg.), Praxis des Fachplanungsrechts, S. 638, Rn. 1725. Zur Diskussion um eine Stufung zwischen aktiven und passiven Maßnahmen im System des Fluglärmschutzes bereits oben Teil 3, A., I., 4.

1328 Vgl. – auch für Nachfolgendes – BVerwGE 142, 234 (286 f., Rn. 180 ff.); aus der Literatur etwa Giemulla/Rathgeb, DVBl. 2008, 669 (676); Wysk, ZfL 2007, 243 (247 f.); Reidt/Fellenberg, in: Landmann/Rohmer (Hg.), Umweltrecht, FlugLG, § 2, Rn. 10; Rathgeb, in: Giemulla/Schmid (Hg.), LuftVG, Bd. 1.1, § 8, Rn. 72 ff.

1329 Ausführlich zur Diskussion um die Bedeutung von § 8 Abs. 1 S. 3 LuftVG für den abschließenden Charakter des FluLärmG dann – mit Nachweisen – unten Teil 3, B., II., 4.

1330 S. unten Teil 3, B., II., 1. und 5. sowie Teil 3, C., I., 3.

1331 Ramsauer, NVwZ 2004, 1041 (1049); Franke, Lärmgrenzwerte, S. 88, spricht vom „Kernbereich".

Abwägungsvorgang folgt nach herkömmlicher Terminologie den verschiedenen Phasen der Auffindung und Einstellung der relevanten Belange, ihrer Gewichtung und letztlich der Entscheidung über die Vorzugswürdigkeit bestimmter Belange gegenüber anderen Belangen, wobei diese Phasen nur schwer strikt voneinander zu trennen sind bzw. häufig zusammenfallen[1332]. Der Idee nach soll so ein Abwägungsergebnis gewonnen werden, das eine optimale Verwirklichung der Planungsaufgabe und zugleich eine optimale Bewältigung der gegebenen Probleme darstellt[1333]. Es geht also darum, eine Vorhabensalternative oder -gestaltung zu finden, die die Betroffenen am meisten schont bzw. den geringsten Eingriff darstellt und dabei zugleich die Vorhabensziele optimal verwirklicht.

Angelehnt an die verschiedenen Abwägungsphasen wird aus Sicht der Rechtsprechung des BVerwG das Gebot gerechter Abwägung durch das Durchlaufen von drei Stufen verwirklicht. Zunächst müsse (1) eine Abwägung überhaupt stattfinden, (2) die Behörde alle nach Lage des Falles in Betracht kommenden Umstände in ihre Würdigung einbeziehen und ihre Bedeutung erkennen und (3) schließlich die Entscheidung und der Ausgleich der gegenläufigen Belange unter Erkenntnis ihrer Bedeutung und nicht außer Verhältnis zu ihrer objektiven Gewichtigkeit vorgenommen werden[1334]. Aus diesen Stufen ergibt sich die klassische Abwägungsfehlerdogmatik und ihre entsprechenden Begrifflichkeiten (Abwägungsausfall, Abwägungsdefizit, Abwägungsfehlgewichtung und Abwägungsdisproportionalität)[1335].

Wann solche Mängel im Einzelnen vorliegen, ist nur schwer abstrakt zu fassen. Eine unübersehbare Fülle von Rechtsprechung und Literatur beschäftigt sich mit diesem Problem. Hier können daher nur einige hervorstechende Aspekte wiedergegeben werden, ohne dabei in Details oder etwaige Kritik einzusteigen. Auf die sich spezifisch mit der luftverkehrsrechtlichen Planung beschäftigende Rechtsprechung wird allerdings gleich noch zurückzukommen sein.

So soll etwa die Rechtmäßigkeit einer Abwägung nicht davon abhängen, dass das Gericht ein Überwiegen der für das Vorhaben streitenden öffentlichen Belange feststellt, weil eine Behörde sich jedenfalls an die Grenzen ihrer Gestaltungsfreiheit halte, wenn das Gericht die einander widerstreitenden Belange als gleichwertig ansieht[1336]. Zudem dürfe das Gericht seine Abwägung nicht an die Stelle der behördlichen Abwägung setzen[1337]. Hieraus wird abgeleitet, dass das Gericht zwar aufklären und feststellen darf, ob abwägungserhebliche Umstände in Wahrheit ge-

---

1332 Steinberg/Wickel/Müller, Fachplanung, S. 221, Rn. 71. Ausführlich Aufarbeitung der allgemeinen Grundsätze bei Hermann, Schutz vor Fluglärm, S. 254 ff.; s. auch Franke, Lärmgrenzwerte, S. 88 ff.

1333 BVerwG 87, 322 (341); s. auch Franke, Lärmgrenzwerte, S. 89.

1334 St. Rspr. BVerwGE 87, 332 (341); 56, 110 (122 f.); 34, 401 (409).

1335 Hermann, Schutz vor Fluglärm, S. 256 (m.w.N.); Franke, Lärmgrenzwerte, S. 89 f.; Kühling/Hermann, Fachplanungsrecht, S. 54, Rn. 176; Steinberg/Wickel/Müller, Fachplanung, S. 215, Rn. 58.

1336 BVerwGE 71, 166 (170 f.).

1337 Wahl, NVwZ 1990, 426 (436).

geben sind oder nicht, aber ein Defizit nicht durch die Ergänzung von Erwägungen heilen kann[1338]. Es bleibt also im Kern immer Aufgabe der Behörde, einen Mangel im Abwägungsvorgang zu beheben[1339].

Über diese allgemeinen Ausführungen zum Abwägungsgebot hinaus bedarf es eigentlich auch keiner weiteren Erläuterung, dass und warum den Geräuschfolgen bzw. den Lärmschutzbelangen in der planerischen Abwägung des § 8 Abs. 1 LuftVG ein besonderes Gewicht zukommt. Was aber sind die genauen sachlichen Dimensionen des Abwägungsgebots, wenn es um die projektbezogenen Geräusch- bzw. Lärmbelastungen geht, abgesehen davon, dass sie dem (Flughafen-)Projekt zurechenbar sein müssen?

Anknüpfend an die oben angedeutete Funktion von § 9 Abs. 2 LuftVG kann bisher nur festgestellt werden, dass die strikt notwendige Anordnung von bestimmten Ausgleichs- oder Schutzregelungen in Folge fachplanerisch unzumutbarer Belastungen jedenfalls vor der Novellierung des FluLärmG als für die Abwägung besonders erheblich angesehen wurde. So hieß es, dass die Abwägung *nur* deshalb für ein Vorhaben ausfallen darf und mit diesem Ergebnis *nur* deshalb erträglich ist, weil die Ausgleichregelungen (physisch-realer Ausgleich oder Ausgleichszahlungen) die Auswirkungen des Vorhaben soweit relativieren, dass sie für die betroffenen Einzelnen zumutbar bleiben[1340].

Hiernach könnte man davon ausgehen, dass die durch die Schutzregelungen relativierten Belastungen oberhalb der fachplanerischen Unzumutbarkeit aus dem Abwägungsprogramm ausscheiden. Dem hat das BVerwG aber widersprochen. Es reiche nicht aus, dass einer – striktes Recht markierenden – fachplanerischen Unzumutbarkeit genüge getan werde, vielmehr sei im Rahmen der Abwägung jede Lärmbelastung zu beachten, die nicht nur als geringfügig einzustufen ist[1341].

Dennoch wurde vor der Novellierung angenommen, § 9 Abs. 2 LuftVG habe eine Doppelfunktion: § 9 Abs. 2 LuftVG sei sowohl Ausrichtungspunkt für zwingende Schutzmaßnahmen, aber damit bzw. daneben richte die Regelung zugleich auch die planerische Abwägung aus, indem sie eine Gewichtung der Lärmschutzbelange vorgebe[1342]. In ganz ähnlicher Weise heißt es nach der Novellierung nun, der Gesetzgeber habe „mit der Festlegung der Grenzwerte des § 2 Abs. 2 FluLärmG auch die für die Abwägung der Lärmschutzbelange der Bevölkerung mit den für den Flughafenausbau streitenden öffentlichen Belangen maßgebliche abstrakt-generelle Frage nach der fachplanerischen Zumutbarkeit von Fluglärm grundsätzlich abschließend

1338 BVerwG, NVwZ 1986, 834 (835); BVerwG NVwZ 1989, 152 (153).

1339 BVerwG, NVwZ-RR 1989, 619.

1340 So Wahl, NVwZ 1990, 426 (438), unter Verweis auf die St. Rspr. des BVerwG zu den fachplanerischen Ausgleichsvorschriften. Vgl. BVerwGE 64, 270 (271); 59, 253 (260); 48, 56 (68 ff.), für die fernstraßenrechtliche und BVerwGE 56, 110 (123 f.), für die luftverkehrliche Fachplanung; s. auch Hermann, Schutz vor Fluglärm, S. 277 f., und Franke, Lärmgrenzwerte, S. 85 f.

1341 BVerwGE 142, 234 (289 f., Rn. 190); 125, 116 (199, Rn. 268); 87, 322 (341).

1342 Hermann, Schutz vor Fluglärm, S. 277 f.; Franke, Lärmgrenzwerte, S. 85 f.

entschieden."[1343] Für die Abwägung sei diese Schwelle zur Ausrichtung des Gewichtungsvorgangs notwendig; dennoch sei noch immer auch eine Lärmbeeinträchtigung unterhalb dieser Schwelle einzubeziehen[1344]. Zur Frage, wie genau diese Lärmbeeinträchtigungen relevant werden sollen, äußert sich die Rechtsprechung allerdings nicht[1345].

Im Rahmen der planerischen Abwägung trug und trägt die fachplanerische Unzumutbarkeit aus Sicht des Schrifttums also zur Strukturierung und Klassifizierung der Geräusch- bzw. Lärmbelastungen bei. Dies ist letztlich der gedankliche Ansatz nicht nur der fachplanerischen Unzumutbarkeitsschwelle, sondern auch der hier bisher noch nicht zur Sprache gekommen verfassungsrechtlichen Unzumutbarkeitsschwelle und damit letztlich des gesamten abgestuften Fluglärmschutzsystems auf Ebene der Flughafenplanung.

3. Bestimmung von Unzumutbarkeitsschwellen – Das „Minimalprogramm" der Rechtsprechung bis zur Novellierung des FluLärmG

Den Phänomenen der Unzumutbarkeitsschwellen soll sich nun durch einen detaillierteren Blick zurück auf ihre Entstehungsgeschichte in der Rechtsprechung weiter angenähert werden. Dabei wird besonderer Augenmerk auf die fachplanerische Unzumutbarkeitsschwelle gelegt, die in der Vergangenheit zumeist zentraler Streitpunkt bei allen großen Aus- oder Neubauvorhaben bzw. den sich daran anknüpfenden Rechtsstreitigkeiten war.

Fragen im Zusammenhang mit der Bestimmung der fachplanungsrechtlichen Unzumutbarkeitsschwelle hatten vor der Novellierung des FluLärmG allerdings auch die besondere Brisanz, dass es kein Regelwerk gab, das normative Maßstäbe oder abschließende Zumutbarkeitsaussagen – d.h. Verfahren der Belastungsermittlung und korrelierter Grenzwerte[1346] – für die zulässige Belastung mit Lärm und Luftschadstoffen enthielt, die vom Flugplatz verursacht wurden[1347]. Eine Ursache dieses Problems lag darin, dass das BImSchG explizit nicht für Flugplätze galt und noch immer nicht gilt (§ 2 Abs. 2 S. 1 BImSchG). Auch das alte FluLärmG traf unbestritten keine Aussagen zur Zumutbarkeit von Fluglärm im Einzelfall[1348]. Die Literatur hatte im Hinblick auf das Fehlen materieller Schutzstandards aus Gründen der Rechts- und

1343 BVerwGE 142, 234 (289, Rn. 189).
1344 BVerwGE 142, 234 (289 f., Rn. 190).
1345 Ausführlich zur Problematik der Strukturlosigkeit später unten Teil 3, B., II., 5.
1346 Wysk, in: Ziekow (Hg.), Praxis des Fachplanungsrechts, S. 628, Rn. 1697.
1347 Zuletzt von Rechtsprechung bemängelt in BVerwGE 125, 116 (194, Rn. 252).
1348 Faber, Planung von Flughäfen, S. 401; Wysk, in: Ziekow (Hg.), Praxis des Fachplanungsrechts, S. 628, Rn. 1699; Storost, NVwZ 2004, 257 (258); Brüggemann, ZfL 2004, 161 (161); Czybulka, UPR 1999, 126 (129); Wysk, ZLW 1998, 456 (483); Quaas, NVwZ 1991, 16 (17); Kutscheid, NvwZ 1989, 193 (195). Ausführlicher zum FluLärmG (aF) unten Teil 3, B., I., 4., a.

Planungssicherheit immer wieder gesetzgeberische Aktivität angemahnt[1349] und sogar vermutet, dass die gesetzgeberische Zurückhaltung einem „auf finanziellen Gründen beruhenden, bewussten politischen Kalkül entspringen dürfte“[1350].

Da die Gesetzgebung lange Zeit keine Anstalten machte, hier Abhilfe zu schaffen, war die Rechtsprechung letztlich dazu gezwungen, richterrechtlich eigene materielle Maßstäbe zu entwickeln. Mit der Zeit entstand so zum Thema der fachplanungsrechtlichen Unzumutbarkeitsschwelle im Bereich des Fluglärmschutzes eine komplexe Judikatur, die sich – wie gleich noch zu zeigen sein wird – im Hinblick auf dessen rechtlichen Ausgangspunkte vornehmlich mit der Bedeutung der Grundrechte und der im Rechtsstaatsprinzip verankerten Dogmatik des Fachplanungsrechts beschäftigte. Die Herleitung und Bestimmung der fachplanungsrechtlichen Unzumutbarkeitsschwelle im konkreten Einzelfall wurde daher auch als verfassungsrechtliches „Minimalprogramm“[1351] verstanden.

Im Ergebnis wurde so – was in den bisherigen Ausführungen noch nicht explizit zum Ausdruck kam – über Hilfskonstruktionen bzw. mit verfassungsrechtlicher Unterfütterung eine Verankerung der fachplanungsrechtlichen Unzumutbarkeitsschwelle in § 9 Abs. 2 LuftVG hergeleitet, die es dann – unter Beachtung der etablierten Dogmatik – in den jeweiligen Planungs- bzw. Gerichtsverfahren inhaltlich weiter auszufüllen galt[1352]. Dies geschah in Form der fachgutachterlichen Erörterung von Fragen der Lärmermittlung und -bewertung, die der jeweilige Sachverhalt aufwarf. Der dadurch gewährleistete Schutz war allerdings immer auf Einzelfälle bezogen und insofern nur relativer Art. Er barg das Problem, dass den Bürgern das Gefühl der Rechtsungleichheit vermittelt wurde. Der damit einhergehenden Rechtunsicherheit[1353] konnte nur der Gesetzgeber durch den Erlass einheitlicher, typisierender Standards abhelfen.

Nachfolgend geht es zunächst darum, sich mit Herleitung und Struktur dieses Minimalprogramms näher vertraut zu machen. Es soll insbesondere gezeigt werden, wie der Bestimmungsprozess der fachplanerischen Unzumutbarkeitsschwelle ablief. Dieser Blick in die Vergangenheit geschieht auch mit dem Ziel, die Neuprogrammierung der fachplanerischen Unzumutbarkeitsschwelle durch das novellierte

1349 Wysk, in: Ziekow (Hg), Praxis des Fachplanungsrechts, S. 628, Rn. 1697 ff.; Mechel, ZUR 2007, 561 (566); Ramsauer, NVwZ 2004, 1041 (1049); Storost, NVwZ 2004, 257 (257, 264); Koch/Wieneke, NVwZ 2003, 1153 (1159, 1167); Berkemann, ZUR 2002, 202 (203).

1350 Storost, NVwZ 2004, 257 (257); s. auch Berkemann, ZfL 2001, 134 (144); Wysk, ZLW 1998, 456 (483).

1351 Storost, NVwZ 2004, 257 (258); Storost, ZfL 2004, 93 (93). Regelmäßig wurde auch von einer richterlichen Notkompetenz gesprochen, Koch, in: Dolde/Hansmann/Paetow/Schmidt-Aßmann (Hg.), FS Sellner 2010, S. 282; Berkemann, ZUR 2002, 202 (203).

1352 Statt vieler nur Paetow, NVwZ 2010, 1184 (1187 f.).

1353 Koch/Wieneke, NVwZ 2003, 1153 (1159); zur Einzellfallbezogenheit von Lärmbeurteilungen s. auch Schulze-Fielitz, Die Verw. 2002, 525 (536 ff.).

FluLärmG besser zu verstehen. Die Beschäftigung mit dem Minimalprogramm ermöglicht es nämlich, sich auch mit der Entwicklungsgeschichte des abgestuften Fluglärmschutzsystems vertraut zu machen, das – wie bereits gezeigt – noch immer für die planerische Abwägung von Bedeutung ist.

Die bundesverwaltungsgerichtlichen Überlegungen bezüglich der Herleitung des Minimalprogramms kreisten um zwei Kernpunkte, nämlich eventuellen (a.) grundrechtlichen und bzw. oder (b.) aus dem Rechtsstaatsgebot folgenden Gewährleistungen. Die Herleitung und Präzisierung des Minimalprogramms war insgesamt aber auch getragen von einer gewissen Skepsis und Zurückhaltung, die ihren Grund einerseits darin fand, dass sich aus der Verfassung selten präzise und bestimmte Aussagen herleiten lassen und andererseits das gesamte Problem vor dem Hintergrund des Grundsatzes der Gewaltenteilung zu betrachten war[1354].

Im Ergebnis sah die Rechtsprechung nur die Möglichkeit, die schon in anderen Zusammenhängen erprobte fachplanungsrechtliche Dogmatik auf das Luftverkehrsrecht zu übertragen und, wo es erforderlich werden würde, zu modifizieren. Die mit der Übertragung einhergehende Notwendigkeit der Bestimmung von Unzumutbarkeitsschwellen war in der luftverkehrsrechtlichen Rechtsprechung daher lange Zeit der Anlass und der Grund eingehender Auseinandersetzungen um das konkrete Level an Schutz vor Fluglärm. Vor dem Hintergrund der Ausführungen zu den Mitteln und Entscheidungsebenen kann die Untersuchung zwar auf bestimmte Fragestellungen reduziert werden[1355]. Die Darstellung auch nur einer kurzen Entwicklungsgeschichte des Bestimmungsprozesses der fachplanerischen Unzumutbarkeit verlangt jedoch die Auseinandersetzung mit zum Teil – auf Grund der Größe und meist auch politischen Brisanz von Flughafenvorhaben – sehr umfangreichen Entscheidungen (c.). Im Gegensatz zu den detaillierten Ausführungen zur fachplanerischen Unzumutbarkeit hat sich die Rechtsprechung bei der Bestimmung der verfassungsrechtlichen Unzumutbarkeitsschwelle regelmäßig auf das absolut Notwendige beschränkt (d.).

a. Grundrechte

Den Gerichten stellte sich im Hinblick auf die alle Gewalten bindenden Grundrechte also zunächst die Frage, ob sie dem den Gerichten überlassenen verfassungsrechtlichen Minimalprogramm einen gewissen materiellen Gehalt vorgeben können und – wenn ja – welcher dies ist. Als relevante Aspekte wurde neben dem Grundrecht auf Eigentum auch das Grundrecht jedes Menschen auf Leben und körperliche Unversehrtheit ins Auge gefasst, allerdings nicht in ihrer Funktion als Abwehrrechte gegen staatliche Eingriffe, sondern im Hinblick auf die aus den Grundrechten ebenfalls

1354 Vgl. Berkemann, ZUR 2002, 202 (203) und Storost, NVwZ 2004, 257 (258), der jedoch auch erhebliche Bedenken gerade hinsichtlich des Problems der Gewaltenteilung äußert. Zu einer verbleibenden Einzellfallorientierung auch nach Erlass untergesetzlicher Konkretisierungen, s. Schulze-Fielitz, Die Verw. 2002, 525 (536 ff.).

1355 S. oben Teil 3, A., III., 3.

erwachsende staatliche Pflicht, sich schützend und fördernd vor die im GG genannten Rechtsgüter zu stellen, sie insbesondere vor rechtswidrigen Eingriffen von Seiten anderer (Privater) zu bewahren[1356]. Berechtigte Zweifel insbesondere am Heranziehen der Schutzdimension blieben also außer Acht[1357].

Die Anknüpfung des grundrechtlichen Minimalprogramms an die Schutzfunktion der Grundrechte ermöglichte den Gerichten jedenfalls den argumentativen Spielraum, den sie, so kann man vermuten, wegen ihrer vermeintlichen Dehnung des Prinzips der Gewaltenteilung für notwendig erachteten, um den (Gewaltenteilungs-)Bogen nicht zu überspannen. Bei der Ausfüllung staatlicher Schutzpflichten stehe dem Gesetzgeber in ständiger Rechtsprechung des BVerfG eben ein weiter Einschätzungs-, Wertungs- und Gestaltungsspielraum zu, der gerichtlich nur begrenzt überprüft werden könne[1358]. Eine Verletzung der Schutzpflicht – durch den Gesetzgeber (!) – werde nur angenommen, wenn die öffentliche Gewalt Schutzvorkehrungen überhaupt nicht getroffen habe oder offensichtlich die getroffenen Regelungen und Maßnahmen gänzlich ungeeignet oder völlig unzulänglich seien, das Schutzziel zu erreichen, und nur unter besonderen Umständen könne sich einmal seine Gestaltungsfreiheit so verengen, dass alleine eine bestimmte Maßnahme der Schutzpflicht genüge[1359]. Dies alles müsse erst recht für die Gerichte gelten, deren Rang nach der verfassungsrechtlichen Wertung hinter dem des BVerfG zurückstehe[1360]. Inwiefern aber dieser Erst-Recht-Schluss eigentlich zu einer Verschärfung der Anforderungen – also im Sinne einer Einschränkung der genannten Spielräume mit der Folge einer intensiveren Kontrolle der Effektivität des tatsächlich vorhandenen Schutzes – bei Durchführung der bloß fachrichterlichen Notkompetenz hätte führen müssen, wurde nie erörtert.

Mit dieser Argumentation war jedenfalls der Grundstein dafür gelegt, den insbesondere im Rahmen von Art. 2 Abs. 2 S. 1 GG anstehenden inhaltlichen Fragen aus dem Weg gehen zu können. Selbst wenn also der Gesetzgeber seinen Standardisierungspflichten nicht nachkommt, könnten nur offensichtliche Fälle einer eindeutig nachweisbaren Gesundheitsgefährdung oder Gesundheitsschädigung die Gerichte dazu in die Lage versetzen, einen Prüfungsmaßstab direkt aus den Grundrechten zu entnehmen[1361]. Da das BVerfG diese Voraussetzungen in seiner Entscheidung zum

---

1356 Berkemann, ZUR 2002, 202 (202 f.); Storost, NVwZ 2004, 257 (258 f.); unklar insoweit Czybulka, UPR 1999, 126 (126). Für eine eingehendere Analyse der Rechtsprechung des BVerfG, s. oben Teil 2, B., I., 1.

1357 Dazu oben Teil 2, C.

1358 Zur entsprechenden Rechtsprechung des BVerfG, s. oben Teil 2, C., II. Darauf Bezug nehmend etwa Storost, NVwZ 2004, 257 (259); Storost, ZfL 2004, 93 (94); zur aktuellen Kammer-Rechtsprechung des BVerfG, Voßkuhle, NVwZ 2013, 1 (7).

1359 Storost, NVwZ 2004, 257 (259).

1360 Storost, NVwZ 2004, 257 (259).

1361 Franke, Schutz vor Lärm, S. 87 f.; Storost, NVwZ 2004, 257 (259). Die durch die Verwendung solcher Begrifflichkeiten entstehenden Probleme im abgestuften Fluglärmschutzsystem wurden gleichwohl nie erörtert, dazu unten Teil 3, B., II., 1.

Flughafen Lohausen nicht als erfüllt angesehen hatte, sei dieser Weg zur Herleitung normativer Standards verschlossen[1362]. Eine höchst zweifelhafte Sichtweise, selbst wenn man nicht, wie oben dargelegt[1363], eine fachwissenschaftliche Anleitung der Schutzbereichsbestimmung vornimmt; denn in gewissem Rahmen hat das BVerfG, wie gezeigt[1364], durchaus inhaltliche Aussagen zu den Themen Schutzbereich von und Eingriff in Art. 2 Abs. 2 GG getroffen, die man hätte näher analysieren und verwerten können. Hinzu kommt, dass selbst wenn das BVerfG Anfang der 1980er der Ansicht war, eine fachlich eindeutig nachweisbare Gesundheitsgefährdung sei zu diesem Zeitpunkt nicht anzunehmen gewesen, hätte doch die Tatsache der bloßen Notkompetenz zu einer regelmäßigen Überprüfung dieser Annahme führen müssen.

b. *Rechtsstaatsprinzip und fachplanungsrechtliche Dogmatik*

Da aus Sicht des BVerwG der Weg über die Grundrechte aber nicht zu gehen war, musste die Rechtsprechung eine andere Lösung finden. Sie versuchte sich daher mit der sich am Rechtsstaatsprinzip ausrichtenden Dogmatik des Fachplanungsrechts zu helfen und entnahm § 9 Abs. 2 LuftVG, der funktional § 74 Abs. 2 S. 2 VwVfG entspricht, das kategorische, jeder Abwägung entzogene Gebot, keine unzumutbaren Lärmbelastungen durch den Flugbetrieb zuzulassen[1365].

Dies geschah explizit in Anlehnung an § 17 Abs. 4 FStrG, weil die dort entwickelte und in ständiger Rechtsprechung fortgeführte (straßenrechtliche) Dogmatik ohne weiteres übertragbar sei[1366]. In Anbetracht des im Zusammenhang mit der Exklusion des Fluglärms aus dem Anwendungsbereich des BImSchG vorgebrachten Arguments der – grundsätzlichen – Unterschiedlichkeit der Fluglärmimmissionen gegenüber den anderen Verkehrsimmissionen ist das allerdings ein überraschendes Argument[1367], zumal die Entscheidung, mit der diese Übertragung vorgenommen wurde, auf einen Zeitpunkt nach der Entstehung des BImSchG datiert.

Demgegenüber sah man in § 8 Abs. 1 LuftVG die Verankerung der materiellen Ermächtigung der Planfeststellungsbehörde zur luftverkehrsrechtlichen Fachplanung mit deren zentralen Instrument der planerischen Gestaltungsfreiheit[1368]. Wichtigste Bindung der planenden Verwaltung dabei sei das als subjektives Recht ausgestaltete

---

1362 Storost, NVwZ 2004, 257 (259), der konsequenterweise auch so weit geht, anzunehmen, dass sich an diesem Ergebnis insbesondere „angesichts der Unschärfe des Gesundheitsbegriffs" und der anhaltenden „empirischen Unsicherheiten" in der Wirkungsforschunug – hierzu allerdings alleine unter Verweis auf die Fluglärmsynopse, vgl. dazu unten Teil 3, B., I., 4., c. – nichts Wesentliches geändert habe. S. jedoch oben Teil 1, C., III., 4.

1363 S. oben Teil 2., B., I., 2.

1364 S. oben Teil 2., B., I., 1., a.

1365 BVerwGE 56, 110 (116 f., 122 ff.) danach st. Rspr.; der Konstruktion zustimmend BVerfG, NVwZ-RR 2001, 209. Ausführlich sogleich Teil 3, B., I., 3., c.

1366 BVerwGE 56, 110 (123).

1367 S. oben Teil 3, A., I., 4.; vgl. auch BVerwGE 87, 322 (373).

1368 BVerwGE 56, 110 (115 f.).

Gebot gerechter Abwägung[1369]. In § 9 Abs. 2 LuftVG sei dagegen – und also über das bloße Recht auf eine gerechte Abwägung hinaus – eine spezifische Ausprägung des fachplanungsrechtlichen Abwägungsgebots normiert, die auch solchen Einwirkungen der Planung, die nicht die Merkmale eines unmittelbaren Eingriffs mit dem Ziel der Enteignung aufweisen, eine äußerste, mit einer Abwägung nicht mehr überwindbare Grenze setze[1370]. Auch die juristische Literatur stimmte diesem Verhältnis von § 8 Abs. 1 zu § 9 Abs. 2 LuftVG weitgehend zu[1371].

§ 9 Abs. 2 LuftVG verlangt, dass im Planfeststellungsbeschluss dem Unternehmer die Errichtung und Unterhaltung der Anlagen aufzuerlegen sind, die für das öffentliche Wohl oder zur Sicherung der Benutzung der benachbarten Grundstücke gegen Gefahren oder Nachteile notwendig sind. Indem die Rechtsprechung also in dieser Regelung das unüberwindbare Maß an Fluglärmschutz verankerte, rückte sie die Begriffe der Nachteile und Gefahren für benachbarte[1372] Grundstücke in das Zentrum der Betrachtung[1373]. Gezwungenermaßen musste sich nun also die Bestimmung des kategorischen Gebots bzw. der fachplanerischen Unzumutbarkeit über die Begriffe der Gefahren und Nachteile auch in irgendeiner Form von grundrechtlichen Erwägungen abheben. Der Weg, über die Grundrechte zu einer Bindung der Planfeststellungsbehörde zu gelangen, war ja verschlossen. Daher gab die Rechtsprechung des BVerwG apodiktisch vor, dass der Begriff der Unzumutbarkeit die der einfach-gesetzlichen Güterabwägung folgende Grenze kennzeichne, von der ab dem Betroffenen eine nachteilige Einwirkung auf seine Rechte billigerweise nicht mehr zugemutet werden kann, und zwar noch „im Vorfeld dessen, was der Schutz der körperlichen Unversehrtheit und des Eigentums unter grundrechtlichen Gesichtspunkten fordert"[1374]. Diese Argumentation ist auf Grund ihrer, wie bereits angedeutet, fernstraßenrechtlichen Herkunft und ihrer Entwicklung im Luftverkehrsrecht interessant.

Die in Bezug genommene fernstraßenrechtliche Rechtsprechung[1375] hatte für § 17 Abs. 4 FStrG festgestellt, dass es bei Fernstraßenplanungsvorhaben nicht so

---

1369 BVerwGE 56, 110 (122 f.).

1370 BVerwGE 56, 110 (123 f.).

1371 Faber, Planung von Flughäfen, S. 383 f.; Franke, Lärmgrenzwerte, S. 85 f.; Stoermer, Schutz vor Fluglärm, S 117 ff.; Hermann, Schutz vor Fluglärm, S. 275 ff.; Ramsauer, NVwZ 2004, 1041 (1049 f.); Storost, NVwZ 2004, 257 (259 f.); Quaas, NVwZ 1991, 16 (19).

1372 Maßgeblich sei der Einwirkungsbereich, vgl. BVerwGE 56, 110 (123 f.).

1373 Der Anlagenbegriff stand dagegen zuerst weniger im Fokus, da er weit verstanden wurde und so „das gesamte Spektrum der in Betracht kommenden sachdienlichen Maßnahmen" umfasste, vgl. Storost, NVwZ 2004, 257 (261) (m.w.N.). S. aber auch BVerwGE 87, 332 (340 ff.); dazu. unten Teil 3, B., I., 3., c., bb.

1374 Explizit genannt wurde die „Vorfeld-These" erst in BVerwGE 87, 332 (383); vgl. auch unten Teil 3, B., I., 3., c., aa. und bb.

1375 BVerwGE 51, 15 ff.; dazu auch Quaas, NVwZ 1991, 16 (19) und Paetow, NVwZ 2010, 1184 (1184), der die auf den fernstraßenrechtlichen Entscheidungen aufbauenden

sehr um Gefahren gehe, sondern vielmehr um die Frage, inwiefern die – tatsächlich vorhandenen – Einwirkungen (eines Vorhabens) „rechtlich als Nachteile zu qualifizieren seien“[1376]. Dies setzte sich dann auch in der luftverkehrsrechtlichen Rechtsprechung fort[1377]. Als nachteilig betroffene, andere Rechte erwog das BVerwG in seiner fernstraßenrechtlichen Rechtsprechung aber neben den Gewährleistungen aus Art. 14 Abs. 1 GG auch die des Art. 2 Abs. 2 GG, wobei der Aspekt der körperlichen Unversehrtheit dann allerdings nicht auch im Rahmen der Vorfeld-These aufgegriffen wurde.

Da das BVerwG weiterhin § 17 Abs. 4 FStrG eine Ausgleichsfunktion im Hinblick auf die zur Ausführung des Vorhabens unter Umständen notwendig werdenden Enteignungen zusprach, konnte nicht jede nachteilige Wirkung die dort vorgesehenen Rechtsfolgen – also die Anordnung von schützenden Anlagen – auslösen, sondern nur erheblich nachteilige Wirkungen, wofür das Gesetz freilich keinen allgemeingültigen Maßstab bereit hielte[1378]. Der Maßstab folge vielmehr aus einer nicht näher erläuterten Beziehung, die das Gericht zwischen der Erheblichkeit einer nachteiligen Wirkung und ihrer Zumutbarkeit herzustellen versucht[1379]. Erst in diesem Zusammenhang weist das Gericht dann auch explizit darauf hin, dass es nicht um die Zumutbarkeit ginge, jenseits derer ein Eingriff in das Eigentum als schwer und unerträglich anzusehen sei. Vielmehr kennzeichne die Unzumutbarkeit hier „noch im Vorfeld dessen, was der Eigentumsschutz nach Art. 14 GG unter enteignungsrechtlichen Gesichtspunkten fordert, die der hier maßgebenden einfachgesetzlichen Güterabwägung folgende Grenze, von der ab dem Betroffenen eine nachteilige Einwirkung auf seine Rechte (...) billigerweise nicht mehr zugemutet werden kann.“[1380]

Hier also ist die Vorfeld-These ursprünglich verankert. Interessanterweise wird sie aber eben nur auf Art. 14 GG bezogen. Das ist insofern verständlich, als ein gestufter Schutz des Eigentums sich viel einfacher denken lässt als ein gestufter Schutz der körperlichen Unversehrtheit. Krankheit bzw. Gesundheit sind auf den ersten Blick absolutere Kategorien. Abstufungen im Bereich der Gesundheit lassen sich schon fachlich nur schwer beschreiben und rechtfertigen[1381]. Lässt sich eine Einwirkung dagegen monetär fassen, so kann ihr Gewicht an der angegebenen Quantität festgemacht werden, die wiederum in verschiedenste Relationen gesetzt werden kann. Auch ist es in monetären Zusammenhängen politisch weniger problematisch, von Bagatellen oder

---

Ausführungen des BVerwG zum Luftverkehrsrecht sogar für alle Planungs- und Zulassungsentscheidungen ohne präzise materielle Vorgaben als maßgebend ansieht.

1376 BVerwGE 51, 15 (27).

1377 BVerwGE 87, 332 (353); 56, 110 (123 f.); st. Rspr.

1378 BVerwGE 51, 15 (29).

1379 BVerwGE 51, 15 (29).

1380 BVerwGE 51, 15 (29).

1381 Zu den insoweit – also bei Anleitung durch die Fachwissenschaften – bestehenden Möglichkeiten oben Teil 2, B., I., 2.

Geringfügigkeiten zu sprechen. Deshalb erscheinen hierauf aufbauende dogmatische Konstrukte leichter nachvollziehbar. Ihre Überzeugungskraft ist allerdings an die Besonderheit des aufteil- und kategorisierbaren Schutzguts Eigentum gebunden. Hinzu kommt, dass das Schutzgut Eigentum a priori als ausgestaltungsbedürftig angesehen wird, so dass eine Kategorienbildung auf einfach-rechtlicher Ebene auf viel weniger Widerstand stößt[1382]. Als das BVerwG die Vorfeld-These später auch auf das Schutzgut der körperlichen Unversehrtheit übertragen hat, konnte dies nicht von vornherein und in gleichem Maße überzeugen.

Mit wenigen Sätzen hatte das BVerwG dadurch dennoch folgendes erreicht: (1) Es hatte den damals in § 17 Abs. 4 FStrG noch vorhandenen Begriff der Gefahr weitestgehend aus den Betrachtungen gestrichen[1383] und zudem (2) den Nachteilsbegriff um die Erheblichkeit erweitert. Die Erheblichkeit wiederum setzte es (3) in Bezug zur Zumutbarkeit, wobei (4) diese eine Vorfeld-Zumutbarkeit sei, wodurch bei der Beurteilung der Geräusch- bzw. Lärmbelastungen eine Abkopplung von den grundrechtlichen Gewährleistungen und Fragestellungen erfolgte. Es gehe eben (nur) um das Vorfeld und eine einfach-gesetzliche Güterabwägung.

c. *Bestimmung und Auswirkungen der Vorfeld-Zumutbarkeit – Schutzzone und Schutzziel in der Rechtsprechung vor der Novellierung*

Koch fasst das seitdem gängige Zusammenspiel von planerischer Abwägung und § 9 Abs. 2 LuftVG prägnant zusammen, indem er erklärt, dass das BVerwG bei der gerichtlichen Überprüfung von luftverkehrsrechtlichen Planfeststellungsbeschlüssen konsequent „zwischen einerseits dem *Gewicht* des Lärmschutzes in der planerischen Abwägung gemäß § 8 Abs. 1 LuftVG und andererseits dem *Maß* an (physisch-realem) Lärmschutz, das gemäß § 9 Abs. 2 LuftVG durch Abwägung nicht „überwunden" werden darf"[1384], unterscheidet. Es bedurfte allerdings einiger Entscheidungen des BVerwG, bis diese Differenzierung klar herausgearbeitet war.

Aber auch wenn man mit der Rechtsprechung grundsätzlich zwischen Gewicht und Maß des Lärmschutzes und ihren jeweils spezifischen Anbindungen in dieser Weise unterscheidet, sind damit noch lange nicht alle Fragen der weiteren Operationalisierung dieser Begriffe geklärt. Folgend werden die insoweit vor dem Hintergrund der erfolgten Schwerpunktsetzung als besonders dringlich erscheinenden Fragestellungen und die in der Rechtsprechung dazu versuchten Antworten dargestellt. Die wichtigsten Fragen lauten:

1382 S. oben Teil 2, B., II., 1.

1383 Hierzu auch Hermann, Schutz vor Fluglärm, S. 297 ff. (insb. S. 310); Geiger, NuR 1982, 127 (132). Heute verweist § 17 FStrG auf § 74 VwVfG, in dem in Abs. 2 S. 2 nur vom Schutz der Allgemeinheit und der Vermeidung von nachteiligen Wirkungen auf die Rechte anderer gesprochen wird.

1384 Koch, in: Dolde/Hansmann/Paetow/Schmidt-Aßmann (Hg.), FS Sellner 2010, S. 282 (Herv. vom Verf.), unter Verweis auf die nachfolgend dargestellte Rechtsprechung des BVerwG; ähnlich Storost, NVwZ 2004, 257 (260).

(1) Wie verläuft der weitere, inhaltliche Bestimmungsprozess der wesentlichen Begriffe der Vorfeld-Zumutbarkeit? (2) Die Vorfeld-Zumutbarkeit ist zuerst auf den physisch-realen Ausgleich bezogen gewesen. Da aber im Rahmen der planerischen Abwägung auch das Gewicht des Lärmschutzes bestimmt werden musste und auch hier die Vorfeld-Zumutbarkeit herangezogen wurde, stellt sich die Frage, wie dieser Heranziehungsprozess sich gestaltet. Welche Auswirkungen hatte es also auf die planerische Abwägung, wenn zur Ausrichtung des Maßes erforderlicher Schutzvorkehrungen für ein räumlich abgegrenztes Gebiet eine Unzumutbarkeitsgrenze bestimmt wurde? (3) Schließlich: Welche Rolle spielt die Unterscheidung von aktiven und passiven Schallschutzmaßnahmen bei diesen Problemen?

Wie angedeutet näherte sich das BVerwG diesen Vorfeld-Zumutbarkeitsfragen in einer Reihe von Entscheidungen, an deren Anfang das – bereits für die verfassungsrechtliche Herleitung der Notwendigkeit einer fachplanerischen Unzumutbarkeitsgrenze besonders hervorgehobene – Urteil zum Bau der Startbahn/West in Frankfurt am Main steht. Auf die dortigen Grundlagen wurde in den nachfolgenden Entscheidungen immer wieder zurückgegriffen und insbesondere in einer Reihe von Entscheidungen zum Neubau des Flughafens in München präzisiert. Auch in Entscheidungen der jüngeren Vergangenheit, wie etwa zum Bau des Flughafens Berlin-Brandenburg, scheinen sie noch immer durch.

aa. Startbahn West – BVerwGE 56, 110 ff.

Im Verfahren um den Bau der Startbahn West in Frankfurt am Main übertrug das BVerwG, wie gezeigt, vor allem die fernstraßenrechtliche Rechtsprechung auf die luftverkehrliche Planung. Die Unterscheidung zwischen dem *Maß* an (physisch-realem) Lärmschutz und dem *Gewicht* des Lärmschutzes in der planerischen Abwägung kam hier zwar noch nicht explizit zum Ausdruck, jedoch wurden die Verbindungslinien von § 9 Abs. 2 zu § 8 Abs. 1 LuftVG bereits sehr deutlich[1385].

Der Planfeststellungsbeschluss, der Gegenstand des damaligen Verfahrens war, hatte keine Maßnahmen im Sinne von § 9 Abs. 2 LuftVG vorgesehen bzw. für notwendig erachtet, weshalb das Gericht die Frage aufwarf, ob die „entstehenden Lärmbelästigungen nach den Maßstäben einer gerechten Abwägung ohne Anordnung solcher Schutzmaßnahmen zumutbar (seien).“[1386] Das Gericht verwies insoweit zwar auf eine nicht hinreichende Tatsachenfeststellung, machte aber Ausführungen dazu, was dabei insgesamt zu beachten sei[1387]. So sei auf den Zustand (des Flughafens) abzustellen, „wie er nach seinem planentsprechenden Ausbau zu erwarten ist“ und auch eventuell bestehende Betriebsbeschränkungen könnten unter Umständen zu berücksichtigen sein[1388]. Es geht hiernach bei der luftverkehrlichen Planfeststellung

1385 Vgl. BVerwGE 56, 110 (123 f.), und – insoweit nicht in der Entscheidungssammlung abgedruckt – BVerwG, Urt. v. 7.7.1978 – IV C 79.76, Rn. 81 f. (Juris).
1386 BVerwGE 56, 110 (130).
1387 BVerwGE 56, 110 (130 ff.).
1388 BVerwGE 56, 110 (130 f.).

also darum, einen bestimmten Zustand zu erfassen, wie er auf Grund der Vorhabensplanung zu erwarten ist. Das ist nachvollziehbar, da die (Vorfeld-)Abwägung, die sich auf die Erheblichkeit bezieht, zunächst einer (objektiven) Bestimmung der vorhandenen nachteiligen Einwirkungen bedarf.

Dann kommt das Gericht zu den auf den Nachteil bezogenen Ausführungen. Es stellt fest: „Die Frage, unter welchen Voraussetzungen eine nach dieser Maßgabe festzustellende Lärmeinwirkung des Flughafens für die betroffenen Grundstücke als „Nachteile" im Sinne des § 9 Abs. 2 LuftVG anzusehen sind und deshalb die Notwendigkeit der Anordnung von Schutzanlagen nach sich ziehen, lässt sich aus Rechtsgründen nicht einheitlich beantworten."[1389] Entscheidend sei insoweit die Zumutbarkeit, die eine undifferenzierte, für alle Fälle einheitliche Festlegung auf ein bestimmtes Maß hinzunehmender Belastung nicht zulasse[1390]. Aber auch wenn eine Einheitlichkeit insoweit unzulässig sei, könne man (nur) die Verkehrsgeräusche als erheblich ansehen, „die der jeweiligen Umgebung mit Rücksicht auf deren durch die Gebietsart und die konkreten tatsächlichen Verhältnisse bestimmte Schutzwürdigkeit und Schutzbedürftigkeit nicht mehr zugemutet werden können."[1391] Hinsichtlich der Gebietsart könne man auf die bebauungsrechtliche geprägte Situation abstellen und bezüglich der tatsächlichen Verhältnisse könnten tatsächliche oder plangegebene Vorbelastungen eine Rolle spielen[1392].

Aus Sicht des BVerwG war es bei der Bestimmung der Schutzwürdigkeit und Schutzbedürftigkeit damals daher theoretisch auch möglich, zwischen den verschiedenen bauplanungsrechtlichen Gebietskategorien zu unterscheiden. Die weiteren Ausführungen waren jedoch auf Wohngebiete bezogen, welche auf Grund ihrer Bestimmung zum Wohnen noch am ehesten für allgemeine Aussagen über das zumutbare Maß an Lärmbelastung zugänglich seien[1393]. Die Anknüpfung an den Aspekt der Befriedigung der Wohnbedürfnisse erlaubte es dem Gericht, konkretere Beispiele für Beeinträchtigungssituationen zu benennen, wie etwa die Störung der Kommunikation, der allgemeinen Erholung oder des Schlafes, alles Aspekte, die gemeinhin mit der Wohnnutzung in Verbindung gebracht werden können.

Die dann folgende Argumentation des BVerwG sollte für über 30 Jahre zum großen Problem für Verwaltung und Rechtsprechung werden. Es stellte nämlich fest, dass die Frage, inwieweit „eine danach äußerstenfalls zumutbare Geräuscheinwirkung in einem bestimmten Geräuschpegel ausgedrückt werden (könne), sich im Wege der Rechtsanwendung nicht weiter klären (lasse)."[1394] Solange der Gesetzgeber

---

1389 BVerwGE 56, 110 (131 f.).
1390 BVerwGE 56, 110 (131 f.).
1391 BVerwGE 56, 110 (131 f.).
1392 BVerwGE 56, 110 (131 f.).
1393 Insoweit nicht in der Entscheidungssammlung abgedruckt, s. BVerwG, Urt. v. 7.7.1978 – IV C 79.76, Rn. 91 (Juris). Zu den ökonomischen Bezügen des Wissens über Gesundheits- bzw. Belästigungswirkungen, s. allerdings oben Teil 2, B., II., 3.
1394 Insoweit nicht in der Entscheidungssammlung abgedruckt, s. BVerwG, Urt. v. 7.7.1978 – IV C 79.76, Rn. 91 (Juris).

die Kollision der Interessen nicht durch eine (politische) Entscheidung über das Maß des Zumutbaren auflöse, müssten die Gerichte die Zumutbarkeitsfrage als außerrechtliche Fachfrage im Wege der Sachverhaltsermittlung in aller Regel durch Sachverständige klären lassen[1395]. Auch wenn das BVerwG in dieser Entscheidung nicht gezwungen war, hierzu konkret Stellung zu beziehen, verwies es doch darauf, es sei „nach den Äußerungen in der medizinischen Fachliteratur einleuchtend (sei), davon auszugehen, dass für ein von anderen Störfaktoren nicht vorbelastetes Wohngebiet die Grenze des innerhalb der Gebäude noch zumutbaren Verkehrslärms etwa bei einem äquivalenten Dauerschallpegel (Außenpegel) von 55 dB (A) am Tage und von 45 dB (A) in der Nacht erreicht werde."[1396]

In dieser Entscheidung wurde zudem bereits davon gesprochen, dass für einen Bereich im Umland von Flughäfen Schutzvorkehrungen notwendig sein könnten. Erst in den Entscheidungen zum Flughafen München II wurde dann, dazu sogleich, von einem Schutzbereich und einem Schutzziel gesprochen und erläutert, welche Funktion diese Kriterien haben sollten. Allerdings wurde schon deutlich gemacht, wie eine Planfeststellungsbehörde den geographischen Bereich ordnen sollte, in dem Maßnahmen nach § 9 Abs. 2 LuftVG notwendig sein könnten – was wiederum als außerrechtliche Fachfrage zu behandeln sei.

Problematisch erscheint insoweit, dass man einerseits der Auffassung war, das Maß des Zumutbaren (die Notwendigkeit) sei im Wesentlichen eine außerrechtliche Fachfrage, aber andererseits und gleichzeitig auch die Möglichkeit eröffnete zur Relativierung der Zumutbarkeit, und zwar über die Kategorien der Gebietsart bzw. der konkreten tatsächlichen Verhältnisse. Wenn aber die Zumutbarkeit eine außerrechtliche Frage darstellt, wieso sollte es auf Gebietsart und Vorbelastung überhaupt noch ankommen? Wie sich das Gericht hier ein Zusammenspiel empirisch zu beantwortender Fragen und normativer Überlegungen vorstellte, wird nicht klar. Wenn man die obigen Ausführungen zu den Grundlagen der Geräusch- bzw. Lärmwirkungsforschung bedenkt, sind jedenfalls höchstens die Belästigungswirkungen normativen „Überbauten" zugänglich. Inwieweit solche Überbauten, die ja von Planfeststellungsbehörden und Gerichten kämen, dann nicht die empirischen Ergebnisse der Belästigungsforschung wieder ad absurdum führen, kann nur im Einzelfall beurteilt werden. In noch stärkerem Maß galt und gilt dies für die – damals nicht deutlich unterschiedene – physiologisch-medizinische Lärmwirkungsforschung.

In der Startbahn West-Entscheidung wurde im Übrigen zur weiteren Bestimmung des Gewichts des Lärmschutzes in der planerischen Abwägung nichts gesagt. Man kann aber nunmehr eine der eingangs aufgeworfenen und zu beantwortenden

---

1395 Insoweit nicht in der Entscheidungssammlung abgedruckt, s. BVerwG, Urt. v. 7.7.1978 – IV C 79.76, Rn. 91 (Juris).

1396 Insoweit nicht in der Entscheidungssammlung abgedruckt, s. BVerwG, Urt. v. 7.7.1978 – IV C 79.76, Rn. 91 (Juris). Das Gericht spricht hier in der Tat vom Innenraum und Außenpegeln, was schon hier die – in diesem Verfahren nicht zwingend zu beantwortende – Frage des Zusammenhangs von Innen- und Außenbereichspegeln aufwirft. Vgl. dazu oben Teil 1, B., III., 3.

Fragestellung etwas präzisieren: Wenn die Unzumutbarkeitsschwelle zu physisch-realem Schutz führt, sind die dann relativierten Belastungen überhaupt noch in eine planerische Abwägung einzubeziehen? Wenn ja, mit welchem Gewicht? Also: Wie wirkt hier die Relativierung? Auf etwas grundsätzlicherer Ebene stellt sich außerdem die Frage, wie das Gewicht der Lärmschutzinteressen überhaupt konkretisiert werden soll? Ist auf die Geräuschfolgen einzugehen? Oder ist (wenigstens) die zahlenmäßige Betroffenheit (in verschiedenen Geräuschklassen?) festzustellen, damit die Fachplanungsbehörde einen Eindruck von der Größenordnung der zukünftigen Belastungen bekommt?

bb. München II – BVerwGE 69, 256 ff.; 75, 214 ff.; 87, 332 ff.

Mitte der 1980er Jahre und Anfang der 1990er Jahre hatte das BVerwG auch über die Neubauplanfeststellung am Verkehrsflughafen in München zu entscheiden. Es kam zu einer ganzen Serie von höchstrichterlichen Entscheidungen, die jeweils etwas unterschiedliche Sachverhalte zu beurteilen hatten, unter anderem weil der Ausgangsplanfeststellungsbeschluss im Verlauf der Jahre modifiziert worden war. Startpunkt war damals die Schließung des Verkehrsflughafens München-Riem und die Verlegung des Flughafenstandorts in den Nordosten der Stadt (München II: heute Flughafen München „Franz Josef Strauß“).

Es kam daraufhin zu mehreren Klagen benachbarter Gemeinden (und von Privatpersonen) gegen die Planfeststellung, die schließlich auch das BVerwG beschäftigten[1397]. In ihrer ursprünglichen Form sah die Planfeststellung einen Standort mit zwei Hauptbahnen und einer Nebenbahn vor. Obwohl dieser Planfeststellungsbeschluss, im Gegensatz zum vorangehenden Startbahn West-Fallbeispiel, diverse Lärmschutzregelungen vorsah, war das damit beschäftigte Verwaltungsgericht erstinstanzlich der Ansicht, dass der Lärmschutz in mehrfacher Weise unzulänglich sei[1398]. Hiergegen legte der Beklagte erfolgreich (Sprung-)Revision ein.

Unter anderem war im Planfeststellungsbeschluss eine Unterscheidung von Tag- und Nachtlärmschutz vorgesehen, aber auch Lärmschutzregelungen für besondere Einrichtungen sowie Entschädigungsregelungen für die Nutzungseinschränkung von Außenbereichen waren vorhanden[1399]. Als Schutzziel – also als Ziel, welches mit den Schallschutzvorkehrungen erreicht werden sollte – war vorgesehen, dass in näher bezeichneten Schutzzonen im Rauminneren keine höheren Schallpegel als 55 db(A) auftreten dürften. Innerhalb der Zone, die mit einer Geräuschbelastung von 62 db(A) Dauerschallpegel gekennzeichnet gewesen war, galt dieses Schutzziel auch für besondere Einrichtungen wie etwa für Schulen und Kindergärten[1400].

1397 BVerwGE 69, 256 ff.

1398 Insoweit nicht in der Entscheidungssammlung abgedruckt, s. BVerwG, Urt. v. 30.5.1984 – 4 C 58/81, Rn. 14 (Juris).

1399 BVerwGE 69, 256 (257).

1400 BVerwGE 69, 256 (260), wobei auch bestimmte Sonderregelungen für einzelne Grundstücke vorgesehen waren (Herabdämmung auf 45 db(A)).

Das BVerwG gab – was für den konkreten Fall nicht entscheidungserheblich war – zu erkennen, dass das Verwaltungsgericht bei der Bestimmung des Nachteils im Sinne von § 9 Abs. 2 LuftVG fehlerhaft vorgegangen war und daher die Auffassung nicht haltbar sei, der im Planfeststellungsbeschluss angeordnete Lärmschutz sei unzureichend gewesen. In den weiteren Ausführungen zur Zumutbarkeitsbetrachtung wird deutlich, welche praktischen Probleme sich offensichtlich den Behörden bei der Umsetzung der Vorgaben aus der Entscheidung zur Startbahn West ergeben hatten, die allerdings auch nach dieser Entscheidung nur schwer als zufriedenstellend gelöst betrachtet werden konnten.

Das BVerwG hob nunmehr nämlich hervor, dass die Nachteilsbestimmung „im allgemeinen nicht aufgrund einer überschauend-regionalen Betrachtung, sondern im Hinblick auf die individuelle Zumutbarkeit der Lärmeinwirkungen auf einzelne Grundstücke“[1401] zu erfolgen habe. Dies war zwar in der Entscheidung zur Startbahn-West bereits insoweit angelegt, als man dort davon ausging, dass die Nachteilsbestimmung aus Rechtsgründen nicht einheitlich zu beantworten sei. Allerdings hatte man es auch für zulässig erklärt, im Bestimmungsprozess Kriterien wie die Gebietsart und Gebietsvorbelastungen einzubeziehen. Dieser Konflikt zwischen einerseits einer individuellen und andererseits einer überschauend-regionalen Betrachtung veranlasste das BVerwG, in dieser Entscheidung noch einmal an die fernstraßenrechtliche Rechtsprechung zu erinnern. „Gerade bei raumgreifenden Großprojekten muss damit gerechnet werden, dass in der Umgebung die maßgebliche individuelle und relative Zumutbarkeitsgrenze“[1402] in hohem Maß differierten. Wenn die Planfeststellungsbehörde den damit einhergehenden Problemen nicht angemessen Rechnung tragen könne, müsse sie nach Art einer Meistbegünstigung vorgehen[1403]. Das pauschale Abstellen des Verwaltungsgerichts auf die Größe des planfestgestellten Vorhabens rechtfertige es jedenfalls nicht, gänzlich auf individuelle Betroffenheiten und individuelle Zumutbarkeiten der Kläger zu verzichten[1404].

Daraus lässt sich ableiten, dass dem BVerwG zu diesem Zeitpunkt offensichtlich eine Art doppelter Betrachtung der Geräusch- bzw. Lärmbelastung vorschwebte. Nach der Berechnung der Geräuschumgebung sollte ein Gebiet oder eine Zone abgesteckt werden, innerhalb derer die Geräuschbelastung als so hoch angesehen werden musste, dass prinzipiell von einer Schutzbedürftigkeit im Sinne von § 9 Abs. 2 LuftVG auszugehen war. Bei der Absteckung der Zonen konnten einerseits allgemeine Kriterien wie die Gebietsart oder dortige Vorbelastungen, andererseits aber auch individuelle Betroffenheiten (der jeweiligen Kläger bzw. klägerischer Grundstücke) berücksichtigt werden. Wie deren Zusammenspiel sinnvoll und nachvollziehbar sein kann, beantwortete das BVerwG allerdings nicht, und man kann

1401 BVerwGE 69, 256 (275).
1402 BVerwGE 69, 256 (276).
1403 BVerwGE 69, 256 (276).
1404 BVerwGE 69, 256 (275 f.).

vermuten, dass sie von Anfang an bis zu einem gewissen Grad inkompatibel waren. Immerhin bot das BVerwG die zusätzliche Alternative der Meistbegünstigung an.

Getrennt davon war dann zusätzlich – mit Hilfe Sachverständiger – zu entscheiden, wie in einem bestimmten Geräuschpegel eine äußerstenfalls zumutbare Geräuscheinwirkung auszudrücken sei[1405]. Auch hier stellte sich die zu diesem Zeitpunkt noch nicht beantwortete Frage, wie dies genau mit der Bestimmung einer räumlichen Zone zusammenhängt, in der Schallschutz prinzipiell zu gewähren ist. Hiermit musste sich das Gericht dann aber in der letzten München II-Entscheidung auseinandersetzen – dazu gleich.

Beim Planfeststellungsverfahren München-Riem war jedenfalls die Planfeststellungsbehörde so vorgegangen, wie es dem BVerwG vorschwebte, indem sie nämlich für die innerhalb der Zone identifizierten Grundstücke näher bezeichnete Schutzmaßnahmen oder Entschädigungen vorgesehen hatte[1406]. Die noch anhängigen Klagen wollte das BVerwG so unterschieden haben, dass entweder geklärt würde, ob ein noch nicht einbezogenes Grundstück ebenfalls zu umfassen sei oder ob ein Kläger geltend machte, dass die als notwendig vorgesehene Dämmung unzureichend sei[1407].

Kurz nach diesem Urteil des BVerwG kam es zur Änderung der Planfeststellung, mit der insbesondere vom Bau der Nebenbahn abgesehen wurde[1408]. Die gegen das Vorhaben klagenden Gemeinden und Privatpersonen begehrten zwar auch die Aufhebung des Vorhabens in der neuen Plangestaltung. Die Aufhebungsanträge wies das BVerwG jedoch zurück, nachdem die Kläger schon im Berufungsverfahren nicht erfolgreich gewesen waren.

Im nachfolgenden Revisionsverfahren kam es dann zwar auch zu einer ausgiebigen Auseinandersetzung mit dem planerischen Abwägungsergebnis. Von den Ausführungen jedoch nicht umfasst waren die immissionsschutzrechtlichen Fragen im Zusammenhang mit § 9 Abs. 2 LuftVG. Soweit es um das in eine Abwägung einzustellende Interesse an Lärmschutz bzw. die Geräuschbelastung der Nachbarschaft ging, wurde nur am Rande der Diskussion um die Bahnkonfiguration darüber gesprochen[1409]. Eine – wie auch immer geartete – Gesamtbetrachtung der Lärmbelastungen erfolgte jedoch nicht.

Dies alles ist vor dem Hintergrund zu sehen, dass aus Sicht des BVerwG die Aufhebung eines Planfeststellungsbeschlusses wegen mangelhafter Maßnahmen zum Schutz vor Lärm von vornherein nur in Betracht kommt, „wenn der Mangel für die Planungsentscheidung insgesamt von so großem Gewicht ist, dass dadurch nicht nur der einzelne Betroffene benachteiligt, sondern die Ausgewogenheit der Gesamtplanung bzw. eines abtrennbaren Planungsteils überhaupt in Frage gestellt

1405 BVerwGE 69, 256 (276).
1406 BVerwGE 69, 256 (277).
1407 BVerwGE 69, 256 (277).
1408 Vgl. BVerwGE 75, 214 (216 f.).
1409 BVerwGE 75, 214 (248 ff.).

wird."[1410] Nicht angeordnete Lärmschutzmaßnahmen können zudem nachgeholt werden, wenn dadurch nicht die Gesamtkonzeption der Planung in einem wesentlichen Punkt berührt wird bzw. wenn nicht in dem Interessengeflecht der Planung nunmehr andere Belange nachteilig betroffen sind[1411]. Darauf wird zurückzukommen sein.

Erst 1991 kam es dann zum Urteil des BVerwG bezüglich der von den Klägern im Wege der Verpflichtungsklage eingeforderten (weitergehenden) Lärmschutzmaßnahmen, die sich auf die Auswirkungen der Änderungsplanung bezogen[1412]. Mittlerweile hatte sich nicht nur die Dimension des Projekts, sondern auch – in Teilen – das Lärmschutzkonzept verändert[1413], welches sowohl von den Klägern als auch vom Beklagten in diversen Zusammenhängen angegriffen wurde. Dies zwang das Gericht in unterschiedlichen prozessualen Konstellationen zum Thema Lärmschutz Stellung zu beziehen.

Vorab sei festgestellt, dass das Gericht in dieser Entscheidung – wie auch in den nachfolgenden Urteilen – deutlich zwischen Tag- und Nachtlärmschutz bzw. Entschädigungsregelungen unterteilte[1414]. Es betonte, dass die planende Behörde ein Gesamtkonzept zum Fluglärmschutz zu entwickeln habe, das sowohl aktive als auch passive Schutzmaßnahmen enthalten könne[1415]. In den Tag- bzw. Nachtlärmschutzerörterungen behandelte es dann zuerst die jeweils vorgesehenen aktiven Maßnahmen.

Hinsichtlich der aktiven Taglärmschutzmaßnahmen hielt das Gericht eine Lärmkontingentierung, wie sie dem Berufungsgericht vorgeschwebt hatte, für unzulässig und kritisierte insbesondere den gewählten rechtlichen Anknüpfungspunkt[1416]. Das Berufungsgericht hatte nämlich – sich auf § 9 Abs. 2 LuftVG stützend – den Beklagten verpflichtet, sicherzustellen, dass die Tagesflugbewegungen an einem Durchschnittstag ein – noch zu bestimmendes – Lärmkontingent nicht überschreiten[1417]. Dies war aus Sicht des BVerwG der falsche rechtliche Ansatz. Eine Planfeststellungsbehörde habe zuerst zu prüfen, ob sie sich abwägungsfehlerfrei dazu in der Lage sieht, eine Problembewältigung durch eigene planerische Gestaltung durchzuführen, also im Rahmen ihrer Gestaltungsmöglichkeiten nach § 8 Abs. 1 LuftVG[1418]. Im Übrigen könnten über § 9 Abs. 2 LuftVG dem Vorhabenträger

---

1410 BVerwGE 56, 110 (133).

1411 BVerwGE 56, 110 (133).

1412 BVerwGE 87, 332 ff.

1413 Insoweit nicht in der Entscheidungssammlung abgedruckt, s. BVerwG, Urt. v. 29.1.1991 – 4 C 51/89, Rn. 4 f. (Juris).

1414 BVerwGE 87, 322 (353 ff., 365 ff. und 376 ff.); vgl. dazu auch die sogleich darzustellenden Entscheidung zum Flughafen BBI und Leipzig unten Teil 3, B., I., 3., c., ee. und ff.

1415 BVerwGE 87, 322 (351).

1416 BVerwGE 87, 322 (340 ff.).

1417 BVerwGE 87, 322 (340).

1418 BVerwGE 87, 322 (342).

nur solche Maßnahmen auferlegt werden, die er gegenüber den Flughafenbenutzern in rechtlich zulässiger Weise durchzusetzen vermag[1419]. Der unmittelbar kapazitätssteuernde Koordinierungseckwert (Tagesflugbewegungen) sei dies nicht[1420]. Der Flughafenbetreiber sei insoweit zur Umsetzung nicht befugt, sondern nur die Planfeststellungsbehörde, weshalb das Berufungsgericht mit dieser Anordnung seine eigenen Befugnisse überschritten habe[1421]. Das Heranziehen von § 9 Abs. 2 LuftVG für Schutzauflagen an den Betreiber käme nur in Betracht, wenn es sich dabei um die einzig rechtmäßige Möglichkeit der Problembewältigung handele[1422].

Auch wenn also das BVerwG zunächst selbst davon ausgegangen war, dass § 9 Abs. 2 LuftVG Anknüpfungspunkt für aktive Schallschutzmaßnahmen sein könne[1423], hat es mit dieser Argumentation die Einsatzmöglichkeiten der Norm insoweit praktisch auf Null abgesenkt. Wie sollte man auch bestimmen, wann gerade bestimmte aktive Maßnahmen die *einzige* Möglichkeit der Problembewältigung darstellen? Dies gilt umso mehr, wenn das BVerwG auch den Hinweis darauf, aktive Maßnahmen seien die einzige Außenbereichsschutzlösung, mit dem Argument ablehnt, dass damit nur begründet sei, fehlenden Außenbereichsschutz in die planerische Abwägung mit einzubeziehen[1424].

Dass die mit dem Vorhaben entstehenden Lärmprobleme nicht schon durch die planerische Gestaltung hinreichend zu bewältigen gewesen seien, hatte die Planfeststellungsbehörde angenommen und wurde vom BVerwG insoweit nicht kritisiert[1425]. Das BVerwG unterteilte dann entsprechend seinen Überlegungen in den vorangehenden Entscheidungen zwischen Fragen, die die Erweiterung des Schutzgebiets und solchen, die das Schutzziel betreffen.

Das BVerwG kritisierte zunächst vor allem die Erweiterung des Tagschutzgebiets durch das Berufungsgericht. Dieses hatte das Kriteriensystem der Planfeststellungsbehörde zur Aufstellung der Tagschutzzone für ungeeignet gehalten und argumentiert, dass das Schutzziel auch den Schutzumfang[1426] in der Weise bestimme, alle denjenigen Schutz zu gewähren, die nach dem Schutzziel und der zu

1419 BVerwGE 87, 322 (343).
1420 BVerwGE 87, 322 (343 f.).
1421 BVerwGE 87, 322 (343 f.). Dieses Argument war auch ausschlaggebend im Zusammenhang mit den „aktiven Nachtlärmschutzmaßnahmen", BVerwGE 87, 322 (366).
1422 BVerwGE 87, 322 (345).
1423 BVerwGE 69, 256 (276).
1424 BVerwGE 87, 322 (346 ff.).
1425 BVerwGE 87, 322 (353).
1426 An dieser Stelle sei darauf hingewiesen, dass beim Maß an (physisch-realem) Lärmschutz noch weiter zu differenzieren ist. Es ist nämlich zunächst zwar (und überwiegend) durch das angenommene Schutzziel bestimmt, aber auch der aus dem Umfang der Schutzzone ableitbare argumentative Vorteil nimmt auf das Maß Einfluss. Dazu auch unten Teil 3, B., II., 4.

erwartenden Lärmbelastung solchen verdienten[1427]. Der Idee nach folgerte das Berufungsgericht aus dem für zulässig erkannten Schutzziel – der Vermeidung höherer Spitzenpegel im Rauminneren als 55 db(A) –, dass auch die Tageschutzzone durch einen Spitzenpegel beschrieben werden sollte und (nur) zusätzlich auch durch einen Dauerschallpegel[1428]. Es leitete den zur Definition der Zone notwendigen Wert aus dem Schutzziel ab und ordnete die Neuberechnung der Zone an, wobei es hinsichtlich der anzunehmenden Flugrouten auf den neuesten Prognosestand abstellte[1429].

Das BVerwG war jedoch der Ansicht, dass auch in diesem Vorgehen ein Kompetenzverstoß zu sehen sei; denn Aufgabe der Gerichte sei es nicht, eine eigene Lärmprognose an die Stelle der behördlichen Prognose zu setzen[1430]. Darüber hinaus hatte das BVerwG aber auch Einwände gegen die Überlegungen des Berufungsgerichts, die die Neuermittlung begründeten, weil es insbesondere das Thema der Vorbelastung weitgehend außer Acht gelassen habe[1431]. Das Berufungsgericht hatte zum prognostizierten Lärm zwar den bereits vorhandenen militärischen Fluglärm logarithmisch hinzuaddiert und damit – zu Gunsten der Anwohner – eine Art Verantwortungsgemeinschaft verschiedener Emittenten unter Hinweis auf die Gleichartigkeit der emittierten Geräusche begründet[1432]. Unter Bezug auf seine Rechtsprechung im Fall Frankfurt Main – Startbahn West trat das BVerwG diesen Überlegungen jedoch entgegen und stellte klar, dass Geräuschvorbelastungen in der Regel zu einer geringeren Schutzwürdigkeit betroffener Grundstücke führten[1433]. Eine Grenze dieser subtraktiven Betrachtungsweise wollte das BVerwG – mit der Folge einer Lärmsanierung der gesamten, bereits bestehenden Situation – nur dort sehen, wo entweder eine Verletzung des Rechts auf körperliche Unversehrtheit oder im Hinblick auf das Grundeigentum im Raum stehe[1434]. In Erweiterung seiner

---

1427 Insoweit nicht in der Entscheidungssammlung abgedruckt, s. BVerwG, Urt. v. 29.1.1991 – 4 C 51/89, Rn. 237 f. (Juris) („Demzufolge müsse das Schutzziel auf die Abgrenzung des Schutzgebiets übertragen werden.").

1428 Insoweit nicht in der Entscheidungssammlung abgedruckt, s. BVerwG, Urt. v. 29.1.1991 – 4 C 51/89, Rn. 237 f. (Juris).

1429 BVerwGE 87, 322 (354).

1430 vgl. BVerwGE 87, 322 (354 f.).

1431 BVerwGE 87, 322 (356). Im Rahmen der Planungen war das Einzugsgebiet nämlich bereits als ruhig bis mittellaut beschrieben worden. Insoweit nicht in der Entscheidungssammlung abgedruckt, s. BVerwG, Urt. v. 29.1.1991 – 4 C 51/89, Rn. 245 (Juris).

1432 BVerwGE 87, 322 (356).

1433 BVerwGE 87, 322 (356 f.).

1434 Insoweit nicht in der Entscheidungssammlung abgedruckt, s. BVerwG, Urt. v. 29.1.1991 – 4 C 51/89, Rn. 246 (Juris). Angemerkt sei hier, dass diese Überlegungen nur schwer überzeugen können, da sie sich *nur* auf die Schutzzonenbildung beziehen. Wenn nach dem – fachlich begründeten – Schutzziel außerhalb einer Schutzzone passiver Schallschutz zu gewähren ist, musste er – nach den Überlegungen des BVerwG – auch dort gewährt werden. Die Vorbelastung konnte also nur insoweit zu einer geringeren Schutzwürdigkeit führen, als damit ein geringerer räumlicher

Ausführungen in der Startbahn West-Entscheidung führte das Gericht aus, dass die Ursächlichkeit der Lärmbeeinträchtigungen zu berücksichtigen sei und Schutzvorkehrungen im Sinne von § 9 Abs. 2 LuftVG nur dann zu treffen seien, „wenn und soweit durch die hinzutretenden Lärmimmissionen der Pegel des nunmehr auftretenden Gesamtgeräuschs den früher vorhandenen Lärmpegel in beachtlicher Weise erhöht und gerade in dieser Erhöhung eine zusätzliche und auch unzumutbare Belastung liegt“[1435].

Diese Überlegungen führen nun ziemlich deutlich zu einer dramatischen Verkürzung des Schutzes vor Lärm, weil damit auch für Ausbausituationen gesagt wird, dass die bereits bestehende Belastung sich grundsätzlich zu Lasten der Betroffenen auswirkt[1436]. Zudem werden Voraussetzungen von § 9 Abs. 2 LuftVG technisch-inhaltlich verkompliziert, weil anstatt auf einen Zustand nunmehr auf Pegel*erhöhungen* abgestellt werden muss. Daran knüpft sich die – in dieser Entscheidung nicht erörterte – Frage an, wie solche Aussagen zu Pegelerhöhungen noch an die Ergebnisse der Geräuschwirkungsforschung anschlussfähig sind, die ja eine Gesamtsituation betrachten und eben nicht nur Pegelerhöhungen[1437].

Auf die Überlegung des inhaltlichen Zusammenhang von Schutzziel und Schutzzone kommt das BVerwG etwas später im Zusammenhang mit dem Begehren einiger Kläger zurück, die Tagschutzzone gegenüber der im Planfeststellungsbeschluss festgelegten Zone zu erweitern[1438]. Es führt dazu aus, dass das Abstecken einer Schutzzone lediglich eine verwaltungspraktische Funktion habe, die den Betroffenen vermittele, „wer von ihnen anhand der durch das Schutzziel beschriebenen Zumutbarkeitsgrenze mit Ansprüchen auf Schallschutzmaßnahmen rechnen kann.“[1439] Rechtsbegründend sei also nicht der Umstand, dass ein Grundstück von einer solchen Zone umfasst sei, sondern alleine, „dass die Lärmbelastung auf dem Grundstück das zumutbare Maß überschreitet.“[1440] Der Einbezug in eine Zone bedeute lediglich einen argumentativen Vorteil bei der Durchsetzung eines Anspruchs, welcher von der Behörde – den Betroffenen innerhalb der Zone – in einer Art Meistbegünstigung gewährt werde[1441]. Auch außerhalb der Schutzzone

Umfang der Schutzzone zu einem geringeren argumentativen Vorteil führt – dazu sogleich auch im Text.

1435 BVerwGE 87, 322 (357).

1436 Zur Problematik der summativen Betrachtung von Geräuschquellen, s. oben Teil 1, C., IV.

1437 Zur Frage der Bedeutung einer *geänderten* Belastungssituation für insbesondere das Belästigungsempfinden, s. oben Teil 1, C., II., 2., b.

1438 BVerwGE 87, 322 (358 ff.).

1439 BVerwGE 87, 322, (359).

1440 BVerwGE 87, 322, (359).

1441 BVerwGE 87, 322, (359).

liegende Grundstücke könnten einen Anspruch haben, wenn dort die Zumutbarkeitsgrenze (Schutzziel) überschritten sei[1442].

Danach geht das BVerwG noch etwas stärker als zuvor auf den inneren Zusammenhang von Schutzzone und Schutzziel ein. Es schlussfolgert, dass das Berufungsgericht die rechtliche Funktion der Schutzzone verkannt habe, wenn es eine lärmphysikalisch identische Bewertung verlange[1443]. Bei der Kontrolle der – der bloßen Verwaltungspraktikabilität geschuldeten – Schutzzonenausweisung könne man sich auf eine Missbrauchs- bzw. Plausibilitätskontrolle beschränken; denn alleine die Schutzzielbestimmung sei als das für den Rechtsanspruch entscheidende Kriterium voll überprüfbar[1444].

Diese Auseinandersetzung macht endgültig deutlich, welche Bedeutung die Unterscheidung von Außen- und Innenraum bzw. Schutzzone und Schutzziel hat. Interessant ist dabei, dass das BVerwG seinerseits am Rande die Überlegung von inhaltlichen Zusammenhängen bestätigt[1445], jedoch bei der Schutzzonenbestimmung Wertungsspielräume eröffnet sieht, die jedenfalls dann auf eine Relativierung des Schutzziels hinauslaufen, wenn man davon ausgeht, dass – tatsächlich – nie ein Rechtsanspruch für außerhalb von Schutzzonen liegenden Grundstücken festgestellt wurde[1446]. Letztlich ließ es damit das Problem ungeklärt bzw. eröffnete den Behörden Spielräume, die es ihnen erlaubte, etwaige fachliche Schutzziele an Hand normativer Überlegungen zur Schutzzone aufzuweichen.

Klar wurde somit auch, dass mit der Unterscheidung von Innen- und Außenpegeln die technische Frage von Bedeutung ist, welchen Dämmwirkungsstandard man in einem Wohngebiet als allgemein vorhanden annehmen kann. Da es illusorisch war und ist, für jedes im Einwirkungsbereich liegende Grundstück bzw. Wohnhaus im Rahmen eines Planfeststellungsverfahrens einzelne Messungen durchzuführen, die die tatsächlich vorhandene Dämmwirkung feststellen, war die Entwicklung eines typischerweise anzunehmenden Dämmwirkungsstandards zwangsläufig[1447]. Darauf wird gleich noch einmal zurück zu kommen sein.

1442 Insoweit nicht in der Entscheidungssammlung abgedruckt, s. BVerwG, Urt. v. 29.1.1991 – 4 C 51/89, Rn. 254 (Juris).

1443 Insoweit nicht in der Entscheidungssammlung abgedruckt, s. BVerwG, Urt. v. 29.1.1991 – 4 C 51/89, Rn. 259 (Juris).

1444 BVerwGE 87, 322 (359 ff.).

1445 Insoweit nicht in der Entscheidungssammlung abgedruckt, vgl. BVerwG, Urt. v. 29.1.1991 – 4 C 51/89, Rn. 259 (Juris).

1446 Ausgenommen seien die Grundstücke, die in diesem Verfahren von der Planfeststellungsbehörde selbst zusätzlich mit einem Rechtsanspruch versehen wurden, s. BVerwGE 87, 322 (353) und, insoweit nicht in der Entscheidungssammlung abgedruckt, BVerwG, Urt. v. 29.1.1991 – 4 C 51/89, Rn. 254 (Juris).

1447 Vgl. BVerwGE 87, 322 (375 f.). Dieser Aspekt wurde dann vertieft in BVerwGE 125, 116 (230 f., Rn 327 und 233 ff., Rn. 337 ff.).

Was nun die einzuhaltenden Schutzziele[1448] anbetrifft, brachten die Kläger verschiedene Vorstellungen von einer adäquateren Berechnung bzw. einem (fachlich) adäquateren Grenzwert vor. Im Ergebnis wurden sie alle – auch im Zusammenhang mit den nächtlichen Beeinträchtigungen[1449] – abgelehnt[1450]. Auf die damals vorgebrachten, fachlichen Argumente[1451] braucht – in Anbetracht der aufgezeigten neueren Erkenntnisse der Geräuschwirkungsforschung – heute nicht mehr im Detail eingegangen zu werden.

Erwähnenswert ist jedoch, dass das BVerwG noch einmal betonte, die Einzelheiten des Schutzes sowie seines speziellen Erfolges beträfen die von den Gerichten umfassend zu überprüfende Zumutbarkeitsgrenze[1452]. Diese Aussage kann man so verstehen, dass im Rahmen der Überprüfung der festgelegten Zumutbarkeitsgrenze nicht nur das Schutzziel selbst zu hinterfragen ist, sondern auch die Mittel und Wege, die zur Erreichung des Ziels vorgesehen sind. Diese Frage ist allerdings allein technischer Natur. Im Rahmen ihrer Beantwortung ist – für ein konkretes Wohnhaus – abzugleichen und zu überprüfen, ob dort in den Innenräumen Spitzenpegel erreicht werden, die oberhalb des Schutzziels liegen und welche technischen Maßnahmen den festgestellten Pegel unter die Schutzzielgrenze herunterdämmen können. Die insoweit notwendigen technischen Maßnahmen werden von der vorhandenen Baustruktur abhängen. Der Betroffene, der bisher in einem schlecht gedämmten Haus wohnt, wird auf aufwendigere technische Maßnahmen angewiesen sein als jemand, der in einem bereits gut gedämmten Haus lebt. Welche Maßnahmen auch immer notwendig sind, es stellt sich jeweils die Frage, welche Kosten mit den Maßnahmen verbunden sind und inwieweit diese Kosten auch tatsächlich erstattet werden[1453].

Wie gesagt handelt es sich hierbei um technische, außerjuristische Fragestellungen. Wenn aber ein System von Regelungen zum Schutz des Körpers und des Geistes der Menschen vor Fluglärm im Wesentlichen passive Schallschutzmaßnahmen vorsieht, werden sie zu den entscheidenden inhaltlichen Fragen. Von ihnen hängt die Antwort auf die Fragen nach der Wirksamkeit, nach dem Effekt oder nach dem speziellen Erfolg solcher Maßnahmen ab. Soweit ersichtlich sind sie für den Bereich des Fluglärmschutzes nie im juristischen Schrifttum aufgegriffen bzw. nie als zentral herausgearbeitet worden[1454].

1448 Vgl. BVerwGE 87, 322 (361 und 372).

1449 Insoweit nicht vollständig in der Entscheidungssammlung abgedruckt, vgl. BVerwG, Urt. v. 29.1.1991 – 4 C 51/89, Rn. 347 ff. (Juris).

1450 Insoweit nicht in der Entscheidungssammlung abgedruckt, vgl. BVerwG, Urt. v. 29.1.1991 – 4 C 51/89, Rn. 270 f. (Juris).

1451 Fachlich-inhaltlich orientierte sich das Gericht insbesondere an der Kommunikationsstörung. Insoweit nicht in der Entscheidungssammlung abgedruckt, vgl. BVerwG, Urt. v. 29.1.1991 – 4 C 51/89, Rn. 272 (Juris).

1452 BVerwGE 87, 322 (363).

1453 Für die Situation nach der Novellierung des FluLärmG, s. unten Teil 3, B., II., 3., b.

1454 Die Frage nach der Wirksamkeit oder Effektivität von Maßnahmen wird aber abstrakt – jedenfalls im Rahmen einer Untermaßprüfung, die sich auch sachlich-inhaltlichen

Das Heranziehen von typischerweise anzunehmenden Dämmungswirkungen erhöht wiederum die Komplexität dieser Fragestellungen. Wenn nämlich die typischen Dämmungswirkungen eine Veränderung des Dauerschallpegels zwischen dem Innen- und Außenbereich bewirken sollen[1455], lässt sich hieraus nicht ohne weiteres ersehen, wie sich insoweit das Auftreten von Spitzen- oder Maximalpegel verändert[1456].

Natürlich ist die Frage, was man aus einem (Außen-)Dauerschallpegel bzgl. des Auftretens bestimmter (Innenraum-)Maximalpegel ablesen oder ableiten kann, mit Blick auf das rechtlich vorgesehene Schutzsystem von grundsätzlicher Bedeutung. Wenn nämlich die Geräuschwirkungsforschung – etwa bei Kommunikations- oder Schlafstörungen, wie sie Gegenstand dieses Verfahrens waren – bei bestimmten Primärwirkungen insbesondere das Auftreten bestimmter Einzelschallereignisse betrachtet, die Lösung damit einhergehender Probleme[1457] aber an ein Schutzziel geknüpft wird, das in einem Dauerschallpegel ausgedrückt ist, ergibt sich die Frage, ob damit die fachlichen Vorgaben der Geräuschwirkungsforschung überhaupt umgesetzt werden können. Diese Überlegungen bestärken im Übrigen das soeben bereits erörterte Argument des Berufungsgerichts in diesem Verfahren, Schutzziel- und Schutzzonengrenzwerte müssten von einheitlichen fachlichen Überlegungen getragen sein, wenn ihr Zusammenspiel nachvollziehbar sein soll.

cc. Erfurt – BVerwGE 107, 313 ff.

In einem Verfahren betreffend den Flughafen Erfurt führte das BVerwG seine Grundkonzeption zur Bestimmung von Schutzzone und Schutzziel im Wesentlichen fort[1458]. Es handelte sich hier nicht um den Neu-, sondern um den Ausbau eines Flughafens, der insbesondere wegen der erwünschten Startbahnverlängerung[1459] planfeststellungsbedürftig war. Im Hinblick auf die §§ 8 Abs. 1, 9 Abs. 2 LuftVG ergaben sich also keine wesentlichen neuen Erkenntnisse. Die Klagen betroffener Anwohner bezogen sich auf weitergehende Einschränkungen des Nachtflugbetriebs, weitergehende passive Schallschutzmaßnahmen und weitergehende Entschädigungsregelungen. Sie waren teilweise begründet[1460]. Hervorzuheben ist, dass mit dieser Entscheidung eine Schwerpunktverschiebung insofern festzustellen war, als

---

Fragen stellt – als besonders bedeutsam angesehen, hier dazu nur Isensee, in: Isensee/Kirchhof (Hg.), HStR, Bd. IX, § 191, Rn. 165; ausführlicher zur Prüfungsstruktur und den Maßstäben grundrechtlicher Schutzverpflichtungen oben Teil 2, C.

1455 BVerwGE 87, 322 (376), geht davon aus, dass der Unterschied 15 db(A) bei gekippten Fenstern und 25 db(A) bei (gelegentlich) geschlossenen Fenstern beträgt.

1456 Für *eine* Einschätzung eines Lärmsachverständigen, s. BVerwG, Urt. v. 29.1.1991 – 4 C 51/89, Rn. 352 (Juris), insoweit nicht in der Entscheidungssammlung abgedruckt.

1457 Dauerhafter oder chronischer Art – also sekundäre bzw. tertiäre Wirkungen, s. oben Teil 1, C., II., 2., a. bzw. III., 4. a. und b.

1458 BVerwGE 107, 313 ff.

1459 BVerwGE 107, 313 (315).

1460 BVerwGE 107, 313 (321).

zunehmend der Nachtflugbetrieb und damit zusammenhängende Belastungen in den Mittelpunkt der Auseinandersetzungen rückten.

Die Schutzziele zur Ausrichtung des passiven Schallschutzes orientierten sich im Planfeststellungsbeschluss an der Entscheidung zu München II[1461], allerdings wurde eine Ausnahme für sechs Ereignisse mit Pegeln von mehr als 75 db (A) außen gemacht[1462]. Interessant ist die fachliche Auseinandersetzung vor dem Hintergrund der im Planfeststellungsbeschluss vorgesehenen sog. Öffnungsklausel, mit der die Behörde es leisen Flugzeugen ermöglichen wollte, nachts zu fliegen, ohne dass diese Flugbewegung dem – im Planfeststellungsbeschluss ebenfalls vorgesehenen – Nachtflugkontingent an zulässigen Flugbewegungen hinzugerechnet werden mussten. Das insoweit vorgebrachte Argument war, leise Flugzeuge erzeugten – rechnerisch – keine problematischen Maximalpegel[1463].

Das BVerwG begegnet dem zunächst damit, dass es auf die bei einer solchen Regelung potentiell rechtlich ungelösten Lärmkonflikte verweist[1464]. Auf die fachliche Frage, ob Lärmereignisse unterhalb des Schutzziels denn tatsächlich negative Effekte haben könnten und ob die Ausnahmeregelung fachlich-inhaltlich gerechtfertigt war, geht es erst später im Zusammenhang mit der Frage ein, ob nicht neuere Erkenntnisse in der Lärmwirkungsforschung dazu anhalten würden, das Schutzziel für die Nacht auf die Vermeidung von höheren Schallpegeln als 52 db(A) im Innenraum zu reduzieren[1465]. Dies wird im Ergebnis abgelehnt, da es zwar vermehrt Hinweise auf vegetative (Stress-)Reaktionen im Schlaf bzw. Schlafstadienwechsel gebe, aber insofern noch kein neuer Stand der Forschung ersichtlich sei bzw. noch Erkenntnisdefizite gegeben seien[1466].

Auch diese Entscheidung enthält keine weiteren Informationen über den Ablauf bzw. die weitere Strukturierung der planerischen Abwägung. Allerdings wurde hervorgehoben, dass der gesamte Lärmbereich und nicht allein der unzumutbare Lärm abwägungserheblich sei[1467]. Wie aber die zwingend anzuordnenden physisch-realen Schutzmaßnahmen auf das Gewicht des Lärmschutzes in der planerischen Abwägung einwirken, blieb auch weiterhin unbeantwortet.

1461 BVerwGE 107, 313 (317).

1462 Sog. Jansen-Kriterium, mit dem von fachlicher Seite aus sechs solcher nächtlichen Ereignisse für unbedenklich erklärt wurden im Hinblick auf zu erwartende Schlafstörungen. Aus heutiger Sicht scheint allerdings sowohl das Schutzziel als auch das Jansen-Kriterium in fachlicher Hinsicht überholt, s. oben Teil 1, C., III., 3., b. Dazu gleich auch im Verfahren um den Flughafen BBI, Teil 3., B., I., 3., c., ee.

1463 BVerwGE 107, 313 (325 f.).

1464 BVerwGE 107, 313 (325 f.).

1465 BVerwGE 107, 313 ff. (329 f.).

1466 BVerwGE 107, 313 ff. (330).

1467 BVerwGE 107, 313 (322 f.).

dd. München Nachtflugregelungen – BVerwGE 123, 261 ff.

Im Jahr 2005 stand der Münchener Flughafen ein weiteres Mal im Mittelpunkt einer Entscheidung des BVerwG, weil 2001 die bisherigen Nachtflugregelungen[1468] per Genehmigung geändert wurden[1469]. Hiergegen richteten sich diverse Anfechtungs- bzw. Verpflichtungsklagen von Anwohnern und Gemeinden, die in der Revision auch erfolgreich waren und was im Ergebnis zur Aufhebung des vorinstanzlichen Urteils und zur Anweisung des Gerichts führte, den Sachverhalt weiter aufzuklären[1470].

Die bis zur Änderung bestehende Regelung hatte vorgesehen, dass in der Zeit von 22 bis 24 und 5 und 6 Uhr (sog. Nachtrandstunden) bis zu 28 planmäßige und insgesamt 38 Flugbewegungen einschließlich etwaiger Verspätungsflüge generell zulässig seien. Dagegen waren für die Zeit zwischen 0 und 5 Uhr (sog. Kernzeit der Nacht) Flugbewegungen nur in begründeten Ausnahmen zulässig[1471]. Die beklagte Planfeststellungsbehörde ließ die zahlenmäßige Begrenzung des Nachtflugbetriebs in den Randstunden nur in der bisherigen Form fallen. Der Betreiber hatte zwar – unter Verweis auf einen dringenden Bedarf – eine gänzliche Streichung des Kontingents beantragt, die Planfeststellungsbehörde änderte jedoch (stattdessen) die Regelung dahingehend ab, dass nunmehr 28 planmäßig Flugbewegungen (zu denen auch Verspätungen und Verfrühungen zu rechnen waren) von Flugzeugen generell zulässig sein sollten, die an bestimmten Messstellen in der Umgebung keine höheren Einzelschallereignisse als 75 db(A) erzeugen[1472]. Ergänzt wurde dies durch ein sog. Lärmkontingent[1473], das auf eine Durchschnittsnacht bezogen war sowie einem energieäquivalenten Dauerschallpegelkriterium und einer Bonusliste für leise Flugzeuge[1474]. Weiterhin war vorgesehen, dass passiver Schallschutz auf der Grundlage einer mehr als sechsmaligen Überschreitung eines nächtlichen Maximalpegels von 70 db(A) außen zu gewähren sei. Als Schutzziel war die Verhinderung von höheren Maximalpegeln als 55 db(A) im Rauminneren vorgesehen[1475].

Vor dem besonderen Hintergrund einer bestehenden Nachtflugregelung wurde ausgeführt, dass die Anwohner auf deren Beibehaltung zwar keinen Rechtsanspruch

1468 S. oben Teil 3, B., I., 3., c., bb.

1469 Angermerkt sei, dass das BVerwG die Änderungsgenehmigung als planerische Entscheidung behandelte und auch hier jede nicht nur geringfügige Lärmbelastung für abwägungserheblich hielt, BVerwGE 123, 261 (266 f.). Zum Zusammenspiel von luftverkehrlicher Genehmigung und Planfeststellung s. oben Teil 3, B., I., 1., c.

1470 BVerwGE 123, 261 (265).

1471 BVerwGE 123, 261 (262).

1472 BVerwGE 123, 261 (263).

1473 Das Lärmvolumen bestehend aus der Summe aller nach Lärmauswirkungen gewichteten Start- und Landungszahlen in der Durchschnittsnacht eines Kalenderjahres, BVerwGE 123, 261 (278).

1474 BVerwGE 123, 261 (263 f.).

1475 BVerwGE 123, 261 (264).

hätten, ihr berechtigtes Interesse an der Beibehaltung aber in ein gerechtes Verhältnis zu den Interessen des Flughafenbetreibers an der Änderung zu setzen sei[1476]. Generell gelte, dass die Interessen der Lärmbetroffenen mit dem ihnen zustehenden Gewicht in die planerische Abwägung einzustellen seien[1477]. Mit dem Gewicht dieser Interessen würden auch die Anforderungen an die Darlegung des Verkehrsbedarfs steigen, der eine Erweiterung des Nachtflugbetriebs rechtfertigen soll. Je dringlicher ein solcher Bedarf sei, desto bedeutsamer sei auch sein Gewicht im Rahmen der Abwägung[1478]. Da das BVerwG eine unzureichende Auseinandersetzung mit den von der beklagten Behörde vorgebrachten Gründen sah, die einen gesteigerten Nachtflugbedarf darlegen sollten, wurde das vorinstanzliche Urteil aufgehoben[1479].

Die Rügen der Kläger, die darauf abzielten, dass das vorgesehene Nachtlärmschutzkonzept unzureichend sei, wies das BVerwG jedoch zurück[1480]. Ein zahlenförmiges, numerisch-präzises Bewegungskontingent sei zwar zulässig, jedoch nicht zwingend geboten, wenn dem Lärmschutz auch anderweitig ausreichend Rechnung getragen werden kann[1481]. Interessant an den Ausführungen des BVerwG, die zur Ablehnung eines numerisch-präzisen Bewegungskontingents führen, ist noch, dass das Gericht hier anmerkt, auch deren Wirksamkeit sei zweifelhaft, weil sich der Lärm durch den Einsatz lauterer Flugzeuge erhöhen könnte[1482]. Ein Lärmkontingent würde jedoch den Anreiz bieten, lautere Flugzeuge durch eine größere Anzahl leiserer Flugzeuge zu ersetzen, was – unter Berufung auf fachliche Aussagen – für lärmpsychologisch sinnvoll erachtet wird[1483].

Auffällig an dieser Entscheidung ist, dass auch hier ein Gewichtungsprozess der Lärmschutzinteressen nicht vorgenommen bzw. eingefordert wird. Was die Fehlerhaftigkeit der planerischen Abwägung anbetrifft, macht sich das BVerwG vor allem Gedanken um den Bedarf an Nachtflügen. Hinsichtlich der Auswirkungen der nächtlichen Geräusche auf die Anwohner scheint das Gericht dagegen davon auszugehen, dass, soweit ein stimmiges Nachtlärmschutzkonzept vorliegt, deren Gewichtigkeit nicht weiter durch entweder eine zahlenmäßige Betroffenheit oder durch lärmwirkungsfachliche Überlegungen vertieft werden muss.

ee. BBI – BVerwGE 125, 116 ff.

Die ausführlichste Auseinandersetzung mit der luftverkehrsrechtlichen Planfeststellung vor der Novellierung des FluLärmG hatte das BVerwG dann im Fall des

1476 BVerwGE 123, 261 (267).
1477 BVerwGE 123, 261 (267).
1478 BVerwGE 123, 261 (268).
1479 Vgl. BVerwGE 123, 261 (268).
1480 BVerwGE 123, 261 (277).
1481 BVerwGE 123, 261 (278).
1482 BVerwGE 123, 261 (278 f.).
1483 Vgl. dazu aber insb. die nach wie vor laufende Diskussion um den richtigen Ansatz zur Messung der Belästigungsreaktion, Teil 1, C., II., 2., b.

Neubaus des Flughafens in Berlin-Brandenburg zu bewältigen[1484]. Das Vorhaben verfolgte letztlich das Ziel der Zusammenführung der bisherigen Berliner Flughafenstandorte. Durch die Neuausweisung des Flughafenstandorts war die Entscheidung auch in raumplanungsrechtlicher Hinsicht von besonderem Interesse[1485]. Was aber die Schutzzonen- und Schutzzielbestimmung bzw. das Zusammenspiel von § 8 Abs. 1 und 9 Abs. 2 LuftVG anbetrifft, kann sie als Fortführung (und Schlussstein) der bisherigen Konzepte in der Rechtsprechung angesehen werden.

Der Planfeststellungsbeschluss sah in diesem Fall ursprünglich vor, dass der Flugbetrieb auf dem ausgebauten Flughafen in der Nacht nur im Hinblick auf bestimmte Flugzeugarten eingeschränkt sein sollte[1486]. Für lärmarme Flugzeuge galten ansonsten keine Beschränkungen. Im Hinblick auf passive Schallschutzmaßnahmen wurde mit einer Kombination von Dauerschall- und Maximalpegeln gearbeitet. Als Schutzziel für den Tagzeitraum war die Verhinderung höherer Einzelpegel als 55 dB(A) im Rauminneren bei geschlossenen Fenstern vorgesehen. Das Tagschutzgebiet wurde auf der Grundlage eines für die Tagstunden der sechs verkehrsreichsten Monate ermittelten energieäquivalenten Dauerschallpegels von 60 dB(A) außen festgelegt. Für den Nachtzeitraum galt als Schutzziel die Verhinderung höherer Einzelpegel als 55 dB(A) sowie eines höheren Dauerschallpegels von 35 dB(A) im Rauminneren bei geschlossenen Fenstern und ausreichender Belüftung. Die Festlegung des Nachtschutzgebietes erfolgte (dagegen) auf der Grundlage eines Dauerschallpegels von 50 dB(A) außen bzw. von „sechs Lärmereignissen pro Nacht mit einem Maximalpegel von 70 dB(A) außen."[1487]

Zusammengefasst und vorweggenommen kann gesagt werden, dass in fachlicher Hinsicht bei den Tagesbelastungen vor allem über Kommunikationsstörungen und bei den Nachtbelastungen vor allem über die sich verdichtenden Hinweise auf vegetative Reaktionen diskutiert wurde. Die Schwerpunktverschiebung hin zu den Belastungen in Folge des Nachtflugbetriebs setzte sich hier also fort. Wie auch schon in den München II-Verfahren wurden von den Klägern sowohl Aufhebungs- als auch Planergänzungsanträge gestellt. Hier werden – entgegen der Reihenfolge im Urteil – zuerst die Planergänzungsanträge behandelt.

Im Kontext der – im Urteil vor den Tagbelastungen problematisierten – nächtlichen Fluglärmbelastungen fällt zunächst auf, dass die Störung des Schlafes an die verminderte Leistungsfähigkeit und die Beeinträchtigung des Wohlbefindens am Folgetag

---

1484 Planfeststellungsbeschluss Ausbau Verkehrsflughafen Berlin-Schönefeld vom 13.8.2004, Az.: 44/1-6441/1/101, zu finden unter: http://www.mil.brandenburg.de/cms/detail.php/bb1.c.155576.de (zuletzt aufgerufen am: 10.4.2013).

1485 Die raumplanerischen Fragen werden hier aber aus oben genannten Gründen vernachlässigt, s. Teil 3, A., III., 3.

1486 Vgl. – auch für das Nachfolgende – BVerwGE 125, 116 (125 f.).

1487 BVerwGE 125, 116 (126). Im Übrigen gab es auch noch besondere Regelungen für lärmsensible Einrichtungen auf die hier nicht gesondert eingegangen werden kann.

geknüpft wird[1488]. Etwaige abnorme Abweichungen im Hormonhaushalt, welche unter Umständen „gar als pathologisch"[1489] zu qualifizieren wären, werden zwar erörtert, aber im Ergebnis als noch nicht gesicherter Stand der Forschung angesehen[1490]. Damit deutet das BVerwG Abweichungen im Hormonhaushalt in der Tendenz in ein psycho-soziales Wohlbefindensproblem um[1491]. Die Zusammenfassung des Stands der physiologisch-medizinischen Wirkungsforschung hat aber gezeigt, dass – auch wenn Unausgeschlafenheit und verminderte Leistungsfähigkeit als Folge von Störungen des Schlafes ebenfalls als problematische Wirkung zu betrachten sind – (chronische) Abweichungen im Hormonhaushalt langfristig zur Entstehung körperlicher Schäden beitragen[1492].

Da neuere Untersuchungsergebnisse hinsichtlich nächtlicher Geräuschwirkungen letztlich als (noch) nicht relevant angesehen wurden, bestätigte das BVerwG das im Planfeststellungsbeschluss angenommene – und aus den vorangegangenen Urteilen bereits bekannte – Schutzziel für passiven Schallschutz in der Nacht, nämlich die Verhinderung höherer Maximalpegel als 55 db(A) im Innenraum bei gekippt geschlossenen Fenstern. Problematisiert wurde in diesem Zusammenhang, inwiefern die bei der Schutzgebietsdefinition verwendeten NAT-Kriterien[1493] – 6 Ereignisse mit einem Maximalpegel höher als 70 db(A) außen – auch für das Schutzziel gelten sollte. Die beklagte Planfeststellungsbehörde brachte vor, dass die NAT-Kriterien der Schutzgebietsbestimmung auch auf das Schutzziel anzuwenden seien, was das BVerwG jedoch mit dem Hinweis auf dann entstehende – und nicht behebbare – Wertungswidersprüche ablehnte[1494]. Da das BVerwG im Ergebnis das gesamte Nachtlärmschutzsystem zur Neubestimmung aufhob, stellte es der Planfeststellungsbehörde anheim, auch hier für Klarheit zu sorgen[1495]. Es erläuterte an Hand fachlicher Gesichtspunkte, warum es das bisherige Maximalpegelkriterium noch immer für stimmig betrachte[1496] und wieso strengere Kriterien auch aus präventivmedizinischer Sicht (noch) nicht notwendig seien[1497].

Insoweit bemerkenswert ist die Ausführung des BVerwG, dass § 9 Abs. 2 LuftVG keine Vorsorge gegen *rein* hypothetische Gefährdungen vermittele, weil hiermit die

---

1488 BVerwGE 125, 116 (215, Rn. 298).
1489 BVerwGE 125, 116 (218, Rn. 303).
1490 BVerwGE 125, 116 (221 f., Rn. 308).
1491 Ähnlich auch die Ausführungen im Zusammenhang mit der Außenbereichentschädigung, BVerwGE 125, 116 (250, Rn. 377).
1492 S. oben Teil 1, C., III., 4., b.
1493 Bei NAT-Kriterien (Number Above Threshold) darf eine bestimmter Maximalpegel höchstens in einer vorgeschriebenen Anzahl überschritten werden, s. – auch hinsichtlich der fachlichen Kritik an diesem Konzept – Basner, in: Oldiges (Hg.), Schutz vor nächtlichem Fluglärm, S. 24 f.
1494 BVerwGE 125, 116 (213 f., Rn. 296).
1495 BVerwGE 125, 116 (214 f., Rn. 297).
1496 BVerwGE 125, 116 (215 ff., Rn. 298 ff.).
1497 BVerwGE 125, 116 (221 f., Rn. 308).

Fixierung auf den Nachteilsbegriff verlassen wird, die noch die ersten Entscheidungen des BVerwG zur luftverkehrsrechtlichen Planfeststellung geprägt hatten[1498]. Der Planungsträger brauche keine Schutzziele festzulegen, deren Erforderlichkeit mangels verlässlicher wissenschaftlicher Erkenntnisse noch nicht abschätzbar sei, weil neue wissenschaftliche Erkenntnisse sich in der wissenschaftlichen Diskussion durchgesetzt und allgemeine Anerkennung gefunden haben müssten[1499]. Wieso aber die bereits zu diesem Zeitpunkt mehr als deutlichen Hinweise auf akute und chronische Gesundheitswirkungen durch nächtliche Geräuschbelastungen[1500] noch keine allgemeine Anerkennung gefunden haben sollen und inwiefern sich das Gericht zur Einschätzung dieser Frage für geeignet ansieht, wird nicht erläutert. Dies erstaunt umso mehr, als das Gericht im Zusammenhang mit dem ebenfalls festgelegten und einzuhaltenden nächtlichen Dauerschallkriterium von 35 db(A) Leq die einschlägige Fachliteratur diskutiert, die sehr wohl Hinweise darauf geliefert hatte, dass im Dauerschallpegelbereich zwischen 30 und 35 db(A) Leq bereits Gesundheitsreaktionen zu verzeichnen sein sollen[1501]. Insofern hätte sich eigentlich die Frage aufgedrängt, ob nicht vor diesem Hintergrund das alte Maximalpegelkriterium als nicht mehr zeitgemäß zu betrachten ist.

Hinsichtlich der Belastungen am Tag wurden, wie bereits erwähnt, die Kommunikationsstörungen in den Mittelpunkt gestellt und trotz des intermittierenden Charakters von Fluglärm das insoweit maßgebliche Schutzziel von 45 db(A) Leq im Innenraum vom BVerwG als angemessen betrachtet[1502]. Dem Innenraum am Tag noch mehr Schutz zukommen zu lassen, wird vom BVerwG abgelehnt[1503]. Anzumerken ist auch, dass es das BVerwG an dieser Stelle für zulässig erachtete, das Schutzziel (45 db(A) Leq im Innenraum) aus dem Tages-Schutzzonendefinitionswert (60 db(A) Leq) abzuleiten, was es noch in den München II-Entscheidung kritisch gesehen hatte[1504].

Soweit im Überblick die sich auf physisch-reale Maßnahmen im Sinne von § 9 Abs. 2 LuftVG beziehenden Planergänzungsanträge. Was nun die sich auf § 8 Abs. 1 LuftVG stützende Planergänzung anbetrifft, wurde bereits angedeutet, dass das BVerwG das nächtliche Schutzkonzept der Planfeststellungsbehörde für unzureichend erachtete[1505]. Zwar sei ein Verzicht auf nächtliche Betriebsbeschränkungen und die Nutzung passiver Schallschutzmaßnahmen rechtlich nicht von vornherein

---

1498 S. oben Teil 3, B., I., 3., b.
1499 BVerwGE 125, 116 (221 f., Rn. 308), unter Verweis auf BVerfG, NJW 2002, 1638; BVerfG, NVwZ-RR 2005, 227.
1500 S. oben Teil 1, C., III., 4., b.
1501 BVerwGE 125, 116 (223 ff., Rn. 312 ff.).
1502 BVerwGE 125, 116 (226 f., Rn. 320 f.).
1503 BVerwGE 125, 116 (227 ff., Rn. 322 ff.), hier unter Verweis darauf, dass Schutzziele mit Blick auf die „Normalhörenden" zu entwickeln seien – (228 ff., Rn. 324 ff.). Zum Problem der Durchschnittsbildung s. oben Teil 2, B., I., 2., d.
1504 S. oben Teil 3, B., I., 3., c., bb.
1505 BVerwGE 125, 116 (196 ff., Rn. 256 ff.).

unzulässig, hier jedoch habe die Planfeststellungsbehörde bei ihrer planerischen Abwägung § 29b Abs. 1 S. 2 LuftVG nicht ausreichend zur Kenntnis genommen. Zudem sprächen lärmmedizinische Gesichtspunkte dafür, dass eine gänzlich lärmfreie Nachtzeit die für die Betroffenen optimale Lösung sei[1506] und auch andere internationale Verkehrsflughäfen verfügten mittlerweile über nächtliche Betriebsbeschränkungen[1507].

Warum aber gerade (präventiv-)medizinische Gründe für eine komplette Nachtruhe sprechen sollen und wie dies vor dem Hintergrund einer möglichen Anknüpfung an Art. 2 Abs. 2 S. 1 GG zu sehen ist, erläutert das BVerwG nicht. Stattdessen geht es davon aus, dass es (wirtschaftliche) Gründe geben könnte, die – auch unter Einbezug von § 29b LuftVG – die Zulassung von Nachflugverkehr ermöglichten[1508]. „Das Gewicht individueller und kommunaler Lärmschutzbelange steht in einer unauflöslichen Wechselbeziehung zu dem Gewicht der für das Planvorhaben angeführten Gründe. Je gewichtiger die Lärmschutzinteressen sind, die nach den konkreten örtlichen Verhältnissen auf dem Spiel stehen, desto dringlicher muss der Verkehrsbedarf sein, der als Rechtfertigung für weithin uneingeschränkte Nachtflugmöglichkeiten dient."[1509] Hier knüpft es also an die vorangehend besprochene Entscheidung zur Änderung der Nachtflugregelungen des Flughafens in München an. Zwar werden hier zumindest lärmmedizinische Aspekte in der planerischen Abwägung zur Bestimmung der Lärmschutzinteressen angesprochen, eine genauere Betrachtung erfolgt allerdings nicht. Der Schwerpunkt liegt auch hier wiederum auf Ausführungen zum Verkehrsbedarf.

In der Folge legt das Gericht dar, warum im gegebenen Fall kein solcher Verkehrsbedarf zu erkennen war[1510]. Als es dann (noch einmal) auf die Lärmschutzbelange zu sprechen kommt, wird festgestellt, dass die Planfeststellungsbehörde mit ihrem Nachlärmschutzkonzept einer Vielzahl von Lärmbetroffenen Opfer bis an die Grenze des rechtlich Hinnehmbaren zumute[1511]. Obwohl sie selber die äußerste Grenze des fachplanerisch Zumutbaren in der Vermeidung höherer Einzelschallereignisse als 55 db(A) sieht, ginge die Planfeststellungsbehörde mit ihrem Konzept nicht noch darüber hinaus[1512]. Das Gericht argumentiert dann weiter, dass auch unterhalb der Grenze des fachplanerisch Unzumutbaren eine erhebliche Einbuße an Lebensqualität gegeben sei[1513].

Da das Gericht aber in diesem Zusammenhang zunächst selber auf (präventiv) medizinische Aspekte abstellt, mutet es als inkonsequent an, wenn die Lärmschutzbelange, die für einen weitergehenden Lärmschutz durch nächtliche

1506 BVerwGE 125, 116 (199 f., Rn. 269).
1507 BVerwGE 125, 116 (200, Rn. 270).
1508 BVerwGE 125, 116 (205 ff., Rn. 278 ff.)
1509 BVerwGE 125, 116 (205, Rn. 279).
1510 BVerwGE 125, 116 (205 ff., Rn. 280 ff).
1511 BVerwGE 125, 116 (208, Rn. 284).
1512 BVerwGE 125, 116 (208, Rn. 284).
1513 BVerwGE 125, 116 (208, Rn. 284).

Betriebsregelungen sprechen, dann letztlich eher auf an die Belästigungsreaktion anknüpfende sozial-psychologische Aspekte („Lebensqualität") eingeengt werden. Dabei ist dies sogar nur ein Detail. Problematischer ist, dass nicht weiter nachvollziehbar ist, wie das Gericht die Gewichtigkeit der Lärmbelastungen tatsächlich bestimmt. Es spricht lediglich abstrakt von einer Vielzahl von Betroffenen und von empfindlichen Einbußen an Lebensqualität, wo es ganz konkrete Vergleichsbetrachtungen anstellen könnte[1514].

Zu erweitern ist diese Kritik nur eingeschränkter Nachvollziehbarkeit schließlich auch auf die Ablehnung der Aufhebungsansprüche zu erweitern, soweit sie sich auf die enormen Lärmbelastungen stützen[1515]. Aus Sicht des BVerwG sei die Ausgewogenheit der Planung durch die Mängel insbesondere des auf die Nachtbelastungen bezogenen Schutzkonzepts nicht in Frage gestellt, weil die Planfeststellungsbehörde zulässigerweise davon ausgegangen sei, dass das Gewicht der für den gewählten Standort sprechenden Gründe größer sei „als die künftigen Lärmbetroffenheiten in dessen Umfeld"[1516]. Auch hier erfolgten keine weiteren Darlegungen bezüglich des Gewichts dieser Lärmbetroffenheiten und keine Erklärung, wieso im gegebenen Fall Lärmschutzmaßnahmen alle Lärmkonflikte lösen können sollen. Das Gericht stellt lediglich darauf ab, dass die Darlegungen der zahlenmäßigen Betroffenheiten im Rahmen der raumplanerischen Überlegungen (Standortvergleiche) ausreichend seien[1517]. Dort hatte es eine numerisch-präzise Angabe zur Anzahl der zukünftigen Lärmbetroffenen abgelehnt[1518].

Für die eingangs aufgeworfenen Fragen und die Entwicklung der Antworten hierzu in der Rechtsprechung des BVerwG reicht es aus, die Entscheidung des BVerwG zum Ausgangsplanfeststellungsbeschluss des neuen Berliner Flughafenstandorts zu betrachten. In den auf diese Entscheidung folgenden Jahren hat dann die zuständige Planfeststellungsbehörde einen Ergänzungsplanfeststellungsbeschluss erlassen[1519]. Auch gegen die dortigen Ergänzungen haben die Anwohner geklagt. Die diesbezügliche Entscheidung des BVerwG erging im Jahr 2011[1520]. Die wesentlichen Aspekte dieser Entscheidung werden später im Rahmen der Fragen um die Verzahnung von Flughafenplanung und Flugroutenfestsetzung aufgegriffen[1521].

1514 Dazu ausführlicher unten Teil 3, B., II., 5.

1515 BVerwGE 125, 116 (189 ff., Rn. 236 ff.).

1516 BVerwGE 125, 116 (189, Rn. 237).

1517 BVerwGE 125, 116 (164 ff., Rn. 148 ff. (insb. Rn. 153)).

1518 BVerwGE 125, 116 (170, Rn. 161).

1519 Planergänzungsbeschluss „Lärmschutzkonzept BBI" zum Vorhaben „Ausbau Verkehrsflughafen Berlin-Schönefeld" vom 20.10.2009, Az. 44-6441/1/114, zu finden unter: http://www.mil.brandenburg.de/cms/detail.php/bb1.c.177385.de (zuletzt besucht am 25.8.2013).

1520 BVerwGE 141, 1 ff.

1521 Dazu insb. unten Teil 3, B., II., 5. und C., II.

ff. Leipzig – BVerwGE 127, 95 ff.; 131, 316 ff.

Zu guter Letzt ist schließlich noch der Flughafenausbau Leipzig/Halle zu erwähnen[1522]. Auch in diesem Fall erging eine Kette von Entscheidungen, von denen hier allerdings nur zwei aufgegriffen werden. Die Besonderheit der diesen Ausbaufall betreffenden Entscheidungen liegt in der Weiterentwicklung des § 29b Abs. 1 S. 2 LuftVG zu einer bei der planerischen Abwägung besonders zu beachtenden Direktive. Aus Sicht des BVerwG enthält die Norm zwar keinen – gegenüber dem Gebot gerechter Abwägung – andersartigen Entscheidungsmaßstab, aber ein bei der Abwägung besonders zu beachtendes Rücksichtnahmegebot[1523]. Den Anfang machte die Entscheidung vom 6.11.2006[1524], mit der das BVerwG den Ausbau grundsätzlich für zulässig erklärte, aber das Nachtlärmschutzkonzept der Planfeststellungsbehörde für ergänzungsbedürftig hielt.

Zum Zeitpunkt des Beginns der Ausbauplanung verfügte der Flughafen Leipzig/Halle bereits über zwei Start- und Landebahnen, die jedoch in einer Art V angelegt waren. Die Planfeststellung verfolgte letztlich das Ziel, diese Bahnen parallel anzuordnen[1525] und damit auch deren Kapazität zu steigern. Allerdings kamen auch diverse bauliche Veränderungen im Umfeld des Landebahnsystems hinzu[1526]. Planungsziel war es zudem explizit, den Standort zu einem Knotenpunkt für den Luftfrachtverkehr auszubauen, wofür die bereits bisher im Wesentlichen zeitlich ohne Einschränkungen bestehende Genehmigung beibehalten werden sollte[1527]. Im Planfeststellungsverfahren erhobene Forderungen nach einem Nachtflugverbot wurden unter Hinweis auf die zeitlichen Bedürfnisse eines Fracht-Hubs abgelehnt und die Anwohner auf passiven Lärmschutz verwiesen[1528].

Unter dem Gesichtspunkt der Aufhebung des Planfeststellungsbeschlusses prüfte das BVerwG unter anderem, ob sich die Belange der Anwohner am Schutz ihrer Nachtruhe gegen das Vorhaben und insbesondere die Notwendigkeit von Nachtflügen insgesamt durchsetzen müssten[1529]. Das Gericht hielt jedoch die Anwohnerbelange insoweit für nicht dringlich genug, weil die Umgebung nach dem Ausbau zwar massiv mit nächtlichem Fluglärm belastet sein dürfte, jedoch sich trotzdem die für das Vorhaben streitenden Belange durchsetzen müssten. Die Planung trage

---

1522 Planfeststellungsbeschluss für das Vorhaben Ausbau des Verkehrsflughafens Leipzig/Halle Start-/Landebahn Süd mit Vorfeld, Regierungspräsidium Leipzig vom 4.11.2004, zu finden unter: http://www.dfld.de/Andere/Leipzig/PFV_LandebahnSued/Main.htm (zuletzt aufgerufen am 25.8.2013).

1523 BVerwGE 127, 95 (108 f., Rn. 53).

1524 BVerwGE 127, 95 ff.

1525 Bei der Neuausrichtung der Bahnen handelt es sich um eine wesentliche Änderung im Sinne von § 8 Abs. 3 LuftVG, BVerwGE 127, 95 (114, Rn. 70).

1526 Ausführlich BVerwGE 127, 95 (96 f.).

1527 Insoweit nicht in der Entscheidungssammlung abgedruckt, s. BVerwG, Urt. v. 9.11.2006 – 4 A 2001/06, Rn. 6. (Juris).

1528 BVerwGE 127, 95 (96).

1529 BVerwGE 127, 95 (104 ff., Rn. 38 ff. und 51 ff.)

nämlich einer tatsächlichen, aktuell vorhandenen Nachfrage nach Nachtflugmöglichkeiten für den Transport von Expressgut und nicht nur einer möglichen Bedarfslage Rechnung[1530].

Allerdings sah das BVerwG die Ergänzungsansprüche teilweise für berechtigt an, soweit die Planfeststellungsbehörde fast vollständig auf nächtliche Beschränkungen des Flugbetriebs verzichtet hatte[1531]. Zwar könnten die Kläger – wiederum vor dem Hintergrund der Ausrichtung des Flughafens als Fracht-Hub und insbesondere der Notwendigkeit von Expressfrachten – auch kein Nachtflugverbot für sonstigen Flugbetrieb erreichen, jedoch sei ein vollständiger Verzicht auf eine Beschränkung des Nachtflugbetriebs, soweit es nicht die Expressfracht betreffe, nicht mit dem Abwägungsgebot vereinbar, da die im Planfeststellungsbeschluss angegeben Gründe dies nicht rechtfertigten[1532].

Darauf aufbauend legt das BVerwG schließlich dar, welche Anforderungen § 29b Abs. 1 LuftVG mit Blick auf die Verkehrsarten Fracht- und Passagierverkehr entfalte. Ein allgemeines Verkehrsbedürfnis rechtfertige vor dessen Hintergrund jedenfalls nicht die unbeschränkte Zulässigkeit von Nachtflügen zum Zweck des Fracht- und Passagiertransports[1533]. Das Gericht etabliert dann den Begriff des standortspezifischen Nachtflugbedarfs, den es seitens des Vorhabenträgers nachzuweisen gelte, wenn Flugbewegungen, die nicht dem Transport von Expressfracht dienen, in der Kernnacht (zwischen 0.00 und 5.00 Uhr) abgewickelt werden sollen[1534]. Das BVerwG nimmt die relativ hohen Anforderungen an die Rechtfertigungslast für Flugbewegungen in der Kernnacht dann für die sog. Nachtrandstunden (zwischen 22.00 und 24.00 Uhr sowie zwischen 5.00. und 6.00 Uhr) wieder etwas zurück und verlangt insoweit (nur) den Nachweis sachlicher Gründe für die Notwendigkeit der Flugbewegungen in dieser Zeit[1535].

Die damit etablierte Rechtfertigungslast kann auch nicht durch einen Verweis auf die Dimension etwaiger passiver Schallschutzmaßnahmen umgangen werden. Aus Sicht der Gerichts müsse nämlich beachtet werden, dass § 29b Abs. 1 S. 2 LuftVG nicht den Nachtschlaf schütze, sondern die Nachtruhe[1536]. Dies indiziere, dass der „durch die übliche Geschäftigkeit verursachte Taglärm verstummen und sich durch eine Lärmpause die Nacht vom Tag unterscheiden soll."[1537] Der passive Schallschutz verhindere nicht, dass die auftretenden Fluggeräusche akustisch wahrgenommen

1530 BVerwGE 127, 95 (109 f., Rn. 55), wo das Gericht zudem auf das besondere Planungsziel verweist.
1531 BVerwGE 127, 95 (112, Rn. 63).
1532 BVerwGE 127, 95 (113 f. Rn. 68).
1533 BVerwGE 127, 95 (114 f., Rn. 71).
1534 BVerwGE 127, 95 (114 ff., Rn. 71 f.).
1535 BVerwGE 127, 95 (116 f., Rn. 73 f.)
1536 BVerwGE 127, 95 (117, Rn. 75).
1537 BVerwGE 127, 95 (117, Rn. 75).

werden könnten, weshalb jeder Flug, der unterbleibt, eine Entlastung und jeder zusätzliche Flug eine zusätzliche Belastung bedeute[1538].

Auf diese Weise wird § 29b Abs. 1 S. 2 LuftVG zu einer differenzierten Gewichtungsvorgabe zu Gunsten der Lärmschutzinteressen der Anwohner, die allerdings auch nicht immer zwingend zu einem Verbot von Nachtflugverkehr als allein richtiges Abwägungsergebnis führt. Hierdurch bewahrt sich das BVerwG eine gewisse Flexibilität in der Handhabung der Norm. Dennoch fügt sich diese Entscheidung in das Bild einer zunehmenden Wahrnehmung der Bedeutung nächtlicher Belastungen ein.

Interessant ist allerdings auch, dass sich das BVerwG in diesem Zusammenhang damit auseinandersetzt und sich somit auch langfristig darauf einlässt, betriebswirtschaftliche und logistische Abläufe beim Nachtflugverkehr zu beurteilen, wohingegen es den Anwohner zunächst nicht möglich sein soll, die Bedeutung des Begriffes der Nachtruhe weiter darzulegen. Darauf deutet jedenfalls das Gericht hin, wenn es die Nachtruhe explizit vom Begriff des Nachtschlafs abkoppelt. Der Begriff des Nachtschlafs lässt sich unproblematisch an lärmwirkungsfachliche Erkenntnisse ankoppeln. Die Nachtruhe ist dagegen ein empirisch bisher nicht erschlossenes und – auf Grund des höheren normativen Gehalts – wohl auch nur schwer zu erschließendes Konzept. Ob mit dieser begrifflichen Unterscheidung daher ein Zugewinn an Nachvollziehbarkeit einhergeht, darf bezweifelt werden.

Die fachliche Begründung des passiven Lärmschutzkonzepts im Ausgangsplanfeststellungsbeschluss erhellt allerdings insoweit die Intention des Gerichts. Das Gericht sah dieses passive Lärmschutzkonzept als insgesamt ausreichend an und hielt auch das Abstellen innerhalb des Lärmschutzkonzeptes auf die damals neue Studie des DLR für gerechtfertigt, in der eine Dosis-Wirkungs-Beziehung zwischen Geräuschbelastungen und der Aufwachwahrscheinlichkeit hergestellt wurde[1539]. Mit einem solchen Konzept verlagert sich die Diskussion um die Notwendigkeit passiver Schallschutzmaßnahmen auf die Frage der fachlichen Interpretation der Dosis-Wirkungs-Beziehung. Es ist dann denkbar, dass bestimmte Reaktionen im Schlaf bzw. die Wahrscheinlichkeit ihres Auftretens für ungefährlich oder gefährlich erklärt werden. Mit der Ausrichtung des § 29b LuftVG am Begriff der Nachtruhe ist das Gericht diesen Detaildiskussionen bis zu einem gewissen Grad aus dem Weg gegangen, da nun jeder Flug relevant ist und nicht nur die mit ihm einhergehende Wahrscheinlichkeit des Eintretens bestimmter Reaktionen im Schlaf.

Darüber hinaus enthält die Entscheidung keine weiteren Besonderheiten. Auch hier wurde noch einmal das Pegel-Differenzkriterium bestätigt[1540]. Diverse Anträge auf die Einfügung bestimmter aktiver Maßnahmen (etwa der Kontingentierung

1538 BVerwGE 127, 95 (117, Rn. 76).

1539 BVerwGE 127, 95 (122 ff., Rn. 88 ff.). Zur Diskussion um die Annahme einer Aufwachwahrscheinlichkeit s. auch oben Teil 1, C., III., 3., b. und 4., a.

1540 BVerwGE 127, 95 (131 f., Rn. 108 f.).

oder der gleichmäßigen Verteilung der Flugbewegungen) wurden abgelehnt[1541]. Das passive Lärmschutzkonzept, welches sich an der Vermeidung von Kommunikationsstörungen ausrichtet, wurde für den Tag als angemessen erachtet. Insoweit wurde wiederum auf die Verhinderung höherer Maximalpegel von 55 db(A) im Innenraum als Schutzziel abgestellt[1542].

In einer weiteren Entscheidung hatte sich das BVerwG dann mit dem Planergänzungsbeschluss zum Flughafenausbau Leipzig/Halle beschäftigen müssen[1543]. Die Planfeststellungsbehörde hatte die Hinweise des BVerwG im Hinblick auf eine nicht ausreichende, betriebliche Beschränkung nächtlicher Flugbewegungen aufgenommen und im Ergänzungsbeschluss sowohl den gewerblichen Passagierverkehr als auch – allerdings in geringerem Umfang – den gewerblichen Luftfrachtverkehr mit differenzierteren Regelungen eingeschränkt[1544]. Das Gericht erachtete es insbesondere für zulässig, die Rechtfertigung von nächtlichen Flugbewegungen an die Definition eines sogenannten Wartungsschwerpunktes zu knüpfen[1545].

Die Details dieser Entscheidung sind für die vorliegende Untersuchung allerdings nicht von besonderer Bedeutung. Erörtert wurden nämlich, wie teilweise auch schon in der vorangehenden Entscheidung zum Ausgangsplanfeststellungsbeschluss, vor allem Aspekte der Darlegung des standortspezifischen Bedarfs für Flugbewegungen in der Kernnacht bzw. des sachlichen Grundes für Flugbewegungen in den Nachtrandstunden. Gerade im Hinblick auf die vom BVerwG entwickelte Theorie der Mitnahme von Expressfrachtgut[1546] als Nachweismöglichkeit für einen standortspezifischen Nachtflugbedarf, aber auch allgemein zur Thematik der Einschränkung des Nachtflugbetriebes in Folge der Rechtsprechung zu § 29b LuftVG hat sich seitdem in der juristischen Literatur eine kontroverse Debatte entsponnen[1547], die stark von der Sicht der Luftverkehrswirtschaft auf die Problematik dominiert ist.

gg. Zwischenfazit

Der Bestimmungsprozess der Vorfeld-Zumutbarkeit wurde in den Planfeststellungsbeschlüssen bzw. deren Beurteilung durch die Rechtsprechung vor der Novellierung des FluLärmG durch die Begriffe Schutzziel und Schutzzone strukturiert. Nur der das Schutzziel bestimmende Grenzwert wurde als die eigentliche – voll

---

1541 BVerwGE 127, 95 (118 ff., Rn. 78 ff.).
1542 BVerwGE 127, 95 (138 f., Rn. 130 ff.).
1543 BVerwGE 131, 316 ff.
1544 BVerwGE 131, 316 (318 f.).
1545 BVerwGE 131, 316 (326 f., Rn. 39).
1546 BVerwGE 131, 316 (332, Rn. 58).
1547 Vgl. dazu Kämper, NVwZ 2013, 8 ff.; Görisch, ZUR 2012, 661 ff.; Deutsch, in: Ziekow (Hg.), Aktuelle Probleme 2011, S. 47 ff.; Lieber, NVwZ 2011, 910 ff.; Steinberg, NVwZ 2010, 273 ff.

gerichtlich überprüfbare – fachplanerische Unzumutbarkeitsschwelle angesehen[1548]. Der Entscheidungsspielraum, der sich hier noch auf Seiten der Planfeststellungsbehörden bzw. der Gerichte ergab, bezog sich auf die Erfassung des Standes der Geräusch- bzw. Lärmwirkungsforschung einerseits und eines vagen und teilweise die Lärmwirkungsforschung konterkarierenden normativen Überbaus beim Schutzzonenkriterium andererseits. Der Entscheidungsspielraum bei der Erfassung des Standes der Geräusch- bzw. Lärmwirkungsforschung wurde besonders deutlich in der Urteilsbegründung zum Neubau des Berliner Flughafens, in der neuere wissenschaftliche Erkenntnisse zwar diskutiert wurden, aber dennoch nicht bei der Entscheidung berücksichtigt wurden, da sie – aus Sicht des BVerwG – bisher noch keine allgemeine fachliche Anerkennung gefunden hätten.

Die Definition von Schutzzonen, innerhalb derer ein Anspruch auf Gewährleistung passiver Schallschutzmaßnahmen prinzipiell möglich war, wurde als Vereinfachung der Verwaltungspraxis angesehen, die dem Bewohner einer solchen Zone einen argumentativen Vorteil hinsichtlich seines Anspruchs liefern sollte. Sie bzw. die Lage des Grundstücks in ihr wurde aber nicht als rechtsbegründend angesehen. Teilweise explizit wurde vielmehr darauf verwiesen, dass auch außerhalb von Schutzzonen die Notwendigkeit bestehen könne, Schallschutzmaßnahmen zur Erreichung des Schutzziels durchzuführen[1549].

Es gab über die Jahre hinweg verschiedene Versuche, Schutzziel- und Schutzzonengrenzwerte zu definieren und aufeinander abzustimmen. Im Ergebnis wird hier davon ausgegangen, dass nur eine weitgehend einheitliche fachliche Ableitung von Schutzzielen und Schutzzonen nachvollziehbar und sinnvoll ist, auch wenn sich das BVerwG normativen Überlegungen bei der Schutzzonenbildung nicht abgeneigt gezeigt hatte. Allerdings ist anzunehmen, dass die normative Überlagerung der Schutzziele durch Überlegungen zur Vorbelastung und Gebietsart im Rahmen der Schutzzonenbildung letztlich zu ihrer erheblichen Relativierung führte. Je kleiner nämlich die Schutzzonen gebildet werden, desto wahrscheinlicher ist es, dass außerhalb von Schutzzonen ebenfalls Betroffene mit (Innenraum-)Belastungen zu finden sind, die gemäß den jeweiligen Schutzzielen eigentlich auch Schutzvorkehrungen zu bekommen hätten. Diesen Betroffenen wurde somit der Anspruch auf passive Schallschutzmaßnahmen zwar nicht von vornherein rechtlich verwehrt, aber doch praktisch sehr hohen Hürden unterworfen[1550].

1548 Ohne nähere Erläuterung anderer Ansicht Paetow, NVwZ 2010, 1184 (1190), der sich auf den Standpunkt zurückzieht, diese Grenze sei „regelmäßig auch" an Außenpegeln orientiert gewesen. Allgemein zur Bedeutung des Innenpegels als ausschlaggebendem Bezugspunkt, s. auch Schulze-Fielitz, DÖV 2001, 181 (183); Halama/Stüer, NVwZ 2003, 137 (141).

1549 S. oben Teil 3, B., I., 3., c., bb.

1550 Soweit ersichtlich gibt es keine Informationen darüber, ob es jemals bzw. wie häufig es Fälle gab, in denen außerhalb von Schutzzonen unter Berufung auf die festgelegten Schutzziele passive Schallschutzmaßnahmen durchgeführt wurden.

In den Jahren vor der Novellierung des FluLärmG lag der Schwerpunkt der in die Rechtsprechung getragenen fachlichen Diskussion auf den nächtlichen Lärmbelastungen. Auch wenn das BVerwG insoweit teilweise von Gefährdungslagen sprach, nahm es letztlich den Standpunkt ein, dass für fluggeräuschinduzierte Störungen des Schlafes bisher keine Gesundheitsgefährdungen nachgewiesen worden seien. Dennoch hat es selber lange und ausführlich über vegetative Reaktionen und Veränderungen im Hormonhaushalt gesprochen, die – wie oben gezeigt wurde[1551] – als akute Gesundheitsreaktionen zu bezeichnen sind und zudem am Anfang einer Wirkungskette stehen, an deren Ende sich statistische Gesundheitsschäden in der Bevölkerung ergeben. Im Ergebnis war es auch Schutzziel in der Nacht, Schlafstörungen und insbesondere Aufwachreaktionen zu verhindern, wofür es zunächst als ausreichend angesehen wurde, wenn Ereignispegel von über 55 db(A) im Innenraum verhindert würden. Später wurde dann ein NAT-Konzept verwendet, dass es als ausreichend ansah, wenn im Innenraum nicht mehr als 13 Ereignispegel über 53 db(A) eintreten, soweit daneben auch gewährleistet sei, dass ein Dauerschallpegel von 35 db(A) Leq im Innenraum nicht überschritten wird. Alternativ sah man aber auch ein Abstellen auf das DLR-Konzept als zulässig an.

Tageslärmschutzziele wurden vor allem an der Vermeidung von Kommunikationsstörungen ausgerichtet. Insoweit war es zuletzt Schutzziel, höhere Dauerschallpegel als 45 db(A) Leq im Innenraum zu vermeiden.

Diese Rechtsprechung des BVerwG steht auch, was das Verhältnis zu verfassungsrechtlichen Vorgaben anbetrifft, im Widerspruch zu der oben herausgearbeiteten fachwissenschaftlichen Anleitung bei der Schutzbereichsbestimmung von Art. 2 Abs. 2 S. 1 GG. Grundsätzlich ergeben sich im gesamten Geräuschbelastungsbereich Verbindungslinien zu Art. 2 Abs. 2 S. 1 GG, die sich nur in der Stärke der wissenschaftlichen Nachweisbarkeit der Verbindung unterscheiden. Ein über Art. 14 Abs. 1 GG vermittelter Gesundheitsschutz ist nicht überzeugend und wurde daher oben abgelehnt[1552]. Daher war und ist auch die Übertragung der fernstraßenrechtlichen Dogmatik mit ihrer deutlichen Verankerung in Art. 14 Abs. 1 GG in die luftverkehrliche Planfeststellung problematisch. Die von der Rechtsprechung entwickelten Kriterien der Schutzzonenbildung rekurrierten in der einen oder anderen Form auf eigentumsrechtliche Zusammenhänge, obwohl es in den Ausführungen zur Schutzzonenfestlegung sachlich-inhaltlich nicht – zumindest nicht explizit – um ökonomische, sondern um lärmphysikalische, medizinische, vor allem aber um sozial-psychologische Erkenntnisse ging. Teilweise wurden hier Erwägungen angestellt, ohne dass dafür Nachweise – oder auch nur Anzeichen – in der Fachliteratur gesucht wurden[1553], die über den pauschalen Verweis auf die Subjektivität des Geräuschempfindens hinausgehen.

1551 S. oben Teil 1, C., III., 4., a.

1552 S. oben Teil 2, B., II., 4.

1553 Vor dem Hintergrund aktueller Entscheidungen zur Flugroutenplanung dazu auch unten Teil 3, C., I., 4.

Vor diesem Hintergrund war es auch abzulehnen, dass in dem Bestimmungsprozess des konkret maßgeblichen Lärmwerts der Aspekt der Gebietsart einbezogen wurde, jedenfalls soweit es um das Lärmschutzziel der Verhinderung von Gesundheitsreaktionen ging. Diese sind gerade nicht von der Gebietsart abhängig[1554]. Dazu gibt es in der physiologisch-medizinischen orientierten Wirkungsforschung jedenfalls keinerlei Hinweise. Auch die Vorbelastungsüberlegungen waren insofern eher abzulehnen bzw. wären nur schutzverstärkend zu berücksichtigen gewesen, weil sie die Wahrscheinlichkeit von Gesundheitsreaktionen erhöhen. Es hätte eigentlich sehr überzeugender normativer Überlegungen bedurft, um diese fachlichen Erkenntnisse im rechtlichen Entscheidungsprozess außer Acht zu lassen. Sie sind – soweit ersichtlich – nie angestellt worden. Man kann daher unterstellen, dass die Schutzzonenbildung dem Zweck diente, die mit den passiven Schallschutzmaßnahmen unmittelbar verbundenen ökonomischen Kosten einzugrenzen und planbar zu machen.

Allein im Hinblick auf fachliches Wissen über die Belästigungsreaktion hätten die von den Gerichten teilweise vorgebrachten Überlegungen zu den (Gebiets-)Erwartungshaltungen in der Bevölkerung überhaupt nur nachvollziehbar sein bzw. sich unter Umständen auf fachliche Erkenntnisse stützen können, weil dem intellektuellen Verarbeitungsprozess des Belästigungsempfindens solche Differenzierungen – jedenfalls prinzipiell – zugänglich zu sein scheinen. Jedoch widersprechen die Ergebnisse der Belästigungsforschung dem zumindest teilweise, wenn sie den Verarbeitungsprozess des Belästigungsempfindens als von diesen Unterscheidungen unabhängig bezeichnen[1555]. Da aber die Bestimmung der rechtlichen Erheblichkeit von Belästigungsreaktionen ein stark normativer Vorgang ist und darauf auch seitens der Fachwissenschaften immer wieder hingewiesen wurde[1556], mag ein Heranziehen solcher Aspekte als normative Argumente dennoch möglich sein. Auf fachliche Erkenntnisse über Tatsachen kann man sie aber wohl nicht stützen.

Was die Differenzierung nach der Gebietsart anbetrifft, so scheint diese fachliche Kritik an ihr für den Bereich des Fluglärms weniger problematisch als für andere Verkehrslärmbereiche. Denn schon im bisherigen Bestimmungsprozess der Vorfeld-Zumutbarkeit hat die Gebietsart kaum eine Rolle gespielt, da der (Fluglärm-)Schutz an der schutzbedürftigsten Nutzungsart ausgerichtet wurde, nämlich dem

---

1554 In der juristischen Literatur wurde dies eher selten aufgegriffen. S. aber Hermann, Schutz vor Fluglärm, S. 78; insoweit unklar Peine, DÖV 1988, 937 (944), der einerseits – für den Bereich des Straßenverkehrslärms – davon ausgeht, dass der Gesundheitsschutz nicht situationsgeprägt sein könne, dann aber über Aussagen, die sich auf die Belästigungsreaktion beziehen, doch wieder zu einer Gebietsdifferenzierung kommt.

1555 Bosshardt, Belästigung, S. 182 f., mit der Klarstellung, dass Belästigung durch Außenweltveränderungen geprägt sei, die vor dem Hintergrund gegebener *Absichten* und *Ziele* des Belästigten stattfindet. Ausführlich zum Begriff der Belästigung in der Wirkungsforschung oben Teil 1, C., II., 1.

1556 S. oben Teil 1, C., II. 2., b.

Wohngebiet. Auch das FluLärmG nimmt keine Differenzierung nach der Gebietsart vor[1557]. Gleichwohl zeigt dieses Beispiel, wie problematisch sich der Umgang mit bzw. die Verknüpfung von außerfachlichem Wissen mit Recht im Bereich der Lärmwirkungsforschung darstellt.

Zuletzt sei auch in diesem Zusammenhang noch auf die rechtlichen Überlegungen zum Einfluss der Vorbelastung auf die Schutzzonenbildung eingegangen, die sich ebenfalls nicht auf fachliche Erkenntnisse stützen können[1558]. Auch wenn insoweit bisher noch keine eindeutige Position in der Belästigungsforschung gefunden wurde, zeigen die wenigen Ergebnisse zum Wissen über die Belästigungsreaktion in Änderungssituationen[1559], dass in diesen Fällen mit einer Zunahme der Globalreaktion der Belästigung zu rechnen ist, die nicht mit der Zunahme der Dauerschallgeräuschbelastung (in Folge der Änderung) korreliert.

Soweit man sich beim Bestimmungsprozess des konkret maßgeblichen Schutzziels fachwissenschaftlich anleiten lassen will, sollte dieser Prozess konsistent zum Einflussbereich von Art. 2 Abs. 2 S. 1 GG und der dortigen Verarbeitung fachwissenschaftlicher Erkenntnisse sein. Eine Begrenzung dieses Einflussbereiches kommt nur insofern in Frage, als bestimmte Geräuschbelastungen bekannte – theoretisch und empirisch plausible – Reaktionsschwellen unterschreiten[1560]. Oberhalb dieser Reaktionsschwellen ist von der Einschlägigkeit des Schutzbereichs von Art. 2 Abs. 2 S. 1 GG auszugehen und daher die Vorfeld-These abzulehnen, soweit sie einen Belastungsbereich oberhalb dieser Schwellen erfasst. Die Bestimmung des erheblichen Nachteils – besser eigentlich, weil nicht einen vermögensrechtlichen Zusammenhang andeutend, der erheblichen Belästigung – ist daher nie bloß eine einfachrechtliche Güterabwägung gewesen. Dies soll nachfolgend auch noch einmal im Zusammenhang mit der Idee des abgestuften Lärmschutzes vertieft werden[1561].

Was schließlich die planerische Abwägung und hier insbesondere die Bestimmung des Gewichts der Lärmschutzinteressen anbetrifft, ist es dem BVerwG bisher nicht gelungen, nachvollziehbare Kriterien und Strukturen zu entwickeln. In den Entscheidungen, in denen es zuletzt vor allem auch um die Zulassung eines Nachtflugbetriebs ging, ist festzustellen, dass weniger lärmwirkungsfachliche Fragen erörtert werden als vielmehr die Nachweismöglichkeiten eines Nachtflugbedarfs. Über die bei allen Abwägungen relevanten Strukturen hinaus lassen sich nur sehr rudimentäre Überlegungen aus der Rechtsprechung des BVerwG herausfiltern, die zur Konkretisierung des objektiven Gewichts der Lärmschutzinteressen beitragen können.

1557 Anders aber – und insofern zweifelhaft – die TA-Lärm und die 16. BImSchV.

1558 Auch diesem Aspekt hat die juristische Literatur bisher wenig Beachtung geschenkt, s. aber Kutscheid, NVwZ 1989, 193 (199).

1559 S. oben Teil 1, C., II., 2., b.

1560 Dazu – und auch hinsichtlich der Bedeutung des Wissens über die Globalreaktion der Belästigung für Art. 2 Abs. 2 S. 1 GG – oben Teil 2, B., I., 2.

1561 S. unten Teil 3, B., II., 1.

Allem voran ist hier die in der Entscheidung zum Flughafen BBI herangezogene *zahlenmäßige Betroffenheit* zu nennen. Eine besondere Präzision wurde bei deren Feststellung zwar nicht eingefordert, jedoch kann über sie bei der Planfeststellungsbehörde zumindest ein Eindruck davon entstehen, in welchem Umfang Betroffenheiten zugelassen werden. Leider wurde der zweite wichtige Schritt einer solchen Betroffenheitsbetrachtung nie gegangen, nämlich das Hinzuziehen lärmwirkungsfachlicher Erkenntnisse. Dazu hatte der DFG-Forschungsbericht bereits vor 40 Jahren alles Notwendige erläutert[1562]. Soweit ersichtlich hat alleine *Hermann* diese Überlegung in der juristischen Literatur aufgearbeitet[1563], für die eigenen Ausführungen zum Gewichtungsprozess allerdings nicht noch einmal expliziert[1564].

Es ist gibt jedenfalls kein grundsätzliches Problem, das verhindern würde, eine Wirkungsbetrachtung vorzunehmen, in der die zahlenmäßigen Betroffenheiten und die Wahrscheinlichkeit etwa des Eintretens der Globalreaktion der Belästigung zusammengeführt werden. Zur Zeit des Forschungsberichts hätte man sich noch auf den Standpunkt zurückziehen können, dass das Wissen über Belästigungsreaktionen im Allgemeinen noch nicht ausreichend gesichert sei. Das kann heute – insbesondere mit Blick auf das Wissen über die Globalreaktion der Belästigung – kaum noch angenommen werden[1565].

Wie gezeigt[1566] wird das insoweit vorhandene Wissen allerdings *immer* eine gewisse Unschärfe aufweisen. Dies kann aber kein grundsätzliches Argument sein, die seit langer Zeit stabilen Dosis-Wirkungs-Beziehungen weitgehend außer Acht zu lassen. Dies anders zu sehen, würde nämlich bedeuten, den Ansatz der empirischen Erforschung der Belästigungsreaktion gänzlich abzulehnen[1567]. Auch der allgemeine Trend hin zu sogar noch stärkeren Globalreaktionen der Belästigung ist kein Argument gegen ein solches Vorgehen. Allenfalls wäre es ein Argument dafür, sich verschiedene Szenarien auf Basis verschiedener Wahrscheinlichkeiten vor Augen zu führen.

In der Rechtsprechung des BVerwG bis hin zur Novellierung des FluLärmG hat schließlich auch der nachfolgende Aspekt praktisch ebenfalls keine Rolle gespielt: Das Problem der unzureichenden Strukturierung und der unzureichenden Nachvollziehbarkeit der planerischen Abwägung wird nämlich dadurch verschärft, dass sie durch die nachfolgende Betrachtungsebene der Flugroutenplanung aufgeweicht

1562 DFG, Forschungsbericht Fluglärmwirkungen, S. 514.

1563 Hermann, Schutz vor Fluglärm, S. 74. Keine Erörterung bzw. Präzisierung der Abwägung in sachlich-inhaltlicher Sicht auch in den aktuelleren Untersuchungen von Faber, Planung von Flughäfen, S. 136 ff., und Franke, Schutz vor Fluglärm, S. 88 ff.

1564 Hermann, Schutz vor Fluglärm, S. 266.

1565 Zur Stetigkeit der insoweit vorhandenen Ergebnisse, s. oben Teil 1, C., II., 2., a.

1566 S. oben Teil 1., C., I., 2.

1567 Dies verkennt Czybulka, UPR 1999, 126 (126), wenn er die „subjektiv-individuellen“ Faktoren, die Geräusche zu Lärm machten, für „messtechnisch nicht erfassbar“ hält.

werden kann; denn die planerische Abwägung der luftverkehrlichen Planfeststellung ist für das Problem der Lärmbetroffenheit nicht die abschließend abwägende Verwaltungsentscheidung.

Es kam bisher nur am Rande zur Sprache, dass die Lärmberechnungen auf Ebene der Flughafenplanung auf der Annahme (Prognose) bestimmter Flugwege oder Flugrouten basieren. Diese Berechnungen sind nun aber Ausgangspunkt *aller* Überlegungen zur Anordnung aktiver und passiver Maßnahmen auf dieser Planungsebene. Mit anderen Worten: Wenn sich die Flugroutenprognosen als falsch herausstellen, hätte dies Auswirkungen auf das gesamte auf dieser Ebene etablierte Lärmschutzkonzept. Man mag nun sogleich einwenden, dass die Flugrouten für die Schutzzielbestimmung irrelevant seien, da insoweit allein die Frage interessiert, wie hoch oder niedrig eine Innenraumbelastung sein darf, um zu verhindern, dass bei den Betroffenen negative Effekte entstehen. An welchen Orten aber eine problematische Innenraumbelastung eintreten wird, ist eine alles andere als irrelevante Information, da sich die Bevölkerung nicht gleichmäßig über die Fläche verteilt.

Die Veränderung einer Flugroute kann also nachträglich zu einem Problem für das Lärmschutzkonzept werden. Ohne schon auf die Details der Flugroutenplanung einzugehen, kann hier die Vermutung geäußert werden, dass der einzige Versuch der Strukturierung der planerischen Abwägung auf Ebene der Flughafenplanung durch das BVerwG – in Form der Betrachtung zahlenmäßiger Betroffenheiten – wohl auch dieser Erkenntnis geschuldet ist. Wenn es nicht erforderlich sein sollte, solche Informationen im Rahmen der planerischen Abwägung zu betrachten, wäre auch eine nachfolgende Flugroutenverlegung ohne rechtliche Konsequenz. Dies würde aber auch Tür und Tor öffnen, das auf Ebene der Flughafenplanung etablierte Lärmschutzkonzept zu unterlaufen. Wenn stattdessen eine Betrachtung von Betroffenenzahlen – im Idealfall unter Hinzuziehung lärmwirkungsfachlicher Erkenntnisse – auf Ebene der Flughafenplanung für sinnvoll und rechtlich erforderlich erachtet wird, kann jede nachträgliche Veränderung von Flugrouten das Abwägungsergebnis auf Ebene der Flughafenplanung in Frage stellen. Andererseits eröffnet die Betrachtung der Betroffenenzahlen eine inhaltliche Verbindung der Abwägungen auf Flughafen- und Flugroutenplanungsebene, die eine Prüfung ihrer Abgestimmtheit ermöglicht. Darauf wird – für die Rechtslage nach der Novellierung des FluLärmG – auf Ebene der Flugroutenfestlegung zurück zu kommen sein[1568].

d. Verfassungsrechtliche Unzumutbarkeit?

Die Darstellung der Entwicklungsgeschichte des Bestimmungsprozesses der Vorfeld-Zumutbarkeit hat einen wesentlichen Aspekt für die nachfolgende Betrachtung der Fluglärmschutzes auf Ebene der Flughafenplanung nach der Novellierung des FluLärmG außer Acht gelassen, nämlich die Bestimmung der Grenze der verfassungsrechtlichen Unzumutbarkeit. Im Gegensatz zur auf die Vorfeld-Unzumutbarkeit bezogenen Rechtsprechung ist dieser Nicht-Vorfeld-Einflussbereich von

1568 S. unten Teil 3., B., II., 5. und C., II.

Art. 2 Abs. 2 S. 1 GG vom BVerwG eher nur spärlich behandelt worden. Man kann vermuten, dass genau diese Möglichkeit der nur oberflächlichen Behandlung des *anderen* Einflussbereichs von Art. 2 Abs. 2 S. 1 GG die Intention der Einführung eines Vorfeld-Bereichs war. Seine Grenze bzw. die Kriterien für seine Bestimmung haben jedenfalls keine vergleichbare Entwicklung in der Rechtsprechung durchgemacht. Hier sei daher nur auf die Ausführungen des BVerwG in der Entscheidung zum Flughafen BBI hingewiesen.

Das Gericht kam dort im Zusammenhang mit der Frage nach der Bestimmung notwendiger Übernahmeansprüche auf diese Grenze zu sprechen[1569]. Ziel des Übernahmeanspruches ist es, den Betroffenen in den am höchsten belasteten Gebieten die Möglichkeit zu geben, wegzuziehen. Gegeben sei ein solcher Übernahmeanspruch, wenn „die Beeinträchtigungen so schwer zu Buche schlagen, dass eine weitere Nutzung des Grundstücks als unzumutbar erscheint. Lärmbelastungen sind unzumutbar, wenn ein Wohngrundstück so massiv verlärmt wird, dass es seine Wohnqualität einbüßt und unbewohnbar wird. Das Gleiche gilt, wenn der Lärm von so hoher Einwirkungsintensität ist, dass er den Grad einer Gesundheitsgefährdung erreicht."[1570]. Im Fall des Berliner Flughafens hatte die Planfeststellungsbehörde die Grenze für einen Übernahmeanspruch bei 70 db(A) Leq am Tag gesehen, was aus Sicht des BVerwG sich im Rahmen der bisherigen Rechtsprechung gehalten habe[1571]. Neue Erkenntnisse in der Lärmwirkungsforschung, die dazu veranlassen könnten, eine niedrigere Schwelle als Grenze für den Übernahmeanspruch anzusehen, seien nicht vorhanden[1572]. Die Nachvollziehbarkeit des Zusammenspiels einer fachplanerischen und einer verfassungsrechtlichen Unzumutbarkeitsgrenze wurde von der Rechtsprechung somit schlicht behauptet und im Schrifttum bisher nicht weiter hinterfragt[1573] oder gar kritisiert[1574].

4. *Die „Neuprogrammierung" durch das neue FluLärmG*

Bei der nachfolgenden Betrachtung des Fluglärmschutzes auf Ebene der Flughafenplanung stellt sich die Frage, inwiefern die Novellierung des FluLärmG in den soeben dargestellten Bestimmungsprozess der fachplanerischen Unzumutbarkeitsschwelle eingegriffen hat. Bevor mit einer entsprechenden Analyse des Fluglärmschutzes

---

1569 BVerwGE 125, 116 (249 ff., Rn. 374 ff.)

1570 BVerwGE 125, 116 (249, Rn. 376).

1571 BVerwGE 125, 116 (249, Rn. 376) (m.w.N.).

1572 BVerwGE 125, 116 (250 f., Rn. 377 f.).

1573 Etwa Paetow, NVwZ 2010, 1184 (1188), der die konkreten Werte zwar als „gegriffen" bezeichnet, sie aber als der „Handhabbarkeit für die Planungspraxis" geschuldet ansieht. Allerdings kritisiert die Literatur in diesem Zusammenhang den bereichsspezifischen Ansatz der Rechtsprechung, vgl. Michler, VBlBW. 2004, 360 (363) (m.w.N.); s. auch oben Teil 1, IV.

1574 Kritisch unter Heranziehung lärmwirkungsfachlicher Erkenntnisse aber Berkemann, ZUR 2002, 202 (204).

begonnen werden kann, soll daher die Neuprogrammierung durch das FluLärmG kurz vorgestellt werden.

Über die Jahrzehnte hinweg gab es diverse Versuche, das 1971 in Kraft getretene FluLärmG zu überarbeiten, die aber alle scheiterten[1575]. Auch der Entstehungsprozess der im Juni 2007 in Kraft getretenen Novellierung zog sich über mehrere Jahre hinweg[1576]. Das Gesetzgebungsverfahren wird daher in diesem Abschnitt in seinen wesentlichen Punkten nachvollzogen (b.) und schließlich der letztlich konsensfähige Inhalt der Novellierung kurz dargestellt (c.). Zuvor soll aber der wesentliche Inhalt und die Regelungssystematik des alten FluLärmG sowie die daran geübte Kritik noch etwas vertieft werden (a.), weil im Schrifttum davon ausgegangen wird, dass sich die Regelungssystematik nicht geändert habe[1577]. Der Blick auf das alte Gesetz zeigt im Übrigen auch, dass die Rechtsprechung vor der Novellierung zwar § 9 Abs. 2 LuftVG als Anker für den Fluglärmschutz auf Ebene der Flughafenplanung heranzog, sich aber – was den soeben dargestellten Bestimmungsprozess des Ausmaßes an zu gewährleistendem passivem Schallschutz anbetrifft – nicht weit vom Regelungssystem des FluLärmG (a.F.) entfernt hatte.

a. Das alte FluLärmG

Kernpunkt aller Kritik, die zur Annahme einer nur begrenzten praktischen Relevanz des Gesetzes führte, war die mangelnde Orientierung am Schutzbedürfnis der Anwohner[1578]. Dies wurde vor allem auf die dort enthaltenen Lärmgrenzwerte bezogen, die lärmwirkungsfachlich als ausgesprochen anspruchslos galten[1579]. Man ging im juristischen Schrifttum sogar so weit zu sagen, dass das Gesetz sich vielmehr an den ökonomischen Bedürfnissen der Flughafenbetreiber orientiere als an den Anliegen

---

1575 Reidt/Fellenberg, in: Landmann/Rohmer (Hg.), Umweltrecht, FlugLG, Vorbemerkung, Rn. 15 ff. (m.w.N.).

1576 Ausführliche Darstellungen bei Reidt/Fellenberg, in: Landmann/Rohmer (Hg.), Umweltrecht, FlugLG, Vorbemerkung, Rn. 22 ff.; Ekardt, Fluglärmschutzgesetz, Einl., Rn. 9 ff.

1577 Ekardt, Fluglärmschutzgesetz, Einl., Rn. 23; Reidt/Fellenberg, in: Landmann/Rohmer (Hg.), Umweltrecht, FlugLG, Vorbemerkung, Rn. 2.

1578 Nach Schwenk/Giemulla, Luftverkehrsrecht, S. 137, handele es sich um ein bloßes „Baubeschränkungs- und Entschädigungsgesetz“; Giemulla/Rathgeb, DVBl. 2008, 669 (670), sehen den Hauptzweck in der „Verhinderung des weiteren Heranwachsens von Siedlungsflächen an Verkehrflughäfen“. S. auch Reidt/Fellenberg, in: Landmann/Rohmer (Hg.), Umweltrecht, FlugLG, Vorbemerkung, Rn. 12; Wysk, in: Ziekow (Hg.), Praxis des achplanungsrechts, S. 628, Rn. 1699; Storost, NVwZ 2004, 257 (258); Brüggemann, ZfL 2004, 161 (161); Czybulka, UPR 1999, 126 (129); Wysk, ZLW 1998, 456 (483); Quaas, NVwZ 1991, 16 (17).

1579 SRU, Umweltgutachten 2002, S. 276 ff., Rn. 597 ff.; SRU, Umweltgutachten 2004, S. 333, Rn. 659.

der Anwohner, wie sie bereits zum Zeitpunkt der Entstehung des alten FluglärmG im sog. Göttinger Fluglärmgutachten formuliert worden waren[1580].

Das alte FluLärmG sah zunächst vor, zum Schutz der Allgemeinheit vor Gefahren, erheblichen Nachteilen und erheblichen Belästigungen durch Fluglärm in der Umgebung bestimmter Flugplätze einen Lärmschutzbereich festzusetzen (§ 1 FluLärmG a.F.), dessen äußere Grenzen sich aus § 2 FluLärmG a.F. ergaben. Dieser Lärmschutzbereich war dann in zwei innere Schutzzonen aufgeteilt, wobei Schutzzone 1 ein Gebiet außerhalb des Flugplatzes umfasste, in dem der durch Fluglärm hervorgerufene äquivalente Dauerschallpegel 67 db(A) überstieg und Schutzzone 2 das Gebiet umfasste, das mit einem äquivalenten Dauerschallpegel von 75 db(A) und mehr belastet war (§ 2 Abs. 2 FluLärmG a.F.)[1581].

Unter anderem an diese Formulierungen anknüpfend wurde vom Schrifttum konstatiert, dass es dem Gesetz also nicht darum ginge, Aussagen über die individuelle Zumutbarkeit von Fluglärm zu treffen oder gar (Zumutbarkeits-)Grenzwerte festzusetzen[1582]. Weitere Argumente für diesen Standpunkt wurden in der grundsätzlich eher planungsrechtlichen Ausrichtung des Gesetzes gesehen[1583], da innerhalb des Lärmschutzbereichs verschiedene Bauverbote galten. In Schutzzone 1 war nämlich die Wohnbebauung grundsätzlich verboten (§ 5 Abs. 2 FluLärmG a.F.) und in Schutzzone 2 sollte Bebauung nur vorgenommen werden, wenn sie bestimmte Schallschutzanforderungen einhält (§ 6 FluLärmG a.F.). Im gesamten Lärmschutzbereich sollten auch Krankenhäuser, Schulen und andere schutzbedürftige Einrichtungen grundsätzlich nicht (mehr) errichtet werden (§ 5 Abs. 1 FluLärmG a.F.).

Sowohl für die Belastung in Form von Bauverboten als auch für die Aufwendungen für bauliche Schallschutzmaßnahmen eines in der Schallschutzzone 1 gelegenen Grundstücks waren im alten FluLärmG allerdings aber auch entschädigungsrechtliche Regelungen vorgesehen (§§ 8, 9 FluLärmG a.F.). Die Erstattung für baulichen Schallschutz war in § 9 Abs. 3 S. 2 FluLärmG a.F. begrenzt auf maximal 100 DM pro Quadratmeter Wohnfläche[1584]. Der konkret zu zahlende Betrag erfolgte nach Anhörung der Beteiligten (Empfänger und Verpflichteter) durch schriftlichen Bescheid der nach Landesrecht zuständigen Behörde (§ 10 FluLärmG a.F.), wobei das

1580 Steinebach, Lärm- und Luftgrenzwerte, S. 71, Rn. 110 (m.w.N.); Jarass, in: Koch/Lechelt (Hg.), 20 Jahre BImSchG, S. 149, sprach von einem „Gesetz zum Schutz von Flugplätzen"; vgl. auch Renziehausen, Lärmschutz, S. 5 ff.; Reidt/Fellenberg, in: Landmann/Rohmer (Hg.), Umweltrecht, FlugLG, Vorbemerkung, Rn. 6 ff.

1581 Zur Grundkonzeption insgesamt Renziehausen, Lärmschutz, S. 12; Hermann, Schutz vor Fluglärm, S. 281 f.

1582 BVerwG NJW 1979, 64 (69); BGH NJW 1997, 1917 (1918); s. auch Reidt/Fellenberg, in: Landmann/Rohmer (Hg.), Umweltrecht, FlugLG, Vorbermerkung, Rn. 13 (m.w.N.).

1583 Quaas, NVwZ 1991, 16 (18).

1584 Von der Verordnungsermächtigung zur Änderung der Deckelung in § 9 Abs. 4 aF wurde 1977 Gebrauch gemacht in Form der Verordnung vom 11.8.1977 mit einer Deckelungsaufstockung auf 130 DM.

Gesetz in § 12 Abs. 1 FluLärmG a.F. den Flugplatzhalter als Verpflichteten nannte. Diese Entschädigungsregelungen hatten also, über die damals allgemein konstatierte planungsrechtliche Ausrichtung hinaus, auch durchaus Individualbezug[1585].

Die Frage, ob das alte FluLärmG rein planungsrechtlichen Charakter hat oder ob es darüber hinaus auch Aussagen über die individuelle Zumutbarkeit von Fluglärm trifft, hängt unmittelbar zusammen mit der Art und Weise der Ermittlung der Lärmbelastung (§ 3 FluLärmG a.F.)[1586] sowie mit den zu realisierenden Schallschutzzielen (§ 7 FluLärmG a.F.). Die Lärmbelastung (außen) wurde im alten FluLärmG alleine an Hand eines äquivalenten Dauerschallpegels dargestellt. Die Definitionswerte der Schallschutzbereiche lagen bei 67 und 75 db(A) Leq (außen). Eine Nachtschutzzone gab es nicht. Die Lärmbelastung sollte unter Berücksichtigung von Art und Umfang des voraussehbaren Flugbetriebes auf der Grundlage des zu erwartenden Ausbaus des Flugplatzes ermittelt und dabei die Anlage zu § 3 FluLärmG a.F. zu Grunde gelegt werden (§ 3 FluLärmG a.F.). Die in der Anlage enthaltenen Anleitungen zur Datenerfassung und Berechnung (AzD und AzB), stellten nähere technische Regelungen zur Prognose des zukünftigen Flugbetriebs zur Verfügung, deren Ziel es war, (1.) eine möglichst genaue Erfassung der flugbetrieblichen Daten zu gewährleisten und (2.) darauf aufbauend ein möglichst realitätsnahes Bild der zukünftigen Lärmbelastung darzustellen[1587].

Diese technische Seite des FluLärmG wurde allgemein als angemessen empfunden[1588], auch wenn verschiedentlich Verbesserungsvorschläge gemacht wurden[1589], die der Bundestag mit Verweis auf die Ergebnisse der DFG-Studie jedoch nicht aufgriff. So wurde etwa Kritik am Berechnungsparameter des äquivalenten Dauerschallpegels geübt, der zwar die soziale Lästigkeit des Fluglärms erfassen könne, die psychologischen und physiologischen Störwirkungen auf insbesondere die Kommunikation und den Schlaf jedoch durch Einzelschallereignisse geprägt seien[1590]. Auch die Berechnungsgrundlagen selbst wurden für unzureichend gehalten[1591].

1585 Quaas, NVwZ 1991, 16 (17), ging zudem davon aus, dass dem alten FluLärmG zumindest die Wertung zu entnehmen war, dass ein Haus nicht ohne Schalldämmung gebaut werden soll, wenn der Dauerschallpegel außen 67 db(A) und mehr betrug. S. auch – insoweit nicht in der Entscheidungssammlung abgedruckt – BVerwG, Urt. v. 7.7.1978 – IV C 79.76, Rn. 91 (Juris).

1586 Hierzu insb. Hermann, Schutz vor Fluglärm, S. 35 ff.

1587 Zur Bedeutung der Berechnungsvorschriften ausführlicher oben Teil 1, B., III., 2.

1588 Steinebach, Lärm- und Luftgrenzwerte, S. 72 ff., Rn. 112 ff.

1589 Fluglärmbericht, BT-Drs. 8/2254, S. 17.

1590 Quaas, NVwZ 1991, 16 (17), (m.w.N.), nannte es das Problem der kurzzeitigen und hohen Schalldrücke mit besonderer Frequenzzusammensetzung; s. auch Reidt/Fellenberg, in: Landmann/Rohmer (Hg.), Umweltrecht, FlugLG, Vorbemerkung, Rn. 13.

1591 Quaas, NVwZ 1991, 16 (17); SRU, Umweltgutachten 2002, S. 284 f., Rn. 620 f.

Welche Anforderungen baulicher Art zum Schutz vor Fluglärm vom Gesetzgeber konkret für notwendig erachtet wurden, ergab sich nicht unmittelbar aus dem FluLärmG, sondern aus der 1974 auf Grundlage von § 7 FluLärmG a.F. erlassenen Schallschutzverordnung[1592]. Diese sah vor allem vor, dass alle Aufenthaltsräume den sich aus den §§ 3–5 Schallschutzverordnung ergebenden Schallschutzanforderungen genügen müssen. Kern dieser Regelungen war es, dass die Umfassungsbauteile von Aufenthaltsräumen (vgl. § 3 Abs. 2 und 3 Schallschutzverordnung) bestimmte Dämmeigenschaften haben mussten, die in dem bewerteten Bauschalldämm-Maß R´w´ zum Ausdruck kamen. In Schutzzone 1 mussten die verwendeten Bauteile ein anspruchsvolleres Dämm-Maß erreichen als die Bauteile, die man in Schutzzone 2 verwenden durfte (§ 3 Abs. 2 Schallschutzverordnung). In § 4 Schallschutzverordnung waren darüber hinaus noch einige Bauteile explizit genannt, bei deren Verwendung man Dämm-Anforderungen als erfüllt ansehen konnte.

Damit ist die Kernidee der Schallschutzverordnung aber auch schon beschrieben. Jedenfalls soweit es um passiven Schallschutz im FluLärmG a.F. ging, sollten bestimmte Innenraumpegel erreicht werden. Die entscheidende – aber außerjuristische – Frage war, welche Innenraumpegel als Schutzziele über die Festschreibung von Dämmeigenschaften festgelegt wurden. Dazu findet sich in der juristischen Literatur keine klare Angabe. Implizit wurde jedoch – immer wieder – davon ausgegangen, dass der mit den in der Verordnung festgelegten Dämm-Maßen erreichbare Schutz des Innenraums unzureichend war. Zum einen wurde darauf verwiesen, dass die üblicherweise zum damaligen Zeitpunkt verwendeten Bauteile bereits Dämmeigenschaften aufweisen würden, die den Anforderungen der Verordnung entsprachen[1593]. Zum anderen wurde auf die anspruchsvolleren Schutzzonendefinitionsgrenzwerte verwiesen, wie sie im Göttinger Lärmgutachten formuliert wurden[1594], die weit über die äußeren Grenzen der nach dem FluLärmG a.F. etablierten Schutzzonen hinaus bspw. Schallschutzmaßnahmen baulicher Art notwendig gemacht hätten[1595].

Wenn heute gesagt wird, dass das novellierte FluLärmG *nunmehr* Zumutbarkeitsaussagen enthalte[1596], kann sich dies also eigentlich nicht auf eine *neue* Regelungssystematik stützen. Auch im alten FluLärmG gab es sowohl Werte, die die Schutzzonen festlegten, als auch Dämmwerte in den Durchführungsverordnungen,

1592 Verordnung über baulichen Schallschutz nach dem Gesetz zum Schutz gegen Fluglärm vom 5.4.1974, BGBl. I, Nr. 39 vom 11.4.1974, S. 903 ff. Die Schallschutzverordung ist mittlerweile von der. 2. FluLärmSV abgelöst worden, dazu unten Teil 3, B., II., 3.

1593 Fluglärmbericht der Bundesregierung, BT-Drs. 8/2254, S. 19.

1594 Dazu Steinebach, Lärm- und Luftgrenzwerte, S. 68 ff.; Renziehausen, Lärmschutz, S. 5 ff.

1595 Ab etwa einem Dauerschallpegelwert von 60–62 db(A) Leq4, s. Steinebach, Lärm- und Luftgrenzwerte, S. 68, wobei hier nicht klar wird, ob damit ein Tagwert gemeint ist oder ein 24 Stunden-Wert etc. Man kann aber davon ausgehen, dass ein Außenpegel gemeint ist. Insofern wäre damit also nur bedingt ein anspruchsvolleres Schutzziel für das Innere der Wohnungen dargelegt.

1596 Koch, in: Dolde/Hansmann/Paetow/Schmidt-Aßmann (Hg.), FS Sellner 2010, S. 292.

aus denen sich etwaige Schutzziele hätten ableiten lassen. Maßgeblicher Anstoß[1597] für das FluLärmG a.F. waren jedoch tatsächlich eher städtebauliche Bedürfnisse nach einer gesetzlichen Festlegung von Lärmwerten für Bauzonen gewesen und nicht die Lärmschutz- bzw. Gesundheitsschutzinteressen von Flughafenanliegern[1598]. Insofern ist es zutreffend zu sagen, dass das alte FluLärmG nicht – jedenfalls nicht primär – darauf ausgelegt war, Zumutbarkeitsaussagen bereit zu stellen, die den Fluglärmschutz auf Ebene der Flughafenplanung hätten ausrichten können.

b. Gesetzgebungsverfahren

Wie auch das Gesetzgebungsverfahren zum alten FluLärmG zog sich der Entstehungsprozess der Novellierung über mehrere Legislaturperioden hin. Die zeitliche Abfolge und wesentlichen Eckpunkte bzw. die wesentlichen Änderungen werden im Folgenden kurz nachgezeichnet und schließlich die in den Beratungen herangezogenen Sachverständigenaussagen besonders gewürdigt.

Das neue FluLärmG ist erst nach Jahren der Beratung im Parlament zustande gekommen. Der Deutsche Bundestag hatte zunächst auf Grundlage einer vorangegangenen Sachverständigenanhörung am 23.06.1998 eine Beschlussempfehlung an die Bundesregierung gerichtet und sie aufgefordert, dem Bundestag zu Beginn der nächsten Legislaturperiode, Vorschläge für Verbesserungen im Bereich des Schutzes vor Fluglärm vorzulegen[1599]. Im Jahr 2000 entstand dann ein erstes Eckpunktepapier des BMU, was schon die wesentlichen Inhalte der späteren Novellierung enthielt, und zwar u.a. die Ausweitung des Anwendungsbereichs des Gesetzes, eine Modernisierung des Berechnungsverfahrens, die Absenkung der Schutzzonendefinitionswerte und insbesondere auch eine Verbesserung des Nachtlärmschutzes durch Nachtschutzzonen. Auf dieser Grundlage wurden dann auch die Gesetzesentwürfe vom 15.11.2000 und 13.8.2001 ausgearbeitet, die allerdings beide nicht umgesetzt wurden. 2002 folgte daraufhin ein weiteres Eckpunktepapier des BMU[1600], was schließlich in den Referentenentwurf des BMU vom 22.6.2005 mündete und niedrigere Lärmgrenzwerte für die Nacht vorsah – also einen noch weiter verbesserten Schutz der Anwohner bedeutet hätte – als sie letztendlich im neuen FluLärmG verwirklicht wurden[1601].

1597 Zum Gesetzgebungsverfahren ausführlich Renziehausen, Lärmschutz, S. 5 ff., der darstellt, dass der Vorläufer des Gesetzes noch – mit deutlicher Anlehnung an das Göttinger Lärmgutachten – drei Schutzzonen vorsah (beginnend ab 62 db(A) Leq), jedoch als finanziell zu anspruchsvoll angesehen wurde.

1598 Giemulla/Rathgeb, DVBl. 2008, 669 (670) (m.w.N.).

1599 Giemulla/Rathgeb, DVBl. 2008, 669 (670). Eine akribische Sammlung aller offziellen Dokumente, aber auch von Stellungnahmen und Pressemitteilung der Interessengruppen findet sich unter (zuletzt besucht am 25.08.2013): http://www.dfld.de/Archiv/FluglaermGesetz.htm.

1600 Hierzu Koch/Wieneke, in: Koch (Hg.), Umweltprobleme, S. 243 (253).

1601 Inhaltliche Darstellung bei Giemulla/Rathgeb, DVBl. 2008, 668 (671). Es enthielt insbesondere auch keine zeitliche Staffelung der Werte, wie sie dann in § 2 Abs. 2 Nr. 1 a) und b) FluglärmG eingefügt wurden.

Auch dieser Entwurf wurde jedoch abgelehnt und schließlich durch den Entwurf der Bundesregierung vom 27.05.2005 ersetzt[1602], der dann – mit weiteren zwischenzeitlichen Änderungen[1603], die auf einen Antrag der Fraktionen der SPD und der CDU/CSU zurückgehen[1604] – in dem Gesetzesbeschluss vom 14.12.2006 mündete[1605]. Die Zustimmung des Bundesrates erfolgte dann am 16.2.2007[1606].

Die folgende Analyse des Fluglärmschutzsystems auf Ebene der Flughafenplanung zielt auch darauf ab, die neuen gesetzlichen Regelungen daraufhin zu untersuchen, welchen tatsächlichen Effekt sie auf bzw. für die Anwohner im Umfeld von Verkehrsflughäfen haben. Der Gesetzgeber hat in diesem Zusammenhang – ganz ähnlich wie vor ihm die Verwaltung und die Rechtsprechung – auf Sachverständigenaussagen zurückgreifen müssen, um sich ein Bild davon zu verschaffen, was er regelt bzw. wie er es regeln kann. Die so gefundene Tatsachengrundlage, auf denen die gesetzlichen Regelungen basieren, soll im Verlauf der weiteren Analyse näher begutachtet werden. Welche Studien bzw. Sachverständigenaussagen sind also in das Gesetz eingeflossen?

Im geänderten Gesetzesentwurf der Bundesregierung von 2005/06 werden zur Erläuterung der in § 2 Abs. 2 FluLärmG festgesetzten Grenzwerte zunächst das SRU-Sondergutachten von 1999 sowie die Fluglärmsynopse von 2002 genannt[1607]. Als eine Art gemeinsamer Nenner wird ihnen die Schwelle von 65 db(A) Dauerschallbelastung (außen) am Tag entnommen, ab der erhebliche Belästigungen und Gesundheitsgefährdungen anzunehmen seien. Sie wird dann als maßgebliche fachliche Grundlage für die Festsetzung der Tagschutzzone 1 im Fall von Bestandsflughäfen etabliert. Darauf folgt die Erläuterung der Grenzfestsetzung für die Tagschutzzone 1 in Fällen des Aus- oder Neubaus, die 5 db(A) niedriger liege, also bei 60 db(A) Dauerschallbelastung am Tag (außen). Der Gesetzgeber war hier der Ansicht, dass in den Fällen des Aus- oder Neubaus von Verkehrsflughäfen Optimierungsmöglichkeiten[1608] eröffnet seien, die diese strengere Grenze rechtfertigten. Für die Festsetzung der Tagschutzzone 2 sieht der Gesetzgeber in beiden Fällen – Bestand bzw. Neu- oder Ausbau – eine wiederum um 5 db (A) niedrigere Grenze vor (also 60 und 55 db(A)).

Was nun die Nachtschutzzone anbetrifft, so stützt sich der Gesetzgeber auf das SRU-Gutachten von 2002[1609] und stellt fest, dass dort chronische Belastungen in Form von gesundheitlichen Beeinträchtigungen ab 50 bis 55 db(A) Dauerschallpegel (außen) beschrieben würden. Zudem sei ab 45 db(A) Dauerschallpegel in der Nacht von erheblichen Störungen und Belästigungen auszugehen. Bei bestehenden

1602 BR-Drs. 401/05.
1603 BT-Drs. 16/508; s. auch BR-Drs. 401-1/ 05 und 402/ 05.
1604 Ausschussdrucksache 16(15)198; vgl. auch Giemulla/Rathgeb, DVBl. 2008, 268 (271).
1605 BT-Drs. 16/3813; BT-Plenarprotokoll 16/73, S. 7287 ff.
1606 BR-Plenarprotokoll der 830. Sitzung.
1607 Vgl. – auch für das Folgende – BT-Drs. 16/508, S. 18.
1608 Explizit BT-Drs. 16/508, S. 18.
1609 Dort wiederum wird insbesondere eine Meta-Analyse von Ortscheid/Wende (Ortscheid/Wende in: UBA (Hg.), Fluglärmwirkungen) verarbeitet, vgl. BT-Drs. 14/8792 vom 15.4.2002, S. 271 ff.

Flughäfen wird hierauf gestützt die Festsetzungsgrenze bei 55 db(A) Dauerschallpegeln in der Nacht (außen) gesehen und – gemäß dem Vorgehen bei der Tagschutzzone 1 – bei Neu- oder Ausbauten um 5 db(A) reduziert. Zudem wird ein Maximalpegelkriterium hieraus abgeleitet, mit dem Gebiete erfasst werden sollen, in denen regelmäßig (sechsmal) fluglärmbedingte nächtliche Maximalpegel von 57 dB(A) in Schlafräumen – bei zu Lüftungszwecken gekippten Fenstern – überschritten sind.

c. *Zur Problematik der inhaltlichen Anknüpfung an die „Fluglärmsynopse"*

Unabhängig von der nachfolgenden Effekt- bzw. Wirkungsanalyse des novellierten FluLärmG darf an dieser Stelle nicht unerwähnt bleiben, dass die wissenschaftlichen Eckpunkte zum Teil explizit, teilweise aber auch nur versteckt bzw. mittelbar auf eine Studie zurückgehen[1610], die von der Luftverkehrswirtschaft finanziert war. Es handelt sich um die sog. Fluglärmsynopse, die als Meta-Analyse – im Gegensatz etwa zum DFG-Forschungsbericht von 1974 oder der aktuell in Frankfurt am Main durchgeführten NORAH-Studie– keine eigenen Daten erhoben hat, sondern bereits vorhandene Studienergebnisse in der Fachliteratur zusammenfassend analysiert.

Die mit der Synopse publizierten Ergebnisse haben zum Teil heftigen Widerspruch in der Fachliteratur ausgelöst[1611]. Es kann hier nicht auf die fachlichen Details dieser Debatte um die Fluglärmsynopse eingegangen werden, da dies den Rahmen dieser Untersuchung sprengen würde[1612]. Bedenkt man jedoch den Finanzierungshintergrund, so erscheint dies allerdings auch nicht notwendig, um den Aussagen der Synopse mit Skepsis zu begegnen. Der nachfolgende Ausschluss der Synopse aus den fachlich-inhaltlichen Betrachtungen stützt sich allerdings nicht nur auf diesen Finanzierungshintergrund und die Diskussion um die Methoden der Synoptiker. Wichtiger erscheint insoweit, dass die neueren Ergebnisse der Geräusch- bzw. Lärmwirkungsforschung als Bestätigung der älteren fachlichen Aussagen angesehen werden müssen, welche den akuten und chronischen Wirkungen von Geräuschen

---

1610 Insbesondere für die Ausführungen im Umweltgutachten 1999 kann davon ausgegangen werden, dass sie zu großen Teilen der gleichen Feder entstammen, die sich für die Fluglärmsynopse verantwortlich zeigt, vgl. Maschke/Feldmann/Hecht, ZfL 2004, 59 (62). Dort auch zur einleuchtenden Kritik am Richtwert für die Globalreaktion der erheblichen Belästigung am Tag von 65 db(A) Leq, der in das Umweltgutachten 1999 aufgenommen wurde.

1611 Maschke/Hecht, ZfL 2004, 59 ff.; Guski/Schuemer, ZfL 2007, 236 ff.; Guski, ZfL 2003, 24 ff.; s. auch Kundi/Haider/Hutter/Moshammer/Wallner, Fluglärm, S. 79 ff. (insb. S. 84 zum 6x60-Kriterium, dazu wiederum auch Maschke/Hecht/Wolf, BundesgesundheitsBl. 2001, S. 1001 ff.).

1612 Die Kritik bezog sich insb. auf die Verwendung vermeintlich alter Daten, auf handwerkliche Fehler, Intransparenzen hinsichtlich verwendeter Daten und die Nichtbeachtung der Belastungsfolgen gerade bei Ausbausituationen.

bereits früher ein größeres Belästigungs- bzw. Gesundheitswirkungspotential zugeschrieben hatten, als es um die Jahrtausendwende die Synopse tat[1613].

Eine weitgehend andere Position nimmt die juristische Literatur ein. Sowohl die Rechtsprechung[1614] als auch das Schrifttum[1615] haben die Synopse begrüßt. Vereinzelt wurde sie sogar gegen die Kritik von fachlicher Seite aus verteidigt[1616].

d. *Wesentlicher Inhalt des neuen FluLärmG und die Änderungen im LuftVG*

Das Gesetzgebungsverfahren endete schließlich mit einer Novellierung des FluglärmG. An der Regelungssystematik des alten Gesetzes wurde festgehalten. Darüber hinaus kam es aber auch zu einigen Änderungen im LuftVG, die allerdings – bis auf die schon erwähnte Einführung des neuen § 8 Abs. 1 S. 3 LuftVG – hier von eher untergeordneter Bedeutung sind[1617].

Unverändert sieht das FluLärmG zum Schutz der Allgemeinheit und der Nachbarschaft vor den durch Fluglärm verursachten Gefahren, erheblichen Nachteilen und erheblichen Belästigung (§ 1) die Einrichtung von Lärmschutzbereichen vor (§ 2 Abs. 1, in § 4 ist festgelegt, welche Art Flugplätze einen Lärmschutzbereich festzusetzen haben)[1618]. Neu ist dabei zum einen, dass neben den auch schon im alten Gesetz

---

1613 Ausführlichere Überblicke zu den aktuellen fachwissenschaftlichen Diskussionen oben Teil 1, C., II. 2. und III., 4.

1614 Etwa BVerwGE 125, 116 (199 f., Rn. 269 und 216 ff., Rn. 301 ff.).

1615 Vgl. Schwenk/Giemulla, Luftverkehrsrecht, S. 519 f.; Reidt/Fellenberg, in: Landmann/Rohmer (Hg.), Umweltrecht, FluglärmG, § 2, Rn. 42; Giemulla/Schorcht, ZLW 2004, 386 (387), gehen davon aus, dass mit der Synopse „erstmals ein wissenschaftlich umfassender Ansatz für die Beurteilung von Fluglrämwirkungen aus Lärmwirkungssicht" existiere; vgl. auch die Nachweise unten in Fn. 1665.

1616 So war ein fachlicher Kritikpunkt an der Synopse etwa, dass sie suggeriert, sie würde die „wesentliche Änderung" einer Immissionssituation behandeln, obwohl sie dazu fachliche Erkenntnisse nicht heranzieht bzw. nicht heranziehen kann (vgl. insoweit oben Teil 1, C., II., 2., b.). Dolde, ZfL 2003, 88 (89), übergeht diese Kritik schlicht mit dem – nicht belegten und auch nicht nachvollziehbaren – Hinweis darauf, dass es den Autoren der Synopse um eine wesentliche Änderung im Sinne der Genehmigungs- und Planfeststellungsbedürftigkeit des LuftVG ginge und nicht um die Frage, „wann Änderungen der Lärmbelastungen im Sinne der Wirkungsforschung wesentlich sind". Das aber verkennt schon den Ansatz der fachlichen Kritik, die davon ausgeht, dass die Lärmwirkungsforschung nur zu dem Wissen kompetent Aussagen treffen kann, über das sie verfügt.

1617 Es handelt sich um die Änderungen der §§ 19a, 32, 32a und 32b LuftVG im Zuge des Gesetzes zur Verbesserung des Schutzes vor Fluglärm in der Umgebung von Flughäfen vom 1.7.2007 (BGBl. I, S. 962 ff.).

1618 Paetow, NVwZ 2010, 1185 (1190), geht daher davon aus, dass das Gesetz weiterhin „in erster Linie" ein Gesetz sei, das bauliche Nutzungsbeschränkungen in der Flughafenumgebung regeln wolle. S. nunmehr aber auch BVerfG, NVwZ 2011, 991 (995, Rn. 51), welches das FluLärmG als ein Gesetz zur Regelung des passiven Schallschutzes und der Entschädigung ansieht.

vorgesehenen Tagschutzzonen auch eine Nachtschutzzone eingerichtet wird, und zum anderen die Herabsetzung der für die Zonen jeweils maßgeblichen Definitionswerte (§ 2 Abs. 2 FluLärmG) bzw. die definitorische Ausrichtung der Nachtschutzzone nicht nur an einem Dauerschall-, sondern zusätzlich auch an einem Maximalpegelkriterium[1619]. Wie bisher auch wird grundsätzlich zwischen Bestandsflughäfen und Flughäfen unterschieden, die wesentlich erweitert oder neu gebaut werden.

Ebenfalls unverändert knüpfen sich an die Zugehörigkeit von Grundstücken zu den Schutzzonen – mit spezifischen Ausnahmeregelungen – Bauverbote (§ 5 FluLärmG) bzw. Erstattungsansprüche (§§ 6–9). Erstmals gesetzlich geregelt sind Erstattungen für die Einschränkung der Nutzbarkeit der Außenwohnbereiche (§ 9 Abs. 5, 6 FluLärmG).

Erstattungsansprüche für baulichen Schallschutz ergeben sich nur für Eigentümer von Grundstücken in der Tagschutzzone 1 und in der Nachtschutzzone. Erstattungsansprüche für Einschränkungen der Nutzbarkeit des Außenbereichs können innerhalb der Tagschutzzone 1 entstehen und Erstattungsansprüche für die durch Bauverbote hervorgerufenen Einschränkungen innerhalb der Tagschutzzone 2.

Ebenfalls keine Neuerung ergibt sich insofern, als für die entscheidenden technischen Details der Berechnung der Lärmschutzbereiche und der Anforderungen an den baulichen Schallschutz Verordnungsermächtigungen vorgesehen sind (§§ 3, 7 und 9 Abs. 6 FluLärmG), von denen zum Teil bereits Gebrauch gemacht worden ist. Nach einem Entwurf des BMU vom 29.10.2008[1620] wurde die Schallschutzverordnung 1974 durch die 2. FlugLSV ersetzt. Ebenso wurden die alten Berechnung- und Datensammlungsvorschriften ersetzt durch die 1. FlugLSV[1621].

Die Novellierung der Fluglärmschutzverordnungen wird sogleich noch im Zusammenhang mit den daraus ableitbaren Effekten detaillierter betrachtet werden[1622]. Hier kann einstweilen festgehalten werden, dass das nun schon lange gültige Konzept der Trennung von Schutzbereichs- und Schutzzielfestlegung fortgeführt wurde und dass das Schutzziel sich somit *nicht* aus den Definitionswerten der Schutzbereichsfestlegung ergeben dürfte[1623]. Die bisherige Rechtsprechung des BVerwG hat sich die Schutzziele jeweils im Einzelfall in der Auseinandersetzung mit der Lärmwirkungsforschung erarbeitet. Nachdem der Gesetzgeber nunmehr tätig geworden ist, könnte dieser Bestimmungsprozess weggefallen sein. Die beibehaltene Regelungssystematik spricht dann dafür, dass nur noch die sich

1619 S. § 2 Abs. 2 S. 2, Nr. 1 a) bzw. b) FluLärmG. Neu ist auch die Einbeziehung von Militärflughäfen in den Anwendungsbereich des Gesetzes (§ 2 Abs. 2 und § 4 Abs. 1 FluLärmG), deren Bedeutung für das tatsächlich gegebene Fluglärmschutzniveau in Deutschland jedoch nicht weiter verfolgt wird.

1620 BR-Drs. 521/09.

1621 Nach einem Entwurf vom 8.8.2008, BR-Drs. 566/08.

1622 Unten Teil 3, B., II., 2.

1623 S. oben Teil 3, B., I., 3., c., gg.

aus den Dämm-Maßen der 2. FluLärmSV typischerweise ergebenden Innenwerte als Schutzziele anzusehen sind[1624].

Zwei Neuerungen sind nunmehr im Überblick noch anzusprechen, nämlich § 13 FluLärmG, dem zugeschrieben wird, er wolle den Regelungsumfang des Gesetzes bestimmen[1625], und die Einführung von § 8 Abs. 1 S. 3 LuftVG. § 13 Abs. 2 FluLärmG bestimmt wie bisher § 16 FluLärmG a.F., dass Vorschriften, die weitergehende Planungsmaßnahmen zulassen, unberührt bleiben. Gestrichen wurde aus diesem Satz, dass auch Regelungen, die weitergehende Entschädigungen gewähren, unberührt bleiben sollen. Eingefügt wurde ferner ein in seiner Bedeutung umstrittener und umständlich formulierter § 13 Abs. 1 FluLärmG, der zusammen mit der Einführung von § 8 Abs. 1 S. 3 LuftVG als Hinweis dafür gesehen wird, dass der Gesetzgeber die Erstattungsansprüche für Aufwendungen für baulichen Schallschutz abschließend regeln wollte[1626].

II. Fluglärmschutz auf Ebene der Flughafenplanung nach der Novellierung des FluLärmG – Schnittstellen und Effekte

Im Rahmen der verfassungsrechtlichen Maßstabsbildung wurde dargelegt, dass Verhältnisüberlegungen drei Schritte durchlaufen müssen, um Sinn zu ergeben: In einer schutzfunktionsbezogenen Terminologie bedarf es der Bestimmung des gebotenen Schutzes, der Bestimmung des gegebenen oder tatsächlichen Schutzes und der Lagebestimmung dieser Punkte zueinander. Da der gegebene bzw. tatsächliche bestehende Schutz (vor Fluglärm) auf einer Vielzahl von Regelungen basiert bzw. in vielfältiger Weise staatlich umgesetzt wird, müssten in einer umfassenden Verhältnisüberlegung auch eigentlich all diese Regelungen und darauf basierende staatliche Maßnahmen betrachtet werden. Es wurde aber gezeigt, dass Schwerpunktbildungen möglich, ja sogar zwingend erforderlich sind, wenn man nachvollziehbar Effekte staatlicher Maßnahmen beurteilen will.

Im Rahmen der Annäherung an die Mittel und Entscheidungsebenen des Fluglärmschutzes in Deutschland wurde dann auf Ebene der Flughafenplanung das abgestufte Fluglärmschutzsystem als die wesentliche Schnittstelle identifiziert, über

1624 Es ergibt sich insofern ein sehr heterogenes Bild an einzuhaltenden Innenraumwerten, s. unten Teil 3, B., II., 2., a., aa., (1) für das Schutzniveau außerhalb und Teil 3, B., II., 2., a., bb., (1) für das Schutzniveau innerhalb der Schutzzonen. Zum vom BVerwG nunmehr geprägten Begriff des Auslösewertes unten Teil 3, B., II., 4.

1625 So jedenfalls Giemulla/Rathgeb, DVBl. 2008, 669 (676); s. auch Ekardt, Fluglärmschutzgesetz, § 13, Rn. 1. Reidt/Fellenberg, in: Landmann/Rohmer (Hg.), Umweltrecht, FlugLG, § 13, Rn. 6 ff., sprechen von der Bindungswirkung insbesondere gegenüber den luftverkehrlichen Zulassungsverfahren.

1626 Zur Diskussion um die Bedeutung der Einfügung von § 8 Abs. 1 S. 3 LuftVG und der Änderung von § 13 FluLärmG mit Nachweisen unten Teil 3, B., II., 4.

die sowohl passive als auch aktive Schallschutzmaßnahmen ausgerichtet werden[1627]. Die Einführung in das Flughafenplanungsverfahren hat zudem gezeigt, wie die Verwaltung und Rechtsprechung über die Bestimmung der fachplanerischen Unzumutbarkeitsschwelle den Umfang der (zwingend) anzuordnenden passiven Maßnahmen geprüft hat. Auch wenn die verfassungsrechtliche Unzumutbarkeitsschwelle ebenfalls ihre Rolle im Stufensystem spielte, wurde ihr in der Rechtsprechung nur untergeordnet Aufmerksamkeit geschenkt[1628].

Gegenstand der folgenden Ausführungen sind daher nur die Regelungen (bzw. bestimmte daran anknüpfende staatliche Maßnahmen) und Wirkungen des abgestuften Fluglärmschutzsystems. Es wird sowohl das System als solches betrachtet (1.), also nach seiner inneren Konsistenz gefragt, als auch seine realen Auswirkungen ergründet und diese vor dem Hintergrund der in Teil 1 erarbeiteten fachlichen Erkenntnissen beurteilt. Bei den realen Auswirkungen oder tatsächlichen Effekten wird zwischen – um das von der Literatur herausgearbeitete Bild der §§ 8 Abs. 1, 9 Abs. 2 LuftVG noch einmal aufzugreifen[1629] – dem *Umfang* passiver Schallschutzmaßnahmen und dem *Gewicht* etwaiger Lärmschutzinteressen in der planerischen Abwägung unterschieden.

Der Schwerpunkt liegt auf der Frage nach der Ausrichtung des Umfangs passiven Lärmschutzes als dem Mittel, welches effektiven Schutz für die Innenräume bieten kann. Da das FluLärmG aus Sicht der Rechtsprechung nunmehr definieren soll[1630], wer in den Genuss passiven Schallschutzes kommt und wer nicht, steht dies zuerst im Mittelpunkt der Betrachtung (2. und 3.). Eine Begründung für diese Schwerpunktsetzung wurde zwar schon gegeben, im Rahmen der Analyse des Konzepts des abgestuften Lärmschutzes wird sie allerdings noch einmal vertieft werden.

Wie gezeigt kann passiver Lärmschutz allein nicht zu einer Lösung der Probleme führen, die mit einem immer weiter ansteigenden Verkehrsaufkommen bzw. mit einer immer weiter ansteigenden Schallgesamtlast einhergehen[1631]. Daher wird zusätzlich betrachtet, welche Rolle die planerische Abwägung bei der Festsetzung von aktiven Schallschutzmaßnahmen spielt bzw. ob Fluglärmschutz überhaupt noch über die planerische Abwägung zu erreichen ist (4. und 5.). In diesem Zusammenhang wird dann auch aufgezeigt, wieso es nicht genügt, alleine die planerische Abwägung auf Ebene der Flughafenplanung zu betrachten. Wenn man die Bedeutung der planerischen Abwägung für den Fluglärmschutz ergründen will, ist es zudem notwendig, sich vor Augen zu führen, dass sie durch die Flugroutenplanung – in noch näher zu untersuchendem Umfang – verändert und beeinflusst werden kann.

Dazu sei hier einführend nur Folgendes gesagt: Die planerische Abwägung erfolgt für die Flughafenplanung nach Maßgabe von § 8 Abs. 1 LuftVG bzw. den

1627 S. oben Teil 3, A., III., 3.
1628 S. oben Teil 3, B., I., 3., c., gg. und d.
1629 S. oben Fn. 1385.
1630 Nach BVerwGE 142, 234 (286, Rn. 180), als „lex sepcialis“ zu § 9 Abs. 2 LuftVG.
1631 S. oben Teil 3, A., III., 1.

allgemeinen Vorgaben der Abwägungsdogmatik. Hier kann die Planfeststellungsbehörde zu dem Ergebnis kommen, dass nur über die Festlegung von zusätzlichen aktiven Schallschutzmaßnahmen das Vorhaben zugelassen werden kann bzw. die Lärmschutzinteressen der Anwohner solche Maßnahmen gebieten. Wie sich jedoch bereits gezeigt hat und noch weiter zeigen wird, stützt sich die planerische Abwägung, jedenfalls was die *Lärm*betroffenheiten der Anwohner im Umland des zuzulassenden Flughafenvorhabens anbetrifft, lediglich auf eine Prognose. Damit ist nicht nur gemeint, dass die Lärmbetroffenheit des Vorhabens für ein bestimmtes Jahr in der Zukunft berechnet werden muss, sondern auch dass der wichtigste Teil dieser Prognose selbst wieder nur eine Prognose ist, nämlich der Verlauf der Flugrouten. Diese werden rechtsverbindlich erst nach der Planfeststellung festgelegt und zwar vom Bundesaufsichtsamt für Flugsicherung (BAF) im Auftrag des Bundesministeriums für Verkehr, Bau und Stadtentwicklung. Es kommt daher – aus Rechtsgründen – zu einer Aufspaltung der Abwägung, die es notwendig macht, neben der Flughafenplanfeststellungsebene auch die Flugroutenfeststellungsebene zu betrachten.

1. Zum Konzept „gestuften" Fluglärmschutzes

Bei der Untersuchung des tatsächlich nach der Novellierung des FluLärmG gegebenen Fluglärmschutzniveaus stellt sich zunächst die Frage, wie die konzeptionelle Idee eines abgestuften Schutzes zu den bisher herausgearbeiteten Ergebnissen – insbesondere von Teil 2 – steht. Im Rahmen der Analyse der Rechtsprechung des BVerwG bis hin zur Novellierung des FluLärmG konnten diverse Probleme des Bestimmungsprozesses der Vorfeld-Zumutbarkeit aufgezeigt werden. Und wie dort bereits angedeutet wurde, stellt sich insbesondere die Frage einer nachvollziehbaren Anknüpfung des Stufensystems an verfassungsrechtliche Vorgaben. Für die vorliegende Untersuchung, die inhaltliche Aussagen zu verfassungsrechtlichen Verhältnisüberlegungen aufzeigen bzw. nachvollziehbar machen will, muss klar sein, wie die einfach-rechtlichen Stufen des Fluglärmschutzes auf Ebene der Flughafenplanung zu den verfassungsrechtlichen Vorgaben stehen.

Zuerst soll das System und die Stufen des Fluglärmschutzes noch einmal kurz zusammengefasst (a.) und danach ihr Zusammenhang mit den herkömmlichen einfach-rechtlichen Begriffsbestimmungsversuchen analysiert werden (b.). Dabei wird sich zeigen, dass diese Begriffsbestimmungsversuche an der Struktur des Systems scheitern. Daher wird danach zu fragen sein nach etwaigen Übereinstimmungen und Abweichungen zu der fachwissenschaftlichen Anleitung bei der Auslegung der betrachteten Grundrechte (c.) und schließlich nach den daraus zu ziehenden Konsequenzen für entweder eine Verwerfung oder Neuausrichtung des abgestuften Lärmschutzkonzepts (d.).

a. Die Stufungen im Überblick

Kernidee der Entwicklung des abgestuften Fluglärmschutzes war es, an jeweils unterschiedliche Geräusch- bzw. Lärmbelastungsbereiche bestimmte Rechtsfolgen zu knüpfen. Dabei wurde so getan, als sei dies jeweils auch fachwissenschaftlich zu begründen bzw. als könne man sich bei der Bestimmung der Stufen fachwissenschaftlich anleiten lassen. So wurde dieser Idee eine fachwissenschaftliche Nachvollziehbarkeit und innere Konsistenz zugeschrieben, die sie – wie nachfolgend zu zeigen sein wird – nicht hat[1632].

Lärm kann im Konzept der Stufung in seiner Belastungsintensität so gering sein, dass er in rechtlicher Hinsicht vollkommen unbeachtlich ist (Stufe 1). Erst oberhalb dieser Beachtlichkeitsschwelle beginnt der Lärm überhaupt in den Betrachtungsbereich des Rechts zu geraten. Dies bedeutet zunächst, dass er abwägungserheblich wird (Stufe 2). Für die Flughafenplanung bedeutete dies bisher, dass dieser Lärm und damit einhergehende Belastungen in die planerische Abwägung nach § 8 Abs. 1 LuftVG gewichtet einzustellen und etwaige Fehler beim Abwägungsvorgang nach der Dogmatik der Abwägungsfehlerlehre abzuhandeln sind. Die Planfeststellungsbehörde konnte in diesem Zusammenhang der Ansicht sein, dass die Folgen dieser Belastungen so hoch sind, dass auch *aktive* Lärmschutzmaßnahmen geboten erscheinen. Auf solche Lärmschutzmaßnahmen bestand jedoch kein Rechtsanspruch. Auf dieser Stufe des Fluglärmschutzes wurde lediglich anerkannt bzw. war entsprechend gerichtlich überprüfbar, dass und ob die (planerische) Abwägung gerecht verlaufen ist[1633]. Oberhalb dieses Belastungsbereichs bestand – entwickelt durch die Rechtsprechung des BVerwG[1634] – dann ein Rechtsanspruch auf die Durchführung von Schutzmaßnahmen nach § 9 Abs. 2 LuftVG. Nunmehr wird vom BVerwG angenommen, dass diese – hergeleitete – Anspruchsgrundlage ersetzt wurde durch einen gesetzlichen Anspruch nach dem FluLärmG[1635]. Auch soweit das FluLärmG das Regelungsregime des § 9 Abs. 2 LuftVG abgelöst hat, besteht damit weiterhin ein gegenüber dem abwägungserheblichen Lärm eigenständiger Belastungsbereich, der den fachplanungsrechtlich unzumutbaren Lärm umfasst (Stufe 3). Oberhalb des unzumutbaren Lärms lag bisher dann noch ein – vermeintlich – unmittelbar gesundheitsschädigender bzw. eigentumsrechtlich als Enteignung wirkender Belastungsbereich (Stufe 4). So war ein Übernahmeanspruch stets gegeben, wenn die Lärmbeeinträchtigungen „so schwer zu Buche schlagen, dass eine weitere Nutzung des Grundstücks als unzumutbar erscheint. Lärmbelastungen sind unzumutbar, wenn ein Wohngrundstück so massiv verlärmt wird, dass es seine Wohnqualität einbüßt und unbewohnbar wird. Das Gleiche gilt, wenn der Lärm von so hoher Einwirkungsintensität ist, dass er den Grad einer Gesundheitsgefährdung

1632 Erste Kritik bereits oben Teil 3, B., I., 3., c., gg. und 4.

1633 Zu den Grundlagen der Abwägung oben Teil 3, B., I., 2., b.

1634 Zuletzt etwa BVerwGE 125, 116 (193 f., Rn. 251).

1635 Zu § 9 Abs. 2 LuftVG bereits oben Teil 3, B., I., 3.; für die Rechtslage nach der Novellierung s. BVerwGE 142, 234 (286, Rn. 180).

erreicht."[1636] In diesem Zusammenhang wurde dann auch von verfassungsrechtlicher Unzumutbarkeit gesprochen.

b. Die Stufen im Lichte einfach-rechtlicher Begriffsbestimmungsversuche

In § 1 FluLärmG wird nun die bekannte Unterscheidung von Gefahren, erheblichen Nachteilen und erheblichen Belästigungen verwendet. Zweck des Gesetzes sei es nämlich, den Schutz vor solchen Beeinträchtigungen, soweit sie durch Fluglärm hervorgerufen werden, in der Umgebung von Flugplätzen durch bauliche Nutzungsbeschränkungen und baulichen Schallschutz sicherzustellen.

Daran knüpft auch die bereits im Rahmen der Analyse der Rechtsprechung vor der Novellierung angesprochene Frage an, in welchem Verhältnis diese Begriffe zum soeben dargestellten Konzept des abgestuften Fluglärmschutzes stehen. Die Analyse der Rechtsprechung hat gezeigt, dass die fachplanungsrechtliche Unzumutbarkeitsschwelle – als Grenze von Stufe 2 zu Stufe 3 – über die Bestimmung der Erheblichkeit des mit dem Fluglärm in der Nachbarschaft eintretenden Nachteils erfolgte und es sich dabei aus Sicht der Rechtsprechung des BVerwG lediglich um eine einfach-rechtlich Güterabwägung handele, die sich im Vorfeld eines etwaigen Grundrechtsschutzes abspiele[1637].

Das neue FluLärmG geht nun – jedenfalls begrifflich – darüber hinaus, weil es auch Gefahren und erhebliche Belästigungen umfasst sehen will. Da oben schon gezeigt wurde, dass der Begriff des Nachteils auf Grund der Verortung des damit zusammenhängenden Anspruchs auf passiven Schallschutz in § 9 Abs. 2 LuftVG im Fluglärmschutz eine besondere Stellung eingenommen hatte[1638], aber eigentlich eher Vermögenseinbußen aufgreift[1639] – wie etwa die Wertminderung von Grundstücken – soll hier zunächst untersucht werden, wie der Begriff der Gefahr zu den Begriffen des erheblichen Nachteils bzw. der erheblichen Belästigung steht.

Zurück gehen diese Begriffe auf die Definition des Begriffs der schädlichen Umwelteinwirkung in § 3 Abs. 1 BImSchG. Danach sei nämlich nicht jede Immission schädlich, sondern nur diejenige, die nach Art, Ausmaß oder Dauer, geeignet ist, Gefahren, erhebliche Nachteile oder erhebliche Belästigungen für die Allgemeinheit oder die Nachbarschaft herbeizuführen. Das diesbezügliche Schrifttum hat diese

---

1636 BVerwGE 125, 115 (249, Rn. 376).

1637 S. oben Teil 3, B., I., 3., b. Dort auch zur anfänglich vollständigen Anknüpfung des Fachplanungsrechts an Art. 14 GG.

1638 Dazu insb. auch Ekardt, Fluglärmschutzgesetz, Einl., Rn. 15.

1639 BT-Drs. 7/719, S. 29; so auch Kutscheid, in: Landmann/Rohmer (Hg.), Umweltrecht, BImSchG, § 3, Rn. 12; Kotulla, in: Kotulla (Hg.), BImSchG, § 3, Rn. 40. Schulte, in: Giesberts/Reinhardt (Hg.), Umweltrecht, BImSchG, § 3, Rn. 32, spricht hier auch von negativen Effekten sozialer Art, was wiederum die Frage aufwirft, wie mit Wissen umzugehen sein soll, welches zur Bestimmung von Gesundheits- oder Belästigungsreaktionen soziale Aspekte aufgreift; ähnlich Jarass, BImSchG, § 3, Rn. 28.

Trias negativer Effekte aber als sprachlogisch missglückt betrachtet, insbesondere weil mit Gefahr[1640] eigentlich Schaden gemeint sein sollte[1641] und in der allgemein gebräuchlichen Definition des Schadensbegriffs wiederum der Begriff der Erheblichkeit steckt[1642]. Wenn danach *alle* negativen Effekte einer gewissen Erheblichkeit bedürfen, stellt sich vor allem die Frage nach dem Bestimmungsprozess dieser Erheblichkeit.

Bezogen auf den gestuften Lärmschutz bedeutet dies, dass unabhängig von der Kategorisierung der Geräuschbelastung als Nachteil, Belästigung oder Gefahr bzw. Schaden für ihre Einstufung als fachplanungsrechtlich unzumutbar alleine die Erheblichkeit eines negativen Effekts entscheidend sein kann[1643]. Durch die Nennung der Begriffe Gefahr und erhebliche Belästigung in § 1 FluLärmG hat sich also insofern keine Neuerung oder Erweiterung ergeben.

Nun wird aber im Schrifttum zu § 3 Abs. 1 BImSchG weiter ausgeführt, dass ein Gesundheitsschaden *immer* erheblich sei[1644]. Wenn dies zutrifft, stellt sich dann in aller Dringlichkeit die Frage, was unter einem Gesundheitsschaden zu verstehen ist bzw. aus Sicht des Schrifttums verstanden sein soll. Die diesbezüglichen Antworten des Schrifttums sind überwiegend vage: Das BImSchG sei zwar darauf ausgerichtet, die menschliche Gesundheit zu schützen, die nicht nur „die körperliche

---

1640 Gefahr wird als die objektive Möglichkeit eines Schadenseintritts verstanden, vgl. BVerwG DVBl. 1969, 586, BVerwGE 45, 5. Sie wird angenommen, wenn der Schadenseintritt mit hinreichender Wahrscheinlichkeit zu erwarten ist, was unter Heranziehung des Standes der Wissenschaft zu beurteilen, dabei aber auch das in Rede stehende Rechtsgut zu beachten ist, s. nur Kutscheid, in: Landmann/Rohmer (Hg.), Umweltrecht, BImSchG, § 3, Rn. 9 ff. (m.w.N.).

1641 Jarass, BImSchG, § 3, Rn. 23 und 25; Schulte, in: Giesberts/Reinhardt (Hg.), Umweltrecht, BImSchG, § 3, Rn. 32; s. auch Ekardt/Schmitdke, DÖV 2009, 187 (194).

1642 Als Schaden im Sinne des Gefahrenbegriffs sei jede erhebliche Beeinträchtigung eines Rechtsguts einzustufen, Jarass, BImSchG, § 3, Rn. 26; OVG NRW, NVwZ 1991, 1202; Kloepfer, Umweltrecht, § 6, Rn. 76. Kutscheid, in: Landmann/Rohmer (Hg.), Umweltrecht, BImSchG, § 3, Rn. 10, will die polizeirechtliche Terminologie anwenden, nach der Schaden die objektive Minderung eines tatsächlich vorhandenen normalen Bestandes an Lebensgütern durch von außen kommende regelwidrige Einflüsse sei, ohne allerdings darin einen entscheidenden Unterschied zu erblicken.

1643 Auch wenn im Zusammenhang mit dem Begriff des Gesundheitsschadens – dazu sogleich – bisweilen unklare Formulierungen vorhanden sind, gehen davon letztlich auch die Stimmen im Schrifttum aus, vgl. Jarass, BImSchG, § 3, Rn. 25 ff.; Kutscheid, in: Landmann/Rohmer (Hg.), Umweltrecht, BImSchG, § 3, Rn. 10a; Schulte, in: Giesberts/Reinhardt (Hg.), Umweltrecht, BImSchG, § 3, Rn. 41.

1644 Jarass, BImSchG, § 3 Rn. 51; Kutscheid, in: Landmann/Rohmer (Hg.), Umweltrecht, BImSchG, § 3, Rn. 11; Schulte, in: Giesberts/Reinhardt (Hg.), Umweltrecht, BImSchG, § 3, Rn. 35; Feldhaus, BImSchR, § 3, Anm. 7. Dolde, ZfL 2003, 88 (91), vereinfacht das Problem, indem er einfach sogleich (nur) von der fachplanungsrechtlich unzumutbaren Belästigungs spricht.

Unversehrtheit in biologisch-physiologischer Hinsicht, sondern auch das körperliche und seelische Wohlbefinden im Sinne einer menschenwürdigen Lebensqualität" umfasse[1645], aber nicht jede Beeinträchtigung des körperlichen und sozialen Wohlbefindens sei bereits ein *Schaden*[1646]. Ein solcher sei nur anzunehmen, wenn funktionelle oder morphologische Veränderungen des menschlichen Organismus auftreten, die die natürliche Variationsbreite signifikant überschreiten[1647].

Mit solchen Deutungsversuchen ist man aber mitten in der Diskussion, die bereits auf verfassungsrechtlicher Ebene geführt wurde: Nämlich bei den Fragen, was genau unter Gesundheit verstanden werden soll, wie der Begriff in der Lärmwirkungsforschung operabel gemacht wird und welche Rolle dabei der Begriff der Belästigung spielt[1648]. Teilweise wird im Schrifttum sogar auf die oben analysierte Lohausen-Entscheidung verwiesen, ohne sie jedoch näher zu analysieren und zu zeigen, welche Schlüsse daraus genau gezogen werden[1649]. Dennoch wollte das BVerwG – auf dieser Belastungsstufe – bisher keine solchen (verfassungsrechtlichen) Zusammenhänge sehen[1650]. Das Nebeneinander der Begriffe Gefahr, Nachteil und Belästigung mache (lediglich) deutlich, dass „Schutzvorkehrungen nicht bloß zur Abwehr etwaiger Gesundheitsgefährdungen oder der Beeinträchtigung sonstiger verfassungsrechtlich geschützter Rechtsgüter geboten sind. Handlungsbedarf sieht der Gesetzgeber bereits auf einer der Gefahrenabwehr *vorgelagerten* Stufe."[1651]

Nimmt man einmal an, es käme für die Annahme eines Gesundheits*schadens* darauf an, dass in der beschriebenen Weise funktionelle oder morphologische Veränderungen gegeben sind, wäre bei ihrem Vorliegen also die Erheblichkeitsschwelle überschritten[1652]. Mit dem Eintreten solcher Veränderungen, solcher Primärreaktionen ist aber fachwissenschaftlich nur eine Risikosituation beschrieben, die im Dauerzustand zu einem langfristigen Schaden führt[1653]. Im abgestuften System des Fluglärmschutzes würde sich dann die Frage stellen, welche Anforderungen

---

1645 BVerwG, NJW 1987, 2886 (2887).

1646 Kutscheid, in: Landmann/Rohmer (Hg.), Umweltrecht, BImSchG, § 3, Rn. 11; Kutscheid, NVwZ 1989, 193 (194). Vgl. auch Jarass, BImSchG, § 3, Rn. 26 f. und 42 f.; Schulte, in: Giesberts/Reinhardt (Hg.), Umweltrecht, BImSchG, § 3, Rn. 39 f.

1647 Schulte, in: Giesberts/Reinhardt (Hg.), Umweltrecht, BImSchG, § 3, Rn. 35; Kutscheid, in: Landmann/Rohmer (Hg.), Umweltrecht, BImSchG, § 3, Rn. 11; Jarass, BImSchG, § 3, Rn. 51.

1648 S. oben Teil 2, B., I.

1649 Kutscheid, in: Landmann/Rohmer (Hg.), Umweltrecht, BImSchG, § 3, Rn. 11. Immerhin sind aber seit der Entscheidung drei Jahrzehnte vergangen, in denen diesen Fragen – soweit ersichtlich – nicht nachgegangen wurde, obwohl sie zu stellen eigentlich Nahe lag.

1650 Zusammenfassend oben Teil 3, B., I., 3., c., gg.

1651 BVerwGE 125, 116 (193 f., Rn. 251) (Herv. vom Verf.).

1652 Eine solche Diskussion wird – allerdings vor dem Hintergrund einer fachplanungsrechtlichen Unzumutbarkeitsschwelle (!) – bspw. in BVerwGE 125, 115 (218 ff., Rn. 303 ff.) geführt.

1653 Dazu auch bereits oben Teil 2, B., I., 2., c.

eigentlich vorliegen müssen, um eine Geräuschbelastung als verfassungsrechtlich unzumutbar anzusehen. Auch hier muss ja von einem Gesundheitsschaden auszugehen sein. Ein Gesundheitsschaden, der sich aber ebenfalls nur auf eine Gefährdungs- oder Risikosituation beziehen kann, wenn man nicht lediglich das – zeitlich unmittelbar eintretende – Platzen des Trommelfells als verfassungsrechtlichen Schaden vor Augen hat. Das wiederum ist auszuschließen, da die Rechtsprechung selbst annimmt, dass für Geräuschbelastungen die verfassungsrechtliche Unzumutbarkeit bei 70–75 db(A) Leq am Tag bzw. 60–65 db(A) Leq in der Nacht liegt[1654], Bereiche also, in denen ein Platzen des Trommelfells nicht zu befürchten ist[1655]. Wo also soll der Unterschied liegen, wenn für beide Stufenbestimmungen (Stufe 2 zu Stufe 3 bzw. Stufe 3 zu Stufe 4) sachlich-inhaltlich am Ende chronische Schäden von Bedeutung sind und in beiden Fällen körperliche Reaktionen auf Wirkungsebenen auftreten?

Wenn man stattdessen in der sich an funktionellen und morphologischen Veränderungen orientierenden Weise die verfassungsrechtliche Unzumutbarkeitsschwelle (Stufe 3 zu Stufe 4) definieren wollte[1656], würde sich wiederum eine andere Frage anschließen: Werden von den Fachwissenschaften überhaupt relevante Gesundheitsreaktionen unterhalb dieser Schwelle beschrieben? Denkbar wäre es hier nur noch, eine Abgrenzung zu funktionellen und morphologischen Veränderungen zu etablieren, die bspw. *nicht* signifikant die natürliche Variationsbreite überschreiten. Solche Reaktionen wären dann verfassungsrechtlich irrelevant, könnten aber das vom Stufensystem angenommen Vorfeld betreffen. Zumindest in einem weiten Sinne sind allerdings auch dies von außerhalb des Körpers verursachte Veränderungen innerhalb eines geschützten Rechtsguts (Gesundheit). Anders ausgedrückt: Es sind Primärreaktionen auf gesundheitsrelevanten Wirkungsebenen, weshalb dann zwischen einfachen und qualifizierten Primärreaktionen unterschieden werden müsste[1657].

Ob damit Klarheit gewonnen wäre, stößt schon auf fachliche Zweifel. Die Unterscheidung könnte man wohl nur dann billigen, wenn die medizinische Lärmwirkungsforschung mit absoluter Sicherheit sagen könnte, dass sich aus einfachen Überschreitungen der natürlichen Variationsbreite funktioneller oder morphologischer Veränderungen (einfache Primärreaktionen) *niemals* die Möglichkeit eines Schadenseintritts ergibt. Anders ausgedrückt: Die medizinische

1654 S. oben Teil 3, B., I., 3., d.

1655 Deshalb sind die Grenzwerte, ab denen die Rechtsprechung bisher eine verfassungsrechtliche Unzumutbarkeit angenommen hat, auch nicht nur „gegriffen“, so Paetow, NVwZ 2010, 1184 (1190), sondern fachlich-inhaltlich nicht nachvollziehbar.

1656 Insbesondere für Langzeiteinwirkungen wird – ohne nähere Begründung – angenommen, sie seien keine Gefahr sondern regelmäßig nur Belästigungen, vgl. Kutscheid, in: Landmann/Rohmer (Hg.), Umweltrecht, BImSchG, § 3, Rn. 8.

1657 Anders gewendet dürften *einfache* Primärreaktionen dann nie zu einer Gefahr im klassisch juristischen Sinn führen, die den Gefahrenabwehrbereich eröffnet und verfassungsrechtlich als Gesundheitsgefahr angesehen werden müssen.

Lärmwirkungsforschung müsste sich sicher sein, dass bei einfachen Überschreitungen keinerlei Risiko weitergehender chronischer Schäden besteht[1658].

Schon wegen der allgegenwärtigen individuellen Streuung in der Lärmwirkungsforschung – also dem Wissen, dass physiologisch-medizinische Aussagen in diesem Bereich auf Grund ihres statistischen Charakters keine absolut sicheren Aussagen mit Blick auf das Individuum zulassen – kann eine solche Aussage nicht ernsthaft getroffen werden. Im Übrigen ist zur Kenntnis zu nehmen, dass Forschungsergebnisse – gerade im Bereich komplexer, multikausaler Zusammenhänge – immer umstritten sind und es insofern schon schwierig ist, eine *sichere* Grenze anzugeben, ab der von einer signifikanten Abweichung von der natürlichen Variationsbereite gesprochen werden und sie als qualifizierte Primärreaktion angesehen werden kann[1659]. Man kann also fachlicherseits nicht sagen, es gäbe Primärreaktionen vollkommen ohne Risiko weitergehender chronischer Wirkungen. Wenn die Fachwissenschaften dennoch von sicheren Grenzen sprechen, ist damit eine Wertung verknüpft. Zudem sei darauf hingewiesen, dass verfassungsrechtlich relevante Primärreaktionen auch in der Darstellung der Globalreaktion der Belästigung zu sehen sind[1660]. Erhebliche Belästigungen in diesem Sinne beginnen somit weit unterhalb der Geräuschbelastungen, die bisher den Bereich verfassungsrechtlicher Unzumutbarkeit markierten.

Daher eignet sich dieser Deutungsansatz – jedenfalls aber seine Darstellung und Verwendung im Schrifttum – insgesamt nicht dazu, Belastungen nach ihrer fachplanungsrechtlichen und verfassungsrechtlichen Relevanz hin zu unterteilen. Das Problem des abgestuften Lärmschutzes und insbesondere der Unterscheidung einer fachplanungsrechtlichen und einer verfassungsrechtlichen Zumutbarkeitsgrenze ist, dass es das fachlich beschreibbare Risiko in weitere Kategorien unterteilen will[1661], um daran unterschiedliche Rechtsfolgen knüpfen zu können, es aber an fachlichen Anknüpfungspunkten für diese Kategorisierung mangelt. Der Sachbereich (die Geräuschbelastung und ihre negativen Effekte), den das abgestufte Fluglärmschutzsystem bearbeiten will, ist aber so strukturiert, dass fachlicherseits negative Effekte auf Rechtsgüter alleine als Risiken dargestellt werden können. Die Lärmwirkungsforschung versucht also Risiken zu beschreiben, die mit der Belastung durch Lärm einhergehen. Dafür braucht sie theoretische Modelle. Sobald ein solches gefunden ist und allgemein anerkannt wird, geht die Lärmwirkungsforschung von

1658 Gemeinsamer Nenner ist also auch bei der Unterscheidung von Primärreaktionen immer das Risiko, vgl. Bonita/Beaglehole/Kjellström, Epidemiologie, S. 40.

1659 Diesen Aspekt unter dem Begriff der Abbildbarkeit zusammenfassend, Ekardt, Fluglärmschutzgesetz, Einl., Rn. 27; vgl. auch Rohrmann/Finke/Guski/Schümer/Schümer-Kohrs, Fluglärm, S. 34 ff. und 50 ff.; zu den damit zusammenhängenden Grundlagen der Wissenschaftstheorie oben Teil 1, C., I.

1660 S. oben Teil 2, B., I., 2., b.

1661 Deutlich Hermann, Schutz vor Fluglärm, S. 214, der zwischen Gesundheitsgefahren und Gesundheitsrisiken *unterhalb* der Gefahrenschwelle unterscheidet; vgl. auch Jarass, BImSchG, § 3, Rn. 42 ff. Umfassend dazu Di Fabio, Risikoentscheidungen, S. 65 ff.; s. jedoch auch Calliess, Umweltstaat, S. 170 ff.

der theoretischen Plausibilität des Vorliegens von Risiken aus[1662]. Danach besteht die Hauptaufgabe (nur noch) darin, das Ausmaß des Risikos zu bestimmen. Darauf wird gleich noch einmal zurückzukommen sein.

Nach obiger Analyse kann somit die Aussage, jeder Gesundheitsschaden sei im einfach-rechtlichen Stufensystem erheblich, auch deshalb nicht überzeugen, weil die fachwissenschaftliche Anleitung des Schutzbereichs von Art. 2 Abs. 2 GG ein weites Verständnis vom Begriff der Gesundheit auf verfassungsrechtlicher Ebene nahe legt. Jede Art von Wissen über Gesundheitswirkungen soll umfasst sein, und zwar auch solche Wirkungen, die sich nur als Risiko ausdrücken lassen. Aber nicht jedes Risiko ist erheblich. Gewisse Risiken können als zumutbar hinzunehmen sein, wenn sich dies verfassungsrechtlich rechtfertigen lässt.

Wenn man einen Teil dieses Wissens über Gesundheitswirkungen im Stufensystem wiederum – entgegen fachwissenschaftlicher Methodik und Anleitung – als bloß *belästigend* bewertet[1663], so sind dem zwei Dinge entgegenzuhalten: Zum einen verliert dann die fachwissenschaftliche Anleitung ihre Nachvollziehbarkeit und die Rezeption von Fachwissen im Stufensystem bzw. innerhalb von Art. 2 Abs. 2 S. 1 GG wird willkürlich. Die physiologisch-medizinisch orientiert Wirkungsforschung unterstellt nämlich, dass alle ihre Beschreibungen Gesundheitsbezug haben[1664]. Zum anderen – und wichtiger noch – nimmt man dann im Stufensystem implizit eine verfassungsrechtliche Rechtfertigungsprüfung vor. Eine verfassungsrechtlich legitimierbare Gesundheitswirkung mag man als bloße Belästigung im rechtlichen Sinne auffassen. Die verfassungsrechtliche Hinnehmbarkeit sollte jedoch nicht auf der Stufe von Schutzbereichserörterungen durch etwaige Interpretationsleistungen entschieden werden. Sie ist eine Frage der Rechtfertigung, der Abwägung und daher über eine Verhältnismäßigkeitsprüfung oder allgemeiner über Verhältnisüberlegungen zu lösen[1665]. Von dieser Ausrichtung kann nicht durch

1662 Dazu insgesamt oben Teil 1, C., III., 4.

1663 Nicht mit der Absicht zu behaupten, es handele sich um Belästigungsreaktionen im Sinne der Belästigungsforschung, sondern mit der Absicht, die Relevanz solcher Gesundheitswirkungen einzuschränken, wie etwa bei Langzeitwirkungen, vgl. Kutscheid, in: Landmann/Rohmer (Hg.), Umweltrecht, BImSchG, § 3, Rn. 8; wohl auch Sparwasser/Engel/Voßkuhle, Umweltrecht, § 1, Rn. 156.

1664 Insoweit abzulehnen Jarass, BImSchG, § 3, Rn. 51; Schulte, in: Giesberts/Reinhardt (Hg.), Umweltrecht, BImSchG, § 3, Rn. 35, die – unter Verweis auf den an der sog. Fluglärmsynopse beteiligten Lärmwirkungsforscher Jansen – die *Methodik* der sozialwissenschaftlichen und psychologischen Forschung als Unterscheidungskriterium heranziehen wollen. Wie aber gezeigt wurde, kann die Methodik nicht als Merkmal zur Unterscheidung des Lärmwirkungswissens herangezogen werden. Alleine auf Grund der unterschiedlichen Wirkungsendpunkte in den einzelnen Untersuchungen läßt sich Wissen kategorial zuordnen, ohne dass damit über dessen Aussagekraft entschieden wäre. Zu den Synoptikern bereits oben Teil 3, B., I., 4., c.

1665 Zum Problem der Abwägung sowie der Verhältnisüberlegung, s. oben Teil 2, C., III., 1.

Begriffsbestimmungsversuche auf einfach-rechtlicher Ebene abgewichen werden, ohne Widersprüche zur Ebene des Verfassungsrechts zu bewirken.

Die Unterscheidung der dargestellten Belastungsstufen ist daher mit den vorhandenen Versuchen nicht in Einklang zu bringen, die Begriffe Gefahr, erhebliche Belästigung und erheblicher Nachteil zu deuten bzw. zu konkretisieren, an die durch § 1 FluLärmG[1666] angeknüpft wird. Soweit sie sich als versteckte, restriktive Verfassungsinterpretationen erweisen, sind sie vielmehr abzulehnen. Es hat sich somit gezeigt, dass hinter diesen begrifflichen Unklarheiten – bei Begriffen, die eigentlich zur Stufenbestimmung beitragen sollen – vor allem die Frage der undeutlichen und problematischen Anknüpfung an verfassungsrechtliche Vorgaben steht.

c. *Die verfassungsrechtliche Anknüpfung der Stufen und Schutzmittel*

Die bisher nur undeutlich zum Vorschein gekommene und vielfach problematische Anknüpfung der Stufenbestimmung an das Verfassungsrecht soll nunmehr auch unter besonderer Beachtung der zum Einsatz kommenden Schutzmittel untersucht werden. Vorab lässt sich sagen, dass der Vorteil des abgestuften Systems des Fluglärmschutzes in seiner Einfachheit und Anschaulichkeit liegt. Es ist auch zutreffend, dass je stärker eine Geräuschbelastung ausfällt, desto größer auch das damit einhergehende Risiko von Gesundheitsreaktionen ist. Die Begründung für ein dogmatisches System, das wiederum diese Risiken stuft und dann – unter Verweis auf das Verfassungsrecht – unterschiedliche Rechtsfolgen für diese Stufen vorsieht, kann in der bisherigen Form jedoch nicht überzeugen.

Dies liegt vor allem daran, dass dadurch einem Teil dieser Risiken in nicht überzeugender Weise die verfassungsrechtliche Relevanz genommen wird. Die zur Risikounterteilung von der Rechtsprechung vorgenommene Heranziehung bestimmter fachwissenschaftlicher Zusammenhänge ist jedenfalls nicht nachvollziehbar. Die Rechtsprechung verstrickt sich dabei, wie sogleich noch zu vertiefen ist, in unauflösbare Widersprüche.

aa. Grundsätzliches

Das abgestufte Schutzsystem sieht vor, dass auf jeder Belastungsstufe, bestimmte Mittel (als Rechtsfolge) eingesetzt werden. Diese Mittel begegnen in unterschiedlichem Maß bestimmten tatsächlich nachweisbaren Ursache-Wirkungszusammenhängen (oder Wirkungsketten). Dabei müsste das System, um nachvollziehbar zu sein, klar angeben oder es zumindest ermittelbar machen, um die Verhinderung welcher tatsächlichen Zusammenhänge es eigentlich bei welchem Mittel geht. Zu

1666 Vgl. insoweit auch die vor dem Hintergrund des alten FlugLSchG erhobene Mahnung des DFG, Forschungsbericht Fluglärmwirkungen, S. 514, die an Aktualität nichts verloren hat: „Dieses Gesetz lässt es derart offen, was unter Gefahr, Beeinträchtigung und Belästigung verstanden werden soll, dass sich dieses Forschungs-Team, wenn es gefragt wird, was man tun kann, nicht in der Lage sieht herauszufinden, was man will."

erklären wäre im Hinblick auf die herausgearbeiteten Konsequenzen verfassungsrechtlicher Maßstabsbildung[1667] auch, wie die verschiedenen Mittel zueinander stehen und welche Wirkung sie jeweils für sich bzw. insgesamt entfalten. Nur so ließe sich einerseits eine Schwerpunktmaßnahme identifizieren und andererseits würde auch nicht der Blick für das gesetzgeberische Schutzsystem in seiner Gesamtheit verloren gehen.

Wenn man darüber hinaus an fachliche Aussagen sowohl bei der Bestimmung unterschiedlicher Grenzen bzw. Belastungsbereiche als auch bei der Frage nach etwaigen Schutzwirkungen des gegebenen System anknüpfen will, müsste das System der Anknüpfung vor dem Hintergrund der Struktur des verfügbaren fachlichen Wissens nachvollziehbar sein. Die verfassungsrechtliche Beurteilung von Geräuschbelastungen bedarf solcher Aussagen über Mittel, Wirkungen und Schwerpunkte, da sie ansonsten – gleich welche Art verfassungsrechtlicher Prüfungsstruktur man heranziehen will[1668] – zu stark abstrahieren muss. Sie findet dann mehr oder weniger im „luftleeren Raum" statt und droht, willkürlich zu werden.

In Teil 2 dieser Untersuchung wurde gezeigt, inwiefern die Lärmwirkung der Gesundheitsreaktion vom Schutzbereich des Art. 2 Abs. 2 S. 1 GG umfasst wird. Zudem wurde dargelegt, dass auch ökonomische Folgen in den Mittelpunkt der verfassungsrechtlichen Betrachtung genommen werden können, sie allerdings dann von Art. 14 GG abgedeckt werden[1669]. Für die einzelnen Belästigungsreaktionen wurde zwar offen gelassen, welche verfassungsrechtliche Zuordnung für sie am nachvollziehbarsten ist. Es bot sich aber an, zumindest die Globalreaktion der Belästigung ebenfalls Art. 2 Abs. 2 S. 1 GG zuzuordnen. Es ergaben sich für einzelne Belästigungswirkungen aber auch tatsächliche Verbindungslinien zu Art. 14 und letztlich zur allgemeinen Handlungsfreiheit.

Auf Grund dieser Zuordnungen wäre es möglich, dass abgestufte Schutzsystem mit seinen jeweiligen Schutzmitteln unter zumindest zwei – bzw. auch drei – Gesichtspunkten zu betrachten, nämlich seine verfassungsrechtliche Anknüpfung – und darauf bezogener Schutz – an Art. 2 Abs. 2 GG (Gesundheitsreaktionen und Erkenntnisse zur Globalreaktion der Gesundheit), an Art. 14 GG (ökonomische Folgen) sowie unter Umständen hinsichtlich des Blickwinkels einzelner Belästigungsreaktionen, deren verfassungsrechtliche Zuordnung unklar geblieben ist. Die folgenden Überlegungen konzentrieren sich zunächst auf die soeben definierten Gesundheitsreaktionen, da hier auch die Realbereichsanalyse ihren Schwerpunkt hatte. Etwaige ökonomische Fragestellungen werden nur betrachtet, um die Stimmigkeit des Systems als Ganzes zu hinterfragen. Auf die (verbleibenden)

1667 S. oben Teil 2, C., III., 4.

1668 S. oben Teil 2, C., III., 1.

1669 Wobei aber auch einschränkend vermutet wurde, dass eine ökonomische Betrachtung der Fluglärmwirkungen sich nicht gänzlich von den im Vordergrund stehenden Gesundheits- und Belästigungsreaktionen (bzw. deren Einpreisung) trennen lassen wird. Dennoch wurde angenommen, dass der Wirkungsendpunkt hier ein anderer ist, nämlich die ökonomische Reaktion, s. oben Teil 2, B., II., 3.

Belästigungsreaktionen wird eingegangen, wenn das System vor dem Hintergrund des Wissens über die – gewichtigeren – Gesundheitsreaktionen analysiert wurde.

bb. Kritik an den Stufungen

Das Stufensystem und seine Schutzmaßnahmen sind schwer zu beurteilen, und zwar vor allem wegen der aufgezeigten mangelhaften Informationslage bzgl. der Gesamtbelastungen und etwaiger Veränderungen, die sich über die Zeit ergeben haben[1670]. Ausgehend von den soeben dargestellten allgemeinen Ausführungen sind verschiedene Deutungen der Schutzmaßnahmen und konkreten Wirkungen des abgestuften Systems möglich, denen im Folgenden nachgegangen wird. Zunächst noch einmal zu den mit den Stufen bisher von der Rechtsprechung und dem überwiegenden Teil des Schrifttums verbundenen Rechtsfolgen:

Das Ausgesetztsein von Belastungen der Stufe 4 zieht einen Übernahmeanspruch nach sich. Als Betroffener der Stufe 3 kann man – im Wesentlichen[1671] – einen Anspruch auf Entschädigung für die Vornahme passiver Schallschutzmaßnahmen geltend machen. Stufe 2 zieht einen Anspruch auf gerechte (planerische) Abwägung nach sich, an dessen Ende – ohne konkrete Möglichkeit als Betroffener, dies weiter abzusehen – die planende Behörde weitere Maßnahmen ergreifen *kann*. Dabei steht es im Ermessen der Behörde, über Art und Umfang etwaiger Maßnahmen zu entscheiden. Alleine auf Stufe 2 wird also keine konkrete Schutzhandlung zwingend vorgesehen, sondern nur eine rechtliche Konsequenz (gerechte Abwägung) gefordert. Stufe 1 liegt außerhalb der rechtlichen Betrachtung bzw. etwaiger Handlungsanforderungen. Nach jetziger Rechtsprechung, die das FluLärmG als im Wesentlichen[1672] für den passiven Schallschutz abschließend ansieht, können zudem auf Stufe 2 keine weitergehenden Ansprüche auf passiven Schallschutz gewährt werden. Wenn das richtig ist[1673], wird man daher annehmen müssen, dass in Erwägung zu ziehende Maßnahmen auf Stufe 2 nur noch solche aktiver Natur sind[1674].

Es stellt sich also die Frage, was diese Maßnahmen tatsächlich bewirken, wo hier Schwerpunkte zu identifizieren sind, wie sie wirken und ob dies mit den verfassungsrechtlichen Vorgaben in Einklang steht. Betrachtet werden hier nur die beiden

---

1670 Zum Problem der Ausrichtung und abstrakten Bewertung des System bereits oben Teil 3, A., II. und III.

1671 Die Ansprüche auf Entschädigung für die verminderte Nutzbarkeit des Außenbereichs bzw. im Zusammenhang mit Bauverboten werden aus den genannten Gründen – hier aus der Betrachtung genommen. S. oben Teil 3, A., III., 3.

1672 Vgl. BVerwGE 142, 234 (287, Rn. 184 ff.).

1673 Ausführlicher zum Streitstand im Allgemeinen sowie dem Begriff der Atypik unten Teil 3, B., II., 4.

1674 Bestätigt wird dies in gewissem Rahmen durch die Rechtsprechung des BVerwG zur Bestimmung der fachplanungsrechtlichen Zumutbarkeitsschwelle insgesamt – dazu oben Teil 3, B., I., 3., c. – und insbesondere auch zu § 29b LuftVG bzw. den über diese Norm vermittelten stärkeren Schutz der Nachtruhe; auch insoweit nunmehr BVerwGE 142, 234 (310 ff., Rn. 266 ff.).

Belastungsstufen (Stufe 3 und 4) bzw. die diesbezüglichen Grenzbestimmungen und die daran anknüpfenden Maßnahmen, weil nur sie zwingend und insofern sicher zu bestimmen sind. Auf Stufe 2 hängen etwaige Maßnahmen von einer im bzw. für den Einzelfall zu treffenden planerischen Entscheidung ab. Zumindest für die Vergangenheit konnte gezeigt werden, dass auf Stufe 2 getroffene Maßnahmen im Regelfall nur begrenzt wirken. Zwar hat die neuere Rechtsprechung um § 29b LuftVG dazu geführt, dass zuletzt die nächtlichen Belastungen zunehmend in den Fokus geraten sind und auch konkrete Maßnahmen aktiver Natur angeordnet und durchgeführt wurden (Nachflugbeschränkungen in den Fällen BBI, Leipzig/Halle und Frankfurt). Allerdings bleibt es insoweit einerseits bei bloßen rechtlichen Möglichkeiten und andererseits ist die Reichweite der Schutzwirkung solcher Maßnahmen bisher unklar.

(1) Der (verfassungsrechtliche) Übernahmeanspruch

Der auf Stufe 4 vorgesehene Übernahmeanspruch ermöglicht es dem Betroffenen letztlich, das betroffene Gebiet zu verlassen. Er bekommt für sein nicht mehr nutzbares Eigentum einen Ausgleich in Geld und kann in ein weniger belastetes oder unbelastetes Gebiet ziehen. So wird einerseits seine Eigentumseinbuße kompensiert, aber auch die langfristig dort wirkende Gesundheitsbelastung (bzw. etwaige Belästigungsreaktionen) verhindert. Der zweite Aspekt gilt freilich nur, wenn niemand mehr in dieses Haus zieht, weil ansonsten hinsichtlich der Gesundheitsbelastung nur der Betroffene ausgetauscht wird. Der Übernahmeanspruch ist in seiner Wirkung also nicht auf nur ein bestimmtes Rechtsgut bezogen. Er kann auch Gesundheits- und Belästigungsreaktionen verhindern.

Beim Übernahmeanspruch wird – von der Rechtsprechung – ein Bezug zu Art. 14 GG hergestellt. Es wird gesagt, die Belastung von Grund und Boden durch den Lärm sei so intensiv, dass man ihn nicht mehr nutzen könne. Gleichzeitig wird aber auch ein Bezug zu Art. 2 Abs. 2 S. 1 GG hergestellt und behauptet, der Grad der Gesundheitsgefährdung sei dann – mit der gleichen Rechtsfolge – erreicht[1675]. Konkrete sachlich-inhaltliche Argumentationen erfolgen dann sowohl unter einem ökonomischen Blickwinkel[1676] als auch unter dem Gesichtspunkt der Gesundheitsgefährdung[1677]. Obwohl also sachlich-inhaltlich unterscheidbare Fragen gestellt werden, ist die Konsequenz für die praktische Umsetzung des Übernahmeanspruchs letztlich, dass Lärmgrenzwerte ermittelt werden, die sich nur an den fachlichen Aussagen der Lärmwirkungsforschung orientieren. So kommt es schließlich dazu,

1675 S. oben zur Rspr. des BVerwG Teil 3, B., I., 3., d. Aus dem Schrifttum statt vieler Paetow, NVwz 2010, 1184 (1188); s. aber auch Storost, NVwz 2004, 257 (258), der zunächst beide Normen nennt, dann aber bei seiner Erläuterung des Minimalprogramms nur aus Art. 2 Abs. 2 GG abstellt.

1676 Etwa der „wirtschaftlichen Entwertung", Paetow, NVwz 2010, 1184 (1188) (m.w.N.).

1677 BVerwGE 125, 115 (250, Rn. 377).

wie soeben dargestellt[1678], dass für Geräuschbelastungen die verfassungsrechtliche Unzumutbarkeit etwa bei 70–75 db(A) Leq am Tag bzw. 60–65 db(A) Leq in der Nacht liegen soll.

Es wird allerdings im juristischen Schrifttum nicht weiter erklärt, warum die Fachwissenschaften die Annahme unterstützen, dass in solchen Fällen eine verfassungsrechtlich relevante Gesundheitsgefährdung vorliegt und wie sie sich von einer einfach-rechtlichen Gesundheitsgefährdung unterscheidet[1679]. Insofern ergeben sich wiederum die Probleme, die auch schon soeben im Rahmen der einfach-rechtlichen Begriffsbestimmungsversuche aufgezeigt wurden.

Rein tatsächlich ist der doppelte inhaltlich Zusammenhang, wie gezeigt, allerdings nicht von der Hand zu weisen. Problematisch ist nur, dass die verfassungsrechtliche Unzumutbarkeit auf Wissen über beide Wirkungsendpunkte – also sowohl den Wertverlust als auch die Gesundheitsreaktion – gestützt wird. Damit wird zusammengenommen, was vor dem Hintergrund der fachwissenschaftlichen Nachvollziehbarkeit des Systems und seiner verfassungsrechtlichen Anknüpfungen an sich getrennt werden sollte. Die schwierige Frage der verfassungsrechtlichen Beurteilung der Geräuschbelastung wird so noch komplexer, und zwar unabhängig davon im Rahmen welcher Grundrechtsfunktion man sie letztlich vornehmen will.

Zudem mahnte das BVerwG lange an, es handele – mit Blick auf die Bestimmung der planungsrechtlichen Unzumutbarkeit (Stufe 3) – vom Gesetzgeber alleine gelassen im normativen Nirwana[1680]. Es ist dann aber nicht einleuchtend, wieso die Rechtsprechung nicht ebenso die – im Rahmen des abgestuften Fluglärmschutzes ebenso notwendige – Bestimmung der verfassungsrechtlichen Unzumutbarkeit problematisierte. Kompetentiell betrachtet ist sie – im gedanklichen Gebäude des Stufensystems – noch viel problematischer als die Bestimmung der bloßen *Vorfeld*-Unzumutbarkeit. Die Frage nach dem sachlich-inhaltlichen Bestimmungsprozess der Schwelle zur verfassungsrechtlichen Unzumutbarkeit stellt sich nach der Novellierung des FluLärmG sogar noch viel dringender; denn das BVerwG geht davon aus, der Gesetzgeber habe – lediglich – die fachplanungsrechtliche Unzumutbarkeitsschwelle markiert[1681].

1678 S. oben Teil 3, B., II., 1., b.

1679 Exemplarisch Jannasch, in: Ziekow (Hg.), Aktuelle Probleme 2011, S. 179 f., der zwar klarstellt, auch unterhalb der sog. verfassungsrechtlichen Unzumutbarkeitsschwelle, würden etwaige Schallschutzmaßnahmen dazu beitragen, der Schutzpflicht aus Art. 2 Abs. 2 S. 1 GG nachzukommen, den hier aufgeworfenen Fragen aber nicht nachgeht; s. auch Paetow, NVwZ 2010, 1184 (1188).

1680 Zuletzt etwa BVerwGE 125, 116 (193 ff., Rn. 251 ff.); zum Bestimmungsprozess der Vorfeld-Zumutbarkeit bzw. der fachplanungsrechtlichen Unzumutbarkeitsschwelle in der Rechtsprechung vor der Novellierung des FluLärmG insgesamt oben Teil 3, B., I., 3., c.

1681 BVerwGE 142, 234 (286, Rn. 180). Dem stimmt das Schrifttum weitestgehend zu, vgl. Reidt/Fellenberg, in: Landmann/Rohmer, Umweltrecht, FlugLG, § 1, Rn. 19; Rathgeb, DVBl. 2013, 692 (692); Giemulla/Rathgeb, DVBl. 2008, 669 (677); s. auch

Ohne dass bisher explizit darauf hingewiesen wurde, ist davon auszugehen, dass das BVerwG auch weiterhin auf dem Standpunkt steht, es handele sich bei dieser Schwelle um das Ergebnis einer einfach-rechtlichen Interessenabwägung im Grundrechtsvorfeld, die nunmehr – kompetentiell vorzugswürdig – vom Gesetzgeber vorgenommen wurde. D.h. aber auch, obwohl der Gesetzgeber – wie lange gefordert – gehandelt und in umfassender Abwägung dargelegt hat, wie er dem Problem der Fluglärmbelastung – im Schwerpunkt – begegnen will, handelt das BVerwG bei der Bestimmung der verfassungsrechtlichen Unzumutbarkeitsgrenze noch immer im normativen Nirwana.

Nicht nur kompetentiell ist die Annahme einer weiterhin oberhalb der Grenzwerte des FluLärmG gegebenen verfassungsrechtlichen Unzumutbarkeitsgrenze problematisch. Auch sachlich-inhaltlich lassen sich die Belastungsbereiche, die zu einer verfassungsrechtlichen Unzumutbarkeit führen sollen, kaum noch mit den Erkenntnissen der Lärmwirkungsforschung in Einklang bringen. Man kann sich natürlich auf den Standpunkt stellen, diese Grenzen – so wie jede andere Grenze des abgestuften Lärmschutzsystems – seien am Ende lediglich politischer oder wertender Natur. Dann wäre aber unklar, wieso im Zusammenhang mit der Frage nach der Notwendigkeit von Lärmschutzmaßnahmen *überhaupt* auf fachliche Aussagen abgestellt wird[1682]. Im Übrigen gibt es ja für die verfassungsrechtliche Unzumutbarkeitsgrenze – jedenfalls aus Sicht der Rechtsprechung – keine gesetzgeberische Aussage, die man als politische Wertung verstehen könnte. Daher muss die Bestimmung der verfassungsrechtlichen Unzumutbarkeitsgrenze durch die Rechtsprechung nachvollziehbar in einen fachwissenschaftlichen Zusammenhang zu bringen sein. Die Annahme, dass erst eine Dauerbelastung von 60–65 db(A) Leq (45–50 db(A) Leq im Innenraum) in der Nacht zu einer verfassungsrechtlichen Unzumutbarkeit führt, lässt sich aber nicht (mehr) in einen solchen nachvollziehbaren Zusammenhang bringen, wenn fachlicherseits von Risikoerhöhungen ab einer Innenraumbelastung von 30 bis 35 db(A) Leq in der Nacht auszugehen wäre[1683]. Selbst wenn man – wie der Gesetzgeber im Zusammenhang mit der Novellierung des FluLärmG[1684] – erst ab Fluglärmbelastungen oberhalb von 50 bis 55 db(A) Leq

Paetow, NVwZ 2010, 1184 (1190), der seine Ansicht bereits in den Anhörungen während des Gesetzgebungsverfahrens deutlich gemacht hatte, dazu unten Fn. 1915; a.A. – allerdings nicht auch auf lärmwirkungsfachliche Erkenntnisse gestützt – Mechel, ZUR 2007, 561 (566 f.); Ekardt/Schmidtke, DÖV 2009, 187 ff.; s. auch Fn. 1833.

1682 Vgl. nur zuletzt BVerwGE 125, 116 (250, Rn. 377 ff.).

1683 S. nur Ortscheid/Wende, in: UBA (Hg.), Fluglärmwirkungen, S. 18, für den Wirkungsendpunkt „ungestörter Schlaf". Ausführlicher zu den fachlichen Erkenntnissen über den Zusammenhang von Dauerschall- und Maximalpegeln mit Primär- und Sekundärreaktionen oben Teil 1, C., III., 4., a. und b.

1684 BT-Drs. 16/508, S. 18.

(Außen bzw. 35–40 db (A) Leq Innen[1685]) in der Nacht zu einem erhöhten Risiko von Gesundheitsbeeinträchtigungen kommen will, bestünde noch immer eine erhebliche Lücke zwischen den Einschätzungen des Gesetzgebers – die sich zudem auf die Notwendigkeit passiven Schallschutzes beziehen – und den Einschätzungen der Gerichte. Es wäre darüber hinaus auch zu fragen, wieso in der Rechtsprechung für die verfassungsrechtliche Unzumutbarkeit von Geräuschbelastungen in der Nacht bisher kein Maximalpegelkriterium ermittelt und angegeben wurde, was sie doch selbst – zumindest im Rahmen der Erörterung der Notwendigkeit und des Umfangs passiver Schallschutzmaßnahmen – als besonders wichtig ansieht[1686].

Interessant ist der Sprung von Stufe 3 zu Stufe 4 und seine Bezeichnung als verfassungsrechtliche Unzumutbarkeitsgrenze auch deshalb, weil die Rechtsprechung des BVerwG ihn in noch einem weiteren Zusammenhang heranzieht, nämlich bei der Betrachtung der Gesamtlärmbelastung[1687]. Die verfassungsrechtliche Unzumutbarkeitsschwelle muss also für drei unterschiedliche Ursachen-Wirkungszusammenhänge herhalten, die fachwissenschaftlich getrennt untersucht werden: für die einfache, aber besonders intensive Fluglärmbelastung, für die besonders intensive ökonomische Belastung und für die besondere Gesamtlärmbelastung, wie sie durch die Kombination mehrerer verschiedenartiger Lärmquellen (insbesondere Auto-, Eisenbahn- und Flugverkehr sowie Industriegeräusche) eintritt. Das erschwert ersichtlich die Nachvollziehbarkeit auf sie bezogener Ausführungen.

Im Übrigen ergibt sich aus dem abgestuften Fluglärmschutz bzw. aus dessen höchster Belastungsstufe und der daran anknüpfenden Rechtsfolge auch Folgendes: Das Recht kennt keine Lärmbelastung, die in keinem Fall entstehen darf. Jedenfalls hat es davon keine klare Vorstellung[1688]. Das System scheint also daher darauf ausgerichtet, Vorhaben zuzulassen. So wird in der Literatur etwa gefordert, dass beim Überschreiten der verfassungsrechtlichen Unzumutbarkeitsschwelle zunächst durch Umplanung, Schutzmaßnahmen, Betriebsbeschränkungen, Übernahme des Grundstücks reagiert werden soll und nur *notfalls* der Verzicht auf das Vorhaben in Frage kommt[1689]. Wie dieser Notfall aber aussehen soll, wird nicht einmal in groben Zügen zu klären versucht.

1685 Zur Bedeutung der baulichen Dämmwirkung bzw. der Unterscheidung von Außen- und Innenpegeln oben Teil 1, B., III, 3.

1686 BVerwGE 125, 116 (212 ff., Rn. 295 ff.).

1687 Also der Belastung, die alle Arten von Lärmquellen „zusammenfasst", s. oben Teil 1, C., IV. Zuletzt dazu etwa 125, 116 (253 ff., Rn. 386 ff.); Paetow, NVwZ 2010, 1184 (1188).

1688 S. auch die Nachweise aus der Rechtsprechung zur Frage eines etwaigen Vorrangs aktiver Maßnahmen oben Teil 3, B., I., 3., bb., die dann später jedoch wieder relativiert wurden, Teil 3, B., I., 3., c., dd.

1689 Paetow, NVwZ 2010, 1184 (1188); s. auch DFG, Forschungsbericht Fluglärmwirkungen, S. 510, mit dem Hinweis, dass es Gesetz zum Schutz *gegen* Fluglärm und nicht Gesetz zur *Einschränkung* oder *Beseitigung* von Fluglärm lautet.

Dieser Aspekt wird hier auch deshalb herausgestellt, weil beim sich aus der grundrechtlichen Schutzpflicht ergebenden Handlungsgebot in der Literatur teilweise zwischen sich an den Gesetzgeber richtenden, unterschiedlichen Pflichtformulierungen differenziert wird[1690]. Im Bereich des Verkehrslärmschutzes erscheint aber eine etwaige verfassungsrechtliche *Verbot*spflicht bloß theoretischer Natur. Dies gilt insbesondere für das abgestufte Fluglärmschutzsystem, wenn selbst eine Gesundheitsgefährdung im verfassungsrechtlichen Sinne lediglich zu einem Anspruch auf Übernahme führt[1691]. Selbst nach Übernahme eines Grundstücks gibt es kein effektives Verbot, das darauf abzielt, niemanden an diesem Ort weiter wohnen zu lassen.

Hier schließt sich zuletzt die Frage an, in welchem Umfang solche Übernahmeansprüche tatsächlich gewährt werden und wie effektiv damit das Eintreten der Gesundheitsrisiken verhindert wird, die deren Notwendigkeit sachlich-inhaltlich stützen. Aussagekräftige Informationen sind dazu nicht vorhanden. Auf Grund der „Höhe" der aufgezeigten Grenzwerte kann man lediglich vermuten, dass der Übernahmeanspruch, jedenfalls im Vergleich zum Anspruch der Gewährleistung von passiven Schallschutzmaßnahmen, eher selten entsteht. Dieser Belastungsbereich wird praktisch – selbst bei summativer Betrachtung verschiedener Geräuschquellen – nur in unmittelbarer Nähe zu einem Flughafen erreicht bzw. errechnet[1692].

Man kann daher festhalten, dass der Übernahmeanspruch im Fluglärmschutzrecht nicht das entscheidende Mittel ist, um Fluglärmfolgen abzuwenden bzw. Geräuschwirkungsketten zu durchbrechen. Weder werden damit besonders intensive Geräuschbelastungen *verhindert* noch kann nach Durchführung dieser Maßnahmen die mit der Geräuschbelastung verbundene, höhere Wahrscheinlichkeit von Gesundheitsreaktionen aus der verfassungsrechtlichen Verhältnisüberlegung entfernt werden; denn auch nach einer Übernahme ist nicht sicher gestellt, dass an diesem Ort niemand mehr wohnt[1693].

1690 Bumke, Grundrechtsvorbehalt, S. 75 ff.; eine Notwendigkeit für die Herausbildung weiterer Rechtsfolgen neben der „Abwehr" von Gefahren sieht auch Couzinet, Zulässigkeit von Immissionen, S. 97.

1691 Es sei angemerkt, dass im Verkehrslärmbereich fachwissenschaftlich praktisch *nur* Gesundheitsgefährdungen (bzw. chronische Schäden) im Raum stehen bzw. untersucht werden. Greifen soll die Verbotspflicht – die strengste Handlungspflicht – aber zum Schutz vor unzumutbaren Störungen, so dass die brennende Frage doch die ist, wann (bzw. ob überhaupt jemals) eine Gesundheitsgefährdung in diesem Sinne unzumutbar ist bzw. sein kann und also ein „Verbot" der Belastung nach sich zieht, vgl. Bumke, Grundrechtsvorbehalt, S. 80, der dann auch den eigentlichen Problembereich vor Augen hat (ebd., S. 85 f.), aber einer eingehenderen Diskussion aus dem Weg geht.

1692 Die Gründe dafür erläutert Michler, VBlBW. 2004, 361 (362 f.).

1693 Man könnte allerdings überlegen, ob nach der Übernahme nicht eine eigenverantwortliche Selbstgefährdung vorliegt.

Zudem ist die verfassungsrechtliche Anknüpfung dieses Schutzmittels unklar, weil es sowohl nicht zu rechtfertigende Beeinträchtigungen von Art. 2 Abs. 2 S. 1 GG, aber auch von Art. 14 GG verhindern soll und dabei die Folgen einfacher, aber besonders intensiver bzw. besonders risikoreicher Lärmbelastungen, die Folgen von Gesamtlärmbelastungen und die Folgen besonders intensiver ökonomischer Belastungen im Auge haben soll. Insbesondere für die besonders risikoreiche Gesundheitsgefährdung in Folge einfacher Lärmbelastungen kann schließlich gezeigt werden, dass die fachwissenschaftlichen Erkenntnisse sich nicht mehr mit den diesbezüglichen Aussagen der Rechtsprechung decken.

(2) Der (einfach-rechtliche) Anspruch auf passiven Schallschutz

Das auf Stufe 3 verwendete Mittel der Gewährleistung einer Entschädigung für die Vornahme passiver Schallschutzmaßnahmen ist tatsächlich nur mit Gesundheits- bzw. Belästigungsreaktionen in Verbindung zu bringen. Es geht bei diesen Maßnahmen um deren Verhinderung. Jedenfalls liegt hier unzweideutig der Schwerpunkt. Der passive Schallschutz bewirkt nämlich eine Reduktion der Geräuschkulisse im Innenraum von Gebäuden. Die Geräusche im Außenbereich bleiben bestehen. Die verminderte Innenraumbelastung reduziert die akuten Reaktionen auf den Wirkungsebenen und damit – langfristig – auch am Wirkungsendpunkt (Krankheits- bzw. Belästigungsreaktion). Plastisch wird dies am Beispiel des Nachtschlafs: Wenn im Innenraum die Geräuschbelastung sinkt, gibt es keinen (oder weniger) Anlass für Aufwachreaktionen jeglicher Art, wobei es selbstverständlich darauf ankommt, wie „leise" es nach der Dämmung im Innenraum ist bzw. auf die individuelle Konstitution des Betroffenen.

Der passive Schallschutz ist damit das Lärmschutzmittel, welches am eindeutigsten mit dem Schutz ganz bestimmter Rechtsgüter in Verbindung gebracht werden kann. Das ist einleuchtend, weil über den passiven Schallschutz *gezielt* am Immissionsort gehandelt wird und alle aktiven Maßnahmen global wirken, weil sie am Entstehungsort ansetzen. Damit soll aber nicht gesagt werden, der passive Schallschutz sei das effektivste Mittel zum Schutz vor Gesundheits- und Belästigungsreaktionen. Es ist nichts effektiver als die Verhinderung von Emissionen. Wenn Emissionen gar nicht erst entstehen, werden alle Rechtsgüter geschützt, die potentiell durch Geräusche betroffen sein könnten. Es soll nur deutlich werden, worauf genau der passive Schallschutz ausgerichtet ist und worauf nicht.

Allerdings ist der passive Schallschutz das am häufigsten genutzte Lärmschutzmittel. Es wird sozusagen flächendeckend eingesetzt[1694]. Man kann – in gewissen

---

1694 Als Beispiel hierfür dient der Flughafenausbaufall Frankfurt am Main: Nach den in den Gerichtsverfahren verwendeten Berechnungen haben dort ca 80.000 Menschen Anspruch auf passive Schallschutzmaßnahmen auf Grund nächtlicher Fluggeräuschbelastung, vgl. VGH Kassel, Urt. v. 21.8.2009 – 11 C 227/07 u.a., Rn. 775 (Juris), und – insoweit nicht in der Entscheidungssammlung abgedruckt – BVerwG, Urt. v. 4.4.2012 – 4 C 8.09 u.a., Rn. 381 ff. (Juris). Die Zahl der Anspruchsberechtigten hat

Grenzen – errechnen, welchen (Lärmminderungs-)Effekt es hat und festlegen, welchen Effekt es haben soll[1695]. Man kann auf diese Weise den passiven Schallschutz in einen nachvollziehbaren Zusammenhang bringen mit der Reduktion von Gesundheits- und Belästigungsreaktionen[1696].

Dennoch steht der passive Schallschutz im abgestuften System des Fluglärmschutzes aus Sicht der Rechtsprechung lediglich in einer Art „Pseudo-Verbindung" zu Art. 2 Abs. 2 S. 1 GG (Vorfeld-These)[1697]. Das ist nicht nur auf Grund der in Teil 2 vorgenommenen fachlich angeleiteten Schutzbereichsbestimmung unhaltbar. Auch die Ausführungen zur verfassungsrechtlichen Maßstabsbildung zeigen: Selbst wenn man der Ansicht ist, dass im Fall des Verkehrslärmschutzes prinzipiell nur die grundrechtliche Schutzfunktion heranzuziehen ist, müsste man in eine sachlich-inhaltlich fundierte Verhältnisüberlegung alle staatlichen Maßnahmen einbeziehen, die eine Wirkung im Hinblick auf die Verhinderung von Beeinträchtigungen der Schutzgüter des Art. 2 Abs. 2 S. 1 GG entfalten; und kein Mittel hat, unabhängig von der Frage, ob dies ausreichend ist, tatsächlich größere Auswirkung als der passive Schallschutz[1698]. Mit anderen Worten: Alle staatlichen Maßnahmen leisten

---

sich durch die Orientierung der Lärmschutzbereichsfestsetzung an den strengeren Grenzwerten des § 2 Abs. 2 Nr. 1 b) FluLärmG auf ca. 157.000 Menschen vergrößert, vgl. Entwurf des LAP Hessen 2012, S. 38 ff.

1695 Deswegen ist es auch sinnvoll, das Schutzziel passiver Schallschutzmaßnahmen als fachplanungsrechtliche Unzumutbarkeitsschwelle anzusehen. Es kommt diesen Maßnahmen ja gerade darauf an, die Geräuschsituation im Innenraum zu beeinflussen. Zur Unterscheidung von Schutzzone und Schutzziel sogleich unten Teil 3, B., II., 2., a. Zur Bedeutung dieser Unterscheidung für die weitere Diskussion um den abschließenden Charakter des FluLärmG nach der Novellierung unten Teil 3, B., II., 4.

1696 Dies gilt sogar wohl noch eher für Gesundheits- als für Belästigungsreaktionen, da im epidemiologischen Modell bestimmte Reaktionen auf Wirkungsebenen keiner intellektuellen Verarbeitung bedürfen und daher eher einem Automatismus gleichen, s. oben Teil 1, C., V. Bzgl. der Unklarheit über den Effekt des Schallschutzes auf die Belästigungsreaktion, s. oben Teil 1, C., II., 2., b.

1697 S. oben Teil 3., B., I., 3., a. und b.

1698 Eine gewisse Einschränkung ist, wie eingangs bereits angedeutet, nunmehr für § 29b LuftVG zu formulieren, der im Fall des Flughafen FFM *Ausgangspunkt* (Insofern unklar Kämper, NVwZ 2013, 8 ff., der die Hauptverantwortlichkeit bei § 29b LuftVG sieht und damit den, in diesem Fall erheblichen, landesplanerischen Einfluss auf die planerische Abwägung unterbewertet.) für ein Nachtflugverbot war. Zwar wurde auf Grund der erheblichen Anzahl von Flugbewegungen in den Nacht*rand*stunden in diesem Fall trotz des Verbots noch immer ein immenser Dauerschallpegel für die Nacht errechnet. Allerdings führt das Verbot, soweit es eingehalten wird, zu 6 Stunden ohne Fluglärm. Das mit § 29b LuftVG ein den passiven Schallschutz übersteigender Schutz gewährleistet ist, kann man gleichwohl so pauschal nicht festhalten. Das BVerwG leitet aus ihm kein kategorisches Flugverbot ab, sondern nur eine besondere Rechtfertigungslast im Rahmen der Abwägung, die von den Luftverkehrsunternehmen durchaus erbracht werden

einen Beitrag zur *Nicht*evidenz der Schutzpflichtsverletzung[1699]. Nur vor diesem Hintergrund macht es im Übrigen auch Sinn, wenn das BVerfG im Rahmen der allgemeinen Rüge einer Schutzpflichtsverletzung verlangt, dass *gesamte* System schützender Regelungen zu betrachten und zu bewerten[1700].

Wenn diese Überlegungen zutreffen, dann gibt es im Bereich umweltvermittelter Gesundheitswirkungen kaum gänzlich einfach-rechtliche Belastungsbereiche. Auch wenn in einem bestimmten Geräuschbelastungsbereich keine theoretische Plausibilität für das Vorliegen von Gesundheitsreaktionen gegeben ist, können regelmäßig zumindest erhebliche Belästigungsreaktionen in Form der Globalreaktion der Belästigung beschrieben werden[1701]. Und selbst wenn man das Wissen über sie nicht im Rahmen von Art. 2 Abs. 2 S. 1 GG rezipieren wollte, also noch nicht einmal das Wissen über die Globalreaktion der Belästigung, würde es von anderen Grundrechtsbereichen aufgefangen werden. Es wäre dann vor deren Hintergrund zumindest in einer Verhältnisüberlegung verfassungsrechtlich zu beurteilen.

Vor diesem Hintergrund erweisen sich sowohl die Verbindung des Übernahmeanspruchs mit der Grenze der verfassungsrechtlichen Unzumutbarkeit als auch die Vorfeld-These und die damit einhergehende Ausblendung von im Grunde ebenfalls verfassungsrechtlich relevanten Schutzmitteln als zentrale Unstimmigkeiten des abgestuften Fluglärmschutzes. Der Schwerpunkt staatlicher Aktivität liegt im abgestuften Lärmschutzsystem auf den passiven Schallschutzmaßnahmen.

cc. Konsequenzen und Neubestimmung

Aus den soeben dargelegten Gründen bedarf das abgestufte Lärmschutzsystem einer neuen, nachvollziehbareren Abstimmung mit den verfassungsrechtlichen Vorgaben. Es scheinen nur zwei Alternativen zur Neubestimmung des abgestuften Fluglärmschutzsystems bzw. zu seiner nachvollziehbaren Anknüpfung an die verfassungsrechtlichen Determinanten des Fluglärmschutzes im Raum zu stehen. Sie werden nachfolgend dargestellt und hinsichtlich ihrer Vor- und Nachteile diskutiert:

Eine nachvollziehbare, aber wenig realistische Variante zur Neubestimmung wäre der Verzicht auf die Herstellung eines verfassungsrechtlichen Zusammenhangs im gesamten Belastungsbereich und aus diesem Grund auch der Verzicht auf den Begriff der verfassungsrechtlichen Unzumutbarkeitsgrenze. Damit würde man zu erkennen geben, dass die mit dem Lärm einhergehenden Belastungen insgesamt

---

kann. Im Gegenteil geht die Rechtsprechung davon aus, dass § 29b LuftVG ein Hinweis auf die grundsätzlich Zulässigkeit von Nachtflügen sei, vgl. oben die Entscheidungen des BVerwG zu den Flughäfen BBI und Leipzig Teil 3, B., I.,3., c., ee. und ff.

1699 Zu den Begriffen der Evidenz und des Untermaßes oben Teil 2, C., II., 1.

1700 BVerfG, NVwZ 2011, 991 (993 f., Rn. 38).

1701 Dennoch ist nicht von einer Konturenlosigkeit des Schutzbereichs oder einer Handlungsunfähigkeit des Staates auszugehen, s. – auch bzgl. der Bedeutung der Globalreaktion der Belästigung – oben Teil 2, B., I., 2. und III., 2.

keinen Grundrechtszusammenhang haben sollen. In diesem gedanklichen Gebäude wäre die Notwendigkeit einer Prüfung der gesetzgeberischen Schutzverpflichtung in Frage gestellt, da man ja davon ausgeht, es gebe gar keinen verfassungsrechtlichen Zusammenhang. Hier wäre dann tatsächlich jeweils das bloß (einfach-rechtliche) Interesse an Gesundheitsschutz von den Belastungen berührt. Dieser Ansatz könnte sich darauf berufen, dass ein Erfassen bloß chronischer Schäden verfassungsrechtlich nicht vorgesehen ist. Es wird allerdings davon ausgegangen, dass ein gänzliches Ablehnen verfassungsrechtlicher Zusammenhänge im Bereich des Verkehrslärmschutzes – selbst wenn Verkehrslärm nur chronische Schäden nach sich zieht – nicht überzeugend ist[1702].

Auch könnte man in diesem Gedankengebäude nur schwer eine ökonomisch bestimmte Grenze der verfassungsrechtlichen Unzumutbarkeit aufrechterhalten. Zum einen hängt das ökonomische Wissen – soweit ersichtlich[1703] – in hohem Maße davon ab, ob Geräuschbelastungen Gesundheitsgefahren darstellen oder Belästigungsreaktionen nach sich ziehen, so dass durch die Hintertür doch wieder der Aspekt des Gesundheitsschutzes in verfassungsrechtliche Überlegungen einfließen würde. Zum anderen wäre es wertungswidersprüchlich und den Betroffenen nur schwer zu erklären, wenn das Verfassungsrecht ihnen einen Übernahmeanspruch aus ökonomischen Gründen vermittelte, aber einen Schutzanspruch im Hinblick auf Gesundheitsbelastungen noch nicht einmal im Ansatz für notwendig erachtet.

Als Alternative hierzu wäre es denkbar, die Gesundheitsreaktion im Wesentlichen vom Anspruch auf passiven Lärmschutz und die ökonomischen Folgen im Wesentlichen vom Übernahmeanspruch aufgefangen anzusehen. Wenn nämlich mit den Hinweisen in der neueren Lärmwirkungsforschung zunehmend deutlich wird, dass jedenfalls Geräuschbelastungen, die zu Aufwacherscheinungen führen, besonders bedeutsam sind für das Entstehen von Krankheiten, läge es nahe, in den sie im Wesentlichen verhindernden Maßnahmen auch den Schwerpunkt der in einer Verhältnisüberlegung zu beurteilenden staatlichen Schutzhandlungen zu sehen. Schutzmaßnahmen, die Gesundheitsreaktionen entgegenwirken wollen, stünden dann aber auch in einem deutlichen Zusammenhang mit Art. 2 Abs. 2 S. 1 GG, da es ihnen um die Verhinderung von (signifikanten) Risikoerhöhungen (der Entstehung von Krankheiten) geht.

Da weiter gezeigt wurde, dass der passive Schallschutz das einzige Schutzmittel ist, das flächendeckend in vorhersehbarem Umfang und mit berechenbarer Auswirkung auf die Geräuschkulisse zum Einsatz kommt, wäre dann anzunehmen, dass mit

---

1702 Dabei spielt es keine Rolle, ob man – wie oben gezeigt – eine stärkere Orientierung an den fachwissenschaftlichen Zusammenhängen vornehmen will oder eher den bisherigen Auffassungen in Rechtsprechung und Literatur zur Bedeutung von Fachwissen für Art. 2 Abs. 2 S. 1 GG folgt. Auch im Rahmen letzterer Auffassungen sollen – chronische – Schäden an der Gesundheit in Folge von Verkehrsgeräuschsbelastungen verfassungsrechtlich relevant werden können, s. oben Teil 2, B., I., 1., a.

1703 S. oben Teil 1, D.

der gesetzgeberisch festgelegten Grenze, die den Einsatz dieses Mittels ausrichtet, auch – jedenfalls in einem ganz wesentlichen Umfang[1704] – das verfassungsrechtlich zulässige Maß an Gesundheitsbelastungen (in Form von Risikoerhöhungen) als Folge von Fluglärm bestimmt wurde bzw. bestimmt werden sollte. Ausweislich der noch näher zu untersuchenden Gesetzgebungsunterlagen (bzw. den dort auf die Grenzwerte des FluLärmG bezogenen fachlichen Ausführungen) hat der Gesetzgeber mit diesen Maßnahmen auch insbesondere Gesundheitsgefährdungen in den Blick genommen[1705]. Insofern korrespondiert das Vorgehen des Gesetzgebers auch mit der oben aufgezeigten fachlichen Anleitung bei der Schutzbereichsbestimmung von Art. 2 Abs. 2 S. 1 GG. Was er insoweit eingeschätzt – und gegebenenfalls auch abgewogen – hat, sind negative Effekte durch Geräuschbelastungen (beschrieben als Risiken), die mit diesem Schutzbereich in Zusammenhang stehen.

Wenn daneben noch eine andere (verfassungsrechtliche) Grenze existieren soll, um den Belastungsbereich zu markieren, ab dem ein Übernahmeanspruch gegeben ist, so kann dies nicht auch die Grenze des vor dem Hintergrund von Art. 2 Abs. 2 S. 1 GG Zulässigen sein. Zum einen ist der Beitrag des Übernahmeanspruchs zum Schutz des Rechtsguts Gesundheit, wie anzunehmen ist, von untergeordneter Bedeutung. Gleichwohl kann der Beitrag, den dieses Schutzmittel zum Schutz auch vor Gesundheits- bzw. Belästigungsreaktionen leistet, soweit er festgestellt werden kann, ebenfalls in eine Verhältnisüberlegung eingestellt werden[1706]. Deswegen muss nicht eine eigenständige verfassungsrechtliche Grenzziehung durchgeführt werden. Zum anderen passt die bisherige Grenzziehung bei den Übernahmeansprüchen in der Praxis sachlich-inhaltlich nicht zu den lärmwirkungsfachlichen Erkenntnissen[1707].

Schließlich ist eine doppelte verfassungsrechtliche Grenzziehung *innerhalb* von Art. 2 Abs. 2 S. 1 GG auch kaum mit den verfassungsrechtlichen Prüfungsstrukturen zu vereinbaren. Auf verfassungsrechtlicher Ebene ist nämlich, sobald der Schutzbereich eröffnet ist – im aufgezeigten Schema also bei Vorliegen der theoretische Plausibilität einer Wirkungskette zwischen Primärreaktionen und langfristigen Schäden – nur zwischen Belastungen zu unterscheiden, die zu rechtfertigen sind und solchen, die nicht zu rechtfertigen sind. Alleine eine Aufspaltung des Wissens über Gesundheits- und des Wissen über Belästigungsreaktionen könnte zu zwei verschiedenen verfassungsrechtlichen Unzumutbarkeitsgrenzen führen. Zumindest aber für das Wissen über die Globalreaktion wurde dargelegt, wieso es ebenfalls im Rahmen von Art. 2 Abs. 2 S. 1 GG zu rezipieren ist. Auf Art. 2 Abs. 2 S. 1 GG

1704 Nur wenn nachgewiesen werden könnte, dass andere Lärmschutzmittel einen ebenfalls besonders relevanten Beitrag zum Schutzniveau leisten, wären diese Schwerpunkt-Überlegungen grundsätzlich in Frage gestellt.

1705 Dazu ausführlich oben Teil 3, B., I., 4., b.

1706 In der es um die Beurteilung der Nichtevidenz des Unzureichens oder der Angemesenheit des insgesamt gewährleisteten Schutzniveaus in einer Schutzpflichtsprüfung ginge, s. oben Teil 2, C., III., 4.

1707 S. oben Teil 3, B., II., 1., c., bb., (1).

bezogene Wirkungen, die nicht zu rechtfertigen sind – oder eben: deren Existenz eine Verletzung der gesetzgeberischen Schutzpflicht darstellt – dürfen aus Sicht der Verfassung vom Staat nicht toleriert werden. An irgendeiner Stelle der für die Belastung maßgeblichen Wirkungskette muss *effektiv* mit dem Ziel ihrer Abwendung eingegriffen werden.

All dies legt nahe, dass es für das Wissen über Gesundheitsreaktionen sowie das auf sie bezogene Wissen über die Globalreaktion der Belästigung nur eine Grenze des verfassungsrechtlich Zulässigen geben kann. Und auch wenn diese sicher nicht „in Stein gemeißelt" ist, weil das die verfassungsrechtlichen Fragestellungen beeinflussende Wissen sich verändern kann, muss man sie für einen bestimmten Zeitpunkt auch feststellen können. Die entscheidende Frage ist eben nur, im Rahmen welchen Prozesses und auf Grund welcher fachlichen Informationen man zu dieser einen Grenze kommt.

Insofern ist noch zu verdeutlichen: Wenn man, wie hier, verfassungsrechtliche Grenzziehungen im Rahmen einer Verhältnisüberlegung setzen und auch überprüfen will, nimmt man streng genommen keine punktuelle Prüfung einzelner Schutzmittel vor. Man ist vielmehr gezwungen, eine Gesamtschau der Mittel vorzunehmen, die insgesamt das gewährleistete Schutzniveau bestimmen. Dies aber spricht dagegen, überhaupt im Zusammenhang mit (nur) *einem* bestimmten Schutzmittel von *einer* verfassungsrechtlichen Grenzziehung zu sprechen. Rechtfertigen ließe sich das nur, wenn über bzw. mit einem bestimmten Schutzmittel das tatsächliche Schutzniveau auch im Wesentlichen bestimmt werden könnte.

Insofern sind also eigentlich alle gesetzgeberischen Versuche, über Grenzwerte (und daran anknüpfende Rechtsfolgen) festzulegen, wie mit bestimmten Lärmbelastungen umzugehen ist, und auch alle anderen staatlichen Tätigkeiten, die Einfluss auf das tatsächliche Schutzniveau der Bevölkerung haben, als Maßnahmen zur Abwendung verfassungswidriger Wirkungen oder Zustände anzusehen[1708]. Schwierig ist nur, die verschiedenen staatlichen Handlungen auf verschiedenen Entscheidungsebenen auch auf die jeweiligen Wirkungszusammenhänge zu beziehen und zu bestimmen, welchen Effekt sie einzeln oder insgesamt tatsächlich haben. Gerade im Hinblick auf die Verhinderung von Geräuschbelastungen bzw. zur Verhinderung von geräuschinduzierten negativen Effekten sind staatliche Handlungen kaum abgestimmt und nur schwer miteinander zu verrechnen, auch weil die Datenlage hier eher schlecht ist[1709]. Wie etwa sollte – abgesehen davon, dass ein solcher nicht bekannt ist – der Beitrag, den staatliche Tätigkeit unter Umständen auf die technische Entwicklung leiserer Flugzeugen haben kann, einbezogen werden?[1710]

1708 Daher ist die Notwendigekit von Informationen über das gesetzgeberische Regelungskonzept, wie sie in BVerfG, NVwZ 2011, 991 (994, Rn. 41), eingefordert werden, im Prinzip nicht von der Hand zu weisen. Nur stellt sich eben die Frage, wer sie in welchem Umfang beibringen muss. Dazu oben Teil 2, C., III., 3.

1709 Ausführlicher zur „Schwerpunktbestimmung" oben Teil 3, A., II. und III.

1710 Dass es eine technische Entwicklung gegeben hat, steht außer Frage, s. bspw. Mensen, Planung, S. 894 (Abb. 3.8).

Solche Probleme bzw. ähnliche Fragen stellen sich im Prinzip auf jeder rechtlichen Entscheidungsebene bzw. für jedes Schutzmittel des Verkehrs- bzw. Fluglärmschutzes. Daher erscheint auch der hier gewählte pragmatische Ansatz des Aussortierens einzelner Entscheidungsebenen bzw. bestimmter Schutzmittel auf Grund ihres vermeintlich geringen Gesamtbeitrags zur Verhinderung bestimmter verfassungswidriger Zustände – im Untersuchungskontext die Verhinderung von Gesundheitsgefährdungen – in der Bevölkerung nachvollziehbar. Wenn dies im Schwerpunkt mit der Gewährleistung passiven Schallschutzes erfolgen soll, muss nur sichergestellt sein, dass dadurch so effektiv Gesundheitsreaktionen verhindert werden, wie dies aus verfassungsrechtlicher Sicht zwingend erscheint.

Wenn hiernach die Grenze des im Hinblick auf Gesundheitsreaktionen verfassungsrechtlich Zulässigen im Wesentlichen mit der Gewährleistung passiven Schallschutzes zusammenhängt, könnte diese Grenze zum Bereich des Übernahmeanspruchs als Folge einer ökonomischen Betrachtung angesehen werden. Inwiefern eine solche ökonomische Untersuchung tatsächlich dennoch darauf abstellen muss, dass sich Wertverluste gerade deshalb einstellen, weil alle Marktteilnehmer wissen, dass auf den betroffenen Grundstücken eine Gesundheitslast liegt, sei hier dahingestellt. Jedenfalls der Wirkungsendpunkt scheint aber ein anderer zu sein[1711]. In dieser Weise wäre gewährleistet, dass das Maß des nach Art. 14 GG verfassungsrechtlich Zulässigen aus nachvollziehbar zu differenzierenden, anderen tatsächlichen Aspekten folgt als das Maß des nach Art. 2 Abs. 2 S. 1 GG verfassungsrechtlich Zulässigen, welches im Schwerpunkt über die Frage nach dem Umfang der Gewährleistung passiven Schallschutzes entschieden wird.

d. Zwischenergebnisse

In einer Verhältnisüberlegung, die ein tatsächlich erreichtes Schutzniveau mit einem gebotenen Schutzniveau vergleichen will, ergibt sich das tatsächliche Schutzniveau prinzipiell aus allen Regelungen und staatlichen Handlungen, die zum Schutz beitragen. Es sind also alle staatlichen Maßnahmen auf ihren tatsächlichen Effekt hin zu untersuchen. Bezogen auf das abgestufte Fluglärmschutzsystem bedeutet dies, dass eigentlich keine Stufe als die Stufe bezeichnet werden kann, die das verfassungsrechtlich zulässige Maß an Lärmbelastung festlegt. Jede Stufe bzw. die daran anknüpfende staatliche Schutzmaßnahme hat einen Effekt, der zum Schutzniveau beiträgt (oder kann einen solchen Effekt haben).

Davon scheint, wie angedeutet, prinzipiell auch das BVerfG auszugehen, wenn es verlangt, dass ein Antragsteller zur Darlegung einer gesetzgeberischen Nachbesserungspflicht das gesetzgeberische (Schutz-)Konzept erfassen und bewerten soll[1712]. Diese Aussage müsste aber auch für die Situation des Erlasses bzw. Novellierung einzelner Regelungen (wie dem FluLärmG) gelten, die das Schutzkonzept (und damit das Schutzniveau) modifizieren. Dann nämlich gilt es zu fragen, ob der

---

1711 S. oben Teil 1, D.

1712 Zu den Darlegungsanforderungen oben Teil 2., C., III., 3.

Gesetzgeber mit der Modifikation seinen Bindungen aus der Schutzpflicht genüge getan hat. Dies bedarf ebenfalls einer Beurteilung des gegebenen Schutzniveaus (ohne und mit der Modifikation) im Hinblick auf das gebotene Schutzniveau. Die Situation der gesetzgeberischen Nachbesserungspflicht unterscheidet sich hiervon hauptsächlich dadurch, dass das gegebene und das gebotene Schutzniveau auf der Grundlage neuer (insbesondere fachlicher) Erkenntnisse beurteilt wird, wohingegen bei der Beurteilung der Modifikation die Erkenntnisse heranzuziehen sind, die zu diesem Zeitpunkt vorlagen.

Problematisch daran ist allerdings Folgendes: Es gibt keine klaren Aussagen dazu, woran die Ausführungen zum tatsächlichen Schutzniveau inhaltlich auszurichten sind. Anders ausgedrückt müsste man als Antragsteller wissen, wie das gebotene Schutzniveau inhaltlich gefasst wird, um daran die eigenen Überlegungen zum tatsächlich gegebenen Schutzniveau auszurichten. Es bedarf also der Formulierung einer Art Bezugspunkt. Dessen inhaltliche Ausrichtung muss den Schwerpunkt vor allem auf fachliche Aussagen zu den Wirkungen legen, die Geräusche auf die Gesundheit haben können. Wenn der gebotene Schutzzustand auf diese Weise inhaltlich konkretisiert wird, kann sich die Untersuchung der Effekte bereits vorhandener Regelungen daran orientieren bzw. danach ausrichten.

Je nach dem welche inhaltliche Ausrichtung die Verhältnisüberlegung insgesamt erfährt, verändern sich nicht nur die Anforderungen an die Darlegungslast. Es steigert sich auch die Nachvollziehbarkeit der Prüfung. Je vager die inhaltliche Ausrichtung gehalten wird, desto größer ist die Wahrscheinlichkeit von sachlich-inhaltlicher Uneinigkeit und desto schwieriger ist es, eine nachvollziehbare Prüfung vorzunehmen. Über eigene Vorverständnisse kann (muss) dann nämlich die Vagheit der Ausrichtung überlagert werden, um überhaupt eine Prüfung vornehmen zu können. Da die Vorverständnisse aber weit auseinander gehen, wenn man einmal die Sicht der Flughafenanwohner und dann die Sicht der Flughafenbetreiber oder der Luftverkehrswirtschaft einnimmt, erhöht sich die Wahrscheinlichkeit von Uneinigkeit und auch die Schwierigkeit des Nachvollziehens einzelner Positionen.

Trotz dieser Probleme wird für den weiteren Gang der Untersuchung davon ausgegangen, dass der Schwerpunkt staatlicher Maßnahmen zur Abwendung insbesondere von Gesundheitsreaktionen in Form von Risikoerhöhungen, aber auch von Belästigungsreaktionen auf dem FluLärmG liegt. Daher wird das tatsächlich gegebene Schutzniveau hier vor allem aus den Effekten der dort verankerten Maßnahmen abgeleitet.

2. *Das FluLärmG und seine Grenzwerte*

In den nun folgenden Ausführungen geht es um die genauere Ausrichtung bzw. Konkretisierung des Umfangs des passiven Schallschutzes nach dem neuen FluLärmG. Dieser ist als Schwerpunkt der staatlichen Maßnahmen im – wie soeben gezeigt inkonsistenten – abgestuften Fluglärmschutzsystem ausgemacht worden und insofern zentral für das tatsächlich gegebene Schutzniveau. Es geht also um die Fragen, wie das FluLärmG die Geräuschumgebung um Flughäfen verändert und welchen Effekt dies im Hinblick auf geräuschinduzierte Gesundheits- und Belästigungsreaktionen hat.

Wie die bisherigen Ausführungen zum abgestuften Fluglärmschutzsystem gezeigt haben, erfolgt die Ausrichtung des Umfangs passiver Schallschutzmaßnahmen (Maßnahmen der Dämmung) an Hand von Grenzziehungen bzw. Grenzwerten. Die Grenzwerte des FluLärmG sind die wesentlichen Weichenstellungen, an denen sich die Frage entscheidet, ob ein Anwohner Anspruch auf Schallschutzmaßnahmen hat oder nicht. Insofern sind die die passiven Schallschutzmaßnahmen ausrichtenden gesetzlichen Werte auch die wichtigsten der zu untersuchenden Grenzwerte (a.). Auf die mit ihnen zusammengeführten empirischen und verfassungsrechtlichen Zusammenhänge liegt im Folgenden der Schwerpunkt der Ausführungen. Daneben gibt es aber, wie gezeigt, noch diverse andere Werte, über die andere Formen von Fluglärmschutzmaßnahmen, wie etwa die Außenbereichsentschädigung, gewährt werden oder die, etwas allgemeiner ausgedrückt, andere Rechtsfolgen nach sich ziehen. Wegen der herausgearbeiteten Schwerpunktsetzung wird auf diese Zusammenhänge aber nur am Rande eingegangen (b. und c.).

Da im Folgenden immer wieder auch auf lärmwirkungsfachliche Zusammenhänge eingegangen wird, seien hier noch einmal besonders wichtige Erkenntnisse aus der Realbereichsanalyse zusammengefasst: (1) Nur die Nullgeräuschbelastung schließt sicher aus, dass Gesundheits- bzw. Belästigungsreaktionen entstehen. (2) Bei allen Geräuschbelastungen ist zu bedenken, dass die Reaktionen streuen, so dass auch unterhalb von etwaigen Grenzwerten – auch bei sogenannten Reaktionsschwellen (NOEL) – bei manchen Menschen Reaktionen zu erwarten sind, andererseits aber auch oberhalb dieser Grenzwerte Reaktionen ausbleiben können. (3) Die Fachwissenschaften geben keine Lärmgrenzwerte vor, die ohne weitere Wertung in Lärmbelastungsstufen umsetzbar wären. Sie treffen aber Aussagen zu Schwellenwerten, ab denen akute Reaktionen festgestellt werden können und sie treffen Aussagen zu (chronischen) Reaktionen an einem Wirkungsendpunkt. (4) Auch die Beschreibung der Globalreaktion der Belästigung über Dosis-Wirkungs-Kurven kennt keine empirisch zwingenden Belastungsstufen. Wenn in der psycho-sozialen Lärmwirkungsforschung von erheblicher Belästigung gesprochen wird, sind damit zunächst die Befragten angesprochen, die bei einer bestimmten Geräuschexposition einen hohen Belästigungsgrad angaben. Eine Geräuschexposition wird in der Lärmwirkungsforschung häufig dann als erheblich belästigend bezeichnet, wenn 25% der Befragten sie so bezeichnen[1713]. (5) Im Gesetzgebungsverfahren zum FluLärmG berücksichtigte Fachgutachten sind die sog. Fluglärmsynopse und das Sondergutachten des Sachverständigenrats für Umweltfragen von 1999. Beides sind (lediglich) Überblicksarbeiten, die nur zusammenfassend wiedergeben, welche Studienergebnisse in einem gewissen Zeitraum von der Lärmwirkungsforschung vorgelegt wurden. Zudem wurde – allerdings nur hinsichtlich neuerer Erkenntnisse über nächtliche Schlafstörungen – auf das Umweltgutachten des Sachverständigenrats für

1713 S. oben Teil 1, C., II., 1.

Umweltfragen von 2002[1714] abgestellt. (6) Im Folgenden wird im analytischen Teil[1715] nur auf die fachlichen Erkenntnisse eingegangen, die in den Gesetzgebungsmaterialien verarbeitet wurden. Zumindest für die zitierten, zusammenfassenden Studien kann angenommen werden, dass sie Gegenstand der Beratungen waren und sich aus ihnen auch mehr oder weniger ableiten lässt, welche Vorstellungen der Gesetzgeber von der Tatsachengrundlage hatte, als er das FluLärmG erließ.

a. *Passiver Schallschutz*

Der Anspruch auf eine Entschädigung für die Durchführung von Maßnahmen passiven Schallschutzes wird über zwei Grenzwerte gesteuert, was bisher im Schrifttum nicht ausreichend zur Geltung kommt[1716]. Dies war bereits vor der Novellierung der Fall und ist im FluLärmG und seinen Durchführungsverordnungen auch heute noch so angelegt. Wie sich noch zeigen wird, sind für den konkreten Gewährleistungsumfang aber nicht nur die – jetzt gesetzlichen – Grenzwerte maßgeblich, sondern auch die diversen – beschränkenden – Detaileregelungen der 2. FlugLSV[1717].

Im Vordergrund stehen hier jedoch zuerst die gesetzlichen Grenzwerte. Zu unterscheiden sind die Werte in § 2 Abs. 2 FluLärmG, die als Schutzzonendefinitionsgrenzwerte[1718] zu verstehen sind, und die sich – im Kern – aus der 2. FlugLSV ergebenden Schutzzielwerte für das Innere der Wohnungen (also der Aufenthalts- und Schlafräume) innerhalb der Schutzzone (dem Schutzgebiet) nach Durchführung etwaiger Schallschutzmaßnahmen. Der Blick richtet sich auf diese Grenzwerte, weil sich die Frage stellt, ob der mit bzw. über diese Werte tatsächlich gewährleistete passive Schallschutz fachlich nachvollziehbar ist und welcher Schutzeffekt insofern in die verfassungsrechtlichen Überlegungen eingestellt werden kann.

1714 Zum Gesetzgebungsverfahren und der problematischen Fluglärmsynopse ausführlicher oben Teil 3., B., I., 4., b. und c.

1715 Es erfolgt abschließend aber auch eine kurze Verarbeitung der fachlichen Erkenntnisse, die *keinen* Eingang in das Gesetzgebungsverfahren fanden bzw. noch nicht finden konnten, s. unten Teil 3, B., II., 2., a., dd.

1716 Im Vordergrund der Diskussion steht der Begriff der planerischen Unzumutbarkeit, exemplarisch Paetow, NVwZ 2010, 1184 (1190); s. aber auch Koch, in: Dolde/Hansmann/Paetow/Schmidt-Aßmann (Hg.), FS Sellner 2010, S. 282 f. und 292 ff.; Ekardt/Schmidtke, DÖV 2009, 187 (188). Ekardt, Fluglärmschutzgesetz, § 9, Rn. 5 ff., deutet das Schutzniveau der 2. FlugLSV als Begrenzung des Haftungsumfangs (Rn. 15), womit aber eine Anknüpfung an die bisherige Regelungssystematik – wie sie durch durch die Rechtsprechung in Anknüpfung an das alte FluLärmG geprägt wurde, dazu oben Teil 3, B., I., 3., c. – wohl nicht erreicht wird, dazu ausführlich unten Teil 3, B., II., 4.

1717 Dazu unten Teil 3., B., II., 2., a., bb., (1) und 3., b.

1718 Das BVerwGE 142, 234 (278 ff., Rn. 150 ff.), spricht von Auslösewerten und bringt auch damit zum Ausdruck, dass nunmehr mit der Lage der Grundstücke innerhalb einer Schutzzone nicht nur ein argumentativer Vorteil besteht, sondern die Lage das Recht auf passiven Schallschutz begründet.

Die Untersuchung des Umfangs passiver Schallschutzmaßnahmen erfolgt in mehreren Schritten: Es wird zunächst überlegt, welche tatsächlichen Folgen sich aus den Schutzzonendefinitionsgrenzwerten ergeben (aa.). Maßgeblich ist hier aber *nicht* das Innere der Schutzzonen – die tatsächlichen Folgen sind dort im Zusammenhang mit den durchzuführenden Maßnahmen zu sehen –, sondern die Bereiche außerhalb der Schutzzonen, die etwaige Belastungen ohne Ausgleich, also ohne Anspruch auf Erstattung von passiven Schallschutzmaßnahmen hinzunehmen haben. Die dort festzustellenden Belastungen werden im Hinblick auf die empirischen Erkenntnisse gewürdigt und die feststellbaren Effekte für die verfassungsrechtliche Verhältnisüberlegung vermerkt. Danach erfolgt – bei grundsätzlich gleichem Vorgehen – eine Analyse der Schutzzielwerte (bb.). Hier liegt der Schwerpunkt auf der Frage, wie die Belastungen beurteilt werden können, die – innerhalb der Schutzzonen – verbleiben, obwohl grundsätzlich Maßnahmen passiven Schallschutzes erstattet werden[1719]. Sowohl die Schutzzonendefinitionswerte als auch die Schutzzielwerte werden jedoch zunächst nur im Hinblick auf etwaige Gesundheitsreaktionen hin beurteilt. Inwiefern Belästigungsreaktionen zu erwarten sind und welche Probleme sich insofern ergeben könnten, wird gesondert behandelt (cc.).

Im Zuge dieser Analysen zeigt sich, dass der Gesetzgeber sich von bestimmten Sachverständigenaussagen hat leiten lassen. Abgeschlossen wurde das Gesetzgebungsverfahren im Jahr 2007. Zu diesem Zeitpunkt vorliegende fachliche Aussagen zu Gesundheits- und Belästigungsreaktionen hätten also Eingang in das Verfahren finden können. Die Gesetzesmaterialien stützen sich allerdings nur auf die zwei genannten Gutachten des SRU. Wie jedoch bereits oben gezeigt, ist die Fachliteratur zur Lärmwirkungsforschung nahezu uferlos. Dem Gesetzgeber kann also kaum der Vorwurf gemacht werden, dass er, indem er lediglich die Gutachten des offiziellen Beratungsorgans der Bundesregierung ausführlicher gewürdigt hat, sich nicht ausreichend bemüht habe, vorhandene Erkenntnisse zu sichten. Kritikwürdig ist allerdings, dass er nicht auch dessen Umweltgutachten von 2004 umfassend berücksichtig hat, was ohne Probleme möglich gewesen wäre. Da das Bundesverfassungsgericht – im Rahmen der grundrechtlichen Schutzfunktion – regelmäßig auch prüft, ob der Gesetzgeber einer Nachbesserungspflicht unterliegt, wird daher abschließend auch analysiert, inwiefern die vom Gesetzgeber herangezogenen fachlichen Aussagen noch gültig sind bzw. ob sich neues empirisches Wissen ergeben hat, das eine Neubewertung der getroffenen Grenzwerte gebietet (dd.).

aa. Schutzzonendefinitionsgrenzwerte

Einen gesetzlichen Anspruch auf Erstattung von passiven Schallschutzmaßnahmen haben Eigentümer, deren Grundstücke in der Tagschutzzone 1 und in der

1719 Das setzt voraus, dass bestehende Ansprüche auch vollständig wahrgenommen werden. In der Vergangenheit schwankte das Abrufen der Ansprüche jedoch erheblich, s. dazu – und für weitere Einschränkungen – Barth/Brohmann/Arps/Hochfeld, in: Öko-Institut (Hg.), Kostenfolgen, S. 57 f.

Nachtschutzzone liegen (§ 9 Abs. 1 und 2 FluLärmG). Die räumliche Ausdehnung der Tagschutzzone 1 wird für den Fall des Neu- bzw. wesentlichen Ausbaus eines Verkehrsflughafens definiert durch den Dauerschallpegel-Wert Leq 60 db(A) bzw. für bestehende Verkehrsflughäfen durch den Wert Leq 65 db(A).

Die Nachtschutzzonendefinitionswerte sind dagegen unterteilt in einen Dauerschallpegelwert (Leq 50 db(A)) und ein Maximalpegelkriterium (6 Ereignisse a Lmax 53 db(A))[1720]. Zudem sah das FluLärmG auch eine zeitliche Staffelung vor, die Planungsvorhaben aus der Zeit vor dem 31.12.2010 insofern bevorteilte, als für sie höhere Schutzzonendefinitionswerte (Leq 53 db(A) und 6 Ereignisse a Lmax 57 db(A)) gelten sollten, die eine geringere räumliche Ausdehnung der Schutzzonen zur Folge gehabt hätten[1721]. Im Bestand liegen die maßgeblichen Nachtschutzzonendefinitionswerte bei einem Dauerschallpegelwert von Leq 55 db(A) und einem Maximalpegelkriterium von 6-mal Lmax 57 db(A).

Mit den Schutzzonendefinitionsgrenzwerten verbindet sich auch die Frage, inwiefern die tatsächlich entstehende Geräuschbelastung überhaupt realitätsgetreu abgebildet wurde; denn sollte sich herausstellen, dass der berechnete Fußabdruck des prognostizierten Flugverkehrs viel größer ist (dh. eine – räumlich gesehen – größere Ausdehnung hat), richten die Schutzzonendefinitionsgrenzwerte die an sie anknüpfenden Maßnahmen fehlerhaft aus, dh. an der tatsächlichen Belastung „vorbei“. Eine Antwort darauf lässt sich nur über eine Analyse der Berechnungsvorschriften finden, die die wesentlichen Parameter der Verteilung der Emissionen nach ihrer Entstehung am Flugzeug entlang der Flugstrecken enthalten sollte. Eine genauere Untersuchung der Berechnungsvorschriften erfolgt später separat[1722]. Hier stellt sich daher nun die Frage, welche tatsächlichen Folgen aus den Schutzzonendefinitionswerten abgeleitet (1) und zum Beurteilungsgegenstand lärmwirkungsfachlicher Überlegungen gemacht werden könnten (2).

1720 Zur Unterscheidung oben Teil 1, B., I., 4.

1721 Die zwei einzigen Anwendungsfälle für diese Werte waren, soweit ersichtlich, der Flughafenausbau Frankfurt/Main und der Ausbau in Kassel/Calden. Im ersten Fall wurden die Werte im Rahmen der Planfeststellung auch zur Kenntnis genommen, s. PFB FFM 2007, S. 1001 ff. Die tatsächliche Schutzzonenausweisung war in diesem Fall allerdings erst zu einem viel späteren Zeitpunkt nach dem gesetzlichen Stichtag vorgenommen worden, so dass dort die höheren Schutzzonendefinitionsgrenzwerte galten, s. Verordnung über die Festsetzung des Lärmschutzbereichs für den Flughafen Frankfurt am Main vom 30.09.2011, GVBl. I 2011, S. 438 ff. Dies führte zu der Situation, dass im Rahmen der Planfeststellung bei der Abwägung von geringeren (Lärm-)Betroffenenzahlen ausgegangen wurde als letztlich nunmehr Betroffene in den tatsächlich ausgewiesenen Schutzzonenausweisungen vorhanden sind. Rathgeb, DVBl 2013, 692 (694), verweist auf die gesetzgeberischen Vorgaben und geht davon aus, dass die Landesregierung Hessen richtigerweise auf die vor dem Stichtag gültigen Grenzwerte hätte abstellen müssen.

1722 S. unten Teil 3, B., II., 3., a.

(1) Folgenableitung aus den Schutzzonendefinitionswerten

Ohne die neuen gesetzlichen Schutzzielwerte für das zulässige Belastungsniveau im Wohnrauminneren hinzuzuziehen, wie es für Wohnungen innerhalb einer Schutzzone aus den gesetzlichen Regelungen ableitbar ist, stellt sich allein mit Blick auf die Definitionswerte die Frage, welche Anwohner a priori auf Grund der Schutzzonenbildung *keinen* gesetzlichen Anspruch auf passiven Schallschutz haben[1723]. Daran anknüpfend muss überlegt werden, ob bzw. inwiefern in den so ausgeblendeten Belastungsbereichen empirisch beschreibbare Folgen festzustellen sind und wie die so gefundenen Ergebnisse in die verfassungsrechtlichen Überlegungen einzuführen sind.

Für Tagesgeräuschbelastungen muss bei einem Neu- oder Ausbau insbesondere der Pegelbereich zwischen 55–60 db(A) Leq betrachtet werden, also der Belastungsbereich direkt unterhalb[1724] der Schutzzonendefinitionsgrenzwerte bzw. – räumlich ausgedrückt – die direkt an die Schutzzone angrenzenden Gebiete. Die für den Tag berechneten Pegel sind Außenbereichsdauerschallpegel, vermitteln also zunächst nur einen Eindruck davon, welche Belastungen den Menschen in diesem Gebiet außerhalb ihrer Wohnungen auf die Dauer gesehen aufgebürdet werden. Es stellt sich daher die Frage, was aus diesen Pegeln überhaupt für die aufgeworfenen lärmwirkungsfachlichen Belastungsfragen (Belästigungs- und Gesundheitsreaktionen) zu entnehmen sein könnte; denn einen gesetzlichen Zielwert, also den zulässigen Dauerschallpegel für den Innenraum, für die Bereiche *außerhalb* der Schutzzonen gibt es nicht.

Dabei gilt es zu berücksichtigen, dass Außenbereichspegel keinen unmittelbaren Eindruck davon vermitteln, wie sich die Innenraumbelastungen in diesem Bereich darstellen. Geht man diesbezüglich so vor, wie es die Rechtsprechung in der Vergangenheit getan hat, kann man über die Beachtung der Außen-Innenpegel-Differenzregel[1725] im Innenraum für die genannten Gebiete außerhalb von Schutzzonen somit Dauerschallbelastungsbereiche von 40–45 db(A) Leq im Innenraum ableiten. Für die nächtlichen Geräuschbelastungen ergeben sich bei entsprechendem Vorgehen Dauerschallpegelbereiche von 30–35 db(A) Leq[1726]. Für Maximalpegel gibt es keine vergleichbare Regel. Man kann also Aussagen dazu, wie viele Maximalpegel

1723 Nur wenn die Werte des § 2 Abs. 2 FluLärmG als fachplanerische Unzumutbarkeitsschwellen gelten und der passive Schallschutz tatsächlich abschließend im FluLärmG geregelt worden sein sollte, besteht auch tatsächlich kein solcher Anspruch, s. – insb. auch zur Mindeststandardthese – später unten Teil 3, B., II., 4. und 5.

1724 Es müsste daher eigentlich 55,0 bis 59,9 db(A) Leq lauten; denn in Aus- bzw. Neubausituationen beginnt die Schutzzone bei 60 db(A) Leq, so dass ab dieser Geräuschbelastung auch der beschriebene Anspruch besteht. Hier sowie im Folgenden wurde zur Vereinfachung aber aufgerundet.

1725 Annahme eines Unterschieds von 15 db(A), s. oben Teil 3, B., I., 3., c., ee. Zur Dämmwirkung als physikalischem Einfluss- bzw. Berechnungsfaktor, s. oben Teil 1, B., III., 3.

1726 Vgl. § 2 Abs. 2 S. 2 Nr. 1 b) FluLärmG (minus 10 db(A)).

innerhalb dieser Dauerschallpegelbereiche typischerweise zu erwarten sind, nur sehr begrenzt treffen[1727].

Bei Flughäfen, die nicht neu oder ausgebaut werden (Bestandsflughäfen), ergibt sich ein anderes Bild. Ausgehend vom Außendauerschallpegelbereich zwischen 60 und 65 db(A) Leq am Tag lassen sich über die Differenzregel Innenbelastungspegel von 45–50 db(A) Leq außerhalb der Schutzzone ableiten. In der Nacht liegen dementsprechend die Werte bei 35–40 db(A) Leq[1728], wobei wiederum keine Aussagen zu Maximalpegeln möglich sind.

(2) Fachlich angeleitete Beurteilung der Schutzzonendefinitionswerte

Die Beurteilung dieser tatsächlichen Konsequenzen soll, wie bereits eingangs erläutert, an den im Gesetzgebungsverfahren herangezogenen fachlichen Aussagen ausgerichtet werden[1729]. Die wesentlichen fachlichen Aussagen sollen zunächst noch einmal so wiedergegeben werden, wie sie in den Gesetzesmaterialien aufgegriffen wurden.

Was die Belastungen am Tag anbetrifft wurde – unter Verweis auf das Sondergutachten des Sachverständigenrates von 1999[1730] – angenommen, dass die Grenze für Gesundheitsgefahren bei 65 db(A) Leq außen anzunehmen sei[1731]. Wendet man die Differenzregel hierauf an, ergibt sich, dass Innenpegel bis 50 db(A) Leq als insofern unproblematisch erachtet wurden. Diese Grenze wurde in den Gesetzesmaterialien (nur) für Bestandsflughäfen als maßgeblich erachtet. Ohne sich dann weiter auf eine fachliche Anleitung zu stützen[1732], wurde diese Grenze für Neu- und Ausbauten um 5 db(A) abgesenkt[1733].

1727 Wenn überhaupt sind Aussagen dazu wohl nur unter Hinzuziehung eines geschulten Akustikers möglich. Daten dazu sind jedenfalls – soweit ersichtlich – nicht vorhanden.

1728 Vgl. § 2 Abs. 2 S. 2 Nr. 2 FluLärmG (minus 10 db(A)).

1729 Es handelt sich hierbei um die zwei Überblicksarbeiten des SRU von 1999 und 2002. Da jedoch in Umweltgutachten von 2002 vor allem auf die Überblicksarbeit Ortscheid/Wende, in: UBA (Hg.), Fluglärmwirkungen, rekurriert wird, gelten hier deren Aussagen als vom Gesetzgeber ebenfalls gewürdigt, s. oben Teil 3, B., I., 4., b.

1730 Zur Kritik an der Synopse und deren Einfluss auf das Sondergutachten des SRU von 1999, s. oben Teil 3, B., I., 4., c.

1731 BT-Drs 16/508, S. 18 bzw. SRU, Sondergutachten 1999, S. 184, Rn. 465.

1732 Die erwähnte Überschussreaktion (BT-Drs. 16/508, S. 18) bezieht sich auf das Empfinden von Belästigung bzw. auf die Belästigungsreaktion, aber nicht, worauf es hier ankäme, auf die Gesundheitsreaktionen.

1733 Der Gesetzgeber beruft sich – nur schwer nachvollziehbar – auf Optimierungsmöglichkeiten im Rahmen eines Planungsvorgangs, BT-Drs 16/508, S. 18. Die Durchführung passiver Schallschutzmaßnahmen ist aber theoretisch unabhängig von Flughafenplanungen möglich. Es ist nicht ersichtlich, wieso sich gerade *auf Grund* einer Flughafenplanung Optimierungsmöglichkeiten in diesem Bereich

In den Gesetzesmaterialien wird – explizit jedoch nur im Zusammenhang mit Belastungen in der Nacht – auch auf den Bericht des Sachverständigenrates von 2002 Bezug genommen[1734]. Dort werden insbesondere die Ergebnisse der Überblicksarbeit UBA 2001 aufgegriffen und für die Belastungen am Tag festgestellt, dass oberhalb eines Außenbereichsdauerschallpegels von 65 db(A) ein erhöhtes Auftreten von Herz-Kreislauferkrankungen nicht mehr ausgeschlossen werden könne[1735].

Für die nächtlichen Belastungen wird in den Gesetzesmaterialien angegeben, dass chronische Fluglärmbelastungen bei Dauerschallpegeln oberhalb von 50 bis 55 db(A) Leq in der Nacht zu einem erhöhten Risiko von Gesundheitsbeeinträchtigungen führten[1736]. Das ist insofern nicht stimmig, als, wie bereits erläutert, hierfür auf die fachlichen Aussagen in SRU 2002 verwiesen wird, die wiederum vor allem den Bericht des UBA von 2001 aufgreifen. In UBA 2001 selbst wird aber für die Nacht von gesundheitlichen Folgen durch häufigere Störungen des Nachtschlafes ab Ereignispegeln von 50 db(A) im Innenraum und bei Dauerschallinnenpegeln ab 30 db(A) Leq ausgegangen[1737]. Gemäß der Differenzregel würden hiernach bei nächtlichen Dauerschallaußenpegeln oberhalb von 45 db(A) Leq mit gesundheitlichen Folgen zu rechnen sein und nicht erst ab 50 bis 55 db(A) Leq. Allgemein wird jedoch in SRU 2002 auch festgestellt, dass es – für die Annahme eines Zusammenhangs zwischen Dauergeräuschbelastungen und chronischen Schäden – im Bereich des Fluglärms noch zu wenige epidemiologische Studien gebe und bisher noch keine statistische Signifikanz beschrieben werden könne, sondern nur ein tendenziell erhöhtes Risiko[1738]. Hinsichtlich der Aufwachschwelle wird zudem auf neuere Forschungsergebnisse verwiesen, die diese Schwelle schon bei Einzelpegeln von 48 db(A) sehen, wohingegen in der Rechtsprechung des BVerwG bisher davon ausgegangen wurde, dass diese Schwelle bei 55 db(A) liege[1739].

Die Beurteilung der herausgearbeiteten Innenraumbelastungen außerhalb der Schutzzone soll nun unterteilt werden in Probleme im Zusammenhang mit etwaigen

möglicher Schallschutzmaßnahmen ergeben sollen. Anders muss man dies für die Durchführung von aktiven Schallschutzmaßnahmen sehen, die im Zuge der Neuorganisation des Flughafenbetriebs (auf Grund der Flughafenplanung) vorgenommen werden können.

1734 BT-Drs 16/508, S. 18.

1735 BT-Drs 16/508, S. 18 bzw. SRU, Umweltgutachten 2002, S. 273, Rn. 590.

1736 BT-Drs 16/508, S. 18.

1737 Bei den relevanten Stellen handelt es sich um SRU, Umweltgutachten 2002, S. 271, Rn. 590 und S. 276, Tab 3.2.2-6 sowie Ortscheid/Wende, in: UBA (Hg.), Fluglärmwirkungen, S. 20. In der Zusammenfassung werden jedoch auch 35 db(A) Leq für in der Nacht genannt, Ortscheid/Wende, in: UBA (Hg.), Fluglärmwirkungen, S. 31.

1738 SRU, Umweltgutachten 2002, S. 273, Rn. 588.

1739 SRU, Umweltgutachten 2002, S. 274, Rn. 591.

Einschätzungen[1740], die sich auf Gesundheitsreaktionen beziehen und verbleibende Probleme, die nur im Rahmen einer Bewertung abgearbeitet werden konnten.

(a) Einschätzung der Gesundheitsreaktionen

Grundsätzlich ist noch einmal festzuhalten, dass für keine – andauernde – Geräuschbelastung vollkommen ausgeschlossen werden kann, dass sie sich im Einzelfall nicht zu einem tatsächlichen Gesundheitsproblem aufsummiert. Dies gilt erst recht für besonders empfindliche Gruppen innerhalb der Belastungsgebiete, was sowohl in SRU 1999 als auch in SRU 2002 festgestellt wird[1741].

Für die Gebiete außerhalb der Tagschutzzonen ist – bei Anwendung der Differenzregel – den Gesetzgebungsmaterialen gleichwohl nur zu entnehmen, dass langfristig ab einem Dauerschallinnenpegel von 50 db(A) mit einem erhöhten Auftreten von Herz-Kreislauf-Erkrankungen gerechnet wird. Wenn man eine solche Einschätzung vornimmt, sind Bereiche außerhalb der Tagschutzzonen, die sich im Hinblick auf Gesundheitsreaktionen als fachlich problematisch darstellen, kaum ersichtlich. Da auch nicht – weder in SRU 1999 noch in SRU 2002 – von einer signifikanten Risikoerhöhung gesprochen wird, müsste man sogar auch bei Belastungen oberhalb von 65 db(A) außen bzw. 50 db(A) innen noch von einer erhöhten Irrtumswahrscheinlichkeit der fachlichen Aussagen ausgehen[1742].

Was Gebiete außerhalb der Nachtschutzzonen anbetrifft, die Innenraumdauerschallbelastungen oberhalb von 30 db(A) Leq ausgesetzt sind, ist dies – auf Grundlage der im Gesetzgebungsverfahren herangezogenen Sachverständigenaussagen – als fachlich problematisch einzustufen, und zwar unabhängig von etwaigen Streuungen und individuellen Empfindlichkeiten; denn die herangezogenen fachlichen Aussagen gehen nicht nur davon aus, dass Schwellenüberschreitungen bei Einzelereignissen mit Innenpegeln über 50 db(A) (bzw. über 48 db(A)) auftreten, sie sprechen auch von einer Risikoerhöhung hinsichtlich gesundheitlicher Folgen ab einem Dauerschallpegel von 30 db(A) im Innenraum.

Hier wäre nun zu überlegen, welche Rolle dem gesetzgeberischen Einschätzungsspielraum zukommt und ob die Nichtbeachtung dieser Belastungen im Dauerschallpegelbereich zwischen 30 und 40 db(A) Leq[1743] *im konkreten Gesetzestext* hiervon gedeckt ist. Dagegen spricht, dass es ja gerade die fachlichen Aussagen des vom

---

1740 Zum Ermessen des Gesetzgebers, s. oben Teil 2, C., III., 2.

1741 Etwa in SRU, Umweltgutachten 2002, S. 274, Rn. 594 (hier allerdings nur im Hinlick auf das Belästigungsempfinden) und SRU, Sondergutachten 1999, S. 185, Rn. 468.

1742 Zum Begriff der „Stärke" fachlicher Aussagen, s. oben Teil 1, C., III., 2., b., aa. Wenngleich also die fachlichen Ergbnisse nicht mehr ein Bild der Beliebigkeit zeichnen, ist auch insoweit von Einschätzungsspielräumen des Gesetzgebers auszugehen.

1743 Bezogen auf die Stelle der Gesetzesmaterialien, die chronische Fluglärmfolgen in Form von Risikoerhöhungen erst ab einem Bereich zwischen 50 bis 55 db(A) Leq sehen will, wären zumindest noch die Innenraumdauerschallpegel zwischen 35 und 40 db(A) problematisch.

Gesetzgeber herangezogenen Sachverstandes sind, der diese Bereiche als problematisch ansieht. Es geht nicht um Belastungen, die von besonderen Interessengruppen als problematisch erachtet werden. Der Gesetzgeber hat hier die fachlichen Aussagen „seiner“ Experten verworfen. Auf der anderen Seite ist zu bedenken, dass – soweit man sich gedanklich im Rahmen der grundrechtlichen Schutzpflichtsfunktion bewegt – nach der Rechtsprechung grundsätzlich von einem weiten Einschätzungsspielraum auszugehen ist[1744]. Das BVerfG könnte daher immer gewillt sein, es als zulässig anzusehen, wenn der Gesetzgeber seine Nichtbeachtung darauf stützt, dass er die bloß tendenzielle Risikoerhöhung als noch nicht sicher oder relevant genug betrachtet habe.

Sieht man den ungestörten Nachtschlaf sogar als eigenständiges Rechtsgut an und nimmt man zudem an, dass er als auf Art. 2 Abs. 2 S. 1GG bezogener Wirkungsendpunkt betrachtet werden muss[1745], lässt sich ein so weitgehender Einschätzungsspielraum wiederum nur schwer rechtfertigen. Außerhalb der Schutzzonen sind Aufwachreaktionen nämlich gerade nicht generell auszuschließen, da bei Dauerschallinnenpegeln im Bereich zwischen 30–40 db(A) Leq mit diversen Einzelereignissen oberhalb von 48 db(A) Lmax zu rechnen ist. Beeinträchtigungen des ungestörten Schlafs als Wirkungsendpunkts sind daher sicher anzunehmen (dazu sogleich).

Soweit man davon ausgeht, dass die Nichtbeachtung dieser Belastungen außerhalb der Nachtschutzzonen nicht vom gesetzgeberischen Einschätzungsspielraum gedeckt ist, wäre deren Nichtbeachtung in eine Verhältnisüberlegung einzuführen und dort zu bewältigen.

(b) Verhältnisüberlegung

Was nun die Verhältnisüberlegung anbetrifft, die – je nach Beurteilung der Reichweite des gesetzgeberischen Einschätzungsspielraums – wegen der Nichtbeachtung von Gesundheitsreaktionen außerhalb der Schutzbereiche als Folge zumindest von dort anzunehmenden nächtlichen Innenraumbelastungen oberhalb von 35 bis 40 db(A) Leq bzw. damit einhergehender, Aufwachreaktionen auslösender, Maximalpegel im Innenraum vorzunehmen war, muss Folgendes bedacht werden:

In einem nächtlichen Dauerschallpegelbereich zwischen 35 und 40 db(A) Leq (Innen) ist mit Überschreitungen der in Bezug genommenen Reaktionsschwelle zu rechnen. Für einzelne Lärmereignisse beginnen nach den herangezogenen fachlichen Aussagen Aufwachreaktionen bei 48 db(A) Lmax. Zwar lässt sich aus den Dauerschallpegeln – ohne Hinzuziehung technischen Sachverstands – kein klares Bild zeichnen, was die Häufigkeit der Überschreitungen anbetrifft. Dass sie

1744 S. oben Teil 2, C., II., 1.

1745 Vgl. SRU, Umweltgutachten 2002, S. 272, Rn. 586. Allerdings passt dies nicht in das oben im Zusammenhang mit dem Schutzbereich von Art. 2 Abs. 2 S. 1 GG herausgearbeitete Schema. Die Störung des Nachtschlafs ist kein relevanter Wirkungsendpunkt, s. oben Teil 2, B., I., 2., a.

auftreten, ist jedoch schon im intermittierenden Charakter des Fluglärms angelegt und als sehr wahrscheinlich einzustufen. Falls es dafür zusätzlicher Belege bedarf, genügt ein Blick auf die mittlerweile ausgewiesenen Lärmschutzbereiche des Flughafens Frankfurt/Main[1746]. Die räumliche Ausdehnung der nächtlichen Lärmschutzzonen wird dort – abgesehen von einigen nah an den Flughafen angrenzenden Gebieten – überwiegend vom Maximalpegelkriterium bestimmt. Für die nächtliche Lärmschutzzone wird angenommen, dass dort maximal 6 Ereignisse stattfinden, die oberhalb eines Innenraumereignispegels von 53 db(A) liegen. Auf Grund des nächtlichen Dauerschallpegelkriteriums ist anzunehmen, dass *innerhalb* der Schutzzone – bei Anwendung alleine des 15 db(A)-Differenzkriteriums – Innenraumdauerschallpegel oberhalb von 35 db(A) Leq gegeben sind[1747]. Wenn aber für den Bereich innerhalb der Schutzzone in einem Innendauerschallpegelbereich zwischen 35 und 40 db(A) rechnerisch diverse Einzelereignisse *oberhalb* von 53 db(A) eintreten, so ist nicht ersichtlich, wieso dies nicht auch für diesen Innendauerschallpegelbereich außerhalb der Schutzzonen anzunehmen sein soll, insbesondere wenn man nicht Ereignisse oberhalb von 53 db(A) betrachtet, sondern solche oberhalb von 48 db(A).

Wie viele Ereignisse oberhalb eines Innenpegels von 48 db(A) außerhalb der Schutzzonen in der Nacht zu erwarten sind, lässt sich jedoch, wie gesagt, nicht genau ableiten. Für die Verhältnisüberlegung ist das problematisch, weil so keine nachvollziehbare Gewichtung der damit einhergehenden Belastungen vorgenommen werden kann. Es kann noch nicht einmal eine grobe Einstufung erfolgen, wie etwa: seltene Überschreitungen seien anzunehmen. Selbst wenn man eine solche Annahme bzw. Einstufung unterstellen würde, wäre noch nicht klar, wie sich das damit einhergehende Gesundheitsrisiko darstellt.

Was chronische Belastungen durch nächtlichen Fluglärm anbetrifft, so wird zwar in den Gesetzesmaterialien behauptet, sie seien erst ab einem Außendauerschallpegel von 50–55 db(A) (35–40 db(A) Leq im Innenraum) in Form von Risikoerhöhungen anzunehmen. Die dafür in Anspruch genommene fachliche Aussage widerspricht dem jedoch und nimmt „höhere Häufigkeit(en) von Störungen des Nachtschlafs mit gesundheitlichen Folgen“[1748] ab einem Außendauerschallpegel von 45 db(A) an (30 db(A) Leq Innen). Aber auch wenn man hiervon ausgeht, ergibt sich wiederum das Problem der Transformation dieses außerrechtlichen Wissens in eine im Rahmen einer Verhältnisüberlegung verwendbare Aussage[1749]. Hinsichtlich der Qualität der gesundheitlichen Folgen (Risikowahrscheinlichkeit) lässt sich SRU 2002 nichts weiter entnehmen. Die Gesetzesmaterialien geben außerdem auch nicht an, etwa wie viele Menschen mit solchen Dauerschallinnenpegel außerhalb von Schutzzonen leben

---

1746 S. unter https://wirtschaft.hessen.de/verkehr/luftverkehr/laermschutzbereich-flughafen-frankfurt (Zuletzt aufgerufen am 25.08.2013).

1747 Bei 50 db(A) Leq Außenpegel also 35 db(A) Leq Innenpegel, bei 51 dann 36, bei 52 dann 37 usw. (hier ohne Berücksichtigung etwaiger Schallschutzmaßnahmen).

1748 SRU, Umweltgutachten 2002, S. 273, Rn. 590.

1749 S. oben Teil 2., A., I., 2. bzw. C., III., 1.

müssen. Eine Gewichtung der chronischen Belastungen erscheint auch von daher kaum durchführbar.

Wenn man über die so umrissenen Informationen verfügte (und also angeben könnte, wie viele Menschen in Deutschland von der Nichtbeachtung dieser vermeintlich geringen Risiken betroffen sind), könnte man, zumindest einigermaßen nachvollziehbar, die dann gewichteten Gesundheitsbelastungen in eine Verhältnisüberlegung einstellen. Diese könnte auch nach den Kosten fragen, die mit der Gewährleistung passiver Schallschutzmaßnahmen *auch* für diese Betroffenen verbunden wären. Diesbezüglich wäre dann weiter problematisch, dass keine Daten dazu vorhanden sind, wie hoch etwaige finanzielle (Zusatz-)Belastungen einzuschätzen sind[1750]. Schließlich wären diese Erwägungen insgesamt vor dem Hintergrund zu sehen, dass nach den Erkenntnissen, die der Gesetzgeber selber in Bezug genommen hat, Gesundheitsreaktionen durch Störungen des Nachtschlafes *nur* unterhalb eines Dauerschallpegels von 30 db(A) Leq nahezu ausgeschlossen sind (bzw. nur einzelne Maximalpegelereignisse bis zu 50 db(A) (bzw. 48 db(A)) auftreten dürfen).

(3) Zwischenfazit

Was also die gesundheitlichen Belastungen anbetrifft, die außerhalb von Schutzzonen auf Grund der in den Gesetzesmaterialien in Bezug genommenen fachlichen Aussagen anzunehmen sind, lässt sich zusammenfassend Folgendes feststellen: Problematische Innenraumbelastungen am Tag sind auf Grundlage der herangezogenen fachlichen Aussagen nicht ersichtlich. In der Nacht ergeben sich allerdings – insbesondere bei Bestandsflughäfen – Innenraumbelastungen, die zu Störungen des Schlafes und hierdurch zu gesundheitlichen Risiken führen. Diese Gesundheitsbelastungen müssten einer Verhältnisüberlegung zugeführt und dort bewältigt werden. Wollte man dies nachvollziehbar tun, bedürfte es der Zuhilfenahme weiterer Annahmen über Art und Ausmaß der Belastungen bzw. der damit einhergehenden Risiken. Insofern ist es auch verständlich, dass sich die Rechtsprechung darauf zurückzieht, der Gesetzgeber habe hier seinen Einschätzungsspielraum wahrgenommen, und damit weitergehende Erörterungen vermeidet. Die Rechtfertigung eines solch weitgehenden Einschätzungsspielraums ist jedoch, wie gezeigt, schon auf Grund der in den Gesetzesmaterialien in Bezug genommenen fachlichen Zusammenhänge fraglich. Die Bedenken vertiefen sich sogar noch, wenn man weitere fachliche Aussagen betrachtet, die ebenfalls schon zum Zeitpunkt des Gesetzgebungsverfahrens zur Verfügung standen[1751].

1750 Die Daten zu den mit dem Gesetz entstehenden Kosten beziehen sich alleine auf die Kosten, die mit den tatsächlich vorzunehmenden Maßnahmen wahrscheinlich entstehen, vgl. oben Teil 1, D.

1751 S. unten Teil 3, B., II., 2., a., dd.

bb. Schutzzielwerte

Die Werte des § 2 Abs. 2 FluLärmG sind im wesentlichen Dauerschall-Außenpegelwerte (Ausn. nur der nächtliche Maximalpegel), aus denen sich Innenpegel nur über die allgemeine Differenzregel herleiten lassen. Damit wird aber kein wünschenswerter Zustand für den Innenraum beschrieben, sondern nur eine Umrechnungsregel angewandt[1752]. Da also das FluLärmG das zulässige Belastungsniveau für die Innenräume innerhalb der Schutzzonen nicht festlegt[1753], sind seine Auswirkungen ohne einen weiteren Konkretisierungsschritt nicht zu beurteilen. Möglich wird er über die inhaltlichen Aussagen in den Durchführungsverordnungen zum FluLärmG[1754]. In § 7 FluLärmG ist eine Ermächtigungsgrundlage für den Erlass einer Rechtsverordnung vorgesehen, die festlegen soll, welche Schallschutzanforderungen einschließlich Anforderung an die Belüftungstechnik unter Beachtung des Standes der Schallschutztechnik im Hochbau festzusetzen sind, denen die baulichen Anlagen *zum Schutz ihrer Bewohner* genügen müssten[1755].

Man könnte daraus schlussfolgern, dass eigentlich auch in dieser Rechtsverordnung keine Innenraumpegel *als Schutzziele* festgelegt, sondern lediglich bauliche Schallschutzanforderungen in Form von Bauschalldämm-Maßen beschrieben werden (unter Heranziehung des Standes der Technik in Form der DIN 4109)[1756]. Die Kernidee ist jedoch, dass nach Durchführung der vorgesehenen Maßnahmen

---

1752 In diesem Sinne Koch, in: Dolde/Hansmann/Paetow/Schmidt-Aßmann (Hg.), FS Sellner 2010, S. 292 ff.

1753 Dies gilt auch für das Maximalpegelkriterium, auch wenn er als Innenpegel in § 2 Abs. 2 FlugLSchG dargestellt wird. Auch mit ihm wird nur der räumliche Bereich bestimmt, in dem passive Schallschutzmaßnahmen anzuordnen sind, nämlich der räumliche Bereich, in dem ein bestimmter Einzelpegel in bestimmter Häufigkeit auftritt, nicht jedoch wie häufig ein bestimmter Maximalpgel maximal im Innenraum auftreten *sollte*, unklar Reidt/Fellenberg, in: Landmann/Rohmer (Hg.), Umweltrecht, FluglärmG, § 2, Rn. 19.

1754 Kritisch gegenüber den Gewährleistungen der DIN 4109, Kötz, ZfL 2008, 1; zur vor der Novellierung gängigen Unterscheidung von Schutzzone und Schutzziel in der Rechtsprechung s. oben Teil 3, B., I., 3., c., gg. und hinsichtlich der gleichen Regelungssystematik im alten FluLärmG oben Teil 3, B., I., 4., a.

1755 BR-Drs. 521/09, S. 11: „Die Qualität des baulichen Schallschutzes in den Schutzzonen wird in dieser Verordnung geregelt, indem die Bauschalldämm-Maße für die Tag-Schutzzonen in Abhängigkeit von den verschiedenen, in Isophonen-Bändern erfassten fluglärmbedingten Außenpegeln im Lärmschutzbereich festgelegt werden. Gleiches gilt auch für die Nacht-Schutzzone, für die die Bauschalldämm-Maße der Schlafräume *entsprechend den relevanten Lärmwirkungen* im Nachtzeitraum um durchgehend 10 Dezibel höher liegen. (Herv. durch den Verf.)" Ähnliche Formulierungen, die darauf abzielen, dass die Dämmung an den fachlich beschriebenen Lärmwirkungen ausgerichtet wurde, finden sich in der gesamten Verordnungsbegründung.

1756 Vgl. Koch, in: Dolde/Hansmann/Paetow/Schmidt-Aßmann (Hg.), FS Sellner 2010, S. 295; wohl auch Rathgeb, DVBl. 2013, 692 (695).

passiven Schallschutzes typischerweise innerhalb der Wohnungen mit einem bestimmten Dauerschallbelastungsniveau zu rechnen ist[1757]. Innerhalb der Schutzzonen, die objektiv mit den höchsten Außengeräuschpegeln belastet sind, kommt es also entscheidend darauf an, wie sehr die Außenbereichspegel nach der 2. FlugLSV typischerweise herabgedämmt werden sollen.

Wie auch bei der Differenzregel wird also mit empirischen Annahmen (über die Dämmwirkung nach Durchführung von Maßnahmen) gearbeitet, die mehr oder weniger zutreffend sein können. Jedenfalls aber wirken sie typisierend, so dass man in manchen Fällen wird annehmen müssen, dass das typischerweise zu erreichende Belastungsniveau auch verfehlt werden kann. Wiederum stellt sich auch insofern die Frage, welche tatsächlichen Folgen aus den Dämmwirkungen bzw. damit verbundenen Schutzzielen abgeleitet (1) und zum Beurteilungsgegenstand lärmwirkungsfachlicher Überlegungen gemacht werden könnten (2).

(1) Folgenableitung aus den Schutzzonenzielwerten

Unter Hinzuziehung der in der 2. FlugLSV festgelegten Anforderungen an den baulichen Schallschutz lassen sich Schutzzielwerte zumindest für den typischen Fall ableiten. Da die 2. FlugLSV jedoch mit mehreren Regel- und Ausnahmefällen arbeitet, ergibt sich eine nur sehr schwer zu durchschauende Mixtur von Grundsätzen und Ausnahmen, was als eine der großen Schwachpunkte der Novellierungsbemühungen angesehen werden muss.

Die in § 3 2. FlugLSV angegebenen Dämm-Maße sind unterteilt in Werte für die Tag- und die Nachtschutzzone, wobei wegen der innerhalb der Schutzzonen gegebenen Variationsbreite der außen tatsächlich bestehenden Schallbelastungen die einzuhaltenden Dämm-Maße in Schritten von 5 db(A) angegeben sind[1758]. Hier schließt sich die Frage an, welches Schutzniveau (oder verbleibendes Belastungsniveau) für die Innenräume aus diesen Dämm-Maßen ableitbar ist. *Koch* führt hierzu aus, dass das bei Verwendung entsprechender Bauteile erreichbare Niveau bei 34 bis

---

1757 Obwohl Koch, in: Dolde/Hansmann/Paetow/Schmidt-Aßmann (Hg.), FS Sellner 2010, S. 292 ff., in seinen Überlegungen an die alte Regelungssystematik anknüpft, die Unterscheidung von Schutzzonen und Schutzzielen aufgreift und aus den Bauschallämm-Maßen ein Belastungs- bzw. Schutzniveau ableitet (S. 295 ff.), scheint er die sich daraus für den Begriff der planerischen Unzumutbarkeit ergebenden Konsequenzen nicht ziehen zu wollen, vgl. dazu unten Teil 3, B., II., 4. und 5.

1758 Hier wäre die Frage, ob es nicht gehörgerechter wäre, wenn man nicht wenigstens Schritte in 2 bis 3 db(A) vorgenommen hätte, da solche Veränderungen als wahrnehmbar beschrieben werden, vgl. Ortscheid/Wende, ZfL 2004, 80 ff. Auch die Rechtsprechung hat dies anerkannt, etwa BVerwG, NVwZ 1997, 394 (395); NVwZ 1992, 1198. Wegen der „Schrittbreite“ ergibt sich auch die Variationsbreite im tatsächlich abzuleitenden Belastungs-/Schutzniveau, wie sie Koch, in: Dolde/Hansmann/Paetow/Schmidt-Aßmann (Hg.), FS Sellner 2010, S. 295 ff., darstellt und die auch in BR-Drs. 521/09, S. 11, angegeben sind.

39 db(A) am Tag und 24 bis 29 db(A) in der Nacht liege[1759]. Man könnte meinen, dass damit das zulässige Belastungsniveau für Wohnräume innerhalb der Schutzzone im Fall des Neu- oder Ausbaus eines Verkehrsflughafens abschließend beschrieben ist. Tatsächlich sind hiervon jedoch nur die Fälle der Neuerrichtung baulicher Anlagen innerhalb solcher Schutzzonen erfasst[1760]. Den Wohnungsneubau innerhalb einer Schutzzone wird man aber eher als den Belastungsausnahmefall betrachten müssen. Der Regelfall ist die bereits bestehende Wohnnutzung.

In der Begründung zur 2. FlugLSV werden auch die Dauerschallmittelwerte nach Rundung genannt, die bei 37 bzw. 27 db(A) Leq liegen sollen[1761]. Die Mittelwerte sind allerdings eher irreführend. Für den Fall eines Dauerschalltagespegels von 61 db(A) außen ergibt sich ein rechnerisches Belastungsniveau nach etwaiger Durchführung der Maßnahmen von 35 db(A) im Innenraum. Für die Schrittbreite der Dämm-Maßnahmen von 60 db(A) bis 65 db(A) ergibt sich also: 60 db(A) außen = 34 db(A) innen; 61= 35; 62=36; 63=37; 64= 38. Bei 65 db(A) beginnt eine neue Zählung, also ein neuer 5 db(A)-Schritt. Hier führt ein anspruchsvolleres Dämm-Maß wiederum zum beschriebenen Belastungsniveau zwischen 34 und 39 db(A) Leq innen, so dass im Ergebnis bei neu errichteten baulichen Anlagen innerhalb der gesamten Tagschutzzone typischerweise ein Belastungsniveau (Innen) zwischen 34–39 db(A) erreicht wird. Allerdings werden die jeweils außen höher belasteten Anwohner *innerhalb* einer 5 db(A)-Gruppe auch im Ergebnis mit höheren Innenpegeln zu rechnen haben.

Bei dem auf diese Weise für die ganze Schutzzone abgeleiteten zulässigen Tages- bzw. Nachtbelastungsniveau müssen jedoch noch zwei Ausnahmeregelungen bedacht werden. Gemäß § 5 Abs. 2 2. FlugLSV darf das zulässige Belastungsniveau im Fall bereits errichteter baulicher Anlagen offensichtlich höher liegen, da dann um 3 db(A) niedrigere – also weniger anspruchsvolle – Dämm-Maße eingehalten werden müssen. Wie sich dies auf das zulässige Belastungsniveau auswirkt, lässt sich ohne Hinzuziehung technischen Sachverstandes nicht genau sagen, denn der Innenpegel ergibt sich nicht über eine einfache Subtraktion des Dämm-Maßes. Das Dämm-Maß ist vielmehr Bestandteil einer komplexen Gleichung[1762]. Es wird jedoch angenommen, dass tatsächlich ein um 3 db(A) höheres Belastungsniveau im Innenraum die Folge dieser Regelung sein wird, es also dann am Tag zwischen 37 und 42 db(A) (in der Nacht zwischen 27 und 32 db(A) Leq) liegen wird[1763].

Darüber hinaus kann es gemäß § 5 Abs. 3 2. FlugLSV bei errichteten baulichen Anlagen auch noch zur Anrechnung alter – bereits durchgeführter – Schutzprogramme kommen. Auch die Auswirkung dieser Regelung ist ohne technischen Sachverstand nicht nachzuvollziehen. Wiederum wird angenommen, dass eine solche

1759 Koch, in: Dolde/Hansmann/Paetow/Schmidt-Aßmann (Hg.), FS Sellner 2010, S. 296.

1760 BR-Drs. 521/09, S. 11.

1761 BR-Drs. 521/09, S. 11.

1762 S. Gleichung 15 des Beiblatts 1 zur DIN 4109 vom November 1989.

1763 BR-Drs. 521/09, S. 14; s. auch Koch, in: Dolde/Hansmann/Paetow/Schmidt-Aßmann (Hg.), FS Sellner 2010, S. 296.

Anrechnung das ableitbare Schutzniveau um zusätzlich bis zu 5 db(A) erhöht[1764]. Legt man dies zu Grunde, steigt das Belastungsniveau – innerhalb der Schutzzone – am Tag im Innenraum auf 42 bis 47 db(A) Leq und in der Nacht auf 32 bis 37 db(A). Kommen bei bereits errichteten baulichen Anlagen beide Ausnahmeregelungen zur Anwendung, kann dies also dazu führen, dass erst ab Tagesinnenwerten oberhalb von 47 db(A) Leq und Nachtinnenwerte oberhalb von 37 db(A) bauliche Dämm-Maßnahmen vorgenommen werden müssen[1765]. Selbst wenn also formal wegen der Lage des Grundstücks innerhalb der Schutzzonen ein Erstattungsanspruch besteht, kann er im Einzelfall leer laufen bzw. nur zu einer geringen Veränderung des Geräuschniveaus im Innenraum führen.

Wie schon bei den Schutzzonendefinitionswerten gezeigt wurde, muss man mit Blick auf nächtliche Maximalpegel wohl davon ausgehen, dass im gesamten Schutzgebiet einheitlich maximal 6 Ereignissen á Lmax 53 db(A) im Innenraum zulässig sind. Es ergeben sich jedenfalls aus der 2. FlugLSV keine weiteren Hinweise, dass dieser aus § 2 Abs. 2 FluLärmG stammende Wert noch einmal eine Veränderung erfahren hat oder erfahren sollte.

(2) Fachlich angeleitete Beurteilung der verschiedenen Schutzniveaus

Die Beurteilung der verbleibenden Innenraumbelastungen innerhalb der Schutzzonen erfolgt im gleichen Muster, wie es schon bei der Beurteilung der Innenraumbelastungen außerhalb der Schutzzonen verwendet wurde. Es wird also gefragt, wo etwaige Einschätzungen bezüglich des Vorhandenseins von Gesundheitsbelastungen vorgenommen wurden und inwiefern unter Umständen Aspekte in eine Verhältnisüberlegung einzuführen wären. In fachlicher Hinsicht wird auf die bereits herausgearbeiteten Bezüge in den Gesetzesmaterialien zum FluLärmG abgestellt. Die Begründung zur 2. FlugLSV geht darüber nicht hinaus. Daher wird angenommen, dass die Regelungen der 2. FlugLSV den gesetzgeberischen Versuch darstellen, die in den Gesetzesmaterialien als maßgeblich erachteten fachlichen Aussagen maßnahmentechnisch umzusetzen.

Nach obiger Analyse der Gesetzesmaterialien gilt für Gesundheitsreaktionen, die bei einer Tagesdauerschallbelastung im Innenraum ab 50 db(A) Leq auftreten, dass sie als Gefährdung der Gesundheit eingestuft wurden. Eine solch eindeutige Einstufung konnte für die im Zusammenhang mit den nächtlichen Geräuschen auftretenden Gesundheitsreaktionen in den Gesetzesmaterialien nicht gefunden werden. Als problematisch wurden die Gesundheitsreaktionen angesehen, die auf Grund der Störungen des Nachtschlafes eintreten. Für chronische Gesundheitsbelastungen in

1764 BR-Drs. 521/09, S. 14. Koch, in: Dolde/Hansmann/Paetow/Schmidt-Aßmann (Hg.), FS Sellner 2010, S. 295, erläutert, warum hier von 5 anstatt der dem Wortlaut der Regelung zu entnehmenden 8 db(A) auszugehen ist; anders aber Rathgeb, DVBl. 2013, 692 (696).

1765 Koch, in: Dolde/Hansmann/Paetow/Schmidt-Aßmann (Hg.), FS Sellner 2010, S. 297.

der Folge von Störungen des Nachtschlafes gilt, dass sie ab 30 db(A) Leq, zumindest aber ab 35 db(A) Leq angenommen wurden. Ab diesen Dauerschallinnenpegeln treten aus Sicht des Gesetzgebers tendenzielle Risikoerhöhungen ein. Weiterhin wird unterstellt, dass bei Ereignispegeln oberhalb von 48 db(A) im Innenraum Aufweckreaktionen eintreten.

Die Beurteilung der sich aus der 2. FlugLSV ergebenden Schutzziele (bzw. die verbleibenden Innenraumbelastungen) muss diese unterschiedlichen Belastungssituationen berücksichtigen. Am Anfang soll das grundsätzliche Schutzniveau stehen, wie es sich für Neu- oder Ausbauten ergibt. Hier soll die Dauerschallinnenraumbelastung bei 34–39 db(A) am Tag und bei 24–29 db(A) in der Nacht liegen.

Abgesehen von der grundsätzlichen Aussage, dass nur die Nullbelastung keine Risikoerhöhung darstellt, sind diese Zielwerte im Hinblick auf die herangezogenen fachlichen Aussagen als unproblematisch anzusehen. Anders ausgedrückt: Der Gesetzgeber konnte in zulässiger Weise auf Grundlage der herangezogenen fachlichen Aussagen annehmen, dass, soweit dieses Niveau realisiert wird, keine relevanten Gesundheitsreaktionen zu erwarten sind. Zwar kann im Hinblick auf Störungen des Nachtschlafes – ohne Hinzuziehung eines geschulten Akustikers – nicht mit Sicherheit gesagt werden, dass in einem Dauerschallpegelbereich von 24–29 db(A) Leq Innen keine Einzelereignisse oberhalb von 48 db(A) auftreten. Jedoch wäre eine solche Einschätzung seitens des Gesetzgebers wohl von einem etwaigen Spielraum gedeckt. Jedenfalls blieb der Gesetzgeber mit diesem Dauerschallschutzniveau unterhalb der 30 db(A) Leq Dauerschallschwelle, die fachlicherseits als Grenze zu tendenziellen Risikoerhöhungen betrachtet wurde.

Die Erhöhung des grundsätzlichen Schutzniveaus für die Fälle bereits bestehender baulicher Anlagen um 3 db(A) ist im Hinblick auf den nächtlichen Dauerschallpegelbereich hingegen problematisch, da damit zumindest in einigen Fällen die fachlicherseits angegebene Grenze von 30 db(A) Leq im Innenraum überschritten wird. Der Gesetzgeber könnte die damit einhergehenden tendenziellen Risikoerhöhungen aber als nicht sicher genug eingeschätzt haben, um ihnen größere Bedeutung zuzumessen[1766]. Im Übrigen gilt hier wiederum das soeben zur Einschätzung der Einzelereignisse oberhalb von 48 db(A) Gesagte.

Kommt es bei Neu- und Ausbaufällen zu einer Anrechnung alter Schallschutzprogramme, verringert sich das Schutzniveau innerhalb der Schutzzone noch einmal um 5 db(A). Die dann zulässigen Innenraumdauerschallpegel liegen am Tag zwischen 42–47 db(A) und 32–37 db(A) in der Nacht. Das zulässige Tagesgeräuschbelastungsniveau liegt damit noch immer unter der als maßgeblich angesehen Schwelle von 50 db(A) Leq innen, ab der von Gesundheitsgefährdungen ausgegangen wurde. Die nächtlichen Dauerschallbelastungen liegen dann jedoch schon deutlich innerhalb des Bereichs, in dem mit tendenziellen Risikoerhöhungen zu rechnen ist. Sie liegen auch oberhalb der bereits gefestigten Rechtsprechung des BVerwG, die Innenraum-Dauerschallpegel von

1766 Zur vergleichbaren Situation *außerhalb* der Schutzzonen s. oben Teil 3, B., II., 2., a., aa., (1), (aa).

35 db(A) in der Nacht innerhalb einer Schutzzone als gerade noch zulässig angesehen hatte[1767]. Das Schutzniveau ist dann – teilweise – so „hoch“, dass es sogar oberhalb der nächtlichen Dauerschallpegelinnenwerte liegt, die im Fall des Aus- oder Neubaus eines Verkehrsflughafens im schlechtesten Fall *außerhalb* der Schutzzonen erreicht werden. Bei Anwendung der Differenzregel gehen die Innendauerschallbelastungen außerhalb der Schutzzonen in der Nacht nämlich bis maximal 35 db(A) Leq (und nehmen mit zunehmender Entfernung vom Flughafen dann ab)[1768]. Schließlich ist in einem Innendauerschallpegelbereich von 32 bis 37 db(A) Leq verstärkt mit Einzelpegeln oberhalb von 48 db(A) Leq zu rechnen. Insofern gelten, was die nächtlichen Belastungen innerhalb der Schutzzonen anbetrifft, die schon im Zusammenhang mit den Belastungen außerhalb der Schutzzonen dargestellten Erwägungen im Rahmen einer etwaigen Verhältnisbetrachtung[1769].

(3) Zwischenfazit

Wie schon im Rahmen der Betrachtung der gesundheitlichen Belastungen, die außerhalb von Schutzzonen auf Grund der in den Gesetzesmaterialien in Bezug genommenen fachlichen Aussagen anzunehmen sind, lässt sich feststellen, dass es auch innerhalb der Schutzzonen – trotz des dort formal bestehenden Anspruchs auf passive Schallschutzmaßnahmen – zu Situationen kommen kann, in denen Belastungen nicht auszuschließen sind, die zu gesundheitlichen Risiken führen können. Auch hier betrifft dies alleine die anzunehmenden nächtlichen Störungen. Insofern ist es nicht nachvollziehbar, wenn das BVerwG behauptet, dass, „(s)oweit Lärmschutzbelange vom Regelungsanspruch des Fluglärmschutzgesetzes erfasst sind, dessen Lärmgrenzwerte alle Schutzziele ab(decke), die in der lärmmedizinischen Literatur diskutiert (würden)“[1770]. Das trifft, wie gezeigt, schon nicht auf den Stand der im Gesetzgebungsverfahren herangezogenen Fachliteratur zu.

cc. Belästigungsreaktionen und gesetzgeberische Grenzwerte

Bisher wurden die tatsächlichen Folgen der gesetzlichen Schutzzonen- und Schutzzielgrenzwerte bzw. des aus ihnen ableitbaren Schutzniveaus allein vor dem Hintergrund der vom Gesetzgeber herangezogenen Fachliteratur zu möglichen Gesundheitsreaktionen beurteilt. Die Belästigungsreaktionen – insbesondere die Globalreaktion der Belästigung – und das insofern herangezogene Fachwissen

1767 Insgesamt zur Rechtsprechung vor der Novellierung oben Teil 3, B., I., 3., c., gg.; hinsichtlich der Maßgeblichkeit des Innenraumpegelwertes von 35 db(A) Leq insb. BVerwGE 125, 116 (222, Rn. 311 ff.); s. auch Koch, in: Dolde/Hansmann/Paetow/Schmidt-Aßmann (Hg.), FS Sellner 2010, S. 282 (m.w.N.).

1768 Schutzzonendefinitionswert gem. § 2 Abs. 2 S. 2 Nr. 1 b) FluLärmG = 50 db(A) Leq minus 15 db(A) Außen-Innenpegeldifferenz.

1769 S. oben Teil 3, B., II., 2., a., aa., (2), (b).

1770 BVerwGE 142, 234 (287, Rn. 182); trotzdem zustimmend Giemulla/Rathgeb, ZLW 2013, 55 (58).

spielten dabei keine Rolle, weil gezeigt wurde, dass das Wissen über Belästigung im neu bestimmten System gestuften Fluglärmschutzes lediglich eine Unterstützungs- bzw. Auffangfunktion hat[1771]. Auf Grund dieser Unterscheidung sind jedoch noch verschiedene sachlich-inhaltliche Aspekte zu berücksichtigen, die im Folgenden dargestellt werden. Zuvor aber bedarf es noch einmal, wie auch schon bei der Beurteilung der Gesundheitsreaktionen, einer Ableitung der tatsächlichen Folgen des FluLärmG, und zwar nunmehr mit Blick auf bestehende bzw. vermiedene Belästigungsreaktionen.

Außerhalb der Schutzzonen gilt es – wie gehabt – zwischen Tag- und Nachtbelastungen sowie zwischen den Fällen des Flughafenneu bzw. -ausbaus und Bestandsflughäfen zu unterscheiden. Bei Aus- und Neubauten gilt es wiederum, den Bereich besonders hervorzuheben, der direkt an die Schutzzonen angrenzt. Dort liegen die errechneten Außendauerschallpegel bei 55 bis 60 db(A) Leq (bzw. 40 bis 45 db(A) Leq im Innenraum). Bei Bestandsflughäfen erhöht sich dieser Pegelbereich, ohne Anspruch auf Kompensation, um 5 db(A) auf dann (innen) bis 50 db(A) Leq. In der Nacht sind diese Werte um jeweils 10 db(A) reduziert, so dass bei Bestandsflughäfen nächtliche Innendauerschallpegel von bis zu 40 db(A) Leq erreicht werden[1772].

Innerhalb der Schutzzonen muss nicht mehr zwischen Aus- bzw. Neubauten und Bestandsflughäfen unterschieden werden, da das rechnerische Schutzniveau innerhalb jeder Schutzzone erreicht werden soll. Zu unterscheiden sind nur verschiedene Wohnnutzungen innerhalb der Schutzzone. Für Wohnungsneubauten gilt das anspruchsvollste Schutzniveau. Die Tagesinnendauerschallpegel sollen hier nach der Durchführung von Schallschutzmaßnahmen bei 34 bis 39 db(A) Leq liegen. Für bereits bestehende Wohnnutzungen wird das Niveau um 3 db(A), auf dann 37 bis 42 db(A) Leq reduziert. Soweit bei bestehenden Nutzungen in der Vergangenheit Schutzprogramme durchgeführt wurden, kann das Niveau um weitere 5 db(A) auf dann 42 bis 47 db(A) absinken. In der Nacht gilt auch innerhalb der Schutzzonen ein um 10 db(A) „höheres" Schutzniveau, also dann – aus Sicht der Betroffenen – ungünstigstenfalls 32 bis 37 db(A)[1773].

Was die insoweit in der Gesetzesbegründung herangezogenen fachlichen Aussagen betrifft, ergibt sich folgendes Bild: Die Belästigungsreaktionen am Tag werden – unter Berufung insbesondere auf SRU 1999 – ab dem Außendauerschallpegelwert von 65 db(A) Leq als erheblich eingeschätzt[1774]. Zudem wird angenommen, dass bei Aus- und Neubauten Überschussreaktionen zu erwarten sind, die für eine Herabsenkung dieser Erheblichkeitsschwelle um 5 db(A) sprechen. Für die Nacht wird unter Berufung auf SRU 2002 von erheblichen Störungen und Belästigung oberhalb von Außendauerschallpegeln von 45 db(A) ausgegangen[1775].

1771 S. oben Teil 2, B., III., 2., b., dd. und Teil 3, B., II., 1., c., cc.
1772 Zur Folgenableitung ausführlich oben Teil 3, B., II., 2., a., aa., (1).
1773 Wiederum ausführlich oben Teil 3, B., II., 2., a., bb., (1).
1774 BT-Drs. 16/508, S. 18.
1775 BT-Drs. 16/508, S. 18.

(1) Auffangfunktion

Da für die Geräuschbelastung am Tag festgestellt wurde, dass sie – jedenfalls auf Grundlage der herangezogenen fachlichen Aussagen – hinsichtlich der zu erwartenden Gesundheitsreaktionen weder außerhalb noch innerhalb der Schutzzonen als problematisch anzusehen sind, käme hier die Auffangfunktion des Wissens über Belästigung voll zum Tragen. Da aber die Belästigungsreaktion am Tag erst ab dem Wert für problematisch (erheblich) erachtet wurde, ab dem auch Gesundheitsreaktionen erwartet wurden – nämlich ab 65 db(A) Leq Außendauerschall – kann das herangezogene Wissen über die Belästigungsreaktion für Bestandsflughäfen zu keinen anderen, beachtenswerten Belastungsfolgen gelangen, als sie schon für die zu erwartenden Gesundheitsreaktionen am Tag dargestellt wurden. Anders ausgedrückt sind – aus Sicht des Gesetzgebers – auf der Grundlage der herangezogenen fachlichen Aussagen keine erheblichen Belästigungsreaktionen außerhalb von Schutzzonen um Bestandsflughäfen zu erwarten bzw. zu erkennen. Für Fälle des Neu- oder Ausbaus wird im Hinblick auf eine überschießende Belästigungsreaktion die Schwelle, ab der von einer Erheblichkeit der Belästigungen auszugehen sein soll, um 5 db (A) gesenkt. Fachlich enthält dafür aber weder SRU 1999 noch SRU 2002 eine konkrete Aussage bereit[1776]. Da aber durch die Absenkung – aus Sicht der Anwohner solcher Flughäfen – eine gegenüber Anwohnern von Bestandsflughäfen günstigere Belastungssituation (bzw. Belastungsfolgensituation) hergestellt wird, fällt die hier fehlende fachliche Anleitung im Rahmen einer verfassungsrechtlichen Verhältnisüberlegung nicht negativ ins Gewicht.

Hinsichtlich der fachlichen Anleitung des Gesetzgebers ist weiterhin davon auszugehen, dass er zumindest auch die in SRU 2002 dargestellten fachlichen Aussagen zu möglichen Belästigungsreaktionen zur Kenntnis genommen hat. Dort wird die Erheblichkeit der zu erwartenden Belästigungsreaktionen – im Gegensatz zu SRU 1999 – bei einem Außendauerschallpegel von 55 db(A) als erreicht angesehen[1777]. Dies lässt nur folgenden Schluss zu: Der Gesetzgeber hat die fachlichen Aussagen, die die Schwelle zur Erheblichkeit bei niedrigeren Dauerschallbelastungsbereichen sehen, entweder als fachlich nicht überzeugend oder im Hinblick auf die damit unter Umständen verbundenen ökonomischen Folgen als nicht hinnehmbar eingestuft.

1776 In SRU, Sondergutachten 1999, S. 165, Rn. 410, wird lediglich von einer langfristig stabilen Belastungssituation gesprochen, für die zumindest auch von gleichbleibenden Belästigungsreaktionen auszugehen sein soll. Anders aber bspw. Giering, in: UBA (Hg.), Lärmwirkungen, S. 19; s. im Übrigen auch die Nachweise in Fn. 420. Auch in der NORAH-Studie wird insbesondere die Quasi-Experimentsituation des Ausbaufalls am Frankfurter Flughafen genutzt, vgl. Schreckenberg/Eikmann/Guski/Klatte/Müller/Peschel/Schmidt/Seidler/Möhler, ZfL 2012, 107 (107); dazu auch Guski/Basner/Brink, Auswirkungen nächtlichen Fluglärms, S. 63.

1777 SRU, Umweltgutachten 2002, S. 274, Rn. 593 (Tab 3.2.2–5 unter Verweis auf Ortscheid/Wende, in: UBA (Hg.), Fluglärmwirkungen, S. 5). Dass es sich hierbei um Außendauerschallpegel handelt, ergibt sich aus der Originalquelle, vgl Ortscheid/Wende, in: UBA (Hg.), Fluglärmwirkungen, S. 20.

Da der Gesetzgeber darüber hinaus auch über die Bedeutung der Erheblichkeitsschwelle in der Lärmwirkungsforschung Kenntnis hat, also über das Wissen verfügt, dass Menschen erhebliche Belästigungsreaktionen *immer* auch in niedrigeren Dauerschallbelastungsbereichen empfinden bzw. so einstufen[1778], ist zusätzlich davon auszugehen, dass er auch dieses Wissen um Belastungen (bzw. Belastungsfolgen) in seine Verhältnisüberlegung eingeführt hat.

Dementsprechend richtet sich auch die verfassungsrechtliche Beurteilung aus. Geht man davon aus, der Gesetzgeber habe hier eine eigene fachliche Einschätzung der beiden gegenläufigen Aussagen vorgenommen, wäre zu fragen, ob sie vom Einschätzungsspielraum des Gesetzgebers gedeckt ist. Wenn man sich gegen eine so weitgehende Einschätzungsprärogative ausspricht, muss man annehmen, dass die fachlich beschriebenen Belästigungsreaktionen bei Außendauerschallpegeln bis zu 65 db (A) – respektive bis zu 60 db(A) – im Rahmen einer Verhältnisüberlegung als von nur geringem Gewicht angesehen worden sind[1779]. Jedenfalls führte ihr Gewicht nicht zu einer entsprechenden Grenzwertformulierung.

(2) Unterstützungsfunktion

Dem Wissen über Belästigungsreaktionen kommt für die Beurteilung der Folgen von Geräuschbelastungen in der Nacht eine unterstützende Funktion zu. Das Wissen über Gesundheitsreaktionen – insbesondere das sich verdichtende Wissen über die Beeinträchtigungen des Schlafes und damit einhergehender, sich funktional bzw. somatisch manifestierender, chronischer Gesundheitsschäden – überwiegt hier mittlerweile das Wissen über die Belästigungsreaktion[1780].

Die Frage, inwiefern sich die in den Nachtstunden, vor allem aber wohl in den Nachtrandstunden[1781], Geräuschbelasteten Belästigungsreaktionen zeigen, tritt hinter dieses Wissen zurück. Es kann aber zusätzlich herangezogen werden und damit das Gewicht der nächtlichen Geräuschbelastung (bzw. der „Gesamt"-Belastungsfolgen) im Rahmen einer Verhältnisüberlegung erhöhen. Man muss also zuerst bedenken, dass nach fachlichen Erkenntnissen (mit hoher Wahrscheinlichkeit) davon auszugehen ist, dass bei einem nächtlichen Dauerschallpegel von X (oder beim regelmäßigen Auftreten von Y nächtlichen Ereignissen mit dem Maximalpegel von Z) sich das langfristige Risiko einer Herz-Kreislauf-Erkrankung um einen bestimmten Prozentsatz erhöht. Hinzufügen kann man dann: Fachliche Erkenntnisse

1778 S. oben Teil 1, C., II., 2., a.; plastisch gemacht durch DFG, Forschungsbericht Fluglärmwirkungen, S. 534 f.

1779 Hinsichtlich der bei einer solchen Einstufung auftretenden Transformationsprobleme s. oben Teil 3, B., II., 2., a., aa., (2), (b).

1780 Diese Einschätzung wird im Übrigen auch durch die aufzeigbare Tendenz in der Rechtsprechung des BVerwG bestätigt, den Geräuschwirkungen in Folge der Störung des Schlafs eine immer größere Bedeutung zuzumessen, s. oben Teil 3, B., I., 3., c., gg.

1781 Zur Unterscheidung oben Teil 3, B., I., 3., c., ff.

deuten zudem darauf hin, dass bei einem solchen Dauerschallpegel (hier werden Erkenntnisse bisher nur über den Dauerschallpegel transportiert) sich 30% der Geräuschbelasteten auch stark belästigt fühlen und diese Aussage ebenfalls – in der aufgezeigten Weise[1782] – einen Gesundheitsbezug hat. Diese Unterstützungsfunktion greift für alle aufgezeigten Nachtbelastungen außerhalb, aber auch innerhalb der Schutzzonen, zumindest soweit Innenraumbelastungen vorhanden sind, die oberhalb 30 db(A) Leq liegen, da dies die vom Gesetzgeber unter fachlicher Anleitung bestimmte kritische Grenze sein soll[1783].

Prinzipiell wurde bisher in der Rechtsprechung immer angenommen, dass die Grenze einer noch hinnehmbaren Geräuschbelastung im Hinblick auf die damit einhergehenden Belästigungsreaktionen unterhalb der Grenze liegt, die hinsichtlich der mit der Geräuschbelastung verknüpften Gesundheitsreaktionen anzunehmen ist[1784]. Im oben entworfenen, neuen Stufenkonzept ist eine solche Sichtweise nicht zwingend, da Belästigungs- und Gesundheitsreaktionen klar inhaltlich getrennt werden und es daher zu ganz unterschiedlichen Zumutbarkeitsaussagen kommen kann.

Hält man dagegen am bisherigen Stufenkonzept fest, ergeben sich wegen dieser zusätzlichen Grundannahme diverse Probleme, was die Wertungen und fachlichen Einschätzungen in der Gesetzesbegründung betrifft. Zum einen wird dort nämlich für die Tagbelastung angenommen, dass der kritische Geräuschbelastungswert für Gesundheitsreaktionen mit dem kritischen Geräuschbelastungswert für Belästigungsreaktionen zusammenfällt[1785]. Zum anderen wird für nächtliche Belastungen eine Studie als maßgeblich ins Feld geführt, die den Beginn von Gesundheitsreaktionen ab Dauerschallinnenpegeln von 30 db(A) annimmt. Auch hier sieht die Gesetzesbegründung in dem gleichen Wert (45 db(A) außen = 30 db(A) im Innenraum) die Grenze für erhebliche Störungen und Belästigungen in der Nacht. Die Gesetzesbegründung rettet sich bzw. die Grundannahme einerseits dadurch, dass die Grenze für erhebliche Belästigungsreaktionen am Tag zumindest für die Aus- und Neubaufälle mit einer zusätzlichen fachlichen Annahme (Überschussreaktionen) um 5 db(A) herabgesenkt wird, und andererseits mit der – im Hinblick auf die Originalquelle – nicht nachvollziehbaren Behauptung, Gesundheitsreaktionen seien erst oberhalb eines Innendauerschallpegels von 35–40 db(A) Leq nachzuweisen[1786].

1782 S. oben Teil 2, B., I., 2., b. und III., 3.

1783 BT-Drs. 16/508, S. 18.

1784 Zur Nachvollziehbarkeit der Unterscheidung einer fachplanungsrechtlichen und verfassungsrechtlichen Unzumutbarkeitsgrenze im Stufenkonzept, s. oben Teil 3, B., II., 1.

1785 BT-Drs. 16/508, S. 18. Die Formulierung ist deutlich. Gleichwohl könnte man zu Gunsten des Gesetzgebers annehmen, dass er zumindest implizit auch den von Ortscheid/Wende, in: UBA (Hg.), Fluglärmwirkungen, genannten Wert (höhere Belästigung am Tag *ab 50* db(A) außen) zur Kenntnis genommen hat.

1786 BT-Drs. 16/508, S. 18; s. auch oben Fn. 1738.

Interessant ist die Gesetzesbegründung auch deshalb, weil für die Nacht zwar angenommen wird, dass – fachlicherseits – erhebliche Störungen und Belästigungen ab einem Außendauerschallpegel von 45 db(A) anzunehmen sind. Abgesehen davon, dass der Gesetzgeber mit seinen Schutzzielwerten ein aus diesem Wert ableitbares Schutzziel von 30 db(A) innen, wie in den Folgenableitungen gezeigt, nur zum Teil einhält, legt er darüber hinaus auch die Definitionswerte für die Nachtschutzzonen in § 2 Abs. 2 FluLärmG auf 50 bzw. 55 db(A). Wollte man in Schutzzonendefinitionswerten entgegen der bisherigen Regelungssystematik auch die Schutzziele erkennen, müsste man also auch insofern konstatieren, dass der Gesetzgeber von den von ihm selbst als maßgeblich erachteten fachlichen Aussagen abweicht. Der Gesetzgeber hat hier offenbar insoweit das Gewicht derjenigen Betroffenen, die außerhalb der Schutzzonen in Geräuschbelastungsbereichen zwischen 45 und 50 (bzw. 55) db(A) Leq leben und erhebliche Belästigungen empfinden, als weniger gewichtig eingeschätzt als das ökonomische Gewicht der Maßnahmen, die notwendig gewesen wären, um auch diesen Belastungsbereichen Schutz in Form baulicher Maßnahmen zukommen zu lassen. Allerdings ist zu beachten, dass den Belästigungsreaktionen ab einem Dauerschallpegel von 45 db(A) Leq gegenüber den Gesundheitsreaktionen in Folge nächtlicher Geräuschbelastungen lediglich unterstützende Funktion zukommt.

(3) Zwischenfazit

Was also die Verarbeitung des herangezogenen fachlichen Wissens über Belästigungsreaktionen im Rahmen der Novellierung anbetrifft, so fallen vor allem die Einschätzungen des Gesetzgebers im Hinblick auf etwaige Reaktionen in Folge von Geräuschbelastungen am Tag ins Gewicht; denn fachliche Erkenntnisse, die Gesundheitsreaktionen in Folge von Geräuschbelastungen am Tag aufzeigen, sind – soweit ersichtlich – bisher nicht vorhanden, so dass hier die Auffangfunktion des Wissens über Belästigungsreaktionen zum Tragen kommt.

Insoweit hat der Gesetzgeber sich aber für fachliche Positionen entschieden, die in hohem Maße umstritten sind[1787]. Zudem ist noch einmal – und zwar nicht nur mit Blick auf die Belästigungsreaktionen – auf den Zeitraum zwischen dem In-Kraft-Treten des FluLärmG im Jahr 2007 und dieser fachlichen Einschätzung hinzuweisen, die zu diesem Zeitpunkt bereits über 8 Jahre alt war[1788]. In der Zwischenzeit war schließlich eine Fülle von neuen Studien publiziert und auch in offizielle Dokumente

---

1787 Vgl. – auch für Nachfolgendes – oben Teil 3, B., I., 4., c.

1788 Vorwurf im Rahmen der Diskussion um die Aussagekraft dieser Positionen war zudem, dass bereits dort überwiegend veraltete Daten Verwendung fanden. Damit kündigt sich eine ganz ähnliche Verzögerungsproblematik an wie auch schon für das alte FluLärmG, vgl. Berkemann, ZfL 2001, 134 (143, Fn. 67); s. auch Bock, in: Ziekow (Hg.), Aktuelle Probleme 2008, S. 53 ff. und S. 68.

aufgenommen worden[1789], die aber im Rahmen der Novellierung des FluLärmG nicht berücksichtigt worden sind.

Bei den nächtlichen Belästigungsreaktionen ergeben sich im Wesentlichen die gleichen Probleme, die auch schon für die Gesundheitsreaktionen aufgezeigt wurden, da bei beiden Reaktionen davon ausgegangen wird, dass sie nur dann weitestgehend auszuschließen sind, wenn Innenraumdauerschallpegel von 30 db(A) Leq eingehalten werden. Dass beide Reaktionen bei solchen Dauerschallinnenpegel beginnen, erscheint auch deshalb plausibel, weil es in den Nachtrandstunden darum geht, einschlafen zu können. Wird dies verhindert, kann dies einerseits als lästig empfunden werden, verkürzt aber auch andererseits gleichzeitig (zumindest) die Gesamtschlafdauer.

Sowohl für die Auffang- als auch für die Unterstützungsfunktion ist anzumerken, dass sie nur dann nachvollziehbar in eine Verhältnisüberlegung einzuführen sind, wenn die Gewichtung von außer Acht gelassenen Belästigungsreaktionen näher bestimmbar wäre. Auch hier also wird das Transformationsproblem ersichtlich. Selbst dann, wenn man sich bewusst gemacht hätte, wie viele Menschen außerhalb der Schutzzonen diesen Belastungen ausgesetzt sind, was jedenfalls in den Gesetzesmaterialien nicht transparent gemacht wurde, wäre nicht klar, ob man dann von einer geringen, mittleren oder hohen[1790] Gewichtigkeit dieser Belastungen auszugehen hätte.

dd. Nichtbeachtung von SRU 2004 und weiterer Ausblick

Die hier vorgenommene Beurteilung der Effekte von Schutzziel- und Schutzzonendefinitionsgrenzwerten hat als Ausgangspunkt nur die fachlichen Erkenntnisse herangezogen, die den Gesetzgebungsunterlagen selbst zu entnehmen waren. Es ist aber soeben bereits angeklungen, dass zum Zeitpunkt des Inkrafttretens des Gesetzes zumindest noch ein weiteres Sachverständigengutachten des Umweltrats zur Verfügung stand, welches nicht umfassend zur Kenntnis genommen wurde.

Für Geräuschbelastungen am Tag wird dort auf neuere epidemiologische Studien hingewiesen, die einen deutlichen Zusammenhang (ab 55 db(A) Leq außen) zwischen Lärmbelastungen und der Entstehung von Bluthochdruck aufzeigen[1791]. Dies aber stellt die Annahme des Gesetzgebers in Frage, dass Gesundheitsbeeinträchtigungen in Folge von Tagbelastungen bisher nicht aufgezeigt werden könnten[1792].

1789 Dazu sogleich unten Teil 3, B., II., 2., a., dd.

1790 Die Begriffe stellen, was das Tranformationsproblem anbetrifft, keine festen Kategorien dar, werden aber regelmäßig im Gewichtungsprozess komplexer behördlicher Entscheidungen verwendet, vgl. Hofmann, in: Ziekow (Hg.), Aktuelle Fragen 2006, S. 159.

1791 SRU, Umweltgutachten 2004, S. 324, Rn. 639.

1792 In SRU, Umweltgutachten 2002, S. 273, Rn. 589, heisst es, dass trotz intensiver Forschungsbemühungen bislang keine Gesundheitsbeeinträchtigungen gefunden worden seien, die „eindeutig und ausschließlich auf Lärmimmissionen zurückzuführen sind".

Für (erhebliche) Belästigungsreaktionen wird – wiederum[1793] – auf den Wert 55 db(A) Leq aus dem Bericht des Umweltbundesamtes von 2001 hingewiesen. Dieser Wert liegt deutlich unterhalb des in den Gesetzgebungsunterlagen für maßgeblich erachteten Schwellenwertes für erhebliche Belästigungsreaktionen am Tag (65 db(A) Leq).

Was Reaktionen anbetrifft, die im Schlaf beobachtet werden können, wird schließlich ein sehr viel differenzierteres Bild gezeichnet als in den beiden vorangegangenen Umweltgutachten. Sofortreaktionen – also nicht Reaktionen an Wirkungsendpunkten – werden hier beschrieben für Einzelpegel ab 45 db(A) außen[1794]. Wichtig ist auch der Hinweis, dass für Innendauerschallpegel in der Nacht ab 35 db(A) angenommen wird, dass sich Risikoerhöhungen im Hinblick auf den Wirkungsendpunkt der Hypertonieentstehung ergeben, die ab 40 db(A) sogar *deutlich* ausfallen[1795].

Dies alles zeigt, dass die für die Schutzzonen- und Schutzzielwerte aufgezeigten gesundheitlichen Folgen und Effekte wahrscheinlicher und ernster zu nehmen sind, als es die im Rahmen des Gesetzgebungsverfahrens herangezogenen fachlichen Aussagen bzw. die darauf bezogenen Einschätzungen des Gesetzgebers darstellen. Auch die Tendenz hin zu einem Auftreten von Reaktionen bei niedrigeren Geräuschbelastungen ist für das Belästigungsempfinden, wie gezeigt, gut dokumentiert[1796]. Ganz ähnlich zeigen nun auch immer mehr Studien, dass Gesundheitsreaktionen bei niedrigeren Geräuschbelastungen auftreten und insofern die Störungen des Schlafes eine zentrale Rolle spielen.

Die in SRU 2004 präsentierten fachlichen Erkenntnisse, die keinen Eingang in das Gesetzgebungsverfahren gefunden haben, wurden im Umweltgutachten 2008 durch den Verweis auf weitere Studien im Berichtszeitraum bestätigt. Im Umweltgutachten von 2008 wird auch deutlicher herausgestellt, dass Reaktionen des Körpers zwar immer situativ sind, aber teilweise eben autonom ablaufen und durch Emotionen verstärkt werden können[1797]. Es wird auch klar zum Ausdruck gebracht, dass die (epidemiologischen) Hinweise auf chronische Schäden (insbesondere Herz-Kreislauf-Erkrankungen) in Folge chronischer Geräuschbelastungen weiter zugenommen

---

Dazu sei aber noch einmal auf die Methodik der Epidemiologie und die dort verwendeten Begriffe bzw. den von vornherein auf kausale Schlussfolgerungen beschränkten erklärungsgehalt verwiesen, s. oben Teil 1, C., III., 2. Ein *eindeutiger* Beweis im Sinne einer strengen Kausalität ist mit diesen Methoden nicht zu finden, weshalb diese Aussage insgesamt merkwürdig anmutet, insbesondere wenn man zwei Jahre später in SRU, Umweltgutachten 2004, S. 321, Rn. 634, liest, es sei *unbestritten*, dass akute und chronische Lärmbelastungen zu einer Beeinträchtigung der Gesundheit führen können.

1793 SRU, Umweltgutachten 2004, S. 320 f., Rn. 633; vgl. aber auch Fn. 1778.

1794 SRU, Umweltgutachten 2004, S. 321 ff, Rn. 635 (Tab. 7–5).

1795 SRU, Umweltgutachten 2004, S. 324 ff., Rn. 639 f.

1796 S. oben Teil 1, C., II., 2.

1797 SRU, Umweltgutachten 2008, S. 624 ff, Rn. 806.

hätten und mittlerweile in Meta-Analysen von Risikoerhöhungen für einen Herzinfarkt ab Tagesverkehrslärmpegel im Außenbereich von 60 db(A) Leq ausgegangen würde[1798]. Neben den im Umweltgutachten 2008 genannten Studien sind inzwischen weitere Studien publiziert worden[1799], die ebenfalls Hinweise darauf geben, dass die in SRU 2004 publizierten Werte ein angemesseneres Bild davon zeichnen, welche Folgen Geräuschbelastungen haben, als die fachlichen Aussagen, die in das Gesetzgebungsverfahren Eingang gefunden haben. Dies sollte im Rahmen der gemäß § 2 Abs. 3 FluLärmG in den nächsten Jahren anstehenden Überprüfung zumindest der Grenzwerte des § 2 Abs. 2 FluLärmG berücksichtigt werden[1800].

b. Außenbereichs- und Bauverbotsentschädigung

Was die Außenbereichs- und Bauverbotsentschädigung anbetrifft, wurde im Rahmen der Neubestimmung des gestuften Lärmschutzsystems bereits dargelegt, warum diese Maßnahmen nicht in besonderem Maße zum Schutz vor den negativen Aspekten des Fluglärms auf den Körper und das Bewusstsein der Menschen beitragen. Sie stehen dagegen in engerem Zusammenhang mit negativen ökonomischen Folgen. Soweit sie gleichzeitig auch Auswirkungen darauf haben, wie belästigt sich Menschen vom Fluglärm fühlen – etwa weil sie eine positivere Einstellung zur Lärmquelle entwickeln etc.[1801] – wird hier davon ausgegangen, dass ein etwaiger Effekt weit hinter dem zurücksteht, was über die hier als Schwerpunktmaßnahme identifizierte Schalldämmung erreicht wird bzw. erreicht werden kann. Zudem ist zu erwähnen, dass fachliche Erkenntnisse über solche positiven Effekte nicht bekannt zu sein scheinen.

Was den Umfang etwaiger Maßnahmen anbetrifft, so muss zusätzlich angemerkt werden, dass zwar die Schutzzonendefinitionswerte bereits Klarheit darüber verschaffen, wer zukünftig Entschädigungen bekommen wird. Allerdings ist eine der 2. FLSV entsprechende Bauverbots- bzw. Außenbereichsentschädigungsverordnung mit Aussagen zur Höhe der Entschädigungsleistungen bisher nicht ergangen[1802]. Für die dort zu treffenden Aussagen kann also bisher nur abstrakt

---

1798 SRU, Umweltgutachten 2008, S. 624 ff., Rn. 806, hier aber wohl bezogen auf „Straßen“verkehrslärm.

1799 S. oben Teil 1, C., III., 4., b.

1800 In der Tat ist die in § 2 Abs. 3 FluLärmG angelegte regelmäßig Überprüfung der Grenzwerte durch den Gesetzgeber als fortschrittlich zu bezeichnen, vgl. Bock, in: Ziekow (Hg.), Aktuelle Probleme 2009, S. 44. Allerdings bezieht sich die Regelung nach nur auf die Grenzwerte des § 2 Abs. 2 FluLärmG und nicht auf das aus der 2. FluLSV ableitbare Schutzniveau im Innenraum. Ob ein subjektives Recht auf die Erfüllung der Berichtspflicht angenommen werden kann, ist umstritten, bejahend Ekardt, Fluglärmgesetz, § 2, Rn. 22; a.A. Reidt/Fellenberg, in: Landmann/Rohmer (Hg.), Umweltrecht, FluglärmG, § 2, Rn. 47.

1801 Zur Bedeutung der sog. Moderatoren s. oben Teil 1, C., II., 1., b.

1802 Federführend ist – wie auch bei den beiden anderen FlugLSVen – das BMU. Informationen zum Stand der Erarbeitung einer 3. FlugLSV sind dort zurzeit auf

gesagt werden, dass sie sich im neu bestimmten Stufensystem an den Vorgaben von Art. 14 GG zu orientieren hätten. Zudem enthält die bisherige Rechtsprechung des BVerwG auch zu diesen Entschädigungen reichhaltige Aussagen[1803]. Sie stehen allerdings, wie auch bei den Gesundheits- und Belästigungsreaktionen, vor dem Problem, dass im bisherigen abgestuften Fluglärmschutzsystem neben der fachplanungsrechtlichen Unzumutbarkeitsschwelle auch eine verfassungsrechtliche Unzumutbarkeitsschwelle angenommen wurde[1804]. Auch bei den ökonomischen Folgen des Fluglärms würden aber alle Maßnahmen, die einen Verhinderung- oder Verbesserungseffekt haben, zur verfassungsrechtlichen Beurteilung des insgesamt bestehenden und sich auf die ökonomischen Folgen beziehenden staatlichen Schutzsystems heranzuziehen sein.

c. *Aktiver Schallschutz*

Was schließlich Maßnahmen des aktiven Schallschutzes anbetrifft, so ist es einhellige Ansicht im Schrifttum, dass sie durch die Grenzwerte des FluLärmG nicht determiniert werden[1805]. Der Anwendungsbereich des Gesetzes umfasst jedenfalls, ausweislich des Wortlauts, der Entstehungsgeschichte und des Sinn und Zwecks der Regelung, nur passive Maßnahmen des Ausgleichs[1806]. Hierzu zählen auch die Außenbereichs- bzw. Bauverbotsentschädigungen, da sie die Entstehung der Geräuschbelastung nicht verhindern.

Diskutiert wird nur, inwiefern der Verweis auf die Werte des FluLärmG in § 8 Abs. 1 S. 3 LuftVG als Beachtenspflicht die planerische Abwägung beeinflusst. Der Frage, worauf Maßnahmen aktiven Schallschutzes im Rahmen der planerischen Abwägung gestützt werden können – und welche Rolle Belastungsfolgen dabei unter Umständen spielen – wird separat nachgegangen[1807]. Dazu gehört auch die Frage, welche Rolle die Belastungsfolgen einnehmen, zu deren Abwendung man die Schwerpunktmaßnahme – also passiver Schallschutz bzw. Dämm-Maßnahmen – durchführt. Diese Belastungen – insbesondere soweit sie sich in der Nacht auf die Durchbrechung eines Kausalzusammenhangs beziehen – sind im Sinne der bisherigen Rechtsprechung relativiert.

---

der Homepage nicht zu finden. Dazu unter (Zuletzt aufgerufen am 25.08.2013): http://www.bmu.de/themen/luft-laerm-verkehr/laermschutz/luft-laermschutz-download/artikel/hintergrund-fluglaerm/?tx_ttnews%5BbackPid%5D=759.

1803 Zur Bedeutung von Art. 14 GG für die Rezeption ökonomischen Wissens, s. oben Teil 2, B., II., 3.

1804 Zum Konzept des abgestuften Fluglärmschutzes, s. oben Teil 3, B., II., 1.

1805 BVerfG, NVwZ 2011, 991 (992); BVerwGE 142, 234 (360, Rn. 447), Ekardt, Fluglärmgesetz, § 13, Rn. 3; Reidt/Fellenberg, in: Landmann/Rohmer (Hg.), Umweltrecht, FluglärmG, § 1, Rn. 22; Rathgeb, DVBl 2013, 692 (692).

1806 Vgl. Giemulla/Rathgeb, DVBl. 2008, 669 (669).

1807 Dazu gleich unten Teil 3, B., II., 5.

3. *Technische und ökonomische Aspekte der Durchführungsverordnungen*

Im Rahmen der Diskussion um die Grenzwerte des FluLärmG kam bereits eingangs zur Sprache, dass neben den bereits beschriebenen Anforderungen an die Dämmung, aus denen das gesetzliche (Fluglärm-)Schutzniveau im Innenraum – zumindest für die Bereiche innerhalb von Schutzzonen – abgeleitet werden kann, die untergesetzliche Konkretisierung der 1. und 2. FlugLSV noch diverse weitere Regelungen enthält, die auf den Gewährleistungsumfang und damit auf das tatsächliche Schutzniveau in einer verfassungsrechtlichen Verhältnisüberlegung einwirken. Dieser Einfluss soll nun näher untersucht werden (b.).

Die bisher kaum zur Sprache gekommene 1. FlugLSV[1808] legt fest, wie die Geräuschbelastungen zu berechnen sind, die von den Flughäfen ausgehen. Mit ihr gelten nun einheitliche Regelungen für die Erfassung und Übermittlung der Daten zu Art und Umfang des künftigen Flugbetriebs sowie zur Berechnung der Fluglärmimmissionen im Hinblick auf die Festsetzung der Lärmschutzbereiche (Schutzzonen). Die Kernelemente der Verordnung sind die Anleitung zur Berechnung (AzB) und die Anleitung zur Datenerfassung (AzD)[1809].

Es bedarf keiner weiteren Erläuterung, dass die Ermittlung des von einem Vorhaben ausgehenden Lärms ein möglichst realitätsnahes Bild davon zeichnen sollte, was später mit dem Vorhaben auch an Auswirkungen tatsächlich eintritt. Der Prozess, an dessen Ende ein auf ein Vorhaben zugeschnittenes Lärmschutzkonzept steht, verliert seine Nachvollziehbarkeit, wenn die Berechnungen des zu erwartenden Lärms an der Realität „vorbeigehen". Es wurde auch bereits angedeutet, welche Rolle die räumliche Lage der Flugbewegungen (Flugrouten) dabei spielt[1810]. Es geht aber bei den Berechnungs- und Datenerfassungsvorschriften um noch weit mehr. Einige sich in diesem Zusammenhang ergebende Probleme sollen hier nachfolgend kurz angesprochen werden (a.). Es muss aber auch herausgestellt werden, dass sich etwaige Probleme letztlich um überwiegend technische Fragestellungen drehen, die hier keinesfalls abschließend beantwortet werden können.

a. *Die Lärmermittlung bzw. Lärmberechnung nach der 1. FlugLSV*

Im FluLärmG enthält § 3 Abs. 2 die Ermächtigungsnorm zum Erlass von Rechtsverordnungen, die die Berechnungsmethoden für die Ermittlung der relevanten

---

1808 Verordnung über die Datenerfassung und das Berechnungsverfahren für die Festsetzung von Lärmschutzbereichen – 1. FlugLSV vom 27.12.2008, BGBl. I 2008, S. 2980 sowie die Bekanntmachung über die Anleitung zur Datenerfassung über den Flugbetrieb (AzD) und der Anleitung zur Berechnung von Lärmschutzbereichen (AzB) vom 19.11.2008, BundesAnz. Nr. 195a vom 23.12.2008.

1809 Allgemein zu Berechnungsverfahren, aber auch der AzB bzw. AzD oben Teil 1, B., III., 1. und 2.

1810 S. oben Teil 3, A., III., 3.

Lärmbelastung regeln. Diese Berechnungsvorschriften sind ebenfalls novelliert und im Verfahren um den Ausbau des Flughafens Frankfurt/Main bereits auch angewandt worden[1811].

Die 1. FlugLSV gilt gemäß § 1 für die Festsetzung von Lärmschutzbereichen nach dem Gesetz zum Schutz gegen Fluglärm. Wie auch immer man sich hinsichtlich der Frage des abschließenden Charakters des FluLärmG und dessen Einfluss auf die planerische Abwägung entscheidet[1812], auf Grund von § 8 Abs. 1 S. 3 LuftVG ist jedenfalls die Berechnung des vom voraussehbaren Flugbetrieb verursachten Fluglärms nach der 1. FlugLSV auch Grundlage der planerischen Abwägung.

Zur Berechnung der Lärmschutzbereiche – bzw. also zur Bestimmung der in die planerische Abwägung nach § 8 Abs. 1 S. 2 LuftVG einzustellenden Lärmschutzinteressen – legt die 1. FlugLSV im Einzelnen fest, welche Auskünfte vom Halter eines Flugplatzes und von den mit der Flugsicherung Beauftragten vorzulegen sind und wie die Berechnung der Fluglärmimmissionen und der Konturen des Lärmschutzbereichs erfolgt[1813]. Nach § 2 Abs. 1 umfassen die vorzulegenden Daten die Flugbewegungen, die vom Flugplatz ausgehen (Starts und Abflüge) und die zum Flugplatz führen (Anflüge und Landungen), die Platzrundenflüge am Flugplatz, die Überflüge über eine Start- und Landebahn in niedriger Höhe ohne Bodenkontakt, die Rollbewegungen der Luftfahrzeuge vor dem Start und nach der Landung sowie den Betrieb von Hilfsgasturbinen der Flugzeuge. Zudem müssen sich die Daten auf ein bestimmtes Prognosejahr beziehen und dort auf den Zeitraum der sechs verkehrsreichsten Monate (§ 2 Abs. 2). Schließlich sind auch Daten über die Streuung der Nutzungsanteile einzelner Bahnen einzubeziehen (§ 2 Abs. 3). Ferner sind Unterlagen vorzulegen, in denen die wesentlichen fachlichen Annahmen beschrieben werden, die der Prognose über Art und Umfang des voraussehbaren Flugbetriebs zu Grunde liegen (§ 2 Abs. 4 S. 2). Dazu gehören sowohl Daten über Art und Anzahl der zur Verwendung kommenden Flugzeugmuster als auch der Verlauf der einzelnen Flugstrecken bzw. die Verteilung der Flugzeuge auf diese[1814].

Die Vorlage all dieser Daten erfolgt dann in einem Datenerfassungssystem nach der Anleitung zur Datenerfassung über den Flugbetrieb (AzD), welches aus Sicht des Gesetzgebers die für die Festsetzung eines Lärmschutzbereichs relevanten Daten vollständig und mit der erforderlichen Genauigkeit erfasst[1815]. Für alle in die Berechnung einfließenden Daten gilt jedoch, dass sie einen Zeitpunkt in der Zukunft

---

1811 Kritisch insb. hinsichtlich des zeitlichen Ablaufs von Gesetzgebung und behördlichen Entscheidungen Fridrich, in: Ziekow (Hg.), Aktuelle Probleme 2011, S. 127 (143 ff.).

1812 S. sogleich unten Teil 3, B., II., 4.

1813 BR-Drs 566/08, S. 1.

1814 BR-Drs 566/08, S. 12 f.; dazu weiterführend Vogelsang/Myck, ZfL 2007, 127 (128 f.), die auch darauf hinweisen, dass hinsichtlich der Flugzeugmuster eine generelle Überarbeitung notwendig gewesen wäre, aber auf Grund der verfügbaren relativ kurzen Bearbeitungszeit nicht vorgenommen werden konnte.

1815 BR-Drs. 566/08, S. 12.

beschreiben sollen. Auf Grund des prognostischen Charakters der Lärmermittlung kann also an dieser Stelle festgestellt werden, dass auch die in die planerische Abwägung eingestellten Lärmschutzinteressen nur vorläufiger Natur sein können, wenn insofern die Berechnungen nach der 1. FlugLSV zu Grunde gelegt werden. Auf einen Teil dieser flugbetrieblichen Daten ist allerdings besonders einzugehen; denn über die Flugrouten, also den räumlichen Verlauf vor allem der An- und Abflugbewegungen, wird rechtsverbindlich erst auf Ebene der Flugroutenfestsetzung entschieden. In diesem Rahmen muss also auf die Rolle der Ermittlung der Lärmschutzinteressen bzw. des auf Ebene der Flughafenplanung zu Grunde gelegten Betriebsregimes zurückgekommen werden.

Die Festsetzung der Lärmschutzbereiche erfolgt schließlich nach der Ermittlung der Lärmbelastung (§ 4 Abs. 1), in die die beschriebenen Daten eingespeist werden. Berechnet werden die in der Anlage zu § 3 FluLärmG definierten Lärmindizes: $L_{Aeq\,Tag}$, $L_{Aeq\,Nacht}$ und L_{Amax}. Die Berechnung erfolgt gemäß § 4 Abs. 2 entsprechend der Anleitung zur Berechnung von Lärmschutzbereichen (AzB)[1816]. Interessant an dieser Stelle ist, dass für das nächtliche Maximalpegelkriterium in § 4 Abs. 1 S. 3 vorgegeben wird, dass der Pegelunterschied zwischen dem Außen- und Innenbereich 15 db(A) beträgt. Damit wurde die ständige Rechtsprechung des BVerwG zur Differenzregel festgeschrieben.

Der Gesetzgeber hat richtigerweise erkannt, dass es sich bei seinem Regelungsgegenstand um einen vor allem technisch-mathematischen Bereich handelt, der möglichst umfassend geregelt werden sollte[1817]. Inwieweit die Erfassung der Daten bzw. die Berechnungsvorschriften ein zutreffendes Bild zukünftiger Belastungen zeichnen, kann hier nicht beurteilt werden. Der Gesetzgeber geht jedenfalls davon aus, dass die AzD und die AzB den allgemein anerkannten Regeln der Technik in diesem Fachgebiet entsprechen[1818]. Dass sich insoweit dennoch Unklarheiten ergeben[1819] bzw. bei allen Daten über den Flugbetrieb immer auch Wertungen eine Rolle spielen können, zeigt etwa der Streit über die Bedeutung von zeitweiligen Flugbahnstillegungen für die Bestimmung der zutreffenden Nutzungsanteile[1820].

b. Gewährleistung von Schallschutz nach der 2. FlugLSV

Welche Fragen und Probleme im Zusammenhang mit der 2. FlugLSV aufzuwerfen sein werden, kann im Moment noch nicht klar abgesehen werden. Die sich auf das FluLärmG und seine Durchführungsverordnungen stützenden Ansprüche auf Erstattung von passiven Schallschutzmaßnahmen können – jedenfalls im Fall des

1816 Für technische Details s. Vogelsang/Myck, ZfL 2007, 127 (129 ff.).
1817 BR-Drs. 566/08, S. 1.
1818 BR-Drs. 566/08, S. 6.
1819 Denkbar ist dies – wie seit jeher – etwa für die Einteilung der Flugzeuge in die Luftfahrzeugklassen, s. BVerwGE 142, 234 (302 ff., Rn. 236 ff.).
1820 BVerwGE 142, 234 (295 ff., Rn. 209 ff.). Welche Bedeutung die Betriebsrichtungsverteilung in der Berechnung hat zeigt Schröder, ZfL 2006, 9 (12 f.).

Flughafenausbaus Frankfurt am Main – erst seit dem Zeitpunkt des In-Kraft-Tretens der Festsetzung eines Lärmschutzbereichs geltend gemacht werden[1821]. Ob, und wenn ja, inwiefern es hier zu Rechtsstreitigkeiten kommen wird, muss noch abgewartet werden.

Auch hier könnten sich vor allem technische Fragestellungen ergeben. Wie bereits angesprochen erscheint beispielsweise die Ausnahmevorschrift des § 5 Abs. 3 2. FlugLSV in ihrer Bedeutung für das tatsächlich zu erreichende Schutz- bzw. Belastungsniveau im Innenraum innerhalb von Schutzzonen unklar[1822]. Wie genau vergangene Lärmschutzprogramme mit etwaigen Ansprüchen nach dem FluLärmG bzw. der 2. FlugLSV verrechnet werden, lässt sich aus der Regelung nicht erschließen. Ob insoweit eine nachvollziehbare und überzeugende Verwaltungspraxis gefunden werden kann, wird sich erst noch zeigen müssen.

Bereits jetzt fragwürdig erscheint aber die Deckelungsregelung in § 5 Abs. 4 S. 1 2. FlugLSV. Dort ist vorgesehen, dass der Höchstbetrag für die Erstattung von Aufwendungen für bauliche Schutzmaßnahmen 150,- Euro je Quadratmeter Wohnfläche beträgt. Der so zu errechnende Betrag soll dann (§ 5 Abs. 4 S. 2 2. FlugLSV) *alle* etwaigen Kosten umfassen, also auch Kosten für Nebenleistungen nach § 5 Abs. 1 S. 2 2. FlugLSV (Kosten für den Techniker/Lärmschutzfachmann) und für etwaige Belüftungseinrichtungen[1823]. Eine solche Deckelungsregel gab es auch schon vor der Novellierung in der sog. Schallschutzerstattungsverordnung von 1977[1824].

Ziel der Regelung ist es, den finanziellen Aufwand für die Durchführung der Dämmmaßnahmen zu begrenzen. Der Vorhabenträger kann auf dieser Grundlage – unter Hinzuziehung weiterer prognostischer Annahmen über die durchschnittliche Wohnfläche in einem typischen Einfamilienhaus (etc.) – einen maximal zu erstattenden Betrag innerhalb einer Schutzzone errechnen und in seine Kalkulationen aufnehmen. Für ein Einfamilienhaus mit 100 m^2 einzurechnender Wohnfläche ergibt sich so beispielsweise ein maximal erstattungsfähiger Betrag in Höhe von 15.000 Euro. Unabhängig davon, dass dieser Betrag in Anbetracht der vorzunehmenden Arbeiten überschaubar erscheint, ist die Erläuterung des Deckelungsbetrages in der Entwurfsbegründung jedoch nicht nachvollziehbar.

Ausgegangen wurde dort nämlich von dem Betrag, der vor der Novellierung als Deckelung vorgesehen war, nämlich 130 DM[1825]. Dieser Betrag wurde geändert auf

---

1821 Nach § 7 der Verordnung über die Festsetzung des Lärmschutzbereichs für den Flughafen Frankfurt am Main vom 30.09.2011 also seit dem 13.10.2011.

1822 S. oben Teil 3, B., II., 2., a., bb., (1). Rathgeb, DVBl. 2013, 692 (694 f.), erläutert diverse Aspekte der Regelung und hält sie für insgesamt akzeptabel, geht jedoch in seinem Beitrag den Auswirkungen auf das Schutzniveau nicht nach.

1823 Zu den von der Verordnung erfassten Nebenleistungen, vgl. Rathgeb, DVBl. 2013, 692 (697 f.), der auch insofern von angemessenen Lösung ausgeht.

1824 Verordnung zur Änderung des Höchstbetrages der Erstattung von Aufwendungen für Schallschutzmaßnahmen auf Grund des Gesetzes zum Schutz gegen Fluglärm – SchallschutzerstattungV 77 vom 11.08.1977, BGBl. I, 1977, S. 2982.

1825 BR-Drs. 521/09, S. 15.

150 Euro, um die für die erforderlichen Aufwendungen notwendigen Kosten abzubilden, „die sich allgemein wesentlich erhöht (hätten)“[1826]. Die Anpassung erfolgt entsprechend dem sog. Baukostenindex, der die Entwicklung der Preise für Aufwendungen angibt, die einem Bauunternehmer bei der Erbringung seiner Leistungen entstehen[1827]. Wenn man aber den Angaben des Statistischen Bundesamts weiter nachgeht, ergibt sich, dass es diesen Index erst seit dem Jahr 2000 gibt[1828]. Der alte Höchstbetrag reicht jedoch um mehr als 20 Jahre weiter zurück. Wie die Preisanpassung in den Jahrzehnten vor der Einführung des Baukostenindex vorgenommen wurde, wird nicht erläutert[1829]. Man kann also die Frage aufwerfen, ob dies eine realistische Preisanpassung darstellt.

Letztlich führt dies zu der für die Betroffenen entscheidendere Frage, inwieweit die Deckelung dazu führen kann, dass sie etwaige Kosten für die Vornahme von Schallschutzmaßnahmen eben doch nicht erstattet bekommen. Eine empirische Kritik der Deckelungsregel könnte erfolgen, wenn man Daten zu der Frage hätte, wie viele Anwohner von ihr betroffen sind und welche finanziellen Folgen die Deckelung konkret hatte. Verfassungsrechtlich problematisch könnte die Deckungsregelung dann werden, wenn diese Daten zeigen würden, dass sie den mit dem FluLärmG verfolgten Schutzzweck konterkarieren und somit die Effektivität des Regelungssystems in Frage stellen[1830].

1826 BR-Drs. 521/09, S. 15.

1827 Informationen dazu unter (zuletzt aufgerufen am 25.08.2013): https://www.destatis.de/DE/Meta/AbisZ/Baupreisindex.html;jsessionid=60A4AFFB1DEC76F0FAE080F403D7A25D.cae2.

1828 Dechent, Wirtschaft und Statistik 2006, 172 (173).

1829 Zieht man – in Ermangelung von Alternativen – den Verbraucherpreisindex heran, so kommt man für den Zeitraum zwischen 1970 und 2010 etwa auf eine Verdreifachung der Preise: Hiernach wäre das, was man für 130 DM damals haben konnte, heute für etwa 390 DM zu haben; umgerechnet also fast 200 Euro. Ob das ein realistischeres Bild ist, lässt sich nur schwer beurteilen, weil bestimmte Produktgruppen (hier also etwa „Baupreise“) sehr unterschiedliche Entwicklungen genommen haben können, vgl. Pressemitteilung Nr. 229 des Statistischen Bundesamtes vom 10.07.2013 zu dem zuletzt starken Anstieg bei den Baupreisen, zu finden unter: https://www.destatis.de/DE/PresseService/Presse/Pressemitteilungen/2013/07/PD13_229_61261.html (zuletzt aufgerufen am 25.08.2013).

1830 Interessant in diesem Zusammenhang ist auch die Entwicklung im Rhein/Main-Gebiet. Hier haben die weiterhin anhaltenden Anwohnerproteste zur Einrichtung eines Regionalfonds geführt (Regionalfondsgesetz vom 27.6.2012, GVBl. S. 224), mit dem weitere Gelder unter anderem zur Aufstockung der Ansprüche nach § 9, 10 FlugLSchG bereitgestellt werden (vgl. Richtlinie des Landes Hessen zur Förderung von Maßnahmen des passiven Schallschutzes und der nachhaltigen Kommunalentwicklung, StAnz. 2013, S. 67).

4. Der abschließende Charakter des FluLärmG

Nachdem die Folgen und Effekte der verschiedenen Grenzwerte des FluLärmG verdeutlicht wurden, kann nun die Ansicht der Rechtsprechung untersucht und überprüft werden, dass das FluLärmG den passiven Fluglärmschutz *abschließend* regele[1831]. In der Literatur wurde nämlich stattdessen teilweise vertreten, dass das FluLärmG nur einen Mindestschutzgehalt festschreiben wolle[1832]. Diese beiden Ansichten streiten sich insbesondere um die Bedeutung der Einfügung von § 8 Abs. 1 S. 3 LuftVG, dessen konkrete Formulierung erst im Verlauf des Gesetzgebungsverfahrens gefunden wurde[1833].

Von der Rechtsprechung – und dem überwiegenden Teil der Literatur[1834] – wird vorgebracht, dass die in § 2 Abs. 2 FluLärmG jeweils definierten Grenzwerte wegen § 8 Abs. 1 S. 3 LuftVG *auch* für die planerische Abwägung gelten sollen und es Ziel gewesen sei, die Verwaltung und Gerichte von der bisher notwendigen Auseinandersetzung mit der Lärmwirkungsforschung zu entbinden[1835]. Hier ist nun, wie auch in den bisherigen Ausführungen und anknüpfend an die Analyse der Rechtsprechung des BVerwG bis zur Novellierung des FluLärmG[1836], zwischen zwei Problemebenen zu unterscheiden. Auf der einen Seite war nämlich bisher immer das Maß des Fluglärmschutzes nach § 9 Abs. 2 FluLärmG zu bestimmen und auf der anderen Seite beeinflusste dieser Prozess der Bestimmung der Vorfeld-Zumutbarkeit auch das Gewicht der Lärmschutzinteressen im Rahmen der planerischen Abwägung von § 8 Abs. 1 S. 4 (vormals S. 3) LuftVG. Allerdings ist nie analysiert worden, worin diese Beeinflussung eigentlich besteht und was genau sie also besagt.

Was wären die Konsequenzen aus den beiden Ansichten? Wenn mit der Verbindlichkeitsthese der passive Schallschutz im FluLärmG abschließend geregelt worden sein sollte, könnte als Folge der fachplanerischen Abwägung keine weitergehende – passive – Schallschutzmaßnahme mehr angeordnet werden. Das Maß bzw. der Umfang des – bisher bei der Vorhabenplanung zu gewährenden – passiven Schallschutzes wäre festgelegt und nicht mehr von der Planfeststellungsbehörde

---

1831 BVerwGE 142, 234 (286 f., Rn. 180 ff.); vorangehend Hess. VGH, Urt. v. 21.8.2009 – 11 C 227/08 ua. – Frankfurt/Main –, S. 146 (Juris).

1832 Mechel, ZUR 2007, 561 (566); Ekardt/Schmidtke, DÖV 2009, 187 (190); Ekardt, Fluglärmschutzgesetz, § 1, Rn. 6 ff.; Fridrich, in: Ziekow (Hg.), Aktuelle Probleme 2011, S. 131 ff.; Schmitz, in: Ziekow (Hg.), Aktuelle Probleme 2011, S. 94 ff.; ähnlich auch SRU, Umweltgutachten 2008, S. 641 ff., Rn. 823 ff.

1833 Vgl. BT-Drs. 16/3813, S. 19, und zuvor BT-Drs 16/508, S. 26.

1834 Wysk, ZfL 2007, 243 (248); Kämper, ZLW 2009, 16 (22); Paetow, NVwZ 2010, 1184 (1190) Rathgeb, in: Giemulla/Schmid (Hg.), LuftVG, Bd. 1.1, § 6, Rn. 126 und § 8, Rn. 72; unklar jedoch Giemulla/Rathgeb, DVBl. 2008, 669 (677), die hier zwar das noch anzusprechende Problem der Regelungssystematik erkennen, dann aber doch eher für eine Verbindlichkeit plädieren; dazu auch oben Fn. 1682.

1835 So der VGH in seinem Urteil vom 21.08.2009 (NVwZ 2010, 334, (335)); bestätigt durch BVerwGE 142, 234 (289 ff., Rn. 188 ff.).

1836 S. oben Teil 3., B., I., 3.

erst noch zu bestimmen. Der Gesetzgeber hätte dann mit dem FluLärmG der Fachplanungsbehörde also die planerische Ermächtigung zum Erlass solcher Maßnahmen als Ausfluss eines zwingenden Gebots entzogen. In der Tat müssten sich dann, zumindest was das Maß (bzw. den Umfang) passiver Schallschutzmaßnahmen anbetrifft, Verwaltung und Gerichte auch nicht mehr mit der Lärmwirkungsforschung auseinandersetzen, um ihrerseits erst die Vorfeld-Zumutbarkeit noch zu bestimmen, an der Maßnahmen im Sinne von § 9 Abs. 2 LuftVG vor der Novellierung des FluLärmG ausgerichtet wurden[1837].

Zudem wurde bisher mit der Vorfeld-Unzumutbarkeit aber gleichzeitig auch das Gewicht des Lärmschutzes näher bestimmt. Die nähere Analyse der Rechtsprechung hat insoweit gezeigt[1838], dass über das bloße Behaupten der Gewichtsbestimmung an Hand der Vorfeld-Unzumutbarkeit jedoch kein weiterer Bestimmungsprozess von der Verwaltung eingehalten werden musste bzw. von den Gerichten eingefordert wurde. Es reichte aus, dass sich die Fachplanungsbehörde bspw. an Hand der Unterlagen des vorangehenden Raumordnungsverfahrens klar machte, ungefähr wie viele Menschen von Lärm insbesondere unterhalb der Vorfeld-Unzumutbarkeitsschwelle betroffen sein würden[1839]. Zwar galt auch bisher, dass der gesamte Lärmbelastungsbereich ins Blickfeld zu nehmen sei. Welche Bedeutung bzw. welches Gewicht dabei aber noch die – nach Durchführung von passiven Schallschutzmaßnahmen – relativierten Belastungen oberhalb der Vorfeld-Unzumutbarkeitsschwelle haben sollten, wurde nie weiter untersucht oder erläutert.

Dieser Zustand der Unklarheit und Unstrukturiertheit, so könnte man nun argumentieren, ist nicht erst durch die Novellierung des FluLärmG entstanden. Geändert hat sich nur, dass nach der Novellierung – jedenfalls aus Sicht der Vertreter der Verbindlichkeitsthese – eine Auseinandersetzung mit der Lärmwirkungsforschung nicht mehr notwendig sein soll[1840]. Wenn diese also vollständig entbehrlich geworden sein sollte, würde auch einem etwaigen – sich auf das Gewicht der Lärmschutzinteressen beziehenden – Bestimmungsprozess ein Bestandteil genommen, der der Strukturierung dienen könnte. Es wäre dann nämlich tatsächlich nur noch das ungefähre Abzählen von Betroffenen möglich[1841]. Welchen Wirkungen – also in welchem Maß negativen Effekten – sie ausgesetzt sind, kann dann nicht mehr weiter durch lärmwirkungsfachliche Erkenntnisse erhellt werden. Welche Bedeutung solche Erkenntnisse in Zukunft in der Flughafenplanfeststellung dann aber überhaupt noch haben sollen, ist von der Rechtsprechung in den bisherigen Entscheidungen

1837 Ausführlicher zum Ablauf des Bestimmungsprozesses aus Sicht der Rechtsprechung, vgl. – auch für die nachfolgenden Aussagen, oben Teil 3, B., I., 3., c.

1838 Vgl. – auch für Nachfolgendes – oben Teil 3, B., I., 3., c. gg.

1839 Vgl. dazu insb. BVerwGE 125, 116 (166, Rn. 152 und 189, Rn. 237).

1840 BVerwGE 142, 234 (290, Rn. 190); vgl. auch BVerwGE 141, 1 (56 f., Rn. 167).

1841 Das scheint jedenfalls die Idee zu sein, welcher sich das BVerwG verschrieben hat, vgl. nunmehr auch – insoweit teilweise nicht in der Entscheidungssammlung abgedruckt – BVerwGE 142, 234 (342 ff., Rn. 380 ff.) und die besondere Situation der Beurteilung des PEB BBI BVerwGE 141, 1 (47 f., Rn. 150).

nicht klar herausgearbeitet worden[1842]. Dies führt – wie gleich noch zu zeigen sein wird – an einem zentralen Punkt innerhalb der Argumentation der Vertreter der Verbindlichkeitsthese zu Widersprüchen.

Anders verhält es sich bei der Mindeststandardthese. Auf der einen Seite kann sie das FluLärmG als einen Standard begreifen, an dem die Fachplanungsbehörde nicht mehr vorbei kann, den sie also nicht mehr – zum Nachteil der Flughafenanwohner – unterschreiten soll. Auf der anderen Seite sieht sie weiterhin die Möglichkeit und Pflicht der Planfeststellungsbehörde für gegeben, sich darüber Klarheit zu verschaffen, ob der Standard im Hinblick auf den Schutz der Anwohner für Fluglärmwirkungen durch passiven Schallschutz ausreichend ist. Hier hätten fachliche Erkenntnisse über Geräuschwirkungen also weiterhin mehrere Funktionen. Zunächst wäre mit Blick auf die Schutzziele (bzw. das Schutzniveau) der 2. FLSV zu fragen, ob sie noch immer bzw. in der konkreten (Aus- oder Neubau-) Situation ausreichend erscheinen[1843]. Der Gesetzgeber hätte dann hinsichtlich der das Maß bzw. den Umfang passiver Schallschutzmaßnahmen bestimmenden Schutzziel- und Schutzzonendefinitionswerte einen ersten (Mindest-)Standard gesetzt und, in gezeigter Weise, fachliche Erkenntnisse bereits bewertet. Soweit sich an den dargestellten Stellen – also insbesondere mit Blick auf Einschätzungsspielräume[1844] – Erkenntnisse verdichten bzw. Schwerpunkte verschieben oder gar gänzlich neue Risikolagen ergeben, an die bisher gar nicht gedacht wurde, könnte die Fachplanungsbehörde zur Lösung dieser Probleme das Maß oder den Umfang passiver Schallschutzmaßnahmen erweitern.

Die Setzung eines Mindeststandards könnte dann als Beweislastregel gesehen werden. Soweit Betroffene einen weitergehenden passiven Lärmschutz einfordern, würden bestehende Zweifel an neuen fachlichen Erkenntnissen sich also zu ihren Ungunsten auswirken. Sie wären gehalten darzulegen, auf welche fachlichen Erkenntnisse sie sich stützen, die noch nicht bereits vom Gesetzgeber beurteilt worden

1842 Vgl. insoweit die widersprüchlichen Aussagen zum Begriff der Atypik des Hess. VGH, Urt. v. 21.8.2009 – 11 C 227/08 ua. – Frankfurt/Main –, S. 147 ff. und 222 (Juris) und des BVerwGE 142, 234 (287 ff., Rn. 183 bzw. – mit Blick auf einen Maßstab für die Gewichtung der Abwägungsbelange – Rn. 192 ff.).

1843 Da es – wie gezeigt, s. oben Teil 2, C., III., 4. und Teil 3, B., II., 1. – keine in *einem* Lärmwert allein ausdrückbare, auf nur eine Schutzmaßnahme bezogene Grenze der verfassungsrechtlichen Zumutbarkeit geben kann, tragen in einer an die Schutzpflichtdimension anknüpfenden Verhältnisüberlegung letztlich *alle* staatlichen Maßnahmen zum tatsächlich (staatlich) gewährleisteten Schutzniveau bei. Es muss daher auch die laufende Pflicht der Rechtsprechung sein, neue fachliche Erkenntnisse oder sonstige Entwicklungen zu beobachten, die auf das zu beurteilende Verhältnis Einfluss haben, also etwa neue Erkenntnisse im Hinblick auf etwaige Schutzziele. Wenn die Rechtsprechung sich von einer Auseinandersetzung mit den Erkenntnissen vollständig entsagt, kann sie den aus den Schutzpflichten abzuleitenden Verpflichtungen nicht mehr nachkommen.

1844 S. oben Teil 3, B., II., 2., a., aa., (2), (a) und bb., (2).

sind und wieso diese über das hinausgehen, was bisher als Stand der Forschung galt. Darüber hinaus könnte – dies wurde allerdings bisher in der Literatur so nicht zum Ausdruck gebracht[1845] – im Rahmen der Mindeststandardthese auch das Gewicht der Lärmschutzinteressen weiterhin an Hand von Erkenntnissen der Lärmwirkungsforschung ermittelt und bewertet werden, anstatt die Fachplanungsbehörde auf ein bloßes Abschätzen der Betroffenheiten zu verweisen; denn die lärmwirkungsfachlichen Erkenntnisse würden ja auch bei der Bestimmung des Maßes bzw. des Umfangs passiver Schallschutzmaßnahmen noch immer ihre Rolle spielen.

Im Folgenden soll dargestellt werden, welche Argumente jeweils für die Ansichten bisher vorgebracht und diskutiert wurden (a. und b.). Wo dies vor dem Hintergrund der bisherigen Ausführungen möglich erscheint, ist es Ziel, die Diskussion zu vertiefen.

a. Verbindlichkeitsthese

Die Überlegung, dass die Werte des § 2 Abs. 2 FluLärmG strikt zu beachten sind und die Grenze der fachplanerischen Unzumutbarkeit festlegen, die nur noch im Wege der Gesetzgebung geändert werden kann[1846], stützt sich auf die vielfach kritisierte bisherige Rechtslage[1847]. Da eine Gesetzgebungsaktivität nun in Form des neuen FluLärmG eingetreten ist, schlussfolgert die Rechtsprechung, dass damit auch bzw. gerade die bisher nicht vorhandene Rechts- und Planungssicherheit hergestellt worden sein soll[1848]. Dreh- und Angelpunkt der Argumentation ist aber, wie gesagt, die Einfügung von § 8 Abs. 1 S. 3 LuftVG, der eine Beachtenspflicht statuiert. Vereinfacht gesagt signalisiert eine solche Beachtenspflicht im Bau- und Raumplanungsrecht Verbindlichkeit und nicht nur Abwägungsrelevanz, wie es hingegen etwa bei der Berücksichtigungspflicht der Fall ist[1849]. Von dem, was für verbindlich erklärt worden ist, soll nicht mehr abgewichen werden können.

Neben dieser dem Normtext zu entnehmenden Beachtenspflicht wird an das vermeintliche gesetzgeberische Ziel erinnert, welches mit dem FluLärmG verfolgt worden sei[1850]. Es wird darauf verwiesen, dass es gerade die Auseinandersetzung

---

1845 S. aber das Vorbringen der Kläger in BVerwGE 142, 234 (291 ff., Rn. 192 ff.).

1846 Hess. VGH, Urt. v. 21.8.2009 – 11 C 227/08 ua. – Frankfurt/Main –, S. 148 f. (Juris).

1847 Dazu ausführlich oben Teil 3, B., I., 4., a.

1848 Hess. VGH, Urt. v. 21.8.2009 – 11 C 227/08 ua. – Frankfurt/Main –, S. 151 (Juris); aufgegriffen von Reidt/Fellenberg/Schiller, in: Grabherr/Reidt/Wysk (Hg.), LuftVG, § 6, Rn. 329 ff.; s. auch Giemulla/Rathgeb, ZLW 2013, 55 (60).

1849 Vgl. BVerwG, B. v. 20.08.1992 – 4 NB 20/91, Rn. 16 f. (Juris); Goppel/Runkel, in: Spannowsky/Runkel/Goppel (Hg.), ROG, § 4, Rn. 22 und 52; Steinberg/Wickel/Müller, Fachplanung, S. 550 f., Rn. 51 f.

1850 BVerwGE 142, 234 (286, Rn. 182); Giemulla/Rathgeb, DVBl. 2008, 669 (676); Wysk, ZfL 2007, 243 (248), verweist insb. auf BT-Drs. 16/3813, S. 19, woraus sich auch ergeben soll, dass kein Spielraum mehr bei der Festsetzung von Grenzwerten bestehe.

mit der Lärmwirkungsforschung sei, die Unsicherheiten mit sich bringe[1851], wohl nicht zuletzt weil nicht von vornherein feststeht, mit welchem Umfang passiver Schallschutzmaßnahmen der Vorhabensträger zu rechnen bzw. zu kalkulieren hat. Der VGH Kassel kam insoweit in einem der Leitsätze seiner Entscheidung zum Ausbau des Flughafens Frankfurt/ Main zu der grundlegenden Aussage, dass die in § 2 Abs. 2 FluLärmG definierten Grenzwerte über § 8 Abs. 1 S. 3 LuftVG auch für die planerische Abwägung gelten würden. Explizit heißt es in der Entscheidung: „Eine andere Frage ist es, ob die Planfeststellungsbehörde im Rahmen der planerischen Abwägung baulichen Schallschutz- oder Entschädigungsleistungen *unterhalb* der Grenzwerte des § 2 Abs. 2 FluLärmG in Fällen zu gewähren hat, die von dem Fluglärmschutzgesetz offensichtlich nicht geregelt werden. Von dieser Möglichkeit geht auch die Planfeststellungsbehörde selbst aus (vgl. PFB, S. 963)."[1852]

Der VGH Kassel hat dann weiter festgestellt, dass der Gesetzgeber mit der Festlegung der Grenzwerte die fachplanerische Zumutbarkeitsschwelle mit pauschalierenden Effekten für den Begriff des Fluglärms definiert hat[1853]. Zumindest der VGH Kassel ging aber auch davon aus, dass lärmmedizinische Erkenntnisse unter besonderen Voraussetzungen im Einzelfall bei der abwägenden Entscheidung über einzelne Betriebsregelungen oder der Ermittlung atypischer Situationen noch Bedeutung haben könnten. „Soweit die Werte des § 2 Abs. 2 FluLärmG aber nicht überschritten werden, können Lärmbetroffene unter Berufung auf anderweitige Erkenntnisse der Lärmwirkungsforschung keine Ansprüche auf baulichen Schallschutz oder Entschädigung mehr mit Erfolg geltend machen. Die pauschalierende Wirkung der Definition der Grenzwerte schließt es auch aus, entsprechende Ansprüche in Bezug auf einzelne Schutzziele, zum Beispiel auf möglichst ungestörte Kommunikation, durchsetzen zu können."[1854]

Hiernach blieben für Einzelfallaspekte drei Ansatzpunkte, wobei offensichtlich zwischen besonderen lärmmedizinischen Erkenntnissen und sonstigen besonderen Aspekten unterschieden wird: (1) Außerhalb des Anwendungsbereichs des FluLärmG können (sonstige) Aspekte ein Rolle spielen, die zu einer anderen Grenzziehung auch unterhalb der Werte in § 2 Abs. 2 FluLärmG führen können. Lärmmedizinische Erkenntnisse können außerdem (2) bei der abwägenden (planerischen) Entscheidung über einzelne Betriebsregelungen und (3) bei der Ermittlung atypischer Situationen herangezogen werden.

Unabhängig von der Frage, welche Situationen der VGH Kassel hier genau vor Augen hatte bzw. welche Rolle dabei die Begriffe des Anwendungsbereichs und der

---

1851 S. dazu insb. die Aussagen von Paetow während des Gesetzgebungsverfahrens, unten Fn. 1915.

1852 Hess. VGH, Urt. v. 21.8.2009 – 11 C 227/08 u.a. – Frankfurt/Main –, S. 147 (Juris).

1853 Hess. VGH, Urt. v. 21.8.2009 – 11 C 227/08 u.a. – Frankfurt/Main –, S. 147 f. (Juris). In seiner Fixierung auf die Grenzwerte des FluLärmG lässt der VGH auch die bisherigen Unterscheidung von Schutzzonen- und Schutzzielwerten unbeachtet, dazu oben Teil 3, B., I., 3.,c., gg.

1854 Hess. VGH, Urt. v. 21.8.2009 – 11 C 227/08 ua. – Frankfurt/Main –, S. 148 f. (Juris).

Atypik spielen, provoziert die Annahme der weiterhin bestehenden Möglichkeit, lärmwirkungsfachliche Erkenntnisse in diesen Fallgruppen heranzuziehen, einen Widerspruch zum grundsätzlich für den Verbindlichkeitscharakter vorgebrachten Argument, der Gesetzgeber habe die aufwendige und unsichere Auseinandersetzung mit der Lärmwirkungsforschung beenden wollen. Dazu gleich noch mehr.

Das BVerwG hat den VGH Kassel insoweit bestätigt[1855]. In verfahrensrechtlicher Hinsicht bestimme § 10 FluLärmG, dass eine nach Landesrecht zuständige Behörde die Höhe der Aufwendungen für passive Schallschutzmaßnahmen per Bescheid festzusetzen habe[1856]. Nach der Novellierung sei über diese Ansprüche grundsätzlich nicht mehr im Planfeststellungsverfahren zu entscheiden, sondern in einem diesem nachfolgenden Verfahren[1857]. Materiell rechtlich seien die Erstattungs- und Entschädigungsansprüche an jeweils für Nacht- und Tagschutzzonen gesondert geregelte Auslösewerte geknüpft, so dass das Gesetz als Spezialgesetz zu § 9 Abs. 2 LuftVG angesehen werden müsse[1858]. Die Planfeststellungsbehörde sei weder generell berechtigt noch gar dazu verpflichtet, auf der Grundlage von § 9 Abs. 2 LuftVG weiterreichenden baulichen Schallschutz unterhalb der Auslösewerte des FluLärmG anzuordnen.

Im Hinblick auf den Gewichtungsprozess der Lärmschutzbelange im Rahmen der planerischen Abwägung nach § 8 Abs. 1 S. 2 LuftVG habe aus Sicht des BVerwG der Gesetzgeber sicherstellen wollen, dass bei der Bewältigung der durch Fluglärm hervorgerufenen Probleme im Rahmen der Abwägung keine anderen als die im Fluglärmschutzgesetz maßgeblichen Werte für die Lärmschutzbereiche zugrunde gelegt werden, weil sie den für die Gewichtung maßgeblichen Bezugspunkt bildeten[1859]. Zwar seien auch weiterhin die darunter liegenden Lärmbeeinträchtigungen abwägungsrelevant, jedoch zur weiteren Bestimmung des Gewichts die Lärmwirkungsforschung nicht heranzuziehen[1860]. Es gelte schlicht, dass das Gewicht der Lärmschutzbelange umso größer ausfalle, je näher die Belastungen an die Werte des FluLärmG heranreichen und umgekehrt[1861].

b. Mindeststandardthese

Die Rechtsprechung ist also der Ansicht, es könne noch Situationen geben, in denen lärmwirkungsfachliche Erkenntnisse auf Ebene der Flughafenplanung eine Rolle spielen. Sie ist aber auch der Auffassung, dass sie bei der planerischen Abwägung keine Rolle mehr spielen. Wenn also die Vertreter der Mindeststandardthese

1855 BVerwGE 142, 234 (285 ff., Rn. 176 ff.).
1856 BVerwGE 142, 234 (285 f., Rn. 179).
1857 BVerwGE 142, 234 (285 f., Rn. 179).
1858 BVerwGE 142, 234 (286, Rn. 180).
1859 BVerwGE 142, 234 (289 f., Rn. 190).
1860 BVerwGE 142, 234 (289 f., Rn. 190).
1861 BVerwGE 142, 234 (289 f., Rn. 190); insgesamt zustimmend, Giemulla/Rathgeb, ZLW 2013, 55 (59 f.).

vorbringen, dass durch die Werte des FluLärmG *keine* gesteigerte Klarheit bezüglich der in den Genehmigungs- und Planfeststellungsverfahren maßgeblichen Lärmgrenzwerte erreicht wird[1862], ist dies zumindest vor dem Hintergrund der (weiterhin) unklaren Struktur der planerischen Abwägung durchaus verständlich.

In seiner Pauschalität geht diese Argumentation jedoch zu weit. Auch in einem sich auf die Werte des FluLärmG berufenden Mindeststandard würde nämlich insoweit Planungs- und Rechtssicherheit erreicht, als der Vorhabenträger mit den Kosten für den Mindeststandard sicher kalkulieren könnte und nur noch abzuschätzen hätte, ob bzw. wie weit über diesen Standard hinaus es angebracht erscheint, passive Schallschutzmaßnahmen durchzuführen. Erst recht gilt dies, wenn man das FluLärmG für in jeder Hinsicht abschließend hält.

Die Mindeststandardthese wird stattdessen vielmehr von der Regelungssystematik des Gesetzes gestützt. Das FluLärmG enthält nämlich nur Schutzzonendefinitionswerte und verweist damit auf eine seit Jahrzehnten gängige Unterscheidung[1863]. Zwar wurde deren Beachtung in § 8 Abs. 1 S. 3 LuftVG festgeschrieben, allerdings galt bzw. gilt schon nach § 8 Abs. 1 S. 2 LuftVG, dass bei der Planfeststellung alle vom Vorhaben berührten öffentlichen und privaten Belange im Rahmen der planerischen Abwägung zu berücksichtigen sind. Also auch ohne S. 3 wäre sowohl das gesamte Spektrum der Geräuschbelastung sowie deren Folgen, aber auch etwaige Relativierungen der Folgen durch zwingend anzuordnende Maßnahmen zu berücksichtigen[1864].

Hierzu könnte man sich auf den Standpunkt stellen, dass nur die nach dem FluLärmG verbindlich vorgesehenen Rechtsfolgen des FluLärmG im Rahmen der planerischen Abwägungen zu beachten sein sollen, bei denen es sich aber gerade nur um die Schutzzonengröße und die dem Grundsatz nach daran anknüpfenden Rechtsfolgen handelt; denn die Schutzziele sind ja nicht im FluLärmG, sondern in der 2. FlugLSV festgelegt worden. Und wie die Analyse der Rechtsprechung bis hin zu der Novellierung eindeutig gezeigt hat, sind es die Schutzziele, die als fachplanungsrechtliche Unzumutbarkeitsschwellen zu bezeichnen sind[1865]. Wie ebenfalls aus der Rechtsprechungsanalyse ersichtlich ist, handelte es sich dabei seit jeher um Innenraumpegel und nicht um Außenpegel, wie sie (bis auf das zusätzliche nächtliche Maximalpegelkriterium) § 2 Abs. 2 FluLärmG zu entnehmen sind.

Nun legt also die 2. FlugLSV Schutzziele bzw. eine Art Schutzniveau für Innenräume fest, die man als fachplanungsrechtliche Unzumutbarkeitsschwellen bezeichnen könnte und wohl bezeichnen muss. Und auch wenn es als äußerst unbefriedigend anzusehen ist, dass daraus sehr unterschiedliche Schutzziele ableitbar

1862 Mechel, ZUR 2007, 561, (566).
1863 Dazu zusammenfassend oben Teil 3, B., I., 3., gg.
1864 Vgl. SRU, Umweltgutachten 2008, S. 641 ff., Rn. 823.
1865 Auch wenn in SRU, Umweltgutachten 2008, S. 641 ff., Rn. 823 f., nicht der Begriff des Schutzziels verwendet wird, so wird doch die Maßgeblichkeit der Innenraumbelastung deutlich herausgearbeitet.

sind[1866] – der Gesetzgeber hier also angehalten ist, nachzubessern bzw. größere Klarheit zu schaffen – ist es jedenfalls nicht nachvollziehbar, dass die Rechtsprechung in den Werten des § 2 Abs. 2 FluLärmG die fachplanungsrechtliche Unzumutbarkeitsschwelle sieht[1867]. Gleichzeitig – was die Verwirrung nur erhöht – spricht das BVerwG aber auch von Auslösewerten[1868] und suggeriert damit, dass es nie eine – von ihm selbst geprägte – Unterscheidung von Schutzzonendefinitionswerten und Schutzzielen gegeben habe. Dies wird, wie gesagt, durch die 2. FlugLSV völlig ad absurdum geführt und entspricht der schon immer angewendeten Regelungssystematik gerade nicht.

Man könnte also zu dem Ergebnis gelangen, dass man in der Mindeststandardthese nur die – verbindlichen – Rechtsfolgen des FluLärmG im Rahmen der planerischen Abwägung beachtet haben will[1869]. Dabei handelt es sich um die Größe der Schutzzonen und nicht mehr. Es deutet sich hier also an, dass § 8 Abs. 1 S. 3 LuftVG weit weniger problematisch ist, als es zunächst den Anschein hat. Letztlich ist die Beachtung der Größe der Schutzzonen im Rahmen der planerischen Abwägung nämlich eine Selbstverständlichkeit. In dieser Lesart ist § 8 Abs. 1 S. 3 LuftVG tatsächlich eher überflüssig[1870].

Wenn es – worauf alles hindeutet – zutreffend ist, dass die entwickelte Regelungssystematik mit Absicht beibehalten wurde, kann dem Schutzzonendefinitionswert weiterhin auch nur seine bisherige Funktion entnommen werden. Diese bestand, wie gezeigt, darin, dass den Betroffenen ein erster Eindruck von der Dimension der Belastung vermittelt wurde und den Eigentümern von Grundstücken, die sich innerhalb einer Zone befanden, ein argumentativer Vorteil an die Hand gegeben wurde. Nicht die Lage des Grundstücks wirkt mit Blick auf den Anspruch auf Erstattung passiver Schallschutzmaßnahmen konstituierend, sondern die – nicht mehr zumutbare – (Innenraum-)Belastung.

Auch den Schutzzonendefinitionswerten lässt sich also (bzw. ließ sich schon immer) nur ein Mindeststandard entnehmen. Wären das FluLärmG und die 2. FlugLSV mit Blick auf den Umfang bzw. das Maß des passiven Schallschutzes tatsächlich abschließend, könnten Schutzzonen und Schutzziele ihre Funktionen nicht mehr erfüllen. Wenn aber die Schutzzonendefinitionswerte, wie bisher, nur auf einen argumentativen Vorteil der Betroffenen innerhalb einer Schutzzone hinauslaufen, können auch die Betroffenen außerhalb von Schutzzonen Erstattungsansprüche geltend machen. Dafür müssen sie den Nachweis führen,

1866 Zu den verschiedenen Ausnahmeregelungen der 2. FlugLSV, s. oben Teil 3, B., II., 2., a., bb. und 3., b.

1867 So aber BVerwGE 142, 234 (286, Rn. 180).

1868 BVerwGE 142, 234 (286, Rn. 180).

1869 So ist wohl SRU, Umweltgutachten 2008, S. 627 f., Rn. 810 und S. 641 ff., 823 ff., zu verstehen; letztlich auch Ekardt/Schmidtke, DÖV 2009, 187 ff.; bereits Ekardt/Seidel, NVwZ 2007, 421 (422 f.), hier allerdings weniger präzise.

1870 So Koch, in: Dolde/Hansmann/Paetow/Schmidt-Aßmann (Hg.), FS Sellner 2010, S. 291.

dass sie einer – fachplanungsrechtlich bzw. das Schutzniveau der 2. FlugLSV übersteigenden – unzumutbaren Innenraumbelastung ausgesetzt sind. Da der Gesetzgeber die Unterscheidung von Schutzzonen und Schutzzielen nicht aufgehoben hat – was im Übrigen auch praktisch nur möglich erscheint, wenn man Schutzziele festlegt, die „wo überall" gelten, also auf Schutzzonen komplett verzichtet – ist es auch nachvollziehbar, der gesetzgeberischen Aktivität in ihrer Gesamtheit nur einen Mindeststandard zu entnehmen.

Dies würde außerdem dazu führen, dass den oben für eine Verhältnisüberlegung herausgearbeiteten fachlich problematischen Innenraumbelastungen außerhalb von Schutzzonen ein anderes Gewicht zukäme. Mit der Mindeststandardthese könnte dann nämlich – auf Basis des unangetastet gebliebenen § 9 Abs. 2 LuftVG – jeder auch außerhalb von Schutzzonen unzumutbar im Innenraum Betroffene einen Erstattungsanspruch geltend machen[1871]. Nach Durchführung der passiven Schallschutzmaßnahmen wären die Belastungen relativiert und das tatsächliche Schutzniveau entsprechend „höher" einzustufen, als wenn außerhalb von Schutzzonen niemand einen Anspruch geltend machen kann.

Eine solche Argumentation blickt also zurückhaltender auf die rechtlichen Auswirkungen, die sich aus der Neufassung des § 8 Abs. 1 Satz 3 LuftVG ergeben. Die Verbindlichkeitsthese hingegen lässt sich nicht mit der notwendigen systematischen Unterscheidung von Schutzzielen und Schutzzonendefinitionswerten in Einklang bringen. Sie verkennt also die explizite Anknüpfung an diese bisher völlig unumstrittene Unterscheidung und die damit zusammenhängende – und nicht veränderte – Regelungssystematik. Dies lässt sich auch noch an folgender Überlegung verdeutlichen:

§ 9 Abs. 2 LuftVG zielte vor der Novellierung auf eine nicht zu überwindende Grenze, die die zuständige Behörde zu konkreten Maßnahmen verpflichtet[1872]. Dies wird auch von der Begründung der ersten Fassung des Gesetzesentwurfs aufgegriffen. Dort hatte die Einfügung von § 8 Abs. 1 S. 3 LuftVG nämlich nur die Intention, sicherzustellen, „dass bei der Bewältigung der durch Fluglärm hervorgerufenen Probleme im Rahmen der Abwägung keine anderen als die nach dem Gesetz zum Schutz

1871 Wenn man davon ausgeht, dass das in einem Dauerschallpegel ausgedrückte Schutzniveau eines bereits bestehenden Gebäudes im Innenraum am Tag 40 db(A) betragen, ergibt sich daraus nach der von der Rechtsprechung verwendeten Umrechnungsregel ein Außendauerschallpegel von 55 db(A). Das würde bedeuten, der Gesetzgeber hat angenommen, dass die in der Tagschutzzone 2 gelegenen Bestandsgebäude unter Umständen ebenfalls problematischen Innenraumbelastungen ausgesetzt sein könnten. Ihnen solle aber kein argumentativer Vorteil zukommen. Hier – und insofern ist die Vorgehensweise lärmwirkungsfachlich durchaus nachvollziehbar – werden nur die Anwohner den risikobehafteten Weg der Inanspruchnahme von passiven Schallschutzmaßnahmen gehen, die „empfindlich" auf Geräusche reagieren und somit auch „dringender" Hilfe bedürfen.

1872 BVerwGE 84, 31 (40); 87, 332 (357 ff.); zur Rechtsprechung insgesamt oben Teil 3, B., I., 3., c.

gegen den Fluglärm maßgeblichen Werte für die Lärmschutzbereiche zugrunde gelegt werden."[1873] In dieser Fassung hatte § 8 Abs. 1 S. 3 LuftVG also noch einen anderen Wortlaut und zielte darauf ab, den Zusammenhang zwischen der nicht überwindbaren Grenze, ab der ein Vorhaben der zwingenden Anordnung von Maßnahmen bedarf, und der planerischen Abwägung herauszustellen, auch wenn dies – weil er immer behauptet wurde[1874] – eigentlich nicht nötig gewesen wäre. Allerdings hat sich aus diesem Zusammenhang für die planerische Abwägung nie eine über die bei jeder Abwägung geltenden, allgemeinen Arbeitsanweisungen hinausgehende Operationalisierung ergeben. Daher ist die Entstehungsgeschichte des FluLärmG auch kein durchschlagendes Argument für die Verbindlichkeitsthese[1875].

Anders ausgedrückt war die planerische Abwägung der luftverkehrlichen Planfeststellung – trotz des angenommenen Zusammenhangs von § 9 Abs. 2 und § 8 Abs. 1 LuftVG – so strukturiert bzw. so unstrukturiert wie jede andere planerische Abwägung. Eine gesteigerte Klarheit über das Gewicht der Lärmschutzinteressen wurde durch die Festlegung des Maßes bzw. des Umfangs passiver Schallschutzmaßnahmen nicht wirklich erreicht. Wie gezeigt liegt der tiefere Grund dafür darin, dass sich die Abwägung insgesamt einer klareren Strukturierung bisher eher verweigert, wie sie etwa von *Hofmann* versucht wird[1876].

Was war bzw. ist also eigentlich gewonnen, wenn man einen Zusammenhang zwischen den beiden Normen sieht? Diese Frage kann weder von der Mindeststandard- noch von der Verbindlichkeitsthese plausibel beantwortet werden. Wären die Werte des § 2 Abs. 2 FluLärmG für die planerische Abwägung verbindlich und könnte über das im FluLärmG bzw. in der 2. FlugLSV festgelegte Maß nicht hinausgegangen werden, ergibt sich ebensowenig eine gesteigerte Klarheit des Ablaufs der planerischen Abwägung wie im Rahmen der Auffassung, die weiterhin passive Schallschutzmaßnahmen für möglich und unter Umständen für notwendig erachtet. Mit der Verbindlichkeitsthese wird nur ausgeschlossen, dass passive Schallschutzmaßnahmen als *zusätzliche* Lärmschutzmittel auf Ebene der Flughafenplanung von der Fachplanungsbehörde angeordnet werden können. Wann aber weitere aktive Lärmschutzmaßnahmen anzuordnen sind, ergibt sich nicht aus der Grenze, die die passiven Schallschutzmaßnahmen ausrichtet[1877]. Die Notwendigkeit weiterer Lärmschutzmaßnahmen ergab und ergibt sich vielmehr alleine aus einem planerischen Abwägungsvorgang, der seit jeher in hohem Maß unstrukturiert war. Und er wird es weiterhin sein, wenn aus ihm – mit der Verbindlichkeitsthese – die Möglichkeit gestrichen wird, sich mit der Lärmwirkungsforschung auseinanderzusetzen. Die Mindeststandardthese ist zwar keine Verbesserung im Hinblick auf die

1873 BT-Drs 16/508, S. 24.

1874 S. oben Teil 3, B., I., 3., c., gg.

1875 Hierzu ebenfalls zurückhaltend BVerwGE 142, 234 (288 f., Rn. 186).

1876 Vgl. – auch für Nachweise – oben Teil 2, A., I., 2.

1877 Nicht anders wäre es, wenn man im Schutzniveau der 2. FlugLSV die fachplanerische Unzumutbarkeitsgrenze sehen würde.

Strukturierung der Abwägung. Immerhin aber erachtet sie die Auseinandersetzung mit der Lärmwirkungsforschung weiterhin für notwendig[1878].

Auch wenn die Entstehungsgeschichte als weitgehend unergiebig für eine Entscheidung des Streits zwischen der Verbindlichkeits- und der Mindeststandardthese eingeschätzt wurde, macht sie doch deutlich, dass zwei Dinge jedenfalls nicht abschließend geregelt worden sind: die Möglichkeit des weitergehenden aktiven Schallschutzes und die Möglichkeit des weitergehenden Schutzes besonders sensibler Bevölkerungsteile[1879]. Die Formulierungen sind zwar insgesamt nicht eindeutig, man kann sie jedenfalls aber auch dahingehend deuten, dass der Gesetzgeber zumindest zum Schutz besonders sensibler Bevölkerungsgruppen passive Schallschutzmaßnahmen nicht ausschließen wollte. Wie aber sollte man anders als durch die Heranziehung der Lärmwirkungsforschung die Notwendigkeit ihres Schutzes darlegen? An dieser Stelle der Gesetzesbegründung wird im Übrigen nicht darauf hingewiesen, dass nicht auch – im Sinne der bisherigen Rechtsprechung – all jene die Gewährung passiver Schallschutzmaßnahmen beantragen können, die sich außerhalb von Schutzzonen einer unzumutbaren Belastung im Innenraum ausgesetzt sehen.

Beide Aspekte sprechen also für die Mindeststandardthese. Allerdings ist auch nicht zu verkennen, dass der Gesetzgeber selbst wohl den Schwerpunkt der unter Umständen noch zu treffenden Maßnahmen nicht mehr beim passiven Lärmschutz sieht. Das aber ist in Anbetracht des Regelungsgegenstandes des FluLärmG ebenfalls eine Selbstverständlichkeit. Es bedeutet aber nicht, dass er der Ansicht ist, auf Ebene der Flughafenplanung könnten *gar keine* passiven Lärmschutzmaßnahmen mehr angeordnet werden.

Die Mindeststandardthese widerspricht, wie bereits angesprochen, nicht den Zwecken des FluLärmG[1880], soweit sie in Verfahrensvereinfachung und Rechtssicherheit

1878 Insoweit ist auch auf BVerfGK 13, 303 (323), 16, 68 (75 f.) hinzuweisen, in denen das BVerfG zum Ausdruck bringt, dass medizinische Erkenntnisse Planungsentscheidungen nur dann zu Grunde zu legen sind, wenn sie sich in der wissenschaftlichen Diskusssion durchgesetzt haben. Lässt man einmal außer acht, dass der Streit zum Wesen der Wissenschaft gehört und damit die Trennschärfe der Aussage des BVerfG fraglich ist, wäre sie für den Fluglärmschutzbereich ingesamt hinfällig, weil nach der Verbindlichkeitsthese medizinische Erkenntnisse in Zukunft bei Planungsentscheidungen keine Rolle mehr spielen.

1879 In BT-Drs. 16/3813, S. 19, heisst es, sie diene „der Klarstellung, dass die Regelungen des Fluglärmschutzgesetzes zum passiven Schallschutz allein nicht ausreichen, um den vom Luftverkehrsgesetz geforderten Schutz der Bevölkerung vor unzumutbarem Fluglärm Rechnung zu tragen. Gerade weil den Anwohnern von Flughäfen im öffentlichen Interesse durch Fluglärm Lärmwirkungen zugemutet werden, muss geprüft werden, ob Maßnahmen des aktiven Lärmschutzes notwendig sind oder besonders sensible Bevölkerungsteile besonders geschützt werden müssen." Dazu auch Ekardt/Schmitdke, DÖV 2009, 187 (192).

1880 Im Gegenteil spricht der Schutz der Nachbarschaft vor Gefahren, erheblichen Nachteilen und erheblichen Belästigungen (§ 1 FluLärmG) eher für einen Mindeststandard,

für die Beteiligten liegen; denn diese treten auf der Ebene einer nachlaufenden Folgenbewältigung ja vollumfänglich ein. Darüber hinaus besteht weder im Rahmen der Bestimmung des Umfangs bzw. des Maßes des passiven Schallschutzes noch im Rahmen der fachplanerischen Abwägung ein Bedürfnis nach einer über die Vorgaben des FluLärmG und der 2. FlugLSV hinausgehenden Rechtssicherheit.

Die Entscheidung darüber, ob und gegebenenfalls in welchem weiteren Umfang passiver Schallschutz zu gewähren ist und sonstige weitergehende Maßnahmen zu zusätzlichen Belastungen des Vorhabenträgers führt, muss und kann ihm im Hinblick auf die Einzelfallgerechtigkeit zugemutet werden, die hier als Gegenpol zu den generalisierenden Funktionen des Gesetzes in Form des FluLärmG im Raum steht. Der Vorhabenträger kennt jedenfalls das ihm sicher aufzubürdende Volumen an passivem Schallschutz. An dieser Stelle sei nur am Rande erwähnt, dass dem Vorhabenträger im FluLärmG noch in vielerlei anderer Hinsicht Rechtssicherheit gewährt wurde, wie bspw. durch die zeitlich verzögert eintretenden Werte (§ 2 Abs. 2 Nr. 1 a) und b) FluLärmG) oder die bereits angesprochene „Kostendeckelungsregel“[1881].

Der Streit um die Verbindlichkeit des FluLärmG wird schließlich auch noch im Zusammenhang mit § 13 FluLärmG geführt. Auf die Details dieser Diskussion wird hier aber nicht mehr eingegangen[1882], da die dort diskutierten Argumente inhaltlich nicht über das hinausgehen, was bereits aufgezeigt wurde. Hinzuweisen ist aber noch auf zwei zusätzliche Aspekte, und zwar auf die „andere Intention“ der Novellierung des FluLärmG und auf die Beibehaltung von § 40 LuftVZO.

§ 40 Abs. 1 Nr. 10 b LuftVZO verlangt, dass einer luftverkehrlichen Genehmigung unter anderem auch ein lärmmedizinisches Gutachten beizufügen ist. Diese Norm hätte keinen Anwendungsbereich mehr, wenn die Lärmwirkungsforschung vollständig aus der luftverkehrlichen Planfeststellung gestrichen worden wäre. Auch insoweit ist das Gesetzgebungsverfahren zu beachten. Sie ist nämlich nicht gestrichen worden[1883].

---

der nicht unterschritten werden darf, aber über den (zum Schutz) hinausgegangen werden darf. Dies jedenfalls unbeachtet lassend, Giemulla/Rathgeb, ZLW 2013, 55 (60).

1881 S. oben Teil 3, B., II., 3., b. Schließlich sei auch noch darauf hingewiesen, dass auch der Vorhabenträger mit Blick auf die Flugrouten und die insofern unsicheren Prognosen jeder Zeit damit rechenen muss, dass sich die Schutzzonen und damit auch die Zahl der Betroffenen verändern können, vgl. unten Teil 3, C., I., 3.

1882 Vgl. nur Ekardt, Fluglärmschutzgesetz, § 13, Rn. 5; Reidt/Fellenberg, in: Landmann/Rohmer, Umweltrecht, FluglärmG, § 13, Rn. 34.

1883 Reidt/Fellenberg, in: Landmann/Rohmer, Umweltrecht, FluglärmG, § 1, Rn. 22, gehen davon aus, dass ihr Inhalt sich nur noch auf die Darlegung atypischer Situationen beziehen kann. Ob aber die Lärmwirkungsforschung dazu ausgelegt ist, darf bezweifelt werden. S. auch Ekardt, Fluglärmschutzgesetz, § 13, Rn. 4.

Von herausgehobenerer Bedeutung ist, dass das FluLärmG vor allem eine „Verbesserung des Lärmschutzes für die Bevölkerung“ darstellen sollte[1884]. Wären tatsächlich die Werte des § 2 Abs. 2 FluLärmG als fachplanerische Zumutbarkeitsgrenzwerte zu verstehen und eine Auseinandersetzung mit der Lärmwirkungsforschung vollständig aus der luftverkehrlichen Planfeststellung gestrichen, müsste man eingestehen, dass dieser Gesetzeszweck verfehlt wurde. Zum einen hatte die Rechtsprechung schon teilweise weitergehenden Schutz erreicht. Dies ergibt sich unmittelbar aus der Rechtsprechung des BVerwG zu Berlin-Schönefeld und Köln/Bonn[1885]. Zum anderen bestand vor der Novellierung die – mit der Verbindlichkeitsthese nicht mehr gegebene – Möglichkeit, auch außerhalb einer Schutzzone eine Erstattung für die Vornahme von passiven Schallschutzmaßnahmen zu erlangen. Hier ebenfalls noch zu erwähnen ist, dass die Auseinandersetzung mit dem Stand der Lärmwirkungsforschung die einzige Möglichkeit darstellt, die planerische Abwägung nachvollziehbar zu gestalten. Wenn den Betroffenen nicht mehr gestattet ist, die sich aus den Geräuschbelastungen ergebenden negativen Effekte vortragen zu können, ist die planerische Abwägung in dieser Hinsicht für sie weitgehend inhaltsleer geworden.

c. *Zwischenfazit*

Das Zwischenfazit kann kurz ausfallen. Mit der Regelungssystematik des FluLärmG und im Hinblick auf *alle* Zwecke des Gesetzes sprechen die nachvollziehbareren Argumente für die Mindeststandardthese. Für den vollständigen Ausschluss der Auseinandersetzung mit der Lärmwirkungsforschung aus dem Planfeststellungsverfahren bzw. der gerichtlichen Verfahren gibt es darüber hinaus keinen Anlass.

5. *Bedeutung und Struktur der planerischen Abwägung auf Ebene der Flughafenplanung*

Die Vorhabenplanungen der vergangenen Jahrzehnte haben einen Bestand an luftverkehrsspezifischen Anforderungen an die nähere Bestimmung der einzustellenden Lärmschutzinteressen bzw. an darauf bezogenen Abwägungsregeln nicht hervorgebracht – mit Ausnahme der Erkenntnis, dass im Hinblick auf Nachtlärmbelastungen § 29 b Abs. 1 S. 2 LuftVG zu beachten ist. Sie gehen über die allgemein anerkannten Anforderungen aus dem Abwägungsgebot als einerseits Handlungsanweisung an die Verwaltung und andererseits Kontrollmaßstab der Gerichte[1886] nicht hinaus. Gerade für den Gewichtungsprozess der Lärmschutzbelange haben die Analyse der Rechtsprechung des BVerwG bis hin zur Novellierung des FluLärmG

1884 So noch einmal hervorhebend BT-Drs. 16/3813, S. 2 und vor allem S. 12, wobei der folgende Aspekt hier übergangen wurde.

1885 Vgl. BVerwG, Beschluss v. 16.03.2006 – 4 A 1001/04, Rn. 354 ff. (Juris); BVerwGE 126, 340 (349).

1886 S. nur Hofmann, in: Ziekow (Hg.), Aktuelle Fragen 2006, S. 153 (154) (m.w.N).

und die Diskussion um den abschließenden Charakter des FluLärmG gezeigt, dass die planerische Abwägung nicht allein deshalb strukturiert ist, weil eine fachplanerische Unzumutbarkeitsgrenze bestimmt ist– sei es früher für ein einzelnes Vorhaben durch die Verwaltung oder nunmehr in abstrakter Form für alle Vorhaben im Anwendungsbereich des FluLärmG durch den Gesetzgeber.

Dies soll durch zwei Aspekte der planerischen Abwägung nach § 8 Abs. 1 LuftVG noch einmal veranschaulicht werden, wobei allerdings auch nicht der Eindruck erweckt werden soll, als sei damit alles Wesentliche über die planerische Abwägung auf Ebene der Flughafenplanung gesagt. Die nachfolgenden Aspekte der Gewichtung der Lärmschutzinteressen ohne erkennbare Vorgaben an die dabei durchzuführenden gedanklichen Operationen (a.) sowie das im Hinblick auf Nachvollziehbarkeit der Abwägung problematische Herauslösen von einzelnen Abwägungselementen (b.) haben jedoch vor dem Hintergrund der bisherigen Ausführungen besondere Bedeutung.

a. Gewichtung der Lärmschutzinteressen „ohne" fachliche Anknüpfung?

Dem auf Ebene der Flughafenplanung etablierten abgestuften Fluglärmschutzsystem lassen sich verschiedene Beachtlichkeitsbereiche nur insofern entnehmen, als ein solcher Bereich konkrete Maßnahmen (passiver Schallschutz) zur Folge haben soll und alle sonst beachtlichen Geräuschbelastungen in die planerische Abwägung einfließen. Das System erläutert aber nicht, wie danach der weitere Gewichtungsprozess verlaufen soll. Es stellt sich etwa die Frage, welche Rolle die – nach Durchführung passiver Schallschutzmaßnahmen – relativierten Belastungen innerhalb von Schutzzonen dann noch spielen sollen. Allein darauf zu verweisen, sie seien *relativiert*, hilft nicht weiter. Man könnte zwar annehmen, dass die relativierten Belastungsbereiche auf die planerische Abwägung *keinen* Einfluss mehr haben sollen. Jedoch ging die Rechtsprechung bisher davon aus, dass alle nicht nur geringfügigen Belastungen in die planerische Abwägung einzustellen sind[1887]. Außerdem verdeckt der Verweis auf die Relativierung der Belastungen den Blick auf das – wie gezeigt – sehr unterschiedliche Schutzniveau[1888].

Ebenso unklar ist der Gewichtungsprozess für die außerhalb der Schutzzonen bestehenden Belastungen. Hier gilt eben nur, dass je näher die tatsächlichen Betroffenen an die Grenze der fachplanerischen Unzumutbarkeit heranrücken, sie umso gewichtiger sein sollen. Abgesehen davon, dass der Begriff des Heranrückens die Unterscheidung von Schutzzonen und Schutzzielen unterschlägt und suggeriert, es gebe außerhalb von Schutzzonen keine Betroffenheiten oberhalb des aus der 2. FlugLSV ableitbaren Schutzniveaus – welches ja nur innerhalb von Schutzzonen verwirklicht werden soll – wird der Gewichtungsprozess alleine durch diese Formel

1887 BVerwGE 142, 234 (345, Rn. 387).
1888 S. oben Teil 3, B., II., 2., a., bb., (1).

nicht klarer und nachvollziehbarer; denn die Transformationsprobleme im Rahmen natürlich-sprachlicher Darstellungen kommen hier voll zum Tragen[1889].

Selbst wenn man die besonderen Probleme im Zusammenhang mit natürlich-sprachlichen Darstellungsformen nicht weiter vertieft, ergeben sich die Bedeutungsunklarheiten also aus einem grundlegenden Problem der planerischen Abwägung auf Ebene der Flughafenplanung. Wie lässt sich nämlich das Gewicht des Interesses der Anwohner an einem möglichst umfassenden Lärmschutz nachvollziehbar bestimmen? Welche gedanklichen Operationen sind dabei zu durchlaufen? Selbst wenn man – entgegen den obigen Ausführungen[1890] – das abgestufte Fluglärmschutzsystem in seiner bisherigen Form für zutreffend hält, macht es doch keine Vorgaben dazu, wie im abwägungsrelevanten Bereich die Belastungsintensität bzw. etwaige Wirkungen einzuschätzen sein sollen. Das Stufensystem gibt insoweit lediglich vor, dass es einen *bloß* abwägungsrelevanten Lärmbereich gibt.

Es wird hier daher – unabhängig von der Annahme einer Notwendigkeit, das Stufensystem des Fluglärmschutzes auf Ebene der Flughafenplanung neu zu bestimmen – dazu Folgendes vorgeschlagen: Zunächst ist das Gewicht des abwägungsrelevanten Lärms durch eine (prognostische) Betrachtung der durch das Vorhaben insgesamt Betroffenen transparent zu machen[1891]. Daran anknüpfend ist unter Heranziehung des Standes der Lärmwirkungsforschung in allen – auch den verbleibenden – Belastungsbereichen zu ermitteln, welche negativen Wirkungen mit der Belastung einhergehen. Dabei kann auf die im DFG-Forschungsbericht dargestellten Grundlagen zurückgegriffen werden[1892]. Das dortige Vorgehen erlaubt eine Einschätzung – zumindest – der in einer Umgebung statistisch eintretenden Reaktionen an Wirkungsendpunkten, wie etwa der Globalreaktion der Belästigung. Es würde dann deutlich werden, dass auch – und in welchem Umfang – der abwägungsrelevante Bereich zu solchen Belästigungsreaktionen in der Bevölkerung beiträgt.

Der DFG-Forschungsbericht hat die statistische Natur der Phänomene der Belästigungs- und Gesundheitsreaktionen herausgestellt und gezeigt, welche Bedeutung die Zahl der Lärmbetroffenen hat[1893]. Nur wenn diese Gesamtzahl der Betroffenen kleiner wird, ist ein System, welches vor Lärm schützen will, in der Tat erfolgreich bzw. effektiv. Zwar kann es auch als Teilerfolg gewertet werden, wenn an der Spitze der Belastungen das Eintreten in besonderem Maße wahrscheinlicher Effekte – etwa durch passiven Schallschutz – verhindert wird. Je größer aber der Lärmteppich wird, der sich über eine Region legt, je mehr Menschen also in den abwägungsrelevanten Bereich gedrängt werden, desto größer wird auch die Wahrscheinlichkeit negativer

1889 Vgl. Hofmann, in: Ziekow (Hg.), Aktuelle Fragen 2006, S. 153 (156 ff.).

1890 S. oben Teil 3, B., II., 1.

1891 Dies wurde im Verfahren Ausbauverfahren Flughafen Frankfurt/Main in Ansätzen auch schon gemacht, vgl unten Teil 3, C., II., 2.

1892 Dazu bereits oben Teil 3, B., I., 3., c., gg.

1893 DFG, Forschungsbericht Fluglärmwirkungen, S. 516.

Effekte. Zwar mag das Eintreten eines negativen Effekts beim Einzelnen im bloß abwägungsrelevanten Bereich unwahrscheinlicher sein. Die geringere Wahrscheinlichkeit kann jedoch durch die Zunahme an Betroffenen kompensiert bzw. sogar überkompensiert werden. Wenn es – wie hier und auch sonst ganz regelmäßig im Umweltverwaltungsbereich[1894] – um die Bewältigung statistischer Phänomene geht, muss sich das Recht diesem Problem großer (Betroffenheits-)Zahlen bewusst sein.

Das Recht des Fluglärmschutzes in Deutschland verschließt sich diesen Zusammenhängen bisher jedoch weitgehend. Zwar wurden in der Vergangenheit immer wieder auch Schutzmaßnahmen mit den Belastungen im abwägungsrelevanten Bereich begründet, und zwar wie gezeigt, vor allem im Bereich nächtlicher Geräuschbelastungen[1895]. Dennoch wurden die in der *Lärmwirkungsforschung* diskutierten Schutzziele bisher immer nur im Zusammenhang mit der Bestimmung der fachplanerischen Unzumutbarkeitsschwelle erörtert. Wieso aber muss weitergehender Lärmschutz betrieben werden, wenn eine lege artis bestimmte fachplanerische Unzumutbarkeitsschwelle zu passiven Schallschutzmaßnahmen führt, welche die lärmwirkungsfachlich problematischen Innenraumbelastungen relativiert?[1896] Zugespitzt könnte man fragen, warum die Nachtruhe besonderes Gewicht haben soll – abgesehen davon, dass es § 29b LuftVG schlicht so vorsieht –, wenn doch passive Schallschutzmaßnahmen zu fachlich unproblematischen Innenraumbelastungen führen können? Worauf also stützt sich die sachlich-inhaltliche Notwendigkeit weitergehender – also über das zwingende Maß des physisch-realen Ausgleichs hinausgehender – Lärmschutzmaßnahmen?

Nach der Novellierung des FluLärmG behauptet das BVerwG nunmehr sogar, dass *alle* in der Lärmwirkungsforschung vorhandenen Schutzziele durch die Werte des FluLärmG abgedeckt seien[1897]. Dann dürfte es erst recht keine Gründe mehr geben, unterhalb der fachplanerischen Unzumutbarkeitsschwelle weitere (aktive) Maßnahmen zu ergreifen.

Insofern ist es zwar konsequent, wenn das BVerwG das Heranziehen der Erkenntnisse der Lärmwirkungsforschung aus der planerischen Abwägung streicht – die in der Fachliteratur diskutierten Schutzziele seien ja erreicht. Das ist jedoch weder fachlich nachvollziehbar[1898] noch wird klar, warum es dann von Bedeutung

---

1894 Vgl. Ekardt/Schmitdke, DÖV 2009, 187 (192); Couzinet, Zulässigkeit von Immissionen, passim.

1895 Vgl. oben Teil 3, B., I., 3., c., gg.

1896 Die Außenbereichsbelastungen können hier weder am Tag und schon gar nicht in der Nacht angeführt werden. In der Nacht spielen die Außenbereiche praktisch keine Rolle und für die als maßgeblich erachtete Gebrauchsbeeinträchtigung am Tag wird zwingend Entschädigung geleistet. Weitergehenden Lärmschutz im Rahmen der planerischen Abwägung anzuordnen und sich dabei auf die Außenbereichsbelastung zu stützen, erscheint hiernach also zumindest fragwürdig.

1897 BVerwGE 142, 234 (287, Rn. 182); zustimmend Giemulla/Rathgeb, ZLW 2013, 55 (60).

1898 S. oben Teil 3, B., II., 2., a., bb., (1) und dd.

sein soll, dass auch im unterhalb der fachplanerischen Unzumutbarkeitsschwelle liegenden Geräuschbelastungsbereich eine Vielzahl von Betroffenen vorhanden ist. Vor der Novellierung schien sich das BVerwG der statistischen Natur des von ihm zu beurteilenden Phänomens zumindest noch bewusst gewesen zu sein[1899], wenn auch daraus die hier vorgeschlagenen Konsequenzen – also dem Zusammenführen von Betroffenenzahlen und der Wahrscheinlichkeit des Eintritts etwaiger Wirkungen – nicht gezogen wurden. Nach den letzten Entscheidungen zum Flughafenausbau Frankfurt am Main muss man allerdings annehmen, dass die Gerichte nicht mehr gewillt sind, überhaupt nur das Phänomen als solches anzuerkennen.

Die Bedeutungsunklarheit des bloß abwägungsrelevanten Geräuschbelastungsbereichs ist außerdem misslich, weil es – wie oben gezeigt[1900] – offensichtlich ist, dass entweder nur das Zusammenspiel von aktiven und passiven Schallschutzmaßnahmen oder nur streng kontingentierende aktive Schallschutzmaßnahmen zu einem auf Dauer angelegten Schutzeffekt führen können. Jedenfalls ist ein langfristiges Fluglärmschutzkonzept ohne aktive Schallschutzmaßnahmen wirkungslos, wenn der Luftverkehr weiter wächst und immer mehr Flugbewegungen vorgenommen werden. Es kann dann die absolute Zunahme der auf einer Region liegenden Geräuschbelastung nicht verhindert werden.

Die Analyse der Lärmschutzmittel und -ebenen hat weiterhin gezeigt, dass in den vergangenen Jahrzehnten der Maßnahmenschwerpunkt auf passivem Schallschutz lag und dessen Umfang auf der Flughafenplanungsebene bestimmt bzw. ausgerichtet wurde. Aber auch aktive Schallschutzmaßnahmen – selbst wenn auf ihnen nie ein Schwerpunkt lag – wurden vorgenommen. Aus Sicht der Rechtsprechung ergeben sie sich alleine aus der planerischen Abwägung. Wenn, wie es hier die These ist, die planerische Abwägung kaum Strukturierung erfahren hat und nunmehr auch lärmwirkungsfachliche Erkenntnisse keine Rolle mehr spielen sollen, muss weiter angenommen werden, dass Maßnahmen aktiven Schallschutzes in Zukunft noch weiter an Bedeutung verlieren werden. Aus Sicht der Betroffenen gibt es jedenfalls keine Möglichkeit mehr, auf einen solchen aktiven Schallschutz unter Berufung auf die negativen Wirkungen von Geräuschen für den Körper und den Geist des Menschen hinzuwirken. Dieses Ergebnis wird durch die später noch durchzuführende Analyse der Flugroutenfestsetzung bzw. ihrer inhaltlichen Verbindung zur planerischen Abwägung noch weiter erhärtet[1901].

Hinsichtlich des Gewichtungsprozesses ist schließlich noch ein weiteres Phänomen zu beachten, nämlich die Bestimmung der Interessen oder des Bedarfs an (zusätzlicher) Luftverkehrsinfrastruktur[1902]. Sie bildet klassischerweise den Gegenpart

1899 S. insb. zuletzt zum Nachtlärm BVerwGE 127, 97 ff.; 131, 316 ff.
1900 Dazu oben Teil 3, A., I., 4.
1901 S. unten Teil 3, C., I., 3. und C., II., 3.
1902 Dies ist hier weit zu verstehen, meint also neben der konkreten Infrastruktur in Form von Bahnen, Abfertigungseinrichtungen etc. auch die Zulassung zusätzlicher Flugbewegungen.

zu den Lärmschutzinteressen der betroffenen Anwohner[1903]. Besonders deutlich wird dies im Zusammenhang mit der Zulassung von Flugbewegungen in der Nacht, die das BVerwG – auf Grundlage des Optimierungsgebots in § 29b LuftVG – an den besonderen Anforderungen unterliegenden Nachweis der Notwendigkeit für die Durchführung von Nachtflugverkehr knüpft[1904]. Diese – für die Nachtkernzeit noch weiter gesteigerte – Rechtsfertigungslast kann der Vorhabenträger nur erfüllen, wenn er ökonomische Gründe darlegen kann, die das Interesse der Bevölkerung an einer ungestörten Nachtruhe entsprechend aufwiegen bzw. zurückdrängen.

Auffällig daran ist die mittlerweile gegebene Diskrepanz zwischen den Argumentations- und Vortragsmöglichkeiten des Vorhabensträgers und denen der Betroffenen. Im Rahmen der planerischen Abwägung kann Ersterer seine Interessen durch entsprechende ökonomische Argumente durchzusetzen versuchen, wohingegen den Betroffenen eine vergleichbare Möglichkeit durch das Vorbringen lärmwirkungsfachlicher Argumente vollständig genommen wird. Warum aber Verwaltung und Rechtsprechung eher dazu in der Lage sein sollen, ökonomische als medizinisch-physiologische oder sozial-psychologische Gutachten zu beurteilen, ist nicht ersichtlich.

b. Das „Herauslösen“ von Abwägungselementen

Die planerische Abwägung nach § 8 Abs. 1 S. 2 LuftVG steht allerdings auch noch vor weiteren Problemen, die sich auf ihre Nachvollziehbarkeit auswirken. Durch die nachlaufende Bewältigung des fachplanerisch unzumutbaren Lärms in Folge der Lärmschutzbereichsfestsetzung wird ein Teil der vom Vorhaben ausgelösten und daher eigentlich von der Flughafenplanfeststellung auch zu lösenden (sog. Problembewältigungsgebot)[1905] Probleme (Lärmkonflikte) nicht mehr durch die Planfeststellung selbst bewältigt.

Nun könnte man insoweit die Ansicht vertreten, dass auch in den Planfeststellungsverfahren vor der Novellierung die Durchführung der passiven Schallschutzmaßnahmen und damit zusammenhängende Streitigkeiten nach dem eigentlichen Planfeststellungsverfahren entstanden und bewältigt wurden. Insofern hätte sich durch den verfahrensrechtlichen Aspekt des FluLärmG nichts Wesentliches verändert. Und so scheint das BVerwG die nachträgliche Bewältigung der Verwaltungsaufgabe der Durchführung bzw. der Erstattung passiver Schallschutzmaßnahmen auch als bloßen Vollstreckungsakt zu sehen, bei dem keine wesentlichen Probleme

1903 Exemplarisch BVerwGE 142, 234 (310 ff., 266 ff.), bzw. Hess. VGH, Urt. v. 21.8.2009 – 11 C 227/08 u.a. – Frankfurt/Main –, Rn. 749 ff. (Juris).

1904 Ausführlich oben Teil 3, B., I., 3., c., ff.

1905 Zum Grundsatz der Problembewältigung s. BVerwG, NVwZ 2004, 1237 (1239). Hinsichtlich seiner Bedeutung auf Flugroutenplanungsebene, s. unten Teil 3., C., II., 3., d.

mehr auftreten können[1906]. Dann wären die Vorgaben aus dem Problembewältigungsgebot auch weiterhin erfüllt. Aber ist dieses Bild auch tatsächlich stimmig? Jedenfalls im Hinblick auf die soeben dargestellte Deckelungsregel des § 5 Abs. 4 2. FlugLSV darf daran gezweifelt werden.

Unumstritten dürfte jedoch sein, dass das Herauslösen von – grundsätzlich behebbaren – Konflikten aus der Planfeststellung deren Bedeutung auch im Hinblick auf an sie anknüpfende Rechtsschutzmöglichkeiten verändert. Wenn bestimmte Konflikte nicht mehr auf Ebene der Planfeststellung zu behandeln sind, greift für diese Probleme auch der Rechtsschutz nicht mehr, der für die – eigentlich umfassende – Planfeststellung vorgesehen ist. Mit Blick auf die Notwendigkeit der Lärmschutzbereichsfestsetzung für das Wirksamwerden der Ansprüche auf passiven Schallschutz hält dies das BVerwG allerdings für unproblematisch[1907]. Wohl bewusst werden damit den Betroffenen die Belastung und das Risiko zugemutet, weitere Klagen führen zu müssen; also sowohl gegen die Planfeststellung als auch gegen die Lärmschutzbereichsfestsetzung und am Ende eventuell auch noch gegen den letztlichen Bewilligungsakt. Es ist ja nicht nur so, dass – wie im Ausbaufall Frankfurt/Main – ein Lärmschutzbereich unter Umständen erst Jahre nach dem Planfeststellungsbeschluss ergeht. Vielmehr kann es auch zu Fehlern bei der Berechnung kommen, durch die sich die Lärmschutzbereiche als zu klein erweisen[1908]. Im Übrigen enthält die 1. FlugLSV ebenfalls Normen, die, wie gezeigt[1909], in ihrem Bedeutungsgehalt durchaus unterschiedlich ausgelegt und daher angezweifelt werden können.

Auch wenn man sich auf den Standpunkt stellt, dass die Lärmschutzbereichsfestsetzung tatsächlich weder gravierende technische noch rechtliche Probleme aufwirft und damit als eine Art Vollstreckungsaufgabe zu sehen ist: Die mit der Lärmschutzbereichsfestsetzung aus der Flughafenplanfeststellung herausgelösten Konflikte sind nicht die einzigen Problemverschiebungen, die das Luftverkehrsrecht kennt. Auch die Flugroutenfestsetzung muss hierzu gezählt werden. Dies ist

1906 So jedenfalls BVerwGE 142, 234 (282 ff., Rn. 164 ff), für die Festsetzung der Lärmschutzbereiche.

1907 BVerwGE 142, 234 (282 f., Rn. 165).

1908 Vgl. BVerwGE 142, 234 (282 f., Rn. 165). Im Übrigen baut das BVerwG mit dieser Systematik eine Drohkulisse auf: Die separate Möglichkeit der Lärmschutzbereichsfestsetzung soll den Behörden einen Spielraum geben, die Bestandskraft eines Planfeststellungsbeschlusses abzuwarten und flexible Lösungen herbeizuführen (ebd.). Das bedeutet aber auch, dass wenn die Betroffenen – wenigstens – zügig an passive Schallschutzmaßnahmen kommen wollen, sie es sich sehr genau überlegen müssen, ob sie weiteren Rechtsschutz suchen wollen, mit dem sie die Bestandskraft des Planfeststellungsbeschlusses weiter hinauszögern. Selbst bei Untätigkeit der Behörden nach Bestandskraft des Planfeststellungbeschlusses werden die Betroffenen auf die Möglichkeit einer Normerlassklage verwiesen (ebd.).

1909 S. etwa den Streit um die Sigma-Regelung in BVerwGE 142, 234 (295 ff., 209 ff.); vgl. auch oben Teil 3., B., II., 3., a.

allerdings erst, wie gleich noch zu zeigen sein wird, in den letzten Jahren in vollem Umfang offensichtlich geworden. Flugrouten, also die Linien, die Flugzeuge vor allem bei ihren Start- bzw. Landevorgängen im Raum nehmen, sind zwar schon seit jeher nicht im Rahmen der Flughafenplanfeststellung, sondern durch einen ihr nachfolgenden Rechtsakt verbindlich festgesetzt worden. Die damit einhergehenden Probleme sind jedoch erst seit relativ kurzer Zeit Teil der rechtswissenschaftlichen Diskussion[1910].

Wenn aber nicht nur die Lärmschutzbereichsfestsetzung einen Teil der von einem planerischen Vorhaben verursachten Konflikte aus der Planfeststellung herauslöst, sondern auch – in einem noch näher zu bestimmenden Umfang – die Flugroutenfestsetzung, muss die Frage aufgeworfen werden, welchen Stellenwert der Anspruch auf Durchführung einer gerechten planerischen Abwägung dann eigentlich für die Durchsetzung von Lärmschutzinteressen noch haben kann. Zwar soll nach der Novellierung die planerische Abwägung der Ort sein, an dem über aktive Schallschutzmaßnahmen zu entscheiden ist; nachdem dort jedoch für die Auseinandersetzung mit der Lärmwirkungsforschung aus Sicht der Rechtsprechung kein Platz mehr ist und über das verbleibende Elemente der Gewichtsbestimmung der Lärmschutzinteressen, nämlich die Zahl der Betroffenen, rechtsverbindlich erst im Rahmen der Flugroutenfestsetzung entschieden wird[1911], ist nicht ersichtlich, wie Betroffene dann noch auf Lärmschutz in Form von aktiven Schallschutzmaßnahmen hinwirken sollen.

Wie die nachfolgenden Ausführungen zur Flugroutenfestsetzung zudem zeigen werden, hat die Rechtsprechung den Standpunkt eingenommen, dass, auch soweit die rechtsverbindliche Entscheidung über den Verlauf der Flugrouten zu einer höheren Betroffenenzahl führt, dies die planerische Abwägung auf Flughafenplanungsebene nicht in Frage stellt[1912]. Im Umkehrschluss bedeutet dies, dass die Bestimmung der Anzahl der Betroffenen auf Ebene der Planfeststellung äußerst vage bleiben darf. Damit wird auch das letzte inhaltliche Argument, welches den Betroffenen im Rahmen der planerischen Abwägung noch verbleibt, nahezu bedeutungslos.

III. Ergebnisse

Die Analyse des Fluglärmschutzes auf Ebene der Flughafenplanung hat gezeigt, dass – trotz der prinzipiell besseren Geeignetheit aktiver Maßnahmen – der passive Schallschutz auch nach der Novellierung des FluLärmG das entscheidende Instrument gegen die negativen Wirkungen des Lärms auf den Körper und den Geist des Menschen ist. Soweit seit Kurzem über aktive Schallschutzmaßnahmen die

1910 S. die Nachweise unten in Fn. 1917.

1911 Als Folge der Festsetzung des räumlichen Verlaufs der Flugrouten, die auf Ebene der Flughafenplanung nur prognostisch in die Lärmberechnungen einfließen, s. oben Teil 3., B., II., 3., a.

1912 BVerwGE 141, 1 (46 ff., Rn. 147 ff.). Dazu auch unten Teil 3., C., I., 3.

nächtlichen Lärmbelastungen abgemildert werden, ist dies hinsichtlich des tatsächlich über staatliche Maßnahmen erreichten Schutzniveaus grundsätzlich positiv zu vermerken. Wie wirksam oder wie effektiv solche Maßnahmen sind, kann letztlich jedoch nur im Einzelfall beurteilt werden.

In rechtlicher Hinsicht hat § 29b LuftVG jedenfalls „lediglich“ eine an den Vorhabenträger gerichtete besondere Rechtfertigungslast zur Folge. Deren Einhaltung kann zwar von den Betroffenen gerichtlich geltend gemacht werden. Eine konkrete Ausgestaltung der im Rahmen der planerischen Abwägung (zusätzlich) auf § 29b LuftVG gestützten Maßnahmen kann aber von ihnen nicht eingefordert werden. Soweit der Rechtfertigungslast nachgekommen wird, kann der über § 29b LuftVG vermittelte Schutz sogar wieder aufgehoben werden bzw. es wird dann kein weiterer Schutz vermittelt.

Was den Umfang der zentralen Maßnahme des Fluglärmschutzes auf Ebene der Flughafenplanung anbetrifft, folgten aus der Analyse der Grenzwerte des FluLärmG sehr unterschiedliche Ergebnisse. Einerseits wird im Fall des Neu- oder Ausbaus eines Verkehrsflughafens innerhalb festzusetzender Schutzzonen *für Neubauten* ein vor dem Hintergrund lärmwirkungsfachlicher Ergebnisse angemessenes Schutzniveau erreicht. Andererseits kann aber auch innerhalb der Schutzzonen insbesondere wegen der komplizierten Ausnahmeregelungen der 2. FlugLSV nicht a priori angenommen werden, es sei nach Durchführung passiver Schallschutzmaßnahmen ein allgemein hohes Schutzniveau erreicht. Zudem ist nicht klar, wie sich die Deckelungsregel des § 5 Abs. 4 S. 1 2. FlugLSV auf die Maßnahmendurchführung auswirkt. Ebenfalls festzustellen ist schließlich, dass es auch innerhalb von Schutzzonen, nach Durchführung etwaiger Maßnahmen, nicht klar ist, ob das erreichte Dauerschallniveau im Innenraum fachlich problematische Einzelschallereignisse in ausreichendem Maß ausschließt. Wahrscheinlich ist dies wohl nur für das Schutzniveau in Neubauten[1913].

Im Zusammenhang mit den Grenzwerten des FluLärmG konnte weiterhin herausgearbeitet werden, dass auch außerhalb von Schutzzonen teilweise lärmwirkungsfachlich problematische Innenraumbelastungen bestehen. Dies gilt insbesondere mit Blick auf Bestandsflughäfen und dort hinsichtlich nächtlicher Geräuschbelastungen, da rechnerisch dort Dauerschallpegel zwischen 35 und 40 db(A) Leq erreicht werden, ein Bereich also, in dem – ausweislich der im Gesetzgebungsverfahren herangezogenen Sachverständigenaussagen – davon auszugehen ist, dass sich das Risiko langfristiger gesundheitlicher Schäden erhöht.

Das Bild des Gewährleistungsumfangs passiver Schallschutzmaßnahmen de lege lata ist also zwiespältig. Dies gilt erst recht, wenn man zusätzlich die fachlichen Erkenntnisse berücksichtigt, die im Rahmen des Gesetzgebungsverfahrens außer Acht gelassen bzw. erst nach dem Verfahren publiziert wurden. Die Problematik

1913 Insoweit ist es auch nicht verwunderlich, wenn schon jetzt verschiedene Länder konkrete Vorschläge zur Änderung des FluLärmG eingebracht haben, vgl. Eberle/Stöcker-Meier, ZfL 2013, 142 ff.

der Charakterisierung des Gesetzes als abschließend tritt daher fast hinter die Folgenableitung aus den Grenzwerten zurück. Geht man aber mit der herrschenden Meinung von der Verbindlichkeit der Grenzwerte aus und lehnt die Erweiterbarkeit des Gewährleistungsumfangs im Rahmen einer Vorhabenplanung ab, führt dies immerhin auch dazu, dass sich die Rechtslage für die Betroffenen außerhalb von Schutzzonen gegenüber dem Rechtszustand vor der Novellierung verschlechtert hat. Dies wäre jedenfalls im Rahmen der Überlegungen zum tatsächlich gegeben Schutzniveau zu bedenken.

Als problematisch einzustufen ist auch das von der Rechtsprechung erarbeitete und mit der Novellierung fortgeführte System des abgestuften Fluglärmschutzes. Das mit ihm gezeichnete Bild eindeutig abgrenzbarer und fachlich gesicherter Belastungsbereiche, die jeweils adäquate staatliche Reaktionen nach sich ziehen, war schon auf Grund der Struktur des Sachproblems der Fluglärmwirkungen (individuelle Streuung der mit Lärm einhergehenden Risiken, Problem großer Betroffenheitszahlen) nie stimmig. Aber auch seine Anknüpfung an die verfassungsrechtlichen Determinanten des Fluglärmschutzes ist nicht überzeugend. Es basiert im Kern auf der Idee der Abtrennung bestimmter Geräuschbelastungsbereiche von Art. 2 Abs. 2 S. 1 GG. Eine solche Abtrennung ist aber weder in Art. 2 Abs. 2 S. 1 GG noch auf einfach-rechtlicher Ebene im Rahmen des Stufensystems sachlich-inhaltlich nachvollziehbar. Wenn man also auf verfassungsrechtlicher Ebene bei der Bestimmung der Begriffe Gesundheit und Belästigung auf medizinisch-physiologische bzw. sozial-psychologische Erkenntnisse zurückgreift, müssen die Folgen eines solchen Rückgriffs auf verfassungsrechtlicher Ebene auch auf das einfach-rechtliche Stufensystem durchgreifen bzw. damit kompatibel sein.

Für die Struktur der planerischen Abwägung auf Ebene der Flughafenplanung konnte schließlich gezeigt werden, dass sie ohne die Möglichkeit der Verarbeitung lärmwirkungsfachlicher Erkenntnisse dem mit dem Abwägungsgebot vermittelten Anspruch auf eine objektive Gewichtung der zu berücksichtigenden Belange nicht nachkommen kann. Der Prozess der Gewichtung der Lärmschutzbelange verkommt zu einem bloßen Abzählen von Köpfen[1914]. Ohne irgendeinen Ausrichtungspunkt kann dieser Abzählungsvorgang zu keiner Steigerung der Nachvollziehbarkeit führen. Strukturlos war die planerische Abwägung allerdings schon vor der Novellierung. Durch das FluLärmG ist hier unmittelbar keine Verschlechterung eingetreten. Allerdings führt dessen rigorose Auslegung durch die herrschende Meinung in puncto Verbindlichkeit des FluLärmG dazu, dass die Möglichkeit der Aufwertung des Gewichtungsprozesses durch lärmwirkungsfachliche Erkenntnisse heute nicht

1914 Bemerkenswert in diesem Zusammenhang ist die Stellungnahme des langjährigen Richters am BVerwG Paetow vor dem Umweltausschuss am 08.05.2006 (Ausschussdrucksache 16(16)22*, Antworten auf den Fragenkatalog I, S. 2) während des Gesetzgebungsverfahrens, der den immer wieder neuen Streit um die Lärmgrenzwerte und damit um die Zumutbarkeit von Lärmbeeinträchtigungen als eine „enorme volkswirtschaftliche Verschwendung" bezeichnete.

mehr gegeben ist. Dies zwingt zu dem Fazit, dass aktive Schallschutzmaßnahmen, wie sie für eine wirkliche, langfristig effektive Eindämmung der Geräuschbelastung und der damit einhergehenden negativer Wirkungen notwendig werden, nach der Novellierung in Zukunft noch weniger Bedeutung haben werden, als es bisher schon der Fall war.

C. Flugroutenfestsetzung

Die Schwerpunktanalyse des Fluglärmschutzsystems hat ergeben, dass die Flugroutenfestsetzung und die Flughafenplanfeststellung miteinander inhaltlich verknüpft sind. In dem nun folgenden, den dritten Teil abschließenden Abschnitt sollen die diesbezüglichen Gedanken noch vertieft werden. Insbesondere soll der Überlegung weiter nachgegangen werden, ob von der planerischen Abwägung auf Ebene der Flughafenplanung zu erwarten ist, dass von ihr, über den auf § 29b LuftVG gestützten Nachtlärmschutz hinaus, ein weiterer Beitrag zur Begrenzung der Fluggeräuschbelastungen in Deutschland bzw. der damit zusammenhängenden negativen Wirkungen nicht zu erwarten ist.

Nach den gerichtlichen Auseinandersetzungen um die Planfeststellungen des Neubaus des Berliner Flughafens BBI sowie der Erweiterung des Flughafens Frankfurt/Main, die zwei größten Flughafenprojekte der bundesdeutschen Geschichte, zeichnet sich ab, dass auch um die jeweiligen Flugroutenfestlegungen gestritten werden wird[1915]. Struktur und Inhalt von solchen Festlegungen waren bisher eher selten Gegenstand eingehenderer Untersuchungen, rücken jedoch zunehmend in das Blickfeld der Juristen[1916]. Das Schattendasein, welches diese Planungsebene in der Literatur bislang fristete, lässt sich unter anderem mit ihrer nur sehr rudimentären gesetzlichen Ausgestaltung und der dazu ergangenen Rechtsprechung des

1915 Eine Klage gegen den sog. Segmented Approach hat sich im Fall des Flughafen Frankfurt/Main zwischenzeitlich – mit Feststellung der Kostentragungslast bei den Beklagten – erledigt, VGH Kassel, Urt. v. 27.11.2012 – 9 C 491/11.T, Rn. 19 ff. (Juris). Weitere Klagen sind aber wohl sowohl bezogen auf den Frankfurter als auch den Berliner Flughafen anhängig, vgl. http://www.faz.net/aktuell/rhein-main/fluglaerm-ausbaugegner-geben-sich-noch-nicht-geschlagen-12041635.html#Drucken (Zuletzt aufgerufen am 25.08.2013).

1916 Zuletzt Mehler, in: Ziekow (Hg.), Aktuelle Probleme 2012, S. 93 ff.; Deutsch, in: Ziekow (Hg.), Aktuelle Probleme 2012, S. 61 ff.; Michl, ThüVBl. 2011, 121 ff.; Klinger, LKV 2011, 8 ff.; davor insb. Lübben, in: Hobe/Ruckteschell (Hg.), Kölner Kompendium, Bd. 2, E.; Schleiden, Flugroutenfestlegung; Sydow/Fiedler, DVBl. 2006, 1420 ff.; Repkewitz, VBlBW. 2005, 1 ff.; Geis, in: Geis/Umbach (Hg.), FS Bartlsperger 2006, S. 215 ff.; Stoermer, Schutz vor Fluglärm, S. 165 ff.; Meister, ZLW 2004, 23 ff.; Pfaff/Heilshorn, NVwZ 2004, 412 ff.; Meißner, in: Ziekow (Hg.), Aktuelle Probleme 2005, S. 37 ff.; Czybulka, in: Ziekow (Hg.), Flughafenplanung 2002, S. 9 ff.

BVerwG erklären[1917]. Erst seit Kurzem hält das BVerwG Klagen gegen die Festsetzung von Flugrouten überhaupt für zulässig[1918], überprüft diese in sachlich-inhaltlicher Hinsicht aber, wie noch weiter auszuführen ist, nur sehr zurückhaltend[1919].

Der folgende Abschnitt möchte diese junge Konfliktebene daher noch etwas weiter ausleuchten. Insbesondere wird dem Verhältnis von Flughafen- und Flugroutenplanung sowie der Bedeutung des novellierten FluLärmG für beide Planungsebenen vor dem Hintergrund nachgegangen, dass die Aufgabe des Lärmschutzes in gewissem Rahmen beiden Planungsebenen gesetzlich zugewiesen worden ist. Auch hier stellt sich wiederum die Frage, ob die Novellierung die Rechtslage insgesamt verändert hat.

Dabei ist die erste These, dass die bisherige Rechtsprechung des BVerwG zu Struktur und Bedeutung der Flugroutenplanung auf die anstehenden Entscheidungen der Aus- bzw. Neubaufälle nur eingeschränkt übertragbar ist. Insofern steht die Novellierung des FluLärmG allerdings nicht im Mittelpunkt. Die bisher ergangenen Entscheidungen betrafen vielmehr nur Sachverhalte, die weit weniger komplex waren als diejenigen, die nun in Berlin und Frankfurt zu beurteilen sind. Insbesondere aber gab es bei den damaligen Verfahren keine Aus- bzw. Neubauplanfeststellungsbeschlüsse zu beachten, *als deren Folge* sich die Flugroutenplanungen in Frankfurt und Berlin darstellen.

Die zweite These ergibt sich aus folgendem Zusammenhang: Da eine vollständige Integration der Flugroutenplanung in die Flughafenplanung vom Gesetzgeber trotz entsprechender Vorschläge in der Literatur[1920] bisher nicht vorgenommen worden ist, wird es in den sich abzeichnenden Verfahren Hauptaufgabe der Gerichte sein, einen Weg zu finden, die Planungsebene der Flugroutenfestlegung mit der Flughafenplanung in Einklang zu bringen. Dabei wird es darauf ankommen, die Vorgaben der Ebene der Flughafenplanung in sinnvoller Weise aufzugreifen und etwaige Probleme, die sich erst auf Ebene der Flugroutenplanung zeigen oder erst von ihr bewältigt werden können, in sinnvoller Weise abzuschichten. In diesem Zusammenhang ist dann auch die Novellierung zu beachten.

Diese sich abzeichnenden Probleme – insbesondere der Verzahnung von Flughafenplanung und Flugroutenfestsetzung – werden nachfolgend wie auch bereits schon auf Ebene der Flughafenplanung untersucht. Zuerst sollen Struktur und Inhalt der Flugroutenfestlegung dargestellt werden (I.). Auf die technischen und rechtlichen Rahmenbedingungen folgen die soeben angeschnittenen Fragen nach den Möglichkeiten, auf Ebene der Flugroutenfestsetzung noch Fluglärmschutz zu

1917 Vor dem – sogleich noch darzustellenden – grundlegenden Wandel der Rechtsprechung des BVerwG allerdings bereits Wysk, ZLW 1998, 285 ff.; Czybulka, DÖV 1991, 410 ff.; Czybulka/Wandres, DÖV 1990, 1033 ff.

1918 BVerwGE, 111, 276 ff. – Flughafen Köln/Bonn.

1919 BVerwGE, 121, 152 ff. – Taunusflugrouten und BVerwGE, 119, 245 ff. – Flughafen.

1920 Czybulka, in: Ziekow (Hg.), Flughafenplanung 2002, S. 14 ff.; ihm folgend Stoermer, Schutz vor Fluglärm, S. 208 f.

betreiben. In diesem Rahmen wird dann auch der Frage nach der Bedeutung der Verzahnung von Flughafenplanung und Flugroutenfestsetzung nachgegangen (II.).

I. Struktur und Inhalt der Flugroutenfestlegung

Der folgende Abschnitt zu den Strukturen und den Inhalten der Flugroutenfestlegung beschäftigt sich mit drei Themenbereichen. Den Anfang macht eine Einführung in die luftverkehrstechnischen Grundlagen sowie die darauf bezogenen rechtlichen Rahmenbedingungen (1.). Es geht hier darum zu verstehen, was mit dem Begriff Flugroute gemeint ist. Darauf folgt eine kurze Übersicht zum Verfahren und Ablauf ihrer Festlegung (2.). Dabei wird allerdings der wesentliche Aspekt, nämlich dass es sich hierbei ebenfalls um eine planerische Abwägung handelt, auf den darauffolgenden Abschnitt zum Fluglärmschutz auf Ebene der Flugroutenfestlegung verschoben. Den Abschluss der einführenden Bemerkungen bildet ein Rückblick. Da es im weiteren Verlauf vor allem um die Verzahnung zweier planerischer Abwägungsentscheidungen geht, soll noch einmal rekapituliert werden, worauf sich diese Verzahnung sachlich-inhaltlich eigentlich bezieht (3.).

1. Luftverkehrstechnische Grundlagen und rechtliche Rahmenbedingungen

Die Flugroute ist Bestandteil der – von internationalen Übereinkünften (ICAO) geprägten[1921] – Luftverkehrsregeln und Pflichten. Bei dem Begriff Flugroute handelt es sich eigentlich um eine Kurzformel für die Festlegung von Flugwegen, Flughöhen und Meldepunkten[1922]. Es ist aber kein Rechtsbegriff. Die LuftVO kennt nämlich eigentlich nur den Begriff des Flugverfahrens (§ 27a LuftVO). Im Folgenden werden die Begriffe Flugverfahren und Flugrouten (Flugstrecke) synonym verwendet, wobei immer eine technische Anweisung zur Bewegungslenkung auf einer imaginären Luftstraße vor allem bei An- und Abflügen von und zu Flugplätzen mit Flugverkehrskontrollstellen gemeint sein soll, deren „Erfliegen“[1923] gemäß § 27a LuftVO für den Luftfahrzeugführer rechtsverbindlich ist[1924].

Die LuftVO unterscheidet allgemeine (§§ 6 ff.) und spezielle (§§ 28 ff.) Verkehrsregeln. Die allgemeinen Regeln gelten für jeden Flug, die speziellen dagegen nur

1921 BVerwGE 141, 1 (50 f., 155 f.).

1922 Repkewitz, VBlBW. 2005, 1 (1); ebenso Sydow/Fiedler, DVBl. 2006, 1420 (1420), die – im Hinblick auf den andauernden Streit um ein sog. Nachflugverbot – interessanterweise hinzufügen, dass auch die Tageszeiten davon umfasst sein können, zu denen zu fliegen ist und Michl, ThüVBl. 2011, 121 (121). S. auch BVerwGE 123, 322 ff.

1923 Meister, ZLW 2004, 23 (26).

1924 Ausführlich Michl, ThüVBl. 2011, 121 (121 f.); sich insgesamt gegen das Bild einer virtuellen Luftstrasse stellend Deutsch, in: Ziekow (Hg.), Aktuelle Probleme 2012, S. 62 ff.

für bestimmte Arten der Flugdurchführung, nämlich den Sicht- (VFR) oder den Instrumentenflug (IFR)[1925]. Die vorliegende Untersuchung interessiert sich – wie bereits angedeutet[1926] – vor allem für den Instrumentenflug, da er den gewerblichen Luftverkehr besonders prägt. Der gewerbliche Luftverkehr fliegt nämlich selbst dann nach Instrumentenflugregeln, wenn Sichtflug möglich wäre[1927].

Ein wichtiger Bestandteil der Luftverkehrsregeln ist die Flugverkehrskontrollfreigabe (§ 26 LuftVO). Flugverkehrskontrollfreigaben werden auch für Flüge nach Instrumentenflugregeln erteilt[1928]. Sie sind ihrer Rechtsnatur nach Verwaltungsakte, die von der DFS an den Flugzeugführer erteilt werden. Von der Freigabe darf er solange nicht abweichen, bis er eine andere Freigabe erhält[1929]. Der Zusammenhang von Flugverkehrskontrollfreigabe und Flugrouten besteht nun darin, dass die Flugrouten, also die oben beschriebene imaginäre Luftstraße das Standard-Flugverfahren darstellen, das ein Flugzeugführer bei IFR-Flügen bzw. An- und Abflugbewegungen zu und von kontrollierten Flugplätzen einzuhalten hat. Regelmäßig enthalten Freigaben also keine abweichenden Angaben, sondern bestätigen das Standard-Verfahren[1930]. Daher ist es im Übrigen auch fraglich, ob man eine Subsidiarität der Flugroutenfestsetzung – mit dem Ziel der Herleitung einer geringen rechtlichen Bindungswirkung – gegenüber dem Verwaltungsakt der Flugverkehrsfreigabe alleine darauf stützen kann, dass im Ausnahmefall der Verwaltungsakt von der Festsetzung abweichen kann[1931].

Insbesondere im Luftraum um die hier interessierenden Verkehrsflughäfen beinhalten also die Flugrouten die wesentliche Vorentscheidung hinsichtlich des Raums, in dem sich die Flugbewegungen konzentrieren. Diese Flugbewegungskonzentration hat wiederum für die Gebiete unterhalb der beschriebenen und festgelegten Wege zur Folge, dass sie mit dem von den Flugbewegungen wesentlichen Teil der verursachten Geräusche belastet werden[1932]. Daher kann man auch sagen, dass die

1925 Lübben, in: Hobe/Ruckteschell (Hg.), Kölner Kompendium, Bd. 2, E., Rn. 5 (mit Verweis auf Vorschriften der ICAO) und 50.

1926 S. oben Teil3, B., I., 1., a.

1927 Lübben, in: Hobe/Ruckteschell (Hg.), Kölner Kompendium, Bd. 2, E., Rn. 70; stark vereinfachend daher Deutsch, in: Ziekow (Hg.), Aktuelle Probleme 2012, S. 77, der einen geringen rechtlichen Bindungsgrad der Flugroutenfestlegungen darauf stützen will, dass der Flugzeugführer „bei den entsprechenden Sichtverhältnissen" vom IFR-Flug in den VFR-Flug wechseln könne.

1928 Lübben, in: Hobe/Ruckteschell (Hg.), Kölner Kompendium, Bd. 2, E., Rn 71; Deutsch, in: Ziekow (Hg.), Aktuelle Probleme 2012, S. 77.

1929 Lübben, in: Hobe/Ruckteschell (Hg.), Kölner Kompendium, Bd. 2, E., Rn. 47.

1930 Lübben, in: Hobe/Ruckteschell (Hg.), Kölner Kompendium, Bd. 2, E., Rn. 82.

1931 So aber Deutsch, in: Ziekow (Hg.), Aktuelle Probleme 2012, S. 77, und zwar auch gegenüber der Fachplanungsentscheidung (S. 87), der jedoch auch selber auf die „Abweichungsresistenz" (S. 64 f.) der Flugverfahrensfestlegungen im An- und Abflug von und zu kontrollierten Flugplätzen hingewiesen hat.

1932 Lübben, in: Hobe/Ruckteschell (Hg.), Kölner Kompendium, Bd. 2, E., Rn. 76.

Bewegungslenkung, also die räumliche Verteilung der Flugrouten, zumindest im kontrollierten Luftraum um Verkehrsflughäfen als aktive Schallschutzmaßnahme gesehen werden kann. In diesem Sinne hat sie Planungscharakter – dazu später noch mehr.

Gleichwohl legen die Flugverfahren nur einen Korridor fest. Idealerweise werden die Flugwege zwar genau eingehalten, jedoch ist tatsächlich immer mit einer lateralen und vertikalen Streuung zu rechnen[1933]. Grund dafür können meteorologische Bedingungen sein, aber auch Ungenauigkeiten der Navigationsanlage etc[1934]. Für diese Abweichungen von der Idealfluglinie existieren in den ICAO-Dokumenten sogar Berechnungsvorgaben sowie Angaben über zulässige Toleranzen[1935].

Die Flugrouten beeinflussen aber auch die Kapazität eines Flughafens. So verlangt etwa ein gerader Abflug eine zeitliche Staffelung der Bewegungen. Eine frühzeitige Auffächerung der Bewegungen wirkt dagegen kapazitätserhöhend, weil in kürzeren Abständen gestartet werden kann[1936]. Gerade was den Aspekt der Kapazität anbetrifft, ist allerdings wenig bekannt über den Einfluss der Bewegungslenkung. Das liegt auch daran, dass außerhalb der DFS kein vergleichbares technisches Know-How vorhanden ist, um Veränderungen der bzw. Einflussmöglichkeiten auf die Kapazität zu untersuchen.

2. *Verfahren und Ablauf einer Flugroutenfestlegung*

Die rechtsverbindliche Festlegung von An- und Abflugrouten auf Verkehrsflughäfen erfolgt in Form von Durchführungsverordnungen zur Luftverkehrsordnung. Sie werden vom BAF im Auftrag des Bundesministeriums für Verkehr, Bau und Stadtentwicklung auf der Grundlage von § 32 Abs. 4 Nr. 8, Abs. 4c S. 1 LuftVG iVm. § 27a Abs. 2 S. 1 LuftVO erlassen.

In der Praxis wird die für die Festlegung notwendige technisch-inhaltliche Arbeit jedoch von der Deutsche Flugsicherung GmbH (DFS) erledigt, die das BAF lediglich (nachvollziehend) übernimmt und veröffentlicht. Im Rahmen der technisch-inhaltlichen Unterstützung des BAF durch die DFS werden die Lärmschutzbelange der Bevölkerung einbezogen. Speziell dafür wird von der DFS das Lärmberechnungsprogramm NIROS eingesetzt, das zwischen 1992 und 1998 an der Technischen Universität Darmstadt entwickelt und später im Zusammenhang mit dem Forschungsverbund „Leiser Verkehr“ weiterentwickelt wurde[1937].

1933 Lübben, in: Hobe/Ruckteschell (Hg.), Kölner Kompendium, Bd. 2, E., Rn. 85.

1934 Lübben, in: Hobe/Ruckteschell (Hg.), Kölner Kompendium, Bd. 2, E., Rn. 85.

1935 Deutsch, in: Ziekow (Hg.), Aktuelle Probleme 2012, S. 66.

1936 Vgl. Lübben, in: Hobe/Ruckteschell (Hg.), Kölner Kompendium, Bd. 2, E., Rn. 76; Deutsch, in: Ziekow (Hg.), Aktuelle Probleme 2012, S. 65.

1937 Dazu Neise, ZfL 2004, 185 ff., der die Ziele des Forschungsvorhabens beschreibt. Bei Zaki, ZfL 2008, 268 ff., lässt sich allerdings nicht ersehen, welche der Ziele letztlich verwirklicht wurden.

Im Kern verfolgt das Berechnungsprogramm eine einfache Idee und weicht damit – zumindest nicht grundlegend – von den bekannten Lärmberechnungsverfahren (etwa der AZB und AZD) ab[1938]. In NIROS werden nämlich Daten zu den Leistungs- und Lärmparametern der eingesetzten Flugzeuge[1939] und Informationen zu der sich in einem Gebiet befindenden Bevölkerung eingespeist. Hinzu kommen Daten über den genauen Ver- und Ablauf von An- und Abflugverfahren, ein Atmosphären- und ein Geländemodell[1940]. Über eine Korrelation der mit Geräuschen belasteten Flächen im Umland bzw. der dortigen Bevölkerungsverteilung wird dann den untersuchten Flugroutenalternativen ein Gütewert zugewiesen.

Wie bereits soeben gezeigt, ist die konkrete Bewegungslenkung primär darum bemüht, die Sicherheit des Luftverkehrs zu gewährleisten. Flugrouten sind Luftverkehrsregeln. Auch das LuftVG verlangt, dass bei der Flugstreckenfestlegung die Sicherheit, Geordnetheit und Flüssigkeit des Luftverkehrs beachtet wird (§ 27c LuftVG). Daneben jedoch haben die für die Flugsicherung zuständigen Behörden auf den Schutz der Bevölkerung vor unzumutbarem Fluglärm hinzuwirken (§ 29b Abs. 2 LuftVG).

Das LuftVG regelt nicht explizit, ob und wie diese zum Teil gegenläufigen Belange miteinander in Einklang zu bringen sind. Es regelt noch nicht einmal die Notwendigkeit einer Abwägung. Dennoch hat das BAF nicht unbeschränkte Gestaltungsfreiheit. Vielmehr hat die Rechtsprechung erkannt, dass es sich bei der Flugroutenfestlegung um eine planerische Entscheidung handelt, für die das rechtsstaatliche Abwägungsgebot gilt – dazu gleich mehr.

Eine Beteiligung der Öffentlichkeit am Entscheidungsprozess des BAF ist gesetzlich nicht vorgesehen. Zur stärkeren Berücksichtigung der Lärmschutzbelange wurde jedoch in § 32 Abs. 4c S. 2 LuftVG im Zuge der Novellierung des FluglärmG eine Benehmensregelung aufgenommen[1941], die das Umweltbundesamt am Rechtssetzungsprozess beteiligt und die der besonderen Bedeutung für den Schutz der Bevölkerung vor Fluglärm Rechnung trägt. Die Mitglieder der Kommission werden von der Genehmigungsbehörde berufen (§ 32b Abs. 5 S. 1 LuftVG) und ihr sollen Vertreter der vom Fluglärm in der Umgebung des Flugplatzes betroffenen Gemeinden, Vertreter der Bundesvereinigung gegen Fluglärm, Vertreter der Luftfahrzeughalter, Vertreter des Flugplatzunternehmers und Vertreter der von der Landesregierung bestimmten obersten Landesbehörden angehören (§ 32b Abs. 4 S. 1 LuftVG). Insgesamt sollen nicht mehr als 15 Mitglieder berufen werden, wobei die Mitgliedschaft ehrenamtlich ist (§ 32b Abs. 4 S. 3 LuftVG). Die Anwohner sind somit in der Fluglärmkommission direkt nicht vertreten.

1938 Dazu auch oben Teil 1, B., III., 2. und Teil 3., B., II., 3., a.

1939 Einführend Feldmann, in: Möser (Hg.), Messtechnik der Akustik, S. 103 ff.; s. auch Vogelsang/Myck, ZfL 2007, 127 (129 f.).

1940 Zaki, ZfL 2008, 268 (269). Für weitere technische Details siehe Neise, ZfL 2004, 185 ff., und Mevenkamp, in: Koch (Hg.), Umweltprobleme, S. 175 ff.

1941 BT-Drs. 16/508, S. 24.

Jedoch könnte selbst eine beratende Tätigkeit innerhalb dieses pluralistisch zusammengesetzten Gremiums eine Öffentlichkeitsbeteiligung, wie sie im Schrifttum vielfach gefordert wird[1942], nicht ersetzen. Die Fluglärmkommission ist nur ein beratendes Gremium, welches nur Vorschläge unterbreiten kann und nicht einmal der Realisierung kommunaler Planungsziele verpflichtet ist. Insoweit stünde zu befürchten, dass Belange aufgrund gegensätzlicher Interessenlagen gar nicht erst nach außen kommuniziert bzw. nicht vollständig abgebildet werden[1943].

Hier soll allerdings auch keine ausführliche Auseinandersetzung mit der Frage erfolgen, welche Ansätze diskutiert werden, um kommunale oder private Beteiligungsrechte am Verfahren der Flugroutenfestsetzung herzuleiten. Die Stimmen, die sich für eine Beteiligungsmöglichkeit aussprechen, stützen sich jedenfalls hauptsächlich auf entweder den Aspekt des Grundrechtsschutzes durch Verfahren[1944] oder auf Überlegungen zu allgemeinen rechtsstaatlichen Kriterien[1945].

Eine Bedeutung beider verfassungsrechtlicher Zusammenhänge für die Flugroutenfestsetzung ist jedenfalls nicht von vornherein von der Hand zu weisen. Es wurde schon herausgearbeitet, dass beide Ansätze von der Frage abhängen, wie stark sich die Betroffenheit der im Raum stehenden Grundrechtspositionen eigentlich darstellt, da nicht jede Form der Betroffenheit gleich verfassungsrechtliche Obliegenheiten oder gar subjektive (Beteiligungs-)Rechte auslösen sollen[1946].

Die Behauptung, dass selbst „bei hohen Fluglärmbelastungen auch nicht im Ansatz gesundheitliche Auswirkungen wie bei einem nuklearen Unfall zu erwarten" sind[1947], ist allerdings irreführend. Es ist schon unklar, ob in diesem Beispiel eine rechtliche oder tatsächliche Aussage getroffen wird. Auch könnte man fragen, warum hier die tatsächlich ja bestehende Dauerbelastung des Fluglärms den Ausmaßen des hypothetischen Falls eines nuklearen Unfalls gegenüber gestellt wird. Entscheidend muss wohl zunächst sein, was an gesundheitlichen (Fluglärm-)Wirkungen nachweisbar ist. Eine Frage, die zunächst, wie gezeigt, zuerst von den Fachwissenschaften aus zu klären ist. Wenn man dann, wie hier, die Auffassung

---

1942 Meister, ZLW 2004, 23 (31); Czybulka, in: Ziekow (Hg.), Flughafenplanung 2002, S. 16 f.; vor allem den Blickwinkel von Kommunen einnehmend Mehler, in: Ziekow (Hg.), Aktuelle Probleme 2012, S. 99 ff.; a.A. jedoch Deutsch, in: Ziekow (Hg.), Aktuelle Probleme 2012, S. 70 ff.; Pache, in: UBA (Hg.), Flugrouten, S. 23 f.; Sydow/Fiedler, DVBl. 2006, 1420 (1422); Wysk, ZLW, 1998, 285 (288).

1943 Meißner, in: Ziekow (Hg.), Aktuelle Probleme 2005, S. 46.

1944 Grundlegend hierzu BVerfGE 53, 30 (65) – Mühlheim-Kährlich.

1945 Vgl. Klinger, LKV 2011, 8 (9); Meister, ZLW 2004, 23 (31 f.).

1946 Insofern durchaus treffend Deutsch, in: Ziekow (Hg.), Aktuelle Probleme 2012, S. 72, der dies ganz ähnlich für die rechtsstaatlichen Ansätze zur Verankerung eines Beteiligungsrechts formuliert (ebd, S. 74); vgl. auch Mehler, in: Ziekow (Hg.), Aktuelle Probleme 2012, S. 102 f. und 108 ff., allerdings aus dem Blickwinkel kommunaler Beteiligung.

1947 Deutsch, in: Ziekow (Hg.), Aktuelle Probleme 2012, S. 72 f.; vgl. auch OVG Münster, NWVBl. 2003, 95 (96), und Schleiden, Flugrouten, S. 25.

vertritt, dass sowohl Wissen über Gesundheitsreaktionen als auch – zumindest im Hinblick auf die Globalreaktion der Belästigung – das Wissen über Belästigungsreaktionen in Art. 2 Abs. 2 S. 1 GG zu rezipieren sind und auch die Frage des Beeinträchtigungsvorgangs sinnvoll und nachvollziehbar nur im Abgleich mit den Fachwissenschaften zu beantworten ist[1948], kann konsequenterweise die Frage der Betroffenheit im Rahmen der verfassungsrechtlichen Herleitung von Beteiligungsrechten nicht von diesen Standpunkten abweichen.

Abschließend sei an dieser Stelle noch einmal das Problem der großen Betroffenenzahlen in Erinnerung gerufen. Fluglärm belastet um große Verkehrsflughäfen herum Hunderttausende von Menschen. Bezieht man diese negativen Folgewirkungen nur auf einen der Betroffenen vermag man sie auch nur als – unter Umständen sogar marginal erscheinende – Wahrscheinlichkeit auszudrücken, die auch für die meisten Betroffenen nie eintritt. Aber die Geräuschbelastung existiert – ohne den Zwischenschritt eines katastrophalen Unfalls[1949] – real für eine große Zahl von Menschen, so dass sich auch die negative Folgewirkung bei einigen schließlich manifestiert.

3. *Zur Bedeutung der Flugroutenprognose im Rahmen der Flughafenplanung*

Die Frage nach der konkreten Flugroutenführung spielt, wie nun schon vielfach angesprochen, bereits in der Flughafenplanung eine entscheidende Rolle, da die Flugwege als Planungsgrundlagen in das Planfeststellungsverfahren eingebracht werden[1950]. Sie sind unabdingbares Element der Lärmberechnung bzw. -prognose nach der AzB/AzD[1951]. Das leuchtet auch unmittelbar ein; denn ohne Hinzuziehung der Flugbetriebsdaten, also auch der Flugstrecken, entlang derer die Flugzeuge ihre Geräusche emittieren, ist eine Berechnung des Lärmteppichs nicht denkbar, der durch den planfestzustellenden Aus- oder Neubau in Zukunft verursacht wird. Wegen dieses Zusammenhangs ist im LuftVG auch die Einbindung der für die Flugsicherung zuständigen Stellen in die Fachplanung vorgesehen (§§ 10 Abs. 2 Nr. 4, 31 Abs. 3 LuftVG).

1948 S. oben Teil 2., B., I., 2.

1949 Wobei man sich in einer statistischen Betrachtung oder Argumentation sicher über die Sinnhaftigkeit des Hervorhebens von Zwischenschritten streiten kann, da ja gerade der Eintritt eines solchen Ereignisses ebenfalls statistisch ausgedrückt und *verrechnet* werden kann.

1950 Es wird auch vom Betriebsregime des Flughafens gesprochen, welches beschreibt, welche Flugzeugtypen, welche Wege zum und vom Flughafen nehmen, vgl. Lübben, in: Hobe/Ruckteschell (Hg.), Kölner Kompendium, Bd. 2, E., Rn. 79. Zur Lärmermittlung nach der Novellierung des FluLärmG bereits oben Teil 3, B., II. 3., a.

1951 Czybulka, in: Ziekow (Hg.), Flughafenplanung 2002, S. 14; Stoermer, Schutz vor Fluglärm, S. 166.

Die Lärmprognose ist, wie gezeigt, Voraussetzung für die fachplanerische Abwägung nach § 8 Abs. 1 S. 2 LuftVG, weil über sie das Gewicht der einzustellenden Lärmbetroffenheiten bestimmt wird. Nur wenn man also die möglichen Flugrouten kennt, kann man begutachten, wer überhaupt und in welchem Maße – objektiv[1952] – von den Geräuschen betroffen sein wird. Für die Bestimmung des Gewichts der Lärmschutzinteressen der betroffenen Bevölkerung wurde allerdings auch gezeigt, dass die weiteren gedanklichen Operationen der planerischen Abwägung weitgehend unstrukturiert und unklar sind[1953]. Zwar richtet die Rechtsprechung eine Art Gewichtung an den Werten des § 2 Abs. 2 FluLärmG aus. Allerdings wurde bisher daraus nur die Formel abgeleitet, dass je näher die tatsächlichen Betroffenheiten an diese Grenz- oder Schwellenwerte heranrücken, sie umso gewichtiger sind. Eine Auseinandersetzung mit der Lärmwirkungsforschung soll jedenfalls nicht erforderlich sein[1954]. Wann aber eine Abwägungsschwelle erreicht sein könnte, ab der auf Grund dieser Betroffenheiten weitere Lärmschutzmaßnahmen – also neben den nunmehr gesetzlich verankerten Vorgaben und Maßnahmen des FluLärmG – geboten sein könnten, ist bisher unklar.

Der Abwägungsvorgang auf Ebene der Flughafenplanung wurde durch die Novellierung des FluLärmG insofern beeinflusst, als damit – aus Sicht der Rechtsprechung und dem überwiegenden Teil der Literatur – die Schwelle der fachplanerischen Unzumutbarkeit vom Gesetzgeber festgelegt worden sein soll. Es konnte gezeigt werden, dass der Streit um den Charakter des FluLärmG bzw. um das Vorhandensein und vor allem die Verbindlichkeit etwaiger Grenzwerte des FluLärmG (bzw. seiner Durchführungsverordnungen) zwar auch Bedeutung für die planerische Abwägung hat[1955]. Es ist jedoch für die weitere Strukturierung der Abwägung eher von untergeordneter Bedeutung, ob man die fachplanerischen Unzumutbarkeitsgrenzwerte in den Werten des § 2 Abs. 2 FluLärmG erblickt oder aus dem Schutzniveau der 2. FlugLSV ableitet. Jeweils ergeben sich Grenzwerte, die dann in der planerischen Abwägung, wie sie die Rechtsprechung vornehmen will, nur dazu dienen, die Geräuschbelastungen in solche ober- und unterhalb der Schwelle bzw. Grenze zu unterteilen. Die Ausrichtung erfolgt immer nach dem gleichen Schema, nämlich einem groben Abzählen von Köpfen.

Dieses Schema und der insofern bestehende Zusammenhang von Flughafenplanung und Flugroutenfestlegungen wird in der vor kurzem ergangenen Entscheidung des BVerwG zum Planergänzungsverfahren BBI besonders deutlich[1956]. Im gerichtlichen Verfahren um den Ausgangsplanfeststellungsbeschluss zum Neubau des Berliner Flughafens BBI war es vor dem BVerwG mit Blick auf die Regelungen zum

1952 Also wer – bis auf etwaige Bewertungen innerhalb der Berechnungsmethoden – tatsächlich geräuschbelastet ist und welche negativen Folgen dies hat.
1953 S. – auch für das Nachfolgende – oben Teil 3, B., II., 5., a.
1954 So auch für den PEB BBI BVerwGE 141, 1 (56, Rn. 165 f.).
1955 S. oben Teil 3., B., II., 4.
1956 BVerwGE 141, 1 ff.; zur Entscheidung über den Ausgangsplanfeststellungsbeschluss, s. oben Teil 3, B., I., 3., c., ee.

Nachtlärmschutz zu einer teilweisen Aufhebung des Planfeststellungsbeschlusses gekommen. Im Planergänzungsverfahren wurden daraufhin neue Regelungen für den Nachtflugbetrieb erlassen[1957], gegen die die Anwohner wiederum klagten. Ein (neuer) Streitpunkt war, dass die Kläger die Lärmermittlung für unzureichend erachteten, weil dort – wie auch bereits im Ausgangsplanfeststellungsbeschluss – unrealistische Annahmen über das Betriebsregime zu Grunde gelegt worden seien, die letztlich zu einer Fehlgewichtung der Lärmbetroffenheiten geführt hätten[1958].

Das BVerwG wies dies zurück. Im Zusammenhang mit der Lärmermittlung sei zwar zu verlangen, dass bereits auf Ebene der Flughafenplanung die Modalitäten des Flugbetriebs hinreichend genau abgebildet sind[1959]. Dafür müsse jedoch (nur) ein Abstimmungsprozess mit dem BAF bzw. der DFS stattfinden, der sicherstelle, dass „die dem Planfeststellungsantrag zugrunde liegende prognostische Flugroutenplanung realisierbar ist und dass sie den bisherigen Planungen der DFS entspricht, ihre Umsetzung also realistischerweise zu erwarten ist."[1960] Zwar sei über die Regelungen des Flugbetriebs auf Grundlage der planerischen Abwägung zu entscheiden[1961]. Allerdings sei dafür auf Ebene der Flughafenplanung nur Voraussetzung, dass bekannt ist, „wie viele Anwohner ungefähr durch Fluglärm betroffen sein werden und wie schwer die jeweilige Betroffenheit sein wird. Welche Anwohner betroffen sein werden, ist – anders als für die Festlegung der Schutz- und Entschädigungsgebiete – nicht erheblich."[1962]

Das Gericht verweist insoweit darauf, dass der Flugbetrieb (nur) für einen Flughafen an einem bestimmten Standort mit einer bestimmten Siedlungsstruktur in seiner Umgebung festgelegt werde[1963]. „Die Regelung soll grundsätzlich auch dann Bestand haben können, wenn andere An- und Abflugverfahren festgelegt werden, als im Planfeststellungsverfahren angenommen wurde. Unabhängig vom Verlauf der jeweiligen Flugrouten muss bei der Flughafenplanung davon ausgegangen werden, dass nach den örtlichen Gegebenheiten bestimmte Siedlungsgebiete durch Fluglärm betroffen werden können. Vor diesem Hintergrund ist eine Änderung der Flugrouten für die Regelung des nächtlichen Flugbetriebs unter Lärmschutzgesichtspunkten in der Regel nur relevant, wenn wesentlich dichter besiedelte Gebiete auf passiven Schallschutz angewiesen wären als angenommen."[1964]

Im Zusammenhang mit dem (nächtlichen) Flugbetrieb am Standort BBI waren Unklarheiten insoweit vorhanden, als die prognostische Grobplanung von einem

1957 BVerwGE 141, 1 (5 ff.).
1958 Insoweit nicht in der Entscheidungssammlung abgedruckt, s. BVerwG, Urt. v. 13.10.2011 – 4 A 4001.10, Rn. 9 (Juris).
1959 BVerwGE 141, 1 (47, Rn. 149).
1960 BVerwGE 141, 1 (48, Rn. 151).
1961 BVerwGE 141, 1 (47 f., Rn. 150).
1962 BVerwGE 141, 1 (47 f., Rn. 150).
1963 BVerwGE 141, 1 (47 f., Rn. 150).
1964 BVerwGE 141, 1 (47 f., Rn. 150).

abhängigen Parallelbetrieb der beiden Bahnen ausgegangen war[1965]. Der Vorhabenträger wollte jedoch die beiden Bahnen unabhängig voneinander betreiben können[1966] und war insoweit um eine Abstimmung mit dem BAF bzw. der DFS bemüht[1967]. Die DFS beharrte darauf, dass bei einer solchen Betriebsart, die im Planfeststellungsverfahren zunächst zu Grunde gelegten geraden Abflugstrecken hinfällig seien, da ICAO-Vorschriften ein Auseinandergehen bzw. eine Divergenz der Flugstrecken verlangen würden[1968].

Das BVerwG stellt schließlich fest, dass die beklagte Planfeststellungsbehörde aus dem Verhalten der DFS jedenfalls bei der Festlegung der Lärmschutzbereiche Konsequenzen hätte ziehen müssen. Sie waren auf Grundlage eines abhängigen Betriebs berechnet und festgelegt worden. Da sich die Behörde im gerichtlichen Verfahren aber verpflichtete, die Gebiete nach der rechtsverbindlichen Flugroutenfestlegung neu auszuweisen, war die Fehlerhaftigkeit der Lärmschutzbereiche im Verfahren letztlich ohne Belang[1969].

Hinsichtlich der Einschätzung der nächtlichen Lärmbetroffenheiten war es aus Sicht des BVerwG zudem ausreichend, von den – unzutreffenden – Grobplanungen auszugehen. Deren nachträgliche Änderung führte insgesamt nicht dazu, dass die Veränderungen der Lärmbetroffenheiten den Unsicherheitsbereich verließen, „der bei der prognostischen Flugroutenplanung für die Regelung des nächtlichen Flugbetriebs ohnehin mitgedacht werden muss."[1970] Auch wenn die Abflugwege nicht mehr im gleichen Korridor verliefen, sei nur der Lärm anders verteilt; denn die Belastung neuer Anwohner führe auch zu einer Entlastung der vom geraden Abflug Betroffenen[1971]. Das BVerwG dazu weiter: „Selbst wenn diese wegen der Anflüge auf passiven Schallschutz angewiesen bleiben, besteht diese Belastung für viele nicht mehr bei beiden Betriebsrichtungen und damit an jedem Tag, sondern nur noch bei einer Betriebsrichtung. Gleiches gilt für die Anwohner, die aufgrund der abknickenden Abflugwege neu in das Nachtschutzgebiet einbezogen werden müssen; auch sie benötigen den passiven Schallschutz nur bei einer Betriebsrichtung."[1972]

An diesen Ausführungen lässt sich deutlich erkennen, wie viel Spielraum die Rechtsprechung bereit ist einzugestehen, wenn die Planfeststellungsbehörde ihre planerische Abwägung auf Ebene der Flughafenplanung vornimmt. Sich nachträglich ändernde Flugrouten stellen kein grundsätzliches Problem dar. Dies gilt sogar dann, wenn die Fehlerhaftigkeit eines Betriebsregimes den an der Planung Beteiligten

---

1965 BVerwGE 141, 1 (53 f., Rn. 159).
1966 Hinsichtlich wahrscheinlicher Auswirkungen auf die Kapazität, vgl. oben Teil 3, C., I., 1.
1967 BVerwGE 141, 1 (49 ff., Rn. 152 ff.).
1968 BVerwGE 141, 1 (49 ff., Rn. 152 und 155).
1969 BVerwGE 141, 1 (52, Rn. 158).
1970 BVerwGE 141, 1 (53 f., Rn. 159).
1971 BVerwGE 141, 1 (54, Rn. 160).
1972 BVerwGE 141, 1 (54, Rn. 160).

bekannt ist. Dieser Spielraum ist ein weiteres Indiz für den Bedeutungsverlust der planerischen Abwägung nach § 8 Abs. 1 S. 2 LuftVG.

An dieser Stelle soll noch ein letztes Mal darauf eingegangen werden, wie wenig nachvollziehbar dieser Abwägungsvorgang ist und wie wenig es überzeugen kann, auf die Einfügung von § 8 Abs. 1 S. 3 LuftVG den abschließenden Charakter des FluLärmG zu stützen. Im Schema der Rechtsprechung wird die planerische Abwägung – bestenfalls – zu einem groben Abzählen von Köpfen. Wann aber eine problematische Zahl von Betroffenen erreicht ist, die den für maßgeblich erachteten Außenbereichsdauerschallpegelgrenzen ausgesetzt sind, klärt die Einfügung von § 8 Abs. 1 S. 3 LuftVG nicht. Die Einfügung will, dass bei der planerischen Abwägung die Werte des § 2 Abs. 2 FluLärmG beachtet werden. In der planerischen Abwägung sind die Werte – gleich welche herangezogen werden – aber nur Bezugspunkt für Abzählungsvorgänge. Dass diese Abzählungsvorgänge in Ausrichtung an den Werten des § 2 Abs. 2 FluLärmG die Erstattung passiver Schallschutzmaßnahmen – auf Grundlage des unangetastet gebliebenen § 9 Abs. 2 FluLärmG – *außerhalb* von Schutzzonen verhindern soll, wenn dort das einschlägige Schutzniveau überschritten ist, kann nicht überzeugen.

Es wurde im Übrigen bereits im Rahmen der Ausführungen zur planerischen Abwägung auf Ebene der Flughafenplanung dargelegt, warum es überzeugender wäre, den Abzählungsvorgang um eine Betrachtung der lärmwirkungsfachlichen Erkenntnisse zu erweitern. Dies lässt sich nunmehr auch in Verbindung mit den Flugrouten bzw. ihrer etwaigen Änderung weiter vertiefen und begründen.

Zunächst einmal ist dem BVerwG vorzuwerfen, dass das Heranziehen lärmwirkungsfachlicher Zusammenhänge im Rahmen seiner Überlegungen zu den Belastungsverteilungen im Fall der Änderung des Betriebsregimes des Flughafens BBI willkürlich ist. Es sei hier nur ein Aspekt aufgegriffen, der sich nach den Ausführungen des BVerwG geradezu aufdrängt: Welche Rolle es für die Geräuschwahrnehmung etwa spielt, wenn man bei einer Betriebsrichtung keiner oder weniger Belastung ausgesetzt ist und dann aber *trotzdem* – auf Grund der anderen Betriebsrichtung – durch einen (in der Berechnung auf die sechs verkehrsreichsten Monate ausgelegten) Dauerschallpegel belastet wird, der passiven Schallschutz ermöglicht, kann das BVerwG nicht in eigener fachlicher Kompetenz beantworten. Im Übrigen: Wenn das gesetzliche Kriterium, das den passiven Schallschutz ausrichtet, eine Mittelung über die sechs verkehrsreichsten Monate vorsieht, kann es dann erlaubt sein, mit einer – fachlich völlig unklaren – Entlastung zu argumentieren, die sich in den rechnerisch unberücksichtigt gebliebenen Monaten ergibt? Schließlich ist noch darauf hinzuweisen, dass schon das Heranziehen solcher Überlegungen einen Widerspruch zu dem eigenen Dogma darstellt, im Rahmen planerischer Abwägungen spielten lärmwirkungsfachliche Ausführungen keine Rolle mehr.

Es stellt sich dann die Frage, wie überhaupt noch durch die Flugsicherungsbehörden auf den Schutz der Bevölkerung vor Fluglärm hinzuwirken ist, wenn bereits auf Ebene der Flughafenplanung eine planerische Abwägung der mit den Geräuschen einhergehenden Belastungen stattgefunden hat und über das Betriebsregime zumindest insofern entschieden wurde.

II. Fluglärmschutz auf Ebene der Flugroutenplanung

Es ist dargelegt worden, dass die Planung von Flugrouten einen „verkehrsregelnden“ Charakter hat. Die Sicherheit des Luftverkehrs steht für die DFS und das BAF an erster Stelle. Dennoch verlangt § 29b Abs. 2 LuftVG von den Luftfahrtbehörden und den Flugsicherungsbehörden ein Hinwirken auf Lärmschutz, ohne dass klar ist, ob bzw. gegebenenfalls wie ein Abstimmungsprozess zwischen der planerischen Abwägung auf Ebene Flughafenplanung und auf Ebene der Flugroutenfestlegung zu erfolgen hat.

An dieser Stelle sind nur zwei Möglichkeiten denkbar, wie mit der Tatsache umzugehen ist, dass der „voraussehbare Flugbetrieb“ bereits als Planungsgrundlage in die Flughafenplanung eingeflossen ist. Man kann entweder davon ausgehen, dass das Betriebsmodell in keiner Weise die nachfolgende Planungsebene bindet oder beeinflusst, die Flugstreckenplanung von der Flughafenplanung also vollkommen frei ist. Oder aber Flughafenplanung und nachfolgende Flugstreckenfestlegung sind miteinander verbunden. Dann ist die Planung von Flugstrecken nicht mehr gänzlich frei, sondern hat die Vorgaben der Fachplanung in einer noch näher zu bestimmenden Form zu verarbeiten.

Man wird konstatieren können, dass die erste der beschriebenen Alternativen – auch unabhängig von den Ausführungen in der Entscheidung des BVerwG zum Nachtflugbetrieb des Flughafens BBI – eher theoretischer Natur ist. Es erscheint im Hinblick auf eine sinnvolle Aufgabenteilung zwischen zwei Planungsebenen, die durch wesentliche strukturelle Elemente (Betriebsregime) miteinander verbunden sind, nämlich wenig effektiv, wenn beide Planungsebenen vollkommen losgelöst voneinander entscheiden. Es stellt sich daher die Frage, wie ein sinnvolles Verfahren der Verbindung von Flughafenplanung und Flugstreckenfestlegung aussehen könnte. Wie weiter zu zeigen sein wird, bedarf die Rechtsprechung des BVerwG zu diesem Themenbereich dringend der Weiterentwicklung.

Im Folgenden wird sich der Frage der Verbindung von Flughafenplanung und Flugstreckenfestlegung genähert, indem zunächst die bisherige Rechtsprechung zur Abwägung auf Ebene der Flugroutenfestlegung dargestellt wird (1.). Es kann gezeigt werden, dass den dort getroffenen Kernaussagen Sachverhalte zu Grunde lagen, die jeweils nur „einzelne“ bzw. „kleinere“ Veränderungen von Flugrouten beinhalteten. Es gab bisher noch keine Entscheidungen des BVerwG zu Fällen, in denen einer Flugroutenfestlegung ein komplexes Planfeststellungsverfahren zeitlich unmittelbar vorausging[1973]. Die Übertragbarkeit der zentralen Thesen der bisherigen Rechtsprechung soll daher hier am Beispielsfall des Planfeststellungsbeschlusses zum Flughafenausbau Frankfurt/Main (2.) überprüft werden (3.).

1973 BVerwGE 141, 1 ff., betraf den Planergänzungsbeschluss zum Flughafen BBI und ist keine Entscheidung über die Rechtsmäßigkeit der dortigen Flugroutenfestlegungen.

1. *Bisherige Rechtsprechung zur Abwägung auf Ebene der Flugroutenfestlegung*

Die bisherige Rechtsprechung des BVerwG zur Flugroutenfestlegung war zunächst von dem Bemühen gekennzeichnet, materiell-rechtlich Vorgaben zu etablieren, an Hand derer Flugroutenentscheidungen beurteilt werden können. Die Frage der Verzahnung von Flugrouten- und Flughafenplanung stand also nicht im Vordergrund. Notwendigkeit und Struktur einer Abwägung auf Ebene der Flugroutenfestlegung musste das BVerwG – auch auf Grund der spärlichen Aussagen des Gesetzgebers dazu[1974] – erst erarbeiten (a.). Dies geschah im Wesentlichen an Hand von vier Sachverhalten, über die das Gericht im Zeitraum zwischen 2000 und 2005 entschied. Deren technisch-inhaltliche Komplexität war jedoch begrenzt (b.).

a. *Notwendigkeit und Struktur der Abwägung auf Ebene der Flugroutenfestlegung*

Nachdem das BVerfG im Jahr 1997 eine Klagemöglichkeit gegen die Festlegung von Flugrouten „erzwang"[1975], beschäftigte sich das BVerwG zunächst mit der Frage, ob bei der Flugroutenfestlegung überhaupt eine Abwägung stattzufinden hat. Das LuftVG selbst sieht eine Abwägung, wie sie in § 8 Abs. 1 S. 2 LuftVG für das Planfeststellungsverfahren geregelt ist, hier nämlich nicht explizit vor. Das Gericht sah sich in der ersten Entscheidung, in der es zum Thema Flugroutenfestlegung sachlich-inhaltlich Stellung nehmen musste, dennoch nicht daran gehindert, auch im Fall der Flugroutenfestlegung durch das BAF von einer Abwägungsentscheidung auszugehen. Das Abwägungsgebot folge aus dem Wesen der rechtsstaatlichen Planung und gelte daher allgemein[1976].

Allerdings verwies das BVerwG auf einen bei der Festlegung bestehenden Gestaltungsspielraum des BAF und auf dessen mangelnde Kompetenz zur Bewältigung von Lärmproblematiken. Das BAF sei nämlich „beschränkt auf (die) Verteilung von Lärm"[1977], genauer gesagt eines Lärmpotentials, das sich aus der Perspektive des BAF als eine unvermeidbare Folge vorausgegangener Verfahren darstelle[1978]. In dem vom BVerwG gedachten Idealfall haben diese Planungsebenen die mit dem Flughafenbetrieb verbundenen Lärmprobleme bereits bewältigt.

Zudem sei anzunehmen, dass auf Grund der sachlichen Eigenart der zu treffenden Flugroutenentscheidung auch unzumutbare Lärmbelastungen einer bestimmten Festlegung nicht von vornherein entgegenstehen und im Übrigen eine

1974 S. oben Teil 3, C., I., 2. und 3.

1975 BVerfG, NVwZ 1998, 169 f.; dazu Kilian, NVwZ 1998, 142.

1976 BVerwGE, 111, 276 (280 f.) – Flughafen Köln/Bonn; bestätigt durch BVerwGE, 119, 245 (255 f.) – Flughafen Zürich I; BVerwGE 121, 152 (157) – Taunusflugrouten; BVerwGE 123, 322 (330) – Flughafen Zürich II.

1977 BVerwGE, 111, 276 (281) – Flughafen Köln/Bonn.

1978 BVerwGE, 121, 152 (159) – Taunusflugrouten.

parzellenscharfe Beurteilung der Lärmbeeinträchtigung des Einzelnen nicht möglich sei[1979]. Das BVerwG schränkte daher die an die Abwägung des BAF zu stellenden Anforderungen zunächst dahingehend ein, dass eine Klage gegen Flugroutenfestlegungen nur dann erfolgreich sein könne, wenn die Behörde das Interesse der Kläger am Schutz vor unzumutbaren Lärmbeeinträchtigungen willkürlich unberücksichtigt gelassen habe[1980].

Erst in der späteren Entscheidung zu den Taunusflugrouten hat das BVerwG dann diesen Willkürmaßstab weiter präzisiert[1981]. Das Gericht war hier nämlich der Ansicht, dass das BAF bei der Festlegung von Flugrouten nach § 27 Abs. 2 LuftVG eine Abwägungsentscheidung zu treffen hat, die zwar gerichtlich überprüfbar, aber nicht an den zum Abwägungsgebot im Fachplanungsrecht entwickelten Grundsätzen zu messen sei[1982]. Eine einfache Übertragung der aus dem Fachplanungsrecht bekannten Strukturen sei nicht von vornherein geboten, da sich aus dem systematischen Zusammenhang ergebe, dass die Flugroutenfestlegung zuvorderst ein sicherheitstechnisches Instrument darstelle[1983].

Allerdings ging das BVerwG – unter Rückgriff auf § 29b Abs. 2 LuftVG – weiterhin davon aus, dass bei der Entscheidung über Flugroutenführungen auch Lärmschutzgesichtspunkte berücksichtigt werden müssen. Aus Sicht des BVerwG ist hiermit nicht nur die Abwehr etwaiger Gesundheitsgefährdungen oder die Beeinträchtigung sonstiger verfassungsrechtlich geschützter Rechtsgüter gemeint. Die Norm gebe vielmehr eine Strukturentscheidung vor, die derjenigen ähnlich sei, die man auch sonst im Luftverkehrsrecht vorfinde[1984].

§ 29b Abs. 2 spricht explizit allerdings nur von unzumutbarem Lärm. Dies führte das Gericht zunächst zu der Annahme, dass auch im Bereich der Flugroutenfestlegung zwischen zumutbarem und unzumutbarem Lärm unterschieden werden müsse. Da der Gesetzgeber aber an die Überschreitung der Zumutbarkeitsschwelle anders als in der Planfeststellung nicht die Verpflichtung knüpfe, einen – vorrangig physisch-realen – Ausgleich zu schaffen, sondern er vielmehr die Luftfahrtbehörden lediglich dazu anhalte, auf den Schutz der Bevölkerung vor unzumutbarem Fluglärm hinzuwirken[1985], sei aus der Regelungsstruktur nur ein unterschiedlicher Rechtfertigungszwang zu entnehmen[1986].

1979 BVerwGE, 111, 276 (283) – Flughafen Köln/Bonn.
1980 BVerwGE, 111, 276 (283 f.) – Flughafen Köln/Bonn.
1981 Das BVerwG hatte im Fall des Flughafens Köln/Bonn die Sache an das OVG Münster zurückverwiesen, das wiederum in der Folgeentscheidung den Nachweis lieferte, wie sehr ein bloßer Willkürmaßstab zur Reduktion der Bedeutung der Lärmschutzinteressen beiträgt,vgl. OVG Münster, NWVBl. 2003, 95 (97 ff.).
1982 BVerwGE, 121, 152 (159) – Taunusflugrouten.
1983 BVerwGE, 121, 152 (158) – Taunusflugrouten.
1984 BVerwGE, 121, 152 (161 f.) – Taunusflugrouten.
1985 BVerwGE, 121, 152 (162) – Taunusflugrouten.
1986 BVerwGE, 121, 152 (164 f.) – Taunusflugrouten.

Das BAF könne sich also über das Anwohnerinteresse, vor unzumutbarem Fluglärm bewahrt zu bleiben, indem – weniger belastungsintensive – Flugrouten festgelegt werden, nur unter engeren Voraussetzungen hinwegsetzen. § 29b Abs. 2 LuftVG normiere eine Regelverpflichtung, die Ausnahmen nur zulasse, wenn sich hierfür zwingende Gründe ins Feld führen ließen[1987]. Verlangt sei der Nachweis, dass schonendere Mittel nicht in Betracht kommen, was nur dann der Fall sein soll, wenn dem BAF „überwiegende Gründe der sicheren, geordneten und flüssigen Abwicklung des Luftverkehrs zur Seite stehen“[1988].

Anders verhält es sich dagegen bei von vornherein zumutbarem Lärm. Hier genüge es, wenn die Entscheidung für eine bestimmte Flugroute sich mit vertretbaren Argumenten untermauern lasse[1989]. Das BAF brauche nicht den Nachweis zu erbringen, auch unter dem Blickwinkel des Lärmschutzes die angemessenste oder gar bestmögliche Lösung gefunden zu haben. Einen Rechtsverstoß begehe es nämlich nur dann, wenn es die Augen vor Alternativen verschlossen habe, die sich unter Lärmschutzgesichtspunkten als eindeutig vorzugswürdig aufdrängt hätten, ohne zur Wahrung der für den Flugverkehr unabdingbaren Sicherheitserfordernisse weniger geeignet gewesen zu sein[1990]. Im Übrigen sei die einfachgesetzliche Grenzlinie der Unzumutbarkeit in § 29b Abs. 2 LuftVG nicht anders zu ziehen als im Anwendungsbereich von § 29 Abs. 1 Satz 3 LuftVG und im luftverkehrsrechtlichen Planungsrecht. Unterschiedlich geregelt seien nur die Rechtsfolgen[1991].

Die Kernaussagen der bisherigen Rechtsprechung des BVerwG zur Abwägung auf Ebene der Flugroutenfestlegung bestehen also in der Behauptung eines sicherheitsrechtlichen Kerns bei jeder Flugroutenentscheidung sowie in der Überlegung, dass das BAF eine Verteilungsentscheidung trifft, die sich auf ein bestimmtes Lärmpotential bezieht. Das Abstellen auf den zuerst sicherheitsrechtlichen Charakter der Flugroutenentscheidung führt weiterhin zur Annahme eines Gestaltungsspielraums des BAF bei seiner Entscheidung. Im Zusammenhang mit § 29b LuftVG werden daraus unterschiedliche Rechtfertigungszwänge, die das BAF betreffen, wenn es bei oder durch seine Entscheidung zumutbaren bzw. unzumutbaren Lärm generiert.

b. Komplexität zurückliegender Entscheidungen – Übertragbarkeit der Kernaussagen?

Die bisher wesentlichen Entscheidungen des BVerwG zum Thema Flugroutenfestlegung betrafen zum einen die Änderung einer Abflugflugroute auf Grund von Neuordnungen im deutschen Flugverkehrsstreckennetz, die wiederum durch eine

1987 BVerwGE, 121, 152 (162) – Taunusflugrouten.
1988 BVerwGE, 121, 152 (162) – Taunusflugrouten.
1989 BVerwGE, 121, 152 (164) – Taunusflugrouten.
1990 BVerwGE, 121, 152 (164) – Taunusflugrouten.
1991 BVerwGE, 121, 152 (161) – Taunusflugrouten.

Überarbeitung des europäischen Streckennetzes angestoßen wurden[1992], und zum anderen die Einrichtung eines Standorts für eine Warteschleife über deutschem Gebiet vor dem Anflug auf den Flughafen Zürich[1993]. Auch wenn die grundsätzliche Notwendigkeit für diese Entscheidungen sich letztlich ebenfalls aus einer – länger zurückliegenden – Flughafenaus- oder -neubauentscheidung ergeben, müssen sie in ihrem jeweils spezifischen Kontext gesehen werden. Nur so sind sie verständlich.

Die Besonderheit im Falle der Neubauentscheidung „BBI" bzw. der Ausbauentscheidung des Flughafens Frankfurt/Main ist nun, dass diese Entscheidungen der Flugroutenfestlegung unmittelbar zeitlich vorangingen, sich also die Flugroutenentscheidungen *als deren Folge* darstellen. Darüber hinaus besteht, anders als bei lang zurückliegenden Entscheidungen, in Form der Vorgaben des FluLärmG und seiner Durchführungsverordnungen auch eine rechtliche Bindung, die vorangehende Planfeststellungen in dieser Form nicht zu beachten hatten[1994]. Die jetzt zu beurteilenden Vorhaben sind in tatsächlicher und rechtlicher Hinsicht weitaus komplexer als alle Sachverhalte, die bisher zu gerichtlichen Auseinandersetzungen geführt haben. Die pauschale Übertragung der älteren Entscheidungen des BVerwG auf *alle* Flughafenplanungssachverhalte birgt daher Konflikte. Zu überlegen ist, inwiefern die Kernaussagen des BVerwG dennoch allgemein gelten könnten und wo diese eventuell anpassungsbedürftig sind.

2. *Das „Lärmpotential" und seine Veränderung am Beispiel des Flughafenausbaus Frankfurt/Main*

Inwiefern eine Übertragbarkeit der Kernpunkte der bisherigen Rechtsprechung des BVerwG funktioniert bzw. wo ein Anpassungsbedarf besteht, soll vor dem Hintergrund des Planfeststellungsbeschlusses zum Ausbau des Flughafens Frankfurt/Main überprüft und vertieft werden. Dabei stehen hier die aus Sicht des BAF gegenüber der Sicherheit des Luftverkehrs eigentlich nur sekundären Themen Lärm bzw. Lärmschutzinteressen im Fokus.

Der Planfeststellungsbeschluss nimmt eine Gesamtbetrachtung der Lärmbelastungen vor, d.h. aller Belastungen, die durch den Flughafen verursacht werden, also auch aller An- und Abflugrouten[1995]. Die Lärmberechnung erfolgt auf Grundlage des vom Antragsteller vorgegebenen – und von der DFS miterarbeiteten[1996] – Betriebsmodells.

1992 BVerwG, NVwZ 2004, 1229 (1233) – Taunusflugrouten (insoweit nicht in der Entscheidungssammlung abgedruckt). Im Fall Flughafen Köln/Bonn wurde ebenfalls eine Abflugroute geändert, BVerfGE 111, 276 (277).

1993 BVerwGE, 119, 245 (246 f.) – Flughafen Zürich I. Für eine ausführlichere Darstellung beider Sachverhalte, s. Geis, in: Geis/Umbach (Hg.), FS Bartlsperger 2006, S. 215 f.

1994 Zur Kontingentierung bzw. zum bisher blankettartigen Lärmpotential, s. auch sogleich unten Teil 3, C., II., 2.

1995 PFB FFM 2007, S. 1027 ff.

1996 Hess. VGH, Urt. v. 21.8.2009 – 11 C 227/08 ua. – Frankfurt/Main –, S. 158 (Juris).

Dieses Modell sieht für die Abflugrouten in Richtung Westen von den bestehenden beiden Parallellandebahnen anstatt eines Abfluges in Richtung Nordwest (über Raunheim, Flörsheim, etc.) eine „Südumfliegung" bisher betroffener Gebiete vor, auf die ein späteres Abdrehen Richtung Norden erfolgt. Dadurch werden die Gebiete im Südwesten des Flughafens zum Teil gänzlich neu mit Fluglärm belastet[1997]. Im Prognosejahr 2020 soll auf dieser Südumfliegung die „Hauptlast aller Abflugbewegungen" (in Richtung Westen) liegen.

Auch durch diese Veränderungen sind zudem die sog. „Gegenanflugstrecken" verschoben worden. Die „Südumfliegung" ist die augenscheinlichste Veränderung des Luftraums gegenüber dem Zeitpunkt „vor" der gesamten Planung, daher steht sie hier im Mittelpunkt. Wie viele Veränderungen die Neuordnung des Luftraums – in den Planungsgrundlagen – mit sich gebracht hat, lässt sich – wie gesagt – nur mit fachlicher Hilfe beantworten. Auffällig sind auch die „neuen" Anflugstrecken zur Nordwestlandebahn, die nur für Landungen zugelassen wurde[1998]. Einzig für die sog. Startbahn West ergeben sich aus dem Betriebsmodell der Planungsgrundlagen wohl keine örtlichen Verlagerungen von Flugrouten.

Der VGH Kassel hat in erster Instanz die auf den Planungsgrundlagen basierende Gesamtbetrachtung der Lärmbelastung bestätigt. Die planerische Abwägung sei in dieser Hinsicht nicht zu beanstanden gewesen[1999]. Das BVerwG hat dies bestätigt[2000]. In sie ist nach den Unterlagen der Planfeststellungsbehörde eingeflossen, dass im für die Abwägung maßgeblichen Prognosejahr 2020 mehr als 44.000 Menschen einem Dauerschallpegel von 60 dB(A) und mehr ausgesetzt sind (Tag-Schutzzone 1)[2001]. In der Nacht-Schutzzone, die entweder durch einen äquivalenten Dauerschallpegel ab 53 dB(A) oder durch durchschnittlich 6 Einzelschallereignisse ab 72 dB(A) – jeweils außen – bestimmt wird, leben im Jahr 2020 ca. 80.000 Menschen. Und in der Tag-Schutzzone 2 sind im Jahr 2020 schließlich über 280.000 Menschen im Umfeld des Flughafens betroffen. In ganz ähnlicher Weise werden auch die Gesamtbetroffenheiten von besonders schutzwürdigen Einrichtungen im Umfeld des Flughafens Frankfurt/Main abgehandelt.

Der VGH kennzeichnet diese Gesamtbetrachtung als eine Prognose, die Unsicherheiten und einer starken Pauschalierung unterliege[2002]. Die realen Belastungen könnten sich deshalb „im Zuge der späteren Festsetzung der Lärmschutzbereiche verändern"[2003]. Was der VGH ganz offensichtlich hier nicht vor Augen hatte, war

1997 Zur optischen Verdeutlichung der alten und neuen Flugrouten, s. Entwurf des LAP Hessen 2012, S. 98 ff. (Anlage 2–4); zum alten Flugroutensystem auch Mevenkamp, in: Koch (Hg.), Umweltprobleme, S. 182.
1998 PFB FFM 2007, S. 20 und 125.
1999 Hess. VGH, Urt. v. 21.8.2009 – 11 C 227/08 ua. – Frankfurt/Main –, S. 196 f. (Juris).
2000 BVerwGE 142, 236 (342 ff., Rn. 379 ff.).
2001 S. – auch hinsichtlich der maßgeblichen Werte für die Tag-Schutzzone 2 und die Nachtschutzzone – § 2 Abs. 2 Nr. 1 FluLärmG.
2002 Hess. VGH, Urt. v. 21.8.2009 – 11 C 227/08 ua. – Frankfurt/Main – , S. 158 (Juris).
2003 Hess. VGH, Urt. v. 21.8.2009 – 11 C 227/08 ua. – Frankfurt/Main – , S. 196 (Juris).

die zwingend vorgehende Entscheidung des BAF bezüglich der Flugrouten und die sich unter Umständen daraus ergebenden Veränderungen bzw. Unsicherheiten[2004].

Noch vor der Entscheidung des BVerwG zum Flughafenausbau Frankfurt/Main wurden 2011 die vom VGH angesprochenen Lärmschutzbereichsverordnungen erlassen[2005] und – notwendigerweise – kurz zuvor die Flugrouten rechtsverbindlich festgelegt. Das BAF hatte mit mehreren Verordnungen den Luftraum um den Flughafen Frankfurt/Main neu gestaltet[2006]. Wie sich die festgelegten Flugverfahren von den in den als Planungsgrundlagen verwendeten und soeben angedeuteten Verfahren unterscheiden, kann wiederum ohne fachkundige Unterstützung nicht festgestellt werden. Der vom bestehenden Flugroutensystem ausgehende Veränderungsablauf ist für den Betroffenen daher insgesamt als nicht transparent zu bezeichnen.

Immerhin sind den Lärmschutzverordnungen Karten beigegeben (Anlage 2 zu § 3), die das Ausmaß der nun letztlich verbindlich festgelegten Schutzzonen verdeutlichen. Ihnen ist zu entnehmen, dass die Nachtschutzzone auf Grundlage der strengeren Werte des § 2 Abs. 2 S. 2 Nr. 1 b) FluLärmG ergangen sind. Im Planfeststellungsverfahren waren noch die Werte des § 2 Abs. 2 S. 2 Nr. 1 a) FluLärmG verwendet worden. Die Nachtlärmschutzbereiche sind also – unabhängig von etwaigen Veränderungen durch gegenüber den Planungsgrundlagen neue Flugwege – größer geworden. Mehr Menschen sind nun von Lärm oberhalb der fachplanerischen Unzumutbarkeitsgrenze betroffen, ab der ein Anspruch auf Gewährleistung passiver Schallschutzmaßnahmen gegeben ist. Da das BVerwG die planerischen Abwägungen als ein Abzählen von Köpfen gestaltet, wäre es nun entscheidend zu wissen, wie die Betroffenenzahlen von unter Umständen veränderten Flugwegen und von den nun offensichtlich anderen Unzumutbarkeitsgrenzwerten beeinflusst wurden[2007].

Informationen über den Umfang der Betroffenenzahlen, nachdem nun die Flugrouten rechtsverbindlich festgesetzt und die Lärmschutzbereichsverordnung erlassen wurde, sind schwer zu finden. Dem Entwurf des Lärmaktionsplans Hessen

---

2004 Ebenso der PFB FFM 2007, S. 1007 f.

2005 Verordnung über die Festsetzung des Lärmschutzbereichs für den Verkehrsflughafen Frankfurt Main vom 30. September 2011, GVBl. I vom 12.10.2011, S. 438 ff.

2006 Es handelt sich – wohl – um die 32. bis 34, Änderungsverordnung zur 212. Durchführungsverordnung zur Luftverkehrsordnung (Festlegung von Flugverfahren für An- und Abflüge nach Instrumentenregeln zum und vom Flughafen Frankfurt am Main) vom 13.11.2002 (BAnz. 2002, Nr. 221, S. 25489). Informationen dazu, wie sich diese Änderungen auswirken bzw. worin diese Änderungen genau liegen, sind praktisch nicht zu finden. Auf Grund des hohen Spezialitätsgrads der VOen kann sie der Laie nicht einfach „lesen“. In der Folgezeit ist die Durchführungsverordnung bereits wieder mehrfach geändert worden.

2007 Hier nicht näher untersucht wird die Frage, inwiefern die Veränderungen der Flugwege auch Einfluss auf die Kapazität des Flughafens haben, s. aber oben Teil 3, C., I., 1. Auch insoweit macht der Planfeststellungsbeschluss Vorgaben, die auf Ebene der Flugroutenfestlegung eine Veränderung erfahren haben könnten.

(Teilbereich Flughafen Frankfurt am Main) vom 3.9.2012 lässt sich aber entnehmen, dass nunmehr etwa 196.000 Menschen in der Nachtschutzzone leben und etwa 277.000 Menschen in den Tagschutzzonen[2008]. Hervorzuheben ist der Hinweis im Lärmaktionsplan, dass im Hinblick auf die Vergleichbarkeit mit Betroffenenzahlen – insbesondere für den Zeitraum vor Inbetriebnahme der neuen Landebahn – die Unterschiedlichkeit der Berechnungsverfahren zu beachten sei[2009]. Keine Informationen sind – soweit ersichtlich – dazu vorhanden, wie die Betroffenenzahlen durch die Veränderungen im Betriebsregime beeinflusst wurden.

3. Übertragung der zentralen Thesen der bisherigen Rechtsprechung

Die Ausrichtung der Lärm(schutzbereichs)berechnung an unterschiedlichen Grenzwerten im Fall Frankfurt/Main wird eine Besonderheit des novellierten FluLärmG bleiben[2010]. Die sich im Zuge neuer Flugwege ergebenden Veränderungen sind jedoch grundsätzlicher Natur und können auch in zukünftigen Aus- oder Neubaufällen auftreten. Sie sind – wie das BVerwG zutreffend feststellt – „systemimmanent"[2011]. Diese systembedingte Möglichkeit der nachträglichen Veränderung von Flugrouten wird nun im Zusammenhang mit den herausgearbeiteten zentralen Thesen der soeben dargestellten Rechtsprechung des BVerwG betrachtet und insbesondere der Frage nachgegangen, ob sie tatsächlich ohne Problem auf komplexe Fälle wie den Flughafenausbau Frankfurt/Main übertragbar bzw. wo sie unter Umständen anpassungsbedürftig sind.

Für eine Übertragung herangezogen wird zunächst die Idee der Verteilung eines Lärmpotentials (a. und b.). Im Zusammenhang mit komplexen Planfeststellungsverfahren, die eine weitgehende Neuordnung des Luftraums nach sich ziehen, kann sie, wie zu zeigen sein wird, eine nachvollziehbare und strukturierende Verknüpfung einerseits der fachplanerischen Abwägung und andererseits der – darauf aufbauenden – Abwägungsentscheidung des BAF darstellen. Es wird aber auch den tiefer liegenden Mängeln und Konsequenzen der herausgearbeiteten Kernaussagen nachgegangen. Allem voran der Frage, ob es sich bei der Flugroutenfestlegung vor allem um eine Aufgabe der klassischen Flugsicherung handelt (c.). So sieht es jedenfalls das BVerwG und stützt darauf seine Ansicht, dem BAF stehe bei der Erledigung seiner Aufgaben ein weiter Handlungs- und Gestaltungsspielraum zu, der gerichtlich nicht zu überprüfen sei. Schließlich soll auch noch einmal kurz zu der Frage zurückgekehrt werden, wie es im Hinblick auf die Rechtsschutzmöglichkeiten der Lärmbetroffenen zu bewerten ist, dass das bloß prognostische Einbringen

2008 Entwurf LAP Hessen 2012, S. 38.

2009 Entwurf LAP Hessen 2012, S. 38.

2010 Sie führt aber immerhin das Ausmaß vor Augen, den die Beeinflussung der Lobbygruppen auf die Novellierung des FluLärmG wohl gehabt haben und weshalb auch von einem „lex FRAPORT" gesprochen wurde, vgl. Schröder, ZfL 2006, 9 (12); Bock, in: Ziekow (Hg.), Aktuelle Probleme 2008, S. 47.

2011 BVerwGE 141, 1 (46 f., Rn. 147).

der Flugrouten in die Lärmberechnung einen von der Planung ausgelösten Konflikt offen lässt, der letztlich erst vom BAF gelöst wird (d.).

a. *Verteilung eines Lärmpotentials*

Die Aussage des BVerwG, das BAF habe die Aufgabe, ein Lärmpotential zu verteilen, wurde im Schrifttum heftig kritisiert. *Czybulka* hatte diesbezüglich bereits früh und zu Recht festgestellt, dass die Streckenführung tatsächlich eine Auswirkung auf das Lärmvolumen habe, die Vorgaben zum Lärmpotential regelmäßig nur blankettartig seien (§ 42 LuftVZO) und von daher eine Begrenzung des Lärmpotentials effektiv alleine über die Begrenzung der Kapazität des Start- und Landebahnsystems erfolge[2012]. Diese Kritik an der Lärmpotential-Idee des BVerwG war sicherlich angebracht, solange das Potential in den luftverkehrlichen Planfeststellungsbeschlüssen nicht näher beschrieben wurde. Im Zusammenhang mit der Novellierung des FluLärmG könnte das Verteilungsdogma nun jedoch Sinn machen, zumindest bei Flugroutenfestlegungen, denen eine Flughafenplanung unmittelbar voranging. Wie das Beispiel des Planfeststellungsbeschlusses Frankfurt/Main nämlich zeigt, ist das Lärmpotential – in Form der Angabe von betroffenen Bewohnern und Einrichtungen[2013] – einigermaßen präzisierbar. Daher müsste es mit Blick auf den Planfeststellungsbeschluss also Aufgabe des BAF sein, das dort ermittelte Lärmpotential zu bewirtschaften und im Ergebnis zu verteilen; denn dieses Lärmpotential ist bereits planerisch abgewogen. Die dortigen Eckdaten müsste das BAF also bei der Flugroutenfestlegung aufgreifen. Präzisierend ließe sich ableiten, dass die Aufgabe des BAF gerade darin besteht, zu überprüfen, ob die rechtsverbindlich festgesetzten Flugverfahren (bzw. ein entsprechendes Betriebsmodell) die Eckdaten des abgewogenen Lärmpotentials tatsächlich einhalten, da ja bis zu diesem Zeitpunkt nur der voraussehbare Flugbetrieb abgewogen worden ist[2014].

Dies scheint nunmehr auch das BVerwG so zu sehen, wenn es darauf hinweist, dass der Flugbetrieb zunächst nur für eine gewisse Siedlungsstruktur und eine gewisse Betroffenenzahl geregelt werde[2015]. Die Ausführungen zum Planergänzungsbeschluss BBI sind deutlich darum bemüht, das BAF bei seiner Abwägung nicht zu überfordern. Die Regelung im Planfeststellungsbeschluss solle grundsätzlich auch dann Bestand haben können, wenn sich nachträglich Veränderungen bei den

2012 Czybulka, ZUR 2001, 268 (270 f.); ebenso Pfaff/Heilshorn, NVwZ 2004, 412 (414). Hierzu widersprüchlich Stoermer, Schutz vor Fluglärm, S. 174. Auch eine Begrenzung über die Kapazität muss jedoch nicht unbedingt absolut und endgültig sein, vgl. oben Teil 3, A., III., 1.

2013 S. oben C., II., 2.

2014 Von einer phasenhaften Grob- und Feinsteuerung spricht bereits Czybulka, in: Ziekow (Hg.), Flughafenplanung 2002, S. 17; nunmehr auch BVerwGE 141, 1 (47 f., Rn. 150).

2015 BVerwGE 141, 1 (47 f., Rn. 150).

An- und Abflugverfahren ergeben[2016]. Bedenklich sei eine solche Veränderung nur dann, wenn wesentlich dichter besiedelte Gebiete auf passiven Schallschutz angewiesen seien als ursprünglich angenommen[2017].

Zu kritisieren ist daran zunächst, dass das BVerwG es einzig als problematisch ansieht, wenn wesentlich dichter besiedelte Gebiete auf passiven Schallschutz angewiesen sind. Das wirft nämlich die Frage auf, ob das BVerwG der Ansicht ist, dass ein solcher Schallschutz Betroffene nicht ausreichend schützt. Im Verfahren um den Flughafenausbau Frankfurt am Main hatte es dagegen angenommen, dass nach der Gewährleistung passiver Schallschutzmaßnahmen alle fachlich diskutierten Schutzziele erreicht seien[2018]. Wenn diese Aussage zutreffend sein sollte, verwundert die Problematisierung der Notwendigkeit von zusätzlichem passivem Schallschutz nach rechtsverbindlicher Festlegung der Flugrouten. Sie lässt sich wohl nur vor dem Hintergrund erklären, dass es so zu weiteren finanziellen Belastungen kommt.

Eigentlich müsste nämlich nach den Aussagen des Gerichts das Gegenteil problematisch sein. Ziel der Flugroutenplanung müsste es also sein, den Lärm zu konzentrieren, wo er absolut nicht verhindert werden kann, so dass dort angemessener – also effektiver – Schallschutz greifen kann. Die Ausbreitung des Lärms im Raum unterhalb der jeweiligen Grenze, ab der passiver Schallschutz gewährt wird, führt jedoch dazu, dass die statistische Natur des Lärmphänomens voll zum Tragen kommt[2019]. Vermeintlich geringere Belastungen werden auf noch mehr Menschen verteilt. Abhängig von der Auftretenswahrscheinlichkeit von Geräuschwirkungen kann dies – vom Standpunkt des Anwohnerinteresses aus betrachtet, also vor negativen Geräuschwirkungen verschont zu bleiben – geradezu kontraproduktiv sein.

Im Übrigen lässt sich den Ausführungen des BVerwG nicht entnehmen, warum das BAF im Fall des Planergänzungsbeschlusses BBI seiner Verpflichtung nachgekommen sein soll, auf den Lärmschutz der Bevölkerung hingewirkt zu haben (§ 29b LuftVG). Dies mag in diesem Verfahren nicht notwendig gewesen sein. Das Gesetz verlangt vom BAF aber ein solches Hinwirken. Wenn die Abwägung auf Ebene der Flugroutenplanung nicht völlig leer laufen soll, müsste vom BAF zumindest gefordert werden können, verbleibende Lärmschutzmöglichkeiten im Rahmen seiner Verteilungsaufgabe zur Kenntnis zu nehmen.

Für das Beispiel des Flughafenausbaus Frankfurt/Main ließe sich dies etwa so formulieren: Wenn sich ein Betriebsmodell mit An- und Abflugverfahren finden lässt, das anstatt 44.000 nur 40.000 Betroffene in der Tagschutzzone 1 hervorruft, wäre diese Variante gegenüber dem Betriebsmodell des Planfeststellungsbeschlusses in puncto Lärmschutz vorzugswürdig. Je nach dem wie viele Flugroutenalternativen dem BAF zur Verfügung stehen, können sich hier durchaus Unterschiede zum prognostizierten Lärmpotential des Planfeststellungsbeschlusses ergeben. Entscheidend

2016 BVerwGE 141, 1 (47 f., Rn. 150).
2017 BVerwGE 141, 1 (47 f., Rn. 150).
2018 BVerwGE 142, 234 (287, Rn. 182).
2019 S. oben Teil 3, B., II., 5., a.

ist dann der Vergleich mit der vorangehenden Planungsebene. Nur so machen Lärmberechnungen im Rahmen des Verfahrens des BAF mit Blick auf die bereits erfolgten Berechnungen des Planfeststellungsverfahrens überhaupt Sinn[2020].

Damit wird auch deutlich, worin genau das Mittel zu sehen ist, auf Ebene der Flugroutenfestlegung Lärmschutz zu betreiben, nämlich im Akt der Verteilung. Das BAF hat keine Kompetenz zur Festlegung von weitergehenden passiven oder aktiven Lärmschutzmaßnahmen. Es beeinflusst aber über die Flugroutenfestlegung das Ausmaß der Geräuschbelastungen. Wenn nur einfache Flugroutenänderungen vorgenommen werden, mag man diese Beeinflussung als örtlich begrenzt ansehen können und daher ihr nur geringe Bedeutung zusprechen. Wenn jedoch eine komplexe Ausbau- oder gar eine Neubauplanung der Flugroutenänderung vorausgeht, können an den zentralen Verkehrsflughäfen Veränderungen der Flugrouten (gegenüber den verwendeten Planungsgrundlagen) schnell zu einer erheblichen Veränderung der Betroffenenzahlen führen.

Bei den aktuellen, komplexen Planungen, die letztlich zu Veränderungen des gesamten Luftraums führen, erscheint es daher in höchstem Maße fragwürdig, das Berechnungsprogramm NIROS zu verwenden. Es vergleicht nämlich zunächst einmal nur verschiedene Flugroutenalternativen – bei bestimmten Betriebszuständen – ausschnittsweise miteinander[2021]. Bei der Berechnung der Belastung einer Flugroute berücksichtigt es jedoch andere bestehende Flugrouten nicht umfassend mit. So blendet es beispielsweise bei der sog. Südumfliegung[2022] im Fall Frankfurt/Main etwaige Einflüsse durch Flugbewegungen aus, die von der Startbahn West ausgehen. Das Programm nimmt folglich keine Gesamtbetrachtung vor, wie es auf der vorangehenden Planungsebene geschehen ist. NIROS nimmt im Übrigen auch eine Gewichtung bestimmter Belastungen vor, die in den Gütewert der jeweiligen Alternativen einfließen[2023]. Dies ist im FluLärmG bzw. seinen Durchführungsverordnungen so nicht angelegt.

Prinzipiell aber ist zu konstatieren, dass die Übertragung des Verteilungsdogmas auf Fälle der Neu- oder Ausbauplanung durchaus nachvollziehbar sein kann. Sie ermöglicht einen Abgleich der Planungen miteinander, nämlich in den Worten des BVerwG der „Grob- und Detailplanung“[2024]. Es zeigt sich aber, dass

2020 Anderes wird für Fälle gelten müssen, die vergleichbar sind mit den Entscheidungen des BVerwG zu den „Taunusflugrouten“ und zum „Flughafen Zürich“. Hier ist der „Blick zurück“ diffuser, dh. eine vergleichbar klare, aufeinander aufbauende Planung gibt es nicht. Etwaige Lärmberechnungen in der Vergangenheit lassen auf Grund der neuen Berechnungsverfahren einen Vergleich eher nicht zu. Dazu auch oben Teil 3, A., II., 1.

2021 Wiederum mit Blick auf die Fälle „Taunusflugrouten“ und „Flughafen Zürich“: Hier ist die Frage tatsächlich die, die NIROS anscheinend zu beantworten versucht, nämlich welche der möglichen Alternativen *untereinander* die günstigste ist.

2022 Dazu die bildliche Darstellung im Entwurf LAP Hessen 2012, S. 77.

2023 Stoermer, Schutz vor Fluglärm, S. 169.

2024 BVerwGE 141, 1 (47 f., Rn. 150).

der Abstimmungsprozess *nicht* nur auf eine reine Verteilung hinausläuft, sondern die Verteilung zugleich den Umfang der Geräuschbelastung beeinflusst[2025]. Soweit sich aus der bisherigen Rechtsprechung des BVerwG Vorgaben bezüglich des Verteilungsvorgangs ableiten lassen, sind sie aus Lärmschutzgesichtspunkten unzureichend. Es liegt sogar die Vermutung nahe, dass der Verteilungsvorgang auf Ebene der Flugroutenfestlegung aus Betroffenensicht kontraproduktiv verläuft, weil in der Tendenz eher eine Vergrößerung des Lärmteppichs erreicht wird. Es wird zugelassen, dass sich der Umfang der – vermeintlich weniger beeinträchtigenden – Geräuschbelastungen noch weiter vergrößert und die Betroffenenzahl sich erhöht. Das BVerwG problematisiert sogar ausdrücklich die Erweiterung der von ihm selbst an anderer Stelle ausdrücklich für wirksam erachteten passiven Schallschutzmaßnahmen und schützt damit den Vorhabenträger vor weiteren finanziellen Belastungen.

Eine der entscheidenden lärmwirkungsfachlichen Fragen auf Ebene der Flugroutenplanung ist damit, ob es aus Betroffenensicht besser ist, Flugrouten bzw. die entstehenden Fluggeräusche zu *bündeln* oder sie gleichmäßig im Raum auf viele oder zumindest mehrere Flugrouten zu *verteilen*. Wenn man – wie hier eingehend gezeigt – Fluglärmschutz vornehmlich über passive Maßnahmen betreiben will[2026], spricht die statistische Natur der negativen Geräuschwirkungen eher für eine Bündelung der Belastungen[2027].

Das BVerwG nimmt dagegen an, dass der Planfeststellungsbehörde bei der, der Entscheidung über die Bahnnutzungsverteilung vorausgehenden, planerischen Abwägung zwischen dem Schutz weniger belasteter Gebiete und dem Prinzip der möglichst gleichmäßigen Verteilung des Lärms ein weiter Ermessenspielraum zusteht[2028]. Das ist interessant, weil anzunehmen ist, dass das BVerwG auch dem BAF bei gleich gelagerten Fragestellungen einen solchen Ermessensspielraum gewähren würde. Besonders hervorzuheben ist, dass das BVerwG die gleichmäßige Verteilung sogar zu einem Prinzip erhoben hat[2029]. Es ist somit weiter anzunehmen, dass das Gericht davon ausgeht, dass in lärmwirkungsfachlicher Hinsicht besonders die intensiven Geräuschbelastungen zu vermeiden seien. Darauf deuten jedenfalls auch die soeben dargestellten Aussagen hin, in denen das BVerwG die Belastung dichter besiedelter Siedlungsgebiete problematisiert, wenn diese zusätzlich auf passive Schallschutzmaßnahmen angewiesen sind. Auf fachlich fundierte Erkenntnisse stützt es sich bei all dem aber nicht.

2025 In diesem Sinne bereits DFG, Forschungsbericht Fluglärmwirkungen, S. 530.

2026 Verstanden als konsequente bzw. effektive Reduktion der Auftretenswahrscheinlichkeit negativer Reaktionen im Innenraum.

2027 Dazu oben Teil 3, B., II., 5., a.

2028 BVerwGE 142, 234 (350, Rn. 407).

2029 Von einem „Prinzip der Bündelung" spricht es dagegen nicht, auch wenn der Schutz weniger belasteter Gebiete faktisch wohl auf eine Bündelung hinausläuft.

b. Grenzziehungen und Vergleichbarkeit der Angaben zum „Lärmpotential"

Auch die Passagen des BVerwG zur Frage der Grenzziehung zwischen unzumutbarem und zumutbarem Lärm lassen sich möglicherweise auf die komplexen Planungssachverhalte übertragen. Sie sind aber jedenfalls insofern zu erweitern, als nunmehr mit dem FluLärmG der Gesetzgeber eine solche Grenzziehung – gleich worin sie genau gesehen wird[2030] – vorgegeben hat. Im Hinblick auf die Transparenz des Vorgehens auf den beiden Planungsebenen wäre es ratsam, immer die gleichen Berechnungsmethoden zu verwenden, also nach der Novellierung des FluLärmG die AzB 2007. Denn der Blick zurück auf die planerische Abwägung des Planfeststellungsbeschlusses gelingt nur, wenn die Berechnungsergebnisse des nachfolgenden Flugroutenfestlegungsverfahrens auch mit denen der vorangehenden Planungsebene vergleichbar sind[2031].

Es ergeben sich daher keine durchgreifenden Bedenken bezüglich einer Anwendung der Werte und Berechnungsverfahren des FluLärmG im Verfahren der Flugroutenfestlegung. Eher vom Gegenteil ist auszugehen. Zwar enthalten die die Flugroutenfestlegung betreffenden Normen im LuftVG bzw. in der LuftVO keinen mit § 8 Abs. 1 S. 3 LuftVG vergleichbaren Verweis auf das FluLärmG. Dennoch hält – wie gezeigt[2032] – das BVerwG eine einheitliche Grenzziehung im Luftverkehrsrecht für geboten. Zudem würde eine erneute, andere Grenzziehung, insbesondere die Verwendung anderer Berechnungsverfahren, die abgewogenen Vorgaben der Fachplanung in Frage stellen.

Bisher unklar ist auch, welche Veränderung die Abwägung des BAF dadurch erfahren haben könnte, dass der Gesetzgeber bezüglich der Betroffenheitskategorisierungen einen genaueren Blick auf die Pegelklasse 55–60 db(A) verlangt (Tagschutzzone 2 des FluLärmG). Unabhängig davon, welche Bedeutung dieser Belastungsbereich im Hinblick auf für den Körper und den Geist negative Geräuschwirkung hat, sieht der Gesetzgeber hier jedenfalls die Notwendigkeit von Baubeschränkungen und Ausgleichszahlungen. Selbst wenn man also die vom BVerwG bisher etablierten Rechtfertigungszwänge des BAF[2033] für zutreffend hält, müssten sie im Hinblick auf die ökonomischen Belastungen eine Erweiterung erfahren und ausdifferenziert werden.

c. Flugroutenfestlegung – Sicherheits- oder Planungsaufgabe?

Die bisherigen Ausführungen betrafen exemplarische Überlegungen zum Thema Lärmpotential, insbesondere zum Dogma, die Entscheidung des BAF sei ein bloßer Akt der Verteilung. Der Planfeststellungsbeschluss – und seine Bindungswirkungen – darf aber sachlich-inhaltlich natürlich auch nicht nur darauf reduziert werden.

2030 S. oben Teil 3, B., II., 4.

2031 Vgl. hierzu auch die Probleme der Wirkungsforschung, Guski/Basner/Brink, Auswirkungen nächtlichen Fluglärms, S. 62.

2032 BVerwGE 121, 152 (161) – Taunusflugrouten.

2033 S. oben C., II., 1., a.

Vom BAF zu verarbeitende Vorgaben enthält er bspw. auch hinsichtlich einer abgewogenen Kapazität. Bisher völlig unbeantwortet ist insofern, ob auch bezüglich der Kapazität durch die Planfeststellung lediglich eine Grobplanung erfolgt, über die dann die Detailplanung des BAF gestülpt wird[2034].

Auf Grund der Ausrichtung der vorliegenden Arbeit soll diesem Thema und seinen möglichen Auswirkungen auf die Wirtschaftlichkeit eines Aus- bzw. Neubauvorhabens nicht weiter nachgegangen werden. Einer näheren Betrachtung bedarf hier aber noch der Ansatz des BVerwG, die Flugroutenfestlegung sei primär am Aspekt der Sicherheit des Luftverkehrs auszurichten[2035]; denn er ist das Hauptargument des BVerwG für einen Gestaltungsspielraum des BAF bei seiner Verteilungsaufgabe. Da der Gestaltungsspielraum wiederum mit einer Zurücknahme der gerichtlichen Überprüfung der getroffenen Verteilungsentscheidung einhergeht, kann die Tragweite des – aus Sicht des BVerwG – sicherheitsrechtlichen Charakters der Verteilungsentscheidung kaum überschätzt werden.

Auf den ersten Blick vermag dieser Ansatz auch zu überzeugen; denn das LuftVG spricht im Zusammenhang mit Flugverfahren überwiegend vom Aspekt der Sicherheit. Es ist (zuerst) ein sicherer, geordneter und flüssiger Luftverkehr zu gewährleisten (§ 27c LuftVG). Im Rahmen der Entscheidung über eine Flugroute hat das BAF (dagegen) gemäß § 29b LuftVG auf den Schutz der Bevölkerung vor unzumutbarem Lärm (lediglich) hinzuwirken. Auch in § 32 Abs. 3 S. 2 und 3 LuftVG wird hervorgehoben, dass die „zur Gewährleistung des Luftverkehrs und der öffentlichen Sicherheit und Ordnung notwendigen Einzelheiten über die Durchführung der Verhaltensvorschriften nach Abs. 1 S. 1 Nr. 1“, die ihrerseits unter anderem „das Verhalten im Luftraum ...“ betreffen, im Rahmen der Flugverfahrensfestlegungen zu regeln sind[2036].

Dennoch sind insoweit Bedenken angebracht, da die Sach- und Rechtslage weit weniger klar ist, als es das BVerwG bisher dargestellt hat. Unbestreitbar enthalten Anweisungen an Flugzeugführer Sicherheitserwägungen und sie prägen in gewisser Hinsicht auch das Sachgebiet. Sie können sogar dazu führen, dass gewisse Flugroutenalternativen bei der Planung des BAF von vornherein aus der Betrachtung genommen werden müssen, obwohl sie aus Lärmschutzgesichtspunkten den verbleibenden Alternativen überlegen sind.

Unbestreitbar ist aber auch, dass die Ausbau- oder Neubauplanung von internationalen Verkehrsflughäfen über Jahre hinweg erfolgt. Auch die bei der Flugroutenfestlegung auftretenden Sicherheitsaspekte werden also über lange Zeiträume hinweg bearbeitet[2037]. Diese Sicherheitsaspekte mögen die zu treffende Entscheidung

2034 Darauf scheinen die Ausführungen des BVerwG zum PEB BBI zumindest hinzudeuten, vgl. BVerwGE 141, 1 (49 f., Rn. 153).

2035 S. oben C., II., 1., a.

2036 Darauf weist insb. das OVG Münster, NWVBl. 2003, 95 (96), hin.

2037 Vgl. BVerwGE 141, 1 (49 ff., Rn. 152 ff.).

prägen[2038]. Ob damit aber auch zu rechtfertigen ist, dass dem BAF bei seiner Entscheidung ein weitgehender Gestaltungsspielraum zugestanden wird, muss bezweifelt werden. Das BVerwG suggeriert jedenfalls eine Parallelität zum Polizeirecht[2039] und auch, dass es dort eine grundsätzliche Zurücknahme der gerichtlichen Kontrolldichte gebe. Auch in der Literatur wird unter Hinweis auf § 29 LuftVG die Ansicht vertreten, dass die Aufgabe der Luftaufsicht im wesentlichen Sicherheitsrecht sei und es sich um einen sonderpolizeilichen Aufgabenbereich handele[2040].

Das ist schon im Hinblick auf die Ausgangsüberlegung sehr pauschal[2041]. Es differenziert aber vor allem nicht zwischen den Kontexten, in denen sich „Flugsicherung" abspielt. In Literatur und Rechtsprechung ist bisher der lange Planungshorizont von Flugroutenfestlegungen gerade im Falle vorangehender großräumiger Fachplanungen noch nicht ausreichend zur Kenntnis genommen worden. Die Festlegung von Flugrouten ist keine „situative" Entscheidung, sondern sehr wohl planbar.

Regelmäßig wird in der Literatur hierzu ausgeführt, die Luftaufsicht betreffe die Abwicklung des Luftverkehrs[2042], etwa durch Flugbetriebsdienste (§ 27c LuftVG), insbesondere also Flugverkehrskontrolldienste, d.h. Bewegungslenkung durch ein Zusammenwirken von Flugsicherung (konkret: den Fluglotsen) und Luftfahrzeugführern[2043]. Der dieser Struktur zu Grunde liegende Kontext ist der eines konkreten Fluges, der gesteuert werden muss. Dabei wird auf Flugverfahrensregeln als Grundlage zurückgegriffen. Diese Grundlage muss aber nicht jedes Mal neu entstehen, sondern ist „geplant"[2044]. Damit ist auch die Entscheidung für bestimmte Flugrouten eine typisierte, standardisierte Lösung für grundsätzliche Probleme.

Sobald also das BAF eine solche, langfristig zu planende Aufgabe bewältigen muss, kann dies nicht unbesehen mit einer sich alleine auf Sicherheitsaspekte stützenden und situationsabhängigen Einzelfluganweisung an einen Flugzeug-

2038 Vgl. OVG Münster, NWVBl. 2003, 95 (97 f.).

2039 BVerwGE, 121, 152 (164) – Taunusflugrouten.

2040 Giemulla, in: Giemulla/Schmid (Hg.), LuftVG, Bd. 1.1, § 29, Rn. 2 f.; wohl auch Lübben, in: Hobe/Ruckteschell (Hg.), Kölner Kompendium, Bd. 2, E., Rn. 91 und 96; dies dezidiert ablehnend Meißner, in: Ziekow (Hg.), Aktuelle Probleme 2005, S. 39 ff. und S. 51 ff.

2041 Beurteilungsspielraume werden teilweise von der Rechtsprechung im Hinblick auf die Frage eingeräumt, ob die tatbestandlichen Voraussetzungen für ein polizeiliches Eingreifen vorliegen, aber nicht hinsichtlich der Frage, ob und wie gehandelt werden soll, Rachor, in: Denninger/Rachor (Hg.), Handbuch des Polizeirechts, E., Rn. 138 ff. (m.w.N.), der aber eine – die gerichtliche Kontrolldichte einschränkende – Erkenntnis- bzw. Einschätzungsprärogative des Polizei mit dem Argument ablehnt, dass die Polizei nicht Sachverständiger in eigener Sache sein dürfe (Rn. 141).

2042 Giemulla, in: Giemulla/Schmid (Hg.), LuftVG, Bd. 1.1, § 29, Rn. 10.

2043 Schwenk/Giemulla, Luftverkehrsrecht, S. 229.

2044 Eine detaillierte Darstellung der Inhalte von Flugrouten-Rechtsverordnungen findet sich bei Lübben, in: Hobe/Ruckteschell (Hg.), Kölner Kompendium, Bd. 2, E., Rn. 81 ff. Vgl. auch oben C., I., 1.

führer verglichen werden, die ad hoc getroffen wird. Das zeigt auch die Systematik von § 27a LuftVO. § 27a Abs. 1 und Abs. 2 S. 1 LuftVO enthalten gewissermaßen den „Flugverfahrensnormalfall", bei dem der Flugzeugführer bei Flügen innerhalb von bestimmten Kontrollzonen, bei An- und Abflügen zu und von Flugplätzen mit Flugverkehrskontrollstellen und bei Flügen nach dem Instrumentenflugverfahren die vorgeschriebenen Flugverfahren zu befolgen hat. Das sind die Situationen, bei denen alle Beteiligten davon ausgehen, die Flugverfahren seien insofern „planbar", als unter normalen Umständen keine gesonderten Anweisungen an den Flugzeugführer erforderlich sind. Flugverfahren machen es also entbehrlich, den Flugverlauf, insbesondere den Flugweg und die Flughöhe, durch entsprechende Freigaben im Einzelnen erst noch festzulegen[2045]. Nur § 27 Abs. 2 S. 2 LuftVO spricht explizit von Gefahrenabwehr und Sicherheit sowie der Möglichkeit einer Allgemeinverfügung. Den „Gefahr im Verzug"-Einzelfall regelt schließlich § 27a Abs. 2 S. 3 LuftVO[2046].

Die Planungsaufgabe der Flugsicherung, auch wenn es bei ihr zum Teil natürlich trotzdem um Sicherheitsfragen geht, erfolgt also gerade nicht kurz-, sondern längerfristig und kann daher auch genauer untersucht und kontrolliert werden. Sie kann transparent erfolgen. Nur die Einzelanweisung ist mit einer polizeilichen Maßnahme tatsächlich vergleichbar und ist bestenfalls retrospektiv in vollem Umfang überprüfbar. Sie gehört zum Kernbereich der Flug*sicherung*[2047]. Wenn aber eine langfristige Planung von Flugverfahren vorgenommen wird, könnte man die wahrzunehmende Aufgabe besser als Flugsicherungs*planung* bezeichnen[2048]. In diesem Kontext sind auch Sicherheitsaspekte planbar[2049]. Sie können nachvollzogen werden, selbst wenn ihnen in der Abwägung letztlich besondere Bedeutung zukommt.

Insofern gibt es für die Herleitung eines Gestaltungsspielraums, wie sie vom BVerwG bisher vorgenommen wurde, jedenfalls dann keine ausreichende Argumentationsgrundlage, wenn nicht eindeutig bestimmte Flugroutenalternativen aus Sicherheitsgründen unbeachtet bleiben müssen[2050]. Insbesondere wenn Probleme im Hinblick auf die Sicherheit des Luftverkehrs nicht gegeben sind, also etwa nur

---

2045 Dennoch gibt es vor jeder Flugbewegung eine sog. Flugverkehrsfreigabe. Erläuternd Lübben, in: Hobe/Ruckteschell (Hg.), Kölner Kompendium, Bd. 2, E., Rn. 74 und 82.

2046 Undifferenziert daher OVG Münster, NWVBl. 2003, 95 (98).

2047 Zum von Art. 87d GG vorgegebenen Gegenstand und zu den Aufgaben der Luftverkehrsverwaltung bzw. einem erst zu bestimmenden Kernbereich der Flugsicherung s. Hermes, in: Dreier (Hg.), GG, Suppl. 2010, Art. 87d Rn. 19 ff.

2048 Wie hier bereits Meißner, in: Ziekow (Hg.), Aktuelle Probleme 2005, S. 39 ff.; zu den Begriffen der Planung und Flugroutenfestlegung auch Meister, ZLW 2004, 23 (27).

2049 Natürlich nur in dem Rahmen, in dem Sicherheit überhaupt jemals planbar ist.

2050 Klar ablehnend auch Czybulka, ZUR 2001, 268 (271); Sydow/Fiedler, DVBl. 2006, 1420 (1424); Pfaff/Heilshorn, NVwZ 2004, 412 (418); Repkewitz, VBlBW. 2005, 1 (4 ff.); Michl, ThüVBl. 2011, 121 (130); wohl auch Meister, ZLW 2004, 23 (42 ff.) und Klinger, LKV 2011, 8 (10).

Lärmschutz- und Kapazitätsfragen im Raum stehen, fehlt für die Annahme eines Gestaltungsspielraums jede Grundlage.

Die volle Überprüfbarkeit der Entscheidung des BAF gilt daher sowohl für offen gebliebene Lärmprobleme, also Fragen im Zusammenhang mit der Lärmverteilung, als auch für alle offen gebliebenen Fragen der Sicherheit im Zusammenhang mit einzelnen Flugroutenalternativen, durch die sich die Auswahl an Lösungen für die Lärmprobleme verkleinert. Wird wie im Fall des Ausbaus in Frankfurt am Main die Alternativenüberprüfung durch ein Sicherheitsargument eingeschränkt[2051], so muss bedacht werden, dass aus Sicht der Anrainer die Überprüfung dieses Arguments einzig und allein im Rahmen dieses Verfahrens bzw. einer Klage gegen die Flugroute möglich ist.

d. *Konflikttransfer und Abwägungen – Rechtsschutzprobleme*

Nach den bisherigen Ausführungen sollte klar geworden sein, dass der vom BVerwG avisierte Idealfall der auf den Lärm bezogenen vollkommenen Problembewältigung durch die Planfeststellung[2052] von falschen Voraussetzungen ausgeht. Selbst wenn, wie es jetzt möglich ist, (nur) ein konkretes Lärmpotential zu verteilen ist, sind damit nicht alle Probleme gelöst. Verteilung kann ebenfalls Lärmschutz bedeuten. Daher können auch nicht alle auf den Lärmschutz bezogenen Probleme auf Ebene der Planfeststellung gelöst werden.

Dies erscheint zwar unnötig kompliziert, aber die Aufgabenbewältigungsstruktur – zwischen der Ebene der Planfeststellung auf der einen und der Ebene der Flugroutenfestlegung auf der anderen Seite – ist vom Gesetzgeber offensichtlich gewollt. Der Akt der Verteilung (eines Lärmpotentials) durch die Festlegung der Flugrouten ist einfach-gesetzlich dem BAF zugewiesen. Eine nur teilweise Bewältigung von (Lärm)Problemen im Planfeststellungsverfahren ist auch nicht von vornherein ausgeschlossen, da man die luftverkehrsrechtliche Fachplanung und die Flugroutenplanung als gestufte Verfahren einordnen kann[2053]. Auch wenn es eigentlich Ziel und Vorteil der Planfeststellung sein soll, eine einheitliche und umfassende, die berührten Belange gerecht abwägende Gesamtentscheidung zu treffen, neben der andere Entscheidungen grundsätzlich nicht mehr erforderlich sind[2054], wird damit

2051 Hess. VGH, Urt. v. 21.8.2009 – 11 C 227/08 ua. – Frankfurt/Main –, S. 158 f. (Juris).

2052 BVerwGE, 121, 152 (159) – Taunusflugrouten; BVerwGE 141, 1 (48, Rn. 151) – PEB BBI.

2053 In diese Richtung wohl auch Repkewitz, VBlBW. 2005, 1 (8 f.), der aber als Folge der Bahnausrichtung auch die Luftraumnutzung bis zu einem bestimmten, zwingenden Punkt im Abflugverfahren bereits mit der Fachplanung als zugelassen ansieht. Erst ab diesem Punkt beginne die Verteilungsentscheidung des BAF; wohl auch Lübben, in: Hobe/Ruckteschell (Hg.), Kölner Kompendium, Bd. 2, E., Rn. 79. Nur Repkewitz, VBlBW. 2005, 1 (5), deutet allerdings an, wie die damit einhergehenden Probleme aufgelöst werden könnten.

2054 BVerfGE 26, 338 (374); s. auch Bonk/Neumann, in: Stelkens/Bonk/Sachs (Hg.), VwVfG, § 72, Rn. 49; Ziekow, in: Ziekow (Hg.), Praxis des Fachplanungsrechts,

die Flugstreckenplanung also schlicht zu einer weiteren Stufe der Luftverkehrsverwaltung[2055].

Eine solche gestufte Aufgabenverteilung hat somit auch Konsequenzen im Hinblick auf Fragen des Rechtsschutzes und der Verfahrensbeteiligung[2056]. Wenn nämlich die Planfeststellung nicht – oder zumindest nicht in vollem Umfang – alle berührten öffentlichen und privaten Belange abwägt, wird entsprechend auf dieser Ebene auch ein Weniger an Rechtsschutz und Verfahrensbeteiligung gewährt. Offensichtlich ist dies nunmehr für die Abwägung auf Ebene der Flughafenplanung geworden. Die vielfach gezeigte Relativierung der dort zu treffenden Entscheidung durch die Verlagerung von Abwägungskomponenten auf andere Entscheidungsträger lässt vermuten, dass die Betroffenen mit dem Vorbringen negativer Geräuschwirkungen dort nicht mehr gehört werden[2057].

Vor diesem Hintergrund verminderten Rechtsschutzes muss eine solche Konstruktion daher kritisch betrachtet werden. Wenn Probleme und Konflikte mit Bezug zur planerischen Abwägung zunächst unbeantwortet bleiben, so soll diese „planerische Zurückhaltung" nämlich grundsätzlich nur in begrenztem Umfang zulässig sein[2058]. Im Fachplanungsrecht wird diese Verschiebung der endgültigen Beurteilung von Abwägungselementen häufig unter den Stichpunkten der Problembewältigung und des Konflikttransfers abgehandelt. Auch wenn diesen Kategorien über die allgemeinen Anforderungen des Abwägungsgebotes hinaus häufig keine besondere eigene Bedeutung zukommt[2059], so gibt es in der Rechtsprechung des BVerwG[2060] und der sie verarbeitenden Literatur dennoch einige Hinweise, wie mit einer solchen Verlagerung umzugehen ist.

Grundsätzlich gilt insofern, dass alle Konflikte, die durch ein Vorhaben geschaffen werden oder ihm zurechenbar sind, bewältigt und einer Lösung zugeführt werden müssen[2061]. Das betrifft insbesondere solche Entscheidungen, die – zur

---

S. 235, Rn. 722 (jeweils m.w.N.). Nicht zuletzt dafür wird dieses Verfahren auch mit einer Konzentrationswirkung ausgestattet (§ 9 Abs. 1 LuftVG).

2055 Es ist, wie bereits angeklungen, nicht die letzte Stufe; denn mit der Festsetzung der Lärmschutzbereiche gibt das FluglärmG eine weitere Aufgabenbewältigungsstruktur vor (§ 4 FluLärmG).

2056 Steinberg/Wickel/Müller, Fachplanung, S. 539, Rn. 20 ff. Angemerkt sei aber, dass die dortige Erörterung vor allem Fälle mehrstufiger Planung im Auge hat, bei denen die Planfeststellung der letzte Entscheidungsakt ist, der von höherstufigen Planungsebenen beeinflusst wird. S. auch Wahl, NVwZ 1990, 923 (924).

2057 Ausführlich oben Teil 3, B., II., 5., b.

2058 Ziekow, in: Ziekow (Hg.), Praxis des Fachplanungsrechts, S. 235, Rn. 722 f.; Siegel, Entscheidungsfindung, S. 179 ff.

2059 Kritisch Sendler, WiVerw 1985, 211 ff.; auch Bonk/Neumann, in: Stelkens/Bonk/Sachs (Hg.), VwVfG, § 72, Rn. 52.

2060 Für die Flugroutenplanung jetzt auch BVerwGE 141, 1 (48, Rn. 151).

2061 St. Rspr. seit BVerwGE 61, 301 (311).

Konfliktbewältigung – mit einer Konzentrationswirkung versehen wurden[2062]. Die Verlagerung einer solchen Problemlösung kann insbesondere dann zu rechtfertigen sein, wenn für die Lösung der aufgeworfenen Probleme außerhalb des Planfeststellungsverfahrens ein spezialisiertes und verbindliches, auf gesetzlichen Regelungen beruhendes Verfahren existiert, dem die endgültige Problemlösung vorbehalten werden kann[2063]. Im Hinblick auf die sog. planerische Abschnittsbildung[2064] ist aber beispielsweise zu beachten, dass ein vorgezogener Abschnitt über das Abwägungsgebot mit dem Folgeabschnitt derart verwoben ist, dass im Hinblick auf das Gesamtvorhaben ein vorläufiges positives Gesamturteil gegeben sein muss[2065]. Die Möglichkeit bei Querschnittsaufgaben vorläufig positive Gesamturteile auszusprechen, wird aber auch ganz grundsätzlich angezweifelt[2066].

Anzumerken ist in diesem Zusammenhang, dass die solche Problemverlagerungen betreffenden Entscheidungen des BVerwG bisher überwiegend keine luftverkehrsrechtlichen Hintergründe hatten. Sie ergingen in der Regel zu Planfeststellungsbeschlüssen, die den Ausbau einer Bundesstraße bzw. einer Eisenbahnstrecke betrafen[2067]. Insbesondere die Rechtsprechung zur Abschnittsbildung muss man daher vor allem als ein Spezifikum des Eisenbahn- und Straßenverkehrsrechts ansehen. Aus diesem Grund, aber auch weil das BVerwG betont hat, dass dem Flugroutenfestsetzungsverfahren ein besonderer sicherheitsrechtlicher Charakter inne wohnt, erscheint eine pauschale Übertragung dieser Entscheidungen auf das Luftverkehrsrecht und insbesondere die Flugroutenfestlegung zumindest problematisch[2068].

Im Kontext des stets als Maßstab dienenden Abwägungsgebotes wird man jedoch formulieren können, dass ein Konflikttransfer weniger eine Ausnahme vom Gebot der Konfliktbewältigung ist als eine Frage der „sachgerechten Verortung“ von Problemlösungen[2069]. Ob die dargelegte Interpretation der gestuften Aufgabenbewältigungsstruktur tatsächlich dieses Kriterium erfüllt, ist im Hinblick auf die gezeigten Probleme bei der Verknüpfung der Vorgaben des Planfeststellungsbeschlusses mit dem Verteilungsakt des BAF zumindest zweifelhaft.

2062 Siegel, Entscheidungsfindung, S. 179.

2063 BVerwGE 121, 57 (62); VGH München, ZfW 2006, 232 (236).

2064 Dazu die Nachweie oben in Fn. 1185.

2065 BVerwG, NVwZ 1998, 284 (285).

2066 Siegel, Entscheidungsfindung, S. 184.

2067 Vgl. BVerwGE 112, 221 (222 f.); 121, 57 (58).

2068 Zumindest dann, wenn man an der These des sicherheitsrechtlichen Charakters festhalten will. Ohne Bedenken jedoch BVerwGE 141, 1 (48, Rn. 151).

2069 Siegel, Entscheidungsfindung, S. 181 ff. (passim); Michl, ThüVBl. 2011, 121 (128), scheint die Gesamtproblematik grundsätzlich zu erkennen, stellt dann allerdings umgekehrt die Frage, ob das Konfliktbewältigungsgebot eine Einbeziehung der Flugroutenfestlegung in die Fachplanung rechtfertige, wo die Frage wohl eigentlich lauten müsste, ob eine Problemverlagerung in der gegeben Form gegen das Gebot verstößt.

Es spricht somit einiges dafür, dass das Problem der Lärmbewältigung eines Vorhabens den Charakter einer Querschnittsaufgabe hat. Zu wünschen wäre daher, dass die Gerichte die anstehenden Verfahren zum Anlass nehmen, gerade hierzu Stellung zu beziehen; denn den Lärmbetroffenen wird mit der Zersplitterung der Aufgabenwahrnehmung im Bereich der Luftverkehrsverwaltung und der damit einhergehenden Verfahrensbelastung eine Rechtsunsicherheit zugemutet, die im Hinblick auf die teilweise enormen Geräuschbelastungen nicht hinnehmbar ist[2070]. Wenn nämlich im Rahmen der Abwägung auf Ebene der Flugroutenplanung die Belange der Sicherheit des Luftverkehrs grundsätzlich vorgehen und mit dem Belang der Kapazität in so intransparenter Weise umgegangen wird, dass man insoweit von einer Verbindlichkeit der Planfeststellung ausgehen muss, dann bleibt für Lärmschutz im Rahmen der Flugroutenplanung kein Raum mehr. Im Gegenteil ist damit zu rechnen, dass die Lärmschutzinteressen auf dieser Ebene weiter aufgeweicht werden können, ohne dass den Betroffenen adäquate Beteiligungs- bzw. Klagerechte gewährt werden.

III. Ergebnisse

Die Untersuchung der Flugroutenfestsetzungsebene hat gezeigt, dass hier zwar vom BAF eine Abwägung vorzunehmen ist, dabei aber Lärmschutzgesichtspunkte so weit aufgeweicht werden können, dass etwaige Vorgaben seitens der – vorangehenden – luftverkehrlichen Planfeststellung praktisch gegenüber dem BAF keine Bindungswirkung entfalten. Die schon auf Ebene der Flughafenplanfeststellung diagnostizierte Schwäche der Abwägung wird dadurch noch weiter vertieft.

Nicht einmal das vorgezeichnete Lärmpotential hat einen deutlichen Einfluss auf die Verteilungsentscheidung des BAF. So kann etwa die Lärmermittlung auf Ebene der Flugroutenplanung in ihrer Methodik von der Lärmermittlung auf Ebene der Flughafenplanung bisher ohne rechtliche Folgen abweichen. Dadurch aber wird der zwingend notwendige Vergleich der Ergebnisse beider Lärmermittlungen erschwert, wenn nicht sogar unmöglich gemacht. Zudem ist es bisher praktisch nur technisch Sachverständigen möglich, etwaige Veränderungen bei der den Berechnungen zu Grunde gelegten Daten (Betriebsregime) zu erkennen. Die Kombination aus der Verwendung von unterschiedlichen Berechnungsverfahren und der weitgehenden Intransparenz bei den Veränderungen der Betriebsregime verhindert auch die Nachvollziehbarkeit der rechtlichen Beurteilung der Verteilungsentscheidung des BAF.

Selbst wenn man – was zu wünschen wäre – einheitliche Berechnungsmethoden verwendete und Veränderungen des Betriebsregimes deutlich aufgezeigt würden, erschwert die – fragwürdige – Annahme eines weitgehenden Gestaltungsspielraums bei der Verteilungsentscheidung des BAF durch die Rechtsprechung eine stärkere

2070 Kritisch insbesondere mit Blick auf die 2. FlugLSV Koch, in: Dolde/Hansmann/Paetow/Schmidt-Aßmann (Hg.), FS Sellner 2010, S. 294 ff.; s. auch das Beispiel bei R. Klinger, LKV 2011, 8 (11, Fn. 27).

Bindungswirkung der fachplanerischen Vorgaben. Wenn die planerische Abwägung auf Ebene der Flughafenplanung auf ein Abzählen von Köpfen reduziert wird, bei dem lärmwirkungsfachliche Erkenntnisse keine Bedeutung mehr haben, und wenn zudem ein weitgehender Gestaltungsspielraum des BAF angenommen wird, durch den nachträglich vorgenommene, intransparente Veränderungen des Abzählungsvorgangs zulässig werden, dann ist insgesamt eher nicht zu erwarten, dass aus dem luftverkehrlichen Abwägungsvorgang ein Zugewinn an Lärmschutz für die Betroffenen entsteht. Hinzu kommt, dass die Rechtsprechung davon ausgeht, dass es besser sei, mehr Personen mit weniger intensiven Geräuschen zu belasten, als umgedreht und den Belasteten dafür effektiven Schutz zu gewähren.

Der Transfer ungelöster Lärmkonflikte auf die Ebene der Flugroutenfestlegung führt außerdem dazu, dass der Rechtsschutz der Anwohner weiter eingeschränkt wird. Soweit man den Überlegungen der Rechtsprechung folgt, können sie nach der Novellierung des FluLärmG weder im Hinblick auf die Gewährung passiven Schallschutzes noch im Hinblick auf ihr Interesse an Lärmschutz in der Abwägung Erkenntnisse der Lärmwirkungsforschung geltend machen, und zwar weder auf Ebene der Flughafenplanung noch auf Ebene der Flugroutenfestlegung. Allerdings werden ihnen – vermeintliche – Erkenntnisse über Lärmwirkungen entgegen gehalten[2071]. Dabei ist nur noch am Rande zu bemerken, dass die Bedeutung der Kapazität im Rahmen der Abwägung des BAF bisher ebenfalls weitgehend unklar ist.

Ein Punkt sei abschließend noch erwähnt: Das BAF ist bei seinen Entscheidungen in sachlich-inhaltlicher Hinsicht auf das technische Know-How der DFS angewiesen. Die Rolle, die die DFS bei der Verteilungsentscheidung des BAF spielt, kann daher kaum überschätzt werden. Es kann dahin stehen, wo sich nach der Kapitalprivatisierung der DFS[2072] diese im Schema „privat-öffentlich“ genau einordnet. Jedenfalls ist die DFS im Hinblick auf ihr luftfahrttechnisches Wissen – insbesondere also auch der Flugroutenplanung – eine Art Monopolist, dem andere Interessengruppen sachlich-inhaltlich praktisch nichts entgegen zu setzen haben.

2071 S. oben Teil 3, C., I., 3.

2072 Die DFS GmbH generierte im Jahr 2011 mehr als 1 Mrd. Euro Umsatz, vgl. DFS, Geschäftsbericht 2012, S. 14.

Teil 4: Abschließende Zusammenfassung

(1) Im Hinblick auf das Ausgangsphänomen aller Lärmwirkungen, den Schall, ist zwischen dessen Messung und dessen Berechnung zu unterscheiden. Ein tatsächlich stattfindendes Ereignis kann gemessen werden. Geräusche, wie das eines startenden Flugzeuges, können aber immer auch berechnet werden, wenn man über die dafür notwendigen Informationen verfügt, hier also etwa über die Emissionen des Flugzeugs und die im Moment des Startvorgangs gegebenen Ausbreitungsbedingungen. Hinsichtlich der Beurteilung von Geräuschzuständen, die auf Grund von Verkehrsprojekten für die Zukunft erwartet werden, kommen komplexe Berechnungsverfahren zum Einsatz. Deren Ergebnis ist ein Beurteilungsmaß/-pegel, bei dem der energetische Aspekt der Geräusche im Vordergrund steht. In Deutschland ist dies regelmäßig der energieäquivalente Dauerschallpegel ($L_{Aeq,3}$). Es wird teilweise auch festgestellt, für das Recht seien nur Lärmberechnungen relevant, weil etwa im Rahmen der Flughafenplanung kein momentaner, sondern ein zukünftiger Zustand betrachtet wird. Allerdings gibt es in Form der Lärmbeobachtung (vgl. § 19a LuftVG), aber vor allem bei der Flugzeugzulassung Situationen, in denen das Recht durchaus auch auf Messungen zurückgreift. Darüber hinaus ist in allgemeiner Form festzustellen, dass jede Berechnungsgrundlage auf gemessenen Daten aufbauen muss.

(2) Die Betrachtung der fachlichen Diskussion um die in eine Berechnung oder – über deren Konstruktion – in eine Messung einfließenden akustischen, psychoakustischen und sonstigen physikalischen Einflüsse hat gezeigt, dass die möglichst realitätsnahe Darstellung eines (akustischen) Reizes über diese Merkmale kein grundsätzliches Problem ist. Die realitätsnahe Darstellung ist jedoch auch etwas, dem man sich immer weiter annähern muss. So lässt sich beispielsweise über die herkömmlich verwendeten Angaben in db(A) eine Darstellung des Reizes und seiner Lautheitsauswirkungen erreichen. Dabei handelt es sich jedoch nur um eine Art Lautheit. Sie enthält bereits bestimmte wahrnehmungsbezogene Wertungen. Die noch in der Vergangenheit geführte Diskussion um die Adäquanz der A-Bewertung scheint heute weitestgehend von Praktikabilitätserwägungen verdrängt worden zu sein. Dennoch nutzt etwa die ICAO bei der Flugzeugzulassung bzw. bei der Einteilung neuer Flugzeuge in Lärmklassen ein Messverfahren, welches nicht der A-Bewertung folgt. Der „Effective Perceived Noise Level (EPNL)" enthält stattdessen ein Maß, das die Störwirkung (Noisiness) von Geräuschen mit einbezieht. Das wirft die – hier unbeantwortet gebliebene – Frage auf, warum in der AzB der 1. FlugLSV mit A-bewerteten Schallexpositionspegeln gerechnet wird, wo doch im Rahmen der Flugzeugzulassung die Lärmklasseneinteilung offensichtlich an Hand anderer Bewertungsverfahren erfolgt.

(3) Welchen Modellen man auch immer bei Messung und Berechnung von Geräuschen folgt, es gilt immer diese regelmäßig zu überdenken und unter Umständen an neue Forschungsergebnisse anzupassen, soweit diese ein realitätsgetreueres Bild von einem Geräusch zeichnen können. Dies gilt auch für den in der Praxis besonders

wichtigen Umrechnungsfaktor zwischen einem berechneten Außenpegel und dem Geräusch, das bei einem solchen Außenpegel in einem Innenraum zu erwarten ist. Diese Unterscheidung hat sowohl für die Interpretation von Lärmwirkungsstudien als auch für die Rechtsanwendung große Bedeutung. Für die rechtliche Bewertung von Geräuschen hat sich insoweit das gekippte Fenster als besonders bedeutsam erwiesen; denn ein geschlossenes Fenster verhindert den Luftaustausch und führt damit zu lufthygienischen Problemen im Innenraum. Die Rechtsprechung hält bis heute die Umrechnung von Außen- in Innendauerschallpegel an Hand einer 15 db(A)-Differenz für gerechtfertigt. Dieser Umrechnungsfaktor ist nunmehr in das FluLärmG aufgenommen worden (vgl. Anlage zu § 3 FluLärmG).

(4) Wenn man die negativen Folgewirkungen von Geräuschbelastungen erforschen will, ist es schließlich von entscheidender Bedeutung, welche Darstellungsform des Geräusches man wählt. Der DFG-Forschungsbericht hatte insoweit verschiedene Fluggeräuschbeurteilungsmaße herangezogen und auf ihre Korrelation hin mit anderen Variablen über negative Effekte untersucht. Es zeigte sich, dass Verfahren, die die Überflugshäufigkeit stärker berücksichtigen, eine höhere Korrelation mit den negativen Reaktionen der Betroffenen aufweisen. Dennoch konnte sich der DFG nicht auf eine klare Position festlegen. Im Rahmen der heute standardmäßigen, energetisch ausgerichteten Dauerschallbetrachtung fließt jedenfalls jede Flugbewegung (nur) über ihren jeweiligen energetischen Beitrag zur energetischen Gesamtlast ein. Diese Darstellungsfrage wird – insbesondere im Rahmen der psycho-sozialen Wirkungsforschung – noch immer kontrovers diskutiert. Mittlerweile mehren sich Fluglärmstudien, die plausibel darlegen, dass die Anzahl der Flugbewegungen oberhalb eines bestimmten Pegels stärker mit der Belästigungs-Reaktion korrelieren, als wenn man alleine auf die energetische Schalllast abstellt.

(5) Eine der wichtigsten Erkenntnisse aus der Realbereichsanalyse ist, dass die Lärmwirkungsforschung sich um Wissen insbesondere über Reaktionen *an Wirkungsendpunkten* bemüht. Dabei wird grundlegend zwischen der psycho-sozialen und physiologisch-medizinischen Wirkungsforschung bzw. der Belästigungs- und der Gesundheitsreaktion unterschieden. Was genau wiederum mit Belästigungs- bzw. Gesundheitsreaktion gemeint ist, hängt vom jeweiligen Untersuchungszusammenhang ab. Allgemein kann aber festgehalten werden, dass die von der physiologisch-medizinischen Wirkungsforschung betrachteten Wirkungsendpunkte regelmäßig (chronische) Krankheiten sind. Es wird also der Zusammenhang erforscht, der zwischen Geräuschumgebung und der Entstehung von Herz-Kreislauf-Erkrankungen besteht. Bei der psycho-sozialen Wirkungsforschung wurde die hier so bezeichnete „Globalreaktion der Belästigung" als besonders wichtiger Wirkungsendpunkt identifiziert. Mit der Beschreibung der Globalreaktion der Belästigung wird das bei den Betroffenen vorhandene Wissen über einzelne Störungssituationen zusammengefasst, wie etwa Störungen der Ruhe oder der Kommunikation. Diese einzelnen Störungssituationen können und werden auch einzeln untersucht.

(6) Die gesamte Lärmwirkungsforschung scheint somit bei der Generierung von Wissen über Reaktionen an Wirkungsendpunkten im Wesentlichen *integrativ* vorzugehen, also viele Beeinträchtigungsvorgänge (akute Reaktionen) über längere

Zeiträume zu betrachten und in quantitative Aussagen zusammenzufassen (dauerhafte oder chronische Reaktionen an Wirkungsendpunkten). Dennoch gibt es zwischen der psycho-sozialen und physiologisch-medizinischen Wirkungsforschung auch Unterschiede. So werden etwa bei der Erforschung von Gesundheitsreaktionen zwei Wirkungspfade unterschieden, die zu Reaktionen an Endpunkten führen: In epidemiologischen Modellen besteht einerseits die Möglichkeit, dass das über ein Geräusch ausgelöste Empfinden in eine biochemische Stressreaktion mündet. Andererseits wird auch davon ausgegangen, dass Reize direkt – also ohne den Zwischenschritt des *bewussten* Empfindens von Stress – in körperliche Reaktionen münden können. Besonders deutlich wird dies am Beispiel des Schlafs. Für körperliche Reaktionen in Folge von nächtlichen Geräuschen ist es beispielsweise nicht notwendig, dass der Schläfer einen erinnerbaren Wachzustand erreicht. Für die juristische Einordnung des Phänomens ist dies wichtig, weil damit zum Ausdruck kommt, dass Geräuschbetroffene Belastungen ausgesetzt sein können, ohne diese über eine eigene Bewertung steuern zu können. Soweit hier von Steuerung durch Bewertung gesprochen wird, soll damit nicht einer etwaigen Anpassungsfähigkeit – die noch immer diskutiert wird, obwohl bereits frühe plausible Argumente gegen eine Überstrapazierung sogar der körperlichen Anpassungsfähigkeit formuliert wurden – an Stressempfindungen das Wort geredet werden. Im Gegenteil soll klar werden, dass spätestens hier von einer Anpassungsmöglichkeit durch eigene Kontextualisierung nicht mehr geredet werden kann.

(7) Vor allem im Hinblick auf die psycho-soziale Wirkungsforschung ist die Tendenz zu beobachten, die dort erzielten Erkenntnisse zu relativieren, und zwar nicht nur im lärmwirkungsfachlichen Diskurs, sondern auch in der einschlägigen juristischen Literatur. Dies geschieht regelmäßig durch einen Hinweis darauf, dass menschliches Empfinden in hohem Maße intentional und individuell sei, was seine empirische Untersuchbarkeit verhindere. Häufig wird auch argumentiert, dass selbst im sog. Moderatoren-Modell das menschliche Belästigungsempfinden nur zu etwa 60% bis 70% (wissenschaftlich) erklärbar sei. Diesen Relativierungen wurde hier unter Verweis auf die wissenschaftstheoretischen Grundlagen der empirischen Sozialforschung entgegengetreten. Im Gegenteil müsste man formulieren, dass (schon) mit diesem Modell eine sehr komplexe menschliche Empfindung in einem hohen Maß vorhersehbar ist, wenn man nicht allein ein Individuum in einer bestimmten Situation betrachtet, sondern die durchschnittliche Reaktion in einer Bevölkerung über einen längeren Zeitraum. Hier knüpft die Überlegung an, auch dem Wissen über die Globalreaktion der Belästigung in einer Bevölkerung (in Form sog. Dosis-Wirkungs-Relationen) in bestimmten Situationen im Recht mehr Gewicht zu verleihen.

(8) Im Hinblick auf die Erklärbarkeit der Belästigungsreaktion ist auch festzustellen, dass – selbst wenn die psycho-soziale Wirkungsforschung den Einfluss der physikalischen Beschaffenheit der Geräuschumgebung nur zu einem Teil für das Empfinden von Belästigung verantwortlich erklärt – dies zwar bedeutet, dass andere Einflussfaktoren ebenfalls vorhanden sind, dies jedoch nichts über die Stärke dieser Faktoren im Vergleich zum Einfluss der Geräuschumgebung aussagt. Wenn es

heute Stand der Erkenntnis ist, dass die bekannten Moderatoren etwa 30% bis 40% des Belästigungsempfindens erklären, muss angenommen werden, dass der Einfluss der diversen einzelnen Moderatoren weit geringer ist als der Einfluss der Geräuschumgebung. Zudem sagt das Erkennen anderer Einflussfaktoren nichts darüber aus, inwiefern sie mit dem Ziel manipuliert werden könnten, die negative Wirkung, also die Belästigungsreaktion, zu reduzieren. Schon gar nicht ist damit gesagt, dass dies wünschenswerter wäre als die Manipulation der Geräuschumgebung.

(9) Insgesamt kann für die Lärmwirkungsforschung gesagt werden, dass sie Überlegungen zu anderen Einflussfaktoren – also Moderatoren oder Confoundern – anstellt, um abschätzen zu können, welchen Einfluss ganz bestimmte Faktoren auf den untersuchten Wirkungsendpunkt haben. Letztlich hat dies das Ziel, den Einfluss der anderen Faktoren ausschließen zu können. Anders ausgedrückt: Lärmwirkungsstudien sind Studien über den Einfluss *der Geräusche* auf Funktionszusammenhänge. Das Bemühen der gesamten empirischen Wirkungsforschung geht dahin, andere Einflussfaktoren zu erkennen, um sie dann entweder konstant zu halten oder sie adäquat in die grundlegenden Erklärungsmodelle einzubauen. Was im Ergebnis dann als Reaktion übrig bleibt, wird als von der Ausgangsvariable verursacht angesehen – in der Lärmwirkungsforschung also vom Lärm.

(10) Das gesammelte fachliche Wissen über das Phänomen Schall und über seine negativen Wirkungen findet auf verfassungsrechtlicher Ebene eine erste Verarbeitung. Gleichwohl ist festzustellen, dass in der Rechtsprechung und in der juristischen Literatur dieser ersten Anknüpfung – hier wurde auch von Rezeption gesprochen – relativ wenig Beachtung geschenkt wird. Noch am deutlichsten sind die Aussagen zu den Wirkungen des Fluglärms und ihren Verbindungen bzw. ihrer Verarbeitung in Art. 2 Abs. 2 S. 1 GG. Daneben treten aber auch die Fragen nach dem Zusammenhang mit Art. 14 Abs. 1 S. 1 GG und mit Art. 2 Abs. 1 GG. Für all diese grundrechtlichen Schutzbereiche kann gefragt werden, welche Zusammenhänge zwischen ihnen und dem Wissen über Belästigungsreaktionen besteht. Und auch beim Wissen über Gesundheitsreaktionen wird zumindest diskutiert, dass der Schutz der Gesundheit nicht nur über Art. 2 Abs. 2 S. 1 GG gewährleistet, sondern auch über den Schutz des Eigentums nach Art. 14 Abs. 1 S. 1 GG vermittelt wird.

(11) Dass diese Fragen auf wenig Interesse stoßen, liegt an der Rechtsprechung des BVerfG, das einerseits den Schutzbereich von Art. 2 Abs. 2 S. 1 GG für die negativen Wirkungen des Fluglärms als allgemein eröffnet ansieht, jedoch andererseits die Problematik im Rahmen der grundrechtlichen Schutzfunktion abarbeitet. Da das BVerfG dem Gesetzgeber bei der Erfüllung seiner Schutzverpflichtungen einen weiten Ermessensspielraum zuspricht, kann es den hier nachgegangen Fragen aus dem Weg gehen. So kommt es, dass in der Literatur allgemein unter Berufung auf das BVerfG von einer Schutzverpflichtung vor den Wirkungen des Fluglärms ausgegangen wird, nach deren Begründung und insbesondere nach deren effektiver Erfüllung aber nicht besonders intensiv gefragt wird. Auch wird zwischen den verschiedenen Wirkungsendpunkten nicht unterschieden, an die man die Frage anknüpfen kann, ob neben Art. 2 Abs. 2 S. 1 GG noch eine andere Schutzverpflichtung tritt, wenn bestimmte Belastungen an bestimmten Wirkungsendpunkten nicht von

Art. 2 Abs. 2 S. 1 GG aufgefangen werden. Fast unisono wird nämlich behauptet, Art. 2 Abs. 2 S. 1 GG schütze jedenfalls nicht vor Beeinträchtigung des sozialen Wohlbefindens.

(12) Der Begriff des sozialen Wohlbefindens gelangte wiederum nur in die Diskussion um den Schutzbereich von Art. 2 Abs. 2 S. 1 GG, weil das BVerfG sich bei der Frage nach dem Inhalt des Begriffs der Gesundheit auf die Definition der WHO stützte. Diese versteht darunter einen Zustand vollständigen körperlichen, geistigen und sozialen Wohlbefindens und nicht einfach bloß die Abwesenheit von Krankheit oder Gebrechen. Auch die medizinisch-physiologisch orientierte Wirkungsforschung beachtet zwar diesen Begriff. Wie gezeigt werden konnte, richten sie ihre Forschungsprogramme aber eher am Gegenbegriff aus, nämlich der Krankheit. Die WHO-Definition hat aber auch insofern ihre Funktion und Berechtigung, als sie aufzeigt, dass aus Sicht der medizinisch-physiologischen Wirkungsforschung *alle Lebensbereiche* auf relevante Beeinträchtigungsvorgänge hin beobachtet werden müssen, also auch geistige und soziale Zustände zur Entstehung von Krankheiten beitragen können. Die Unterscheidung zwischen dem sozialen Wohlbefinden und dem funktionalen Beitrag sozialer Zustände zur Entstehung von Krankheiten ist wichtig, weil damit gerade keine aus einem anderen Wissenschaftsbereich stammende „allgemeine Glücksverheißung" zum rechtlichen Maßstab erhoben wird, sondern verständlich wird, wie die physiologisch-medizinische Wirkungsforschung den Begriff der Gesundheit operationalisiert und auch solche Lebensvorgänge empirisch zu fassen bekommt, die „von außerhalb" des Körpers sein Funktionieren beeinflussen können.

(13) Soweit man sich von den fachlichen Methodiken und insbesondere der gängigen Operationalisierung des Gesundheitsbegriffs bei der inhaltlichen Bestimmung grundrechtlicher Schutzbereich anleiten lassen will, muss man zu dem Ergebnis kommen, dass *jede* Art von wissenschaftlich fundiertem Wissen über Gesundheitswirkungen im Schwerpunkt den sachlichen Schutzbereich von Art. 2 Abs. 2 S. 1 GG anspricht. Dies gilt auch für das durch psychische oder soziale Zustände beeinflusste Wissen über Gesundheitswirkungen, welches von der Sozialmedizin generiert wird. In der Medizin wird die epidemiologische Methode nicht problematisiert. Das Recht muss sich aber deren besonderem Blickwinkel bewusst sein. Hier wird zudem die Ansicht vertreten, dass auch Wissen über Belästigungsreaktionen – in seiner Form, als Wissen über den Wirkungsendpunkt der Globalreaktion der Belästigung – in den Schutzbereich von Art. 2 Abs. 2 S. 1 GG einbezogen werden sollte. Dieses Wissen weist einen deutlichen „Gesundheitsbezug" auf. Zwar wurden auch mögliche Verbindungslinien dieses Wissens zu Art. 14 Abs. 1 S. 1 bzw. Art. 2 Abs. 1 GG untersucht. Jedoch konnte gezeigt werden, dass einer etwaigen Verarbeitung des „Belästigungswissens" im Rahmen dieser Grundrechte insbesondere die Gemeinsamkeiten zwischen den psycho-sozialen und den physiologisch-medizinischen Forschungsansätzen sowie die Problematik der Wissenszersplitterung entgegenstehen. Dem Wissen über Belästigungsreaktionen kommt aber nur eine *Unterstützungs- bzw. Auffangfunktion* zu.

(14) Zu beachten ist aber auch, dass das Wissen über Gesundheitswirkungen einer Abwägung zugeführt werden muss. Im Rahmen umweltvermittelter Gesundheitswirkungen gibt es, wenn überhaupt, nur einen kleinen absoluten Schutzbereich im Rahmen von Art. 2 Abs. 2 S. 1 GG. Selbst für gezielte Belastungen wird angenommen, dass sie abwägbar sind. Für die komplexen Pfade, die schließlich zu chronischen Schäden an gesundheitsrelevanten Wirkungsendpunkten führen, muss dies erst recht gelten. Dies entspricht auch der Struktur gerade des – insofern problematischen – epidemiologischen Wissens, welches eben (nur) Gefährdungs- oder Risikolagen für die Bevölkerung als Ganzes beschreibt. Wann solche Risiken im fachlichen Sinne zu einer nicht mehr hinnehmbaren Gefahr im Rechtssinne werden, ist keine Frage, die von der Empirie zu beantworten ist, sondern eine normative Frage. Im Rahmen einer verfassungsrechtlichen Abwägung kann sie aber nachvollziehbar gemacht werden, wenn die jeweiligen Entscheidungsträger fachwissenschaftliche Aussagen heranziehen, die deutlich machen, welche Folgen ihre Entscheidung in der Zukunft haben kann bzw. statistisch gesehen haben wird.

(15) Was die konkrete Maßstabsbildung für eine Beurteilung des einfach-rechtlichen Fluglärmschutzes anbetrifft – also insbesondere des novellierten FluLärmG –, musste sich diese Untersuchung auf eine möglicherweise unbefriedigende Position zurückziehen. Da es – jedenfalls im Rahmen dieser Arbeit, aber möglicherweise auch grundsätzlich – nicht möglich erscheint, eine befriedigende Antwort auf die komplexen Fragen im Zusammenhang mit der Unterscheidung der grundrechtlichen Abwehr- von der grundrechtlichen Schutzfunktion zu finden, konnte im Rahmen der Maßstabsbildung lediglich aufgezeigt werden, welche Probleme und Konsequenzen sich aus deren Unterscheidung ergeben und schon seit geraumer Zeit diskutiert werden. Im Ergebnis mögen sich die (unkonventionellen) Ausführungen zu einer jedenfalls notwendigen „Verhältnisüberlegung" einer ausführlichen Untermaßprüfung annähern. Es wird aber auch klargestellt, dass Rechtsprechung und Literatur – jedenfalls bei der Thematik des Fluglärm- bzw. auch allgemein des Verkehrslärmschutzes – nicht gewillt sind, sich den Problemen zu stellen, die mit der Zuordnung der sachlich-inhaltlichen Fragen zu der grundrechtlichen Schutzfunktion zusammenhängen. Stattdessen zieht man sich auf die apodiktische Aussage zurück, dass dem Gesetzgeber im Bereich des Fluglärmschutzes weite Einschätzungs- und Gestaltungsspielräume zustünden und diese einer näheren Betrachtung der konkreten Folgen des einfach-rechtlichen Fluglärmschutzrechts bzw. – allgemeiner – des staatlichen Handelns für den Schutz der Gesundheit vor den negativen Wirkungen des Lärms entgegen stünden.

(16) Dennoch konnte zumindest gezeigt werden, dass eine nähere Betrachtung möglicher Prüfungsstrukturen, der Problematik des Gesetzgebungsermessens und der Darlegungs- und Beweislasten im Bereich des Fluglärmschutzes insgesamt darauf hindeuten, dass es für die Untersuchung der Schwerpunkte des einfach-rechtlichen Fluglärmschutzes von untergeordneter Bedeutung ist, eine abschließende Position zu dem Streit um die Justiziabilität der gesetzgeberischen Schutzverpflichtung zu finden. Eine Analyse des staatlichen Handelns gegen die negativen Wirkungen des Fluglärms bleibt selbst vor dem Hintergrund einer in einem konkreten Verfahren

vor dem BVerfG möglicherweise geringen Prüfungstiefe in Form der Gewährung großzügiger gesetzgeberischer Ermessensspielräume nützlich. Immer kann sie nämlich aufzeigen, mit welchen Einschätzungen der Gesetzgeber die dargestellte Verhältnisüberlegung durchlaufen oder gar vermieden hat. Anders ausgedrückt kann sie – insbesondere wenn man ein Auseinanderfallen von Handlungs- und Kontrollnorm für möglich hält – hinterfragen, ob der Gesetzgeber der sich an ihn richtenden Optimierung nachgekommen ist bzw. wo und inwiefern an der gesetzgeberischen Optimierung Zweifel angebracht sind. Auch wenn dies die praktische Verwertbarkeit der Untersuchung einschränken mag, erschien es als eine sinnvolle und lohnenswerte Aufgabe, das einfache Recht in seinen Schwerpunkten danach zu untersuchen, wo und inwiefern sich die Entscheidungshoheit des Gesetzgebers niedergeschlagen hat, wo also etwa welcher Ausgleich von Interessen vorgenommen wurde, welche Einschätzungen im Hinblick auf die Entscheidungserheblichkeit von Tatsachen ihnen möglicherweise zugrundeliegen und zu welchem Ergebnis dies für die beteiligten Interessen führt.

(17) Diese Suche nach der Rationalität im System des einfach-rechtlichen Fluglärmschutzes wurde an eine Prüfungsstruktur angelehnt, die vor allem zunächst die Bestimmung des tatsächlich gegebenen Schutzes verlangt. Zwar macht diese hier so genannte „Verhältnisüberlegung" auch die Festlegung eines gebotenen Schutzes sowie Überlegungen dazu nötig, ob beide Aussagen in einem adäquaten Verhältnis zueinander stehen. Allerdings wäre für diese beiden Schritte noch eine viel umfassendere Auseinandersetzung mit allen anderen Interessen notwendig gewesen, die mit der Thematik des Fluglärms zusammenhängen. Dazu zählen nicht zuletzt die komplexen ökonomischen Zusammenhänge, die durch „Eingriffe" in die Luftverkehrswirtschaft hervorgerufen werden könnten, etwa in Form von strengen aktiven Schallschutzmaßnahmen. Sie konnten hier nur angedeutet werden.

(18) Die Überlegungen zu einem Maßstab, den man an das einfach-rechtliche Fluglärmschutzrecht anlegen kann, führen auch zu der Erkenntnis, dass selbst wenn man nur von einem bestimmten Ausgangspunkt – hier der Frage nach dem Schutz des menschlichen Körpers und des menschliches Geistes vor der Belastung durch Geräusche – das gegebene Schutzsystem betrachtet, auch insoweit noch Schwerpunkte gesetzt werden müssen. Der staatliche Schutz vor den Wirkungen des Fluglärms auf den Menschen ist zu mannigfaltig und spielt sich auf zu vielen Entscheidungsebenen ab, als dass man tatsächlich jede einzelne staatliche Handlung erfassen und beurteilen könnte. Es ist aber möglich, Schwerpunkte zu identifizieren. Daher wurde hier eine abstrakte Einschätzung der Effekte rechtlich möglicher Fluglärmschutzmaßnahmen „auf" den jeweils unterschiedlichen Entscheidungsebenen durchgeführt.

(19) Diese Schwerpunktsetzung ergab, dass vor allem die rechtlichen Regelungen zu untersuchen waren, die das Ausmaß passiver Schallschutzmaßnahmen steuern, nach dessen Novellierung also das FluLärmG. Es wurde aber zudem deutlich, dass ohne aktive Schallschutzmaßnahmen der Schutz vor Fluglärm lediglich kurzfristig wirksam sein kann, weil der – aus wirtschaftlichen Gründen angestrebte – Anstieg der Flugbewegungszahlen etwaige Lärmschutzerfolge konterkariert. Für

die Vergangenheit ist dieser Effekt bereits bekannt und nicht umstritten. Neben die Betrachtung der Regelungen, die den passiven Schallschutz ausrichten, tritt daher die Frage nach den Regelungen, die die Anordnung aktiver Schallschutzmaßnahmen ermöglichen bzw. nach den Voraussetzungen, die sie dafür festlegen. Diese Frage wiederum erzwingt zusätzlich zur Betrachtung der Entscheidungsebene der Flughafenplanung, im Rahmen derer die Anordnung von aktiven Schallschutzmaßnahmen nur erfolgen kann, auch den Einbezug der Auswirkungen der Flugroutenfestlegung; denn auch wenn aktive Schallschutzmaßnahmen nur Ausfluss der fachplanerischen Abwägung sein können, muss beachtet werden, dass dieser Abwägung in bestimmten planerischen Konstellationen auf Ebene der Flugroutenfestlegung noch eine weitere Abwägung durch das BAF folgt. Damit stellt sich die Frage der Verknüpfung dieser beiden Abwägungen.

(20) Was die Entscheidungsebene der Flughafenplanung anbetrifft, wurde gezeigt, dass das abgestufte Fluglärmschutzsystem auch nach der Novellierung des FluLärmG für gültig gehalten und angewendet wird. In diesem Stufensystem hat Fluglärm unterschiedliche (Belastungs-)Intensitäten und jede Intensitätsstufe zieht unterschiedliche Schutzmaßnahmen nach sich. Die jeweiligen (Stufen-) Grenzziehungen sind daher von besonderer Bedeutung. Nur die auf der höchsten Stufe veranlassten Schutzmaßnahmen knüpfen in diesem System – aus Sicht der Rechtsprechung und mit weitgehender Zustimmung im Schrifttum – explizit an die verfassungsrechtliche Vorgaben aus Art. 2 Abs. 2 S. 1 und Art. 14 Abs. 1 GG an. In diesem Zusammenhang wird von der verfassungsrechtlichen Unzumutbarkeit gesprochen. Nach der Novellierung wird zudem mehrheitlich die Ansicht vertreten, dass der Gesetzgeber mit den Grenzwerten des § 2 Abs. 2 FluLärmG die Stufe verbindlich festgesetzt habe, ab der die sog. fachplanerische Unzumutbarkeit beginnt. Dieser Intensitätsbereich zieht im Regelungsregime des FluLärmG einen (gesetzlichen) Anspruch auf Erstattung der Kosten für bestimmte Maßnahmen passiven Schallschutzes nach sich. Der Intensitätsbereich unterhalb der Grenze zur fachplanungsrechtlichen Unzumutbarkeit steht dann der planerischen Abwägung offen und ist also (nur) noch abwägungsrelevant.

(21) Hier wird die Ansicht vertreten, dass dieses abgestufte System des Fluglärmschutzes auf Ebene der Flughafenplanung Inkonsistenzen aufweist, die seine Neuausrichtung erzwingen. Betrachtet man das System vor dem Hintergrund der aufgezeigten verfassungsrechtlichen Maßstabsbildung, ist nicht zu erklären, wie die Schwelle zum (höchsten) Intensitätsbereich explizit als Ausfluss grundrechtlicher Anforderungen gesehen werden kann, alle anderen Stufen aber dem Bereich der bloß einfach-rechtlichen Interessenabwägung zugeordnet werden; denn „auf" diesen Stufen sind im Schwerpunkt die staatlichen Handlungen gegen die geräuschinduzierte Wirkung auf den Körper und Geist des Menschen in Form passiver und aktiver Schallschutzmaßnahmen angesiedelt. Hinzu kommt: Die Schwerpunktbildung ist eine Vereinfachung im Rahmen dieser Untersuchung. Nimmt man die Darlegungsanforderungen des BVerfG ernst, wie sie kürzlich in einem Kammerbeschluss für den Bereich des Fluglärmschutzes dargestellt worden sind, ergeben sich die Unstimmigkeiten aus der Annahme einer verfassungsrechtlichen

Unzumutbarkeitsschwelle im abgestuften System des Fluglärmschutzes noch viel deutlicher. Das BVerfG verlangt nämlich, dass das gesamte staatliche Handeln in den Blick genommen werden muss, wenn man darlegen will, dass der Gesetzgeber seiner grundrechtlichen Schutzverpflichtungen nicht nachgekommen ist. Wie auch immer man nun zur Frage der Justiziabilität der Schutzverpflichtung stehen mag, wird man wohl der Annahme zustimmen können, dass die Schwelle, ab der Lärmwirkungen verfassungsrechtlich unzumutbar sind (aber tatsächlich existieren), gleichzusetzen ist mit der Schwelle, ab der der Gesetzgeber seiner Schutzverpflichtung nicht effektiv nachkommt. Wenn letztere Schwelle aber nur in einer Art Gesamtbetrachtung gefunden werden kann, muss die verfassungsrechtliche Unzumutbarkeitsschwelle des abgestuften Fluglärmschutzsystems in ihrer jetzigen Form aufgegeben werden.

(22) Aber auch vor der Novellierung zog die Belastung in diesem Intensitätsbereich schon die Durchführung passiver Schallschutzmaßnahmen nach sich. Die Rechtsprechung verortete einen entsprechenden – von ihr hergeleiteten – Anspruch auf Erstattung der Kosten für passive Schallschutzmaßnahmen in § 9 Abs. 2 LuftVG, der eine spezifische Ausprägung des fachplanungsrechtlichen Abwägungsgebots darstelle und eine äußerste, auch mit einer gerechten Abwägung nicht mehr überwindbare Grenze setze. Vor der Novellierung wurde diese Grenze im Einzelfall von der Fachplanungsbehörde unter Heranziehung des Standes der Lärmwirkungsforschung festgelegt. Sie war gerichtlich voll überprüfbar und der Prozess ihrer Bestimmung Anlass für intensive Auseinandersetzungen um die angemessene Berücksichtigung fachwissenschaftlicher Aussagen.

(23) In einer Rückschau auf wesentliche Entscheidungen des BVerwG zu dieser Problematik konnte gezeigt werden, dass der konkrete Umfang passiver Schallschutzmaßnahmen sich aus einem nicht immer leicht verständlichen Zusammenspiel der Festsetzung einer Schutzzone und sog. Schutzzielen ergab. Die Schutzzone diente der Verwaltungspraktikabilität. Der Anspruch auf konkrete physisch-reale Maßnahme entsprang aber nicht daraus, dass das Wohnhaus eines Betroffenen sich innerhalb einer solchen Zone befand, sondern daraus, dass die Geräuschbelastung innerhalb des Wohnhauses oberhalb der festgesetzten Schutzziele lag. Auch außerhalb der Schutzzonen konnten sich daher Ansprüche auf die Durchführung oder Erstattung passiver Schallschutzmaßnahmen ergeben. Der Sinn und Zweck der Schutzzonen lag alleine in der Beweiserleichterung. Bei einem Betroffenen, dessen Wohnhaus sich innerhalb der Schutzzone befand, wurde zu seinen Gunsten zunächst angenommen, dass bei ihm eine Geräuschbelastung im Innenraum oberhalb der festgesetzten Schutzziele vorzufinden sei. Nur der das Schutzziel bestimmende Grenzwert wurde als die eigentliche – voll gerichtlich überprüfbare – fachplanerische Unzumutbarkeitsschwelle angesehen.

(24) Vor dem Hintergrund dieser Systematik – die von der Novellierung explizit nicht geändert werden sollte – ist es auch nicht nachvollziehbar, wenn heute in den Werten des § 2 Abs. 2 FluLärmG die fachplanerische Unzumutbarkeitsgrenze erblickt wird. Hier wird der Standpunkt vertreten, dass dafür nur das aus der 2. FlugLSV ableitbare Innenraumschutzniveau in Betracht kommt. Es beschreibt nämlich – allerdings

für zu unterscheidende Situationen – ein über die Durchführung passiver Schallschutzmaßnahmen zu erreichendes und einzuhaltendes Innenraumschutzziel.

(25) Die beschriebene Systematik ist auch noch in einem weiteren Zusammenhang von Bedeutung. Es wird heute mehrheitlich die Ansicht vertreten, das FluLärmG regele den passiven Schallschutz abschließend. Außerhalb der Schutzzonengrenzen könnten keine (zusätzlichen) Maßnahmen solcher Art mehr angeordnet werden. Dem hat sich das BVerwG angeschlossen und das FluLärmG als lex specialis zu § 9 Abs. 2 LuftVG bezeichnet. Dies widerspricht aber eben der bisherigen Funktion und Unterscheidung von Schutzzonen und Schutzzielen. Maßgeblich für einen Anspruch auf die Durchführung bzw. die Erstattung von passiven Schallschutzmaßnahmen kann nur ein unter Heranziehung des Standes der Lärmwirkungsforschung ermitteltes Innenraumniveau sein, von dem angenommen werden kann, dass das Leben „in" ihm keine negativen Wirkungen für den Körper und Geist des Menschen nach sich zieht. Wenn die bisherige Regelungssystematik beibehalten werden sollte, ist es nur konsequent anzunehmen, dass auch außerhalb von Schutzzonen Geräuschbelastungen im Innenraum vorzufinden sind, die oberhalb eines solchen Niveaus liegen und daher zu verhindern sind. Für die Bereiche außerhalb der Schutzzonen, die unmittelbar an sie angrenzen, konnte unter Anwendung der Außen-Innenpegel-Differenzregel auch gezeigt werden, dass – insbesondere bei Bestandsflughäfen – die Innenraumbelastung mit Dauerschall teilweise deutlich oberhalb des Niveaus liegt, welches im schlechtesten Fall innerhalb der Schutzzonen gerade noch zulässig ist.

(26) Die ausführliche Folgenableitung und Analyse der unterschiedlichen Grenzwerte des FluLärmG hat jedoch auch gezeigt, dass jedenfalls bei Neubauten, aber auch bei Bestandsbauten, die keiner weiteren Ausnahmeregelung unterliegen, die Belastungen im Innenraum nach Durchführung passiver Schallschutzmaßnahmen in einem Bereich liegen, die von lärmwirkungsfachlicher Seite aus als problematisch angesehen werden. Die Kritik gerade an den Regelungen des 2. FlugLSV zielt daher weniger auf das innerhalb einer Schutzzone nach der Durchführung von Maßnahmen vorzufindende Niveau ab als vielmehr auf die undurchsichtigen Ausnahmeregelungen, die zu dessen Verringerung beitragen und damit auch die fachliche Beurteilung beeinflussen können. In diesem Zusammenhang ist auch auf die Deckelungsregel des § 5 Abs. 3 2. FlugLSV hinzuweisen, deren Auswirkungen nicht absehbar sind.

(27) Die Novellierung hat im Bereich des passiven Schallschutzes also diverse strittige Neuerungen gebracht. Auf den ersten Blick nicht verändert hat sie jedoch die Strukturen der fachplanerischen Abwägung, an deren Ende aktive Schallschutzmaßnahmen stehen können. Auch die luftverkehrliche Planung verlangt, dass die von einem Vorhaben berührten öffentlichen und privaten Belange einschließlich der Umweltverträglichkeit im Rahmen der Abwägung zu berücksichtigen und gerecht gegeneinander und untereinander abzuwägen sind (§ 8 Abs. 1 S. 2 LuftVG). Der Abwägungsvorgang folgt nach herkömmlicher Terminologie den verschiedenen Phasen der Auffindung und Einstellung der relevanten Belange, ihrer Gewichtung und letztlich der Entscheidung über die Vorzugswürdigkeit bestimmter Belange gegenüber anderen Belangen. Über diese herkömmlichen Abwägungsregeln hinaus

unterlag die fachplanerische Abwägung im Luftverkehrsrecht bisher kaum weitergehenderen Strukturen. Allein mit Blick auf § 9 Abs. 2 LuftVG war bisher zudem anerkannt, dass er sowohl Ausrichtungspunkt für zwingende Schutzmaßnahmen sei, diese Regelung aber daneben zugleich auch die planerische Abwägung ausrichte, und zwar indem sie eine Gewichtung der Lärmschutzbelange vorgebe.

(28) In ganz ähnlicher Weise entschied das BVerwG nach der Novellierung nunmehr, der Gesetzgeber habe mit der Festlegung der Grenzwerte des § 2 Abs. 2 FluLärmG auch die für die Abwägung der Lärmschutzbelange der Bevölkerung mit den für den Flughafenausbau streitenden öffentlichen Belangen maßgebliche abstrakt-generelle Frage nach der fachplanerischen Zumutbarkeit von Fluglärm grundsätzlich abschließend geregelt. Für die Abwägung sei diese Schwelle zur Ausrichtung des Gewichtungsvorgangs notwendig; dennoch sei noch immer auch eine Lärmbeeinträchtigung unterhalb dieser Schwelle mit einzubeziehen. Zur Frage, wie genau diese Lärmbeeinträchtigungen relevant werden sollen, äußert sich die Rechtsprechung allerdings nicht. Aus insbesondere den jüngsten Entscheidungen des BVerwG geht jedoch hervor, dass dem BVerwG vorschwebt, man habe unter- und oberhalb der Schwelle die Betroffenheit vor allem zahlenmäßig zu erfassen. Wie gezeigt werden konnte, ist aber ein solches „Abzählen von Köpfen" inhaltsleer, wenn man nicht auch zusätzlich die Frage stellt, welche negativen Auswirkungen bei all diesen Betroffenen zu erwarten sind. Die Realbereichsanalyse hat deutlich hervorgebracht, dass man insbesondere bei der Belästigungsreaktion keine Schwelle feststellen kann, ab der man – aus fachlicher Sicht – Belästigungsreaktionen zwingend als erheblich zu bezeichnen hat. Die Fachwissenschaften haben zwar ihrerseits eine wertende Grenze eingeführt, jedoch immer klargestellt, dass als erheblich empfundene Belästigungsreaktionen in jeder Geräuschumgebung vorkommen, also insbesondere auch unterhalb bestimmter – wertend festgesetzter – Schwellen.

(29) Es wurde hier daher – unabhängig von der Annahme einer Notwendigkeit, das Stufensystem des Fluglärmschutzes auf Ebene der Flughafenplanung neu zu bestimmen – dazu Folgendes vorgeschlagen: Zunächst ist das Gewicht des abwägungsrelevanten Lärms durch eine (prognostische) Betrachtung der durch das Vorhaben insgesamt Betroffenen transparent zu machen. Daran anknüpfend ist unter Heranziehung des Standes der Lärmwirkungsforschung in allen – auch den verbleibenden – Belastungsbereichen zu ermitteln, welche negativen Wirkungen statistisch betrachtet mit der Belastung einhergehen. Der Vorgang wird bereits im DFG-Forschungsbericht eingehend dargestellt. Auf die dortigen Ausführungen wird hier explizit verwiesen. Ein solches Vorgehen erlaubt eine Einschätzung – zumindest – der in einer Umgebung statistisch eintretenden Reaktionen an Wirkungsendpunkten, wie etwa der Globalreaktion der Belästigung, und zwar bei jeder Geräuschbelastungsintensität. Es wäre dann nachvollziehbar, in welchem Umfang der abwägungsrelevante Bereich zu solchen Belästigungsreaktionen in der Bevölkerung beiträgt. Auf Grund der statistischen Natur der gesamten Lärmwirkungsforschung ist ein solches Vorgehen prinzipiell für jede Art von Reaktion vorstellbar. Allerdings ist klarzustellen, dass deshalb nicht unbedingt auch jede Art von Wissen über Reaktionen in Folge von Geräuschbelastungen im Gewichtungsprozess berücksichtigt werden muss. Die Realbereichsanalyse hat

jedoch gezeigt, dass im Bereich der psycho-sozialen Wirkungsforschung zumindest das Wissen über die Globalreaktion der Belästigung in einer Bevölkerung als so ausreichend stabil betrachtet werden kann, dass dessen Aufnahme in den Abwägungsprozess gerechtfertigt erscheint.

(30) Neben der Vagheit des vom BVerwG avisierten Gewichtungsprozesses der Lärmschutzinteressen ist die planerische Abwägung auch deshalb problematisch, weil über bestimmte Konflikte, die das Vorhaben auslöst und die daher in Folge des Konfliktbewältigungsgebots auch durch die planerische Entscheidung beseitigt werden sollten, nicht auf Ebene der Fachplanung abschließend entschieden werden kann. So ist nach der Novellierung nunmehr vorgesehen, dass die Schutzzonen bzw. Lärmschutzbereiche nicht mehr mit dem jeweiligen Planfeststellungsbeschluss, sondern unabhängig davon in einem eigenständigen Verfahren ergehen (§ 4 Abs. 2 S. 1 FluLärmG). Zwar wird anerkannt, dass Probleme und Konflikte mit Bezug zur planerischen Abwägung zunächst unbeantwortet bleiben können, jedoch soll diese planerische Zurückhaltung nur in begrenztem Umfang zulässig sein. Man kann sich sicherlich auf den Standpunkt stellen, dass die Lärmschutzbereichsfestsetzung tatsächlich weder gravierende technische noch rechtliche Probleme aufwirft und damit bloß als eine Art Vollstreckungsaufgabe zu sehen ist. Die mit der Lärmschutzbereichsfestsetzung aus der Flughafenplanfeststellung herausgelösten Konflikte sind jedoch nicht die einzigen Problemverschiebungen, die das Luftverkehrsrecht kennt.

(31) Auf Ebene der Flugroutenfestlegung erfolgt nämlich nach der fachplanerischen Abwägung auch noch eine weitere Abwägung, in deren Rahmen die Lärmschutzinteressen gewichtet und beurteilt werden. Weil auf Ebene der Flughafenplanung eine rechtsverbindliche Festlegung der Flugrouten nicht möglich bzw. diese Aufgabe dem BAF zugewiesen ist (§ 32 Abs. 4 Nr. 8, Abs. 4c S. 1 LuftVG iVm. § 27a Abs. 2 S. 1 LuftVO LuftVG), fließen die Flugrouten nur als Prognosen in die Lärmberechnungen der Fachplanungsbehörden ein. Die Lärmberechnung ist zwar an sich schon insgesamt eine Prognose, insofern sie einen in der Zukunft liegenden Lärmbelastungszustand „errechnet". Allerdings müsste eben das für diese Berechnungen notwendige Wissen über die Flugrouten, die die Flugzeuge in Zukunft bei ihren Start- und Landevorgängen nutzen sollen, nicht unbedingt ebenfalls als Prognose einfließen. Hier wurde argumentiert, dass insbesondere in Fällen, in denen größere und langfristige Planungsverfahren zu einer weitgehenden Umstrukturierung des Luftraums führen, die Aufgabe der Flugroutenplanung nicht als typische Aufgabe der Flugsicherung verstanden werden kann. Treffender erscheint in diesem Zusammenhang der Begriff der Flugsicherungsplanung. Betrachtet man vor diesem Hintergrund die bisherigen Entscheidungen des BVerwG zur Thematik der Flugroutenfestlegung zeigt sich, dass der dem BAF bei seiner Aufgabenbewältigung gewährte weitreichende Gestaltungsspielraum nicht überzeugend hergeleitet werden kann. Die dafür von der Rechtsprechung vorgebrachten Argumente kreisen im Kern um die Annahme, die vom BAF zu bewältigende Aufgabe verlange auf Grund der hervorstechenden Sicherheitskomponente einen weitreichenden Gestaltungsspielraum.

(32) Auch wenn die Herleitung eines Gestaltungsspielraums des BAF in den bisherigen Entscheidungen des BVerwG also nicht überzeugen kann, so wurde doch

auch gezeigt, dass sich über die von der Rechtsprechung formulierte Idee der Verteilung eines Lärmpotentials eine nachvollziehbare Verknüpfung der fachplanerischen Abwägung mit der auf Ebene der Flugroutenfestsetzung vorzunehmenden Abwägung des BAF ergeben könnte. Soweit nämlich im Rahmen der fachplanerischen Abwägung das Gewicht der Lärmschutzinteressen durch eine Betrachtung der Betroffenenzahlen in Kombination mit den Erkenntnissen der Lärmwirkungsforschung ermittelt wird, kann dies als das auf Ebene der Flughafenplanung abgewogene und mit dem Planfeststellungsbeschluss festgesetzte Lärmpotential angesehen werden. Eine solche Ermittlung wäre im Rahmen der Flugroutenfestsetzung zu wiederholen und etwaige Veränderungen dann noch einmal zu beurteilen bzw. abzuwägen.

(33) Anders will es jedoch das BVerwG: Hier muss die Fachplanungsbehörde lediglich eine grobe Betrachtung der Betroffenenzahlen vornehmen und diese nicht vor dem Hintergrund lärmwirkungsfachlicher Erkenntnisse beurteilen. Zudem bindet das BVerwG auch das BAF nicht an die fachplanerische Abwägung. Zwar wird im Zusammenhang mit der Lärmermittlung verlangt, dass bereits auf Ebene der Flughafenplanung die Modalitäten des Flugbetriebs hinreichend genau abgebildet sind. Dafür muss jedoch (nur) ein Abstimmungsprozess mit dem BAF bzw. der DFS stattfinden, der sicherstellt, dass die dem Planfeststellungsantrag zugrunde liegende prognostische Flugroutenplanung realisierbar ist und dass sie den bisherigen Planungen der DFS entspricht, ihre Umsetzung also realistischerweise zu erwarten ist. Zwar ist über die Regelungen des Flugbetriebs auf Grundlage der planerischen Abwägung zu entscheiden. Jedoch ist dafür auf Ebene der Flughafenplanung nur Voraussetzung, dass bekannt ist, wie viele Anwohner ungefähr durch Fluglärm betroffen sein werden und wie schwer die jeweilige Betroffenheit sein wird. Welche Anwohner betroffen sein werden, ist – anders als für die Festlegung der Schutz- und Entschädigungsgebiete – nicht erheblich. Der Flugbetrieb wird also für einen Flughafen an einem bestimmten Standort mit einer bestimmten Siedlungsstruktur in seiner Umgebung festgelegt und soll auch dann Bestand haben können, wenn nachträglich doch noch andere An- und Abflugverfahren festgelegt werden. Vor diesem Hintergrund ist eine Änderung nur relevant, wenn etwa wesentlich dichter besiedelte Gebiete auf passiven Schallschutz angewiesen wären als angenommen.

(34) Es kann davon ausgegangen werden, dass auch einer solchen Abweichungskompetenz des BAF von der fachplanerischen Abwägung Grenzen gesetzt sind. Wo sie verlaufen oder wie sie zu bestimmen sind, wenn der gesamte Gewichtungsprozess lediglich auf ein „Abzählen von Köpfen" hinausläuft – und in dem außerdem lärmwirkungsfachliche Erkenntnisse keine Rolle spielen sollen –, hat das BVerwG nicht weiter ausgeführt. Diese Überlegungen zeigen, wie viel Spielraum die Rechtsprechung bereit ist einzugestehen, wenn die Planfeststellungsbehörde ihre planerische Abwägung auf Ebene der Flughafenplanung vornimmt. Sich nachträglich ändernde Flugrouten stellen kein grundsätzliches Problem dar. Dies gilt sogar dann, wenn – wie im vom BVerwG jüngst entschiedenen Neubaufall in Berlin – die Fehlerhaftigkeit eines Betriebsregimes den an der Planung Beteiligten bekannt ist. Dieser Spielraum ist ein weiteres Indiz für den Bedeutungsverlust der planerischen Abwägung nach § 8 Abs. 1 S. 2 LuftVG.

(35) In Anbetracht dieser Erkenntnisse über das Zusammenspiel der fachplanerischen Abwägung und der vom BAF vorzunehmenden Abwägung muss sich der Gesetzgeber fragen, ob es nicht tatsächlich besser wäre – zumindest im Zusammenhang mit großräumigen Flughafenneu- oder Ausbauplanungen, die eine grundlegende Veränderung des Luftraums nach sich ziehen –, die verbindliche Flugroutenfestlegung in das Planfeststellungsverfahren zu integrieren. Damit wäre auch dem zusätzlich mit dem Herauslösen einzelner Abwägungskomponenten entstehenden Rechtsschutzproblem begegnet. Es ist nämlich unumstritten, dass das Herauslösen von – grundsätzlich behebbaren – Konflikten aus der Planfeststellung deren Bedeutung auch im Hinblick auf an sie anknüpfende Rechtsschutzmöglichkeiten verändert. Wenn bestimmte Konflikte nicht mehr auf Ebene der Planfeststellung zu behandeln sind, greift für diese Probleme auch der Rechtsschutz nicht mehr, der für die – eigentlich umfassende – Planfeststellung vorgesehen ist. Mit Blick auf die Notwendigkeit der Lärmschutzbereichsfestsetzung für das Wirksamwerden der Ansprüche auf passiven Schallschutz hält dies das BVerwG zwar ebenso für unproblematisch wie für den Fall der nachträglichen Veränderung von Flugrouten durch das BAF. Jedoch konnte gezeigt werden, dass der nach der Novellierung des FluLärmG schon in inhaltlicher Hinsicht stark eingeschränkte Rechtsschutz gegen den Planfeststellungsbeschluss durch das Herauslösen von Abwägungselementen aus der fachplanerischen Abwägung noch weiter verkompliziert wurde. Wenn der Betroffene sich gegen eine Fluglärmbelastung erwehren will, kann er sich nicht auf den Rechtsschutz gegen die Planfeststellung beschränken. Er wird gezwungen, sowohl die Lärmschutzbereichsfestsetzung als auch die Flugroutenfestlegung im Auge zu behalten und unter Umständen gegen beide gerichtlich vorzugehen.

Literaturverzeichnis

Alexy, Robert; Theorie der Grundrechte, 2. Aufl., Frankfurt am Main 1996 (Zit.: Alexy, Theorie)

Arnold, Katja; Die grundrechtliche Schutzbereichsbegrenzung, Frankfurt/Main u. a.2011 (Zit.: Arnold, Schutzbereichsbegrenzung)

Atteslander, Peter; Methoden der empirischen Sozialforschung, 12. Aufl., Berlin 2008 (Zit.: Atteslander, Methoden)

Augustin, Erhard/Maschke, Christian/Weise, Horst; Berechnung von Fluglärm. „FlightNoiseDFLD" ein Programm zur Berechnung von Fluglärm in der Umgebung von Flughäfen auf der Grundlage der AzB2008 und Radar-Aufzeichnungen, in: ZfL 2011, S. 68–71

Babisch, Wolfgang; Die NaRoMI-Studie (Noise and Risk of Myocardial Infarction): Auswertung, Bewertung und vertiefende Analysen zum Verkehrslärm, herausgegeben vom UBA, Berlin 2004 (Zit.: Babisch, in: UBA (Hg.), NaRoMI)

Babisch, Wolfgang; Transportation Noise and Cardiovascular Risk: Review and Synthesis of Epidemiological Studies; Dose Effect Curve and Risk Estimation, herausgegeben vom UBA, Dessau 2006 (Zit.: Babisch, in: UBA (Hg.), Cardiovascular Risk)

Babisch, Wolfgang; Kinder-Umwelt-Survey (KUS) 2003/06 Lärm, herausgegeben vom UBA, Dessau 2009 (Zit.: Babisch, in: UBA (Hg.), KUS)

Babisch, Wolfgang; Cardiovascular effect of noise, in: Noise & Health 2011, S. 201–204

Baltes, Joachim; Immissionsgrenzwerte und Art. 2 Abs. 2 GG, in: BB 1978, S. 130–133

Barth, Regine/Brohmann, Bettina/Arps, Henning/Hochfeld, Christian; Kostenfolgen der Novelle des Gesetzes zum Schutz gegen Fluglärm: Dokumentation der Ergebnisse, Gutachten herausgegeben vom Öko-Institut e.V., Darmstadt 2005 (Zit.: Barth/Brohmann/Arps/Hochfeld, in: Öko-Institut (Hg.), Kostenfolgen)

Basner, Mathias; Die Anwendung der Forschungsergebnisse des Deutschen Zentrums für Luft- und Raumfahrt (DLR), Köln, für ein Konzept zum Schutz gegen nächtlichen Fluglärm, in: Oldiges (Hg.), Der Schutz vor nächtlichem Fluglärm, Dokumentation des Symposions „Der Schutz vor Nächtlichem Fluglärm" des Instituts für Umwelt- und Planungsrecht der Universität Leipzig am 20. Januar in Leipzig, Baden-Baden 2007, S. 17–31 (Zit.: Basner, in: Oldiges (Hg.), Schutz vor nächtlichem Fluglärm)

Basner, Mathias/Samel, Alexander; Stellungnahme zum Beitrag „Kritik am Schutzniveau des DLR-Nachtschutzkonzepts" von C. Maschke und M. Neumüller, in: Oldiges (Hg.), Der Schutz vor nächtlichem Fluglärm: Dokumentation des Symposions „Der Schutz vor nächtlichem Fluglärm" des Instituts für Umwelt- und Planungsrecht der Universität Leipzig am 20. Januar in Leipzig, Baden Baden

2007, S. 55–62 (Zit.: Basner/Samel, in: Oldiges (Hg.), Schutz vor nächtlichem Fluglärm)

Basner, Mathias/Samel, Alexander; Schlafphysiologische Bewertung nächtlicher Flugbetriebsbeschränkungen vor dem Hintergrund aktueller Urteile des Bundesverwaltungsgerichts, in: ZfL 2007, S. 86–94

Barrett, Stevan/Britter, Rex/Weitz, Ian; Global MortalityAttributabal to Aircraft Cruise Emissions, in: Environmental Science & Technology 2010, S. 7736–7742

Baumann, Wolfgang; Die Bedeutung von Kapazitätsprognosen im luftverkehrlichen Planfeststellungsverfahren, in: Ziekow (Hg.), Aktuelle Fragen des Fachplanungs-, Raumordnungs- und Naturschutzrechts 2006: Vorträge auf dem Achten Speyerer Luftverkehrsrechtstag vom 8. bis 10. März an der Deutschen Hochschule für Verwaltungsrechtswissenschaften Speyer, Berlin 2007, S. 9–28 (Zit.: Baumann, in: Ziekow (Hg.), Aktuelle Fragen 2007)

Benda, Ernst/Maihofer, Werner/Vogel, Hans-Jochen; Handbuch des Verfassungsrechts der Bundesrepublik Deutschland, Teil 1, 2. Aufl., Berlin 1994 (Zit.: Bearbeiter, in: Benda/Maihofer/Vogel (Hg.), HVerfR, Teil 1)

Benda, Ernst/Klein, Eckart/Klein, Oliver; Verfassungsprozessrecht: Ein Lehr- und Handbuch, 3. Aufl., Heidelberg u.a. 2012 (Zit.: Benda/Klein, Verfassungsprozessrecht)

Berg, Thomas; Beweismaß und Beweislast im öffentlichen Umweltrecht: Instrumente eines verantwortlichen Umgangs mit technologiebedingten Risiken, Baden-Baden 1995 (Zit.: Berg, Beweismaß und Beweislast)

Berkemann, Jörg; Fluglärm – Offene, aber zu lösende Rechtsfragen, in: ZUR 2002, S. 202–206

Berkemann, Jörg; Verfassungsrechtlicher Schutzanspruch der Bürger versus Förderung des Luftverkehrs und Notwendigkeit der Verteidigung, in: ZfL 2001, S. 134–147

Bidinger, Rita; Planung und Nutzung von Verkehrsflughäfen, Baden-Baden 1996 (Zit.: Bidinger, Planung)

Birkner, Mark Thomas; Der Rechtsstatus des gemischtwirtschaftlichen Verkehrsflughafenbetreibers: Überprüfung des Rechtsstatus als dogmatische Figur, Frankfurt am Main u.a. 2012 (Zit.: Birkner, Rechtsstatus)

Birmanns, Stephanie; Internationale Verkehrsflughäfen: völkerrechtliche Verpflichtungen und innerstaatliche Einflußnahmemöglichkeiten des Bundes hinsichtlich kapazitätserweiternder Maßnahmen, Berlin 2001 (Zit.: Birmanns, Verkehrsflughäfen)

Bleckmann, Albert; Staatsrecht II – Die Grundrechte, 4. Aufl., Köln 1997 (Zit.: Bleckmann, Staatsrecht II)

Bock, Eckhard; Zur Entstehung und Auslegung des Fluglärmschutzgesetzes. Fluglärm in der Diskussion, in: Ziekow (Hg.), Aktuelle Probleme des Luftverkehrs-, Planfeststellungs- und Umweltrechts 2008: Vorträge auf den Zehnten Speyer

Planungsrechtstagen und dem Speyerer Luftverkehrsrechtstag vom 5. Bis 7. März 2008 an der Deutschen Hochschule für Verwaltungswissenschaften Speyer, Berlin 2009, S. 43–72 (Zit.: Bock, in: Ziekow (Hg.), Aktuelle Probleme 2009)

Böckenförde, Ernst-Wolfgang; Grundrechte als Grundsatznormen: Zur gegenwärtigen Lage der Grundrechtsdogmatik, in: Der Staat 1990, S. 1–31

Böge, Alfred; Eichler, Jürgen; Physik für technische Berufe, 11. Aufl., Wiesbaden 2008 (Zit.: Böge/Eichler, Physik)

Böhm, Monika; Der Normmensch: materielle und prozedurale Aspekte des Schutzes der menschlichen Gesundheit vor Umweltschadstoffen, Tübingen 1996 (Zit.: Böhm, Normmensch)

Bonita, Ruth/Beaglehole, Robert/Kjellström, Tord; Einführung in die Epidemiologie, 3. Aufl., Bern 2013 (Zit.: Bonita/Beaglehole/Kjellström, Epidemiologie)

Borowski, Martin; Grundrechte als Prinzipien, 2. Aufl., Baden-Baden 2007 (Zit.: Borowski, Prinzipien)

Bosshardt, Hans-Georg; Subjektive Realität und konzeptuelles Wissen: sprachpsychologische Untersuchung zum Begriff der Belästigung durch Lärm, Münster 1988 (Zit.: Bosshardt, Belästigung)

Breuer, Rüdiger; Legislative und administrative Prognoseentscheidungen, in: Der Staat 1977, S. 21–54

Bröer, Christian/Wirth, Katja; Mehr Belästigung bei gleichem Pegel, in: ZfL 2004, S. 118–121

Brüggemann, Rudolf; Das novellierte Fluglärmgesetz. Struktur, Auswirkungen und Durchführungsbestimmungen, in: Ziekow (Hg.), Aktuelle Probleme des Luftverkehrs-, Planfeststellungs- und Umweltrechts 2008: Vorträge auf den Zehnten Speyer Planungsrechtstagen und dem Speyerer Luftverkehrsrechtstag vom 5. Bis 7. März 2008 an der Deutschen Hochschule für Verwaltungswissenschaften Speyer, Berlin 2009, S. 27–42 (Zit.: Brüggemann, in: Ziekow (Hg.), Aktuelle Probleme 2009)

Brüggemann, Rudolf; Die Novellierung des Gesetzes zum Schutz gegen Fluglärm, in: ZfL 2004, S. 161–165

Bryde, Brun-Otto; Tatsachenfeststellung und soziale Wirklichkeit in der Rechtsprechung des BVerfG, in: Badura/Dreier (Hg.), Festschrift 50 Jahre Bundesverfassungsgericht, Bd. 1, Tübingen 2001, S. 533–561 (Zit.: Bryde, in: Badura/Dreier (Hg.), FS 50 Jahre BVerfG, Bd. 1)

Bumke, Christian; Die Entwicklung der verwaltungsrechtswissenschaftlichen Methodik in der Bundesrepublik Deutschland, in: Schmidt-Aßmann/Hoffmann-Riem (Hg.), Methoden der Verwaltungsrechtswissenschaft, Baden-Baden 2004, S. 73–130 (Zit.: Bumke, in: Schmidt-Aßmann/Hoffmann-Riem (Hg.), Methoden)

Bumke, Christian; Der Grundrechtsvorbehalt: Untersuchung über die Begrenzung und Ausgestaltung der Grundrechte, Baden-Baden 1998 (Zit.: Bumke, Grundrechtsvorbehalt)

Burghart, Axel; Die Pflicht zum guten Gesetz, Berlin 1996 (Zit.: Burghart, Pflicht zum guten Gesetz)

Calliess, Christian; Die grundrechtliche Schutzpflicht im mehrpoligen Verfassungsrechtsverhältnis, in: JZ 2006, S. 321–330

Calliess, Christian; Rechtsstaat und Umweltstaat: zugleich ein Beitrag zur Grundrechtsdogmatik im Rahmen mehrpoliger Verfassungsverhältnisse, Tübingen 2001 (Zit.: Calliess, Umweltstaat)

Chalmers, Alan F.; Wege der Wissenschaft: Einführung in die Wissenschaftstheorie, 6. Aufl., Berlin u.a. 2007 (Zit.: Chalmers, Wege der Wissenschaft)

Cornils, Matthias; Die Ausgestaltung der Grundrechte: Untersuchungen zur Grundrechtsbindung des Ausgestaltungsgesetzgebers, Tübingen 2005 (Zit.: Cornils, Ausgestaltung)

Couzinet, Daniel; Die Zulässigkeit von Immissionen im anlagenbezogenen Immissionsschutzrecht: verfassungsrechtliche Vorgaben an das vom Einzelnen hinzunehmende Immissionsmaß und einfach-rechtliche Ausgestaltung im Bundes-Immissionsschutzgesetz, Berlin 2007 (Zit.: Couzinet, Zulässigkeit von Immissionen)

Cremer, Wolfram; Rechtfertigung legislativer Eingriffe in Grundrechte des Grundgesetzes und Grundfreiheiten des EG-Vertrags nach Maßgabe objektiver Zwecke, in: NVwZ 2004, S. 668–674

Czybulka, Detlef; Festlegung von Flugrouten und Flughafenplanung, in: Ziekow (Hg.), Flughafenplanung, Planfeststellungsverfahren, Anforderungen an die Planungsentscheidung: Vorträge auf den Dritten Speyerer Planungsrechtstagen und dem Speyerer Luftverkehrsrechtstag vom 21. bis 23. März 2001 an der Deutschen Hochschule für Verwaltungswissenschaften Speyer, Berlin 2002, S. 9–26 (Zit.: Czybulka, in: Ziekow (Hg.), Flughafenplanung 2002)

Czybulka, Detlef; Zum Rechtsschutz gegenüber der Festlegung von Anflugstrecken und Abflugstrecken für Flugplätze, in: ZUR 2001, S. 268–271

Czybulka, Detlef; Die rechtliche Bewältigung der Fluglärmproblematik, in: UPR 1999, S. 126–129

Czybulka, Detlef; Akzeptanz als staatsrechtliche Kategorie, in: Die Verwaltung 1993, S. 27–37

Czybulka, Detlef; Verwaltungsprozessuale Probleme bei der Klage gegen die Festlegung von „Flugrouten“, in: DÖV 1991, S. 410–415

Czybulka, Detlef/Wandres, Thomas; Rechtsschutz gegen zivilen Fluglärm bei der Festlegung von „Flugrouten“, in: DÖV 1990, S. 1033–1040

Davies, Hugh/van Kamp, Irene; Noise and cardiovascular disease: A review of the literature 2008–201, in: Noise & Health 2012, S. 287–291

Dechent, Jens; Zur Entwicklung des Baukostenindex, in: Wirtschaft und Statistik 2006, S. 172–181

Delbanco, Heike; Die Änderung von Verkehrsflughäfen, Tübingen u.a. 1998 (Zit.: Delbanco, Verkehrsflughäfen)

Delfs, J./Dobrzyinki, W./Heller, H./Isermann, U./Michel, U./Splettstösser, W./Obermeier, F.; Fluglärm, in: Müller/Möser (Hg.), Taschenbuch der technischen Akustik, Berlin u.a. 2004, S. 585–638 (Zit.: Delfs/Dobrzyinki/Heller/Isermann/Michel/Splettstösser/Obermeier, in: Müller/Möser (Hg.), Technische Akustik)

Denninger, Erhard/Hoffmann-Riem, Wolfgang/Schneider, Hans-Peter/Stein, Ekkehart; Kommentar zum Grundgesetz für die Bundesrepublik Deutschland (AK-GG), Loseblatt, 3. Aufl., Neuwied 2001 (Zit.: Bearbeiter, in: Denninger/Hoffmann-Riem/Schneider/Stein (Hg.), AK-GG, Bd. 1)

Deutsch, Markus; „Flugrouten“ – Verfahren, Maßstäbe, Rechtsfragen, in: Ziekow (Hg.), Aktuelle Probleme des Luftverkehrs-, Planfeststellungs- und Umweltrechts 2011: Vorträge auf den Dreizehnten Speyerer Planungsrechtstagen und dem Speyerer Luftverkehrsrechtstag vom 2. bis 4. März 2011 an der Deutschen Hochschule für Verwaltungswissenschaften Speyer, Berlin 2012, S. 61–92 (Zit.: Deutsch, in: Ziekow (Hg.), Aktuelle Probleme 2012)

Deutsch, Markus; Der Flughafen Frankfurt vor dem Hessischen Verwaltungsgerichtshof – Die Urteile vom 21. August 2009 und ihre Perspektiven für das Flughafenplanungsrecht aus Sicht der Luftverkehrswirtschaft, in: Ziekow (Hg.), Aktuelle Probleme des Luftverkehrs-, Planfeststellungs- und Umweltrechts 2010: Vorträge auf den Zwölften Speyerer Planungsrechtstagen und dem Speyerer Luftverkehrsrechtstag vom 3. bis 5. März 2010 an der Deutschen Hochschule für Verwaltungswissenschaften Speyer, Berlin 2011, S. 47–90 (Zit.: Deutsch, in: Ziekow (Hg.), Aktuelle Probleme 2011)

Deutsche Forschungsgesellschaft (Hg.); Forschungsbericht Fluglärmwirkungen, Eine interdisziplinäre Untersuchung über die Auswirkungen des Fluglärms auf den Menschen, Hauptbericht, Boppard 1974 (Zit.: DFG, Forschungsbericht Fluglärmwirkungen)

Dietlein, Johannes; Die Lehre von den grundrechtlichen Schutzpflichten, 2. Aufl., Berlin 2005 (Zit.: Dietlein, Schutzpflichten)

Di Fabio, Udo; Risikoentscheidungen im Rechtsstaat: zum Wandel der Dogmatik im öffentlichen Recht, insbesondere am Beispiel der Arzneimittelüberwachung, Tübingen 1994 (Zit.: Di Fabio, Risikoentscheidungen)

Dolde, Klaus-Peter; Fluglärmkriterien für ein Schutzkonzept bei wesentlichen Änderungen oder Neuanlagen von Flughäfen/Flugplätzen – Rechtliche Beurteilung (Teil 1 und 2), in: ZfL 2003, S. 88–91 und S. 122–127

Dolde, Klaus-Peter; Rechtliche Aspekte des Fluglärmschutzes, in: Ziekow (Hg.), Bewertung von Fluglärm – Regionalplanung – Planfeststellungsverfahren: Vorträge auf den Vierten Speyerer Planungsrechtstagen und dem Speyerer Luftverkehrsrechtstag vom 13. bis 15. März 2002 an der Deutschen Hochschule für Verwaltungswissenschaften Speyer, Berlin 2003, S. 37–58 (Zit.: Dolde, in: Ziekow (Hg.), Fluglärm 2003)

Doll R./Peto, R.; Mortality in relation to smoking: 20 years' observations on male British doctors., in: British Medical Journal 1976, S. 1525–1536

Doll R./Peto, R./Weahtley, K./Grey, R./Sutherland, I.; Mortality in relation to smoking: 40 years' observations on male British doctors, in: British Medical Journal 1994, S. 901–911

Dolzer, Rudolf/Kahl, Wolfgang/Waldhoff, Christian; Bonner Kommentar zum Grundgesetz, Loseblatt, 161. Erg.-Lfg., Heidelberg 2013 (Zit.: Bearbeiter, in: Dolzer/Kahl/Waldhoff (Hg.), BK GG)

Dreier, Horst; Grundgesetz: Kommentar, Bd. I, 2. Aufl., Tübingen 2004 (Zit.: Bearbeiter, in: Dreier (Hg.), GG, Bd. I)

Dreier, Johannes; Die normative Steuerung der planerischen Abwägung, Berlin 1995 (Zit.: Dreier, Abwägung)

Eberle, Wolfgang/Stöcker-Meier, Elke; 10 + 9 Eckpunkte zur Verbesserung des Schutzes vor Fluglärm, in: ZfL 2013, S. 142–146

Ehlers, Dirk; Verwaltung in Privatrechtsform, Berlin 1984 (Zit.: Ehlers, Verwaltung in Privatrechtsform)

Eikmann, Thomas/Herr, Caroline/Seitz, Heike; Ist es in Deutschland tatsächlich viel zu laut? Zum aktuellen Stand von Lärmforschung und Lärmschutz, in: Umweltmedizinische Forschung und Praxis 2005, S. 65–66

Ekardt, Felix; Fluglärmschutzgesetz, Baden-Baden 2012 (Zit.: Ekardt, Fluglärmschutzgesetz)

Ekardt, Felix; Theorie der Nachhaltigkeit: rechtliche, ethische und politische Zugänge – am Beispiel von Klimawandel, Ressourcenknappheit und Welthandel, Baden-Baden 2011 (Zit.: Ekardt, Nachhaltigkeit)

Ekardt, Felix/Schmidtke, Patrick Kim; Die Reichweite des neuen Fluglärmrechts – Zugleich zu einigen Grundproblemen von Grenzwerten, in: DÖV 2009, S. 187–197

Ekardt, Felix/Seidel, Jan; Fluglärm zwischen neuer Rechtsprechung, aktueller Bundesgesetzgebung und dem Europarecht, in: NVwZ 2007, S. 421–424

Engel, Christoph; Herrschaftsausübung bei offener Wirklichkeitsdefintion: Das Proprium des Rechts aus der Perspektive des öffentlichen Rechts, in: Engel/Schön (Hg.), Das Proprium der Rechtswissenschaft, Tübingen 2007, S. 205–240 (Zit.: Engel, in: Engel/Schön (Hg.), Rechtswissenschaft)

Engel, Christoph; Rationale Rechtspolitik und ihre Grenzen, in: JZ 2005, S. 581–590

Epping, Volker/Hillgruber, Christian; GG: Beck'scher OK, 17. Aufl., München 2013 (Zit.: Bearbeiter, in: Epping/Hillgruber (Hg.), GG)

Epping, Volker/Lenz, Sesbastian/Leydecker, Philipp; Grundrechte, 5. Aufl., Berlin u.a. 2012 (Zit.: Epping/Lenz/Leydecker, Grundrechte)

Ensthaler, Jürgen; Bedeutung der Zusammenarbeit zwischen Technik- und Rechtswissenschaft, Ein Beitrag zur Entwicklung eines realitätsgerechten Unternehmensrechts, in: ZRP 2010, S. 226–229

Faber, Nicoline Cathérine; Rechtsfragen der Planung von Flughäfen, Berlin 2006 (Zit.: Faber, Planung von Flughäfen)

Fastl, Hugo; Beurteilung und Messung der wahrgenommenen äquivalenten Dauerlautheit, in: ZfL 1991, S. 98–103

Fastl, Hugo/Zwicker, Eberhard; Psychoacoustics: facts and models, 3. ed., Berlin u.a. 2007 (Zit.: Fastl/Zwicker, Psychoacoustics)

Feldhaus, Gerhard; Bundesimmissionsschutzrecht: Kommentar, Grundwerk mit 173. Erg.-Lfg., Heidelberg 2013 (Zit.: Feldhaus, BImSchR)

Feldmann, Joachim; Schallpegelmesstechnik und ihre Anwendung, in: Möser (Hg.), Messtechnik der Akustik, Berlin u.a. 2010, S. 55–113 (Zit.: Feldmann, in: Möser (Hg.), Messtechnik)

Forsthoff, Ernst; Rechtsstaat im Wandel: verfassungsrechtl. Abhandlungen 1954 – 1973, 2. Aufl., München 1976 (Zit.: Forsthoff, Rechtsstaat im Wandel)

Franke, Sonja; Lärmgrenzwerte für die Planung von Verkehrsflughäfen, Berlin 2003 (Zit.: Franke, Lärmgrenzwerte)

Frentzel-Beyme, Rainer; Einführung in die Epidemiologie, Darmstadt 1985 (Zit.: Frentzel-Beyme, Epidemiologie)

Fridrich, Alexandra; Offene Fragen zum Fluglärmschutzgesetz und dessen Umsetzung, in: Ziekow (Hg.), Aktuelle Probleme des Luftverkehrs-, Planfeststellungs- und Umweltrechts 2010: Vorträge auf den Zwölften Speyerer Planungsrechtstagen und dem Speyerer Luftverkehrsrechtstag vom 3. bis 5. März 2010 an der Deutschen Hochschule für Verwaltungswissenschaften Speyer, Berlin 2011, S. 127–160 (Zit.: Fridrich, in: Ziekow (Hg.), Aktuelle Probleme 2011)

Geiger, Harald; Die Planung von Verkehrsflughäfen, in: NuR 1982, S. 127–136

Geis, Max-Emanuel; Der Punkt als Norm – Rechtsschutz gegen Flugrouten und Warteschleifen, in: Geis/Umbach (Hg.), Festschrift für Richard Bartlsperger zum 70. Geburtstag, 2006, S. 215–232 (Zit.: Geis, in: Geis/Umbach (Hg.), FS Bartlsperger 2006)

Gellermann, Martin; Grundrechte in einfachgesetzlichem Gewand: Untersuchung zur normativen Ausgestaltung der Freiheitsrechte; Tübingen 2000 (Zit.: Gellermann, Grundrechte in einfachgesetzlichem Gewand)

Gerthsen, Christian/Meschede, Dieter; Gerthsen Physik, 24. Aufl., Berlin u.a. 2010 (Zit.: Gerthsen Physik)

Giemulla, Elmar/Rathgeb, Ulrich; Das neue Fluglärmgesetz, in: DVBl. 2008, S. 669–678

Giemulla, Elmar/Rathgeb, Ulrich; Zum Nachtflugverbot am Flughafen Frankfurt/Main und den Voraussetzungen für den Schutz gegen Fluglärm, in: ZLW 2013, S. 55–61

Giemulla, Elmar/Schmid, Ronald; Luftverkehrsgesetz: Frankfurter Kommentar zum Luftverkehrsrecht, 63. ErgL., Köln 2013 (Zit.: Bearbeiter, in: Giemulla/Schmid (Hg.), LuftVG)

Giemulla, Elmar/Schorcht, Hendrik; Juristische Bewertung von Fluglärm (Teil 1 und Teil 2), in: ZLW 2004, S. 386–394 und 493–525

Giesberts, Ludger; Flughäfen als Unternehmen? Anwendbarkeit des Beihilfenrechts, in: Ziekow (Hg.), Aktuelle Probleme des Luftverkehrs-, Planfeststellungs- und Umweltrechts 2010: Vorträge auf den Zwölften Speyerer Planungsrechtstagen und dem Speyerer Luftverkehrsrechtstag vom 3. bis 5. März 2010 an der Deutschen Hochschule für Verwaltungswissenschaften Speyer, Berlin 2011, S. 101–126 (Zit.: Giesberts, in: Ziekow (Hg.), Aktuelle Probleme 2011)

Giesberts, Ludger/Reinhardt, Michael; Beck´scher Online-Kommentar Umweltrecht, 27. Aufl., München 2013 (Zit.: Bearbeiter, in: Giesberts/Reinhardt (Hg.), Umweltrecht)

Giering, Kerstin; Lärmwirkungen: Dosis-Wirkungsbeziehungen, herausgegeben vom UBA, Dessau 2010, Lärmwirkungen (Zit.: Giering, in: UBA (Hg.), Lärmwirkungen)

Giering, Kerstin; Dosis-Wirkungsbeziehungen für Belästigung: Woher kommen sie?, in: ZfL 2009, S. 122–126

Giering, Kerstin; Monetäre Bewertung des Straßenverkehrslärms für Deutschland, in: ZfL 2009, S. 200–206

Görisch, Christoph; Kernnacht – Mediationsnacht – Nachtrandstunden: Wie weit reicht der Schutz vor nächtlichem Fluglärm, in: ZUR 2012, S. 611–616

Grabherr, Edwin/Reidt, Olaf/Wysk, Peter; Luftverkehrsgesetz: Kommentar, 16. ErgL., München 2012 (Zit.: Bearbeiter, in: Grabherr/Reidt/Wysk (Hg.), LuftVG)

Greiser, Eberhard; Wie verallgemeinerungsfähig sind die Empfehlungen der sogenannten Fluglärm-Synopse und der DLR-Studie zum Nachtflug-Lärm) – Eine epidemiologische Bewertung, in: Oldiges (Hg.), Der Schutz vor nächtlichem Fluglärm: Dokumentation des Symposions „Der Schutz vor Nächtlichem Fluglärm“ des Instituts für Umwelt- und Planungsrecht der Universität Leipzig am 20. Januar in Leipzig, Baden-Baden 2007, S. 31–44 (Zit.: Greiser, in: Oldiges (Hg.), Schutz vor nächtlichem Fluglärm)

Greiser, Eberhard/Greiser, Claudia; Risikofaktor nächtlicher Fluglärm: Abschlussbericht über eine Fall-Kontroll-Studie zu kardiovaskulären und psychischen Erkrankungen im Umfeld des Flughafens Köln-Bonn, in Auftrag und herausgegeben vom UBA, Dessau-Roßlau 2010 (Zit.: Greiser/Greiser, in: UBA (Hg.), Abschlussbericht)

Greiser, Eberhard/Janhsen, Kathrin/Greiser, Claudia; Beeinträchtigung durch Fluglärm: Arzneimittelverbrauch als Indikator für gesundheitliche Beeinträchtigungen, in Auftrag gegeben vom UBA, Bremen 2006 (Zit.: Greiser/Janhsen/Greiser, in: UBA (Hg.), Arzneimittelverbrauch)

Griefahn, Barbara; Extraaurale Wirkungen und Bewertung von Fluglärm, in: Ziekow (Hg.), Bewertung von Fluglärm – Regionalplanung – Planfeststellungsverfahren: Vorträge auf den Vierten Speyerer Planungsrechtstagen und dem Speyerer Luftverkehrsrechtstag vom 13. bis 15. März 2002 an der Deutschen Hochschule für Verwaltungswissenschaften Speyer, Berlin 2003, S. 27–36 (Zit.: Griefahn, in: Ziekow (Hg.), Fluglärm 2003)

Griefahn, Barbara/Jansen, Gerd/Scheuch, Klaus/Spreng, Manfred; Fluglärmsynopse – Im Auftrag der Fraport AG, 2001; zu finden unter (zuletzt besucht am 23.08.2013): http://www.dfld.de/DFLD/index.htm (Zit.: Griefahn/Jansen/Scheuch/Spreng, Fluglärmsynopse)

Griefahn, Barbara/Jansen, Gerd/Scheuch, Klaus/Spreng, Manfred; Fluglärmkriterien für ein Schutzkonzept bei wesentlichen Änderungen oder Neuanlagen von Flughäfen/Flugplätzen, in: ZfL 2002, S. 171–175

Gross, Rudolf/Löfler, Markus; Prinzipien der Medizin: Eine Übersicht ihrer Grundlagen und Methoden, Berlin u.a. 1997 (Zit.: Gross/Löfler, Prinzipien)

Groß, Thomas; Von der Kontrolle der Polizei zur Kontrolle des Gesetzgebers. Transformationen rechtsstaatlicher Kontrollinstrumente, in: DÖV 2006, S. 856–861

Guski, Rainer; Neuer Fluglärm gleich alter Fluglärm? Kritische Anmerkungen zu einer Expertenmeinung und ein Vorschlag zur Prognoseberechnung der erheblichen Belästigung bei wesentlich geänderter Fluglärmbelastung, in: ZfL 2003, S. 14–25

Guski, Rainer; Personal and social variables as co-determinants of noise annoyance, in: Noise & Health 1999, S. 45–56

Guski, Rainer/Basner, Mathias/Mark, Brink; Gesundheitliche Auswirkungen nächtlichen Fluglärms: aktueller Wissensstand (Literaturauswertung), erstellt im Auftrag des Ministeriums für Klimaschutz, Umwelt, Landwirtschaft, Natur- und Verbraucherschutz des Landes Nordrhein-Westfalen, 2012; zu finden unter (zuletzt besucht am 23.08.2013): http://www.umwelt.nrw.de/umwelt/laerm/fluglaerm/index.php (Zit.: Guski/Basner/Brink, Auswirkungen nächtlichen Fluglärms)

Guski, Rainer/Bosshardt, Hans-Georg; Gibt es eine „unbeeinflußte" Lästigkeit?, in: ZfL 1992, S. 67–74

Guski, Rainer/Schick, August; Belästigung, in: UBA (Hg.), Fluglärm: Stellungnahme des interdisziplinären Arbeitskreises für Lärmwirkungsfragen, Berlin 2004, S. 42–51 (Zit.: Guski/Schick, in: UBA (Hg.), Fluglärm 2004)

Guski, Rainer/Schuemer, Rudolf; Fraport-Synopse weiter fraglich: Eine Stellungnahme zum Beitrag von Scheuch, Jansen und Spreng, in: ZfL 2007, S. 236–240

Gusy, Christoph; „Wirklichkeit“ in der Rechtsdogmatik, in: JZ 1991, S. 213–222

Häder, Michael; Empirische Sozialforschung: eine Einführung, 2. Aufl., Wiesbaden 2010 (Zit.: Häder, Sozialforschung)

Hain, Karl-Eberhard; Der Gesetzgeber in der Klemme zwischen Übermaß- und Untermaßverbot, in: DVBl. 1993, S. 982–984

Halama, Günter/Stüer, Bernhard; Lärmschutz in der Planung, in: NVwZ 2003, S. 137–144

Hebeler, Timo; Ist der Gesetzgeber verfassungsrechtlich verpflichtet, Gesetze zu begründen? – Grundsätzliche Überlegungen anlässlich des Bundesverfassungsgerichtsurteils zur Leistungsgestaltung im SGB II, in: DÖV 2010, S. 754–762

Heitsch, Christian; Grundrechtsprobleme der luftverkehrsrechtlichen Planfeststellung, in: Ziekow (Hg.), Aktuelle Fragen des Fachplanungs-, Raumordnungs- und Naturschutzrechts 2007: Vorträge auf den Neunten Speyerer Planungsrechtstagen und dem Speyerer Luftverkehrsrechtstag vom 14. bis 16. März 2007 an der Deutschen Hochschule für Verwaltungswissenschaften Speyer, Berlin 2008, S. 9–34 (Zit.: Heitsch, in: Ziekow (Hg.), Aktuelle Fragen 2008)

Henschler, Dietrich; Bewältigung von Langzeitrisiken im Umwelt- und Technikrecht/13. Trierer Kolloquium zum Umwelt- und Technikrecht vom 11. bis 12. September 1997, Berlin 1998 (Zit.: Henschler, Langzeitrisiken)

Hermann, Martin; Schutz vor Fluglärm bei der Planung von Verkehrsflughäfen im Lichte des Verfassungsrechts: zur Auslegung von § 9 Abs. 2 LuftVG, Berlin 1994 (Zit.: Hermann, Schutz vor Fluglärm)

Hermes, Georg; Das Grundrecht auf Schutz von Leben und Gesundheit: Schutzpflicht und Schutzanspruch aus Art. 2 Abs. 2 Satz 1 GG, Heidelberg 1987(Zit.: Hermes, Schutz von Leben und Gesundheit)

Hesse, Konrad; Grundzüge des Verfassungsrechts der Bundesrepublik Deutschland, 20. Aufl., Heidelberg 1995 (Zit.: Hesse, Grundzüge)

Hesse, Konrad; Die verfassungsrechtliche Kontrolle der Wahrnehmung grundrechtlicher Schutzpflichten des Gesetzgebers, in: Däubler-Gmelin/Kinkel/Meyer/Simon (Hg.), Gegenrede: Aufklärung – Kritik – Öffentlichkeit. Festschrift für Ernst Gottfried Mahrenholz, Baden-Baden 1994, S. 541–559 (Zit.: Hesse, in: Däubler-Gmelin/Kinkel/Meyer/Simon (Hg.), FS Mahrenholz)

Hesse, Konrad; Bedeutung der Grundrechte, in: Benda/Maihofer/Vogel (Hg.), Handbuch des Verfassungsrechts der Bundesrepublik Deutschland, 2. Aufl., Berlin u.a. 1994, § 5 (Zit.: Hesse, in: Benda/Maihofer/Vogel (Hg.), HVerfR)

Heudorf, Ursel; Die NORAH-Studie zu Fluglärmwirkungen (Noise Related Annoyance, Cognition, and Health), in: Hess. Ärztebl. 2012, S. 447–452

Hillgruber, Christian; Ohne rechtes Maß? Eine Kritik der Rechtsprechung des Bundesverfassungsgerichts nach 60 Jahren, in: JZ 2011, S. 861–871

Hillgruber, Christian; Grundrechtlicher Schutzbereich, Grundrechtsausgestaltung und Grundrechtseingriff, in: Isensee/Kirchhof (Hg.), Handbuch des Staatsrechts, Bd. IX, 3. Aufl., Heidelberg 2011, § 200 (Zit.: Hillgruber, in: Isensee/Kirchhof (Hg.), HStR, Bd. IX, § 200)

Hillgruber, Christian; Grundrechtsschranken, in: Isensee/Kirchhof (Hg.), Handbuch des Staatsrechts, Bd. IX, 3. Aufl., Heidelberg 2011, § 201 (Zit.: Hillgruber, in: Isensee/Kirchhof (Hg.), HStR, Bd. IX, § 201)

Hobe, Stephan/Ruckteschell; Kölner Kompendium des Luftrechts, Bd. 2, Köln 2009 (Zit.: Bearbeiter, in: Hobe/Ruckteschell (Hg.), Kölner Kompendium, Bd. 2)

Hösch, Ulrich; Der Entwurf eines neuen Flughafenkonzepts. Inhalt und Standpunkte, in: Ziekow (Hg.), Aktuelle Probleme des Luftverkehrs-, Planfeststellungs- und Umweltrechts 2009: Vorträge auf den Elften Speyerer Planungsrechtstagen und dem Speyerer Luftverkehrsrechtstag vom 4. bis 6. März 2009 an der Deutschen Hochschule für Verwaltungswissenschaften Speyer, Berlin 2010, S. 73–102 (Zit.: Hösch, in: Ziekow (Hg.), Aktuelle Probleme 2010)

Hofmann, Ekkehard; Abwägung im Recht: Chancen und Grenzen numerischer Verfahren im öffentlichen Recht, Tübingen 2007 (Zit.: Hofmann, Abwägungen im Recht)

Hofmann, Ekkehard; Raten oder Rechnen: Planungsverfahren als methodische Herausforderung, in: Ziekow (Hg.), Aktuelle Fragen des Luftverkehrs-, Fachplanungs- und Naturschutzrechts: Vorträge auf den Siebten Speyerer Planungsrechtstagen und dem Speyerer Luftverkehrsrechtstag vom 9. bis 11. März 2005 an der Deutschen Hochschule für Verwaltungswissenschaften Speyer, Berlin 2006, S. 153–193 (Zit.: Hofmann, in: Ziekow (Hg.), Aktuelle Fragen 2006)

Hoffmann-Riem, Wolfgang; Methoden einer anwendungsorientierten Verwaltungswissenschaft, in: Schmidt-Aßmann/Hoffmann-Riem (Hg.), Methoden der Verwaltungsrechtswissenschaft, Baden-Baden 2004, S. 9–72 (Zit.: Hoffmann-Riem, in: Schmidt-Aßmann/Hoffmann-Riem (Hg.), Methoden)

Hollerbach, Alexander; Auflösung der rechtstaatlichen Verfassung? Zu Ernst Forsthoffs Abhandlung „Die Umbildung des Verfassungsgesetzes" in – Festschrift für Carl Schmidt zum 70., in: AöR 1960, S. 241–270

Hucklenbroich, Peter; Der Krankheitsbegriff der Medizin in der Perspektive einer rekonstruktiven Wissenschaftstheorie, in: Rothaar/Frewer (Hg.), Das Gesunde, das Kranke und die Medizinethik: moralische Implikationen des Krankheitsbegriffs, Stuttgart 2012, S. 15–63 (Zit.: Hucklenbroich, in: Rothaar/Frewer (Hg.), Das Gesunde, das Kranke)

Hume, Kenneth/Brink, Mark/Basner, Mathias; Effects of environmental noise on sleep, in: Noise & Health 2012, S. 297–302

Huss, Anke/Spoerri, Adrian/Egger, Matthias/Röösli, Martin; Aircraft noise, air pollution, and mortality from myocardial infarction, in: Epidemiology 2010, S. 829–836

Huster, Stefan; Rechte und Ziele: Zur Dogmatik der allgemeinen Gleichheitssatzes, Berlin 1993 (Zit.: Huster, Rechte)

Interdisziplinärer Arbeitskreis für Lärmwirkungsforschung beim UBA, Beeinträchtigungen des Schlafes durch Lärm, in: ZfL 1982, S. 13–16

Interdisziplinärer Arbeitskreis für Lärmwirkungsforschung beim UBA; Belästigung durch Lärm: Psychische und körperliche Reaktionen, in: ZfL 1990, S. 1–6

Isensee, Josef; Das Grundrecht als Abwehrrecht und als staatliche Schutzpflicht, in: Isensee/Kirchhof (Hg.), Handbuch des Staatsrechts, Bd. IX, 3. Aufl., Heidelberg 2011, § 191 (Zit.: Isensee, in: Isensee/Kirchhof (Hg.), HStR, Bd. IX, § 191)

Isensee, Josef; Das Grundrecht auf Sicherheit: zu den Schutzpflichten des freiheitlichen Sicherheitsstaates; Vortrag gehalten vor der Berliner Juristischen Gesellschaft am 24. November 1982, Berlin u.a. 1983 (Zit.: Isensee, Das Grundrecht auf Sicherheit)

Ising, Hartmut/Költzsch, Peter; Bewertung von Schallschutzmaßnahmen, in: UBA (Hg.), Fluglärm: Stellungnahme des interdisziplinären Arbeitskreises für Lärmwirkungsfragen, Berlin 2004, S. 22–27 (Zit.: Ising/Költzsch, in: UBA (Hg.), Fluglärm 2004)

Ising, Hartmut/Scheuch, Klaus/Spreng, Manfred, Erkrankungen, in: UBA (Hg.), Fluglärm: Stellungnahme des interdisziplinären Arbeitskreises für Lärmwirkungsfragen, Berlin 2004, S. 89–104 (Zit.: Ising/Scheuch/Spreng, in: UBA (Hg.), Fluglärm 2004)

Jaeckel, Liv; Gefahrenabwehrrecht und Risikodogmatik: moderne Technologien im Spiegel des Verwaltungsrechts, Tübingen 2010 (Zit.: Jaeckel, Gefahrenabwehrrecht)

Jannasch, Alexander; Aktuelle Fragen des Luftverkehrsrechts – aus Sicht der Rechtsprechung, in: Ziekow (Hg.), Aktuelle Probleme des Luftverkehrs-, Planfeststellungs- und Umweltrechts 2010: Vorträge auf den Zwölften Speyerer Planungsrechtstagen und dem Speyerer Luftverkehrsrechtstag vom 3. bis 5. März 2010 an der Deutschen Hochschule für Verwaltungswissenschaften Speyer, Berlin 2011, S. 161–183 (Zit.: Jannasch, in: Ziekow (Hg.), Aktuelle Probleme 2011)

Jannasch, Alexander; Aktuelle Entwicklungen des Luftverkehrsrechts im Spiegel der Rechtsprechung des Bundesverwaltungsgerichts, in: VBlBW. 2008, S. 361–368

Jansen, Gerd; Zum Stand der Wirkungsforschung, in: Koch (Hg.), Schutz vor Lärm, Baden-Baden 1990, S. 9–19 (Zit.: Jansen, in: Koch (Hg.), Schutz vor Lärm)

Jansen, Gerd; Zur „erheblichen Belästigung“ und „Gefährdung“ durch Lärm, in: ZfL 1986, S. 2–7

Jansen, Gerd/Linnemeier, Anja/Nitzsche, Martin; Methodenkritische Überlegungen und Empfehlungen zur Bewertung von Nachtfluglärm, in: ZfL 1995, S. 91–106

Jansen, Gerd/Notbohm, Gert/Schwarze, Sieglinde; Gesundheitsbegriff und Lärmwirkungen, Stuttgart 1999 (Zit.: Jansen/Notbohm/Schwarze, Gesundheitsbegriff)

Jarass, Hans Dieter; Bundes-Immissionsschutzgesetz: Kommentar unter Berücksichtigung der Bundes-Immissionsschutzverordnungen, der TA Luft sowie der TA Lärm, 9. Aufl., München 2012 (Zit.: Jarass, BImSchG)

Jarass, Hans Dieter; Die materiellen Voraussetzungen der Planfeststellung in neuerer Sicht. Dogmatische Grundlagen und praktische Folgen, insbesondere im Verkehrswegebereich, in: DVBl. 1998, S. 1202–1211

Jarass, Hans Dieter; Probleme und Lücken des Verkehrsimmissionsschutzrechts, in: Koch/Lechelt (Hg.), Zwanzig Jahr Bundes-Immissionsschutzgesetz, Baden-Baden 1994 (Zit.: Jarass, in: Koch/Lechelt (Hg.), 20 Jahre BImSchG)

Jarass, Hans Dieter/Pieroth, Bodo; Grundgesetz für die Bundesrepublik Deutschland: Kommentar, 12. Aufl., München 2012 (Zit.: Bearbeiter, in: Jarass/Pieroth (Hg.), GG)

Jestaedt, Matthias; Braucht die Wissenschaft vom Öffentlichen Recht eine fachspezifische Wissenschaftstheorie?, in: Funke/Lüdemann (Hg.), Öffentliches Recht und Wissenschaftstheorie, Tübingen 2009, S. 17–44 (Zit.: Jestaedt, in: Funke/Lüdemann (Hg.), Öffentliches Recht und Wissenschaftstheorie)

Jestaedt, Matthias; „Öffentliches Recht" als wissenschaftliche Disziplin, in: Engel/Schön (Hg.), Das Proprium der Rechtswissenschaft, Tübingen 2007, S. 241–281 (Zit.: Jestaedt, in: Engel/Schön (Hg.), Rechtswissenschaft)

Kämper, Norbert; Kein Nachtflugverkehr mehr über Deutschland?, in: NVwZ 2013, S. 8–14

Kämper, Norbert; Das selbständige Genehmigungsverfahren für Flugplätze, in: ZLW 2009, S. 16–33

Kaltenbach, Martin/Maschke, Christian; Schlusswort – Diskussion zu dem Beitrag „Gesundheitliche Auswirkungen von Fluglärm" von Prof. Dr. med. Kaltenbach et al in Heft 31–32/ 2008, in: DÄBl. 2009, S. 71

Kaltenbach, Martin/Maschke, Christian/Klinke, Rainer; Gesundheitliche Auswirkungen von Fluglärm, in: DÄBl. 2008, S. 548–557

Kelle, Udo; Die Integration qualitativer und quantitativer Methoden in der empirischen Sozialforschung: Theoretische Grundlagen und methodologische Konzepte, Wiesbaden 2007 (Zit.: Kelle, Sozialforschung)

Kilian, Wolfgang; Rechtsschutz gegen Bundes-Rechtsverordnungen, in: NVwZ 1998, S. 142

Kirchhof, Gregor; Der rechtliche Schutz vor Feinstaub – subjektive öffentliche Rechte zu Lasten Vierter, in: AöR 2010, S. 29–77

Klein, Eckart; Verfassungsprozessrecht – Versuch einer Systematik an Hand der Rechtsprechung des Bundesverfassungsgerichts, in: AöR 1983, S. 410–444 und S. 561–624

Klein, Hans Hubert; Die grundrechtliche Schutzpflicht, in: DVBl. 1994, S. 489–497

Klein, Oliver; Das Untermaßverbot – Über die Justiziabilität grundrechtlicher Schutzpflichterfüllung, in: JuS 2006, S. 960–964

Klinger, Remo; Zum Flugroutenstreit am Flughafen BBI, in: LKV 2011, S. 8–12

Kloepfer, Michael; Umweltrecht, 3. Aufl., München 2004 (Zit.: Kloepfer, Umweltrecht)

Kloepfer, Michael/Griefahn, Barbara/Kaniowski, Andrzej M./Klepper, Gernot/Lingner, Stephan/Steinebach, Gerhard/Weyer, Heinrich A./Wysk, Peter; Leben mit Lärm? Risikobeurteilung und Regulation des Umgebungslärms im Verkehrsbereich, Berlin u.a. 2006 (Zit.: Kloepfer/Griefahn/Kaniowski/Klepper/Lingner/Steinebach/Weyer/Wysk, Leben mit Lärm)

Knack, Hans Joachim/Henneke, Hans-Günter; Verwaltungsverfahrensgesetz: Kommentar, 9. Aufl.; Köln 2009 (Zit.: Bearbeiter, in: Knack/Henneke (Hg.), VwVfG)

Koch, Hans-Joachim; Das neue Fluglärmschutzgesetz und seine untergesetzliche Konkretisierung, in: Dolde (Hg.), Verfassung – Umwelt – Wirtschaft, Festschrift für Dieter Sellner zum 75. Geburtstag, München 2010, S. 277–298 (Zit.: Koch, in: Dolde/Hansmann/Paetow/Schmidt-Aßmann (Hg.), FS Sellner 2010)

Koch, Hans-Joachim; Aktuelle Probleme des Lärmschutzes, in: NVwZ 2000, S. 490–501

Koch, Hans-Joachim/Kahle, Christian; Aktuelle Entwicklungen des Immissionsschutzrechts, in: NVwZ 2006, S. 1006–1014

Koch, Hans-Joachim/Wieneke, Annette; Die Zukunft des Fluglärmgesetzes, in: Koch (Hg.), Umweltprobleme des Luftverkehrs, Baden-Baden 2003, S. 243–270 (Zit.: Koch/Wieneke, in: Koch (Hg.), Umweltprobleme)

Koch, Hans-Joachim/Wieneke, Annette; Umweltprobleme des Luftverkehrs, in: NVwZ 2003, S. 1153–1168

Kötz, Wolf-Dietrich; Der lange Marsch – Neue oder bewährte Wege zu höherem Schallschutz? In: ZfL 2008, S. 1

Kötz, Wolf-Dietrich; Zur Frage der effektiven Schalldämmung von geöffneten Fenstern: Ein klärendes Wort zur Schallpegeldifferenz außen/innen bei Fenstern in Kippstellung, in: ZfL 2004, S. 21–26

Kokott, Juliane; Beweislastverteilung und Prognoseentscheidungen bei der Inanspruchnahme von Grund- und Menschenrechten, Berlin u.a. 1993 (Zit.: Kokott, Beweislast)

Kopp, Ferdinand O./Ramsauer, Ulrich; Verwaltungsverfahrensgesetz: Kommentar, 13. Aufl., 2012 (Zit.: Kopp/Ramsauer, VwVfG)

Korioth, Stefan; Bundesverfassungsgericht und Rechtsprechung („Fachgerichte“), in: Badura/Dreier (Hg.), Festschrift 50 Jahre Bundesverfassungsgericht, Bd. 1, Tübingen 2001, S. 55–81 (Zit.: Korioth, in: Badura/Dreier (Hg.), FS 50 Jahre BVerfG, Bd. 1)

Koppensteiner, Hans-Georg; Zur Grundrechtsfähigkeit gemischtwirtschaftlicher Unternehmungen, in: NJW 1990, S. 3105–3114

Kotulla, Michael; Bundes-Immissionsschutzgesetz: Kommentar und Vorschriftensammlung, 11. Ergl., Stuttgart 2011 (Zit.: Bearbeiter, in: Kotulla (Hg.), BImSchG)

Krappel, Thomas; Lärmschutz in der eisenbahnrechtlichen Planfeststellung, Berlin 2011 (Zit.: Krappel, Lärmschutz)

Kriele, Martin; Grundrechte und demokratischer Gestaltungsraum, in: Isensee/Kirchhof (Hg.), Handbuch des Staatsrechts, Bd. IX, Heidelberg 2011, § 188 (Zit.: Kriele, in: Isensee/Kirchhof (Hg.), HStR, Bd. IX, § 188)

Krings, Günter; Grund und Grenzen grundrechtlicher Schutzansprüche: die subjektiv-rechtliche Rekonstruktion der grundrechtlichen Schutzpflichten und ihre Auswirkung auf die verfassungsrechtliche Fundierung des Verbrauchervertragsrechts, Berlin 2003 (Zit.: Krings, Schutzansprüche)

Kroesen, Maarten/Bröer, Christian; Policy discourse, people´s internal frames and declared noise annoyance: an application of Q methodology, in: Journal of the Acoustical Society of America 2009, S. 195–207

Kryter, Karl D.; The effects of noise on man, New York u.a. 1970 (Zit.: Kryter, Noise)

Kube, Hanno; Persönlichkeitsrecht, in: Isensee/Kirchhof (Hg.), Handbuch des Staatsrechts, Bd. VII, 3. Aufl., Heidelberg 2009, § 148 (Zit.: Kube, in: Isensee/Kirchhof (Hg.), HStR, Bd. VII, § 148)

Kühling, Wilfried; Die Wertverlustanalyse bei Fluglärm: eine Bewertungsmethode zur großflächigen Ermittlung fluglärmbedingter Wertverluste bei Wohneigentum, Dortmund 2006 (Zit.: Kühling, Wertverlustanalyse)

Kühling, Jürgen/Hermann, Nikolaus; Fachplanungsrecht, 2. Aufl., Düsseldorf 2000 (Zit.: Kühling/Hermann, Fachplanungsrecht)

Kürer, Ralf; Ermittlung und Bewertung von Lärmkenngrößen, in: Koch (Hg.), Schutz vor Lärm, Baden-Baden 1990, S. 21–29 (Zit.: Kürer, in: Koch (Hg.), Schutz vor Lärm)

Kundi, Michael/Haider, Thomas/Hutter, Hans-Peter/Moshammer, Hanns/Wallner, Peter; Bewertung und Auswirkung von unzumutbaren Belästigungen durch Fluglärm, Gutachten im Auftrag vom BMVIT, Wien 2009, (Zit.: Kundi/Haider/Hutter/Moshammer/Wallner, Fluglärm)

Kundt, Günther/Krentz, Helga/Glass, Änne; Epidemiologie und medizinische Biometrie: eine kurzgefasste übersichtliche Einführung; mit Prüfungsfragen und Übungsaufgaben 7. Aufl., Aachen 2012 (Zit.: Kundt/Krentz/Glass, Epidemiologie)

Kunz, Wolfgang; Eisenbahnrecht: systematische Sammlung der Gesetze und Verordnungen sowie der Rechtsakte der Europäischen Gemeinschaft mit Erläuterungen, 35 ErgL., Baden-Baden 2013 (Zit.: Bearbeiter, in: Kunz (Hg.), Eisenbahnrecht)

Kutscheidt, Ernst; Rechtsprobleme bei der Bewertung von Geräuschemissionen, in: NVwZ 1989, S. 193–199

Landmann, Robert von/Rohmer, Gustav (herausgegeben von Beckmann, Martin/Durner, Wolfgang/Mann, Thomas/Röckinghausen, Marc); Umweltrecht, 67. ErgL., München 2013 (Zit.: Bearbeiter, in: Landmann/Rohmer (Hg.), Umweltrecht)

Lazarus, Hans; Läßt sich das Lautheitsbewertungsverfahren nach Zwicker für die praktische Lärmbekämpfung nutzen? Bemerkung zur Tagung des DAL am 15.11.1988 in Baden-Baden, in: Zfl 1990, S. 54–55

Lazarus, Hans/Sust, Charlotte/Steckel, Rita/Kulka, Marko/Kurtz, Patrick; Akustische Grundlagen sprachlicher Kommunikation, Berlin u.a. 2007 (Zit.: Lazarus/Sust/Steckel/Kulka/Kurtz, Akustische Grundlagen)

Lazarus, Richard S.; Stress, Bewältigung und Emotionen: Entwicklungen eines Modells, in: Rice (Hg.), Stress und Coping: Lehrbuch für Pflegepraxis und -wissenschaft, Bern u.a. 2005 (Zit.: Lazarus, in: Rice (Hg.), Stress und Coping)

Lazarus-Mainka, G./Schubeius, M./Hörmann, H./Lazarus, H., Sprachliche Kommunikation unter Geräuscheinwirkung und die subjektiv erlebte Belästigung, in: ZfL 1983, S. 4–10

Lepsius, Oliver; Sozialwissenschaften im Verfassungsrecht – Amerika als Vorbild, in: JZ 2005, S. 1–13

Lerche, Peter; Das Bundesverfassungsgericht und die Verfassungsdirektiven. Zu den „nichterfüllten Gesetzgebungsaufträgen", in: AöR 1965, S. 341–372

Lerche, Peter; Übermaß und Verfassungsrecht: zur Bindung des Gesetzgebers an die Grundsätze der Verhältnismäßigkeit und der Erforderlichkeit, 2. Aufl., Goldbach 1999 (Zit.: Lerche, Übermaß)

Lieber, Tobias; Aufgaben und Kompetenzgrenzen der Raumordnung – Eine Erwiderung, in: NVwZ 2011, S. 910–914

Lieber, Tobias; Der Entwurf eines neuen Flughafenkonzepts der Bundesregierung. Notwendigkeit und rechtlicher Rahmen einer zentralen Flughafenplanung, in: Ziekow (Hg.), Aktuelle Probleme des Luftverkehrs-, Planfeststellungs- und Umweltrechts 2009: Vorträge auf den Elften Speyerer Planungsrechtstagen und dem Speyerer Luftverkehrsrechtstag vom 4. bis 6. März 2009 an der Deutschen Hochschule für Verwaltungswissenschaften Speyer, Berlin 2010, S. 103–112 (Zit.: Lieber, in: Ziekow (Hg.), Aktuelle Probleme 2010)

Luckow, Klaus-Richard; Systematik und Instrumente des öffentlich-rechtlichen Schutzes gegen Fluglärm – Zu zwei Fluglärm-Entscheidungen des BVerfG, in: DVBl. 1981, S. 1133–1141

Lücke, Jörg; Begründungszwang und Verfassung: zur Begründungspflicht d. Gerichte, Behörden u. Parlamente, Tübingen 1987 (Zit.: Lücke, Begründungszwang)

Lüdemann, Jörn; Rechtsetzung und Interdisziplinarität in der Verwaltungsrechtswissenschaft, in: Funke/Lüdemann (Hg.), Öffentliches Recht und Wissenschaftstheorie, Tübingen 2009, S. 119–143 (Zit.: Lüdemann, in: Funke/Lüdemann (Hg.), Öffentliches Recht und Wissenschaftstheorie)

Lüdemann, Jörn; Netzwerke, Öffentliches Recht und Rezeptionstheorie, Bonn 2007 (Zit.: Lüdemann, Rezeptionstheorie)

Lüders, Klaus/Pohl, Robert Wichard; Pohls Einführung in die Physik, Bd. 1, Mechanik, Akustik und Wärmelehre, Berlin 2009 (Zit.: Lüders/Pohl, Einführung in die Physik)

Longo, Fabio; Neue örtliche Energieversorgung als kommunale Aufgabe: Solarsatzung zwischen gemeindlicher Selbstverwaltung und globalem Klima- und Ressourcenschutz, Baden-Baden 2010 (Zit.: Longo, Energieversrogung)

Martin, R.; Geschichte der Schallbewertung, in: ZfL 1991, S. 151–157

Maunz, Theodor/Dürig, Günter, Grundgesetz: Kommentar, 67. ErgL., München 2012 (Zit: Bearbeiter, in: Maunz/Dürig (Hg.), GG)

Mayer, Christian; Die Nachbesserungspflicht der Gesetzgebers, Baden-Baden 1996 (Zit.: Mayer, Nachbesserungspflicht)

Maschke, Christian; Cardiovascular effects on environmental noise: Research in Germany, in: Noise & Health 2011, S. 205–211

Maschke, Christian; Auswirkungen von Fluglärm im Lebensalltag – für ein Primat der Epidemiologie, in: ZfL 2007, S. 121

Maschke, Christian/Feldmann, Joachim/Hecht, Karl; „Kritisch Toleranzwert“ – lärmmedizinischer Fortschritt oder anachronistische Richtwerte in neuem Gewand, in: ZfL 2004, S. 51–64

Maschke, Christian/Hecht, Karl/Wolf, Ute; Nächtliches Erwachen durch Fluglärm – Beginnen Aufwachreaktionen bei Maximalpegeln von 60 Dezibel(A)?, in: Bundesgesundheitsblatt 2001, S. 1001–1010

Maschke, Christian/Jakob; André, Psychoakustische Messtechnik, in: Möser (Hg.), Messtechnik der Akustik, Berlin u.a. 2010, S. 599–642 (Zit.: Maschke/Jakob, in: Möser (Hg.), Messtechnik)

Maschke, Christian/Neumüller, Manfred; Kritik am Schutzniveau des DLR-Nachtschutzkonzepts, in: Oldiges (Hg.), Schutz vor nächtlichem Fluglärm: Dokumentation des Symposions „Der Schutz vor nächtlichem Fluglärm“ des Instituts für Umwelt- und Planungsrecht der Universität Leipzig am 20. Januar in Leipzig, S. 45–54 (Zit.: Maschke/Neumüller, in: Oldiges (Hg.), Schutz vor nächtlichem Fluglärm)

Maschke, Christian/Wolf, Ute/Leitmann, Thilo; Epidemiologische Untersuchung zum Einfluss von Lärmstress auf das Immunsystem und die Entstehung von Arteriosklerose, herausgegeben vom UBA, Berlin 2003 (Zit.: Maschke/Wolf/Leitmann, in: UBA (Hg.), Lärmstress)

Meessen, Karl Matthias; Das Mitbestimmungsurteil des Bundesverfassungsgerichts, in: NJW 1979, S. 833–837

Mechel, Friederike; Der Fluglärmschutz nach der Gesetzesnovelle 2007, in: ZUR 2007, S. 561–567

Mehler, Thomas; Lärmverteilung und kommunale Belange – Abwehrrechte von Gemeinden bei der Verlegung von Flugrouten aus Lärmschutzgründen, in: Ziekow (Hg.), Aktuelle Probleme des Luftverkehrs-, Planfeststellungs- und Umweltrechts 2011: Vorträge auf den Dreizehnten Speyerer Planungsrechtstagen und dem Speyerer Luftverkehrsrechtstag vom 2. bis 4. März 2011 an der Deutschen Hochschule für Verwaltungswissenschaften Speyer, Berlin 2012, S. 93–112 (Zit.: Mehler, in: Ziekow (Hg.), Aktuelle Probleme 2012)

Meißner, Martin; An- und Abflugverfahren – ein neues Planungsrecht entsteht, in: Ziekow (Hg.), Aktuelle Probleme des Fachplanungs- und Raumordnungsrechts 2004: Flughafenplanung, Immissionsschutz in der Fachplanung, Umweltprüfung von Plänen; Vorträge auf den Sechsten Speyerer Planungsrechtstagen und dem Speyerer Luftverkehrsrechtstag vom 10. bis 12. März 2004 an der Deutschen Hochschule für Verwaltungswissenschaften Speyer, Berlin 2005, S. 37–64 (Zit: Meißner, in: Ziekow (Hg.), Aktuelle Probleme 2005)

Meister, Johannes; Flugroutenplanung und allgemeines Planungsrecht, in: ZLW 2004, S. 23–46

Meßerschmidt, Klaus; Gesetzgebungsermessen, Berlin u.a. 2000 (Zit.: Meßerschmidt, Gesetzgebungsermessen)

Mensen, Heinrich; Planung, Anlage und Betrieb von Flugplätzen, Berlin u.a. 2007 (Zit.: Mensen, Planung)

Mevenkamp, Andreas; Lärmschutzmaßnahmen in der Verkehrsregulierung – Konzepte der Flugsicherung, in: Koch (Hg.), Umweltprobleme des Luftverkehrs, Baden-Baden 2003, S. 175–190 (Zit.: Mevenkamp, in: Koch (Hg.), Umweltprobleme)

Meyer, Andreas; Wenn kaum jemand noch weiter weiß: eine repräsentative soziopsychologische Fluglärmuntersuchung als Ausweg, in: ZfL 2003, S. 147–152

Michl, Fabian; Die Festlegung von Flugrouten nach § 27a Abs. 2 Satz 1 LuftVO, in: ThüVBl. 2011, S. 121–130

Michler, Hans-Peter; Lärmsummationen, in: VBlBW. 2004, S. 361–370

Möllers, Christoph; Methoden, in: Hoffmann-Riem/Schmidt-Aßmann/Voßkuhle (Hg.), Grundlagen des Verwaltungsrechts, Bd. 1, Methoden, Maßstäbe, Aufgaben, Organisation, 2. Aufl., München 2012, § 3 (Zit.: Möllers, in: Hoffmann-Riem/Schmidt-Aßmann/Voßkuhle (Hg.), Grundlagen des Verwaltungsrechts, Bd. 1)

Möser, Michael; Technische Akustik, 8. Aufl., Berlin 2009 (Zit.: Möser, Technische Akustik)

Möstl, Markus; Probleme der verfassungsprozessualen Geltendmachung gesetzgeberischer Schutzpflichten, in: DÖV 1998, S. 1029–1039

Müller, Friedrich/Christensen, Ralph; Juristische Methodik, Bd. I, Grundlagen Öffentliches Recht, 9. Aufl., Berlin 2004 (Zit.: Müller/Christensen, Juristische Methodik, Bd. I)

Müller-Terpitz, Ralf; Recht auf Leben und körperliche Unversehrtheit, in: Isensee/Kirchhof (Hg.), Handbuch des Staatsrechts, Bd. VII, 3. Aufl., Heidelberg 2009, § 147 (Zit.: Müller-Terpitz, in: Isensee/Kirchhof (Hg.), HStR, Bd. VII, § 147)

Murswiek, Dietrich; Die staatliche Verantwortung für die Risiken der Technik: verfassungsrechtliche Grundlagen und immissionsschutzrechtliche Ausformung, Berlin 1985 (Zit.: Murswiek, Verantwortung)

Musielak, Hans-Joachim; Kommentar zur Zivilprozessordnung mit Gerichtsverfassungsgesetz, 10. Aufl., München 2013 (Zit.: Bearbeiter, in: Musielak (Hg.), ZPO)

Neise, Wolfgang, Lärmoptimierte An- und Abflugverfahren (LAnAb), in: ZfL 2004, S. 185–190

Neumann, Ulfrid; Wissenschaftstheorie der Rechtswissenschaft, in: Kaufmann/Hassemer/Neumann (Hg.), Einführung in die Rechtsphilosophie und Rechtstheorie der Gegenwart, 8. Aufl., Heidelberg 2011, S. 385–400 (Zit.: Neumann, in: Kaufmann/Hassemer/Neumann (Hg.), Rechtstheorie)

Niehaus, Jens Uwe; Sozialmedizin systematisch, 3. Aufl., Bremen 2011 (Zit.: Niehaus, Sozialmedizin)

Oliva, Carl; Belastungen der Bevölkerung durch Flug- und Straßenlärm: eine Lärmstudie am Beispiel der Flughäfen Genf und Zürich, Berlin 1998 (Zit.: Oliva, Belastungen)

Ortscheid, Jens/Wende, Heidemarie; Sind 3 dB wahrnehmbar? Eine Richtigstellung, in: ZfL2004, S. 80–85

Ortscheid, Jens/Wende, Heidemarie; Lärm – Erfassung und Bewertung, in: ZUR 2002, S. 185–189

Ortscheid, Jens/Wende, Heidemarie; Fluglärmwirkungen, herausgegeben vom UBA, Berlin 2000 (Zit.: Ortscheid/Wende, in: UBA (Hg.), Fluglärmwirkungen)

Ossenbühl, Fritz; Die Kontrolle von Tatsachenfeststellungen und Prognoseentscheidungen durch das Bundesverfassungsgericht, in: Starck (Hg.), Bundesverfassungsgericht und Grundgesetz: Festgabe aus Anlaß des 25jährigen Bestehens des Bundesverfassungsgerichts, Tübingen 1976, S. 458–518 (Zit.: Ossenbühl, in: Starck (Hg.), Festgabe 25 Jahre BVerfG)

Pache, Eckhard, Rechtsgutachten im Auftrag des Umweltbundesamtes: Prüfung von formell- und materiell-rechtlichen Aspekten bei der Benehmensregelung zur Festlegung von Flugrouten nach § 32 LuftVG zwischen UBA und BAF, herausgegeben vom UBA, Dessau 2012 (Zit.: Pache, in: UBA (Hg.), Flugrouten 2012)

Paetow, Stefan; Lärmschutz in der aktuellen höchstrichterlichen Rechtsprechung, in: NVwZ 2010, S. 1184–1190

Peine, Franz-Joseph; Rechtsprobleme des Verkehrslärmschutz, in: DÖV 1988, S. 937–949

Pestalozza, Christian; Verfassungsprozessrecht: die Verfassungsgerichtsbarkeit des Bundes und der Länder; mit einem Anhang zum internationalen Rechtsschutz, 3. Aufl., München 1991 (Zit.: Pestalozza, Verfassungsprozessrecht)

Petersen, Niels; Braucht die Rechtswissenschaft eine empirische Wende?, in: Der Staat 2010, S. 435–455

Pfaff, Richard/Heilshorn, Torsten; Die Flugroutenfestlegung als Abwägungsentscheidung, in: NVwZ 2004, S. 412–418

Pieroth, Bodo/Schlink, Bernhard; Grundrechte: Staatsrecht II, 28. Aufl., Heidelberg u. a. 2012 (Zit.: Pieroth/Schlink, StR II, GR)

Popper, Karl Raimund; Ausgangpunkte: Meine intellektuelle Entwicklung, München 2004 (Zit.: Popper, Ausgangspunkte)

Popper, Karl Raimund; Alles Leben ist Problemlösen, München 2002 (Zit.: Popper, Problemlösen)

Pospeschill, Markus; Statistische Methoden: Strukturen, Grundlagen, Anwendungen in Psychologie und Sozialwissenschaften, München 2006 (Zit.: Pospeschill, Statistische Methoden)

Poscher, Ralf; Grundrechte als Abwehrrechte: reflexive Regelung rechtlich geordneter Freiheit, Tübingen 2003 (Zit.: Poscher, Abwehrrechte)

Puls, Thomas; Verkehrslärm in der Diskussion: Möglichkeiten und Grenzen des Lärmschutzes in Deutschland, Köln 2007 (Zit.: Puls, Verkehrslärm)

Quaas, Michael; Der Schutz vor unzumutbarem Fluglärm in der Planfeststellung – Rechtliche Anwendungsprobleme nach dem Luftverkehrsgesetz, in: NVwZ 1991, S. 16–22

Quehl, Julia/Basner, Mathias; Nächtlicher Flug-, Straßen- und Schienenverkehrslärm: Belästigungsunterschiede und kumulative Wirkungen, in: ZfL 2008, S. 240–246

Rachor, Frederik, in: Denninger/Rachor (Hg.), Handbuch des Polizeirechts: Gefahrenabwehr, Strafverfolgung, Rechtsschutz; 5. Aufl., München 2012 (Zit.: Rachor, in: Denninger/Rachor (Hg.), Handbuch des Polizeirechts)

Raithel, Jürgen; Quantitative Forschung: ein Praxiskurs, 2. Aufl., Wiesbaden 2008 (Zit.: Raithel, Forschung)

Ramsauer, Ulrich; Umweltprobleme in der Flughafenplanung – Verfahrensrechtliche Fragen, in: NVwZ 2004, S. 1041–1052

Rathgeb, Ulrich; Zur Umsetzung des novellierten Fluglärmgesetzes, in: DVBl. 2013, 692 (700)

Rauscher, Thomas/Wax, Peter/Wenzel, Joachim; Münchener Kommentar zur Zivilprozessordnung mit Gerichtsverfassungsgesetz und Nebengesetzen, 4. Aufl., München 2013 (Zit.: Bearbeiter, in: Rauscher/Wax/Wenzel (Hg.), MK-ZPO)

Rausch-Gast, Regine; Die Festlegung von Flugrouten auf der Grundlage der neueren Rechtsprechung zu § 29 b LuftVG, in: Ziekow (Hg.), Aktuelle Probleme des Luftverkehrs-, Planfeststellungs- und Umweltrechts 2009: Vorträge auf den Elften Speyerer Planungsrechtstagen und dem Speyerer Luftverkehrsrechtstag vom 4. bis 6. März 2009 an der Deutschen Hochschule für Verwaltungswissenschaften Speyer, Berlin 2010, S. 63–72 (Zit.: Rausch-Gast, in: Ziekow (Hg.), Aktuelle Probleme 2010)

Rauschnig, Dietrich; Staatsaufgabe Umweltschutz, in: VVDStRL 1980, S. 167–210

Redeker, Konrad/Karpenstein Ulrich; Über Nutzen und Notwendigkeiten, Gesetze zu begründen, in: NJW 2001, S. 2825–2831

Rehbinder, Eckard; Ziele, Grundsätze, Strategien und Instrumente des Umweltschutzes, in: Hansmann/Sellner (Hg.), Grundzüge des Umweltrechts, 4. Aufl., Berlin 2012, S. 135–300 (Rehbinder, in: Hansmann/Sellner (Hg.), Grundzüge)

Renziehausen, Hermann; Lärmschutz bei Planung, Änderung und Betrieb von Flugplätzen unter besonderer Berücksichtigung des Gesetzes zum Schutz gegen Fluglärm, Speyer 1991, (Zit.: Renziehausen, Lärmschutz)

Repkewitz, Ulrich; Festlegung von Flugrouten – Materielle und formelle Anforderungen, Rechtsschutz, in: VBlBW. 2005, S. 1–14

Roellecke, Gerd; Aufgabe und Stellung des Bundesverfassungsgerichts im Verfassungsgefüge, in: Isensee/Kirchhof (Hg.), HStR, Bd. III, 3. Aufl., Heidelberg 2005, § 67 (Zit.: Roellecke, in: Isensee/Kirchhof (Hg.), HStR, Bd. III, § 67)

Rohrmann, Bernd/Finke, Hans-Otto/Guski, Rainer/Schümer, Rudolf/Schümer-Kohrs, Anke; Fluglärm und seine Wirkung auf den Menschen: Methoden und Ergebnisse der Forschung; Konsequenzen für den Umweltschutz, Bern u.a. 1978 (Zit.: Rohrmann/Finke/Guski/Schümer/Schümer-Kohrs, Fluglärm)

Rother, Frederik Markus; Die Aufteilung von Luftverkehr in Flughafensystemen im Spannungsfeld zwischen deutschem und europäischem Recht, Tübingen 2011 (Zit.: Rother, Flughafensysteme)

Rothschuh, Karl Eduard; Prinzipien der Medizin: Ein Wegweiser durch die Medizin, München u.a. 1965 (Zit.: Rothschuh, Prinzipien)

Sachs, Michael; Grundgesetz: Kommentar, 6. Aufl., München 2011 (Zit.: Bearbeiter, in: Sachs (Hg.), GG)

Sachverständigenrat für Umweltfragen; Umweltgutachten 1987, Stuttgart u.a 1988 (Zit.: SRU, Umweltgutachten 1987)

Sachverständigenrat für Umweltfragen; Sondergutachten 1999, BT-Drs. 14/2300 (Zit.: SRU, Sondergutachten 1999)

Sachverständigenrat für Umweltfragen; Umweltgutachten 2002, BT-Drs. 14/8792 (Zit.: SRU, Umweltgutachten 2002)

Sachverständigenrat für Umweltfragen; Umweltgutachten 2004, BT-Drs. 15/3600 (Zit.: SRU, Umweltgutachten 2004)

Sachverständigenrat für Umweltfragen; Umweltgutachten 2008, BT-Drs. 16/9990 (Zit.: SRU, Umweltgutachten 2008)

Saenger, Ingo; Zivilprozessordnung Handkommentar, 5. Aufl., Baden-Baden 2013 (Zit.: Bearbeiter, in: Saenger (Hg.), ZPO)

Samel, Alexander; Der Stand der Wissenschaft in der Entwicklung effektiver Schutzkonzepte gegen nächtlichen Fluglärm, in: Oldiges (Hg.), Der Schutz vor nächtlichem

Fluglärm: Dokumentation des Symposions „Der Schutz vor nächtlichem Fluglärm“ des Instituts für Umwelt- und Planungsrecht der Universität Leipzig am 20. Januar in Leipzig, Baden-Baden 2007, S. 93–100 (Zit.: Samel, in: Oldiges (Hg.), Schutz vor nächtlichem Fluglärm)

Schaal, Jochen; Fluglärmberechnung im Wandel der Zeit: Betrachtungen und Vorschläge aus Sicht eines Softwareherstellers für Immissionsschutz, in: ZfL 2003, S. 31–34

Schäfer, P.; Die Lästigkeit zeitlich schwankender Geräusch, in: ZfL 1991, S. 158–161

Schenke, Wolf-Rüdiger; Baurechtlicher Nachbarschutz, in: NuR 1983, S. 81–92

Schick, August; Das Konzept der Belästigung in der Lärmforschung, Lengerich u.a. 1997 (Zit.: Schick, Belästigung)

Schlaich, Klaus/Korioth, Bernd; Das Bundesverfassungsgericht: Stellung, Verfahren, Entscheidungen: ein Studienbuch, 9. Aufl., München 2012 (Zit.: Schlaich/Korioth, BVerfG)

Schleiden, Steffen; Rechtliche Grundfragen der Flugroutenfestlegung, Hamburg 2009 (Zit.: Schleiden, Flugroutenfestlegung)

Schlink, Bernhard; Abschied von der Dogmatik. Verfassungsrechtsprechung und Verfassungsrechtswissenschaft im Wandel, JZ 2007, S. 157–162

Schlink, Bernhard; Der Grundsatz der Verhältnismäßigkeit, in: Badura/Dreier (Hg.), Festschrift 50 Jahre Bundesverfassungsgericht, Bd. 2, Klärung und Fortbildung des Verfassungsrechts, Tübingen 2001, S. 445–465 (Zit.: Schlink, in: Badura/Dreier (Hg.), FS 50 Jahre BVerfG, Bd. 2)

Schlink, Bernhard; Die Entthronung der Staatsrechtswissenschaft durch die Verfassungsgerichtsbarkeit, Der Staat 1989, S. 161–172

Schmid, Stephan Andreas; Externe Kosten des Verkehrs: Grenz- und Gesamtkosten durch Luftschadstoffe und Lärm in Deutschland, Stuttgart 2005 (Zit.: Schmid, Externe Kosten des Verkehrslärms)

Schmidt, Jörg; Rechtsfragen bei der Ermittlung und Bewertung von Fluglärm, in: JbUTR 1990, S. 160–182

Schmidt-Aßmann, Eberhard; Methoden der Verwaltungsrechtswissenschaft – Perspektiven der Systembildung, in: Schmidt-Aßmann/Hoffmann-Riem (Hg.), Methoden der Verwaltungsrechtswissenschaft, Baden-Baden 2004, S. 387–415 (Zit.: Schmidt-Aßmann, in: Schmidt-Aßmann/Hoffmann-Riem (Hg.), Methoden)

Schmidt-Aßmann, Eberhard; Anwendungsprobleme des Art. 2 Abs. 2 GG im Immissionsschutzrecht, in: AöR 1981, S. 205–217

Schmitz, Bernhard; Der Flughafen Frankfurt vor dem Hessischen Verwaltungsgerichtshof – Perspektiven für die Entwicklung des Fachplanungsrechts, in: Ziekow (Hg.), Aktuelle Probleme des Luftverkehrs-, Planfeststellungs- und Umweltrechts 2010: Vorträge auf den Zwölften Speyerer Planungsrechtstagen und dem Speyerer Luftverkehrsrechtstag vom 3. bis 5. März 2010 an der Deutschen Hochschule für Verwaltungswissenschaften Speyer, Berlin 2011, S. 91–99 (Zit.: Schmitz, in: Ziekow (Hg.), Aktuelle Probleme 2011)

Schnell, Rainer/Hill, Paul Bernhard/Esser, Elke; Methoden der empirischen Sozialforschung, 8. Aufl., München 2008, (Zit.: Schnell/Hill/Esser, Empirische Sozialforschung)

Schönpflug, Wolfgang; Vorwort, in: UBA (Hg.), Fluglärm: Stellungnahme des interdisziplinären Arbeitskreises für Lärmwirkungsfragen, Berlin 2004, S. 2–4 (Zit.: Schönpflug, in: UBA (Hg.), Fluglärm 2004)

Schreckenberg, Dirk/Eikmann, Thomas/Guski, Rainer/Klatte, Maria /Müller, Uwe/ Peschel, Christin/Schmidt, Jochen/Seidler, Andreas/Möhler, Ulrich; NORAH (Noise-Related Annoyance, Cognition and Health) – Konzept einer Studie zur Wirkung von Verkehrslärm bei Anwohnern von Flughäfen, in: ZfL 2012, S. 107–114

Schröder, Martin; Die Novellierung des Fluglärmrechts, in: ZfL 2006, S. 9–14

Schulze-Fielitz, Helmuth; Die neuere Verwaltungsrechtsprechung zum Lärmschutz als technische und fiskalische Gratwanderung, in: Die Verwaltung 2002, S. 525–551

Schulze-Fielitz, Helmuth; Lärmschutz bei der Planung von Verkehrsvorhaben, in: DÖV 2001, S. 181–191

Schwabe, Jürgen; Probleme der Grundrechtsdogmatik, Darmstadt 1977 (Zit.: Schwabe, Grundrechtsdogmatik)

Schwenk, Werner/Giemulla, Elmar; Handbuch des Luftverkehrsrechts, 3. Aufl., Köln u.a. 2005 (Zit.: Schwenk/Giemulla, Luftverkehrsrecht)

Seewald, Otfried; Zum Verfassungsrecht auf Gesundheit, Köln u.a. 1981 (Zit.: Seewald, Gesundheit)

Seewald, Otfried; Die Bedeutung der Gesundheit im Umweltrecht, in: NuR 1988, S. 161–166

Sendler, Horst; Zum Schlagwort von der Konfliktbewältigung im Planungsrecht, in: WiVerw 1985, S. 211–234

Sendler, Horst; Ist das Umweltrecht normierbar?, in: UPR 1981, S. 1–14

Siegel, Thorsten; Entscheidungsfindung im Verwaltungsverbund: horizontale Entscheidungsvernetzung und vertikale Entscheidungsstufung im nationalen und europäischen Verwaltungsverbund, Tübingen 2009 (Zit.: Siegel, Entscheidungsfindung)

Sokal, Alan/Bricmont, Jean; Eleganter Unsinn: wie die Denker der Postmoderne die Wissenschaften mißbrauchen, München 1999 (Zit.: Sokal/Bricmont, Eleganter Unsinn)

Spannowsky, Willy/Runkel, Peter/Goppel, Konrad; Raumordnungsgesetz: (ROG); Kommentar, München 2010 (Zit.: Bearbeiter, in: Spannowsky/Runkel/Goppel (Hg.), ROG)

Sparwasser, Reinhard/Engel, Rüdiger/Voßkuhle, Andreas; Umweltrecht: Grundzüge des öffentlichen Umweltschutzrechts, 5. Aufl., Heidelberg 2003 (Zit.: Sparwasser/Engel/Voßkuhle, Umweltrecht)

Spickhoff, Andreas; Medizinrecht, München 2011 (Zit.: Bearbeiter, in: Spickhoff (Hg.), Medizinrecht)

Spreng, Manfred; Lärmwirkungsforschung gehemmt – Diskussion zu dem Beitrag „Gesundheitliche Auswirkungen von Fluglärm" von Prof. Dr. med. Kaltenbach et al in Heft 31–32/ 2008, in: DÄBl. 2009, S. 71

Spreng, Manfred; Kommunikation, in: UBA (Hg.), Fluglärm: Stellungnahme des interdisziplinären Arbeitskreises für Lärmwirkungsfragen, Berlin 2004, S. 51–65 (Zit.: Spreng, in: UBA (Hg.), Fluglärm 2004)

Spreng, Manfred/Költzsch, Peter; Mess- und Beurteilungsverfahren, in: UBA (Hg.), Fluglärm: Stellungnahme des interdisziplinären Arbeitskreises für Lärmwirkungsfragen, Berlin 2004, S. 5–20 (Zit.: Spreng/Költzsch, in: UBA (Hg.), Fluglärm 2004)

Starck, Christian; Der verfassungsrechtliche Schutz des ungeborenen menschlichen Lebens, in: JZ 1993, S. 816–822

Starck, Christian; Empirie in der Rechtsdogmatik, in: JZ 1972, S. 609–614

Stegmüller, Wolfgang; Probleme und Resultate der Wissenschaftstheorie und analytischen Philosophie, Bd. 1, Erklärung – Begründung – Kausalität, Berlin u.a. 1983 (Zit.: Stegmüller, Wissenschaftstheorie, Bd. 1)

Steinberg, Rudolf; Das Nachtflugverbot im Urteil des VGH Kassel zum Flughafen Frankfurt a. M., in: NVwZ 2010, S. 273–278

Steinberg, Rudolf/Wickel, Martin/Müller, Henrik; Fachplanung, 4. Aufl., Baden-Baden 2012 (Zit.: Steinberg/Wickel/Müller, Fachplanung)

Steinebach, Gerhard; Lärm- und Luftgrenzwerte: Entstehung, Aussagewert, Bedeutung für Bebauungspläne, Düsseldorf 1987 (Zit.: Steinebach, Lärm- und Luftgrenzwerte)

Stelkens, Paul/Bonk, Heinz Joachim/Sachs, Michael; Verwaltungsverfahrensgesetz: Kommentar, 8. Aufl., München 2013 (Zit.: Bearbeiter, in: Stelkens/Bonk/Sachs (Hg.), VwVfG)

Stern, Klaus; Das Staatsrecht der Bundesrepublik Deutschland, Bd. 3. Allgemeine Lehren der Grundrechte / unter Mitw. von Michael Sachs, Halbbd. 1. Grundlagen und Geschichte, nationaler und internationaler Grundrechtskonstitutionalismus, juristische Bedeutung der Grundrechte, Grundrechtsberechtigte, Grundrechtsverpflichtete, München 1988 (Zit.: Stern, Staatsrecht, Bd. III/1)

Stettner, Rupert; Verfassungsbindungen des experimentierenden Gesetzgebers, NVwZ 1989, S. 806–811

Stoermer, Nikolas Bernhard; Der Schutz vor Fluglärm unter besonderer Berücksichtigung der luftverkehrsrechtlichen Zulassung von Flughäfen und der Festlegung der Flugverfahren, Berlin 2005 (Zit.: Stoermer, Schutz vor Fluglärm)

Storost, Ulrich; Umweltprobleme bei der Zulassung von Flughäfen – Materielle Schutzstandards (Immissions- und Naturschutz), in: NVwZ 2004, S. 257–267

Storost, Ulrich; Das deutsche Verkehrslärmschutzrecht aus Sicht eines Richters, in: ZfL 2004, S. 93–100

Strasser, Helmut; Dosis-Maxime und Energie-Äquivalenz bei der Beurteilung von Lärm sowie physiologische Kosten von Schallbelastungen: Physikalische versus ergonomische Paradigmen, in: ZfL 2011, S. 51–58

Stüer, Bernhard; Handbuch des Bau- und Fachplanungsrechts: Planung – Genehmigung– Rechtsschutz, 4. Aufl., München 2009 (Zit.: Stüer, Handbuch)

Sydow, Gernot/Fiedler, Lilly; Flugroutenfestlegung. Zum Verhältnis von Verwaltungs- und Gerichtsverfahren am Beispiel der Bestimmung von Flugverfahren, in: DVBl. 2006, S. 1420–1427

Szczekalla, Peter; Die sogenannten grundrechtlichen Schutzpflichten im deutschen und europäischen Recht: Inhalt und Reichweite einer „gemeineuropäischen Grundrechtsfunktion", Berlin 2002 (Zit.: Szczekalla, Schutzpflichten)

Trabert, Gerhard/Waller, Heiko; Sozialmedizin: Grundlagen und Praxis, 7. Aufl., Stuttgart 2013 (Zit.: Trabert/Waller, Sozialmedizin)

Tzemos, Vasileios; Das Untermaßverbot, Frankfurt am Main u.a. 2004 (Zit.: Tzemos, Untermaßverbot)

Ullrich, Jürgen; Lärmschutz unter besonderer Berücksichtigung des Straßenverkehrslärms, in: DVBl. 1985, S. 1159–1164

Umweltbundesamt (Hg.); Lärmfachlich Bewertung der Flugrouten für den Verkehrsflughafen Berlin Brandenburg (BER) für den Benehmensbeteiligung nach § 32 Luftverkehrsgesetz, Dessen-Roßlau 2011; zu finden unter (zuletzt besucht am 24.08.2013): http://www.umweltbundesamt.de/uba-info-medien/4209.html (Zit.: UBA, Lärmfachliche Bewertung)

Unruh, Peter; Zur Dogmatik der grundrechtlichen Schutzpflichten, Berlin 1996 (Zit.: Unruh, Schutzpflichten)

Upmeier, Arne; Fakten im Recht: eine Untersuchung zur Tatsachenfeststellung im Rechtsprozess, Baden-Baden 2010 (Zit.: Upmeier, Fakten im Recht)

Vesting, Thomas; Nachbarwissenschaftlich informierte und reflektierte Verwaltungsrechtswissenschaft – „Verkehrsregeln" und „Verkehrsströme", in: Schmidt-Aßmann/Hoffmann-Riem (Hg.), Methoden der Verwaltungsrechtswissenschaft, Baden-Baden 2004, S. 253–292 (Zit.: Vesting, in: Schmidt-Aßmann/Hoffmann-Riem (Hg.), Methoden)

von Arnauld, Andreas; Grundrechtsfragen im Bereich von Postwesen und Telekommunikation – Ein Beitrag zur Geltung der Grundrechte für und gegen gemischtwirtschaftliche Unternehmen und staatliche Eigengesellschaften, in: DÖV 1998, S. 437–452

von Mangoldt, Hermann/Klein, Friedrich/Starck, Christian; Kommentar zum Grundgesetz, 6. Aufl., München 2010 (Zit.: Bearbeiter, in: v. Mangoldt/Klein/Starck (Hg.), GG)

von Münch, Ingo/Kunig, Philip; Grundgesetz: Kommentar, 6. Aufl., München 2012 (Zit.: Bearbeiter, in: v. Münch/Kunig (Hg.), GG)

Vogelsang, Berthold/Myck, Thomas; Die Ermittlung der Lärmschutzbereichs nach dem novellierten Gesetz zum Schutz gegen Fluglärm, in: ZfL 2007, S. 127–134

Vosgerau, Ulrich; Zur Kollision von Grundrechtsfunktionen, in: AöR 2008, S. 346–388

Voßkuhle, Andreas; Umweltschutz und Grundgesetz, in: NVwZ 2013, S. 1–8

Voßkuhle, Andreas; Neue Verwaltungsrechtswissenschaft, in: Hoffmann-Riem/Schmidt-Aßmann/Voßkuhle (Hg.), Grundlagen des Verwaltungsrechts, Bd. 1, Methoden, Maßstäbe, Aufgaben, Organisation, 2. Aufl., München 2012, § 1 (Zit.: Voßkuhle, in: Hoffmann-Riem/Schmidt-Aßmann/Voßkuhle (Hg.), Grundlagen des Verwaltungsrechts, Bd. 1)

Voßkuhle, Andreas; Expertise und Verwaltung, in: Trute/Gross/Röhl/Möllers (Hg.), Allgemeines Vewaltungsrecht – zur Tragfähigkeit eines Konzepts, Tübingen 2008 (Zit.: Voßkuhle, in: Trute/Gross/Röhl/Möllers (Hg.), Allgemeines Verwaltungsrecht)

Voßkuhle, Andreas; Methode und Pragmatik im Öffentlichen Recht – Vorüberlegungen zu einem differenziert-intergrativen Methodenverständnisam Beispiel des Umweltrechts, in: Bauer/Cybulka/Kahl/Voßkuhle (Hg.), Umwelt, Wirtschaft und Recht: Wissenschaftliches Symposium aus Anlaß des 65. Geburtstages von Reiner Schmidt, München 2002 (Zit.: Voßkuhle, in: Bauer/Cybulka/Kahl/Voßkuhle (Hg.), FS Schmidt 2001)

Wahl, Rainer; Entwicklung des Fachplanungsrechts, in: NVwZ 1990, S. 426–441

Wahl, Rainer; Der Vorrang der Verfassung, in: Der Staat 1981, S. 485–516

Wahl, Rainer/Dreier, Johannes; Entwicklung des Fachplanungsrechts, NVwZ 1999, S. 606–620

Wahl, Rainer/Masing, Johannes; Schutz durch Eingriff, in: JZ 1990, S. 553–563

Weber, Hubert/Ulrich, Helmut; Laplace-, Fourier- und z-Transformation: Grundlagen und Anwendungen für Ingenieure und Naturwissenschaftler, 9. Aufl, Wiesbaden 2012 (Zit.: Weber/Ulrich, Transformation)

Weber-Grellet, Heinrich; Beweis- und Argumentationslast im Verfassungsrecht unter besonderer Berücksichtigung der Rechtsprechung des Bundesverfassungsgerichts, Münster 1978 (Zit.: Weber-Grellet, Beweis- und Argumentationslast)

Weischer, Christoph; Sozialforschung, Konstanz 2007 (Zit.: Weischer, Sozialforschung)

Weise, Horst; Fluglärmberechnung mittels realer Flugspuren, in: Ziekow (Hg.), Aktuelle Probleme des Luftverkehrs-, Planfeststellungs- und Umweltrechts 2011: Vorträge auf den Dreizehnten Speyerer Planungsrechtstagen und dem Speyerer Luftverkehrsrechtstag vom 2. bis 4. März 2011 an der Deutschen Hochschule für Verwaltungswissenschaften Speyer, Berlin 2012, S. 47–60 (Zit.: Weise, in: Ziekow (Hg.), Aktuelle Probleme 2012)

Wende, Heidemarie/Ortscheid, Jens; Fluglärm: Schutzziele aus der Sicht des Umweltbundesamtes, in: Ziekow (Hg.), Bewertung von Fluglärm – Regionalplanung – Planfeststellungsverfahren: Vorträge auf den Vierten Speyerer Planungsrechtstagen und dem Speyerer Luftverkehrsrechtstag vom 13. bis 15. März 2002 an der Deutschen Hochschule für Verwaltungswissenschaften Speyer, Berlin 2003, S. 9–26 (Zit.: Wende/Ortscheid, in: Ziekow (Hg.), Fluglärm 2003)

Werner, Erhard; Wandler für Luftschallmessungen, in: Möser (Hg.), Messtechnik der Akustik, Berlin u.a. 2010, S. 1–53 (Zit.: Werner, in: Möser (Hg.), Messtechnik)

World Health Organisation (Hg.); Burden of disease from environmental noise: Quantification of healthy life years lost in Europe, Bonn 2011; zu finden unter (zuletzt besucht am 24.08.2013): http://www.euro.who.int/de/what-we-publish/abstracts/burden-of-disease-from-environmental-noise.-quantification-of-healthy-life-years-lost-in-europe (Zit.: WHO, Burden of disease)

Winter, Gerd; Zur Architektur globaler Governance des Klimaschutzes, in: ZaÖRV 2012, S. 103–146

Wirth, Carsten-Michael; Grundrechtsberechtigung und Grundrechtsverpflichtung öffentlicher und gemischt-wirtschaftlicher Unternehmen am Beispiel der Deutschen Post AG unter Berücksichtigung verfassungsrechtlicher Folgeprobleme der Postreform II, Osnabrück 2000 (Zit.: Wirth, Grundrechtsberechtigung)

Wirth, Katja; Lärmstudie 2000: die Belästigungssituation im Umfeld des Flughafens Zürich, , Aachen 2004 (Zit.: Wirth, Fluglärmstudie)

Würsig, Thorsten; Die Steuerung von Summenbelastungen im öffentlichen Immissionsschutzrecht, Baden-Baden 2009 (Zit.: Würsig, Summenbelastungen)

Würtenberger, Thomas; Die Akzeptanz von Verwaltungsentscheidungen, Baden-Baden 1996 (Zit.: Würtenberger, Akzeptanz)

Wulfhorst, Reinhard; Der Schutz „überdurchschnittlich empfindlicher“ Rechtsgüter im Polizei- und Umweltrecht, Berlin 1994 (Zit.: Wulfhorst, Rechtsgüter)

Wysk, Peter; Rechtliche Aspekte des neuen Fluglärmgesetzes, in: ZfL 2007, S. 243–250

Wysk, Peter; Ausgewählte Probleme zum Rechtsschutz gegen Fluglärm – Teil 1, 2 und 3, in: ZLW 1998, S. 18–34, S. 285–301, S. 456–489

Zaki, Gabriele, Die Quadratur des Kreises – wohin mit dem Fluglärm?, ZfL 2008, S. 268–271

Ziekow, Jan; Praxis des Fachplanungsrechts, Düsseldorf 2004 (Zit.: Bearbeiter, in: Ziekow (Hg.), Praxis des Fachplanungsrechts)

Zwicker, Eberhard; Ein Vorschlag zur Definition und zur Berechnung der unbeeinflußten Lästigkeit, in: ZfL 1991, S. 91–97

Zwicker, Eberhard; Psychoakustik, Berlin u.a. 1982 (Zit.: Zwicker, Psychoakustik)

Zwicker, Eberhard/Fastl, Hugo; Sinnvolle Lärmmessung und Lärmgrenzwerte, in: ZfL 1986, S. 61–67

www.ingramcontent.com/pod-product-compliance
Ingram Content Group UK Ltd.
Pitfield, Milton Keynes, MK11 3LW, UK
UKHW021919290926
8980IPUK00015B/1364

9 783631 716489